# COVID 1984

## Corona, The Great Reset und die Neue Weltordnung

Eine umfassende und evidenzbasierte Erörterung der Corona-Krise samt Daten, Fakten, Hintergründen, Prognosen und Lösungsmöglichkeiten

Autor: Simon Logoff

Oktober 2021

*Gewidmet allen Wahrheitssuchenden*

Independently published (Simon Logoff)



Simon Logoff
c/o Block Services
Stuttgarter Str. 106
70736 Fellbach
E-Mail: simon.logoff@yahoo.com

# Gliederung

## Über den Autor

Der Autor ist unabhängiger politischer Analyst. Seit 2008 beschäftigt er sich hauptsächlich mit politischen Themen in Deutschland und der Welt, mit den Schwerpunkten „hegemoniale Weltpolitik“ und „Globalisierungskritik“.

Der Autor studierte Jura mit Schwerpunkt Strafrecht auf Diplom, sowie Geschichte, Psychologie und Philosophie auf Magister, hat sich jedoch die wirklich relevanten Informationen meistens durch Eigeninitiative und intensive Recherche angeeignet.

Die Arbeitsmethode des Autors ist dadurch gekennzeichnet, dass dieser immer versucht (ganz nach den klassischen Grundsätzen des investigativen Journalismus) evidenzbasiert vorzugehen, wirklich alles zu hinterfragen, die ethischen Standards des Pressekodex[1] einzuhalten und alles mit Belegen zu stützen.

Aufgrund der (politischen) Brisanz seiner Themen benutzt der Autor ein Pseudonym, um sich vor potenziellen Nachteilen gesellschaftlicher, beruflicher und privater Art zu schützen.

## Vorwort

Wenn mir jemand 2019 gesagt hätte, dass 2020 ein Virus über die gesamte Welt herfällt und im ganzen Land Lockdowns, Abstandsregelungen, Ausgangssperren, Kontaktverbote, Reiseverbote, Maskenpflichten, Testpflichten, Meldepflichten und Quarantänepflichten verhängt werden, dabei sämtliche Arbeitsstätten, Geschäfte, Bars, Restaurants, Hotels, Kinos, Theater, Diskotheken, Sportvereine, Fitnessstudios und sonstige Dienstleistungsbetriebe, sowie Schulen und Kitas geschlossen werden, Reisen, Sportevents und Kulturveranstaltungen abgesagt werden, und daraufhin die ganze Welt geimpft werden soll, dann hätte ich denjenigen sicherlich für verrückt erklärt.

Und dennoch ist all das durch Corona eingetreten und zur bitteren Realität geworden, die nichts anderes als ein absoluter Ausnahmezustand ist, in

---

[1] https://www.presserat.de/pressekodex.html

welchem wir uns alle bereits seit März 2020 befinden.

Doch wie kam es eigentlich dazu? Ist das SARS-CoV-2 samt seinen Varianten wirklich so gefährlich? War die Ausrufung einer epidemischen Notlage von nationaler Tragweite und die Verhängung von grundrechtseinschränkenden Maßnahmen gerechtfertigt? Wie sicher und wie wirksam sind die Impfstoffe? Wie zuverlässig ist der PCR-Test? Ist das SARS-CoV-2 überhaupt ordnungsgemäß isoliert worden und wurde wissenschaftlich bewiesen, dass es Covid-19 verursacht? Ist die Pandemie ein Zufall oder ein Plan, der seit Jahren konsequent verfolgt und nun in die Tat umgesetzt wird? Wenn ja, wer steckt dahinter und welche Ziele sollen dadurch verwirklicht werden?

Der Sinn dieser Erörterung soll darin bestehen, diesen (und vielen anderen Fragen) evidenzbasiert nachzugehen, sie zu analysieren, vor (potenziellen) Gefahren zu warnen, mögliche Entwicklung der Corona-Krise zu prognostizieren und Lösungen aus dieser aufzuzeigen.

Aber immer schön eines nach dem anderen. Gehen wir doch zunächst einmal der Frage nach, wie gefährlich das SARS-CoV-2 wirklich ist.

# Kapitel 1. Das Virus, der Test und die Schutzmaßnahmen

## 1. Wie gefährlich ist das SARS-CoV-2 wirklich?

Von überall her ist zu hören, dass die Infektion mit dem neuen Coronavirus eine Atemwegserkrankung mit dem Namen Covid-19 verursachen kann, welche in ihrer schweren Form in eine Lungenentzündung münden und eventuell tödlich enden kann.
Doch wie gefährlich ist das SARS-CoV-2 wirklich? Was sagen wissenschaftliche Studien, das RKI, die CDC und die WHO dazu?

### 1.1 Die WHO-Bulletin-Studie von Professor John P. A. Ioannidis

Einen Aufschluss könnte uns eine Studie von Professor Ioannidis geben.

John P. A. Ioannidis ist ein Professor für Medizin und Professor für Epidemiologie und Bevölkerungsgesundheit an der Stanford University School of Medicine, welcher zu den am meisten zitierten Wissenschaftlern weltweit gehört und bereits hunderte von Publikationen unter „Peer-Review" (fachlicher Überprüfung) veröffentlicht hat.[2]

Die Metastudie mit dem Titel „Infection fatality rate of COVID-19 inferred from seroprevalence data" (dt. Infektionssterblichkeitsrate von COVID-19 aus Seroprävalenzdaten abgeleitet), wurde ebenfalls „peer-reviewed" und am 14. Oktober 2020 im Bulletin der Weltgesundheitsorganisation (WHO) veröffentlicht.[3]

Im Rahmen der Studie wertete Prof. Ioannidis insgesamt 61 weltweite Antikörperstudien aus, um die Infektionssterblichkeit bei Covid-19 zu ermitteln. Die Auswertung hat ergeben, dass durchschnittlich ca. 0,23 % der Menschen sterben, die sich mit SARS-CoV-2 infiziert haben, wobei die Sterblichkeit bei den unter 70-Jährigen sogar nur 0,05 % beträgt. Demnach wäre Covid-19 mit etwa einer mittelschweren Grippe vergleichbar.

Ioannidis hat sich bei seiner Metastudie aus dem Grund auf Antikörperstudien fokussiert, da niemand weiß, wie viele Menschen sich tatsächlich mit SARS-CoV-2 infiziert haben. Da es bekannt ist, dass die meisten SARS-CoV-2-Infizierten nicht an Covid-19 erkranken, weil bei ihnen die Infektion mit SARS-CoV-2 symptomlos oder unter milden Symptomen verläuft, ist davon auszugehen, dass die meisten Infizierten erst gar nicht getestet und somit auch statistisch nicht erfasst wurden. Bei seinen Hochrechnungen kam Ioannidis zum Ergebnis, dass bis zum 12. September 2020 sogar mehr als 500 Millionen Menschen auf der Welt infiziert gewesen sein könnten, was das Siebzehnfache von den, bis dahin dokumentierten, laborbestätigten Fällen wäre (etwa 29 Millionen). Das bedeutet, dass die eh schon geringe prozentuale Covid-19-Todesrate weiterhin stark nach unten korrigiert werden müsste.

In einer neueren Studie vom März 2021 kommt Ioannidis in seinen Auswertungen sogar zu dem Schluss, dass im Durchschnitt nur 0,15 % der

[2] https://de.wikipedia.org/wiki/John_Ioannidis
[3] https://www.who.int/bulletin/online_first/BLT.20.265892.pdf

Infizierten zu den Corona-Toten gehören. [4]

## 1.2 Die Angaben des Robert Koch Instituts (RKI) zur Gefährlichkeit von SARS-CoV-2

Laut den Angaben des RKI sterben lediglich 0,01 % der 0-49-Jährigen ohne Vorerkrankungen und 0,03 % mit Vorerkrankungen **AN** bzw. **MIT** einer SARS-CoV-2-Infektion, was den Resultaten der Ioannidis-Studie sehr ähnelt. Selbst Menschen, die über 80 Jahre alt sind und keine Vorerkrankungen haben sind nur etwa zu 1,49 % gefährdet, wobei bei älteren Menschen laut RKI nicht klar trennbar ist, ob Alter oder Vorerkrankungen die Sterblichkeit erhöhen.[5] Es ist somit gut möglich, dass das Alter und die Vorerkrankungen eine weitaus wesentlichere Rolle beim Ableben spielen, als das SARS-CoV-2 bzw. Covid-19.

## 1.3 Die WHO schätzt Covid-19 nicht gefährlicher als eine saisonale Grippe ein

Während einer Sondersitzung der WHO am 05.10.2020 gab Dr. Michael Ryan, der Leiter der WHO für Notfälle, bekannt, dass geschätzt 10 % der Weltbevölkerung mit SARS-Cov-2 infiziert ist. [6] [7]

Als Reaktion auf diese Aussage hat Kit Ritterlich in seinem Artikel im „Off-Guardian" die folgende Rechnung aufgestellt:

---

[4] Reconciling estimates of global spread and infection fatality rates of COVID-19: An overview of systematic evaluations https://onlinelibrary.wiley.com/doi/10.1111/eci.13554

[5] https://www.zdf.de/nachrichten/briefing/eu-russland-nawalny-zdfheute-update-100.html (siehe: Grafik des Tages)

[6] https://www.rnd.de/gesundheit/who-zu-corona-infektionen-zehn-prozent-der-weltbevolkerung-bereits-infiziert-NOS5RRFJSV26ASGBQHTIMJLEBY.html

[7] https://www.who.int/news-room/events/detail/2020/10/05/default-calendar/executive-board-special-session-on-the-covid19-response?fbclid=IwAR314BcPRpvAGufZJewCXCl7tGXnhuOLP9rhWJBDuia4cFKoQBbmzx-UX6A

Tipp: Nutzen Sie die Übersetzungsfunktion in ihrem Browser, um fremdsprachige Seiten ins Deutsche zu übersetzen.

*„Die Weltbevölkerung beträgt ungefähr 7,8 Milliarden Menschen. Wenn 10 % infiziert wurden, sind das 780 Millionen Fälle. Die weltweite Zahl der Todesopfer, die derzeit auf SARS-Cov-2-Infektionen zurückzuführen sind, beträgt 1.061.539. Das ist eine Infektionssterblichkeitsrate von ungefähr oder 0,14 %. Genau im Einklang mit der saisonalen Grippe und den Vorhersagen vieler Experten aus der ganzen Welt."*[8]

Da die Covid-19-Statistiken, anders als die Grippe-Statistiken, nicht jeweils jährlich bzw. saisonal, sondern (warum auch immer) kumulativ gezählt werden, muss dies bei neueren Hochrechnungen berücksichtigt werden, indem man z. B. aus der kumulativen Covid-19-Opferzahl die jeweils relevanten Daten für einen bestimmten Zeitraum (etwa ein Kalenderjahr, Halbjahr, Vierteljahr oder den Zeitraum der typischen Coronaviren-Saison von Dezember bis April[9]) rausnimmt und anhand derer die Rechnung bzw. den Vergleich durchführt.

## 1.4 Das Planungsszenario der US-Seuchenbehörde CDC zeigt eine geringe Mortalitätsrate der mit SARS-CoV-2-Infizierten

Und auch die US-amerikanische Gesundheitsbehörde CDC (Centers for Disease Control and Prevention - dt. Zentren für Krankheitskontrolle und Prävention) kommt zu einem ähnlichen Ergebnis. Die CDC hat im September 2020 verschiedene Pandemie-Planungsszenarien veröffentlicht, u. a. auch das Szenario 5, welches nach ihren eigenen Angaben *„auf den neuesten Überwachungsdaten und wissenschaftlichen Erkenntnissen"* basiert und daher am wahrscheinlichsten ist. [10]

Dabei wird von folgender Infektionssterberate mit SARS-CoV-2 ausgegangen:

Infizierte Sterbewahrscheinlichkeit

[8] https://off-guardian.org/2020/10/08/who-accidentally-confirms-covid-is-no-more-dangerous-than-flu/
[9] https://www.condair.de/medizinische-studien/saisonalitaet-der-respiratorischen-viralen-infektionen
[10] https://www.cdc.gov/coronavirus/2019-ncov/hcp/planning-scenarios-archive/planning-ccenarios-2021-03-19.pdf

| | |
|---|---|
| 0-19 Jahre | 0.00003 % |
| 20-49 Jahre | 0.0002 % |
| 50-69 Jahre | 0.005 % |
| 70+ Jahre | 0.054 % |

### 1.5 Die Regierung Großbritanniens hält Covid-19 nicht für eine gefährliche Infektionskrankheit

Covid-19 wird von der britischen Regierung bereits seit dem 19. März 2020 nicht mehr als eine Infektionskrankheit mit erheblichen Konsequenzen (High Consequence Infectious Disease - HCID) eingestuft.[11]

Eine HCID-Krankheit wird dabei nach den folgenden Kriterien definiert:

- akute Infektionskrankheit
- hat i. d. R. eine hohe Sterblichkeitsrate
- möglicherweise keine wirksame Prophylaxe oder Behandlung
- es ist oft schwer, die Krankheit schnell zu erkennen
- hat die Fähigkeit, sich in der Gemeinde und im Gesundheitswesen zu verbreiten
- erfordert eine verbesserte Reaktion von Personen, Bevölkerung und System, um sicherzustellen, dass sie effektiv, effizient und sicher verwaltet wird

Das alles ist Covid-19 nach der Auffassung der Regierung Großbritanniens **NICHT**!

### 1.6 Für wen könnte Covid-19 eine Gefahr darstellen?

Laut dem Lagebericht des Robert-Koch-Instituts zur Coronavirus-Krankheit-2019 vom 05.01.2021, beträgt der Altersdurchschnitt der Covid-19-Todesfälle in Deutschland 84 Jahre,[12] was sogar über der durchschnittlichen

[11] https://www.gov.uk/guidance/high-consequence-infectious-diseases-hcid#status-of-covid-19

[12]

Lebenserwartung liegt (78,9 Jahre für Männer und 83,6 Jahre für Frauen).[13]

Die Autorengruppe um Prof. Dr. med. Matthias Schrappe, welche aus diversen Doktoren und Professoren besteht, hat in ihrem „Thesenpapier 7" vom 10.01.2021 Covid-19 als eine *„Erkrankung der Älteren"* bezeichnet. Auch sei bereits *„von Anfang an klar erkennbar"* gewesen, dass es sich um eine *„Epidemie der Alten"* handeln würde.[14]

Das Universitätsklinikum Hamburg-Eppendorf hat nach einer Obduktion von über 100 Corona-Toten festgestellt, dass die Todesopfer im Durchschnitt bereits über 80 Jahre alt, und teilweise schwer und/oder gleich mehrfach vorerkrankt waren.[15]

Gemäß der italienischen Forschungsanstalt für Medizin (Istituto Superiore di Sanità, ISS)
hatten fast 96 % der als Covid-19 gelisteten Todesfallpatienten, bereits Vorerkrankungen.[16]
Und laut einer Studie des ISS vom 17.03.2020 waren sogar ganze 99 % der als Covid-19 gelisteten Todesfälle bereits vorerkrankt.[17] [18]

---

https://www.rki.de/DE/Content/InfAZ/N/Neuartiges_Coronavirus/Situationsberichte/Jan_2021/2021-01-05-de.pdf;jsessionid=4EF70D0CF5D5644B9827CC120B17F3A4.internet052?__blob=publicationFile (S.8)

[13] https://de.statista.com/statistik/daten/studie/273406/umfrage/entwicklung-der-lebenserwartung-bei-geburt--in-deutschland-nach-geschlecht/

[14] http://www.matthias.schrappe.com/index_htm_files/Thesenpap7_210110_endfass.pdf (S.4,9)

[15] https://www.merkur.de/welt/coronavirus-tote-deutschland-todesfaelle-statistik-risikogruppe-obduktion-ergebnisse-zr-13688072.html

[16] https://www.bloomberg.com/news/articles/2020-05-26/italy-says-96-of-virus-fatalities-suffered-from-other-illnesses

[17] https://www.epicentro.iss.it/coronavirus/bollettino/Report-COVID-2019_17_marzo-v2.pdf

[18] https://www.bloomberg.com/news/articles/2020-03-18/99-of-those-who-died-from-virus-had-other-illness-italy-says

Außerdem hat selbst die US-amerikanische Gesundheitsbehörde CDC bekanntgegeben, dass in nur 6 % der gesamten, als Covid-19 erfassten, Todesfällen, Covid-19 als die einzige Todesursache genannt wurde.[19]

Ferner hat die CDC bereits im April 2020 verlautbart, dass ungefähr 90 % der Covid-19-Krankenhauspatienten eine oder mehrere Grunderkrankungen hatten, wobei Adipositas, Bluthochdruck, chronische Lungenerkrankungen, Diabetes mellitus und Herz-Kreislauf-Erkrankungen am häufigsten auftraten. Die Hospitalisationsraten stiegen dabei mit dem Alter, wobei die höchsten Raten bei Erwachsenen ab 65 Jahren zu verzeichnen waren.[20]

Somit ist naheliegend, dass SARS-CoV-2 bzw. Covid-19 für sich alleine kaum eine Gefahr darstellt und nur für ältere Personen in Zusammenhang mit bereits bestehenden, teilweise schweren, Vorerkrankungen überhaupt erst gefährlich werden kann.

### 1.7 Die Zählweise der Covid-19-Todesfälle ist nicht korrekt

Eigenartigerweise zählen in Deutschland, und auch in vielen anderen Ländern, alle Todesfälle von Patienten, die positiv auf Covid-19 getestet wurden, zu Todesfällen, die **DURCH** Covid-19 verursacht wurden - und das ganz unabhängig davon, ob die Todesursache wirklich aufgrund von Covid-19 erfolgte.[21]

Die Anzahl der statistisch erfassten Covid-19 Todesfälle unterlässt somit die Unterscheidung, ob diese Menschen **AN** Covid-19 oder **MIT** Covid-19 gestorben sind. Ein zu Lebzeiten auf SARS-CoV-2 positiv getesteter und womöglich sogar symptomloser Mensch, welcher einen tödlichen Unfall hatte, einem Herzinfarkt, Krebs oder einer anderen beliebigen Krankheit erlegen ist, würde

---

19 https://www.cdc.gov/nchs/nvss/vsrr/covid_weekly/index.htm?fbclid=IwAR07HCUAQvdtQeOBemLKzs5r4MXPSabCPyCrENUWMokFKpK5QpjlgyIBEgo#Comorbidities

20 https://www.cdc.gov/mmwr/volumes/69/wr/mm6915e3.htm

21 https://www.politico.eu/article/coronavirus-the-challenge-of-counting-covid-19-deaths/

somit als Covid-19-Toter in die Statistik aufgenommen werden. Aber auch positiv getestete Menschen, bei welchen zwar Covid-19-Symptome festgestellt wurden, welche jedoch bereits schwerwiegende Vorerkrankungen hatten, die primär ursächlich für ihr Ableben waren, würden als Covid-19-Todesopfer in die Statistik eingetragen werden, selbst wenn Covid-19 nur gering oder gar nicht zur Verschlechterung der Gesamtverfassung dieser Menschen beigetragen hatte. Es ist ersichtlich, dass eine solche Zählweise dazu führt, dass die Covid-19-Mortalitätsrate erheblich aufgeblasen wird und daher notwendigerweise deutlich nach unten korrigiert werden muss.

In den USA verhält es sich auch nicht anders. So hat z. B. Dr. Ngozi Ezike, Direktorin des Gesundheitsministeriums in Illinois, ebenfalls bestätigt, dass dort jeder verstorbene Patient, welcher zu Lebzeiten positiv auf Covid-19 getestet wurde, zu den Covid-19-Todesfällen gezählt wird, ganz unabhängig von der tatsächlichen Todesursache.[22]

Großbritannien hat dieses Problem schließlich erkannt und im August 2020 die Covid-19- Sterbefallstatistik um 5 000 Fälle nach unten korrigiert, nachdem Wissenschaftler auf die Problematik hingewiesen hatten, dass dort zahlreiche Todesfälle als Covid-19- Todesfälle erfasst wurden, ohne dass ein kausaler Zusammenhang zwischen positivem Covid-19-Test und Tod festgestellt werden konnte.[23]

Es ist bekannt, dass der PCR-Test bis etwa 1,5 % falsch positive Ergebnisse liefern kann.[24] Allerdings werden diese Falschdiagnosen weder bei den Covid-19-Infektionsstatistiken noch bei den Covid-19-Mortalitätsstatistiken abgezogen.[25]

Aus diesen Gründen ist es unbedingt erforderlich, dass die Todesfallstatistik erneut ausgewertet und um einiges nach unten korrigiert wird. Dies betrifft logischerweise auch alle Studien und Auswertungen, die mit den Covid-19-Todesfallstatistiken gearbeitet haben, wie z. B. die Studie von Prof. Ioannidis,

---

[22] https://www.youtube.com/watch?v=Tw9Ci2PZKZg

[23] https://www.euronews.com/2020/08/13/coronavirus-uk-reduces-death-toll-by-5-000-as-it-revises-counting-strategy

[24] https://www.addendum.org/coronavirus/rueckkehr-zur-maskenpflicht/

[25] Karina Reiss, Sucharit Bhakdi, Corona-Fehlalarm, Goldegg Verlag GmbH, Berlin, 2020

die Angaben vom RKI und die Auswertung der CDC, bei welchen die eh schon geringen Todesraten durch Covid-19 weiterhin enorm sinken werden.

Um eine korrekte Statistik zu ermöglichen, ist es zwingend erforderlich, dass in Zukunft nur diejenigen Sterbefälle als Covid-19-Fälle erfasst werden sollen, bei welchen Covid-19 eindeutig die Haupttodesursache gewesen ist, bzw. zumindest entscheidend zum Ableben beigetragen hat- also die Fälle, bei welchen der Tod ohne die Mitwirkung von Covid-19 höchstwahrscheinlich nicht eingetreten wäre.

### 1.8 Symptomloser Infektionsverlauf bei ca. 82-85 % der SARS-CoV-2-Infizierten?

Eine wissenschaftliche Studie von Rahul Subramanian et. al., welche am 02.03.2021 veröffentlicht wurde, kam zu dem Ergebnis, dass nur etwa 13 bis 18 % der SARS-CoV-2-Infizierten überhaupt Symptome zeigten. [26]
Für ihre Studie hatten die Wissenschaftler verschiedene Faktoren in eine Modellrechnung einfließen lassen: Darunter Antikörpertests, die in New York City von März bis April 2020 durchgeführt wurden, die von März bis Juni gemeldeten Covid-19-Fälle und die Veränderungen der Testkapazitäten innerhalb dieser Zeit. Nach Auswertung und Hochrechnung der Daten kamen die Forscher zu dem Schluss, dass nur 13 bis 18 Prozent der Corona-Infizierten unter Symptomen wie Fieber und Husten litten. Es hatte also nur einer von fünf bzw. einer von sieben SARS-Cov-2-Trägern überhaupt Symptome aufgezeigt. Im Business-Insider-Interview sagte Studienautor Rahul Subramanian: *„Es gibt eine Vielzahl von Menschen mit asymptomatischen Krankheitsverläufen — viel mehr als in vielen Studien angenommen wird."*[27]

---

[26] „Quantifying asymptomatic infection and transmission of COVID-19 in New York City using observed cases, serology, and testing capacity" (dt. Quantifizierung der asymptomatischen Infektion und Übertragung von COVID-19 in New York City anhand beobachteter Fälle, Serologie und Testkapazität")
https://www.pnas.org/content/118/9/e2019716118
[27] https://www.fr.de/ratgeber/gesundheit/corona-ohne-symptome-so-viele-covid-infizierte-kein-husten-fieber-krankheitsanzeichen-covid-asymptomatisch-90211644.html

Fraglich ist dabei, wie gefährlich überhaupt ein Virus sein kann, bei dem die allermeisten Virusträger ohne einen positiven PCR-Test überhaupt nicht wissen würden, dass sie infiziert bzw. krank sind? Ohne diesen positiven Test hätten die getesteten Personen überhaupt nie etwas von diesem Virus erfahren. Nicht umsonst wird wohl im Volksmund gescherzt, dass symptomlose Menschen vor der Covid-19-Pandemie noch als „Gesunde“ bezeichnet wurden.

### 1.9 Sind symptomlose SARS-CoV-2-Träger ansteckend?

Eine Zeit lang wurde entgegen wissenschaftlichen Erkenntnissen und der allgemeinen Lebenserfahrung angenommen, dass asymptomatische SARS-CoV-2-Träger das Virus verbreiten könnten. Maria Van Kerkhove, Epidemiologin und Leiterin der Abteilung für neu auftretende Krankheiten in der WHO, erklärte hingegen am 8. Juni 2020 auf einer Pressekonferenz, dass Infektionen durch asymptomatische Träger von Covid-19 sehr selten sind: *„Wir haben eine Reihe von Länderberichten, in denen Kontakte detailliert verfolgt werden. Sie überwachen asymptomatische Fälle, überwachen (ihre) Kontakte und erkennen* ***keine Sekundärübertragung****. Dies kommt sehr selten vor und vieles davon wird nicht in der Literatur veröffentlicht.“*[28]

Diese Erkenntnisse werden ebenfalls durch eine am 20. November 2020 veröffentlichte wissenschaftliche Studie im Wissenschaftsmagazin „Nature“ bestätigt, in welcher festgestellt wurde, dass keine Einzige der 1174 Personen, die mit 300 asymptomatischen SARS-CoV-2-Trägern in engem Kontakt waren, sich mit dem Virus infizierte.[29]

Und auch der renommierte Epidemiologe Dr. Sucharit Bhakdi ist der Ansicht, dass es keinen wissenschaftlichen Beleg dafür gibt, *„dass symptomfreie Menschen ohne Husten und Fieber die Erkrankung verbreiten“*.[30]

---

[28] https://www.who.int/docs/default-source/coronaviruse/transcripts/who-audio-emergencies-coronavirus-press-conference-08jun2020.pdf?sfvrsn=f6fd460a_0#page=12 (00:34:04)

[29] Post-lockdown SARS-CoV-2 nucleic acid screening in nearly ten million residents of Wuhan, China (dt. SARS-CoV-2-Nukleinsäure-Screening nach dem Lockdown, bei fast zehn Millionen Einwohnern von Wuhan, China) https://www.nature.com/articles/s41467-020-19802-w

Gegen eine angebliche Ansteckung von asymptomatischen Menschen spricht neben wissenschaftlichen Erkenntnissen auch die Lebenserfahrung. Eine asymptomatische Übertragung durch Tröpfchen wurde in der gesamten Menschheitsgeschichte weder beobachtet, noch wissenschaftlich erwiesen. Wenn man keine Krankheitssymptome hatte, so wurde man schon immer als gesund und als nicht ansteckend angesehen. Niemandem ist auch nur in den Sinn gekommen, einen symptomlosen, gesunden Menschen als eine Gefahr für die Allgemeinheit anzusehen. Es ist absolut nicht ersichtlich, wieso dies jetzt mit Corona auf einmal anders sein sollte.

Nun könnte man an dieser Stelle einwenden, dass es bei HIV ebenfalls zu einer Ansteckung von symptomlosen Virusträgern kommen kann. Allerdings handelt es sich bei HIV zum einen nicht um eine Tröpfcheninfektion und zum anderen wirft HIV gewisse Fragen auf, die an einer späteren Stelle erörtert werden.

Wenn von symptomlosen Infizierten keinerlei Gefahr ausgeht und sie auch niemanden anstecken können, heißt dies im Umkehrschluss, dass nur von denjenigen Infizierten überhaupt eine Ansteckungsgefahr ausgehen kann, die auch gleichzeitig Covid-19-Symptome entwickelt haben. Damit wären Grundrechtsverletzungen und Grundrechtseinschränkungen in Form von „Schutzmaßnahmen“ (Lockdowns, Maskenpflicht, Kontakt- und Reiseverbote etc.) gegenüber symptomlosen SARS-CoV-2-Trägern unbegründet und ungerechtfertigt.

### 1.10 Gibt es einen wissenschaftlichen Beweis für eine Ansteckung mit SARS-CoV-2?

Dies ist in der Tat fraglich. Bislang gab es, allem Anschein nach, keine wissenschaftlichen Untersuchungen und Experimente bezüglich der Infektion mit SARS-CoV-2, so dass man auch nichts Belegbares darüber sagen kann, wie man sich mit dem vermeintlichen Virus infiziert oder es auf andere überträgt. Es wird lediglich vermutet und behauptet, dass das SARS-CoV-2 mittels Tröpfcheninfektion übertragen wird, was allerdings alles andere als ein

[30] Karina Reiss, Sucharit Bhakdi, Corona-Fehlalarm, Goldegg Verlag GmbH, Berlin, 2020

wissenschaftlicher Beweis ist. Die Experten konnten sich diesbezüglich nicht einigen und selbst die WHO sagte, dass es diesbezüglich keine zwingenden Beweise gäbe. [31]

Doch auch die Annahme, dass das neue Coronavirus durch Tröpfcheninfektion übertragen wird, erscheint nicht besonders schlüssig. Wie könnte andernfalls erklärt werden, dass zahlreiche Massendemonstrationen auf der gesamten Welt während der Pandemie ohne jegliche Konsequenzen geblieben sind?

Dabei dürften die Pandemiejahre 2020/21 wohl als Rekordjahre in der gesamten Menschheitsgeschichte in Sachen Demonstrationen und Protesten gewesen sein. Wie kann es sein, dass die zahlreichen weltweiten Massenproteste und Demonstrationen gegen die Covid-19-Maßnahmen und Diskriminierung von Ungeimpften auf der ganzen Welt, die BLM-Proteste, die monatelangen Massendemonstrationen wegen der Inhaftierung des Politikers Sergej Furgal in Khabarovsk, Russland, die Massenproteste in Weißrussland gegen Lukaschenko etc. überhaupt keinerlei Auswirkungen auf die Infektions- und Sterberaten in Zusammenhang mit Covid-19 gehabt haben - und das, obwohl Millionen von Menschen auf den Straßen waren, wobei die Maskenpflicht und die Abstandsregelungen größtenteils kaum oder überhaupt nicht eingehalten wurden? Auch wurden z. B. in Irland über den Sommer 2020 die Pubs wieder geöffnet und doch war nirgends ein Anstieg an Infektions- und Sterbezahlen in Zusammenhang mit Covid-19 erkennbar, obwohl man dadurch eigentlich ein SARS-CoV-2-„Superspreading" mit zahlreichen Covid-19-Leichenbergen hätte erwarten müssen.[32]

Dasselbe gilt auch für die EURO 2021, bei welcher die Stadien in England und Ungarn bis zum Rand hin mit über 60 000 Menschen gefüllt waren, die größtenteils keine Masken trugen und keine Abstände einhielten, woraufhin selbst die WHO ihre Sorgen äußerte und im Nachhinein dennoch nichts passiert ist.[33] [34]

---

[31] https://www.nature.com/articles/d41586-020-00974-w

[32] https://www.thetimes.co.uk/article/coronavirus-in-ireland-pubs-have-had-no-outbreaks-since-reopening-9gvvw7xsp

[33] https://www.kicker.de/volles-haus-in-ungarn-die-stimmung-ist-zurueck-mit-ihr-aber-auch-die-zweifel-807468/artikel

[34] https://www.trtworld.com/magazine/euro-2020-and-covid-19-who-voices-concern-over-crowded-stadiums-47762

Dies alles lässt erhebliche Zweifel aufkommen - und zwar nicht nur an der Gefährlichkeit von SARS-CoV-2, sondern auch an dessen Ansteckungsfähigkeit.

### 1.11 SARS-CoV-2 / Covid-19 ist mit Abstand nicht so gefährlich wie die Top Todesursachen

Laut dem Statistischen Bundesamt waren die häufigsten Todesursachen in Deutschland im Jahr 2020 die Herz-Kreislauf-Erkrankungen (331 200) und Krebs (231 300).[35]

An dritter Stelle könnte der Ärztepfusch stehen. Die Experten vom „Aktionsbündnis Patientensicherheit" sind sich einig, dass die Dunkelziffer hoch ist, so dass wegen Fehlern im Behandlungsverlauf allein in Deutschlands Kliniken bis zu 100.000 Menschen pro Jahr sterben würden.[36]

Die Anzahl der Todesursachen durch Krankheiten des Atmungssystems, zu welchen auch Covid-19 gehört, betrug 2020 hingegen 67 000.

Vielleicht sollte man sich ja, in Anbetracht dieser Tatsachen, vielmehr vor den Herz-Kreislauf-Erkrankungen, Krebs und Ärztepfusch in Acht nehmen, als vor einem relativ schwachen SARS-Cov-2, welchem 2020 in Deutschland 39 000 Todesopfer zugeschrieben wurden,[37] wobei unklar ist, ob diese Menschen **AN** oder **MIT** Covid-19 gestorben sind.

### 1.12 Wie gefährlich sind SARS-CoV-2-Mutationen?

Fraglich ist, ob die SARS-CoV-2-Mutationen gefährlicher als das Ursprungsvirus

---

[35] https://www.destatis.de/DE/Themen/Gesellschaft-Umwelt/Gesundheit/Todesursachen/_inhalt.html

[36] https://www.stuttgarter-zeitung.de/inhalt.statistik-zu-aerztepfusch-zahl-der-toten-durch-aerztefehler-stark-gestiegen.f3d76f93-0b0c-4c4f-8ad7-bd98d390d870.html

[37] https://www.spiegel.de/wissenschaft/mensch/corona-jahr-2020-keine-deutliche-uebersterblichkeit-in-deutschland-a-e4524a2e-cc59-44ff-b63a-86ed8bbcf81d

sind, bzw. überhaupt sein können.

Der Ex-Pfizer Direktor Michael Yeadon hält dies jedoch aus folgenden Gründen für unmöglich:

*„SARS-CoV-2 ist ein großes Virus mit etwa 30.000 RNA-Basen (10.000 Aminosäuren). Derzeit ist der größte Unterschied zwischen einer „mutierten Variante" und der ursprünglichen Wuhan-Sequenz auf 26 Nukleotid-Mutationen beschränkt. Die genomische Vielfalt von SARS-CoV-2, das auf verschiedenen Kontinenten im Umlauf ist, ist ziemlich einheitlich. Wir wissen, dass die Mutationsrate bei SARS-CoV-2 langsamer ist als bei anderen RNA-Viren, da es von einem Korrekturleseenzym profitiert, das potenziell tödliche Kopierfehler begrenzt. Bis heute haben diese Mutationen zu Veränderungen in weniger als 0,3 % der gesamten Virussequenz geführt. Alle Varianten ähneln daher derzeit zu 99,7 % der ursprünglichen Wuhan-Virussequenz. Bis heute belegen keine belastbaren wissenschaftlichen Beweise, dass eine der identifizierten Varianten übertragbarer oder tödlicher ist als das Original. Varianten sind per Definition klinisch identisch. Sobald es einen klinischen Unterschied gibt, ist ein neuer „Virusstamm" aufgetaucht. Vorkenntnisse über virale Mutationen zeigen, dass sie sich in der Regel dahingehend entwickeln, dass sie weniger tödlich und übertragbarer werden. Dies optimiert ihre Verbreitungschancen, da tote Wirte dazu neigen, keine Viren zu verbreiten, und sehr kranke Wirte eine eingeschränkte Mobilität haben und somit den Kontakt zu anderen einschränken".*[38]

### 1.13 Indien und die Delta-Variante

Schauen wir uns doch mal an dieser Stelle die Statistiken zu der angeblich gefährlichsten SARS-CoV-2-Mutante (Delta-Variante) an, welche in Indien laut diversen Medienberichten im April/Mai 2021 regelrecht gewütet haben soll, und ziehen einen Vergleich mit der Lage in Deutschland (Stichtag 23.07.2021). In Indien wurden bisher 419 470 Corona Tote erfasst.[39] Was zunächst nach viel klingt wird sofort stark relativiert, wenn man sich die Gesamtbevölkerung

---

[38] https://www.pandata.org/how-broad-is-covid-immunity/

[39] https://news.google.com/covid19/map?hl=de&mid=%2Fm%2F03rk0&gl=DE&ceid=DE%3Ade

Indiens ansieht und einen Vergleich mit Deutschland zieht. Indien hat eine Bevölkerung von 1,366 Milliarden, Deutschland von ca. 83 Millionen. Indien hat somit 16,45 Mal (1,366 Milliarden / 83 Millionen) so viel Einwohner als Deutschland.
In Deutschland wurden bisher 91 505 Coronatote erfasst.[40] Wenn Deutschland so viele Einwohner wie Indien hätte, dann würde Deutschland hochgerechnet ganze 1 505 257 Covid-19-Opfer vorweisen müssen. Somit sind in Deutschland, prozentual gesehen, bislang 3,58 Mal (1 505 157 / 419 470) mehr Menschen als Covid-19-Tote verzeichnet worden, als in Indien. Des Weiteren ist es recht eigenartig, dass die statistische Kurve der Deltavariante, welche am 06.05.2021 mit 414 433 Neuinfektionen ihren Höchststand hatte, sich relativ schnell wieder nach unten bewegte, so dass sie jetzt bei gerade mal 39 498 Neuinfektionen ist.[41] Wie kann es sein, dass der angeblich gefährlichsten Covid-19-Mutante so schnell wieder die Puste ausgeht?

### 1.14 Fazit

Das SARS-CoV-2 (einschließlich all seiner Mutationen) ist somit alles andere als ein „Killervirus" und kaum gefährlicher als eine mittelschwere Grippe. Es kann unter gewissen Umständen, wenn überhaupt, fast ausschließlich für Risikogruppen gefährlich werden, also hauptsächlich für Menschen, die über 70 Jahre alt sind und teilweise schwere und/oder mehrfache Vorerkrankungen haben. Dabei ist nicht klar, inwiefern das Virus tatsächlich ursächlich für das Ableben der Menschen ist, ob diese Menschen also in erster Linie an dem Virus, oder an ihren (Vor-)Erkrankungen sterben. Für diese Menschen ist jedoch selbst eine einfache Grippe bereits gefährlich, da sie in eine Pneumonie mit tödlichem Ausgang münden könnte. Dies ist an sich nichts neues, da jedes Jahr alte Menschen und/oder vorerkrankte Menschen an zahlreichen und diversen Lungenerkrankungen versterben und die Atemwegserkrankungen nach Herz-Kreislauf-Erkrankungen, Krebs und Ärztepfusch die vierthöchste Todesursache darstellen.

---

[40] https://news.google.com/covid19/map?hl=de&mid=/m/0345h&gl=DE&ceid=DE:de
[41] https://www.worldometers.info/coronavirus/country/india/ (Daily New Cases)

Da das SARS-CoV-2 für die meisten Menschen relativ harmlos ist, ist daher ebenfalls ersichtlich, dass die Pandemie nicht so schlimm sein konnte. In der Tat ist sogar fraglich, ob es überhaupt jemals eine Pandemie gegeben hat.

## 2. Gab bzw. gibt es überhaupt eine Pandemie?

Bei einer weltweiten bzw. landesweiten Pandemie ist zu erwarten, dass es zu einer Auslastung des Gesundheitssystems und einer deutlichen Übersterblichkeit kommt. Doch wie verhält es sich vorliegend damit?

### 2.1 Gab es eine Auslastung des Gesundheitssystems?

Die geringe Intensivbettenbelegung durch Covid-19-Patienten und die Tatsache, dass zu keinem Zeitpunkt eine Überlastung der Krankenhäuser bzw. des Gesundheitssystems wegen Covid-19 gegeben war, deutet darauf hin, dass man es nie mit einem gefährlichen Virus bzw. einer gefährlichen Pandemie zu tun hatte.

So hat z. B. eine Analyse der Routinedaten von 307 Krankenhäusern der Initiative Qualitätsmedizin (IQM, Datenstand Mai 2021) folgendes ergeben:

*„Im gesamten Jahr 2020 wurden insgesamt 13,3 % weniger Patienten im Krankenhaus behandelt als 2019. In den ersten 23 Kalenderwochen des Jahres 2021 blieb die Fallzahl 21,6 % hinter dem Vergleichszeitraum 2019 zurück. Auch die Gesamtzahl der SARI-Fälle, Intensivfälle und Beatmungsfälle blieb im Untersuchungszeitraum unter den Zahlen aus 2019“*.[42]

Und eine weitere Auswertung der IQM von Abrechnungsdaten der 421 Kliniken kam zu dem Ergebnis, dass die Zahl der in Deutschland im ersten Pandemiehalbjahr 2020 stationär behandelten SARI-Fälle (SARI = severe acute respiratory infection, dt. schwere Atemwegserkrankungen) sogar viel geringer gewesen ist, als im ersten Halbjahr 2019:

*„Überraschenderweise war die SARI-Fallzahl im ersten Halbjahr 2019 mit*

---

[42] https://www.initiative-qualitaetsmedizin.de/covid-19-pandemie

*221.841 Fällen höher als 2020 mit insgesamt 187.174 Fällen, obwohl darin auch die Covid-bedingten SARI-Fälle mit eingeschlossen wurden"*.

Dasselbe betrifft auch die Zahl der Intensivfälle, der Beatmungsfälle, sowie aller anderen Krankenhauspatienten:

*„Im ersten Halbjahr 2020 wurden deutlich weniger Patienten im Krankenhaus behandelt als 2019. Auch die Gesamtzahl der SARI-Fälle, Intensivfälle und Beatmungsfälle war zu jedem Zeitpunkt geringer als 2019"*.

Schließlich gelangt die Auswertung zum Ergebnis, dass *„zu keinem Zeitpunkt ... in den beteiligten Krankenhäusern ein Kapazitätsengpass messbar"* gewesen ist.[43]

Wenn Covid-19 angeblich eine schlimme Atemwegserkrankung ist, wie ist es dann möglich, dass inmitten der angeblich so schlimmen Covid-19-Pandemie 2020 weniger Patienten mit Atemwegserkrankungen behandelt wurden, als im Vorjahr?

Und auch der Vorstandsvorsitzende der Deutschen Krankenhausgesellschaft, Gerald Gaß, ist der Ansicht, dass das deutsche Gesundheitssystem sehr leistungsfähig ist und die *„andauernden Überlastungsszenarien – auch von medizinischen Verbänden und Experten"* in Krankenhäusern und auf Intensivstationen *„nicht zielführend"* gewesen sind. Im Rahmen der dritten Welle hätte es selbst dann keine Überlastung gegeben, wenn man mehr Covid-19-Patienten als auf dem Höhepunkt der zweiten Welle gehabt hätte.[44] [45]

Die Autorengruppe um Prof. Dr. med. Matthias Schrappe kam in ihrem Thesenpapier „Zur intensivmedizinischen Versorgung in der SARS-2/CoViD-19-Epidemie" vom 17.05.2021 ebenfalls zum Ergebnis, dass es zu keiner Zeit eine Auslastung des Gesundheitssystems gegeben hat:[46]

---

[43] https://www.initiative-qualitaetsmedizin.de/effekte-der-sars-cov-2-pandemie-auf-die-stationaere-versorgung-im-ersten-halbjahr-2020
[44] https://www.nordbayern.de/politik/krankenhausgesellschaft-keine-uberlastung-der-kliniken-in-sicht-1.10971503
[45] https://www.bild.de/politik/inland/politik-inland/lockdown-debatte-dkg-chef-gass-keine-ueberlastung-der-kliniken-in-sicht-75942170.bild.html
[46] http://www.welt.de/bin/thesenpapier_adhoc3_210517_bn-231203575.pdf

*„Im Jahr 2020 wurden zur Behandlung von CoViD-19-Patienten durchschnittlich 2 % der stationären und 4 % der intensivmedizinischen Kapazitäten – bei deutlichen Differenzen in zeitlicher und räumlicher Hinsicht – genutzt.*

Trotz Bettenreduzierung hätte Deutschland *„immer noch erhebliche Überkapazitäten in der stationären Versorgung.* Patienten würden *„wegen ambulant behandelbarer Erkrankungen häufiger im Krankenhaus aufgenommen"* werden *„als in den meisten anderen EU-Länder*n".

Dabei würden die Corona-Patienten *„maximal ein Viertel aller Intensivpatienten ausmachen"*. Daher würde die Behauptung, dass *„alleine die CoViD-19-Patienten ... für die Überlastung der Intensivstationen verantwortlich sein"* würden, *„nur bedingt glaubwürdig"* sein.

Die Warnungen *„einer Fachgesellschaft, der Deutschen Interdisziplinären Vereinigung für Intensiv - und Notfallmedizin (DIVI), vor überfüllten Intensivstationen und „britischen Verhältnissen""* bedürften hingegen *„einer näheren Begründung, gerade wenn politische Entscheidungen (auch) auf der Grundlage dieser Rufe gefällt werden"*.

Die Arbeitsgruppe wies ebenso auf den Zusammenhang zwischen den Covid-Zulagen und den verschwundenen Intensivbetten hin:

*„Es wurden als Ausgleichszahlungen an die Krankenhäuser 10,2 Mrd. € und als Prämien für knapp 11.000 zusätzliche Intensiv-Betten 530 Mio. € ausgezahlt ... Die Zahl der Intensivbetten nimmt seit Sommer letzten Jahres ab, obwohl angesichts der „Triage"-Diskussion Anstrengungen zur Ausweitung der Intensivbettenkapazität zu erwarten gewesen wären. Diese Abnahme entspricht genau der Abnahme an freien Betten, so dass der Abfall der freien Betten eher als Folge einer Abnahme der Gesamtkapazität denn als eine Folge einer vermehrten Inanspruchnahme durch CoViD19-Patienten zu interpretieren ist. Es hat eine rückwirkende „Korrektur" der Intensivkapazitäten stattgefunden, die nicht mit der veränderten Zählweise zusammenhängt. Die Zahl der belegten Intensivbetten hat sich nicht verändert. Fragen zur Finanzierung, zur Bedeutung des Krankenhausplans und zu Freihalteprämien sowie deren Anreizwirkung bleiben offen"*.[47]

Der Bundesrechnungshof hat im Juni 2021 in seinem ersten Bericht über die Corona-Politik der Bundesregierung und dem Bundesgesundheitsministerium ähnliche Vorwürfe erhoben.

So hat der Rechnungshof bemängelt, *„dass der Bund zeitweise sechs Euro Erstattung für jede Schutzmaske zahlte, die Apotheken kostenlos an anspruchsberechtigte Bürger abgegeben haben".* Das Ministerium hätte *„bis heute keine nachvollziehbare Begründung zur Festlegung der an die Apotheken gezahlten Erstattungsbeträge vorgelegt".* Außerdem soll für Intensivbetten Geld geflossen sein, welche nicht belegt waren.[48]

Kliniken hätten während der „Pandemie" die Anzahl freier Intensivbetten künstlich reduziert, um dadurch von der Regierung Ausgleichszahlungen zu erhalten. Dabei hat der Bundesrechnungshof ein Schreiben des Robert Koch-Instituts an das Gesundheitsministerium vom 11. Januar zitiert, laut welchem die *„Krankenhäuser zum Teil weniger intensivmedizinische Behandlungsplätze meldeten, als tatsächlich vorhanden waren"*.[49]

So heißt es in dem Schreiben: *„Die aktuellen Ausgleichszahlungen seit Mitte November haben monetäre Anreize für eine veränderte Eingabe der Bettenkapazitäten geschaffen."* Daher würden in immer mehr Krankenhäusern nicht Intensiv-Ärzte, *„sondern Controller, also Pfennigfuchser, die Zahlen ans Intensivregister melden, ... „um monetäre Nachteile für den Standort zu vermeiden""*.

Das Intensivregister ist eine gemeinsame Datenbank des RKI und der Deutschen Interdisziplinären Vereinigung für Intensiv- und Notfallmedizin (DIVI). Die Datenbank sei durch die Verknüpfung des DIVI-Registers mit den Freihaltepauschalen „manipulationsanfällig", wovor das RKI den Bundesrechnungshof offenbar warnen wollte.

*„Tatsächlich konnten Kliniken seit dem 18. November genau dann in großem Stil*

---

[47] http://www.welt.de/bin/thesenpapier_adhoc3_210517_bn-231203575.pdf

[48] https://www.zdf.de/nachrichten/politik/corona-bundesrechnungshof-spahn-verschwendung-100.html

[49] https://www.tagesschau.de/investigativ/wdr/intensivbetten-daten-101.html

*Freihaltepauschalen kassieren, wenn es in ihrem Landkreis weniger als 25 Prozent freie Intensivbetten gab und die Corona-Inzidenz bei mindestens 70 lag"*, schreibt die Tagesschau.

*„Dass die Politik mit den Freihaltepauschalen womöglich die falschen finanziellen Anreize geschaffen hat, ist allerdings auch unter Intensivmedizinern ein offenes Geheimnis".*

Nach den Angaben des Chefarztes und Leiters der Intensivmedizin eines großen Klinikums in NRW habe *„die Priorisierung der Covid-Patienten über die Freihaltepauschalen dafür gesorgt, ... dass andere Patienten zu spät nötige Untersuchungen und Eingriffe bekommen hätten".*

Das Pandemiejahr 2020 ist aus finanzieller Sicht für die meisten Kliniken äußerst erfolgreich gewesen. Stefanie Stoff-Ahnis vom Vorstand des Spitzenverbands der gesetzlichen Krankenkassen bezeichnete es sogar als "*goldenes Jahr der Krankenhausfinanzierung*". *„Während die Behandlungsfälle um 13 Prozent gegenüber dem Vorjahr zurückgingen, stiegen die Erlöse für die Kliniken um 15 Prozent, oder in nackten Zahlen: Im Jahr 2020 flossen in die Kliniken 12,2 Milliarden Euro mehr als im Jahr 2019*".

Nach Ahnis seien *„viele Maßnahmen effektiv, aber nicht effizient". „So hätten in der ersten Welle alle möglichen Kliniken große Summen als Freihaltepauschalen erhalten, darunter auch solche spezialisierten Häuser wie reine Augenkliniken, die niemals einen Covid-Patienten behandelt hätten. Der Gesundheitssystemforscher Reinhard Busse von der TU Berlin berichtet zudem von einem Krankenhaus im Osten Deutschlands, dessen geplante Schließung um mehrere Monate verschoben worden sei"*, berichtet die Tagesschau.

Busse vermutet, dass dies auch auf die Pauschalen zurückzuführen ist, welche er als "*eine sehr großzügige Regelung*" bezeichnete. Dabei seien die Pauschalen *„nicht einmal an das Vorhandensein von Personal gekoppelt worden"*. Vor der Neuauflage der Regelung im November hätte er sich für eine andere Regelung ausgesprochen. Anstatt für leere Betten zu bezahlen würde er *„lieber jenen Krankenhäusern Geld geben, die gegenüber dem Vorjahr zusätzliche Patienten haben*".[50]

Und auch in den USA, dem Land mit den angeblich meisten Corona-Toten auf der Welt,[51] hatten viele Krankenhäuser trotz (oder gerade wegen) Covid-19 ein Erfolgsjahr mit dem Corona-Rettungsgeld der Regierung zu verzeichnen.

*„Im vergangenen Mai entließ Baylor Scott & White Health, das größte gemeinnützige Krankenhaussystem in Texas, 1.200 Mitarbeiter und beurlaubte andere, als es sich auf die Ausbreitung des damals neuartigen Coronavirus vorbereitete.*

*Die Absage lukrativer elektiver Eingriffe, als sich das Krankenhaus auf die Behandlung einer neuen und weniger profitablen Infektionskrankheit konzentrierte, kündigte finanzielle Notlage, wenn nicht sogar Ruin an. Die Regierung überstürzte 454 Millionen Dollar an Hilfsgeldern, um ihre Operationen zu unterstützen.*

*Aber Baylor überstand nicht nur die Krise, es gedieh. Bis Ende 2020 hatte Baylor einen Überschuss von 815 Millionen US-Dollar angehäuft - 20 Millionen US-Dollar mehr als im Jahr 2019, wodurch eine Operative Marge von 7,5 % geschaffen wurde, um die die meisten Krankenhäuser in den heißesten Epochen beneidet würden, wie eine KHN-Prüfung des Jahresabschlusses zeigt.*

*Wie Baylor verzeichneten* ***einige der reichsten Krankenhäuser und Gesundheitssysteme des Landes Hunderte von Millionen Dollar an Überschüssen****, nachdem sie den Löwenanteil der Rettungszuschüsse des Bundes für das Gesundheitswesen erhalten hatten, wie ihre Aufzeichnungen zeigen. Dazu gehörten die Mayo Clinic, Pittsburghs UPMC und NYU Langone Health."* [52]

---

[50] https://www.tagesschau.de/investigativ/wdr/intensivbetten-daten-101.html

[51] https://de.statista.com/statistik/daten/studie/1100818/umfrage/todesfaelle-aufgrund-des-coronavirus-2019-ncov-nach-laendern/

[52] https://chicago.suntimes.com/2021/4/5/22368096/hospitals-covid-relief-baylor-mayo-clinic-commonspirit-health-cares-act-upmc-nyu-langone-coronavirus

## 2.2 Kurzarbeit und Schließung von Krankenhäusern

Dass die Pandemie ausgeblieben ist, beweist auch, dass 2020 viele Krankenhausmitarbeiter in Kurzarbeit geschickt wurden und 20 Krankenhäuser sogar schließen mussten.[53] [54]

Und auch 2021 sind bundesweit mehr als 30 Krankenhäuser von der Schließung bedroht.[55]

## 2.3 Die Tanzpandemie

Dass das medizinische Personal eindeutig unterbeschäftigt gewesen ist bezeugt auch, dass während der ersten Corona-Welle und Lockdowns im Frühling 2020 zahlreiche Videos von tanzenden Ärzten und Krankenschwestern um die Welt gingen.[56] Wenn es wirklich eine gefährliche Pandemie gegeben hätte, so hätte das medizinische Personal wohl kaum Zeit und Muße dafür gehabt, um die Tanz-Choreografien einzustudieren und Tanzvideos aufzunehmen, und wäre vielmehr damit beschäftigt, sich um zahlreiche Covid-19-Patienten zu kümmern und Corona-Leichenberge zu beseitigen.

Dasselbe gilt auch für die „Jerusalema Challenge“ während der zweiten, angeblich viel schlimmeren, Corona-Welle im Herbst/Winter 2020/2021, bei welcher bundesweit zahlreiche Krankenhäuser mitgemacht haben, deren Mitarbeiter mehrere Tage lang die Tanz-Choreografie einstudierten und davon sogar teilweise professionelle Aufnahmen machen ließen.[57]

## 2.4 Regionale Unterschiede in Bezug auf Covid-19

---

53 https://www.immerda-intensivpflege.de/corona-kurzarbeit-krankenhaus-arztpraxen/

54 https://www.daserste.de/information/wirtschaft-boerse/plusminus/sendung/sr/Sendung-vom-17-02-2021-Kliniksterben-in-der-Pandemie-100.html

55 https://www.aerzteblatt.de/nachrichten/122735/Buendnis-warnt-vor-mehr-als-30-Klinikschliessungen

56 https://www.youtube.com/watch?v=yhUAJRYA3bk

57 https://www.youtube.com/results?search_query=jerusalema+challenge+krankenhaus+deutschland

Es ist bekannt, dass Covid-19 in den meisten Regionen relativ harmlos verlaufen ist.
In China, welches als Ursprungsland des SARS-CoV-2 bekannt ist, ist Covid-19 sogar nach relativ kurzer Zeit ganz verschwunden. So wurde z. B. in der chinesischen Riesenmetropole Wuhan, wo die Pandemie angeblich ausgebrochen sein soll, zwischen dem 14. Mai und dem 1. Juni 2020 ein stadtweites SARS-CoV-2-Nukleinsäure-Screening-Programm durchgeführt, an dem alle Stadtbewohner ab sechs Jahren teilnahmeberechtigt waren und 9.899.828 Menschen, also ganze 92,9 % der Stadtbevölkerung, daran teilnahmen, wobei keine neuen symptomatischen Fälle und lediglich 300 asymptomatische Fälle identifiziert wurden.[58]
Fraglich ist, wie ein angeblich gefährliches Virus, das angeblich Covid-19 verursacht, überhaupt einfach so, nach so kurzer Zeit und wohlgemerkt ganz ohne Impfstoffe verschwinden kann, während der Rest der Welt damit auch heute noch zu kämpfen hat, trotz Mehrfachimpfungen.

Fraglich ist auch, wieso es in bestimmten, wenigen Regionen, wie z. B. New York oder Bergamo erhöhte Mortalitätsraten in Bezug auf Covid-19 verzeichnet worden sind, während in anderen Regionen die „Pandemie" scheinbar spurlos verlaufen ist.

Da ein bestimmtes Virus überall auf der Welt jeweils die gleichen Eigenschaften und Folgen aufweisen muss und das SARS-CoV-2 mithin überall gleich gefährlich sein muss, ist davon auszugehen, dass eben nicht SARS-CoV-2, sondern in erster Linie andere Faktoren bei der regional erhöhten Covid-19-Mortalitätsrate eine wesentliche Rolle gespielt haben. Diese könnten u. a. sein: Eine höhere Altersstruktur, hohe Luftverschmutzung, Elektrosmog, mangelnde Hygiene, nosokomiale Infektionen (Krankenhausinfektionen), überforderte Krankenhäuser, schlechte Gesundheitssysteme, Fehldiagnosen, Behandlungsfehler, Fehlbehandlungen, nicht notwendige künstliche Beatmungen, falsche Zählweise und finanzielle Fehlanreize.[59]
So sind z. B. Wuhan und Bergamo (und allgemein China und Italien) als Regionen bekannt, in welchen die Luft stark verschmutzt ist. Nicht umsonst

---

[58] https://www.nature.com/articles/s41467-020-19802-w
[59] https://www.wodarg.com/frage-antwort-q-a/

wird in der Presse Italien in Sachen Luftverschmutzung als das „China Europas" bezeichnet.[60]

Wissenschaftler sehen hierbei einen eindeutigen Zusammenhang zwischen Luftverschmutzung und Atemwegsinfektionen, sowie allgemein zwischen Luftverschmutzung und Mortalität.[61] [62] [63]

Lungenerkrankungen sind in Norditalien gut bekannt und nichts Neues.
So gab es bereits im September 2018 eine Vielzahl an Lungenentzündungen.[64]
Außerdem ist bekannt, dass Italien die älteste Bevölkerung in der EU hat und dass das italienische Gesundheitssystem überlastet ist.[65] [66]
Somit könnten gleich mehrere Gründe kumulativ eine entscheidende Rolle für eine höhere Mortalität in bestimmten Regionen gespielt haben, die nichts bzw. nur bedingt was mit SARS-CoV-2 bzw. Covid-19 zu tun gehabt haben könnten.

Wie kann es außerdem sein, dass der gesamte afrikanische Kontinent, mit Ausnahme von Südafrika, von der „Pandemie" praktisch verschont worden ist? [67]
So hat z. B. Nigeria, das mit Abstand bevölkerungsreichste afrikanische Land, in welchem mehr als 206 Millionen Menschen leben, lediglich 2 130 Corona Opfer zu verzeichnen.
In Kongo, mit über 89 Millionen Einwohnern, sollen nur 1021 Menschen an

---

[60] https://www.tagesspiegel.de/gesellschaft/panorama/luftverschmutzung-beim-smog-ist-italien-das-china-europas/12668866.html
[61] https://www.quarks.de/gesundheit/medizin/ist-feinstaub-schuld-an-den-vielen-todesfaellen-in-italien/
[62] https://www.medrxiv.org/content/10.1101/2020.04.05.20054502v2
[63] https://www.atsjournals.org/doi/full/10.1513/AnnalsATS.201810-691OC?url_ver=Z39.88-2003&rfr_id=ori%3Arid%3Acrossref.org&rfr_dat=cr_pub++0pubmed&
[64] https://www.aerzteblatt.de/nachrichten/97750/Vielzahl-an-Lungenentzuendungen-beunruhigen-Behoerden-in-Norditalien
[65] https://de.statista.com/statistik/daten/studie/248981/umfrage/altersstruktur-in-den-eu-laendern/
[66] https://www.swp.de/panorama/coronavirus-italien-aktuell-wieso-sterben-in-italien-so-viele-an-corona-wieso-hat-italien-so-viele-infizierte-zahlen-tote-gruende-45080326.html
[67] Die folgenden Berechnungen und Vergleiche haben den Stand vom 23.07.2021

oder mit Covid-19 gestorben sein. In Niger, mit über 24 Millionen Einwohnern, soll es bislang lediglich 195 Tote gegeben haben und in Tansania, mit über 59 Millionen Einwohnern, lediglich 21.
Südafrika (über 59 Millionen Einwohner), eins der reichsten und stabilsten Länder Afrikas, hat hingegen mit 68 000 Covid-19-Opfern die mit Abstand meisten Coronatoten in ganz Afrika zu verzeichnen, wobei alle angrenzenden Nachbarländer (Namibia, Botswana Zimbabwe, Mosambik), denen es wirtschaftlich viel schlechter geht, und die weitaus weniger entwickelt sind, zusammengenommen lediglich ca. 7 000 Coronatote zählen.[68]
Interessant ist auch, dass wenn man die Covid-19-Opfer aller afrikanischen Länder, mit Ausnahme von Südafrika, zusammenrechnet, man dennoch bei Weitem nicht an die Gesamtzahl von den deutschen Coronatoten (aktuell: über 91 000) herankommt.[69] [70] [71]

Die asiatischen Länder scheinen auch kaum von der „Pandemie“ betroffen zu sein.
Laos (mit über 7 Millionen Einwohnern) hat lediglich 5 Coronatote zu verzeichnen, die Region Hongkong (mit 7,5 Millionen Einwohnern) 212, Thailand (mit knapp 70 Millionen Einwohnern) 3 811, Südkorea (mit über 51 Millionen Einwohnern) 2 066, Japan (mit über 126 Millionen Einwohnern) 15 097 und Vietnam (mit über 96 Millionen Einwohnern) 370.
Besonders hervorzuheben ist China, das Ursprungsland der „Pandemie“, welches mit knapp 1,4 Milliarden Menschen das bevölkerungsreichste Land auf der Welt ist und bis heute lediglich 4 636 Coronatote zu verzeichnen hat.[72]

Wie es aussieht, hat die „Pandemie“, entgegen aller Erwartungen, die ärmeren Regionen der Welt bzw. Entwicklungsländer viel mehr verschont, obwohl sich das Virus gerade dort wie ein Lauffeuer hätte ausbreiten müssen, da diese oft

---

[68] https://worldpopulationreview.com/country-rankings/richest-african-countries
[69] https://www.bbc.com/news/world-51235105
[70] https://www.worldometers.info/population/countries-in-africa-by-population/
[71] https://news.google.com/covid19/map?hl=en-AU&mid=/m/0345h&gl=AU&ceid=AU:en
[72] https://news.google.com/covid19/map?hl=en-AU&mid=%2Fm%2F0fbp0&gl=AU&ceid=AU%3Aen

erhebliche Probleme mit der Hygiene, ein viel schlechteres Medizinsystem und eine weitaus größere Bevölkerungsdichte als die westlichen Länder aufweisen. Wie kann es dann sein, dass gerade die USA, eines der am meisten entwickelten Länder der Welt weltweit die meisten Corona-Toten (über 607 000) zu verzeichnen hat?[73]

Dieser Widerspruch lässt sich unter epidemiologischen Gesichtspunkten nicht erklären, so dass der Verdacht nahe liegt, dass das Virus vielmehr politischer, als gesundheitlicher Natur sein könnte. Das würde z. B. auch erklären, wieso in Australien, welches bei einer Bevölkerung von über 25 Millionen bis dato lediglich zusammengerechnet 915 Coronatote aufweist,[74] dennoch regelmäßig die wohl drakonischsten „Schutzmaßnahmen" verhängt werden.
Zum Vergleich - Deutschland hatte bei einer Bevölkerung von ca. 82 Millionen Einwohnern während einer einzigen Grippesaison 2017/2018 25 000 Grippetote zu verzeichnen, ohne dass irgendwelche Maßnahmen ergriffen wurden und ohne dass es jemanden wirklich interessiert hätte.[75]

Um es mit den Worten des Shakespeares literarischen Helden Hamlet auszudrücken: „Etwas ist faul im Staate Dänemark".

## 2.5 Sommerpause und „Zweite Welle"

Covid-19 ist über den gesamten Sommer 2020 und 2021 praktisch verschwunden- und das, obwohl über den ganzen Sommer die Covid-19-Maßnahmen überall stark gelockert wurden. Wahrscheinlich hat das „gefährliche Killervirus" eine Sommerpause eingelegt und ist in den Urlaub gefahren, was sehr vielen Menschen aufgrund der Panikmache und den „Schutzmaßnahmen" verwehrt worden ist.

Es ist außerdem bekannt, dass jeden Winter eine neue Saison von Coronaviren kommt, die, ähnlich wie die Grippevirensaison, bis zum Frühjahr nächsten

---

[73] https://news.google.com/covid19/map?hl=en-AU&mid=%2Fm%2F09c7w0&gl=AU&ceid=AU%3Aen
[74] https://news.google.com/covid19/map?hl=en-AU&mid=%2Fm%2F0chghy&gl=AU&ceid=AU%3Aen
[75] https://www.tagesschau.de/inland/grippe-129.html

Jahres andauert.[76] Daher ist anzunehmen, dass die neue Coronavirensaison der Öffentlichkeit im Winter 2020/2021 als eine „zweite Welle“ verkauft wurde, bei der die Todeszahlen kumulativ zur ersten Welle (im Frühling 2020) hinzugerechnet wurden, wohl um einen gefährlicheren Eindruck zu erzeugen. Eigenartigerweise werden Grippeopfer hingegen immer saisonal und nie kumulativ gezählt, was natürlich viel mehr Sinn macht, da respiratorische Viralen Infektionen (zu denen auch Coronaviren zählen) jeweils saisonal auftreten.[77] Es sieht somit ganz danach aus, dass die „Corona-Sommerpause“ nichts anderes als das Ende der alten und die „zweite Welle“ der Anfang einer neuen Coronavirensaison (in deren Reihen sich auch das SARS-CoV-2 befunden hat) gewesen ist.

### 2.6 Lebenserfahrung und gesunder Menschenverstand

Die persönliche Lebenserfahrung spricht ebenfalls dafür, dass man es nie mit einer gefährlichen Pandemie zu tun hatte. Kaum einem ist jemand aus dem persönlichen Umfeld bekannt, der an oder mit Covid-19 gestorben ist bzw. intensiv behandelt werden musste. Wenn wirklich eine schlimme Pandemie durch das Land wüten würde, dann hätte man an jeder Ecke Leichenberge vorfinden müssen, wie es z. B. zu Zeiten der Pest der Fall gewesen ist. Die Menschen würden sich aus Angst freiwillig zu Hause einsperren, Masken tragen und sich von anderen Menschen distanzieren, so dass jegliche aufgezwungene „Schutzmaßnahmen“ der Regierung überhaupt nicht nötig wären. Dasselbe gilt auch für die Impfkampagnen. Die meisten Menschen würden Schlange stehen, um sich so schnell wie möglich impfen zu lassen und die Impfbereitschaft müsste nicht erst durch die Inaussichtstellung der Zurückerlangung sämtlicher Grundrechte künstlich angekurbelt werden.

### 2.7 Wo ist die Grippe hin?

Wie kann es sein, dass die Grippe zeitgleich zur Corona-Pandemie weltweit praktisch verschwunden ist? [78] [79]

---

[76] https://www.condair.de/medizinische-studien/saisonalitaet-der-respiratorischen-viralen-infektionen
[77] https://www.condair.de/medizinische-studien/saisonalitaet-der-respiratorischen-viralen-infektionen

So wurden z. B. in den gesamten USA, in der aktuellen Grippesaison 2020/2021, nur rund 700 Todesfälle durch die Influenza gezählt, wohingegen es im Vorjahr noch über 22.000 gewesen sind.

Und in Deutschland gab es lediglich knapp 560 Influenza-Fälle während der gesamten Grippe-Saison, was in keiner Relation zu den mehr als 186.000 Fällen aus dem Vorjahr steht.[80]

Es wird zwar in Erwägung gezogen, dass die Covid-19 Schutzmaßnahmen (Lockdowns, Maskenpflicht, Abstandsregelungen, Ausgangssperren, Kontaktbeschränkungen- bzw. Verbote etc.) dafür verantwortlich wären, allerdings ist nicht ersichtlich, wieso sie bei Covid-19 längst nicht dieselbe Effektivität gezeigt haben, obwohl angenommen wird, dass sowohl Influenza, als auch SARS-CoV-2 auf die genau gleiche Art und Weise, über Tröpfcheninfektion, übertragen wird. Mit anderen Worten- wenn durch die Schutzmaßnahmen die Grippe fast ausgerottet wurde, dann müsste dies genauso für Covid-19 gelten.

Kann es vielleicht stattdessen sein, dass die Grippesaison nicht ausgefallen ist, sondern dass in Wirklichkeit die meisten Grippefälle als Covid-19-Fälle verzeichnet wurden?

Dafür spricht, dass selbst die CDC bemängelt, dass die PCR-Tests kaum zwischen Influenzaviren und SARS-CoV-2 unterscheiden können, so dass sie angekündigt hat, den Antrag auf Zulassung des „CDC-PCR-Diagnostic Panel“ nach dem 31. Dezember 2021 zurückzuziehen (und somit keine PCR-Tests mehr einzusetzen) und auf der anderen Seite Labore ermutigt *„die Einführung einer Multiplexmethode in Betracht zu ziehen, die den Nachweis und die Differenzierung von SARS-CoV-2- und Influenzaviren erleichtern kann.*

Dies würde *„kontinuierliche Tests sowohl auf Influenza, als auch auf SARS-CoV-*

---

[78] https://www.mdr.de/wissen/grippewelle-influenza-winter-fieber-husten-arztbesuch-sachsen-anhalt-thueringen-100.html
[79] https://www.scientificamerican.com/article/flu-has-disappeared-worldwide-during-the-covid-pandemic1/
[80] https://www.allgaeuer-zeitung.de/leben/rki-grippewelle-2020-2021-ausgefallen-corona-statt-influenza_arid-227367

*2 erleichtern, und .... sowohl Zeit als auch Ressourcen sparen"* können, *„während wir in die Influenza-Saison gehen"*.[81]

Des Weiteren ist bekannt, dass es keine eindeutigen, krankheitsspezifischen Symptome für Covid-19 gibt, da eine Lungenentzündung oder die Kombination von Fieber und Husten auch bei diversen anderen respiratorischen Erkrankungen auftreten kann. Daher ist auch keine klare Abgrenzung zu anderen respiratorischen Erkrankungen (u. a. auch Grippe) alleine anhand der Symptome nicht möglich. Auf diese Problematik wird ebenfalls in dem am 02.12.2020 veröffentlichten medizinischen Artikel „COVID-19, Influenza und -grippeähnliche Erkrankungen" hingewiesen:

*„Die «Grippe»-Welle im Winter 2020/2021 wird zur Herausforderung für Haus- und Spitalärzt/-innen. COVID-19 kann klinisch nicht von einer Influenza und anderen «grippe-ähnlichen» Erkrankungen unterschieden werden"*.[82]

Somit sieht es ganz danach aus, dass die meisten (wenn nicht alle) Grippe-Fälle als Corona-Fälle verzeichnet wurden bzw. werden.

## 2.8 Hat die Covid-19-Pandemie eine Übersterblichkeit verursacht?

Von einer gefährlichen Pandemie, die weltweit ihr Unwesen treibt, ist bestimmt zu erwarten, dass sich diese in der Reduktion der Weltbevölkerung bemerkbar macht, so wie es z. B. bei der Spanischen Grippe, welcher 20 bis 100 Millionen erlegen sind,[83] oder der Pest, welcher im Mittelalter 25 Millionen (etwa ein Drittel der damaligen europäischen Bevölkerung) zum Opfer fielen,[84] der Fall gewesen ist. Allerdings gibt es im Vergleich zu den Vorjahren keine signifikanten Unterschiede. Im Pandemiejahr 2020 ist sogar ein Bevölkerungszuwachs von 1,05 % (81,330,639 Millionen Menschen) in der Welt verzeichnet worden.[85]

---

[81] https://www.cdc.gov/csels/dls/locs/2021/07-21-2021-lab-alert-Changes_CDC_RT-PCR_SARS-CoV-2_Testing_1.html
[82] https://primary-hospital-care.ch/article/doi/phc-d.2020.10323
[83] https://de.wikipedia.org/wiki/Spanische_Grippe
[84] https://de.wikipedia.org/wiki/Schwarzer_Tod
[85] https://www.worldometers.info/world-population/world-population-by-

Und auch in Deutschland erlebten wir hierzulande einen kontinuierlichen Bevölkerungszuwachs während der „Pandemie“- 2019 wurden 83 517 045, 2020 83 783 942 und 2021 (Stichtag 15.08.2021) 84 085 742 Einwohner verzeichnet.[86]

Somit ist, unabhängig der Todesfallstatistiken, bereits klar, dass Covid-19 kein Killervirus ist, der in irgendeiner Art und Weise gefährlich für die Weltbevölkerung werden kann.

Des Weiteren sieht das Statistische Bundesamt in ganz Deutschland im gesamten Pandemiejahr 2020 *„höchstens eine leichte Übersterblichkeit“*.[87]

So sind 2020 bundesweit insgesamt 982 489, 2019 - 939 520 und 2018 - 954 874 Todesfälle verzeichnet worden.[88]

Fraglich ist jedoch, ob diese leichte Übersterblichkeit wirklich auf Covid-19 zurückzuführen ist. Dagegen spricht, dass, wenn die Covid-19 Pandemie wirklich eine schlimme Viruspandemie wäre, die Übersterblichkeit um einiges hätte höher ausfallen müssen. Außerdem könnte wohl kaum im Februar und März 2021 verzeichnet werden, dass die Sterbefallzahlen unter dem Durchschnitt der Vorjahre liegen.[89] [90]

Des Weiteren wurde, selbst während der „heißen Phasen“ der Pandemie im Frühjahr 2020, in manchen Teilen Deutschlands sogar eine Untersterblichkeit im Vergleich zu den Vorjahren festgestellt, die bis in den November 2020 anhielt:

---

year/

86 https://www.worldometers.info/world-population/germany-population/

87 https://www.spiegel.de/wissenschaft/mensch/corona-jahr-2020-keine-deutliche-uebersterblichkeit-in-deutschland-a-e4524a2e-cc59-44ff-b63a-86ed8bbcf81d

88 https://www.destatis.de/DE/Themen/Gesellschaft-Umwelt/Bevoelkerung/Sterbefaelle-Lebenserwartung/Tabellen/sonderauswertung-sterbefaelle.html?nn=209016

89 https://www.destatis.de/DE/Themen/Querschnitt/Corona/Gesellschaft/bevoelkerung-sterbefaelle.html

90 https://de.statista.com/infografik/21523/anzahl-der-sterbefaelle-in-deutschland/

*„Gute Nachricht zuerst: In Mitteldeutschland macht sich die Corona-Krise bislang eher positiv in den Sterbestatistiken bemerkbar. MDR AKTUELL hat die Datenbank des Statistischen Bundesamtes ausgewertet. Das Ergebnis: In diesem Jahr sind bislang in Sachsen, Sachsen-Anhalt und Thüringen etwa zwei Prozent weniger Menschen gestorben als im Schnitt der Vergleichszeiträume der vergangenen drei Jahre. Und das in allen Altersgruppen"*, berichtete der Mitteldeutsche Rundfunk.[91]

Wie kann so etwas sein, wo doch angeblich in Deutschland und auf der gesamten Welt eine Pandemie wütete?

Die Ursache für die leichte Übersterblichkeit in Deutschland im Jahr 2020 im Vergleich zu den Vorjahren ist somit allem Anschein nach weniger auf Covid-19, sondern vielmehr auf andere Ursachen zurückführen, wie z. B. die Kollateralschäden in Zusammenhang mit den Covid-19-„Schutzmaßnahmen" und der durch die Politiker und Medien verbreiteten Massenpanik, wodurch es u. a. vermehrt zu Angst, Stress, Vereinsamung, Depressionen, Suiziden, Verschiebung der Operationen, Intensivierung chronischer Erkrankungen, Bewegungsmangel, Vernichtung von Existenzen, Verarmung, Schwächung der Immunität, Vermeidung von Arztbesuchen wegen Ansteckungsangst, etc. gekommen ist. Dazu ist nicht mal ein einziger „echter" Covid-19-Todesfall nötig.

So ist z. B. das Amtsgericht Weimar in seinem Urteil vom 11.01.2021 zu dem Schluss gekommen, dass *„kein Zweifel daran bestehen"* kann, *„dass allein die Zahl der Todesfälle, die auf die Maßnahmen der Lockdown-Politik zurückzuführen sind, die Zahl der durch den Lockdown verhinderten Todesfälle um ein Vielfaches übersteigt"*.[92]

Des Weiteren könnte auch eine Verschiebung der Sterblichkeit bei der Erhöhung der Gesamtmortalität eine Rolle gespielt haben.

So hat z. B. die UNO bereits im Juni 2019 (lange vor dem Ausbruch der Pandemie) für das Jahr 2020 eine erhöhte Sterblichkeit für die gesamte Weltbevölkerung prognostiziert,[93] welche laut einem UN-Sprecher durch die

---

[91] https://www.mdr.de/nachrichten/deutschland/panorama/faktencheck-uebersterblichkeit-coronavirus-mitteldeutschland-100.html
[92] https://openjur.de/u/2316798.html
[93]

zunehmende Bevölkerungsalterung und den Bevölkerungswachstum in der Vergangenheit erklärt werden könnte.[94]

Und auch eine wissenschaftliche Studie mit dem Titel "Mortality in Norway and Sweden before and after the Covid-19 outbreak: a cohort study" (dt. Mortalität in Norwegen und Schweden vor und nach dem Covid-19-Ausbruch: eine Kohortenstudie), welche im November 2020 veröffentlicht wurde, ist zu dem Ergebnis gekommen, dass in Schweden der *„beobachtete Anstieg der Gesamtmortalität während Covid-19 teilweise auf eine niedrigere als erwartete Mortalität vor der Epidemie ... zurückzuführen"* sei, was *„auf eine Verschiebung der Sterblichkeit hindeuten"* könne.[95]

Bezogen auf Deutschland stellen wir fest, dass es im Jahr 2019 (939 520) im Vergleich zum Jahr 2018 (954 874) eine deutliche Untersterblichkeit gibt,[96] so dass auch im vorliegenden Fall es wahrscheinlich ist, dass eine Verschiebung der Sterblichkeit ins Jahr 2020 erfolgt ist.

Die Statistik sagt uns außerdem, dass in Deutschland 2020 ein Überschuss von 255.299 an über 80-Jährigen im Vergleich zu 2019 verzeichnet wurde, was ebenfalls für eine Verschiebung der Sterblichkeit ins Jahr 2020 spricht.[97]

### 2.9 Fazit

Somit sieht es ganz danach aus, dass es zu keiner Zeit eine gefährliche

---

https://population.un.org/wpp/Download/Files/1_Indicators%20(Standard)/EXCEL_FILES/5_Interpolated/WPP2019_INT_F01_ANNUAL_DEMOGRAPHIC_INDICATORS.xlsx

[94] https://www.reuters.com/article/uk-factcheck-death-rates-idUSKCN26D0YP

[95] https://www.medrxiv.org/content/10.1101/2020.11.11.20229708v1#disqus_thread

[96] https://www.destatis.de/DE/Themen/Gesellschaft-Umwelt/Bevoelkerung/Sterbefaelle-Lebenserwartung/Tabellen/sonderauswertung-sterbefaelle.html?nn=209016

[97] https://www.destatis.de/DE/Themen/Gesellschaft-Umwelt/Bevoelkerung/Bevoelkerungsstand/Tabellen/liste-altersgruppen.html

Pandemie bzw. eine epidemische Lage von nationaler Tragweite gegeben hat, welche vom Bundestag am 25. März 2020 ausgerufen und bis heute nicht aufgehoben wurde.
An dieser Stelle könnte man natürlich einwenden, dass womöglich die staatlichen Schutzmaßnahmen die Pandemie eingedämmt haben und dazu führten, dass die Übersterblichkeit im Zaun gehalten wurde und nicht ausuferte. Dies soll im Folgenden erörtert werden.

## 3. Waren die Covid-19-Schutzmaßnahmen wirksam?

Fraglich ist, ob die sogenannten „Schutzmaßnahmen" überhaupt wirksam gewesen sind und dazu beigetragen haben, dass sich das SARS-CoV-2 weniger verbreitet hat und die Menschen folglich weniger an Covid-19 erkrankt sind.

Da jedoch bereits erörtert wurde, dass von den (potenziellen) symptomlosen SARS-CoV-2 Trägern keinerlei Ansteckungsgefahr ausgeht, kann bereits alleine aus dieser Erkenntnis und an dieser Stelle gefolgert werden, dass alle Covid-19-„Schutzmaßnahmen" in Form von Lockdowns, Geschäftsschließungen, Abstandsregelungen, Maskenpflicht, Ausgangs- und Kontaktbeschränkungen, Reisebeschränkungen, Schließung der Geschäfte etc., sowohl gegenüber den Nicht-Infizierten, als auch gegenüber den asymptomatischen SARS-CoV-2-Trägern, die den absoluten Großteil der Bevölkerung bilden, überhaupt nichts gebracht haben und absolut unnötig und ungerechtfertigt gewesen sind. Stattdessen wäre es wohl viel sinnvoller gewesen, wenn man die Schutzmaßnahmen ausschließlich auf symptomatische SARS-CoV-2-Fälle beschränkt und sich intensiver um den Schutz von Risikogruppen gekümmert hätte.

Fraglich bleibt daher, ob die verhängten Maßnahmen zumindest in Bezug auf symptomatische SARS-CoV-2-Fälle und Risikogruppen wirksam und gerechtfertigt waren.

### 3.1 Die Abrechnung des Amtsgerichts Weimar mit den Corona-„Schutzmaßnahmen" der Regierung

Am 11.01.2021 hat das Amtsgericht Weimar einen Mann freigesprochen, der im April 2020 gegen die Corona-Auflagen verstoßen hatte. Dabei hat der Amtsrichter ein vernichtendes Urteil bezüglich der Corona-Politik der Regierung gefällt und den Lockdown als eine *„katastrophale politische Fehlentscheidung“* bezeichnet:

*„Bei der von der Landesregierung im Frühjahr (und jetzt erneut) verfolgten Politik des Lockdowns, deren wesentlicher Bestandteil das allgemeine Kontaktverbot war (und ist), handelt es sich um eine katastrophale politische Fehlentscheidung mit dramatischen Konsequenzen für nahezu alle Lebensbereiche der Menschen, für die Gesellschaft, für den Staat und für die Länder des Globalen Südens.“*

Das Gericht ist außerdem zu dem Schluss gekommen, dass

- im Frühjahr 2020 in Deutschland zu keinem Zeitpunkt ein allgemeiner Gesundheitsnotstand bzw. *„eine konkrete Gefahr der Überlastung des Gesundheitssystems durch eine "Welle" von Covid-19-Patienten“* bestand.
- die Infektionssterblichkeit an oder mit Covid-19 nicht höher ist, als bei einer *„mittelschweren Influenzapandemie“*.
- der Altersdurchschnitt der an oder mit SARS-CoV-2-Verstorbenen in Deutschland 84 Jahre beträgt.
- der im Herbst 2020 verhängte und inzwischen mehrfach verlängerte Lockdown bestätigt, dass Lockdowns nicht in der Lage sind *„das Infektionsgeschehen und insbesondere die Zahl der tödlich verlaufenden Fälle“* signifikant zu beeinflussen.
- die Lockdown-Politik der Regierung und das allgemeine Kontaktverbot illegal sind.
- das allgemeine Kontaktverbot verfassungswidrig ist, da es gegen die Menschenwürde verstößt.
- die Kollateralschäden durch die Maßnahmen in keinem Verhältnis zu dem „Schutz“ der Bürger stehen.

Das Urteil basiert auf wissenschaftlichen Erkenntnissen, die im Rahmen dieser Arbeit ebenfalls größtenteils berücksichtigt werden, und enthält zahlreiche nützliche Informationen und Verlinkungen.[98]

## 3.2 Haben die Lockdowns was gebracht?

In Bezug auf den ersten Lockdown hat das AG Weimar auf Grundlage der Angaben des RKI festgestellt, dass seit Mitte März, also noch vor der Einführung des Lockdowns am 22.03.2020, die Zahl der Neuinfektionen rückläufig gewesen ist.

*„Der Höhepunkt der COVID-19-Neuerkrankungen (Erkrankungsbeginn = Beginn der klinischen Symptome) war bereits am 18.03.2020 erreicht. Dies ergibt sich aus einer Grafik, die seit dem 15.04.2020 täglich in den Situationsberichten des Robert Koch-Instituts veröffentlicht wurde und die den zeitlichen Verlauf der Neuerkrankungen zeigt (z. B. Lagebericht vom 16.04.2020, S. 6, Abb. 6). Bringt man hier noch die laut Robert Koch-Institut durchschnittliche Inkubationszeit von 5 Tagen in Abzug, ergibt sich als Tag des Höhepunktes der Neuinfektionen der 13.03.2020. Zum Zeitpunkt des Beginns des Lockdowns am 22.03.2020 sank damit die Zahl der Neuinfektionen bereits seit 10 Tagen.*
*Vor dem Lockdown gab es dementsprechend auch keine exponentielle Steigerung der Neuinfektionen.*
*Wie sich aus dem Epidemiologischen Bulletin 17/2020 des Robert Koch-Instituts, veröffentlicht am 15.04.2020, ergibt, sank die effektive Reproduktionszahl R nach den Berechnungen des RKI bereits am 21.03.2020 unter den Wert 1*[99] *und blieb dann mit kleineren Schwankungen ungefähr bei 1. Da nach den Erläuterungen des Robert Koch-Instituts (Erläuterung der Schätzung der zeitlich variierenden Reproduktionszahl R*[100]*) die an einem bestimmten Tag berichtete Reproduktionszahl die Neuinfektionen im Zeitraum 13 bis 8 Tage vor diesem Tag beschreibt, ist diese Zeitverzögerung noch in Abzug zu bringen, so dass danach der R-Wert (bei einer Korrektur um 10 Tage) bereits am 11. März unter 1 lag, was obigem Befund zum Höhepunkt der Neuinfektionen entspricht“.*[101]

---

98 https://openjur.de/u/2316798.html

99 https://edoc.rki.de/bitstream/handle/176904/6650.2/17_2020_2.Artikel.pdf?sequence=3&isAllowed=y

100 https://www.rki.de/DE/Content/InfAZ/N/Neuartiges_Coronavirus/Projekte_RKI/R-Wert-Erlaeuterung.pdf?__blob=publicationFile

Zu einem ähnlichen Ergebnis kommt auch Dr. Stefan Homburg, welcher in seinem Diskussionspapier N.671[102], das am 13.04.2020 veröffentlicht wurde, die Wirksamkeit der Lockdowns in einer Reihe von Ländern nach der ersten Covid-19-Welle erörtert hat.
Dabei hat Dr. Homburg Länder, die einen Lockdown einführten (Deutschland, Österreich, Schweiz, Italien, Spanien und USA) mit Ländern, die keinen Lockdown einführten (Schweden und Südkorea) verglichen, und ist dabei zum Ergebnis gekommen, dass die Lockdowns *„überflüssig und ineffektiv"* waren.

Im Rahmen des Diskussionspapiers wurde auch die zeitliche Verzögerung von 23 Tagen zwischen der SARS-CoV-2-Infektion und Covid-19-Tod berücksichtigt, wodurch die Zeitpunkte der tatsächlichen Infektionen bestimmt werden konnten.

Folgende Werte wurden im Rahmen der Covid-19-Mortalität ermittelt:

| Länder mit Lockdown | Mortalitätsrate der SARS-CoV-2-Infizierten |
|---|---|
| Österreich | 0.005 % |
| Schweiz | 0.015 % |
| Deutschland | 0.005 % |
| Spanien | 0.039 % |
| Italien | 0.035 % |
| Großbritannien | 0.023 % |
| USA | 0.010 % |

| Länder ohne Lockdown | Mortalitätsrate der SARS-CoV-2-Infizierten |
|---|---|
| Südkorea | 0.001 % |
| Schweden | 0.012 % |

---

[101] vgl. Kuhbandner, Warum die Wirksamkeit des Lockdowns wissenschaftlich nicht bewiesen ist, https://www.heise.de/tp/features/Warum-die-Wirksamkeit-des-Lockdowns-wissenschaftlich-nicht-bewiesen-ist-4992909.html?seite=all
[102] Effectiveness of Corona Lockdowns: Evidence for a Number of Countries, Discussion Paper No. 671 https://diskussionspapiere.wiwi.uni-hannover.de/pdf_bib/dp-671.pdf

*„Die Sterblichkeit in Südkorea und Schweden ist unauffällig. Südkorea hat die niedrigste Sterblichkeit aller Länder, und die schwedische Sterblichkeit hat einen Zwischenwert. Natürlich setzte Südkorea aggressive Verfolgung ein, Schweden jedoch nicht. Beide Länder hielten ihre Bars, Schulen und Geschäfte während der gesamten Krise offen, litten jedoch nicht unter „exponentiellem Wachstum" jeglicher Art"*, so Dr. Homburg.

Bezüglich der Lockdowns hat Dr. Homburg festgestellt, dass diese in allen Ländern jeweils nach dem Infektionswendepunkt eingeführt wurden, also zu einem Zeitpunkt, als die Infektionen bereits zurückgingen:

| Land | Wendepunkt | Lockdown |
|---|---|---|
| Österreich | 14 März | 16 März |
| Schweiz | 12 März | 16 März |
| Deutschland | 15 März | 23 März |
| Spanien | 9 März | 13 März |
| Italien | 6 März | 11 März |
| Südkorea | 3 März | — |
| Schweden | 16 März | — |
| Großbritannien | 17 März | 23 März |
| USA | 18 März | 21 März |

Da auch die Infektionen in Südkorea und Schweden ohne jegliche Lockdowns zurückgingen, sei darauf zu schließen, dass *„Länder mit Lockdowns im Vergleich zu Ländern, die Lockdowns verweigerten, in Bezug auf tödliche Folgen keine bessere Leistung erbrachten"* und dass „jede Pandemie eher einem logistischen als einem exponentiellen Wachstumspfad folgt".

Michael Levitt, Nobelpreisträger und Professor für Informatik und Strukturbiologie an der Stanford Medical School, welcher die Entwicklung der Pandemie genau beobachtete, hat ebenfalls zu keinem Zeitpunkt ein exponentielles Infektionswachstum feststellen können und bezeichnete die weltweite Lockdown-Politik als *„einen großen Fehler"*.[103]

---

[103] https://www.propertychronicle.com/nobel-laureate-michael-levitt-on-the-lockdowns-i-think-it-is-a-huge-mistake/

Zu einem ähnlichen Schluss kommt auch eine ökologische Studie, welche am 05.03.2021 in „Nature" veröffentlicht wurde.[104] Die Studie hat Daten von https://www.google.com/covid19/mobility/, https://ourworldindata.org/ und https://covid.saude.gov.br/ seit Anfang der Pandemie bis August 2020 verglichen und ausgewertet und ist zu dem Ergebnis gekommen, dass etwa 98% der Vergleiche in 87 verschiedenen Regionen der Welt keine Hinweise darauf gaben, dass die Zahl der Todesfälle pro Million durch das zu Hause bleiben reduziert wird.

Im August 2020 wurde in der Fachzeitschrift „EClinicalMedicine" eine wissenschaftliche Beobachtungsstudie veröffentlicht, in welcher die 50 Länder mit den meisten registrierten Fällen von Covid-19 zum Stichtag 01.05.2020 untersucht und Daten aus öffentlich zugänglichen Zahlen ausgewertet wurden.[105]
Dabei kam die Studie zum folgenden Ergebnis:
*„Schnelle Grenzschließungen, vollständige Sperrungen (Lockdowns, Anm. d. Verf.) und weit verbreitete Tests waren nicht mit der COVID-19-Mortalität pro Million Menschen verbunden"*, was bedeutet, dass keine Korrelation und somit auch keine Ursächlichkeit zwischen diesen Maßnahmen und Covid-19-Todesfällen festgestellt werden konnte.
Dagegen ist jedoch ein Zusammenhang von zunehmenden Covid-19-Fällen und Ländern mit höherer Fettleibigkeit, dem Durchschnittsalter der Bevölkerung, dem Ausmaß der Einkommensunterschiede und dem Bruttoinlandsprodukt pro Kopf festgestellt worden.

Eine andere wissenschaftliche Studie, welche im November 2020 veröffentlicht wurde[106] und offizielle Daten aller Länder bzw. Bundesstaaten oder Bundesländer, aus denen mindestens 10 Todesfälle hervorgingen, untersuchte,

---

[104] Stay-at-home policy is a case of exception fallacy: an internet-based ecological study
https://www.nature.com/articles/s41598-021-84092-1
[105] Chaudhry, A country level analysis measuring the impact of government actions, country preparedness and socioeconomic factors on COVID-19 mortality and related health outcomes
https://www.thelancet.com/journals/eclinm/article/PIIS2589-5370(20)30208-X/fulltext
[106] De Larochelambert, Covid-19 Mortality: A Matter of Vulnerability Among Nations Facing Limited Margins of Adaptation
https://www.frontiersin.org/articles/10.3389/fpubh.2020.604339/full

kam zu einem ähnlichen Ergebnis:

*„Die nationalen Kriterien, die am häufigsten mit der Sterblichkeitsrate in Verbindung gebracht werden, sind die Lebenserwartung und ihre Verlangsamung, der Kontext der öffentlichen Gesundheit, ... die Wirtschaft (Wachstumsprodukt, finanzielle Unterstützung) und die Umwelt ... Die Strenge der Maßnahmen zur Bekämpfung der Pandemie, einschließlich der Lockdowns, schien nicht mit der Sterblichkeitsrate verbunden zu sein".*

Zu einem ähnlichen Schluss kommt ebenfalls eine Studie von Professor John P. A. Ioannidis et. al., welche sich mit der möglichen Ursächlichkeit von nichtpharmazeutischen Interventionen (NPI) auf die Verbreitung von Covid-19 beschäftigte und im Dezember 2020 veröffentlicht wurde.[107]
Darin wurde das Covid-19-Fallwachstum in Schweden und Südkorea, zwei Länder, in denen keine Lockdowns und keine Unternehmensschließungen verhängt wurden, mit anderen acht Ländern (England, Frankreich, Deutschland, Iran, Italien, Niederlande, Spanien und den Vereinigten Staaten), in welchen die Lockdowns eingeführt wurden, verglichen.
Dabei wurde festgestellt, dass es in keinem Land einen *„signifikanten positiven Effekt von mrNPIs (restriktiven nicht-pharmazeutischen Interventionen, wie z. B. Lockdowns oder Kontaktbeschränkungen, Anm. d. Verf.) auf das Fallwachstum"* gibt.
So wurde z. B. ermittelt, dass England im Vergleich zu Schweden 16 % und im Vergleich zu Südkorea sogar 23 % mehr positive Covid-19-Fälle vorwies.

In Bezug auf den zweiten Lockdown im Herbst 2020 kommt das AG Weimar zu folgendem Schluss:

*„Auch der im November zunächst nur für einen Monat ("Wellenbrecherlockdown") angeordnete und inzwischen zweimal verlängerte Lockdown erbringt offensichtlich noch einmal den Beweis, dass sich mit Lockdowns das Infektionsgeschehen und insbesondere die Zahl der tödlich*

---

[107] Bendavid/Ioannidis, Assessing mandatory stay-at-home and business closure effects on the spread of COVID-19 (dt.Bewertung der Auswirkungen von obligatorischen häuslichen Ausgangssperren und Geschäftsschließungen auf die Verbreitung von COVID-19)
https://onlinelibrary.wiley.com/doi/epdf/10.1111/eci.13484

*verlaufenden Fälle nicht signifikant beeinflussen lässt."*[108]

Dabei bezieht es sich u. a. auf das Thesenpapier der Autorengruppe um Prof. Dr. med. Matthias Schrappe.

Diese kommt nämlich zu dem Ergebnis, dass die Lockdown-Politik der Regierung völlig wirkungslos geblieben ist:

*„Es kommt hinzu, dass die bislang von der politischen Führung präferierte allgemeine Präventionsstrategie nicht zu einem Erfolg geführt hat: Die Lockdown-Politik ist gerade für die vulnerablen Gruppen wirkungslos. Die vorübergehende Abflachung der Meldezahlen vor Weihnachten war in allen Altersgruppen zu beobachten, nur nicht in den höheren Altersgruppen über 85 Jahre. Es besteht die paradoxe Situation, dass eine mit hohen gesellschaftlichen Kosten verbundene Lockdown-Politik durchgesetzt wird, ohne andere Optionen in Betracht zu ziehen und über einen dringend notwendigen Strategiewechsel überhaupt nur nachzudenken, obwohl die am stärksten Betroffenen, die höheren Altersgruppen und Pflegeheimbewohner/Innen, durch einen Lockdown nicht geschützt werden."*[109]

### 3.3 Wurde bzw. wird durch das allgemeine Kontaktverbot die Menschenwürde verletzt?

Das AG Weimar hat in seinem Urteil vom 11.01.2021 nicht nur die Lockdown-Politik der Regierung für unrechtmäßig erklärt, sondern auch festgestellt, dass das allgemeine Kontaktverbot verfassungswidrig ist, indem es gegen die Menschenwürde verstößt, da der Staat seine Bürger als Objekte betrachtet, die mit Zwang auf Abstand gebracht werden müssen und den Bürgern die grundlegende Freiheit der Selbstbestimmung genommen wird, selbst zu entscheiden, welchen Risiken sie sich aussetzen wollen.

---

108 https://openjur.de/u/2316798.html

109 http://www.matthias.schrappe.com/index_htm_files/Thesenpap7_210110_endfass.pdf (S.5)

Als Beurteilungsmaßstab diente hierbei die sog. Objektformel, nach welcher die Menschenwürde betroffen ist, wenn der Mensch zum bloßen Objekt herabgewürdigt wird:

*„Hinzu kommt und als gesondert zu würdigender Aspekt ist zu beachten, dass der Staat mit dem allgemeinen Kontaktverbot zum Zwecke des Infektionsschutzes jeden Bürger als potentiellen Gefährder der Gesundheit Dritter behandelt. Wird jeder Bürger als Gefährder betrachtet, vor dem andere geschützt werden müssen, wird ihm zugleich die Möglichkeit genommen, zu entscheiden, welchen Risiken er sich selbst aussetzt, was eine grundlegende Freiheit darstellt. Ob die Bürgerin abends ein Café oder eine Bar besucht und um der Geselligkeit und Lebensfreude willen das Risiko einer Infektion mit einem Atemwegsvirus in Kauf nimmt oder ob sie vorsichtiger ist, weil sie ein geschwächtes Immunsystem hat und deshalb lieber zu Hause bleibt, ist ihr unter der Geltung eines allgemeinen Kontaktverbotes nicht mehr zur Entscheidung überlassen. Das freie Subjekt, das selbst Verantwortung für seine und die Gesundheit seiner Mitmenschen übernimmt, ist insoweit suspendiert. Alle Bürger werden vom Staat als potentielle Gefahrenquellen für andere und damit als Objekte betrachtet, die mit staatlichem Zwang "auf Abstand" gebracht werden müssen.*

*Mit der Feststellung, dass mit dem allgemeinen Kontaktverbot ein Tabu verletzt und der Bürger als Objekt behandelt wird, ist allerdings noch nicht entschieden, ob damit die Menschenwürde verletzt ist. Im Rahmen der wertenden Gesamtwürdigung ist die Frage zu beantworten, ob grundsätzlich Umstände denkbar wären, unter denen ein allgemeines Kontaktverbot dennoch als mit der Würde der Menschen vereinbar angesehen werden könnte. Da eine Tabuverletzung im Bereich grundrechtseingreifenden Handeln des Staates allenfalls zur Abwendung einer ganz außergewöhnlichen Notlage hinnehmbar erscheint, wäre dies nur bei einem allgemeinen Gesundheitsnotstand – einem drohenden flächendeckenden Zusammenbruch des Gesundheitssystems durch Überlastung bzw. der Drohung von Todesfällen in vollkommen anderen Dimensionen als bei den regelmäßig vorkommenden Grippewellen – und auch nur dann gegeben, sofern von dem tabuverletzenden Grundrechtseingriff ein substantieller Beitrag zur Abwendung oder Begrenzung des Notstandes zu erwarten wäre. Beides war nicht der Fall. Dass im Frühjahr kein allgemeiner Gesundheitsnotstand in Deutschland bestand, wurde bereits gezeigt. Dass von einem allgemeinen Kontaktverbot kein substantieller Beitrag zur positiven Beeinflussung einer Epidemie zu erwarten ist, wird unter V. noch näher ausgeführt. Unter den tatsächlich gegebenen Umständen verletzt der Staat danach mit einem allgemeinen Kontaktverbot den mit der Menschenwürde bezeichneten Achtungsanspruch der Bürger."* [110]

### 3.4 Bringen die Masken was?

Fraglich ist, ob es wissenschaftliche Beweise dafür gibt, dass Masken sich selbst und/oder andere Menschen vor einer möglichen Ansteckung mit Covid-19 oder einer anderen Infektionskrankheit schützen. Zahlreiche Experten und wissenschaftliche Studien haben dies nämlich nicht feststellen können.

So kommt z. B. eine wissenschaftliche Metastudie, welche von der CDC im Mai 2020 veröffentlicht wurde,[111] zu folgendem Ergebnis:

*„Wir haben keine Beweise dafür gefunden, dass Gesichtsmasken vom chirurgischen Typ die im Labor bestätigte Influenzaübertragung wirksam reduzieren, entweder wenn sie von infizierten Personen (Quellenkontrolle) oder von Personen in der Allgemeingemeinschaft getragen werden, um ihre Anfälligkeit zu verringern".*

Und eine, im April 2020 veröffentlichte, wissenschaftliche Studie kommt bezüglich des verordneten Maskenzwangs zum folgenden Schluss:

*„Die Evidenz ist nicht stark genug, um die weit verbreitete Verwendung von Gesichtsmasken als Schutzmaßnahme gegen Covid-19 zu unterstützen."* [112]

Die Klinik für Infektiologie/Spitalhygiene im Kantonsspital St.Gallen hat in ihrem

---

[110] https://openjur.de/u/2316798.html Zi 43-45
[111] Jingyi Xiao et.al. Nonpharmaceutical Measures for Pandemic Influenza in Nonhealthcare Settings—Personal Protective and Environmental Measures (dt. Nichtpharmazeutische Maßnahmen gegen pandemische Influenza in Einrichtungen außerhalb des Gesundheitswesens - persönliche Schutz- und Umweltmaßnahmen) https://wwwnc.cdc.gov/eid/article/26/5/19-0994_article
[112] Facemasks and similar barriers to prevent respiratory illness such as COVID-19: A rapid systematic review (dt. Gesichtsmasken und ähnliche Hindernisse zur Vorbeugung von Atemwegserkrankungen wie COVID-19: Eine schnelle systematische Überprüfung) https://www.medrxiv.org/content/10.1101/2020.04.01.20049528v1

Artikel „Atemschutzmasken für alle – Medienhype oder unverzichtbar?" festgestellt, dass Masken nicht dabei helfen die Luftübertragung von SARS-CoV-2 zu reduzieren und dass Hygienemaßnahmen viel wichtiger sind: [113]

*„Die Frage ist nun, ob Masken die Übertragung über die Luft verhindern können. Und vor allem, ob dieser mögliche Effekt auch relevant sei. Hier stützten wir uns zunächst auf die epidemiologische Analyse der WHO.[114] Laut dieser stellten die Epidemiologen fest, dass das Corona-Virus im Wesentlichen durch Kontakt und Tröpfchen übertragen wird. Der Beitrag von Aerosolen bei der Übertragung sei vernachlässigbar".*

Die Klinik kommt zu dem Schluss, dass die Empfehlungen des schweizerischen Bundesamts für Gesundheit *„sinnvoll" seien* und dass die *„seit Jahren für Viruskrankheiten der Atemwege etablierten Erkenntnisse"* der Klinik *„auch für Coronaviren anwendbar"* wären:

- *„Wer keine Symptome (Husten, Schnupfen) hat, muss zum Schutze anderer auch keine Maske tragen.*
- *Masken reduzieren das Übertragungsrisiko einer erkrankten Person dann, wenn sie hustet.*
- *In den Stunden vor Symptombeginn, in der eine Person schon durch Kontakt ansteckend sein kann, wird diese Ansteckung durch das Tragen von Masken nicht verhindert.*
- *Für andere Personen scheint nach all dem, was wir wissen, das Tragen einer Maske nicht notwendig zu sein.*
- *Die häufigste Virusübertragung erfolgt durch Kontakt. Hygienemaßnahmen bleiben die wichtigste Präventionsmaßnahme."*

Eine im November 2020 veröffentlichte dänische Studie kam zum Ergebnis, dass in einer Umgebung, *„in der das Tragen von Masken ungewöhnlich war und nicht zu anderen empfohlenen Maßnahmen der öffentlichen Gesundheit im Zusammenhang mit COVID-19 gehörte"*, auch die Empfehlung, eine

---

[113] https://infekt.ch/2020/04/atemschutzmasken-fuer-alle-medienhype-oder-unverzichtbar/
[114] WHO-Report, 28.2.20, S.8
https://www.who.int/docs/default-source/coronaviruse/who-china-joint-mission-on-covid-19-final- report.pdf

chirurgische Maske, unter anderem außerhalb des Hauses, zu tragen, die Inzidenz einer SARS-CoV-2-Infektion nicht verringerte. [115]

Die Forschergruppe von „RationalGround.com", die aus Datenanalysten, Informatikern und Aktuaren besteht und eine Vielzahl von Daten bezüglich der aktuellen Corona-Krise liefert, hat eine Analyse aller 50 US-Bundesstaaten hinsichtlich der Maskenpflicht über einen Zeitraum von 229 Tagen, vom 1. Mai bis zum 15. Dezember durchgeführt. Dabei haben sie Bundesstaaten mit einer Maskenpflicht gegenüber Bundesstaaten ohne eine Maskenpflicht verglichen und festgestellt, dass Orte, an denen eine Maskenpflicht verordnet war, im Schnitt 27 Covid-19-Fälle pro Tag pro 100.000 Menschen zu verzeichnen hatten, wohingegen Orte, an denen keine Maskenpflicht verordnet war, lediglich 17 Covid-19-Fälle pro Tag pro 100.000 Menschen aufwiesen.[116] [117]

Der wissenschaftliche Artikel "Why Face Masks Don't Work: A Revealing Review" (dt. Warum Gesichtsmasken nicht funktionieren: Eine aufschlussreiche Rezension) von John Hardie, BDS, MSc, PhD, FRCDC, erschien bereits im Oktober 2016 und kam zum folgenden Ergebnis:

*„Der Hauptgrund für das Tragen von Gesichtsmasken ist der Schutz des Zahnarztes vor Krankheitserregern in der Luft. Diese Überprüfung hat ergeben, dass Gesichtsmasken nicht in der Lage sind, ein solches Schutzniveau zu bieten. Wenn die Zentren für die Kontrolle und Prävention von Krankheiten, nationale und provinzielle Zahnärzteverbände und Aufsichtsbehörden diese Tatsache nicht öffentlich zugeben, werden sie schuldig sein, einen Mythos aufrechtzuerhalten, der dem Zahnarztberuf und seinen Patienten einen schlechten Dienst leistet."* [118]

---

[115] Effectiveness of Adding a Mask Recommendation to Other Public Health Measures to Prevent SARS-CoV-2 Infection in Danish Mask Wearers https://www.acpjournals.org/doi/10.7326/M20-6817

[116] https://twitter.com/justin_hart/status/1340725086278434821?ref_src=twsrc%5Etfw%7Ctwcamp%5Etweetembed%7Ctwterm%5E1340725086278434821%7Ctwgr%5E%7Ctwcon%5Es1_&ref_url=https%3A%2F%2F

[117] https://www.conservativereview.com/horowitz-comprehensive-analysis-of-50-states-shows-greater-spread-with-mask-mandates-2649589520.html

[118] https://web.archive.org/web/20200509053953/https:/www.oralhealthgroup.c

Interessanterweise wurde dieser Artikel während der Covid-19-Pandemie wieder zurückgezogen, da er wohl nicht länger dem offiziellen Narrativ entsprach.

Das Europäische Zentrum für Prävention und Kontrolle von Krankheiten (ECDC) hat ebenfalls festgestellt, dass es „kaum Belege" für die Schutzwirkung von Masken gibt:

*„Die Evidenz bezüglich der Wirksamkeit von medizinischen Gesichtsmasken zur Vorbeugung von COVID-19 in der Gemeinschaft ist mit einer geringen bis mäßigen Schutzwirkung vereinbar, es bestehen jedoch immer noch erhebliche Unsicherheiten hinsichtlich des Ausmaßes dieser Wirkung. Es gibt kaum Belege für die Wirksamkeit nichtmedizinischer Gesichtsmasken, Gesichtsschutz / Visiere und Atemschutzgeräte in der Gemeinde."*[119]

Und auch die schweizerische Regierung hat seit dem Beginn der Corona-Krise verlautbaren lassen, dass es keine Beweise dafür gibt, dass Masken das SARS-CoV-2 eindämmen können.

Die Neue Züricher Zeitung schrieb dazu am 06.04.2020:

*„Es gibt keine gesicherten Befunde, ob das breite Tragen von Hygienemasken bei der Eindämmung des Coronavirus hilft: Das ist seit Beginn der Krise in der Schweiz die Botschaft des Bundes; am Ende der vergangenen Woche war sie erneut zu hören. Der Bund empfiehlt Masken nur für speziell exponierte Personen, wie etwa Gesundheitspersonal und gewisse Erkrankte ... Der Bund hat immerhin offizielle ausländische Empfehlungen auf seiner Seite. Auch die Weltgesundheitsorganisation empfiehlt keinen Massengebrauch von Masken."*[120]

Schwedens Chefepidemiologe Anders Tegnell ist von dem Nutzen der Masken ebenfalls alles andere als überzeugt:

---

om/features/face-masks-dont-work-revealing-review/

[119] Using face masks in the community: first update - Effectiveness in reducing transmission of COVID-19 https://www.ecdc.europa.eu/en/publications-data/using-face-masks-community-reducing-covid-19-transmission

[120] https://www.nzz.ch/wirtschaft/coronavirus-was-masken-laut-studien-wirklich-bringen-ld.1550427

*"Das Resultat, das man durch die Masken erzeugen konnte, ist noch sehr schwach. Überraschend schwach, obwohl so viele Menschen sie weltweit tragen. Und es überrascht auch, dass wir nicht mehr oder bessere Studien darüber haben, welche Effekte die Masken tatsächlich herbeiführen".*

Andere Länder, wie Spanien und Belgien hätten ihre Bevölkerung Masken tragen lassen und die Infektionszahlen seien dennoch hochgegangen.

*„Zu glauben, dass Masken unser Problem lösen können, ist jedenfalls sehr gefährlich"*, so Tegnell im „Bild"-Interview im August 2020.[121]

Selbst Prof. Dr. Christian Drosten hat im Interview beim RBB am 30.01.2020 verlautbaren lassen, dass sich das SARS-CoV-2 mit einer Maske nicht aufhalten lässt:

*„Damit (mit der Maske) hält man das (Virus) nicht auf. Wir können nochmal separat drüber reden, aber die technischen Daten dazu sind nicht gut, für das Aufhalten mit der Maske."*[122]

Und sogar sein Kollege Karl Lauterbach schätzt die Erfolgsaussichten durch das Maskentragen als gering ein. Im ZDF-Talk bei Markus Lanz hat er Folgendes von sich gegeben:

*„Lüften bringt viel mehr als diese Masken, die gegen Aerosole gar nicht schützen".*[123]

Dr. Anthony Fauci, der Direktor des U.S. National Institute of Allergy and Infectious Diseases und der leitende medizinische Berater des US-Präsidenten, hat ebenfalls noch Anfang März 2020 behauptet, dass es keinen Grund dafür gäbe, in der Öffentlichkeit mit einer Maske rumzulaufen und dass Masken nicht den "*perfekten Schutz*" gegen die Ansteckung mit dem Virus bieten, wie die Leute denken, [124] [125] bevor er wenig später seine Meinung komplett änderte

---

[121] https://www.bild.de/video/clip/news-ausland/schwedischer-epidemiologe-anders-tegnell-zu-glauben-dass-masken-das-problem-loes-72322936.bild.html
[122] https://www.youtube.com/watch?v=J7Ic_bbRkXQ&feature=youtu.be
[123] https://www.waz.de/kultur/fernsehen/lauterbach-bei-lanz-lueften-bringt-mehr-als-maske-tragen-id230167846.html
[124] https://www.youtube.com/watch?v=PRa6t_e7dgI&t=0s
[125] https://www.mynews13.com/fl/orlando/news/2020/02/15/disease-expert--

und sagte, dass Menschen, die keine Masken tragen, eine *„weitere Ausbreitung der Infektion"* verursachen könnten.[126]

Die WHO hat zu Beginn der Pandemie ebenso verkündet, dass es keine Beweise dafür gibt, dass Masken gesunde Menschen schützen können. Christine Francis vom WHO-Hauptquartier für Infektionsprävention- und Kontrolle sagte dazu Folgendes:

*„Medizinische Masken wie diese können nicht allein gegen das neue Coronavirus schützen. Wenn Sie sie tragen, müssen Sie sie mit Händehygiene und anderen vorbeugenden Maßnahmen kombinieren. Die WHO empfiehlt die Verwendung von Masken nur in bestimmten Fällen. Wenn Sie Husten, Fieber und Atembeschwerden haben, sollten Sie eine Maske tragen und einen Arzt aufsuchen. Wenn Sie diese Symptome nicht haben, müssen Sie keine Masken tragen, da es keine Beweise dafür gibt, dass sie Menschen schützen, die nicht krank sind".*[127]

Des Weiteren hat „Die Welt" darüber berichtet, dass das Robert-Koch-Institut auf seiner Internetseite verlautbaren ließ, dass es keine wissenschaftlichen Belege dafür gibt, dass das Risiko einer Übertragung von Viren auf andere reduziert wird, *„wenn Menschen – auch ohne Symptome – vorsorglich eine Maske tragen"*.[128]

### 3.5 Können Masken überhaupt die SARS-CoV-2-Partikel aufhalten?

Es ist bekannt, dass Coronaviren und somit auch das SARS-CoV-2 eine Größe von maximal 160 Nanometer haben.[129] Es ist ebenso bekannt, dass die N-95 Masken, welche weitaus kleinere Maschen als medizinische bzw. chirurgische

---

flu-a-bigger-risk-in-the-us-than-coronavirus

[126] https://www.cnbc.com/2020/06/05/dr-anthony-fauci-says-americans-who-dont-wear-masks-may-propagate-the-spread-of-infection.html

[127] https://www.youtube.com/watch?v=Ded_AxFfJoQ

[128] https://www.welt.de/wissenschaft/article206979269/Corona-Robert-Koch-Institut-aendert-Einschaetzung-zu-Mundschutz.html

[129] https://www.lungenaerzte-im-netz.de/krankheiten/covid-19/schutz-vor-ansteckung/

Masken haben und somit viel weniger Partikel durchlassen, nur 95 % der luftgetragenen Partikel mit einem mittleren Durchmesser von über 300 Nanometer blockieren können.[130]

Die N-95 Masken entsprechen dabei den in Deutschland handelsüblichen FFP2 Masken, wobei die Filterleistung der N95-Masken sogar minimal besser sein soll.[131]

Alleine dadurch ist ersichtlich, dass selbst N-95 und FFP2 Masken SARS-CoV-2 nicht aufhalten und somit weder dem Eigenschutz noch dem Fremdschutz dienlich sein können.

Dr. Bhakdi hat ebenfalls festgestellt, dass Masken *„bekanntermaßen auch nicht vor Ansteckung"* schützen und dass die Viren durch sie *„wie durch ein offenes Fenster"* durchfliegen.[132]

Derselben Ansicht ist auch Denis G. Rancourt, Forscher an der Ontario Civil Liberties Association (OCLA.ca) und ehemaligen Professor an der Universität von Ottawa, Kanada, dessen Artikel „Masks Don't Work: A Review of Science Relevant to COVID-19 Social Policy" (dt. Masken funktionieren nicht: Ein Überblick über die Wissenschaft, die für die COVID-19-Sozialpolitik relevant ist) von „ResearchGate.net" Anfang Juni entfernt wurde, nachdem er über 400.000 Mal aufgerufen wurde.[133]

Rancourt hat die Entfernung seines Artikels folgendermaßen kommentiert:

*"Dies ist eine Zensur meiner wissenschaftlichen Arbeit, wie ich sie noch nie erlebt habe."*

In der Zusammenfassung des Artikels heißt es:

*„Es wurden umfangreiche randomisierte kontrollierte Studien (RCT) und*

---

[130] https://de.wikipedia.org/wiki/N95-Maske

[131] https://www.stuttgarter-nachrichten.de/inhalt.unterschied-ffp2-kn95-n95-mhsd.df8ef096-45b5-4cc7-94f1-c9f462140295.html

[132] Karina Reiss, Sucharit Bhakdi, Corona-Fehlalarm, Goldegg Verlag GmbH, Berlin, 2020

[133] https://www.rcreader.com/commentary/masks-dont-work-covid-a-review-of-science-relevant-to-covide-19-social-policy

*Metaanalysen von RCT-Studien durchgeführt, die alle zeigen, dass Masken und Atemschutzgeräte nicht gegen Influenza-ähnliche Erkrankungen der Atemwege oder Atemwegserkrankungen wirken, von denen angenommen wird, dass sie durch Tröpfchen- und Aerosolpartikel übertragen werden ...*

*Es wäre ein Paradox, wenn Masken und Atemschutzmasken funktionieren würden, wenn man bedenkt, was wir über virale Atemwegserkrankungen wissen: Der Hauptübertragungsweg sind Aerosolpartikel mit langer Verweilzeit (<2,5 μm), die zu fein sind, um blockiert zu werden ... Die infektiöse Dosis ist kleiner als ein Aerosolpartikel.*

*Der vorliegende Artikel über Masken zeigt, inwieweit Regierungen, Mainstream-Medien und institutionelle Propagandisten entscheiden können, in einem wissenschaftlichen Vakuum zu agieren oder nur unvollständige Wissenschaft auszuwählen, die ihren Interessen dient. Eine solche Rücksichtslosigkeit ist sicherlich auch bei der gegenwärtigen weltweiten Einsperrung von über 1 Milliarde Menschen (Lockdown, Anm. d. Verf.) der Fall, einem beispiellosen Experiment in der medizinischen und politischen Geschichte."* [134]

### 3.6 Kann das Tragen von Masken schädlich für die Gesundheit sein?

Eine, vom Institut für Anästhesiologie der Technischen Universität München Klinikum rechts der Isar im Jahr 2005 angenommene, Dissertation von Ulrike Butz kommt zum Ergebnis, dass das Tragen von medizinischen Masken gesundheitsschädigend sein kann[135]:

*„In der vorliegenden Studie wurde die Hypothese der Akkumulation von CO2 bei der Verwendung von chirurgischen Operationsmasken bewiesen. Die Akkumulation führte zu einer verstärkten Rückatmung von CO2 und dies führte wiederum zu einem signifikanten Anstieg von CO2 im Blut der getesteten Probanden".*[136]

---

[134] https://archive.org/details/covid-censorship-at-research-gate-2/mode/2up

[135] Rückatmung von Kohlendioxid bei Verwendung von Operationsmasken als hygienischer Mundschutz an medizinischem Fachpersonal https://mediatum.ub.tum.de/doc/602557/602557.pdf

Dies könne sowohl zu Hypoxämie (Sauerstoffmangel bzw. erniedrigter Sauerstoffgehalt im Blut), sowie zur Hyperkapnie (erhöhter Kohlenstoffdioxidgehalt im Blut) führen.

Die Hypoxämie kann eine Zunahme der Reaktionszeiten, Abnahme psychomotorischer Fähigkeiten, eine Steigerung der Reaktionszeit eine insgesamt eingeschränkte kognitive Leistungsfähigkeit, Atemnot und unter gewissen Umständen sogar eine pulmonale und rechtsseitige Herzinsuffizienz verursachen.

Und bei Kindern kann eine chronische Hypoxämie sogar verzögertes Wachstum, eine verzögerte neurologische Entwicklung und motorische Entwicklung, sowie eine verminderte Schlafqualität mit häufigen Schlafstörungen verursachen.[137]

Bei einer Hyperkapnie kann es anfangs zu einer Hautrötung, Muskelzuckungen, Extrasystolen und im fortgeschrittenen Stadium zu Panik, Krampfanfällen, Einschränkung verschiedener Hirnfunktionen, Bewusstseinsstörungen und sogar Koma (CO2-Narkose) kommen.[138] [139]

Eine wissenschaftliche Studie von Jonathan JY Ong et.al. kam zum Ergebnis, dass von 158 Mitarbeitern, des Gesundheitswesens, die eine N95-Gesichtsmaske und eine Schutzbrille trugen, ganze 128 Mitarbeiter (81,3 %) dadurch Kopfschmerzen bekommen haben bzw. sich bei ihnen eine bereits bestehende Kopfschmerzerkrankung verschärft hat. Die Mehrheit der Mitarbeiter war zwischen 21 und 35 Jahre alt.[140] [141]

---

[136] https://mediatum.ub.tum.de/doc/602557/602557.pdf S.41
[137] https://en.wikipedia.org/wiki/Hypoxemia#Signs_and_symptoms
[138] https://mediatum.ub.tum.de/doc/602557/602557.pdf S.43
[139] https://de.wikipedia.org/wiki/Hyperkapnie
[140] Headaches Associated With Personal Protective Equipment - A Cross-Sectional Study Among Frontline Healthcare Workers During COVID-19 (dt. Kopfschmerzen im Zusammenhang mit persönlicher Schutzausrüstung – Eine Querschnittsstudie unter Mitarbeitern des Gesundheitswesens an vorderster Front während COVID-19) https://pubmed.ncbi.nlm.nih.gov/32232837/
[141] https://headachejournal.onlinelibrary.wiley.com/doi/epdf/10.1111/head.13811

Selbst der Bundestagspräsident Wolfgang Schäuble (CDU) hält das Tragen von Masken für nicht ungefährlich.

In einer Hausmitteilung, in welcher er zwar das Tragen von Masken in allen Gebäuden des Bundestages empfohlen hat, hat Schäuble auch folgendes zum Ausdruck gebracht:

*"Bereits nach 30 Minuten Tragedauer kann es je nach Art der Mund-Nasen-Bedeckung zu einem signifikanten Anstieg der CO2-Werte im Blut kommen, da die ausgeatmete Luft unter Umständen nicht so gut entweichen kann. Ein ständiges Aus- und wieder Anziehen der Mund-Nasen-Bedeckung ist aber auch nicht sinnvoll, da so das Risiko einer Kontamination erhöht wird. Zwischendurch sollte man sie also zum Durchatmen eher unters Kinn schieben, aber weitertragen."* [142]

Was für Bundestagsabgeordnete gilt, gilt jedoch nicht für Kinder, die den ganzen Tag in der Schule die Masken tragen müssen, was man auch durchaus als Kindesmisshandlung ansehen könnte.

Das ständige Tragen einer Maske soll ebenfalls zu einem ernsthaften Problem der Mundhygiene führen, welches sich in allen Arten von Zahnkatastrophen wie Karies, Zahnfleischschwund und schlechten Atem äußert. Zahnärzte haben dafür den Begriff „Maskenmund“ geprägt.

Dr. Rob Ramondi, Zahnarzt und Mitbegründer von One Manhattan Dental, hat festgestellt, dass etwa 50 % der Patienten davon betroffen waren:

*"Wir sehen Entzündungen im Zahnfleisch von Menschen, die immer gesund waren, und Hohlräume bei Menschen, die sie noch nie zuvor hatten".*

Dr. Marc Sclafani, ein weiterer Mitbegründer von One Manhattan Dental, warnt davor, dass Zahnfleischerkrankungen - oder Parodontitis - letztendlich zu Schlaganfällen und einem erhöhten Risiko für Herzinfarkte führen können und dass der Mundgestank durch das Maskentragen ausgelöst werden kann, da dadurch die Trockenheit des Mundes erhöht und sich schlechte Bakterien

---

[142] https://www.focus.de/politik/deutschland/hausmitteilung-an-abgeordnete-bundestag-erklaert-bizarre-masken-empfehlung-und-rudert-jetzt-zurueck_id_12397938.html

ansammeln:

*"Menschen neigen dazu, durch den Mund anstatt durch die Nase zu atmen, während sie eine Maske tragen. Die Mundatmung verursacht den trockenen Mund, was zu einer Abnahme des Speichels führt - und Speichel ist das, was die Bakterien bekämpft und Ihre Zähne reinigt, ... die Säure im Mund neutralisiert und Karies und Zahnfleischerkrankungen vorbeugt".*[143]

In einer wissenschaftlichen Studie der „Arbeitsgruppe IMPFormation" wurden insgesamt 32 Masken von unterschiedlichen Personen, die ihre Masken unterschiedlich lange trugen, untersucht.[144]

Dabei wurde festgestellt, dass das längere Tragen *„sich negativ durch eine massive Keimbelastung auf die Gesundheit auswirken"* kann und dass selbst *„Masken, die nie getragen wurden, ein erhebliches Keimspektrum aufwiesen, da diese nicht steril verpackt waren"*.

Es wurden folgende Keime in den Kulturen der verschiedenen Masken gefunden:

- Milchsäure produzierende Laktobazillen
- Streptococcus mutans
- Streptococcus aureus
- MRSA
- Staphylococcus epidermis
- Staphylococcus Pneumonia (Pneumokokken)
- Enterococcen (E. coli und andere)
- Hämophillus influenza
- Pseudomonas
- Neisseria menigitidis

Die WHO hält die Masken ebenfalls für eine potenzielle Gefahrenquelle in Bezug auf Infektionen.

---

[143] https://www.foxnews.com/health/mask-mouth-dentists-new-term

[144] http://impformation.org/de/blog/diverses/masken_sind_definitiv_keimschleudern/2020-06-28/116/

Dr. April Baller, Spezialistin für öffentliche Gesundheit bei der WHO hat zu Anfang der Pandemie davor gewarnt, dass Masken Menschen ein "*falsches Schutzgefühl*" geben und bei falscher Verwendung eine Infektionsquelle darstellen können. Damals ist die WHO auch noch der Ansicht gewesen, dass nur kranke Personen eine Maske tragen sollten, um die Übertragung des Virus auf andere zu verhindern:

*„Wenn Sie keine respiratorischen Symptome wie Fieber, Husten oder laufende Nase haben, müssen Sie keine medizinische Maske tragen ... Masken allein können Ihnen ein falsches Schutzgefühl geben und können sogar eine Infektionsquelle sein, wenn sie nicht richtig verwendet werden. Masken sollten nur von Mitarbeitern des Gesundheitswesens, Hausmeistern oder von Menschen verwendet werden, die an Symptomen wie Fieber und Husten leiden. "*[145] [146]

Dr. Bhakdi hat auf die Sinnlosigkeit des Maskenzwangs hingewiesen und auf folgende Gefahren in Zusammenhang mit dem Tragen von Masken aufmerksam gemacht:

*„Durch die Empfehlung der Bundesregierung, Masken zu tragen, glauben viele ältere Menschen, dass diese einen Schutz bietet und dass es sinnvoll sein muss. Doch ganz im Gegenteil, das Tragen einer Maske birgt ernste gesundheitliche Risiken, insbesondere für Menschen mit Lungenerkrankungen, Herzschwäche, aber auch für Patienten mit Angst- und Panik-Störungen.“* [147]

### 3.7 Schadstoffe in Masken

In manchen Fällen wurden in den Masken giftige und lebensgefährliche Inhaltsstoffe, wie Anilin und Formaldehyd, nachgewiesen.

So haben z. B. gerade zu Beginn der Pandemie viele medizinische Produkte laut

---

[145] https://www.foxnews.com/world/who-guidance-healthy-people-wear-masks-around-coronavirus-patients
[146] https://www.youtube.com/watch?v=M4olt47pr_o&feature=youtu.be
[147] Karina Reiss, Sucharit Bhakdi, Corona-Fehlalarm, Goldegg Verlag GmbH, Berlin, 2020

den Testern den Klebstoff Formaldehyd enthalten.[148] Dieser kann *„Allergien, Haut-, Atemwegs- oder Augenreizungen verursachen. Akute Lebensgefahr (toxisches Lungenödem, Pneumonie) besteht ab einer Konzentration von 30 ml/m³. Bei chronischer Exposition ist er karzinogen und beeinträchtigt zudem das Gedächtnis, die Konzentrationsfähigkeit und den Schlaf“*.[149]

Das Anilin ist ein starkes und krebserregendes Gift, das den Sauerstofftransport im Blut verhindert und das über die Atemwege, durch Schlucken oder bei Kontakt mit der Haut aufgenommen werden kann.

*„Bei leichten Vergiftungen kommt es zur Blaufärbung der Haut und der Fingernägel (Zyanose), zu Schwindelanfällen und Erregungszuständen. Bei höherer Konzentration treten Kopfschmerzen, Schwindel, Bewusstseinsstörungen und Atemnot auf. Letzteres kann den Tod verursachen. Langfristige Vergiftungserscheinungen zeigen sich in Schwächegefühl, Appetitlosigkeit und Blasenkrebs“.*

Bei längerer oder wiederholter Exposition kann das Anilin die Organe schädigen und es wird verdächtigt, genetische Defekte zu verursachen.[150]

Bisher konnten Hersteller Anilin ohne jegliche Grenzwerte in Alltagsmasken einsetzen, was von den Experten als kritisch angesehen wird, da bei einem längeren Maskengebrauch *„bereits eine kleine Menge Anilin gesundheitsgefährlich sein“* kann.[151]

Nachdem im Rahmen einer weitergehenden chemischen Analyse im Einfassband der schwarzen „Viral Protect“ Maske des Herstellers „Media Chain Products“ Anilin nachgewiesen wurde, kam es Mitte Dezember 2020 bundesweit zu einer Warnung und einer Rückrufaktion des Herstellers und der

---

148 https://www.24vita.de/ratgeber/leben-alltag/daab-moenchengladbach-mund-schutz-corona-covid-pandemie-masken-verbraucher-schadstoffe-90173298.html
149 https://de.wikipedia.org/wiki/Formaldehyd#Toxikologie
150 https://de.wikipedia.org/wiki/Anilin#Sicherheitshinweise

151 https://www.24vita.de/ratgeber/leben-alltag/daab-moenchengladbach-mund-schutz-corona-covid-pandemie-masken-verbraucher-schadstoffe-90173298.html

Drogeriemarktkette Müller, welche die Masken bis dahin (seit dem 30.10.2020) nicht nur im Geschäft, sondern auch über den herstellereigenen Online-Shop verkaufte.[152]

### 3.8 Graphenoxid in Masken

Es ist bekannt, dass einige der Corona-Schutzmasken Graphenoxid (GO) enthalten. Graphenoxid ist ein starkes Toxin, welches die Blut-Luft-Schranke, Blut-Hirn-Schranke und die Blut-Plazenta-Schranke passieren und in Lysosomen, Mitochondrien, Zellkerne und Endoplasma eindringen kann.[153]

Zahlreiche Studien belegen (u. a. anhand von diversen Tierversuchen), dass GO folgende Gesundheitsschäden verursachen kann:

*Thrombogenität,[154] Blutgerinnung,[155] Schleimhautentzündung,[156] Lungenschädigung,[157] oxidativen Stress, zytotoxische Effekte und mitochondriale Störungen, Toxizität in inneren Organen, Toxizität im Zentralnervensystem, Toxizität im Reproduktions- und Entwicklungssystem, Veränderung der Lebensfähigkeit und Morphologie der Zellen, Zerstörung von Zellmembranen, DNA-Schäden, Entzündungsreaktionen, einschließlich Entzündungszellinfiltration, Lungenentzündung, Lungenödem und Lungengranulombildung, Gewebeschädigung durch Freisetzung der Zytokine (Zytokinsturm) und Chemokine, Apoptose (Selbstzerstörung einer Zelle, die von*

---

[152] https://www.merkur.de/verbraucher/corona-coronavirus-maske-rueckruf-covid-19-mueller-mundschutz-gefahr-gesundheit-kassel-zr-90129285.html

[153] https://particleandfibretoxicology.biomedcentral.com/articles/10.1186/s12989-016-0168-y

[154] https://www.researchgate.net/publication/328338305_Graphene_Oxide_Touches_Blood_In_Vivo_Interactions_of_Bio-Coronated_2D_Materials

[155] http://vu2004.admin.hosting8.ing.udec.cl/Proyectos/investigacion-con-grafeno-con-aplicaciones-hemostaticas/

[156] https://www.20minutos.es/noticia/4658080/0/todo-sobre-grafeno-para-que-se-usa-peligros-efectos-secundarios/?autoref=true

[157] https://www.ncbi.nlm.nih.gov/pmc/articles/PMC7967850/

*Genen durch komplizierte Programme reguliert wird), Abtreibungen, Leber- und Nierenschäden.*[158]

Daher ist es absolut unverständlich, wieso manche Mund- und Nasenschutzmasken Graphen enthalten, dessen Nanopartikel eingeatmet und in die Lunge gelangen könnten.

Kanada und Frankreich sind dagegen aktiv vorgegangen und haben Anfang April bzw. Anfang Juni 2021 einen großen Rückruf von Masken veranlasst, die Graphen beinhalten,[159] [160] ganz im Gegensatz zur Bundesregierung und dem Bundesgesundheitsministerium, die bisher nichts dagegen unternommen und nicht einmal davor gewarnt haben. Graphen-Masken können auch weiterhin überall erworben werden, sowohl in Geschäften, als auch online.[161] [162] [163]

### 3.9 Hat das Tragen von Masken einen symbolischen Charakter?

Der wissenschaftliche Artikel „Universal Masking in Hospitals in the Covid-19 Era" (dt. Universelle Maskierung in Krankenhäusern in der Covid-19 Ära) von Michael Klompas, MD, MPH et.al., welcher im Mai 2020 im The New England Journal of Medicine veröffentlicht wurde, kommt zu dem Ergebnis, dass Masken eher *„symbolische Rollen spielen"* und *„außerhalb von Gesundheitseinrichtungen wenig oder gar keinen Schutz vor Infektionen"* bieten:

---

158 https://particleandfibretoxicology.biomedcentral.com/articles/10.1186/s12989-016-0168-y S.12

159 https://www.produktwarnung.eu/2021/04/21/kanada-gesundheitsministerium-warnt-vor-atemschutzmasken-mit-graphen-nanomaterial/22885

160 https://www.infosperber.ch/gesundheit/frankreich-rueckruf-von-potenziell-gefaehrlichen-ffp2-masken/

161 https://hantermann-deutschland.de/shop/FFP2-Graphen-Schutzmaske-faltbar-VE80.html

162 https://www.kaufland.de/product/365281028/

163 https://www.amazon.de/dp/B08N2MWZYJ/ref=cm_sw_r_apan_glt_i_32FN1AQWZH2HR38BF3BQ?th=1

*„Wir wissen, dass das Tragen einer Maske außerhalb von Gesundheitseinrichtungen wenig oder gar keinen Schutz vor Infektionen bietet. Die Gesundheitsbehörden definieren eine signifikante Exposition gegenüber Covid-19 als persönlichen Kontakt innerhalb von 6 Fuß mit einem Patienten mit symptomatischem Covid-19, der mindestens einige Minuten (und einige sagen mehr als 10 Minuten oder sogar 30 Minuten) anhält. Die Chance, Covid-19 aus einer vorübergehenden Interaktion im öffentlichen Raum zu fangen, ist daher minimal. In vielen Fällen ist der Wunsch nach einer weit verbreiteten Maskierung eine reflexive Reaktion auf die Angst vor der Pandemie ...*

*Es ist auch klar, dass Masken symbolische Rollen spielen. Masken sind nicht nur Werkzeuge, sondern auch Talismane, die dazu beitragen können, das Gefühl der Sicherheit, des Wohlbefindens und des Vertrauens der Beschäftigten im Gesundheitswesen in ihre Krankenhäuser zu stärken. Obwohl solche Reaktionen möglicherweise nicht unbedingt logisch sind, sind wir alle Angst und Furcht ausgesetzt, insbesondere in Krisenzeiten. Man könnte argumentieren, dass Angst und Furcht mit Daten und Aufklärung besser bekämpft werden als mit einer marginal nützlichen Maske, insbesondere angesichts des weltweiten Maskenmangels, aber es ist schwierig, Ärzte dazu zu bringen, diese Botschaft in der Hitze der aktuellen Krise zu hören."*[164]

Stefan Aust, Herausgeber der Zeitung „Die Welt“ hat den Maskenzwang folgendermaßen kommentiert:

*"Die Maske muss der Maske wegen getragen werden. Als Symbol für Gehorsam den Maßnahmen der Regierung gegenüber."*[165]

Interessant ist in dieser Hinsicht auch, dass vor ein paar Jahrhunderten den Sklaven als Bestrafungsmethode oft eine Gesichtsmaske angelegt wurde, die einem Maulkorb ähnelte.[166]

Die Maske hatte einen bestrafenden Charakter und eine psychologische Wirkung auf den Leibeigenen, welcher dadurch hörig und mundtot gemacht werden sollte.

---

[164] https://www.nejm.org/doi/full/10.1056/NEJMp2006372
[165] https://reitschuster.de/post/stern-masken-als-symbol-der-freiheit/
[166] https://www.dh-lehre.gwi.uni-muenchen.de/?p=72066

Nicht weniger interessant ist auch die Tatsache, dass die USA Fotos von Guantanamo-Häftlingen veröffentlichte, auf denen die Gefangenen mit **chirurgischen Masken**, gefesselten Augen und Ohrenschützern knieten.[167]

Daher ist es auch nicht verwunderlich, dass durch die absolut unnötige Verhängung der Maskenpflicht, die Masken von vielen Menschen als Maulkörbe angesehen und aufgefasst werden.

### 3.10 Schweden, Weißrussland und Südkorea als Alternative

Längst nicht alle Staaten haben drakonische Covid-19-Maßnahmen ergriffen.

So hat z. B. der weißrussische Präsident Alexander Lukaschenko keinen Lockdown und auch keine Maskenpflicht samt Abstandsregelungen angeordnet und die Covid-19-„Pandemie" als eine „Psychose" bezeichnet.[168] Die WHO hat daraufhin Lukaschenko aufgefordert, einen Landesweiten Lockdown, Maskenpflicht und Abstandsregelungen einzuführen. Der Internationale Währungsfond (IWF), eine Organisation der Vereinten Nationen, hat Weißrussland sogar einen schnellen Kredit in Höhe von 940 Millionen USD zum Kampf gegen Covid-19 angeboten, unter der Voraussetzung, dass er einen landesweiten Lockdown einführt.[169]

Und auch die Weltbank hat Lukaschenko 300 Millionen USD dafür angeboten, unter der Voraussetzung, dass er den Empfehlungen der WHO zu den Abstandsregelungen folgt, Massenereignisse verschiebt und physische Präsenz an Arbeitsplätzen und Bildungseinrichtungen verringert und die Bewegungsfreiheit nur auf das obligatorische einschränkt.[170]

Doch Lukaschenko ließ sich nicht beirren und hat die Einführung der Maßnahmen abgelehnt, mit den Worten *„Wir werden nicht nach jemandes*

---

[167] https://www.ncbi.nlm.nih.gov/pmc/articles/PMC1122119/
[168] https://www.nzz.ch/international/coronavirus-in-weissrussland-der-praesident-spricht-von-psychose-ld.1549113?reduced=true
[169] https://primepress.by/news/ekonomika/belarus_ne_budet_vypolnyat_trebovanie_mvf_o_vvedenii_karantina_dlya_vydeleniya_bystrogo_finansirovan-21929/
[170] https://www.the-village.me/village/city/news-city/282711-vb-lu

*Pfeife tanzen"*.[171] Stattdessen lief das Leben in Weißrussland einfach so wie gewohnt weiter, was aber nicht heißt, dass Covid-19 einfach ignoriert wurde. Das weißrussische Medizinsystem hat sich lediglich intensiv auf die Infizierten bzw. Kranken konzentriert, diese von den Gesunden abgeschirmt und medizinisch behandelt. Genauso ist man auch in Südkorea verfahren- und das Ergebnis: In Weißrussland gab es nach der „ersten Welle" lediglich 263 Corona Tote bei knapp 9,5 Millionen Einwohnern und in Südkorea lediglich 273 bei knapp 52 Millionen Einwohnern (Stand 06.06.2020).[172] Und auch bis einschließlich Ende August 2021 (Stichtag) haben diese beiden Länder keine hohen Corona-Mortalitätsziffern zu verzeichnen. So weist Weißrussland insgesamt 3.757[173] und Südkorea 2.284[174] Corona-Tote auf. Dabei ist anzumerken, dass nicht einmal unterschieden wurde, ob diese an oder mit Covid-19 gestorben sind.

Und auch Schweden ist seinen eigenen Weg gegangen und auch dort ging das Leben weiter. Restaurants, Kitas und Schulen blieben geöffnet und es gab nur geringe Kontakteinschränkungen.

Der schwedische Staatsepidemiologe Anders Tegnell hat Finnland, welches die Schulen geschlossen hat, mit Schweden verglichen und hat dabei Folgendes festgestellt:

*„Anhand der Daten, die uns vorliegen, können wir nicht sagen, dass das irgendeinen Unterschied für die Pandemie als Ganzes ausmacht"*, sagte Tegnell in einem Interview gegenüber der „Bild" im August 2020. [175]

Wie bereits gezeigt,[176] hatte Schweden nach der ersten Coronawelle eine weitaus geringere Mortalitätsrate, als z. B. Spanien, Italien und Großbritannien,

---

[171] https://www.interfax.ru/world/713888,
[172] https://en.wikipedia.org/wiki/Template:COVID-19_pandemic_data
[173] https://news.google.com/covid19/map?hl=de&mid=%2Fm%2F0163v&gl=DE&ceid=DE%3Ade
[174] https://news.google.com/covid19/map?hl=de&mid=%2Fm%2F06qd3&gl=DE&ceid=DE%3Ade
[175] https://www.bild.de/video/clip/news-ausland/schwedischer-epidemiologe-anders-tegnell-zu-glauben-dass-masken-das-problem-loes-72322936.bild.html
[176] https://diskussionspapiere.wiwi.uni-hannover.de/pdf_bib/dp-671.pdf

obwohl Schweden, im Gegensatz zu den aufgezählten Ländern, keine „Schutzmaßnahmen“ in Form von Lockdowns, Maskenpflicht, Kontaktbeschränkungen und Abstandsregelungen anordnete und sich lediglich auf einige Empfehlungen beschränkte.

### 3.11 Die Ansicht der WHO bezüglich der Infektionsschutzmaßnahmen vor Covid-19

Die WHO hat 2019 ein globales Influenzaprogramm (Global Influenza Programme) herausgebracht, worin die einzelnen Sicherheitsmaßnahmen analysiert und bewertet werden.[177] Da sich das Influenzavirus angeblich genauso wie SARS-CoV-2, mittels Tröpfcheninfektion, verbreiten soll, ist davon auszugehen, dass die Ergebnisse dieser Publikation ebenso für die aktuelle Covid-19-Pandemie gelten.

Die WHO kam dabei bezüglich der Sicherheitsmaßnahmen zu folgenden Ergebnissen:

#### Kontaktverfolgung

Hinsichtlich der Kontaktverfolgung wurde festgestellt, dass eine aktive Kontaktverfolgung im Allgemeinen nicht empfohlen wird und dass die Wirkung der alleinigen Kontaktverfolgung unbekannt ist.

#### Isolation von kranken Personen

Die WHO empfiehlt zwar die Isolation von kranken Personen, bis die Hauptsymptome verschwunden sind, gibt allerdings zu, dass die vier epidemiologischen Studien, welche untersucht wurden, allesamt ***„Beweise** von sehr geringer Qualität“* liefern würden. Es bestehe lediglich *„theoretische Plausibilität dafür, dass Isolation die Influenzaübertragung in der Gemeinschaft*

---

[177] Non-pharmaceutical public health measures for mitigating the risk and impact of epidemic and pandemic influenza (dt. Nichtpharmazeutische Maßnahmen im Bereich der öffentlichen Gesundheit zur Minderung des Risikos und der Auswirkungen einer epidemischen und pandemischen Influenza) https://apps.who.int/iris/bitstream/handle/10665/329438/9789241516839-eng.pdf?ua=1

*wirksam reduziert."*

Dies ist jedoch lediglich eine theoretische Annahme, die nicht durch wissenschaftliche und empirische Beweise belegt wird.

**Häusliche Quarantäne von exponierten Personen**

Die häusliche Quarantäne von exponierten Personen (Personen, die Kontakt zu infizierten Fällen hatten) um die Übertragung zu verringern, wird aufgrund von Machbarkeitsbedenken und sehr geringer Evidenzqualität ebenfalls nicht empfohlen.

**Schließungen von Schulen**

Bezüglich der Schulschließungen wurde Folgendes festgestellt:

*„Der Effekt der reaktiven Schulschließung bei der Verringerung der Influenzaübertragung war unterschiedlich, aber im Allgemeinen begrenzt. Proaktive Schließungen und geplante Schulferien wirkten sich moderat auf die Übertragung aus ... Die Auswirkungen von Schulmaßnahmen und -schließungen auf die Verringerung der Influenzaübertragung waren unterschiedlich."*

Dabei sei die Evidenzqualität auch in diesem Fall *„sehr gering"*.

**Schließungen von Arbeitsplätzen**

Bezüglich der Schließungen von Arbeitsplätzen kam die WHO zu folgendem Ergebnis:

*„Das Gleichgewicht zwischen den Vor- und Nachteilen der Umsetzung von Maßnahmen und Schließungen am Arbeitsplatz ist ungewiss. Einige Maßnahmen können relativ machbar sein und zu einer verringerten Übertragung in der Gemeinschaft beitragen. Die Schließung von Arbeitsplätzen kann nur als extreme soziale Distanzierungsmaßnahme bei einer außerordentlich schweren Pandemie gerechtfertigt sein."*

Und auch hierfür gibt es für die Schließungen von Arbeitsplätzen keine wissenschaftlichen Beweise:

*„Alle identifizierten Studien zur Schließung von Arbeitsplätzen sind Simulationsstudien, die eine sehr geringe Evidenzqualität liefern."*

## Maßnahmen zur Vermeidung von Massenansammlungen

Und auch bezüglich der Maßnahmen zur Vermeidung von Massenansammlungen fehlt die Beweisgrundlage:

*„Die Wirkung von Maßnahmen zur Vermeidung von Massenansammlungen allein bei der Reduzierung der Übertragung ist ungewiss ... Die rechtzeitige und nachhaltige Anwendung von Maßnahmen zur Vermeidung von Massenansammlungen kann die Influenzaübertragung verringern, obwohl die Qualität der Nachweise für ihre Wirksamkeit sehr gering ist ... Es wurden keine RCTs gefunden und die Qualität der Nachweise in allen überprüften Artikeln ist sehr gering. Die Wirkung von Maßnahmen zur Vermeidung von Massenansammlungen allein ist nicht bekannt."*

## Ein- und Ausstiegsscreenings

Ein- und Ausstiegsscreenings hält die WHO für nicht empfehlenswert, da sie auf die Einführung von Infektionen und die Verzögerung der lokalen Übertragung keinen Einfluss hätte.

*„Ein- und Ausstiegsscreenings auf Infektionen bei Reisenden werden nicht empfohlen, da diese Maßnahmen bei der Identifizierung infizierter, aber asymptomatischer (d. h. presymptomatischer) Reisender nicht empfindlich sind."*

Und auch diese Empfehlung konnte nicht auf Beweise gestützt werden:

*„Die Gesamtqualität der verfügbaren Evidenz war sehr gering"*

## Interne Reisebeschränkungen

Die WHO empfiehlt interne Reisebeschränkungen nur *„unter bestimmten Bedingungen in einem frühen Stadium einer lokalisierten und außerordentlich schweren Pandemie für einen begrenzten Zeitraum"*.

Allerdings gibt es auch hier keine wissenschaftlichen Belege für diese Empfehlung:

*„Die Gesamtqualität der Nachweise für die Wirksamkeit interner*

*Reisebeschränkungen bei einer Influenza-Epidemie oder -Pandemie war sehr gering."*

**Grenzschließungen**

Die WHO stellt auch im Rahmen der Grenzschließungen fest, dass die Nachweise für die Wirksamkeit dieser *„sehr gering"* sind und dass *„der Effekt von Grenzschließungen bei der Reduzierung der Influenza-Übertragung … variabel"* ist.

*„Es gibt nur begrenzte Belege für die Wirksamkeit der Grenzschließung und sie hat rechtliche, ethische und wirtschaftliche Konsequenzen … Aufgrund des Mangels an qualitativ hochwertigen Beweisen ist der Nutzen der Grenzschließung immer noch ungewiss".*

Insgesamt wird die Schließung der Grenzen nur unter gewissen Umständen empfohlen, wenn *„dies nach nationalem Recht oder unter außergewöhnlichen Umständen während einer schweren Pandemie erforderlich ist".*

Dies sei *„auf die sehr geringe Qualität der Nachweise, die wirtschaftlichen Folgen, die Auswirkungen auf die Ressourcen und die ethischen Auswirkungen zurückzuführen".*

**Ergebnis**

Wie wir sehen, hat die WHO zu keiner von diesen Maßnahmen handfeste wissenschaftliche Beweise für deren Wirksamkeit liefern können. Ihre Empfehlungen basieren lediglich auf Theorien. Das bedeutet, dass nicht einmal die WHO weiß, ob diese ganzen „Schutzmaßnahmen" überhaupt wirkungsvoll sind.

## 3.12 Fazit

Die „Schutzmaßnahmen" der Regierung bzw. des Gesundheitsministeriums waren bzw. sind somit nicht nur unverhältnismäßig, sondern auch unbegründet und ungeeignet. Selbst für Risikogruppen waren sie absolut nutzlos. Auch konnte bzw. kann die Regierung die Verhängung der Maßnahmen nicht auf eine wissenschaftliche Basis stützen.

## 4. Welche Kollateralschäden sind durch die „Schutzmaßnahmen" entstanden?

Die weltweiten „Schutzmaßnahmen", insbesondere in Form des Lockdowns, der Geschäftsschließungen und zahlreichen Auflagen, haben zu einer Wirtschaftskrise geführt, von welcher sich die Welt erst einmal erholen muss. Der gesamte Dienstleistungs- und Einzelhandelssektor ist davon betroffen. Am schlimmsten hat es wohl die Gastronomie, die Hotellerie, den Event- Kunst- und Unterhaltungssektor, die Wellness- und Kosmetikbranche, die Touristikbranche sowie die Flugbranche erwischt. Zahlreiche Betriebe und Geschäfte sind Bankrott gegangen, viele Menschen sind arbeitslos geworden, verarmt oder haben sich über die Ohren verschuldet.[178] [179] [180] [181]

Dasselbe gilt auch für den Staat- dieser hat aufgrund der Corona-Maßnahmen einen traurigen historischen Höchststand von fast 2,2 Billionen Euro Staatsschulden erreicht, ganze 15,6 % bzw. 296,4 Milliarden Euro mehr als 2019.

Die *„Krise könnte Haushalte über Jahrzehnte belasten"*, berichtete die Tagesschau am 22.12 2020.

*„Die Corona-Pandemie hat die jahrelange Konsolidierung der Länderfinanzen zunichtegemacht. Anstelle des ursprünglich im Rahmen der Schuldenbremse geplanten Verzichts auf jegliche neuen Kredite haben die 16 Länderparlamente allein für 2020 eine mögliche Neuverschuldung von bis zu 128 Milliarden Euro genehmigt - wobei mehrere Länder die Schuldenaufnahme über mehrere Jahre strecken wollen."* [182]

---

[178] https://www.zeit.de/wirtschaft/2020-07/corona-krise-deutsche-unternehmen-gefaehrdet-umfrage-ifo-institut
[179] https://de.wikipedia.org/wiki/Wirtschaftskrise_2020%E2%80%932021
[180] https://www.faz.net/aktuell/wirtschaft/konjunktur/corona-krise-pandemie-und-demographie-schaden-der-wirtschaft-17294441.html
[181] https://www.tagesschau.de/wirtschaft/konjunktur/konjunktur-corona-101.html
[182] https://www.tagesschau.de/wirtschaft/konjunktur/schulden-haushalt-deutschland-corona-101.html

Der Bundestag hat für 2021 180 Milliarden neue Schulden verabschiedet. Diese *„kommen noch einmal zu den rund 160 Milliarden Euro hinzu, die der Bund wahrscheinlich in diesem Jahr an neuen Schulden aufnehmen muss – genehmigt hatte der Bundestag im Frühsommer sogar eine Nettokreditaufnahme von bis zu 218 Milliarden Euro"*, schrieb die Welt am 08.12.2020.[183]

Doch auch aus gesundheitlicher Sicht waren die „Schutzmaßnahmen" eine reine Katastrophe. Zahlreiche Operationen wurden abgesagt oder aufgeschoben, was nicht selten zu einer Verschlimmerung des Gesundheitszustandes oder sogar zum Tod geführt hat. Während des Lockdowns wurde die Gesundheit von vielen Menschen stark geschwächt, da man seltener an die frische Luft rausgegangen ist, sich weniger bewegt und wenig Sonne abbekommen hat. Dazu kam Angst, Stress, Isolation und Vereinsamung, u. a. auch in den Alters- und Pflegeheimen. All dies hat dazu geführt, dass die Menschen viel anfälliger für Krankheiten jeglicher Art geworden sind und sich auch psychische Krankheiten vermehrt bzw. verschlimmert haben, genauso wie der Alkohol- und Drogenkonsum. [184] [185] [186]

Das AG Weimar hat in seinem Urteil vom 11.01.2021 die Kollateralschäden klassifiziert und ist sie umfassend beschrieben:[187]

*„Zu der unmittelbaren Wirkung der Freiheitseinschränkungen kommen die Kollateralschäden und Folgeschäden hinzu. Diese lassen sich (vgl. Murswiek, aaO, S. 33-38) wie folgt differenzieren:*

*aa) Ökonomisch bewertbare Schäden*

---

[183] https://www.welt.de/wirtschaft/article222092786/15-Milliarden-Euro-pro-Jahr-Corona-Schulden-druecken-bis-2042.html
[184] https://www.br.de/nachrichten/bayern/wegen-corona-mehr-menschen-mit-depressionen,S2xT9QM
[185] https://www.ndr.de/nachrichten/niedersachsen/braunschweig_harz_goettingen/Studie-Corona-Regeln-verstaerken-Depressionen,depression274.html
[186] https://www.spiegel.de/wissenschaft/medizin/coronavirus-ein-drittel-der-deutschen-trinkt-laut-umfrage-mehr-alkohol-a-e7b78e7b-63b4-4d1e-ba88-1453d28fcc07
[187] https://openjur.de/u/2316798.html (Zi 65-104)

*(1) Gewinneinbußen/Verluste von Unternehmen/Handwerkern/Freiberuflern, die unmittelbare Folgen der an sie adressierten Freiheitseinschränkungen sind*

*(2) Gewinneinbußen/Verluste von Unternehmen/Handwerkern/Freiberuflern, die mittelbare Folgen der Lockdown-Maßnahmen sind (z.B. Gewinneinbußen von Zulieferern von unmittelbar betroffenen Unternehmen; Gewinneinbußen, die aus der Unterbrechung von Lieferketten resultieren und z.B. zu Produktionsausfällen führten; Gewinneinbußen, die aus Reisebeschränkungen resultierten)*

*(3) Lohn- und Gehaltseinbußen durch Kurzarbeit oder Arbeitslosigkeit*

*(4) Konkurse/Existenzvernichtungen*

*(5) Folgekosten von Konkursen/Existenzvernichtungen*

*Dazu mit Murswiek (aaO, S. 33f): "Die meisten dieser Schäden werden sich ziemlich genau ermitteln lassen. Sie sind insgesamt mit Sicherheit gigantisch. Eine Vorstellung von ihrer Größenordnung erhält man, wenn man sich vor Augen hält, welche Summen der Staat als Corona-Hilfen in den Wirtschaftskreislauf einspeist. So umfasst der von der Bundesregierung beschlossene "Corona-Schutzschild" 353,3 Mrd. Euro Zuschüsse und zusätzlich 819,7 Mrd. Euro Garantien, also insgesamt über 1 Billion Euro.[188] Es handelt sich, wie die Bundesregierung sagt, um das größte Hilfspaket in der Geschichte Deutschlands. Hinzu kommen Hilfen der Länder. Da die staatlichen Hilfen großenteils Kredite beziehungsweise Kreditgarantien umfassen, stehen ihnen nicht notwendigerweise entsprechend hohe Verluste der privaten Wirtschaft gegenüber. Andererseits werden die privaten Verluste jedenfalls wesentlich größer sein als die staatlichen Entschädigungen oder als verlorene Zuschüsse gezahlten Hilfsgelder. Noch nie zuvor in der Geschichte der Bundesrepublik Deutschlands sind wirtschaftliche Schäden in dieser Größenordnung durch eine staatliche Entscheidung verursacht worden. Was die Bewertung der Schäden der Privatwirtschaft und der privaten Haushalte angeht, so muss berücksichtigt werden, dass die Einbußen zum Teil durch staatliche Leistungen kompensiert*

---

[188] Anm. d. Verf. Siehe auch: https://www.bundesfinanzministerium.de/Content/DE/Standardartikel/Themen/Schlaglichter/Corona-Schutzschild/2020-03-13-Milliarden-Schutzschild-fuer-Deutschland.html

*worden sind oder noch kompensiert werden. Die staatlichen Leistungen vermindern also den ökonomischen Schaden der privaten Wirtschaftssubjekte. Sie vermindern aber nicht den volkswirtschaftlichen Gesamtschaden, denn sie belasten ja die öffentlichen Haushalte und somit letztlich die Steuerzahler. Diese Kosten dürfen bei der Berechnung der Nachteile des Lockdowns nicht unter den Tisch fallen."*

*bb) Leben und Gesundheit der Menschen in Deutschland*

*(1) die Zunahme häuslicher Gewalt gegen Kinder und Frauen*

*(2) Zunahme von Depressionen infolge sozialer Isolation*

*(3) Angst-Psychosen/Angst-Störungen infolge Corona-Angst*

*(4) andere psychische Störungen/nervliche Überlastung wegen familiärer/persönlicher/beruflicher Probleme infolge des Lockdowns*

*(5) Zunahme von Suiziden, beispielsweise infolge von Arbeitslosigkeit oder Insolvenz*

*(6) gesundheitliche Beeinträchtigungen infolge von Bewegungsmangel*

*(7) Unterlassung von Operationen und stationären Behandlungen, weil Krankenhausbetten für Coronapatienten reserviert wurden*

*(8) Unterlassung von Operationen, stationären Behandlungen, Arztbesuchen, weil Patienten Infizierung mit Covid-19 befürchten*

*Diese Folgen hätten vor der Entscheidung über den Lockdown jedenfalls grob abgeschätzt werden müssen. Für die Verhältnismäßigkeitsprüfung ist es vorliegend ausreichend, wenn zur Erläuterung einzelne Schlaglichter geworfen werden:*

*Zu (1): Für Berlin wurde durch die Senatsverwaltung für das erste Halbjahr 2020 ein Anstieg der Kindesmisshandlungen um 23% berichtet (Gewalt eskaliert in Berlin immer häufiger. Der Tagesspiegel vom 02.07.2020.*[189] *Laut einer repräsentativen Befragungsstudie (Steinert/Ebert, Gewalt an Frauen und Kindern*

---

[189] https://www.tagesspiegel.de/berlin/corona-krise-trifft-frauen-und-kinder-besonders-gewalt-eskaliert-in-berlin-immer-haeufiger/25970410.html

*in Deutschland während COVID-19-bedingten Ausgangsbeschränkungen[190]) wurden in der Zeit des Lockdowns im Frühjahr rund 3 Prozent der Frauen in Deutschland zu Hause Opfer körperlicher Gewalt, 3,6 Prozent wurden von ihrem Partner vergewaltigt, in 6,5 Prozent aller Haushalte wurden Kinder gewalttätig bestraft.*

*Zu (5): Die Zahl der Suizide, die in Deutschland statistisch erfasst wird, liegt für das Jahr 2020 zwar noch nicht vor, einen Hinweis auf einen möglicherweise erheblichen Anstieg der Suizide gibt aber folgende Mitteilung der Senatsinnenverwaltung Berlin: Bis Oktober gab es bei der Berliner Feuerwehr unter dem Stichwort "Beinahe Strangulierung/ Erhängen, jetzt wach mit Atembeschwerden" (Einsatzcode 25D03) 294 Einsätze, im Jahr 2018 gab es dagegen nur sieben und im Jahr 2019 nur drei solcher Einsätze (Möglicher Suizid: Zahl der Rettungseinsätze steigt massiv an. Berliner Zeitung vom 10.11.2020[191])*

*Zu (7): Während des Lockdowns im Frühjahr wurden in Deutschland mehr als 908.000 Operationen abgesagt, und zwar nicht nur sog. elektive Operationen wie die Implantation von Kniegelenks- und Hüftgelenksendoprothesen, Kniegelenksarthroskopien, Katarakt-Operationen u.ä., sondern auch 52.000 Krebs-Operationen (In Deutschland wurden fast eine Million Operationen abgesagt. WELT v. 29.05.2020[192]). Laut einer im British Medical Journal im November veröffentlichten Meta-Analyse (Hanna, Mortality due to cancer treatment delay: systematic review and meta-analysis, BMJ 2020, 371[193] ) erhöht bereits eine vierwöchige Verschiebung einer Krebstherapie das Sterberisiko je nach Krebsart um sechs bis 13 Prozent, ein Aufschub von acht Wochen bei Brustkrebs das Sterberisiko um 13 Prozent, ein Aufschub um zwölf Wochen um 26 Prozent. Ohne dies hier näher beziffern zu können, kann danach kein Zweifel daran bestehen, dass die Absage von Operationen auch in Deutschland zu Todesfällen geführt hat.*

---

[190] https://drive.google.com/file/d/19Wqpby9nwMNjdgO4_FCqqlfYyLJmBn7y/view

[191] https://www.berliner-zeitung.de/news/berliner-feuerwehr-zahl-der-einsaetze-wegen-moeglichem-suiziden-steigt-massiv-an-li.117723

[192] https://www.welt.de/wirtschaft/article208557665/Wegen-Corona-In-Deutschland-wurden-908-000-OPs-aufgeschoben.html

[193] https://www.bmj.com/content/371/bmj.m4087

*Zu (8): In einer Studie des Klinikums Hochrhein Waldshut-Tiengen (Kortüm, Corona-Independent Excess Mortality Due to Reduced Use of Emergency Medical Care in the Corona Pandemic: A Population-Based Observational Study[194]) wurde die Übersterblichkeit im Landkreis Waldshut (170.000 Einwohner) im April 2020 untersucht. Dort starben im Durchschnitt der Jahre 2016 bis 2019 im April 165 Menschen, 2020 waren es 227, was einer Übersterblichkeit von 37 Prozent entspricht. Von den 62 zusätzlichen Todesfällen ließen sich aber nur 34 mit Corona in Verbindung bringen, 28 und damit 45% der Übersterblichkeit gingen auf andere Todesursachen zurück. Die Studienautoren führen diese Fälle auf die reduzierte Nutzung medizinischer Notfallstrukturen zurück, wofür auch spricht, dass mehr als doppelt so viele Menschen als im Vergleichsdurchschnitt tot alleine zu Hause aufgefunden wurden. Ähnliche Untersuchungen für andere Regionen Deutschlands fehlen. Kuhbandner hat aber mit einer Gegenüberstellung der Anzahl der Todesfälle in Deutschland im Zeitraum 1.-47. Kalenderwoche mit dem Durchschnitt der Jahre 2016-2019 und der Anzahl der mit oder am SARS-CoV-2-Virus verstorbenen Personen gezeigt, dass nur 51,1 % der Übersterblichkeit auf mit oder am SARS-CoV-2-Virus verstorbene Personen zurückgeht (Kuhbandner, Über die ignorierten Kollateralschäden von Lockdowns[195]). Dies bedeutet zwar nicht, dass sämtliche anderen Übersterblichkeitstodesfälle als Kollateralschäden des Lockdowns gewertet werden könnten, insbesondere die starke Übersterblichkeit in der 33. Kalenderwoche ist vermutlich auf eine Hitzewelle zurückzuführen. Dennoch geben diese Zahlen einen deutlichen Hinweis auf Todesfälle, die auf unterbliebene oder verspätete Inanspruchnahme medizinischer Versorgung aus Angst vor Corona-Infektionen zurückzuführen sind.*

*cc) Ideelle Schäden*

*(1) Bildungseinbußen und Beeinträchtigung der psychosozialen Entwicklung von Kindern durch Ausfall oder Einschränkungen des Schulunterrichts bzw. der Schließung anderer Bildungseinrichtungen*

*(2) Verlust an kulturellen Anregungen/Erlebnissen durch Schließung von Theatern, Konzert- oder Opernhäusern und vielen anderen kulturellen*

---

194 https://www.medrxiv.org/content/10.1101/2020.10.27.20220558v1

195 https://www.heise.de/tp/features/Ueber-die-ignorierten-Kollateralschaeden-von-Lockdowns-4993947.html?seite=all

*Einrichtungen*

*(3) Verlust musischer Entfaltungsmöglichkeiten durch Verbote, die gemeinsames Musizieren in Orchestern oder Chören unterbinden*

*(4) Verlust von Gemeinschaftserlebnissen/persönlichem sozialem Miteinander durch Verbot von Zusammenkünften in Vereinen, Verbot von Veranstaltungen, Verbot von Ansammlungen, Schließung von Kneipen usw.*

*(5) Einschränkung sozialer Entwicklungsmöglichkeiten für Kinder durch Schließung von Kindergärten*

*(6) Isolierung von Kindern in Wohnungen ohne Kontakte zu anderen Kindern durch Schließung von Schulen, Kindergärten und Spielplätzen*

*Zu (1) Die Schule ist nicht nur ein Ort der Wissensvermittlung, sondern ein Ort sozialen Lernens. Durch die Schulschließungen entfällt das soziale Lernen praktisch vollständig, die Vereinzelung der Kinder und Jugendlichen wird gefördert. Homeschooling kann gerade von Eltern in migrantischen oder bildungsfernerem Milieu nicht geleistet werden. Die soziale Spaltung der Gesellschaft wird daher verstärkt. Auch das Erlernen der deutschen Sprache bei Kindern aus migrantischen Familien wird massiv gestört. Zu diesen Problemen gibt es inzwischen eine Vielzahl von Berichten aus der Praxis (exemplarisch: "Der Stand in Deutsch? Der ist bei einem Drittel der Schüler katastrophal". WELT vom 11.01.2021[196]) wissenschaftliche Studien stehen – soweit ersichtlich – noch aus.*

*dd) Folgekosten*

*(1) von Bund und Ländern an die Wirtschaftssubjekte geleistete Corona-Hilfen*

*(2) Steuerausfälle infolge der Einschränkung der Wirtschaftstätigkeit durch den Lockdown*

*(3) Kurzarbeitergeld und Arbeitslosenhilfe, die infolge des Lockdown gezahlt werden mussten*

---

[196] https://www.welt.de/politik/deutschland/plus224000152/Geschlossene-Schulen-Was-das-fuer-Kinder-in-sozialen-Brennpunkten-bedeutet.html

*(4) Sozialhilfe für infolge des Lockdown auf Sozialhilfe angewiesene Menschen*

*Allein der "Corona-Schutzschild", ein am 27.03.2020 beschlossenes Gesetzespaket, hatte ein Volumen von 1,173 Billionen Euro (353,3 Mrd. Euro Hilfsleistungen, 819,7 Mrd. Euro Garantien. Die letzten Bundeshaushalte hatten ein Volumen von 356,4 Mrd. Euro (2019) und 346,6 Mrd. Euro (2018). Auch wenn die gegebenen Garantien nicht per se "verloren" sind, dürften die Belastungen insgesamt die Höhe von mehreren Bundeshaushalten erreichen (Murswiek, aaO, S. 38).*

*ee) gesundheitliche und ökonomische Schäden in Ländern des Globalen Südens*

*Der Lockdown im Frühjahr in Thüringen war Teil eines aus 16 Lockdowns der Bundesländer zusammengesetzten, ganz Deutschland umfassenden Lockdowns, der wiederum im Zusammenhang mit der Lockdown-Politik in nahezu allen Ländern der westlichen Welt gesehen werden muss. Daher ist es berechtigt und notwendig, auch nach den Auswirkungen dieser Politik auf die Länder des Globalen Südens zu fragen. Die hier bereits eingetretenen bzw. noch zu erwartenden Kollateralschäden sind enorm. Gründe sind die Unterbrechung von Anti-Tuberkulose-Programmen, die Unterbrechung von Impfprogrammen gegen Kinderkrankheiten, Unterbrechungen in der Nahrungsmittelversorgung durch den Zusammenbruch von Lieferketten u.a.m. Die UN rechnet mit dem Hungertod von mehr als 10.000 Kindern pro Monat im ersten Pandemiejahr (Mehr als 10.000 Kinder verhungern wegen Corona jeden Monat, RP Online vom 28.07.2020[197]). Allein in Afrika werden laut Bundesentwicklungsminister Müller zusätzlich 400.000 Opfer durch Malaria und HIV und eine halbe Million Tuberkulose-Tote als Folge des Lockdowns erwartet (Mehr Corona-Opfer durch Lockdown als durch das Virus: In Afrika wurden die Krisen massiv verschärft, Berliner Zeitung vom 01.10.2020[198]). Laut einem Artikel von John Ioannidis (Global perspective of COVID-19 epidemiology for a full-cycle pandemic[199]) sollen in den nächsten 5 Jahren sogar 1,4 Millionen zusätzliche Tuberkulose-Tote zu befürchten sein. Langfristig werde die Übersterblichkeit durch die*

---

[197] https://rp-online.de/panorama/coronavirus/mehr-als-10000-kinder-verhungern-jeden-monat-krise-durch-corona-verschaerft_aid-52446949

[198] https://www.berliner-zeitung.de/gesundheit-oekologie/mehr-tote-durch-lockdown-als-durch-corona-in-afrika-hat-die-pandemie-die-krisen-massiv-verschaerft-li.108228

[199] https://onlinelibrary.wiley.com/doi/full/10.1111/eci.13423

*Maßnahmen wahrscheinlich deutlich größer als die Zahl der COVID-19-Toten sein.*

*...*

*d. Nach dem Gesagten kann kein Zweifel daran bestehen, dass allein die Zahl der Todesfälle, die auf die Maßnahmen der Lockdown-Politik zurückzuführen sind, die Zahl der durch den Lockdown verhinderten Todesfälle um ein Vielfaches übersteigt. Schon aus diesem Grund genügen die hier zu beurteilenden Normen nicht dem Verhältnismäßigkeitsgebot. Hinzu kommen die unmittelbaren und mittelbaren Freiheitseinschränkungen, die gigantischen finanziellen Schäden, die immensen gesundheitlichen und die ideellen Schäden. Das Wort "unverhältnismäßig" ist dabei zu farblos, um die Dimensionen des Geschehens auch nur anzudeuten. Bei der von der Landesregierung im Frühjahr (und jetzt erneut) verfolgten Politik des Lockdowns, deren wesentlicher Bestandteil das allgemeine Kontaktverbot war (und ist), handelt es sich um eine katastrophale politische Fehlentscheidung mit dramatischen Konsequenzen für nahezu alle Lebensbereiche der Menschen, für die Gesellschaft, für den Staat und für die Länder des Globalen Südens."*

Dem ist wohl nichts mehr hinzuzufügen.

## 5. Sind die neuen Covid-19-Impfstoffe wirklich sicher und effektiv?

Viele Menschen haben bezüglich der Sicherheit der neuen Covid-19-Impfstoffe Bedenken.
Schauen wir uns doch einmal an, ob diese berechtigt sind.

### 5.1 Noch nie wurden Impfstoffe innerhalb einer so kurzen Zeit entwickelt und zugelassen

Die Covid-19-Impfstoffe wurden innerhalb von gerade mal 10 Monaten entwickelt und zugelassen, was einen neuen Rekord darstellt. Dabei handelt es sich um eine sogenannte „bedingte Zulassung",[200] da alle möglichen Risiken

---

[200] https://ec.europa.eu/commission/presscorner/detail/de/qanda_20_2390

und Nebenwirkungen noch nicht festgestellt werden konnten und die Versuche und Studien diesbezüglich, auch heute noch, längst nicht abgeschlossen sind.

Normalerweise braucht ein Impfstoff 10 Jahre (und oft sogar länger), bis er zugelassen wird. Dies hängt damit zusammen, dass die neuen Impfstoffe erst jahrelang getestet werden müssen, bevor überhaupt festgestellt werden kann, dass auch Langzeitschäden ausgeschlossen werden können und von dem Impfstoff keine oder nur eine geringe Gefahr für die Gesundheit ausgeht, wobei der Nutzen das Gesundheitsrisiko eindeutig überwiegt.[201] [202]

Dazu kommt noch, dass bisher noch nie ein Impfstoff gegen Coronaviren entwickelt werden konnte, was die ganze Sache nicht gerade vereinfacht.[203]

## 5.2 Genetische Impfstoffe wurden trotz 30-jähriger Entwicklung noch nie zugelassen

Bei dem Covid-19 Impfstoffen handelt es sich um genetische Impfstoffe, sowohl in Form von mRNA (BioNTech/Fosun/Pfizer/Moderna/NIAID), als auch in Form von DNA-Vektorimpfstoffen (AstraZeneca/Johnson&Johnson/Sputnik V/CanSino Biological inc.).

Obwohl bereits seit 30 Jahren an genetischen Impfstoffen gearbeitet wird,[204] wurden sie noch nie vor Covid-19 zugelassen. Daher stellt sich die Frage, wenn die genetischen Impfstoffe wirklich so sicher und ungefährlich sein sollten, wie es uns zahlreiche Politiker und Massenmedien versichern, wieso sie dann nicht schon längst zugelassen wurden?[205] [206]

## 5.3 Covid-19-mRNA-Impfstoffe

---

[201] https://www.businessinsider.com/coronavirus-vaccine-quest-18-months-fauci-experts-flag-dangers-testing-2020-4?r=DE&IR=T
[202] https://www.dzif.de/de/entwicklung-von-impfstoffen
[203] https://www.abc.net.au/news/health/2020-04-17/coronavirus-vaccine-ian-frazer/12146616
[204] https://www.renafan.de/corona-impfung#frage1
[205] https://www.pharmazeutische-zeitung.de/koennen-vektorimpfstoffe-das-erbgut-veraendern-123924/
[206] https://www.gelbe-liste.de/nachrichten/unterschiede-corona-impfstoffe

MRNA bedeutet „messenger RNA“ oder Boten-RNA. Dabei handelt es sich um ein Botenmolekül, welches in die Zelle eindringt und dieser genetische Informationen (Bauanleitung) zum Bau des viralen Antigens liefert. Die Zelle soll dann nach dieser Anweisung ein virales Protein bilden, gegen welches eine Immunantwort einsetzt, die bei einem Kontakt mit dem Erreger vor einer Erkrankung schützen soll. Die Zellen sollen somit zu einer Art *„Impfstofffabrik“* werden, welche eigene Medikamente gegen das Virus herstellt.[207] [208]

Dabei kann nicht ausgeschlossen werden, dass die mRNA-Impfstoffe genetische Mutationen im menschlichen Körper verursachen. Unter gewissen Umständen könnte die mRNA aus dem Impfstoff durch die sogenannte „reverse Transkriptase“ (ein Prozess, bei welchem sich durch das gleichnamige Enzym, welches sich in den menschlichen Zellen befinden kann, die mRNA in DNA umgewandelt wird[209]) in DNA umgewandelt und dadurch in das menschliche Genom integriert werden.
Wenn z. B. ein Patient bereits eine Infektion mit aktiven Retroviren (zu denen z. B. auch das HIV, das Humane T-Zell-Leukämie-Virus HTLV und das Hepatitis-B-Virus zählen) hat, welche die Reverse Transkriptase in sich tragen, könnte die mRNA aus dem Impfstoff in DNA umgewandelt und anschließend ins menschliche Genom integriert werden.

Dasselbe könnte auch dann gelten, wenn im Körper „aktive Retrotransposons“ vorhanden sind, genetische Komponenten, die strukturelle Ähnlichkeiten mit Retroviren aufweisen und die sich kopieren und an verschiedenen genomischen Stellen einfügen, indem sie RNA durch den Prozess der reversen Transkriptase wieder in DNA umwandeln.[210] [211]

---

207 https://focusterra.ethz.ch/news-und-veranstaltungen/coronavirus/rna-impfstoff.html

208 https://www.pharmazeutische-zeitung.de/warum-mrna-impfstoffe-nicht-das-erbgut-veraendern-121972/

209 https://en.wikipedia.org/wiki/Reverse_transcriptase

210 https://en.wikipedia.org/wiki/Retrotransposon

211 https://www.mdr.de/wissen/corona-gentechnik-risiko-rna-impfstoff-gering-impfkommission100.html

Dabei ist ungewiss, welche Schäden die Mutationen verursachen können. Fest steht allerdings, dass Mutationen weitervererbt werden können.

Weitere *„mögliche Sicherheitsbedenken umfassen vor allem lokale und systemische Entzündungen, ... die Stimulation von autoreaktiven Antikörpern und mögliche toxische Wirkungen nicht nativer Nukleotide und Komponenten des Abgabesystems. Ein mögliches Problem könnte sein, dass einige mRNA-basierte Impfstoffplattformen potente Typ-I-Interferonreaktionen induzieren, die nicht nur mit Entzündungen, sondern möglicherweise auch mit Autoimmunität assoziiert sind.*

*Ein weiteres potenzielles Sicherheitsproblem könnte sich aus dem Vorhandensein von extrazellulärer RNA während der mRNA-Impfung ergeben. Es wurde gezeigt, dass extrazelluläre nackte RNA die Permeabilität dicht gepackter Endothelzellen erhöht und somit zur Bildung von Ödemen beitragen kann.*

*Eine andere Studie zeigte, dass extrazelluläre RNA die Blutgerinnung und die pathologische Thrombusbildung fördert. Präklinische Studien mit RNA-Impfstoffen gegen SARS und MERS haben Bedenken hinsichtlich einer Verschlimmerung der Lungenerkrankung durch infektionsverstärkende Antikörper offengelegt."*[212]

### 5.4 Covid-19-DNA-Vektorimpfstoffe

Bei den DNA-Vektorimpfstoffen, welche auf Adenoviren basieren gibt es sogar noch mehr Bedenken, was die Gesundheitsrisiken angeht.
Dabei wird das Gen für das Spike-Protein des Coronavirus zunächst in DNA übersetzt und anschließend in ein Adenovirus eingebaut, dem zuvor Gene entfernt wurden, die für dessen Vermehrung notwendig gewesen sind. Mit der Impfung schleust das Viruskonstrukt die enthaltene Erbinformation in menschliche Zellen ein, woraufhin die DNA des Adenovirus in mRNA umgeschrieben werden muss. Das bedeutet, dass sie in den Zellkern gelangen muss, da nur dort die dafür zuständigen Enzyme vorhanden sind. Die Tatsache,

---

212 https://www.gelbe-liste.de/nachrichten/unterschiede-corona-impfstoffe

dass die Adenoviren-DNA in den Zellkern gelangt ist in der Impfpraxis ungewöhnlich und macht einige Ärzte und Wissenschaftler, wie z. B. Dr. Christian Münz, Professor für virale Immunbiologie an der Uni Zürich, „nervös".

Durch einen zufälligen Prozess namens „heterologe Rekombination" könnte die DNA, welche im Zellkern außerhalb der Chromosomen vorliegt in das Erbgut integriert werden. Laut Dr. Münz geschieht dies *„leider nicht ganz so selten, wie man es sich erhoffen würde"*.

So wird z. B. in Mäusen *"eines von einer Million injizierten Viren in die Wirts-DNA integriert – und beim Astra-Zeneca-Impfstoff werden je nach Dosierung 25 bis 50 Milliarden Viren gespritzt"*, woraus sich, verglichen mit den mRNA-Impfstoffen, ein höheres Risiko für Langzeitschäden ergäbe. Dadurch könnte z. B. Krebs die Folge sein, welcher in ähnlicher Art und Weise bei frühen Gentherapien aufgetreten ist.

Außerdem hat eine wissenschaftliche Studie von K. Hilger-Eversheim und W. Doerfler ergeben, dass Hamster, die mit menschlichen Adenoviren vom Typ 12 infiziert werden, Tumoren entwickeln können.[213] [214] [215]

Für alle genetischen Covid-19 Impfstoffe gilt somit, dass die möglichen Langzeitschäden und Nebenwirkungen in Zusammenhang mit den Impfstoffen nicht bzw. wenig erforscht und somit ungewiss sind. Dies stellt eine Gefahr für die Gesundheit und Leben der Menschen dar, welche nicht ausgeschlossen werden kann und auch nicht unwahrscheinlich ist, vor allem da die neuen genetischen Impfstoffe innerhalb von nur 10 Monaten entwickelt und daher nicht hinreichend erforscht werden konnten.

## 5.5 Haftungsbefreiung für Hersteller von Covid-19-Impfstoffen

---

[213] Clonal origin of adenovirus type 12-induced hamster tumors: nonspecific chromosomal integration sites of viral DNA https://pubmed.ncbi.nlm.nih.gov/9230215/

[214] https://www.pharmazeutische-zeitung.de/koennen-vektorimpfstoffe-das-erbgut-veraendern-123924/

[215] https://www.gelbe-liste.de/nachrichten/unterschiede-corona-impfstoffe

Dazu kommt, dass die Covid-19-Impfstoffhersteller, dank der EU, bei Impfschäden (schweren Komplikationen oder bleibenden Schäden) von Schadensersatzansprüchen komplett befreit wurden.

*„In den Verträgen zwischen EU und Impfstoffherstellern haben sich ... die Vertragsstaaten verpflichtet, die Kosten zu übernehmen, wenn ein Hersteller für Impfschäden haften muss“.*[216]

Auch Politiker, welche durch massive Impfkampagnen zu Massenimpfungen agitieren bzw. durch grundrechtseinschränkende Maßnahmen versuchen, Menschen zur Impfung zu nötigen, können nicht in Haftung genommen werden.

In Schadensfällen soll dann der Staat und somit der Steuerzahler haften.[217]
Dies gilt jedoch nicht für Impfnebenwirkungen, da diese zum normalen Lebensrisiko gehören und daher auch kein Anspruch auf Schadenersatz bzw. auf das sogenannte Schmerzensgeld bestehen würde. [218]

Da die Impfstoffhersteller für mögliche Schäden nicht haften müssen, besteht die Wahrscheinlichkeit, dass, wegen diversen Qualitätseinsparungen zugunsten der Gewinnmaximierung, sämtliche Gefahren für die Volksgesundheit und die Gesundheit von einzelnen Personen entstehen können bzw. bereits entstanden sind.

---

216 https://www.br.de/nachrichten/wirtschaft/corona-impfschaeden-wer-haftet-und-wie-hoch-ist-der-schadenersatz,SMRpwRK
217 https://www.zdf.de/nachrichten/panorama/corona-versicherung-impfschaden-100.html
218 https://www1.wdr.de/nachrichten/themen/coronavirus/corona-impfung-faq-nebenwirkungen-haftung-100.html

### 5.6 Ist den Herstellern von Covid-19-Impfstoffen zu trauen?

Die vier großen Unternehmen, die Covid-19-Impfstoffe herstellen, sind Pfizer, AstraZeneca, Moderna und Johnson & Johnson (J&J). Fraglich ist, ob diesen Pharmaunternehmen wirklich zu trauen ist.

#### 5.6.1 Moderna

Der Corona-Impfstoffhersteller Moderna hat einen makellosen Lebenslauf vorzuzeigen, eine wahrhaft weiße Weste. Dies liegt jedoch einzig und alleine daran, dass Moderna bislang, vor dem Covid-Impfstoff, kein einziges Produkt auf den Markt bringen konnte,[219] obwohl das Unternehmen bereits 2010 gegründet wurde. Moderna ist vor Covid-19 eine Pleitegeierfirma gewesen, welche erst durch den Corona-Impfstoff im April 2021 erstmalig einen Quartalsgewinn vorzeigen konnte.[220] Doch dies hindert das Unternehmen offensichtlich nicht daran, eines der wichtigsten Corona-Impfstoffhersteller zu sein. Fraglich ist, wie so ein Unternehmen überhaupt mit einer so wichtigen Aufgabe beauftragt werden konnte.

Was Pfizer, AstraZeneca und Johnson & Johnson angeht, so haben diese Pharmaschwergewichte allesamt einen alles andere als makellosen Lebenslauf.

#### 5.6.2 Johnson & Johnson

Johnson & Johnson (J&J) ist 2018 in Missouri zu einer Strafe von 4,69 Milliarden US-Dollar wegen eines jahrzehntelangen Verkaufs von krebserregendem Babypuder verurteilt worden. J&J habe die Verbraucher nicht davor gewarnt, obwohl der Konzern bereits seit den 1970er-Jahren davon Kenntnis gehabt hätte, dass das Babypuder Asbest enthielt. Dabei soll J&J die Ergebnisse eigener Studien manipuliert und den Aufsichtsbehörden nichts über die Belastung mitgeteilt haben.

Des Weiteren setzt J&J noch immer in einigen Produkten Mikroplastik ein,

---

[219] https://en.wikipedia.org/wiki/Moderna

[220] https://de.wikipedia.org/wiki/Moderna#Firmengeschichte

welches gesundheitlich als bedenklich gilt und Umweltprobleme verursacht, da es nur schwer abbaubar ist.

2013 einigte sich J&J auf einen Vergleich, in dessen Rahmen 2,2 Milliarden USD an die US-Regierung gezahlt wurden, nachdem der Konzern Apotheker dazu bestochen hatte, das Neuroleptikum Risperdal an Kinder, Behinderte und demente ältere Menschen zu verkaufen. 2016 haben 13.000 Männer in den USA eine Sammelklage gegen J&J eingereicht, da sie aufgrund der Nebenwirkungen durch Risperdal an Gynäkomastie (Männerbrüste) erkrankten.

J&J wird auch in vielen Fällen für die Opioid-Epidemie in den USA verantwortlich gemacht, die eine Krise des öffentlichen Gesundheitswesens in den USA auslöste. Im August 2019 verurteilte das Gericht in Oklahoma den Konzern zu einer Entschädigungszahlung in Höhe von 572 Millionen USD, nachdem diesem vorgeworfen wurde, mit synthetischen Opiaten Milliardenschwere Gewinne gemacht zu haben, indem J&J in der Werbung gelogen, trügerisches Marketing betrieben und Studien manipuliert hätte.[221]

Interessant ist auch, dass J&J von der FDA angewiesen wurde, 60 Millionen Covid-19-Impfstoffdosen zu entsorgen, nachdem herausgekommen ist, dass einige der J&J-Impfstoffe mit dem Impfstoff von AstraZeneca kontaminiert waren.[222] [223]

### 5.6.3 AstraZeneca

AstraZeneca ist ein Pharmakonzern, welcher 1999 durch den Zusammenschluss der schwedischen Astra AB und der britischen Zeneca-Gruppe gegründet wurde.

2010 einigte sich AstraZeneca im Rahmen eines Vergleichs zur Zahlung von 520

---

[221] https://de.wikipedia.org/wiki/Johnson_%26_Johnson#Kritik
[222] https://www.washingtonpost.com/health/2021/06/11/fda-releases-johnson-johnson-vaccine-from-emergent-plant/
[223] https://www.businessinsider.com/fda-tells-johnson-and-johnson-throw-out-vaccine-doses-2021-6

Millionen USD. Gemäß der Vergleichsvereinbarung hat AstraZeneca illegal ihr Antipsychotikum „Seroquel“ für Anwendungen vermarktet, die von den US-Gesundheitsbehörden nicht als sicher und wirksam zugelassen waren. [224]

Des Weiteren brachte AstraZeneca Crestor, ein cholesterinsenkendes Medikament auf den Markt, noch bevor die dafür notwendigen Langzeitstudien abgeschlossen wurden, was jedoch dem Umsatz keinesfalls geschadet hat.[225]

AstraZeneca brachte 2001 auch Nexium, ein Mittel gegen Magengeschwüre und Sodbrennen auf den Markt, zu einer Zeit *„als der Patentschutz des Vorgängerprodukts Prilosec auslief, mit dem Astra-Zeneca weltweit sechs Milliarden Dollar Umsatz machte - ein echter "Blockbuster" für den Konzern ... Der Wirkstoff von Prilosec war Omeprazol. Die Firma änderte die Zusammensetzung ein wenig, nannte den Wirkstoff Esomeprazol, taufte das Medikament auf den Namen Nexium, startete einen gigantischen Werbefeldzug und und drückte Nexium als verbesserte Form von Prilosec in den Markt ... Um Nexium gegenüber seinem Vorgängerprodukt besser aussehen zu lassen, griffen die Wissenschaftler von Astra- Zeneca sogar noch zu einem weiteren Trick, wie die Medizinexpertin Marcia Angell ausführt: "Statt die einander vermutlich entsprechenden Dosierungen zu vergleichen, setzten die Wissenschaftler des Unternehmens Nexium in höherer Dosierung ein. Sie verglichen 20 und 40 Milligramm Nexium mit 20 Milligramm Prilosec. Mit derart gezinkten Karten sah Nexium wie eine Verbesserung aus - die aber nur geringfügig war und sich nur in zwei der vier Studien zeigte." Man vergleicht also eine niedrige Dosierung des älteren Präparats mit einer teilweise höheren Dosierung des neuen Präparats und kann damit einen geringen Fortschritt zeigen – so dünn ist die wissenschaftliche Basis für Nexium. "Daraus hätte sich eigentlich die Schlussfolgerung ergeben müssen ... Nexium zu den Akten zu legen", urteilt Marcia Angell, "aber das wäre für Astra-Zeneca nicht hilfreich gewesen, sondern nur für die Menschen, die an Sodbrennen leiden“.*

*Dennoch ist Nexium in Deutschland mit knapp vier Millionen Verordnungen die erfolgreichste Neueinführung eines Medikaments in den vergangenen zehn*

---

[224] https://www.justice.gov/opa/pr/pharmaceutical-giant-astrazeneca-pay-520-million-label-drug-marketing
[225] https://www.wissenschaft.de/gesellschaft-psychologie/kranke-machenschaften/

*Jahren - obwohl selbst die Kassenärztliche Bundesvereinigung das Präparat als unwirtschaftlich brandmarkt:*

*"Kostengünstigere Omeprazol-Generika erzielen den gleichen Behandlungserfolg. Die aktuelle Studienlage bietet keinen Grund, das teurere Esomeprazol (Nexium) zu verordnen." Würden sich die Ärzte an diesen Rat halten und das günstigere Omeprazol verordnen, könnten die Krankenversicherten pro Jahr 99 Millionen Euro sparen - allein bei diesem Präparat. Und ohne dass ein Patient schlechter versorgt wäre. Warum aber verschreiben so viele Ärzte wie wild Nexium? Die Antwort ist so schlicht wie bedrückend: Weil es dafür Geld gibt und weil es ihnen offenbar egal ist, was die Krankenkassen dafür ausgeben müssen",* schrieb der „Stern" in seinem Artikel „Vorsicht, Pharma - Wie die Industrie Ärzte manipuliert und Patienten täuscht" aus dem Jahr 2007.[226]

### 5.6.4 Pfizer

Das Pharmaunternehmen Pfizer hat eine lange Liste von Anklagen und Vorwürfen bezüglich illegaler Werbung und Vermarktung seiner Produkte zu verzeichnen, die in den meisten Fällen durch Vergleiche und außergerichtliche Einigungen durch hohe Zahlungen des Unternehmens beigelegt wurden.[227]

So bekannte sich z.B. Pfizer 2009 der illegalen Vermarktung des Arthritis-Medikaments Valdecoxib (Bextra) schuldig und stimmte dem damals größten Vergleich, in Höhe von 2,3 Milliarden US-Dollar, zu, der bislang höchsten strafrechtlichen Geldbuße in der Geschichte der USA.[228]

2009 ist nach einer Analyse des Instituts für Qualität und Wirtschaftlichkeit im Gesundheitswesen (IQWiG) herausgekommen, dass das Medikament Edronax der Firma Pfizer, welches in Deutschland seit 12 Jahren zur Behandlung von Depressionen verwendet wurde, keinen nachweisbaren Nutzen hatte.

Dabei hat Pfizer, um das Medikament zu vermarkten, nur 7 der insgesamt 17

---

[226] https://www.stern.de/wirtschaft/news/pharmaindustrie-vorsicht--pharma---wie-die-industrie-aerzte-manipuliert-und-patienten-taeuscht-3262192.html
[227] https://en.wikipedia.org/wiki/Pfizer#Legal_issues
[228] https://en.wikipedia.org/wiki/Pfizer#Illegal_marketing_of_Bextra

Studien veröffentlicht, die ein positives Bild des Medikaments abgaben. Die restlichen 10 Studien führten hingegen zu einem negativen Gesamtbild.

Bezeichnend ist, dass Pfizer erst auf öffentlichen Druck hin alle Studien herausgegeben hatte.

*„Auf die Forderung des IQWiG nach weiterem Material antwortete das Unternehmen zunächst, man habe dem Institut diejenigen Daten zur Verfügung gestellt, „die sich aus unserer Sicht für eine Nutzenbewertung von Edronax (Wirkstoff Reboxetin) auch im Vergleich zu anderen Arzneimitteln eignen." Eine Verpflichtung, alle verfügbaren Daten zusammenzutragen, gebe es nicht".*[229]

Es ist absolut unverständlich, wieso Pharmariesen wie Pfizer keiner Veröffentlichungspflicht von klinischen Daten und Studien unterliegen.

Pfizer verkaufte auch asbesthaltige Isolierprodukte[230] und defekte Herzklappen, welche brachen und 500 Menschen das Leben kosteten. 1994 stimmte das Unternehmen zu, 10,75 Millionen US-Dollar zu zahlen, um die Vorwürfe des US-Justizministeriums zum Schweigen zu bringen, dass das Unternehmen gelogen hatte, um die Genehmigung für die Klappen zu erhalten.[231]

1996 hat Pfizer in Kano, Nigeria, eine klinische Studie durchgeführt, in welcher ein experimentelles Antibiotikum, Trovafloxacin (Trovan), etwa 200 Kindern verabreicht wurde. Laut Berichten von lokalen Stadtbeamten starben bei diesem Experiment mehr als 50 Kinder, während viele andere Kinder geistige und körperliche Missbildungen entwickelten. Dabei sollen Forscher keine unterschriebenen Einverständniserklärungen erhalten haben und Pfizer soll auch nicht den Eltern gesagt haben, dass ihre Kinder ein experimentelles Medikament erhalten. Mindestens ein Pfizer-Arzt, sowie das nigerianische medizinische Personal sagten, dass die Studie ohne behördliche Genehmigung durchgeführt worden sei. 2001 reichten die Regierungen von Kano und Nigeria, sowie Familien der Kinder Klagen ein, welche Pfizer u. a. auch dafür beschuldigten, eine Kontrollgruppe, die mit traditionellen Antibiotika behandelt

---

[229] https://www.tagesspiegel.de/wissen/arzneimittel-studien-friede-freude-pharmafirma/1638800.html
[230] https://en.wikipedia.org/wiki/Pfizer#Quigley_Company_asbestos
[231] https://en.wikipedia.org/wiki/Pfizer#Shiley_defective_heart_valves

wurde, vorsätzlich zu unterdosieren, um die Ergebnisse der Studie zugunsten von Trovan zu verzerren. Nach dem 2010 veröffentlichten WikiLeaks US-Diplomatenkabel hat Pfizer Ermittler beauftragt, Beweise für Korruption gegen den nigerianischen Generalstaatsanwalt Aondoakaa zu finden, um ihn dazu zu bewegen, rechtliche Schritte gegen das Unternehmen einzustellen. Aondoakaa, dem nachgesagt wurde, dass er angeblich von Pfizer Bestechungsgelder für eine Beilegung des Falls verlangt hatte, wurde schließlich, im Zusammenhang mit Korruptionsvorwürfen, sein US-Visum entzogen. Außerdem wurde der nigerianische Generalstaatsanwalt für amtsunfähig erklärt. Die Klagen wurden schließlich außergerichtlich beigelegt, indem sich Pfizer verpflichtete, 30 Millionen USD zur Unterstützung von Gesundheitsinitiativen in Kano, 10 Millionen USD zur Deckung der Rechtskosten und 35 Millionen US-Dollar zur Entschädigung an Familien zu zahlen, deren Kinder an der Studie teilgenommen haben.[232]

Interessant ist auch, dass Pfizer bis 2016 Gift für die Giftspritzen hergestellt hat, die im Rahmen der Todesstrafe in den USA verwendet wurden. Die vom Unternehmen vorgebrachten moralischen Gründe bezüglich der Einstellung der Giftproduktion können nicht überzeugen, da dies zum einen Pfizer offensichtlich nicht daran gehindert hat, jahrelang davor Gift für die Spritzen herzustellen und zum anderen Pfizer das letzte von mehr als 20 europäischen und US-amerikanischen Unternehmen gewesen ist, welches mit der Giftproduktion für den Todestrakt aufhörte.[233] Viel wahrscheinlicher lag die Ursache für die Einstellung der Giftproduktion darin, dass das Unternehmen befürchtete, mit vermasselten Hinrichtungen verbunden zu werden und dadurch rechtlich und finanziell einen Schaden zu erleiden.[234]

### 5.6.5 Fazit

---

[232] https://en.wikipedia.org/wiki/Pfizer#Nigeria_Trovafloxacin_lawsuit

[233] https://www.deutsche-apotheker-zeitung.de/news/artikel/2016/05/15/pfizer-stoppt-lieferungen-fur-todesspritzen

[234] https://www.n-tv.de/wirtschaft/Pfizer-verweigert-Lieferung-von-Giftspritzen-article17695126.html

Wie man sieht, haben J&J, AstraZeneca und Pfizer nicht gerade einen guten Ruf. Wie von großen Pharmaunternehmen zu erwarten, sind sie in erster Linie kommerzielle Geschäftsbetriebe, deren vorrangiges Ziel die Gewinnmaximierung und nicht die Gesundheit der Menschen ist. Daher ist es absolut unverständlich, wieso sie mit der Covid-19-Impfstoffproduktion überhaupt beauftragt und dann noch von jeglicher Haftung befreit wurden. Dies betrifft auch das Unternehmen Moderna, welches vor Covid-19 eine Pleitegeierfirma gewesen ist, die kein einziges Produkt auf den Markt gebracht hat.

### 5.7 Hat sich beim Großteil der Bevölkerung bereits eine Kreuzimmunität gebildet?

Der renommierte deutsche Facharzt für Mikrobiologie und Infektionsepidemiologie, Prof. Dr. Sucharit Bhakdi, geht davon aus, dass das Virus kein „Killervirus" ist[235] und dass eine Impfung gegen SARS-CoV-2 nicht notwendig sei, da sich zudem bei dem Großteil der Bevölkerung bereits eine Kreuzimmunität (T-Zell-Reaktivität) gegen das SARS-CoV-2 gebildet hätte. Bhakdis Erklärung soll nun dargestellt werden:

Die körpereigene Abwehr gegen Viren erfolgt nicht nur mithilfe von Antikörpern, welche versuchen, eindringende Erreger aufzuhalten, sondern vor allem durch das Abtöten der infizierten Körperzellen durch sog. „Killerlymphozyten".

Nachdem die Viren in die Zellen eindringen und dort vermehrt werden, werden aus diesen Zellen Abfallprodukte hinausbefördert, wo sie dann von den Killerlymphozyten bemerkt werden, die daraufhin die entsprechenden Zellen zerstören, da sie diese als „Virenfabriken" deuten.

Auch wenn es sich bei SARS-CoV-2 um ein neues Coronavirus handelt, ist die Familie der Coronaviren insgesamt dem körpereigenen Immunsystem jedoch altbekannt. Daher können die Killerlymphozyten aufgrund der Ähnlichkeiten

---

[235] https://www.aargauerzeitung.ch/schweiz/nicht-den-quatsch-der-anderen-lander-mitmachen-umstrittene-wissenschafter-kritisieren-die-schweiz-ld.1261357

auch die Abfallprodukte des neuen Coronavirus erkennen und die damit infizierten Zellen zerstören. Diese Art von Immunität wird auch als „Kreuzimmunität" bezeichnet. In der Gruppe der unter 70-Jährigen würde diese Kreuzimmunität bei ca. 99,95 % der Menschen greifen, so dass sie von alleine wieder gesunden.[236] [237]

Ein wissenschaftlicher Artikel mit dem Titel „Covid-19: Do many people have pre-existing immunity?" (dt. Covid-19: Haben viele Menschen bereits eine Immunität?), welcher am 17.09.2020 im British Medical Journal (BMJ) veröffentlicht wurde, kommt zu einem ähnlichen Ergebnis. Darin heißt es:
*„Mindestens sechs Studien haben eine T-Zell-Reaktivität gegen SARS-CoV-2 bei 20 % bis 50 % der Menschen ohne bekannte Exposition gegenüber dem Virus berichtet"*.[238] [239]

Demnach soll in großen Teilen der Bevölkerung bereits eine Kreuzimmunität gegenüber SARS-CoV-2 vorhanden sein, so dass (Massen-) Impfungen gegen SARS-CoV-2 überhaupt nicht nötig seien.

### 5.8 Werden die SARS-CoV-2-Mutationen ebenfalls von der Kreuzimmunität erkannt?

Michael Yeadon, ehemaliger Vizepräsident von Pfizer ist ebenfalls der Ansicht, dass die Impfungen unnötig sind, da das SARS-CoV-2 ein gewöhnliches Atemwegsvirus sei, das nur für die ältere Generation gefährlicher als Influenza ist, für alle anderen Menschen jedoch eine geringere Gefahr als Influenza darstellt.
Dabei seien modifizierte Auffrischimpfungen, die alle möglichen SARS-CoV-2-Mutationen mit abdecken sollen, ebenfalls absolut unnötig, da die

---

[236] https://www.basel-express.ch/redaktion/2841-corona-fehlalarm

[237] https://www.wochenblick.at/horror-risiken-nach-corona-impfung-bekaempft-koerper-eigene-zellen/
[238] https://www.bmj.com/content/370/bmj.m3563
[239] https://www.deutsche-apotheker-zeitung.de/news/artikel/2020/10/14/sars-cov-2-ist-die-grundimmunitaet-hoeher-als-angenommen

Virusmutationen sich von der Ausgangsvariante jeweils nur ganz leicht unterscheiden würden (die stärkste SARS-CoV-2-Mutation soll eine Abweichung um lediglich 0,3 % darstellen, siehe Punkt 1.12), so dass sie ganz leicht von den T-Zellen erkannt und außer Gefecht gesetzt werden würden. Blutproben von SARS-Patienten hätten gezeigt, dass selbst SARS-CoV-2, welches lediglich zu 80 % mit SARS identisch sein soll, dennoch von den T-Zellen erkannt werden würde. Dies würde erst recht für die SARS-CoV-2-Mutationen in Bezug auf SARS-CoV-2 gelten. [240]

Da die Abweichung der Mutationen derart gering sei, sei auch klar, dass es sich bei den Mutanten nicht um ein neues Virus handelt. Außerdem könnte (wie bereits unter Punkt 1.12 geschildert) von den Mutanten keine größere Gefahr als von der SARS-CoV-2-Ursprungsvariante ausgehen.

Daher sei die Panikmache seitens der Politik und Medien auch im Hinblick auf die SARS-CoV-2-Mutationen absolut unverständlich.[241] [242]
Wie es aussieht, gibt es somit überhaupt keinen Grund für Auffrischungsimpfungen bzw. für neue Impfungen.

### 5.9 Können die Covid-19-Impfstoffe Immunerkrankungen verursachen?

Prof. Dr. Bhakdi warnte auch vor Immunerkrankungen, die in Zusammenhang mit den neuen Covid-19-mRNA-Impfstoffen auftreten können, da der Körper Zellen bekämpfen könnte, die vor der Impfung noch gesund waren.

Bei der Verwendung von herkömmlichen Impfstoffen bliebe das Virus in der Lunge.
Da jedoch durch die neuen mRNA-Impfstoffen das Virusgen selbst gespritzt wird, würde es überall, in den ganzen Körper gelangen- auch dorthin, wo es nicht hätte gelangen sollen, also auch in gesunde, nicht infizierte Zellen. Daraufhin würde das Virusteil in vielen gesunden Zellen gebaut und die Abfallprodukte dieses Prozesses würden wie üblich aus der Zelle

---

[240] https://alschner-klartext.de/2020/11/27/michael-yeadon-erklart-covid/
[241] https://www.pandata.org/how-broad-is-covid-immunity/
[242] https://planetlockdownfilm.com/full-interviews/ (siehe Interview mit Michael Yeadon)

hinausgebracht werden. Dies hätte zur Folge, dass Killerlymphozyten die Virusgen-Abfallprodukte von gesunden Zellen als solche erkennen und die gesunden Zellen angreifen, wodurch Autoimmunkrankheiten verursacht werden würden.[243]

Laut Prof. Dr. Bhakdi sind die neuen genetischen Covid-19-Impfstoffe *„ganz klar Menschenversuche"*, anders könne man es nicht bezeichnen.

Womöglich haben wir es hier tatsächlich mit dem größten Menschenexperiment aller Zeiten zu tun, mit ungewissen Folgen und Auswirkungen.[244]

## 5.10 Können die Covid-19-Impfstoffe Unfruchtbarkeit verursachen?

Das britische Gesundheits- und Sozialministerium und die Regulierungsbehörde für Arzneimittel und Gesundheitsprodukte haben Richtlinien für die Einführung des Pfizer-Impfstoffs veröffentlicht, in denen geschrieben steht, dass es ungewiss ist, ob der BioNTech-/ Pfizer-Impfstoff Auswirkungen auf die Fruchtbarkeit hat und dass die Impfung während der Schwangerschaft und Stillzeit nicht empfohlen wird. So heißt es unter Punkt 4.6 (Fertilität, Schwangerschaft und Stillzeit): [245]

*„Schwangerschaft*

*Es liegen keine oder nur begrenzte Daten zur Verwendung des COVID-19-mRNA-Impfstoffs BNT162b2 vor.*

*Tierexperimentelle Studien zur Reproduktionstoxizität wurden nicht abgeschlossen. Der COVID-19-mRNA-Impfstoff BNT162b2 wird während der Schwangerschaft nicht empfohlen.*

---

243 https://www.wochenblick.at/horror-risiken-nach-corona-impfung-bekaempft-koerper-eigene-zellen/
244 https://www.basel-express.ch/redaktion/2841-corona-fehlalarm

245 https://healthimpactnews.com/wp-content/uploads/sites/2/2020/12/Information_for_healthcare_professionals.pdf

*Bei Frauen im gebärfähigen Alter sollte vor der Impfung eine Schwangerschaft ausgeschlossen werden. Außerdem sollte Frauen im gebärfähigen Alter empfohlen werden, eine Schwangerschaft für mindestens 2 Monate nach der zweiten Dosis zu vermeiden.*

*Stillen*

*Es ist nicht bekannt, ob der COVID-19-mRNA-Impfstoff BNT162b2 in die Muttermilch übergeht. Eine Gefährdung der Neugeborenen/Kleinkinder kann nicht ausgeschlossen werden. Der COVID-19-mRNA-Impfstoff BNT162b2 sollte während der Stillzeit nicht angewendet werden.*

*Fruchtbarkeit*

*Es ist nicht bekannt, ob der COVID-19-mRNA-Impfstoff BNT162b2 einen Einfluss auf die Fertilität hat".*

Der SPD-Politiker und Mediziner Wolfgang Wodarg hat zusammen mit Dem Ex-Vizepräsidenten von Pfizer Michael Yeadon im Dezember 2020 eine Petition an Europäische Arzneimittel-Agentur (EMA - European Medicines Agency) der Europäischen Union verfasst und u. a. vor den potentiellen Gefahren gewarnt, dass die Covid-19-Impfstoffe Frauen möglicherweise unfruchtbar machen könnten:

*„Mehrere Impfstoffkandidaten sollen die Bildung humoraler Antikörper gegen Spike-Proteine von SARS-CoV-2 induzieren. Syncytin-1 (siehe Gallaher, B., „Response to nCoV2019 Against Backdrop of Endogenous Retroviruses" – http://virological.org/t/response-to-ncov2019-against-backdrop-of-endogenous-retroviruses/396), das von humanen endogenen Retroviren (HERV) abgeleitet ist und für die Entwicklung einer Plazenta bei Säugetieren und Menschen verantwortlich ist und damit eine wesentliche Voraussetzung für eine erfolgreiche Schwangerschaft ist, findet sich in homologer Form auch in den Spike-Proteinen von SARS-Viren. Es gibt keinen Hinweis darauf, ob Antikörper gegen Spike-Proteine von SARS-Viren auch wie Anti-Syncytin-1-Antikörper wirken würden. Sollte dies jedoch der Fall sein, würde dies auch die Bildung einer Plazenta verhindern, die zu einer weitgehenden Unfruchtbarkeit der geimpften Frau führen würde. Meines Wissens hat Pfizer / BioNTech noch keine Proben von schriftlichen Materialien freigegeben, die den Patienten zur*

*Verfügung gestellt wurden, daher ist unklar, welche Informationen ggf. zu (potenziellen) fruchtbarkeitsspezifischen Risiken durch Antikörper enthalten sind.*

*Gemäß Abschnitt 10.4.2 des Pfizer/BioNTech-Studienprotokolls ist eine Frau im gebärfähigen Alter (WOCBP) zur Teilnahme berechtigt, wenn sie nicht schwanger ist oder stillt und während der Intervention eine akzeptable Verhütungsmethode wie im Studienprotokoll beschrieben anwendet (mindestens 28 Tage nach der letzten Dosis der Studienintervention).*

*Dies bedeutet, dass es relativ lange dauern kann, bis eine nennenswerte Anzahl von Fällen von Unfruchtbarkeit nach der Impfung beobachtet werden kann."*[246] [247]

### 5.11 Können die Covid-19-Impfstoffe Thrombosen verursachen?

Die Covid-19-Impfstoffe sollen recht häufig Beinvenenthrombosen oder Lungenembolien verursachen.[248] [249]

Eine Analyse der Klinikregister in Norwegen und Dänemark hat z. B. ergeben, dass das Risiko auf venöse Thromboembolien nach einer Impfung mit AstraZeneca generell erhöht ist.[250]
Ferner hat die Europäische Arzneimittelagentur (EMA) festgestellt, dass die DNA-Vektorimpfstoffe von AstraZeneca und Johnson & Johnson in manchen

---

[246] https://2020news.de/wp-content/uploads/2020/12/Wodarg_Yeadon_EMA_Petition_Pfizer_Trial_FINAL_01DEC2020_EN_unsigned_with_Exhibits.pdf?fbclid=IwAR0fRPF0zdZILEWFP18AtmefLuh47l87Be0X_mWCgbXxWgvwppBgZgnxxR4
Punkt C XI

[247] https://healthimpactnews.com/2020/breaking-uk-first-to-approve-pfizer-covid-vaccine-as-former-head-of-pfizer-research-says-vaccine-can-make-females-infertile/

[248] https://www.quarks.de/gesundheit/medizin/sind-thrombosen-eine-nebenwirkung-der-astrazeneca-impfung/

[249] https://www.fr.de/ratgeber/gesundheit/wie-oft-kommt-es-nach-covid-impfung-zu-thrombosen-aktueller-corona-sicherheitsbericht-informiert-90824486.html

[250] https://www.aerzteblatt.de/nachrichten/123667/COVID-19-Impfstoff-von-Astrazeneca-erhoeht-Risiko-auf-venoese-Thromboembolien-nur-leicht

Fällen auch gefährliche Blutgerinnsel im Gehirn verursachen können.[251] [252]

Laut Forschern der Universität Oxford in Großbritannien soll dies auch für die mRNA Impfstoffe gelten.[253] [254]

### 5.12 Können die Covid-19-Impfstoffe Allergien verursachen?

Bei den Impfungen mit den mRNA Impfstoffen von Pfizer und Moderna sind *„in einzelnen Fällen in Deutschland, Großbritannien und den USA teils schwere allergische Reaktionen aufgetreten"*, berichtet die Deutsche Apothekerzeitung.[255] Dies könnte damit zusammenhängen, dass die Impfstoffe pegylierte Lipidnanopartikel (PEG) enthalten, die die mRNA einbetten und als eine Art Schutzhülle fungieren, da die mRNA ansonsten schnell durch Ribonukleasen abgebaut werden würde und auch sonst Zellmembranen nur schlecht durchdringen könnte.[256]
Es ist ebenfalls bekannt, dass die Verwendung pegylierter Lipide grundsätzlich mit dem Risiko einer Antikörperbildung gegen PEG verbunden ist.[257]

### 5.13 Statistische Erfassung der gemeldeten Impfkomplikationen, Impfschäden und Todesfällen in Zusammenhang mit den Covid-19-Impfstoffen

Seit dem Beginn der Impfkampagne am 27.12.2020 hat das Paul-Ehrlich-Institut

---

[251] https://www.aerzteblatt.de/nachrichten/123705/Biontech-und-Moderna-EMA-prueft-Risiko-von-Blutgerinnseln
[252] https://www.quarks.de/gesundheit/medizin/sind-thrombosen-eine-nebenwirkung-der-astrazeneca-impfung/
[253] https://osf.io/a9jdq/
[254] https://www.mdr.de/wissen/sinusvenenthrombose-mrna-impfung-nebenwirkung-risiko-covid-100.html
[255] https://www.deutsche-apotheker-zeitung.de/news/artikel/2021/02/09/peg-und-ihr-allergenes-potenzial-in-impfstoffen
[256] https://www.springermedizin.de/covid-19/allergien-und-intoleranzreaktionen/schwere-allergische-reaktionen-nach-covid-19-impfung-mit-dem-imp/18696458
[257] https://www.pharmazeutische-zeitung.de/nanotechnologie-der-covid-19-vakzinen-124828/seite/alle/

(PEI) bis zum 30.09.2021 über 172.188 aus Deutschland gemeldete Verdachtsfälle von Nebenwirkungen oder Impfkomplikationen (und über 1.802 Todesfälle) im zeitlichen Zusammenhang mit den Covid-19-Impfungen berichtet.[258]

Zum Vergleich- seit dem 01.01.2000 bis zum 31.12.2020 wurden beim PEI lediglich 54 488 Impfkomplikationen und 456 Todesfälle im möglichen Zusammenhang mit **allen** Impfungen angezeigt.[259] Daraus ergibt sich, dass alleine im Dreivierteljahr 2021 insgesamt fast viermal so viele Menschen im möglichen Zusammenhang mit den Covid-19-Impfungen gestorben sind, als im möglichen Zusammenhang mit allen anderen Impfungen zusammengenommen, in den gesamten letzten 21 Jahren davor (1.802 / 456).

Seit dem 01.01.2000 bis zum 31.12.2020 gab es pro Dreivierteljahr im Schnitt lediglich 16 Todesfälle im möglichen Zusammenhang mit allen Impfungen (456 / 21 / 4 * 3), wohingegen es im Dreivierteljahr 2021 bereits ganze 1.802 Todesfälle gemeldet wurden, also das 112-Fache von dem üblichen Mittelwert (1.802 / 16). Daraus ergibt sich, dass **Covid-19-Impfstoffe etwa 112-mal gefährlicher als alle anderen Impfstoffe zusammengenommen** sind.

In den USA verhält es sich ähnlich. Dort sind von Anfang 2021 bis zum 06.08.2021 bereits 571. 830 Verdachtsfälle von Nebenwirkungen oder Impfkomplikationen im Zusammenhang mit den Covid-19-Impfungen gemeldet worden, darunter auch 12.791 Todesfälle, [260] wohingegen im gesamten Vorjahr lediglich 420 Menschen im möglichen Zusammenhang mit allen anderen Impfungen verstorben sind.[261]

Und in Großbritannien wurden bis zum 14.07.2021 308.809 Verdachtsfälle von Nebenwirkungen oder Impfkomplikationen im Zusammenhang mit den Covid-19-Impfungen gemeldet, darunter auch 1490 Todesfälle.[262]

---

258 https://www.pei.de/SharedDocs/Downloads/DE/newsroom/dossiers/sicherheitsberichte/sicherheitsbericht-27-12-20-bis-30-09-21.pdf?__blob=publicationFile&v=8

259 http://52625146fm.pei.de/fmi/webd/#UAWDB

260 https://www.openvaers.com/covid-data

261 https://openvaers.com/covid-data/mortality

262 https://www.gov.uk/government/publications/coronavirus-covid-19-

Dem PEI wurden u. a. folgende mutmaßliche Impfkomplikationen in Bezug auf die Covid-19-Impfstoffe gemeldet:[263]

- Thromboembolische Ereignisse und Thrombose-mit-Thrombozytopenie Syndrom (TTS)
- Blutungen
- Anaphylaktische Reaktionen
- Myokarditis und Perikarditis
- Guillain-Barré-Syndrom (GBS)
- Akute disseminierte Enzephalomyelitis (ADEM)
- Enzephalitis
- Transverse Myelitis
- Erkrankungen des Nervensystems
- Sklelettmuskulatur- Bindegewebs- und Knochenerkrankungen
- Erkrankungen der Haut und des Unterhautzellgewebes
- Erkrankungen des Immunsystems
- Herzerkrankungen
- Infektionen und parasitäre Erkrankungen
- Erkrankungen des Blutes und des Lymphsystems
- Erkrankungen des Gastrointestinaltrakts
- Erkrankungen der Atemwege des Brustraums und Mediastinums
- Gefäßerkrankungen

Interessant ist auch, dass die Zahl der gemeldeten Verdachtsfälle von Nebenwirkungen oder Impfkomplikationen im Zusammenhang mit den Covid-19-Impfungen seit Impfbeginn (27.12.2020) bis zum 30.09.2021 mit 172.188 Fällen die Zahl der Corona-Todesfälle (63.748) für den gleichen Zeitraum um fast das Dreifache überwiegt.[264] Wenn man annimmt, dass die Verdachtsfälle

---

vaccine-adverse-reactions/coronavirus-vaccine-summary-of-yellow-card-reporting?fbclid=IwAR1yGQOBo2B9VuGfiuyV9T1RXyZeidcZ__INQaMIivOamwBzDH4kg44YSnU#yellow-card-reports

[263]https://www.pei.de/SharedDocs/Downloads/DE/newsroom/dossiers/sicherheitsberichte/sicherheitsbericht-27-12-20-bis-30-09-21.pdf?__blob=publicationFile&v=8

sich größtenteils bewahrheiten, dann hat man laut den offiziellen Statistiken eine weitaus größere Wahrscheinlichkeit, Nebenwirkungen und Impfkomplikationen von der Corona-Impfung zu erleiden als **MIT** oder **AN** Covid-19 zu sterben.

Dazu kommt, dass im Rahmen dieses Vergleichs die nicht gemeldeten Verdachtsfälle nicht berücksichtigt werden konnten, eine Dunkelziffer, welche, aller Wahrscheinlichkeit nach, alles andere als gering ausfallen wird.

### 5.14 Gibt es bei den Covid-19-Impftoten eine hohe Dunkelziffer?

Der Chefpathologe des Pathologischen Instituts in Heidelberg, Peter Schirmacher, warnte vor einer hohen Dunkelziffer an Covid-19-Impftoten und beklagte, dass die Häufigkeit tödlicher Impffolgen unterschätzt wird.

Eine Obduktion von mehr als 40 Menschen, die binnen zwei Wochen nach einer Impfung gestorben sind, soll ergeben haben, dass etwa 30 bis 40 % davon an der Impfung gestorben sind. [265]

Zum gleichen Ergebnis sind auch die Pathologen Prof. Dr. Arne Burkhardt und Prof. Dr. Walter Lang gekommen, welche am 20.09.2021, im pathologischen Institut in Reutlingen, im Rahmen einer Pressekonferenz, die Ergebnisse der Obduktionen von 8 Menschen, die nach der Corona-Impfung verstorben sind, präsentiert haben.[266]

Schirmacher sieht es als problematisch an, dass die Pathologen von den meisten Patienten, die nach und möglicherweise an einer Impfung sterben, nichts mitbekommen würden, da Geimpfte meist nicht unter klinischer Beobachtung stehen, was eine beträchtliche Dunkelziffer zur Folge hätte:

---

264
https://de.statista.com/statistik/daten/studie/1102667/umfrage/erkrankungs-und-todesfaelle-aufgrund-des-coronavirus-in-deutschland/

265 https://www.welt.de/vermischtes/article232900871/Corona-Pathologe-fordert-mehr-Obduktionen-von-Geimpften.html

266 https://pathologie-konferenz.de/

*„Der leichenschauende Arzt stellt keinen Kontext mit der Impfung her und bescheinigt einen natürlichen Tod und der Patient wird beerdigt ... oder er bescheinigt eine unklare Todesart und die Staatsanwaltschaft sieht kein Fremdverschulden und gibt die Leiche zur Bestattung frei".*[267]

## 5.15 Werden durch die Covid-19-Impfstoffe SARS-CoV-2-Mutationen erschaffen?

Der französische Virologe und Nobelpreisträger von 2008, Luc Montagnier, hat im Mai 2021, im Rahmen eines Interviews mit Pierre Barnérias von Hold-Up Media behauptet, dass *„es die Impfung ist, die die Varianten erzeugt".*[268]

Bezüglich den Impfkampagnen sagte Montagnier Folgendes:
*„Es ist ein enormer Fehler... ein wissenschaftlicher Fehler, sowie ein medizinischer Fehler. Es ist ein inakzeptabler Fehler. Die Geschichtsbücher werden das zeigen, denn es ist die Impfung, die die Varianten hervorbringt."*

Montagnier erklärte, dass *„es Antikörper gibt, die durch den Impfstoff erzeugt werden".*
Diese würden das Virus zwingen, *„eine andere Lösung zu finden"* oder zu sterben, wodurch es zur Entstehung von Varianten kommen würde.

*„Die neuen Varianten ... resultieren aus der Impfung. Sie sehen es in jedem Land, es ist das gleiche: Auf die Kurve der Impfungen folgt die Kurve der Todesfälle."*

Es sei auch „undenkbar" während der Pandemie zu impfen, was die Epidemiologen auch wissen und dennoch darüber schweigen würden.

*„Es sind die vom Virus produzierten Antikörper, die es einer Infektion ermöglichen, stärker zu werden. Wir nennen es Antibody Dependent Enhancement (Anm. d. Verf. ADE – dt. infektionsverstärkende Antikörper), was*

---

[267] https://www.welt.de/vermischtes/article232900871/Corona-Pathologe-fordert-mehr-Obduktionen-von-Geimpften.html
[268] https://rairfoundation.com/bombshell-nobel-prize-winner-reveals-covid-vaccine-is-creating-variants/

*bedeutet, dass Antikörper eine bestimmte Infektion begünstigen ... Es ist klar, dass die neuen Varianten durch Antikörper-vermittelte Selektion aufgrund der Impfung entstehen",* so der Nobelpreisträger.

Es ist in der Tat bekannt, dass infektionsverstärkende Antikörper eine mögliche Gefahr bei der Entwicklung von Impfstoffen darstellen können, da sie die Immunpathogenese fördern.[269] Erkranken etwa aus diesem Grund so viele (voll)-geimpfte Menschen an Corona?

### 5.16 Wurden bei der Herstellung von Covid-19-Impfstoffen fetale menschliche Zellen verwendet?

Es klingt unglaublich, aber die Antwort ist „ja". Der Impfstoff von Johnson & Johnson wird tatsächlich mit Abtreibungszellen entwickelt und produziert. Pfizer und Moderna würden hingegen „nur" die von abgetriebenen Föten entnommenen Zellen im Rahmen der Wirksamkeitstests des Impfstoffs einsetzen, nicht jedoch bei der Produktion.[270] [271]

Interessanterweise haben selbst die Faktenchecker vom „Correctiv" zugegeben, dass Spuren von abgetriebenen Fötenzellen, sowie Affen- oder Glyphosatzellen in Impfstoffen vorkommen können.[272]

Es dürfte jedem klar sein, dass dies erhebliche moralische und ethische Bedenken mit sich bringt.

Erstaunlicherweise ist die Verwendung von menschlichen fetalen Zellen bei der Herstellung von Impfstoffen und Arzneimitteln bereits seit langer Zeit gängige

---

269 https://de.wikipedia.org/wiki/Infektionsverst%C3%A4rkende_Antik%C3%B6rper

270 https://www.nebraskamed.com/COVID/you-asked-we-answered-do-the-covid-19-vaccines-contain-aborted-fetal-cells

271 https://www.kleinezeitung.at/international/corona/5945401/Zellen-von-Foeten-eingesetzt_USBischoefe-haben-Abtreibungsbedenken

272 https://correctiv.org/faktencheck/medizin-und-gesundheit/2019/12/13/nein-zellen-von-menschlichen-foeten-und-affen-oder-glyphosat-sind-keine-inhaltsstoffe-von-impfungen/

Praxis:

*„Zellen aus elektiven Abtreibungen werden seit den 1960er-Jahren zur Herstellung von Impfstoffen verwendet, darunter aktuelle Impfstoffe gegen Röteln, Windpocken, Hepatitis A und Gürtelrose. Sie wurden auch verwendet, um zugelassene Medikamente gegen Krankheiten wie Hämophilie, rheumatoide Arthritis und Mukoviszidose herzustellen".*[273]

**5.17 Können die Covid-19-Impfstoffe Magnetismus verursachen?**

Im Internet sind Unmengen an Videos von Menschen aufgetaucht, die nach den Covid-19-Impfungen demonstrierten, dass sie angeblich magnetisch geworden sind, indem sie zeigten, wie diverse Metallgegenstände, Magnete und Handys an ihnen hafteten. Teilweise betraf dies nicht nur die Einstichstelle der Impfung, sondern auch andere Stellen, darunter auch das Gesicht.[274] [275] [276]

In einer mexikanischen Fernsehsendung wurde dieses eigenartige Phänomen ebenfalls thematisiert und demonstriert.[277]

Eine am 06.06.2021 veröffentlichte Studie des „European Forum for Vaccine Vigilance" (EFVV - dt. Europäisches Forum für Impfstoff-Vigilanz) mit dem Titel „Study On The Electromagnetism Of Vaccinated Persons In Luxembourg" (dt. Studie zum Elektromagnetismus von Geimpften in Luxemburg) ist zu dem Ergebnis gekommen, dass dies kein übler Scherz zu sein scheint, sondern die Realität widerspiegelt.[278] [279] Im Rahmen der Studie haben jeweils 30 gegen

---

[273] https://www.sciencemag.org/news/2020/06/abortion-opponents-protest-covid-19-vaccines-use-fetal-cells
[274] https://www.orwell.city/p/magnetic-wall.html
[275] https://www.bitchute.com/video/ML1Y5hLrxHed/
[276] https://www.bitchute.com/video/XV1gmEUHPLyn/
[277] https://www.bitchute.com/video/YhjMnTelsxVa/
[278] https://efvv.eu/news/study-on-the-electromagnetism-of-vaccinated-persons-in-luxembourg
[279] https://www.efvv.eu/images/content/2021/0617/study-on-electromagnetism-of-vaccinated-persons-in-luxembourg_6edfa.pdf

Covid-19 geimpfte bzw. nichtgeimpfte Personen (Kontrollgruppe) teilgenommen. Die Studie verlief wie folgt:

Ein Magnet wurde an der Stelle angebracht, an der die Injektion verabreicht wurde. Wenn der Magnet an der Schulter haftete, wurde er auf die andere Schulter angebracht, um zu sehen, ob er auch dort haftet.

Daraufhin wurde dem Probanden ein elektrisches und magnetisches Feldprüfgerät auf die Schultern gelegt, um zu messen, ob der Proband ein elektrisches Feld erzeugt.

Dabei wurde Folgendes festgestellt:

*„In der nicht geimpften Gruppe betrug die Anzahl der Personen, die von dem Magneten angezogen wurden, von den 30 befragten Personen 0 (null). Daher endete das Experiment für diese Gruppe dort.*

*In der geimpften Gruppe hingegen zeigten 29 der 30 befragten Personen eine Anziehungskraft auf den Magneten. Das heißt, der Magnet haftete ohne Schwierigkeiten an ihrer Haut.*

*Bei 22 von diesen 29 Personen haftete der Magnet an einer Schulter und nur am Injektionsbereich. Diese 22 Personen haben nur eine Injektion erhalten. Bei den anderen 7 Personen in derselben Gruppe haftete der Magnet an beiden Schultern."*

Da die Übung für die Studienteilnehmer *„völlig destabilisierend"* gewesen sei, *„wurden sie zu keinem Zeitpunkt aufgefordert, den Magneten an einem anderen Bereich als den Schultern anzubringen"*. Daher kann die Studie keinen Aufschluss darüber geben, *„ob der Magnet auch im Nacken-, Brust-, Stirn- oder Beinbereich haftet und ob auch andere Gegenstände wie Löffel, Scheren und Smartphones haften"*.

Nach den Angaben der geimpften Probanden erhielten:

- 17 Personen mindestens eine Injektion von Pfizer.
- 7 Personen mindestens eine Injektion von AstraZeneca.
- 3 Personen mindestens eine Injektion aus dem Moderna-Labor.

- 3 Personen die Einzelspritze von Johnson & Johnson.
- 6 Personen erhielten beide Pfizer-Injektionen, eine Person erhielt zwei Injektionen von AstraZeneca und eine Person zwei Injektionen von Moderna.

Die Studie kam zu folgenden Ergebnissen:

*„Es scheint, dass Menschen, die im Rahmen des staatlichen Impfprogramms früher geimpft wurden, viel elektromagnetischer sind als Menschen, die vor Kurzem geimpft wurden. Der Magnet haftet schneller und hält besser als bei frisch geimpften Personen. ...*

*Es wurde festgestellt, dass geimpfte Personen ein elektromagnetisches Feld aussenden und je früher die Personen geimpft wurden, desto stärker war das Feld, das sie abstrahlten ... Personen werden zumindest in der Injektionszone elektromagnetisch".*

Laut EFVV könnte dies dadurch erklärt werden, dass zusammen mit der Impfung paramagnetische Nanopartikel (Nanoträger oder magnetische Perlen) eingedrungen sind. Es liege nun in der Verantwortung von Toxikologen und Pharmakologen, die Ursprünge und Ursachen des Magnetismus aufzudecken, und es liege in der Verantwortung der Gesundheitsämter *„sehr schnell die Einleitung einer Untersuchung bezüglich der genauen und realen Zusammensetzung dieser sogenannten Impfstoffe"* zu veranlassen.

### 5.18 Ist in den Covid-19-Impfstoffen Graphenoxid enthalten?

Eine unabhängige mikroskopische Laboruntersuchung von Prof. Dr. Pablo Campra, welcher an der der Universität Almeria tätig ist, soll ergeben haben, dass ein versiegeltes Fläschchen des Pfizer Covid-19-Impfstoffs (Comirnaty) lediglich 6 Nanogramm RNA enthielt und es *„starke Hinweise"* dafür gäbe, dass die restlichen 747 Nanogramm (mehr als 99 %) Graphenoxid beinhalten würden, ein aus Graphit gebildetes, hochtoxisches Nanomaterial. [280 281 282]

---

[280] https://diario16.com/wp-content/uploads/2021/07/MICROSCOPIA_DE_VIAL_CORMINATY_DR_CAMPRA_FIRMA_E_1_HORIZONTAL.pdf

[281] https://www.docdroid.net/Ov1M99x/official-interim-report-in-english-

Die Laboruntersuchung wurde von den spanischen Forschern Ricardo Delgado Martín und Dr. José Luis Sevillano (La Quinta Columna) in Auftrag gegeben, welche auch das Impfstofffläschchen lieferten.[283]

Laut den beiden Forschern sollen nicht nur die Pfizer-Impfstoffe, sondern alle Covid-Impfstoffe *„eine beachtliche Dosis an Graphenoxid-Nanopartikeln"* enthalten. Dies sei *„das Ergebnis ihrer Analyse durch Elektronenmikroskopie und Spektroskopie, neben anderen Techniken, die von verschiedenen öffentlichen Universitäten"* in Spanien verwendet würden.[284]

So soll z. B. eine Analyse eines weiteren spanischen Forschers ergeben haben, dass im AstraZeneca Impfstoff ebenfalls Graphenoxid enthalten ist[285] [286] [287] und die Spektroskopie des Moderna-Impfstoffs soll ergeben haben, dass dieser zu 99,5 % Graphenoxid enthalten soll.[288]

Das Team vom biophysikalischen Forscher Andreas Kalcker[289] ist ebenfalls zu dem Schluss gekommen, dass Covid-19-Impfstoffe Graphenoxid enthalten, nachdem es seinen Angaben nach mehrere Impfstofffläschchen analysiert hat:[290]

*„Um es glasklar zu machen. Unterschiedlich ist die biologische Zusammensetzung der Impfstoffe. Was sich bei keinem von ihnen ändert, und*

---

university-of-almeria-pdf

282 Siehe auch: Erklärung zum Vorabbericht über die Präsenz von GRAPHEN IN CORMINATY TM (Pfizer) mRNA Impfstoff https://www.researchgate.net/search/publication?q=Pablo+Campra (deutsche Übersetzung: https://telegra.ph/Erkl%C3%A4rung-zum-Vorabbericht-%C3%BCber-die-Pr%C3%A4senz-von-GRAPHEN-IN-CORMINATY-Pfizer-mRNA-Impfstoff---Dr-Pablo-Campra-Madrid-07-24 )

283 https://www.laquintacolumna.net/

284 https://www.orwell.city/2021/06/covid-19-is-caused-by-graphene-oxide.html

285 https://www.orwell.city/2021/07/graphene-oxide-in-astrazeneca-vial.html

286 https://www.orwell.city/2021/07/graphene-oxide-in-astrazeneca-vaccination-vial.html

287 https://www.orwell.city/2021/07/graphene-oxide-in-astrazeneca-vial.html

288 https://www.orwell.city/2021/07/absorption-signal.html

289 https://andreaskalcker.com/de/

290 https://www.orwell.city/2021/07/andreas-kalcker.html

*das ist bei allen, sind die Kristalle, die in unterschiedlichen Mengen vorhanden sind. Sie sind in allen Fläschchen vorhanden ... Es ist Graphen"*, sagte Andreas Kalcker in einem Exklusivinterview für den Kanal von Rafa Talbo am 22.07.2021.

Das vorgefundene Graphen soll chinesischen Ursprungs und 2020 in Shanghai patentiert worden sein. Kalker führte weiterhin aus, dass das Graphenoxid in allen Impfstoffen enthalten sei und *„als ob jeder über diese Technologie Bescheid wüsste"*.

Interessanterweise wurde am 27.09.2020 von einem chinesischen Unternehmen ein Patent bezüglich eines rekombinanten Nano-Coronavirus-Impfstoffs mit Graphenoxid als Träger eingereicht.[291]

Und auch das Spanische Patent- und Markenamt listet ebenfalls ein Patent auf eine Graphen-Dispersion enthaltende physiologische Kochsalzlösung auf, die *„im Coronavirus-Impfstoff verwendet wird"*.[292] [293]

Dies wäre ein riesiger Skandal, da die Covid-19-Impfstoffe nach den offiziellen Angaben ihrer Hersteller kein Graphenoxid enthalten, welches ja für den Menschen toxisch ist.

Interessanterweise soll das Graphenoxid ebenso im Regenwasser und in Kochsalzlösungen gefunden worden sein.[294]

Daher ist nicht verständlich, dass bereits 2016 in einem wissenschaftlichen Artikel Graphenoxid als Impfstoff-Nanoadjuvans betrachtet wurde. [295] Auch

---

[291] https://patents.google.com/patent/CN112220919A/en

[292] https://www.oepm.es/export/sites/oepm/comun/documentos_relacionados/Boletines/Coronavirus/BVT-CORONAVIRUS-numero-4.pdf

[293] https://worldwide.espacenet.com/patent/search/family/075143358/publication/KR20210028065A?q=pn%3DKR20210028065A%3F

[294] https://everydayconcerned.net/2021/08/02/evidence-of-nano-graphene-oxide-go-poisoning-body-brain-in-covid-flu-vaccines-chem-trails-rainwater-saline-plus-pfizer-whistleblower-karen-kingston-confirms-go-in-pegylated-lipid-nano-in/

[295] https://pubs.rsc.org/en/content/articlelanding/2016/nr/c5nr09208f

werden derzeit sogar neue nasale Influenza-Graphenoxidimpfstoffe entwickelt und getestet.[296 297 298]

Des Weiteren wird darüber geredet, dass in Zukunft auch das PCR Testverfahren von einer Graphen-basierten Diagnostik abgelöst werden soll.[299 300]

## 5.19 Ist der (mögliche) Magnetismus der Geimpften auf Graphenoxid zurückzuführen?

Es ist bekannt, dass der Wasserstoff (aus welchem der Mensch zu über 60 % besteht[301]) Graphen magnetisch macht,[302 303] und dass Graphenoxid im Grundzustand ferromagnetisch ist[304], was den plötzlich auftretenden Magnetismus bei Covid-19-Geimpften erklären könnte.

Um den Magnetismus der Geimpften zu beweisen, hat Ricardo Delgado ein Video veröffentlicht, in welchem gezeigt wurde, wie mehrere kleine Magneten an der Stirn einer Frau hafteten, die zweifach mit dem Pfizer-Impfstoff geimpft wurde. Daraufhin ist im Video zu sehen, wie er mit einem Multimeter und anschließend mit einem Detektorstift die, vom Kopf der geimpften Frau ausgehende, elektrische Spannung bzw. elektromagnetische Strahlung feststellen und messen konnte. [305] Könnte es vielleicht sein, dass durch das Graphenoxid im menschlichen Körper ein künstliches elektromagnetisches Feld

---

296 https://www.pnas.org/content/118/19/e2024998118
297 https://www.graphene-info.com/graphene-oxide-gives-boost-new-intranasal-flu-vaccine
298 https://www.sciencedaily.com/releases/2021/05/210503151306.htm
299 https://www.mewburn.com/news-insights/a-sense-of-hope-with-graphene-based-covid-19-detection
300 https://theconversation.com/graphene-could-one-day-be-used-to-make-quick-reliable-tests-for-viruses-like-sars-cov-2-155073
301 https://praxistipps.focus.de/woraus-besteht-der-mensch-so-setzen-wir-uns-zusammen_108331
302 https://www.faz.net/aktuell/wissen/physik-mehr/magnetisches-graphen-digitaler-speicher-der-zukunft-14212544.html
303 https://www.youtube.com/watch?v=NmPAAo7_xY0
304 https://iopscience.iop.org/article/10.1088/1367-2630/12/8/083040
305 https://www.orwell.city/2021/06/ricardo-delgado-graphene-oxide.html

erzeugt wird?

Es ist bekannt, dass der Mensch seine eigenen, natürlichen elektromagnetischen Felder hat bzw. dass er selbst sogar nichts anderes als ein elektromagnetisches Feld ist.[306] [307] [308] [309]Das menschliche elektromagnetische Feld könnte somit von dem künstlich erzeugten elektromagnetischen Feld des Graphenoxids gestört werden, was zu diversen Erkrankungen führen könnte.[310]

### 5.20 Kann Covid-19 durch Graphenoxid ausgelöst werden?

Wenn man die Symptome von Covid-19 mit den Symptomen von einer Vergiftung mit Graphenoxid vergleicht, so lassen sich zahlreiche Gemeinsamkeiten feststellen:

1) Sowohl Covid-19[311], als auch Graphenoxid[312] können Thrombosen (Blutgerinnsel) verursachen.

2) Sowohl Covid-19[313], als auch Graphenoxid[314] können

---

306 https://www.nytimes.com/1980/04/29/archives/scientists-explore-bodys-magnetic-field-technology-holds-promise.html
307 https://www.who.int/peh-emf/about/en/whatareemfgerman.pdf
308 https://www.forbes.com/sites/quora/2017/11/03/how-the-human-body-creates-electromagnetic-fields/?sh=29cf8e6c56ea
309 Siehe auch Kapitel 7, Punkt 7
310 Siehe auch Kapitel 7, Punkt 14.2
311 https://www.internisten-im-netz.de/aktuelle-meldungen/aktuell/ein-drittel-der-covid-19-patienten-entwickelt-thrombosen.html
312 https://www.researchgate.net/publication/328338305_Graphene_Oxide_Touches_Blood_In_Vivo_Interactions_of_Bio-Coronated_2D_Materials
313 https://www.asklepios.com/konzern/medizin/themen/coronavirus/covid-19-lungenentzuendung/#:~:text=Die%20Covid%2D19%2DLungenentz%C3%BCndung&text=Ein%20wesentlicher%20Unterschied%20zur%20typischen,durchblutet%20wird%20und%20dadurch%20anschwillt.
314 https://particleandfibretoxicology.biomedcentral.com/articles/10.1186/s12

Lungenentzündungen verursachen.

3) Sowohl Covid-19[315], als auch Graphenoxid [316] können einen Zytokinsturm verursachen welcher zu multiplem Organversagen mit Todesfolge führen kann.

4) Sowohl Covid-19[317], als auch Graphenoxid [318] können einen Geschmacksverlust verursachen, welcher auf die Entzündung der Schleimhäute zurückgeführt werden kann.

5) Sowohl Covid-19[319], als auch (Graphenoxid-) Nanopartikel[320] können einen Geruchsverlust verursachen

6) Sowohl bei Covid-19[321], als auch bei einer Graphenoxidvergiftung [322] können oft Entzündungen, mitochondriale Störungen und oxidativer Stress beobachtet werden.

7) Sowohl bei Covid-19[323] [324], als auch bei einer Graphenoxidvergiftung kann oft ein niedriger Gluthathionspiegel beobachtet werden, wobei Graphenoxid direkt ursächlich für die Reduktion von Glutathion sein kann. [325] Glutathion ist ein sehr wichtiges Entgiftungsmolekül des Stoffwechsels, welches für einen wirksamen Zellschutz unabdingbar ist. Der Mangel an

---

989-016-0168-y

315 https://de.wikipedia.org/wiki/Zytokinsturm#Vorkommen

316 https://particleandfibretoxicology.biomedcentral.com/articles/10.1186/s12989-016-0168-y

317 https://www.scinexx.de/news/medizin/covid-19-hat-sieben-varianten/

318 https://www.20minutos.es/noticia/4658080/0/todo-sobre-grafeno-para-que-se-usa-peligros-efectos-secundarios/?autoref=true

319 https://www.scinexx.de/news/medizin/covid-19-hat-sieben-varianten/

320 https://www.sciencenewsforstudents.org/article/nano-air-pollutants-strike-blow-brain

321 https://clinicaltrials.gov/ct2/show/study/NCT04703036

322 https://particleandfibretoxicology.biomedcentral.com/articles/10.1186/s12989-016-0168-y

323 https://clinicaltrials.gov/ct2/show/study/NCT04703036

324 https://www.ncbi.nlm.nih.gov/pmc/articles/PMC7402141/

325 https://pubmed.ncbi.nlm.nih.gov/33428377/

Glutathion verursacht dabei Covid-19-typische Symptome wie Immunschwäche und Müdigkeit.[326] [327] Es wurde außerdem festgestellt, dass *„Glutathionmangel die plausibelste Erklärung für schwere Manifestationen und Tod bei COVID-19-Patienten“* ist.[328]

Daher liegt der Verdacht nahe, dass Covid-19 in vielen (wenn nicht sogar in allen) Fällen nichts anderes als eine Vergiftung mit Graphenoxid ist, welches in einigen Masken enthalten ist und auch in den Impfstoffen enthalten sein könnte.

Interessant ist auch, dass die Glutathionsproduktion des Körpers mit dem Alter abnimmt,[329] was erklären könnte, wieso gerade ältere Menschen viel anfälliger für Symptome sind, die bislang Covid-19 zugeschrieben wurden. Dies spricht ebenfalls für eine Vergiftung mit Graphenonoxid und gegen eine virale Infektion mit dem SARS-CoV-2, da im letzten Fall nicht ersichtlich ist, wieso Kinder zu der risikoärmsten Covid-19-Gruppe gehören. Wieso sonst sollte ein Virus gerade Kleinkinder und Säuglinge meiden, bei welchen das Immunsystem recht schwach ist, da es sich gerade entwickelt?[330]

Ferner ist es für ein angeblich respiratorisches Virus unüblich, dass es in vielen Fällen auch das Nervensystem angreift. Laut einer Studie vom 10.04.2020 zeigten mehr als 36 % der Covid-19-Patienten in Wuhan neurologische Symptome wie Sinnesausfälle, Kopfschmerzen, Schwindel, Krämpfe und Hirnschläge.[331] Dies könnte vielmehr auf eine Störung des körpereigenen elektromagnetischen Feldes hindeuten, welches durch das Graphen möglicherweise gestört wird.

*„Was uns jedoch Sorgen macht, ist die Nebenwirkung, die es (Graphen, Anm.d.Verf.) hat ... Der Körper braucht seine elektromolekularen Fähigkeiten,*

---

[326] https://www.vitamindoctor.com/naehrstoffe/aminosaeuren/glutathion
[327] https://www.tagesschau.de/ausland/corona-folgen-101.html
[328] Endogenous Deficiency of Glutathione as the Most Likely Cause of Serious Manifestations and Death in COVID-19 Patients https://pubs.acs.org/doi/10.1021/acsinfecdis.0c00288?ref=pdf
[329] https://www.vitamindoctor.com/naehrstoffe/aminosaeuren/glutathion
[330] https://www.aptaclub.de/baby/entwicklung/immunsystem/entwicklung-des-immunsystems.html
[331] https://jamanetwork.com/journals/jamaneurology/fullarticle/2764549

*um zu funktionieren. Das Herz schlägt, weil es ein Magnetfeld gibt, das anschließend den Strom zum Pumpen und für alles andere erzeugt. Und deshalb verändert Graphen unser elektromagnetisches Feld vollständig. Etwas, das noch nie zuvor passiert ist.*

*Um mehr zu verstehen, haben wir uns auch viele Videos von Menschen angesehen, die nach der Impfung sterben. Es gibt andere, wo Sie Leute sehen, die sich verkrampfen. Diese Krämpfe haben beispielsweise sehr spezifische Frequenzen und sind im Grunde bei allen Arten von Krämpfen gleich. Diese Krämpfe weisen eindeutig auf eine Störung der elektromagnetischen Felder des Menschen hin"*, so Andreas Kalker.[332]

Doch wenn Graphenoxid tatsächlich die Ursache für Covid-19 ist, wie kann es dann sein, dass Menschen während der ersten Welle Covid-19-Symptome entwickelten, als es noch keine Impfstoffe und keine Maskenpflicht gab?

Eine mögliche Erklärung hierfür ist, dass es Hinweise darauf gibt, dass das Graphenoxid nicht erst in Covid-19-Impfstoffen verwendet wurde. Laut „La Quinta Columna" soll eine Analyse eines Wissenschaftlers, welcher unerkannt bleiben wollte, ergeben haben, dass im Grippeimpfstoff „Vaxigrip Tetra", welcher während der Impfstoffkampagne im September/Oktober 2020 massenhaft Verwendung fand, ebenfalls Graphenoxid vorgefunden wurde.[333] Dies würde wiederum erklären, wieso zumeist ältere Menschen mit Vorerkrankungen Covid-19-Symptome entwickelten, da gerade sie auch am meisten sich gegen Influenza haben impfen lassen. In Bergamo z. B., wo Covid-19 angeblich ganz toll gewütet haben soll, gab es im Herbst/Winter 2020, kurz vor der Corona-„Pandemie", eine riesige Impfkampagne, im Rahmen welcher 185 000 Impfdosen gegen Influenza und Pneumokokken bestellt wurden.[334]

---

[332] https://www.orwell.city/2021/07/andreas-kalcker.html

[333] https://www.orwell.city/2021/07/graphene-oxide-found-in-vaxigrip-tetra-vaccination-vial.html

[334] https://www.bergamonews.it/2019/10/21/vaccinazione-antinfluenzale-a-bergamo-ordinate-185-000-dosi-di-vaccino/332164/

### 5.21 Heilungsmöglichkeiten bei Covid-19 bzw. bei einer Vergiftung mit Graphen

Wie bereits festgestellt, kann Graphenoxid zu einem Glutathionmangel führen, wodurch eine Immunschwäche und Müdigkeit ausgelöst werden könnte, welche wiederum typische Covid-19-Symptome sind. Auf der anderen Seite kann jedoch Glutathion zur Reduktion des Graphenoxids führen, so dass ein guter Glutationsspiegel auch eine Voraussetzung für den Abbau von Graphenoxid ist. [335] [336]

*„Die Wiederherstellung des Glutathionspiegels"* wird auch bei Covid-19 Patienten als *„ein vielversprechender Ansatz für die Behandlung"* angesehen. [337]

Die Wiederherstellung des Glutathionspiegels könnte durch die Hinzugabe von N-Acetylcystein (NAC) erhöht bzw. wieder normalisiert werden. NAC ist eine synthetisch hergestellte chemische Verbindung, welche als Arzneistoff bei Atemwegserkrankungen mit festsitzendem Auswurf (Hustenlöser) eingesetzt wird. NAC stellt dem Körper Cystein zur Verfügung, welches zur Bildung von Glutathion benötigt wird.[338]

Eine, im November 2020 veröffentlichte, Studie kommt zu dem Ergebnis, dass „intravenös, oral oder inhalativ verabreichtes NAC ... die SARS-CoV-2-Replikation unterdrücken und bei rechtzeitiger Anwendung die Ergebnisse verbessern" kann.

*„Zu den möglichen therapeutischen Vorteilen von NAC gehören das extrazelluläre Abfangen von ROS-Radikalen, das Auffüllen von intrazellulärem GSH (Glutathion, Anm. d. Verf.) die Unterdrückung des Zytokinsturms und der T-Zell-Schutz, wodurch Entzündungen und Gewebeschäden gemildert werden. Die Verabreichung von NAC in Kombination mit anderen antiviralen Wirkstoffen kann die Krankenhauseinweisungsrate, die mechanische Beatmung und die*

---

[335] https://pubmed.ncbi.nlm.nih.gov/33428377/

[336] https://www.sciencedirect.com/science/article/abs/pii/S0927775711003359D

[337] Endogenous Deficiency of Glutathione as the Most Likely Cause of Serious Manifestations and Death in COVID-19 Patients https://pubs.acs.org/doi/10.1021/acsinfecdis.0c00288?ref=pdf

[338] https://de.wikipedia.org/wiki/Acetylcystein

*Mortalität drastisch reduzieren."* [339]

Der Glutathionsspiegel könnte ebenfalls durch die Hinzugabe von Zink erhöht werden. So hat z. B. die Studie „Effect of zinc deficiency on blood glutathione levels" (dt. Einfluss von Zinkmangel auf den Glutathionspiegel im Blut) ergeben, dass Glutathion eine Wechselwirkung mit Zink hat und dass die Abnahme des Glutationsspiegels im Blut auf ein spezifisches Ergebnis eines Zinkmangels hinweist.[340]

Daher ist es nicht verwunderlich, dass Zink, in Zusammenhang mit Hydroxychloroquin und Azithromycin, eine große Rolle im Rahmen der Covid-19-Behandlung spielt.

Eine im Dezember 2020 veröffentlichte Studie kam zu dem Ergebnis, dass eine frühe risikostratifizierte Behandlung mit Zink, niedrig dosiertem Hydroxychloroquin und Azithromycin ein *„wirksamer therapeutischer Ansatz gegen COVID-19"* ist, welcher *„deutlich reduzierte Krankenhauseinweisungsraten"* und *„reduzierte Sterblichkeitsraten"* bewirkt.[341]

Und in einer weiteren Studie, veröffentlicht im Mai 2020, wurde festgestellt, dass gerade die Hinzugabe von Zink *„die Häufigkeit der Entlassung von Patienten nach Hause"* erhöhte und *„den Bedarf an Beatmung, Aufnahme auf die Intensivstation und Mortalität"* verringerte.[342]

Eine Behandlung der Corona-Patienten mit dem Arzneimittel Ivermectin scheint, einigen Studien zufolge, ebenfalls einen Nutzen zu erbringen.

*„Anfang 2020, mit dem Beginn der Pandemie, hatten Wissenschaftlerinnen und Wissenschaftler der Universität Melbourne dann gezeigt, dass das Medikament in Zellkulturen die Last an Coronaviren um den Faktor 5000 senken kann. Eine Reihe kleinerer Studien folgte, die Ivermectin als potenzielle antivirale Therapie gegen Covid-19 genauer unter die Lupe nahm. Sie lieferten Hinweise darauf, dass es weniger Symptome und eine schnellere Genesung geben könnte. Das Risiko, an Covid-19 zu versterben, könne sinken. Und am Tiermodell wurden*

[339] https://www.ncbi.nlm.nih.gov/pmc/articles/PMC7649937/
[340] https://pubmed.ncbi.nlm.nih.gov/7241230/
[341] https://www.sciencedirect.com/science/article/pii/S0924857920304258
[342] https://www.medrxiv.org/content/10.1101/2020.05.02.20080036v1

*entzündungshemmende Effekte festgestellt.*

*Ivermectin wird seitdem in einigen Ländern Lateinamerikas, Afrikas und Asiens bei Menschen, die an Covid-19 erkrankt sind, eingesetzt. Auch in Österreich berichtete der Hersteller Infectopharm von einem Run auf das Arzneimittel. Dessen Einsatz wurde in der benachbarten Slowakei empfohlen, ebenso wie in Tschechien."* [343]

## 5.22 Sind die Covid-19-Impfstoffe überhaupt wirksam?

Es ist in der Tat höchst zweifelhaft, ob die Covid-19-Impfstoffe überhaupt wirken. Wenn die Corona-Impfstoffe angeblich wirklich so gut sind und wirken, wieso sind dann nach nur wenigen Monaten bereits Auffrischimpfungen nötig?[344] Wieso soll die Immunität nur eine derart kurze Zeit halten, wohingegen bei vielen anderen Impfstoffen eine Auffrischung, wenn überhaupt, erst nach Jahren empfohlen wird?

Wie kann es sein, dass das Robert Koch-Institut seit dem Beginn der Impfkampagne nahezu 11 000 von sogenannten „Impfdurchbrüchen" in Deutschland verzeichnen konnte (Stand 14.08.2021)? Dabei mussten laut dem RKI sogar ganze 25 % der über 60-Jährigen, welche einen Impfdurchbruch erlitten im Krankenhaus behandelt werden.[345]

Der Begriff „Impfdurchbrüche" ist dabei nichts anderes eine beschönigende Bezeichnung von Menschen, die trotz vollständiger Impfung an Corona erkranken.

Auch war bis in den Sommer hinein in der Presse zu lesen, dass Menschen in Altersheimen trotz Impfungen massenweise an Covid-19 erkrankten.[346]

---

343 https://www.rnd.de/gesundheit/ivermectin-gegen-corona-wie-das-wuermermittel-gegen-covid-19-wirken-koennte-fachleute-warnen-MGIL5LD5NBGYHICHOYLL4OOXVU.html

344 https://www1.wdr.de/nachrichten/themen/coronavirus/impfung-corona-auffrischung-mutation-wirksamkeit-100.html

345 https://de.euronews.com/2021/08/14/7-tage-inzidenz-in-deutschland-32-7-was-bedeuten-impfdurchbruche

Ein weiteres Beispiel dieser Art sind die Seychellen, welche prozentual gesehen sogar weltweit die meisten Covid-19-Impflinge vorweisen (Stand: 21.05.2021). Über 70 % der Bevölkerung hat dort mindestens eine Impfdosis erhalten, wobei 63 % der Bevölkerung vollständig geimpft wurde. Wie kann es dann sein, dass Mitte Mai 2021 die Anzahl der Neuinfektionen im 7-Tage-Durchschnitt im Vergleich zum Vormonat von 50 auf 400 zunahm, wobei nach Angaben des Gesundheitsministeriums der Seychellen etwa ein Drittel der Fälle vollständig geimpft waren?[347]

Und wie kann es sein, dass in Israel mehr als 60 % der Covid-19-Patienten, die ins Krankenhaus eingeliefert wurden, vollständig gegen Covid-19 geimpft waren (Stand 18.07.2021)? [348]

In Singapur machten die Covid-19-Impflinge sogar 75 % aller Covid-19-Fälle aus (Stand 23.07.2021).[349]

Und auch in Island machten Geimpfte die Mehrheit der Angesteckten aus, *„obwohl die Insel mit ihren 360.000 Einwohnern die höchste Impfquote Europas hat“*.[350]
Zum 26. Juni 2021 waren bereits ganze 87 % der über 16-jährigen Einwohner Islands einfach und ganze 60 % vollständig gegen Corona geimpft.

Dabei hat es die isländische Regierung im Nachhinein bereut, dass Corona-Impflinge einen Vorteil genossen haben und hat sogar angefangen *„seit dem 26. Juli auch von Geimpften und Genesenen einen negativen Corona-Test“* zu verlangen. Die Daten der isländischen Gesundheitsbehörden sollen gezeigt

---

[346] https://www.nordbayern.de/panorama/corona-ausbruche-im-altenheim-darum-infizieren-sich-senioren-trotz-impfung-1.11134650
[347] https://www.bbc.com/news/57148348
[348] https://www.timesofisrael.com/just-one-serious-covid-patient-in-israel-is-both-vaccinated-and-under-60-tv/
[349] https://www.reuters.com/world/asia-pacific/vaccinated-people-singapore-make-up-three-quarters-recent-covid-19-cases-2021-07-23/
[350] https://m.focus.de/gesundheit/steigende-fallzahlen-vom-impf-musterschueler-zur-krisenregion-island-haelt-uns-im-corona-kampf-spiegel-vor_id_15178750.html

haben, dass Geimpfte inzwischen die Mehrheit der Angesteckten ausmachen.

*„Daher deute alles darauf hin, erklärte Gudnason, dass auch Geimpfte Infektionen relativ leicht weitergeben … Inzwischen zeigt das Dashboard einen 14-Tages-Inzidenz-Wert von 396,2 Fällen pro 100.000 Einwohner (Stand 13.8.21). Am 9. August lag der Wert mit 433,6 sogar noch höher. Damit hat der nordische Inselstaat sein bisheriges Rekordhoch vom vergangenen Oktober (14-Tages-Inzidenz 291,8) längst übertroffen. Von Herdenimmunität spricht keiner mehr"*, schreibt Focus in seinem Artikel vom 23.08.2021.

Wie ist es außerdem möglich, dass, einer Studie der CDC zufolge, im Juli 2021, in einer Stadt in Barnstable County, Massachusetts, vollständig geimpfte Personen 74 % der Covid-19-Fälle bildeten und dass Geimpfte und Ungeimpfte, die sich mit Covid-19 infizierten, ähnliche Viruslasten aufwiesen, so als ob es überhaupt keinen Unterschied zwischen Geimpften und Ungeimpften gäbe?[351]

Diese offensichtlichen Paradoxien lassen sich auch nicht durch die neuen Virusmutationen (wie etwa die Delta-Mutante) erklären, da die Mutationen nur sehr leicht von dem ursprünglichen Virus abweichen, so dass sie zum einen keine erhöhte Gesundheitsgefahr darstellen können, und zum anderen die Mutanten von den T-Zellen, welche aufgrund einer zuvor überstandene SARS-Cov-2-Infektion bzw. Covid-19-Erkrankung oder Covid-19-Impfung, erkannt und beseitigt werden müssten (siehe Punkt 5.8). Daher machen auch weitere Auffrischungsimpfungen keinen Sinn, die die neuen SARS-CoV-2-Mutationen mit abdecken sollen.

Somit ist es in der Tat höchst zweifelhaft, ob die Covid-19-Impfstoffe überhaupt wirksam sind, und ob sie vielleicht nicht sogar mehr Schaden als Nutzen anrichten, da Menschen vermehrt nach den Impfungen an Covid-19 erkranken und in manchen Fällen sogar sterben. Es scheint so, als ob die Impfungen Covid-19 tatsächlich noch mehr begünstigen, anstatt es zu verhindern.
Interessant ist in diesem Hinblick ebenfalls, dass im gesamten Pandemiejahr 2020 in Deutschland etwa 34 000 Covid-19-Opfer gezählt wurden, während bereits im ersten Halbjahr 2021 ca. 57 000 Covid-19-Opfer zu verzeichnen waren,[352] wobei die Impfkampagnen kurz vor 2021 starteten. Wie kann es sein,

---

[351] https://www.cdc.gov/mmwr/volumes/70/wr/mm7031e2.htm

dass trotz der Corona-Massenimpfungen deutlich mehr Menschen an Corona sterben?

### 5.23 Rechnete die britische Regierung mit mehr Covid-19-Fällen bei Vollgeimpften?

Interessanterweise zeigt ein für die britische Regierung erstelltes Zukunftsszenario, welches am 31. März 2021 veröffentlicht wurde, dass man damit gerechnet hat, dass im Rahmen der nächsten prognostizierten Corona-Welle die meisten Covid-19 Fälle bei den vollständig Geimpften auftreten werden, wobei dies eben NICHT auf den nachlassenden Impfschutz oder eine SARS-CoV-2-Mutante zurückzuführen sei: [353]

*„32. Das Wiederaufleben sowohl bei Krankenhauseinweisungen als auch bei Todesfällen wird von denen dominiert, die* ***zwei Dosen des Impfstoffs*** *erhalten haben, was* ***etwa 60 % bzw. 70 % der Welle*** *ausmacht. Dies ist auf die hohen Infizierungen in den am stärksten gefährdeten Altersgruppen zurückzuführen, so dass das Impfversagen für schwerwiegendere Erkrankungen im Vergleich zu ungeimpften Personen verantwortlich ist."*

*„56. Dies zeigt, dass* ***die meisten Todesfälle und Aufnahmen*** *bei einem Wiederaufleben ... bei Menschen auftreten, die* ***zwei Impfdosen erhalten*** *haben,* ***ohne dass der Impfschutz nachlässt oder eine Variante auftaucht****".*

Dies scheint nichts anderes, als ein Eingeständnis dafür zu sein, dass man bereits zuvor damit gerechnet hat, dass die experimentellen genetischen Covid-19-Impfstoffe nicht wirken und die Sache noch weiter verschlimmern. Doch wieso will die britische Regierung (und auch die meisten anderen Regierungen)

---

[352] https://de.statista.com/statistik/daten/studie/1102667/umfrage/erkrankungs-und-todesfaelle-aufgrund-des-coronavirus-in-deutschland/

[353] SPI-M-O: Summary of further modelling of easing restrictions – Roadmap Step 2 https://assets.publishing.service.gov.uk/government/uploads/system/uploads/attachment_data/file/975909/S1182_SPI-M-O_Summary_of_modelling_of_easing_roadmap_step_2_restrictions.pdf

dennoch, scheinbar um jeden Preis so viele Menschen wie möglich impfen?

Des Weiteren hat man für die nächste Welle alle Personen verantwortlich gemacht, die nicht (vollständig) geimpft waren, u. a. auch Kinder:

*„31.Das Wiederaufleben ist darauf zurückzuführen, dass einige Menschen (meist Kinder) nicht für eine Impfung in Frage kommen; andere entscheiden sich gegen den Impfstoff; und andere, die geimpft, aber nicht perfekt geschützt sind (einschließlich derer, die nur eine erhalten haben)".*

Damit will man wohl auf Ungeimpfte einen größeren Impfdruck ausüben und auch massenhafte Kinderimpfungen einführen, was wir auch in Deutschland zurzeit hautnah miterleben.

Außerdem sollen laut dem britischen Szenario niedrige Inzidenzwerte im Sommer *„nicht als Hinweis darauf gewertet werden, dass sich SARS-CoV-2 zurückgezogen hat oder die Bevölkerung eine ausreichend hohe Immunität aufweist, um eine weitere Welle zu verhindern"*, was der britischen Regierung die „wissenschaftliche" Grundlage dafür gibt, die übliche Grippe- bzw. Coronavirensaison im Herbst/Winter als eine neue Coronaviruswelle zu verkaufen, diese bereits im Sommer anzukündigen und ebenfalls bereits im Sommer grundrechtseinschränkende „Vorsichtsmaßnahmen" zu begründen, einzuführen oder aufrechtzuerhalten.

Die Prognosen wurden von der Warwick University und vom berüchtigten Imperial College zusammengestellt, welche die britische Regierung hinsichtlich der Coronapolitik beraten und *„im Notfall schnelle Beweise geliefert haben"* bzw. liefern, welche dann als Grundlage für die Einführung von grundrechtsbeschränkenden „Schutzmaßnahmen", bzw. zu deren Lockerung dienten bzw. dienen.[354]

Interessanterweise hat sich das Imperial College in der Vergangenheit bereits des Öfteren gnadenlos verkalkuliert (dazu später mehr), was jedoch die britische Regierung eigenartigerweise nicht davon abgehalten hat, es immer

---

[354] https://www.gov.uk/government/publications/spi-m-o-summary-of-further-modelling-of-easing-restrictions-roadmap-step-2-31-march-2021

wieder zu Rate zu ziehen.

Somit liegt der Verdacht nahe, dass die Covid-19-Impfungen nicht nur absolut nutzlos gewesen sind, sondern auch bei vielen Impflingen teilweise massive Komplikationen und Erkrankungen verursacht haben, bis hin zum Tod.

## 5.24 Befinden sich unter den klügsten Köpfen die meisten Corona-Impfverweigerer?

Laut einer groß angelegten Studie, in deren Rahmen 5 Millionen US-Erwachsene von Januar bis Mai 2021 befragt wurden, kamen die Forscher der Carnegie Mellon University und der University of Pittsburgh zum Ergebnis, dass Menschen mit einem Doktortitel am zögerlichsten waren, wenn es darum ging, sich gegen Covid-19 impfen zu lassen.[355] [356] [357]

Außerdem hat die Studie ergeben, dass die gebildetsten Menschen nicht nur am skeptischsten gegenüber den Corona-Impfungen sind, sondern auch ihre Meinung darüber am wenigsten ändern.

## 5.25 Fazit

Impfstoffe sind die einzige Medizin, die gesunden Menschen gegeben wird. Es ist bekannt, dass durch Impfungen teilweise schwere Nebenwirkungen und Impfschäden verursacht werden können. Ein gesunder Mensch wird somit einem Gesundheitsrisiko ausgesetzt, welches er davor nicht hatte. Aus dem Grund wäre es an sich sinnvoll, vorausgesetzt die Impfstoffe wirken, diese nur denjenigen Menschen zu empfehlen, für die eine mögliche Erkrankung ein ernsthaftes Gesundheitsrisiko darstellen und der Nutzen das mögliche Impfrisiko eindeutig überwiegen würde.

---

[355] https://us.newschant.com/us-news/americans-with-phds-are-the-most-reluctant-to-get-vaccinated-against-covid-study-finds/amp/
[356] https://unherd.com/thepost/the-most-vaccine-hesitant-education-group-of-all-phds/
[357] https://www.medrxiv.org/content/10.1101/2021.07.20.21260795v1.full.pdf

Daher ist nicht ersichtlich, wieso man sich im Falle von SARS-CoV-2 gegen ein relativ harmloses Virus impfen lassen sollte, bei welchem eine Überlebenswahrscheinlichkeit von fast 100 % gegeben ist und bei welchem der Altersdurchschnitt der (MIT oder AN) Covid-19-Verstorbenen 84 Jahre beträgt und somit sogar über der durchschnittlichen Lebenserwartung liegt.

Dazu kommt, dass es sich bei den Covid-19 Impfstoffen um neue, genetische Impf-stoffe handelt, welche bisher, trotz 30- jähriger Entwicklung, noch nie zugelassen wurden und im Rahmen von Covid-19 nur aufgrund einer bedingten Zulassung auf den Markt kamen.
Dabei wurden die Impfstoffhersteller, die alles andere als einen vertrauenswürdigen Lebenslauf aufweisen, von jeglicher Haftung befreit. Sämtliche Langzeitfolgen sind nicht erforscht worden und es bestehen Gefahren, dass die Covid-19-Impfstoffe neben teilweise schweren Nebenwirkungen, Impfkomplikationen und Todesfällen unter Umständen auch genetische Mutationen, Autoimmunerkrankungen, Unfruchtbarkeit oder Krebs verursachen können. Es ist auch nicht auszuschließen, dass die Corona-Impfstoffe das toxische Graphenoxid enthalten.

Seit Anbeginn der Impfkampagnen gab es zahlreiche Fälle von zuvor gesunden Menschen, die nach der Covid-19-Impfung gesundheitliche Schäden aufwiesen oder sogar verstarben.
Außerdem ist nicht einmal erwiesen, dass die Impfungen einem tatsächlich Schutz bieten.
Stattdessen ist immer häufiger weltweit zu lesen, dass (Voll-) Geimpfte viel häufiger als Ungeimpfte an Covid-19 erkrankten. Die Frage, die sich einem dabei stellt, ist, ob die Geimpften trotz oder gerade wegen der Impfung krank wurden.

Doch auch wenn man davon ausgeht, dass die Impfungen einen Schutz gewährleisten, so würden sie, wenn überhaupt, nur für Risikogruppen (zumeist ältere Menschen mit Vorerkrankungen) infrage kommen, da die Überlebenswahrscheinlichkeit bei jungen und gesunden Menschen sogar größer als bei einer einfachen Grippe ist. Sie ist derart hoch, dass es absolut unvernünftig und unverhältnismäßig ist, sich dem Risiko, welches durch die potenziellen Gesundheitsgefahren mittels der Covid-19-Impfstoffe geschaffen wird, auszusetzen.
Die Menschen, welche zu den Risikogruppen gehören und es in Betracht

ziehen, sich impfen zu lassen, müssen wohl abwägen, welchem Risiko sie sich aussetzen wollen- dem Risiko im möglichen Zusammenhang mit den neuen, genetischen und experimentellen Covid-19-Impfstoffen zu erkranken bzw. zu sterben (welches im Vergleich zu allen anderen Impfstoffen zusammengenommen 112 Mal so groß ist), oder dem Risiko, an Covid-19 zu erkranken, bzw. einen unter Umständen stärkeren Covid-19-Krankheitsverlauf in Kauf zu nehmen, was ebenfalls zum Tod führen kann.

Da jedoch Menschen trotz (oder gerade wegen) der Covid-19-Impfungen an Covid-19 massenweise erkranken, ist auch Menschen aus Risikogruppen in jedem Fall von einer Corona-Impfung abzuraten.

Das Argument, dass gesunde Menschen sich „aus Solidarität" impfen lassen sollten, um Risikogruppen zu schützen, ist ebenfalls ungerechtfertigt und unhaltbar, da selbst Geimpfte angeblich ansteckend sein können[358] [359]. Doch auch wenn man davon absieht, so wäre es eine Zumutung, von gesunden Menschen zu verlangen, dass sie sich dem Risiko der potenziellen Gesundheitsgefahren durch die Covid-19-Impfstoffe aussetzen, um Risikogruppen zu schützen, da jeder die Möglichkeit hat, sich durch die Impfung zu schützen (vorausgesetzt die Impfstoffe wirken), so dass es einem Geimpften egal sein kann, ob auch andere Menschen in seiner Umgebung geimpft sind und er sich nicht vor einer möglichen Ansteckung zu fürchten braucht. Wenn aber die Impfstoffe nicht wirken, dann sind die Impfungen und die ganzen Impfkampagnen sowieso absolut nutzlos.
Und auch wenn es wirklich so sein sollte, dass man zwar angesteckt werden kann, aber aufgrund der Impfung i. d. R. ein milderer Krankheitsverlauf erfolgt, welchen man dennoch nicht in Kauf nehmen möchte, so dass es wünschenswert wäre, wenn sich alle impfen lassen, so kann man dem entgegenhalten, dass nach den neuesten Erkenntnissen auch (Voll-)Geimpfte angeblich ansteckend sein können, so dass eine Impfung weder vor der Virusverbreitung, noch vor der Ansteckung schützt.

Man kann es drehen und wenden, wie man will- im Ergebnis ist es absolut nicht

---

[358] https://www.swr.de/wissen/ansteckend-trotz-corona-impfung-forschung-100.html
[359] https://www.swr.de/wissen/ansteckend-trotz-corona-impfung-100.html

nachvollziehbar, wieso sich jemand diesem gefährlichen medizinischen Experiment unterziehen soll.

Genauso wenig ist ersichtlich, wieso ein derart starker Druck auf die Ungeimpften ausgeübt wird und nun auch empfohlen und gefordert wird, Kinder ab 12 Jahren impfen zu lassen,[360] obwohl diese am wenigsten gefährdet (und eigentlich überhaupt nicht gefährdet) sind und auch niemals gefährdet waren. Dazu werden sogar mobile Impfteams an Schulen eingesetzt, welche die Kinder animieren sollen, sich den experimentellen Corona-Impfungen zu unterziehen.[361]

Es ist, als ob man versucht, jeden Menschen im Land zu impfen, komme was wolle. Dabei sind bereits über 60 % der Bevölkerung bei insgesamt über 101 Million verabreichter Impfstoffdosen in Deutschland vollgeimpft (Stand: 29.08.2021), wodurch eigentlich eine Herdenimmunität gegeben wäre.[362]
Doch selbst die Grenze für eine Herdenimmunität wurde von 60 auf 80 % erhöht.[363]
Was nicht passt, wird eben passend gemacht. Es wäre wohl nicht verwunderlich, wenn diese Grenze auch weiterhin angehoben wird, wenn man bei 80 % ist und das ganze Spiel so lange getrieben wird, bis es nahezu 100 % Vollgeimpfte im Land gibt, die damit einverstanden sind, sich auch weiterhin regelmäßig impfen zu lassen.

Trotz der Tatsache, dass die neuen Covid-19-Impfstoffe 112 Mal gefährlicher sind, als alle anderen Impfstoffe zusammengenommen (dazu kommt noch die wahrscheinlich hohe Dunkelziffer), und dem starken Indiz dafür, dass die Impfstoffe keinen Schutz bieten und vielleicht sogar mehr Schaden als Nutzen anrichten, da immer mehr (voll-) geimpfte Menschen (auch im Vergleich zu Ungeimpften) an Covid-19 erkranken, erleben wir, dass für die

[360] https://www.tagesschau.de/inland/stiko-impfempfehlung-105.html
[361] https://www.ndr.de/nachrichten/schleswig-holstein/Corona-Impfungen-Zehn-Impfteams-an-24-Schulen-unterwegs,impfen670.html
[362] https://news.google.com/covid19/map?hl=de&mid=%2Fm%2F0345h&gl=DE&ceid=DE%3Ade
[363] https://www.mdr.de/wissen/covid-corona-pandemie-zu-ende-herdenimmunitaet-juli-100.html

Impfdurchbrüche bei (Voll-)Geimpften i. d. R. alle möglichen Virusvarianten verantwortlich gemacht werden, obwohl dies alles andere als schlüssig ist, und eigenartigerweise nie in Erwägung gezogen wird, dass Impfstoffe nicht schützend bzw. sogar für die Erkrankungen ursächlich sein könnten.

Somit kann es sein, dass die erwartete vierte Welle in Deutschland im Herbst/Winter 2021/2022 nichts anderes sein wird, als Erkrankungen von Impflingen, die durch die Impfungen verursacht werden, wobei Virusvarianten, wie etwa die Delta-Variante oder die Ungeimpften als Sündenböcke dafür herhalten müssen. Dieses Spielchen könnte so lange weitergehen, bis letztendlich alle (zwangs-)geimpft werden und regelmäßige (Zwangs-)Impfungen samt Impfausweisen eingeführt werden, ohne welche man erhebliche Grundrechtseinschränkungen zu dulden hat.

Michael Yeadon, ehemalige Vizepräsident von Pfizer ist derselben Auffassung und sagte sogar in einem Interview bei Planet Lockdown: *„Ich glaube, sie (die Corona-Impfstoffe, Anm. d. Verf.) werden verwendet, um Ihre Gesundheit zu schädigen und euch möglicherweise zu töten. Ernsthaft. Ich sehe keine vernünftige Interpretation außer einem ernsthaften Versuch einer Massenentvölkerung ... Dies bietet die Werkzeuge dazu und eine plausible Abstreitbarkeit, weil sie eine weitere Geschichte über eine Art biologische Bedrohung schaffen und ihr euch anstellt und eure Auffrischimpfstoffe erhaltet, und in ein paar Monaten oder einem Jahr oder so ... werdet ihr an einem seltsamen, erklärbaren Syndrom sterben, und sie werden es nicht mit den Auffrischimpfstoffen in Verbindung bringen ... Sie lügen euch an bezüglich der Varianten, so dass sie schädigende Impfstoffe machen können, die ihr überhaupt nicht braucht.“*[364]

Es stellt sich einem wirklich die berechtigte Frage, ob es hier wirklich um ein „Virus“ und um unsere Gesundheit, oder vielleicht um etwas ganz anderes geht, wie z. B. Macht und Kontrolle über uns und unsere Körper durch die Einführung von regelmäßigen (Zwangs-)Impfungen und Impfausweisen, ohne die man erhebliche Grundrechtseinschränkungen zu dulden hat und/oder womöglich sogar um einen massenhaften Genozid.

---

[364] https://planetlockdownfilm.com/full-interviews/ (siehe Interview mit Michael Yeadon, ab 36:40)

## 6. Wie zuverlässig ist der PCR-Test?

Das PCR (polymerase chain reaction, dt. Polymerase-Kettenreaktion-Verfahren) wird allgemein dazu verwendet, um eine vollständige Erbsubstanz oder Teilerbsubstanz in vitro zu vervielfältigen, wobei die Produkte der vorherigen Zyklen als Ausgangsstoffe für die nächsten Zyklen dienen, wodurch die Vervielfältigung exponentiell erfolgt.[365] Dadurch können schnell Millionen bis Milliarden DNA-Kopien erstellt werden. Das PCR-Verfahren besteht dabei typischerweise aus einer Reihe von 20–40 wiederholten Temperaturänderungen, welche als thermische Zyklen bezeichnet werden.[366]

Der PCR-basierte Test ist der am häufigsten verwendete diagnostische Covid-19-Test[367] und stellt *„die tragende Säule die tragende Säule bei der Diagnose von Covid-19"* dar.[368]

Doch sind die PCR-Tests wirklich zuverlässig? Die Frage ist von zentraler Bedeutung, da alle „Schutzmaßnahmen" der Bundesregierung aufgrund von Statistiken getroffen wurden, die in erster Linie anhand der Auswertung der PCR-Tests aufgestellt wurden.

### 6.1 Die Auswirkung falsch-positiver PCR-Test-Ergebnisse auf die Corona-Politik

Es ist bekannt, dass der PCR-Test bis zu 1,5 % falsch positive Ergebnisse liefern kann.[369]
Ein falsch positives Ergebnis kann dabei von vielen Faktoren abhängen, wie z. B. durch verunreinigte Proben, wenn Patienten andere Coronaviren haben, auf

---

365 https://de.wikipedia.org/wiki/Polymerase-Kettenreaktion
366 https://en.wikipedia.org/wiki/Polymerase_chain_reaction
367 https://en.wikipedia.org/wiki/COVID-19_testing
368 https://web.archive.org/web/20210624063704/https://www.idsociety.org/covid-19-real-time-learning-network/diagnostics/RT-pcr-testing/
369 https://www.addendum.org/coronavirus/rueckkehr-zur-maskenpflicht/

die der Test ebenso reagiert, wenn dem Labor Fehler unterlaufen sind, wenn Proben vertauscht wurden[370] und wenn die Menschen zum Ende des Krankheitsverlaufs getestet wurden, wie es der Lieblingsvirologe der Regierung, Christian Drosten, selbst zugegeben hat:

*„Klar: Gegen Ende des Verlaufs ist die PCR mal positiv und mal negativ. Da spielt der Zufall mit. Wenn man Patienten 2 x negativ testet und als geheilt entlässt, kann es zu Hause durchaus noch mal zu positiven Testergebnissen kommen. Das ist deswegen noch längst keine Reinfektion".*[371] [372]

Dabei kann es im Rahmen von Massentestungen von symptomlosen Menschen zu einigen Problemen kommen, wie es der Gesundheitsminister Jens Spahn in einem Interview am 14.06.2020 verlautbaren ließ:

*„Wir müssen jetzt aufpassen, dass wir nicht nachher durch zu umfangreiches Testen – klingt jetzt total ... da muss man erstmal um zwei Ecken denken – durch zu umfangreiches Testen zu viele falsch Positive haben. Weil die Tests ja nicht 100 Prozent genau sind, sondern auch eine kleine, aber eben auch eine Fehlerquote haben. Und wenn sozusagen insgesamt das Infektionsgeschehen immer weiter runtergeht, und Sie gleichzeitig das Testen auf Millionen ausweiten, dann haben Sie auf einmal viel mehr falsch Positive. Das sind so die Dinge, mit denen man sozusagen erst konfrontiert wird in der weiteren Folge, und die Erkenntnisse. Und deswegen macht es schon auch noch Sinn: Wir machen das Angebot, mehr zu testen, das geht jetzt auch. Aber nicht einfach nur wild jeden Tag zu testen, sondern wenn, dann schon auch mit einem gewissen Ziel."*[373]

Doch genau das ist 2021 eingetreten. Nun müssen sich kerngesunde Menschen, sofern sie nicht geimpft sind, massenhaft testen lassen, um arbeiten, einkaufen, verreisen oder Gaststätten besuchen zu dürfen, wodurch die Anzahl der falsch-positiv getesteten Menschen in die Höhe schießt.

---

[370] https://www.addendum.org/coronavirus/rueckkehr-zur-maskenpflicht/

[371] https://twitter.com/c_drosten/status/1249800091164192771

[372] Siehe auch: „Servus am Abend" am 20. Oktober 2020 https://www.facebook.com/watch/?v=1757002061116688

[373] https://www.presse.online/2020/06/20/spahn-durch-zu-viele-tests-mehr-falsch-positive-faelle-als-echte/

Nach dem im November 2020 neu eingefügten § 28a des Infektionsschutzgesetzes ist z. B. geregelt, dass ab einer 7-Tage-Inzidenz von 35 Neuinfektionen je 100.000 Einwohner *„breit angelegte Schutzmaßnahmen"* zu ergreifen sind.[374]

Wenn wir jetzt eine einfache Rechnung mit einer Stadt von 100 000 Einwohnern aufstellen, in welcher innerhalb von 7 Tagen 3 500 Einwohner getestet wurden und annehmen, dass der PCR-Test (welcher bis zu 1,5 % falsch-positive Testergebnisse liefert) im Schnitt 1,0 % falsch-positive Resultate hervorbringt, dann kommen wir auf 35 (1 % von 3 500) falsch positive Testergebnisse, womit die „Schutzmaßnahmen" in Form von Lockdowns, Maskenpflicht, Abstandsregelungen, Ausgangs- und Reisebeschränkungen u. a. legitimiert werden können. Eine Stadt mit 100 000 Einwohnern muss also nur 3,5 % ihrer Einwohner in einer Woche testen lassen, um alleine von falsch positiven Testergebnissen massive grundrechtseinschränkende Maßnahmen einführen zu dürfen, ohne dass auch nur ein einziger Mensch tatsächlich mit SARS-CoV-2 infiziert sein muss.

Wenn ein Inzidenzwert von 50 pro 100 000 erreicht werden soll, dann muss eine Stadt mit 100 000 Einwohnern eben 5000 Einwohner testen lassen und wenn ein Inzidenzwert von 100 erreicht werden soll, dann dementsprechend 10 000 Einwohner, womit automatisch nach § 28b IfSG die unter der „Bundesnotbremse" bekannten Maßnahmen in Kraft treten.

Die Exekutive kann auf diese Art und Weise einfach anhand der falsch-positiven PCR-Testergebnisse Maßnahmen von unterschiedlicher Stärke verhängen, indem sie die Häufigkeit der Testungen kontrolliert und reguliert, auch wenn de facto keine reelle Pandemielage gegeben ist. Mithin wäre dies nichts anderes als eine reine Testpandemie, die von den Regierenden nach Belieben gestaltet und theoretisch ewig so weitergehen kann.

### 6.2 Kann mit einem PCR-Test überhaupt eine Infektion nachgewiesen werden?

---

[374] https://www.noerr.com/de/newsroom/news/parlament-beschliesst-anderungen-des-infektionsschutzgesetzes

Fraglich ist weiterhin, ob mittels eines PCR-Tests überhaupt eine Infektion mit einem Virus nachgewiesen werden kann und ob dieser für eine Diagnose geeignet und ausreichend ist.

### 6.2.1 Der Erfinder des PCR-Tests sagt „nein"

Der Erfinder der PCR, Kary Mullis, welcher dafür mit dem Nobelpreis ausgezeichnet wurde, hat im Rahmen einer Veranstaltung 1997 in Santa Monica zu HIV und PCR gesagt, dass ein PCR-Test zur Diagnose einer Infektion oder einer Krankheit ungeeignet ist und dass man mit dem PCR-Test ab einer bestimmten Zyklenanzahl *„fast alles in jedem"* finden könnte, *„wenn man es gut macht"*. Der PCR-Test erlaube es einem *„eine winzige Menge von Irgendetwas zu nehmen, sie messbar zu machen und dann es so darzustellen, als ob es wichtig wäre"*, was zu Fehlinterpretationen führen könnte.[375]

### 6.2.2 Das Infektionsschutzgesetz sagt: „nein"

Und auch das Infektionsschutzgesetz (IfSG) sagt uns, dass der PCR-Test eine Infektion nicht diagnostizieren kann.

Der Blick in den § 2 Nr. 2 des Infektionsschutzgesetzes liefert uns die Legaldefinition einer Infektion.
Demnach ist Infektion *„die Aufnahme eines Krankheitserregers **UND** seine nachfolgende Entwicklung oder Vermehrung im menschlichen Organismus"*.

Ein Virus ist laut der Virologie kein Lebewesen und nichts anderes als DNA/RNA, welche in der Regel von einer Proteinhülle umgeben wird.[376] Daher könnte der PCR-Test unter den richtigen Umständen höchstens nachweisen, ob bestimmte RNA/DNA Sequenzen eines Virus im Körper vorhanden sind, was auf die *„Aufnahme eines Krankheitserregers"* hindeuten würde. Dies reicht jedoch für eine Infektion noch nicht aus, da ein PCR-Test alleine über die *„nachfolgende Entwicklung"* des Krankheitserregers bzw. über seine *„Vermehrung im menschlichen Organismus"* (Anzuchtfähigkeit des

---

[375] https://www.bitchute.com/video/BH4lHPYEdomu/
[376] https://de.wikipedia.org/wiki/Viren

verdächtigen Mikroorganismus) nichts aussagen kann und es somit einer weiteren fachlichen Untersuchung diesbezüglich bedarf.

Daher ergibt sich bereits aus dem Wortlaut des § 2 Nr. 2 des IfSG, dass der PCR-Test für sich alleine unmöglich eine Infektion mit SARS-CoV-2 diagnostizieren bzw. nachweisen kann.

Da die Covid-19-Statistiken allesamt lediglich auf der Grundlage eines positiven PCR-Tests aufgestellt wurden, sagen sie somit nichts über die Infektionen mit SARS-CoV-2 aus und sind in keiner Weise als eine solide wissenschaftliche Grundlage geeignet, anhand welcher die Regierung je hätte grundrechtseinschränkende „Schutzmaßnahmen" verhängen dürfen.

### 6.2.3 Die CDC sagt: „nicht zwangsläufig"

Selbst die CDC hat in ihrem Dokument „CDC 2019-Novel Coronavirus (2019-nCoV) Real-Time RT-PCR Diagnostic Panel", unter „Limitations" zugegeben, dass *„der Nachweis von viraler RNA ... möglicherweise nicht auf das Vorhandensein eines infektiösen Virus ... oder darauf, dass 2019-nCoV* (SARS-CoV-2, Anm. d. Verf.) *der Erreger für klinische Symptome ist"* hinweist.[377]

## 6.3 Unzuverlässigkeit der PCR-Tests mit einer hohen Zyklenanzahl

Ein portugiesisches Berufungsgericht hat am 11.10.2020 Zwangsquarantänemaßnahmen von vier Menschen aufgehoben, mit der Begründung, dass ein positiver PCR-Test unzuverlässig sei und nicht ausreichen würde, um eine Infektion nachzuweisen[378].
Das Gericht hat sein Urteil auf wissenschaftliche Studien gestützt, welche in den renommierten Fachzeitschriften „Oxford Academic"[379] und „The Lancet"[380]

---

[377] https://www.fda.gov/media/134922/download

[378] https://drive.google.com/file/d/1t1b01H0Jd4hsMU7V1vy70yr8s3jlBedr/view

[379] Correlation Between 3790 Quantitative Polymerase Chain Reaction–Positives Samples and Positive Cell Cultures, Including 1941 Severe Acute

veröffentlicht wurden.

*„Auf der Grundlage der derzeit verfügbaren wissenschaftlichen Beweise ist dieser Test [der RT-PCR-Test] an und für sich nicht in der Lage, zweifelsfrei festzustellen, ob die Positivität tatsächlich einer Infektion mit dem SARS-CoV-2-Virus entspricht, und zwar aus mehreren Gründen, von denen zwei von vorrangiger Bedeutung sind: Die Zuverlässigkeit des Tests hängt von der Anzahl der verwendeten Zyklen ab; die Zuverlässigkeit des Tests hängt von der vorhandenen Viruslast ab.*

Unter Berufung auf die Studie, die in „Oxford Academic" veröffentlicht wurde, kam das Gericht zu dem Schluss, dass *„wenn eine Person durch PCR als positiv getestet wird, wenn ein Schwellenwert von 35 Zyklen oder höher verwendet wird (wie es in den meisten Labors in Europa und den USA die Regel ist), die Wahrscheinlichkeit, dass diese Person infiziert ist, <3 % beträgt und die Wahrscheinlichkeit, dass das Ergebnis ein falsches Positiv ist, 97 % beträgt".*

Und unter Berufung auf die Studie, die in „The Lancet" veröffentlicht wurde, kam das Gericht in seinem Urteil zum Ergebnis, dass jeder diagnostische Test im Kontext der tatsächlichen Krankheitswahrscheinlichkeit interpretiert werden muss, wie diese vor der Durchführung des Tests eingeschätzt wird, und stellte fest, dass *„in der gegenwärtigen epidemiologischen Landschaft die Wahrscheinlichkeit zunimmt, dass Covid-19-Tests falsch positive Ergebnisse liefern, was erhebliche Auswirkungen auf den Einzelnen, das Gesundheitssystem und die Gesellschaft hat".*

Des Weiteren hat das Gericht auch festgestellt, dass alleine schon die Tatsache, dass die vier fraglichen Personen nicht von einem Arzt untersucht wurden, ausreichen würde, um die Zwangsquarantäne der vier Personen als rechtswidrig zu betrachten.

---

Respiratory Syndrome Coronavirus 2 Isolates
https://doi.org/10.1093/cid/ciaa1491

[380]False-positive COVID-19 results: hidden problems and costs (dt. Falsch positive COVID-19-Ergebnisse: versteckte Probleme und Kosten)
https://www.thelancet.com/journals/lanres/article/PIIS2213-2600(20)30453-7/fulltext

Die Bayerische Landesärztekammer (BLÄK) ist ebenfalls der Auffassung, dass PCR-Tests ab 35 Zyklen zwecklos sind:

*„Im Rahmen eines PCR-Tests werden die in einer Probe enthaltenen Erbgutspuren in mehreren Zyklen immer wieder verdoppelt. Ist eine einzelne Spur des Virus vorhanden, so sind es nach dem zweiten Zyklus bereits zwei, nach drei Zyklen vier, nach zehn 1.024 etc., bis zum Auftreten eines positiven Signals. Bei Proben mit viel Virusmaterial schlägt der Test relativ schnell an. Sind dazu mehr als 35 Runden nötig, trägt der Patient laut führenden Virologen in der Regel aber eine geringe Viruslast in sich, die mit großer Wahrscheinlichkeit nicht vermehrungsfähig ist"*, so die BLÄK in ihrer Pressemitteilung vom 10.10.2020.[381]

**6.4 Kritik am weltweit verwendeten PCR-Test von Christian Drosten**

Drostens PCR-Test ist das erste Testverfahren, welches angeblich imstande war, das neue Coronavirus nachzuweisen. Da jedoch die Zyklenanzahl des Drosten-PCR-Tests 45 beträgt[382] [383] und somit weit über 35 liegt, ist davon auszugehen, dass es sogar in weit mehr als in 97 % der Fälle zu falsch positiven Ergebnissen kommt.[384] Der Drosten-PCR-Test ist alleine schon aus diesen Gründen zu nichts zu gebrauchen und absolut irreführend. Doch dies sind längst nicht die einzigen Ungereimtheiten in Bezug auf den Drosten-PCR-Test.

In dem maßgeblichen Bericht von Christian Drosten, Victor M. Corman et.al, welcher am 23.01.2020 in der 25 Ausgabe der Zeitschrift „Eurosurveillance" veröffentlicht wurde,[385] haben die Verfasser des Berichts mehrfach zugegeben,

---

381
https://www.blaek.de/meta/presse/presseinformationen/presseinformationen-2020/aussagekraft-von-pcr-tests-auf-sars-cov-2-erhoehen
382 https://www.fuldaerzeitung.de/panorama/corona-pcr-test-virologe-christian-drosten-these-reiner-fuellmich-anwalt-goettingen-pandemie-90101108.html
383 https://www.thomaskubo.de/files/pdf/Corodok1_PCR.pdf
384 vgl. Oxford Academic Studie https://doi.org/10.1093/cid/ciaa1491
385 Detection of 2019 novel coronavirus (2019-nCoV) by real-time RT-PCR (dt. Nachweis des neuartigen Coronavirus 2019 (2019-nCoV) durch Echtzeit-RT-PCR) https://www.eurosurveillance.org/content/10.2807/1560-7917.ES.2020.25.3.2000045#abstract_content

dass der entwickelte PCR-Test, welcher daraufhin weltweite Verwendung gefunden hat, sowohl ohne jegliche Virusisolate des SARS-CoV-2, als auch ohne jegliche Originalpatientenproben entwickelt wurde:

*„Der anhaltende Ausbruch des kürzlich aufgetretenen neuartigen Coronavirus (2019-nCoV) stellt eine Herausforderung für die Laboratorien des öffentlichen Gesundheitswesens dar, da* ***Virusisolate nicht verfügbar*** *sind, während es zunehmend Hinweise darauf gibt, dass der Ausbruch weiter verbreitet ist als ursprünglich angenommen, und eine internationale Verbreitung durch Reisende bereits auftritt ... Wir wollten robuste Diagnosemethoden für den Einsatz in Laborumgebungen des öffentlichen Gesundheitswesens entwickeln und einsetzen,* ***ohne dass Virenmaterial verfügbar ist ...*** *die Einrichtung und Validierung eines diagnostischen Workflows für das 2019-nCoV-Screening und die spezifische Bestätigung, der* ***in Abwesenheit verfügbarer Virusisolate oder Originalpatientenproben entwickelt*** *wurde"*.

Drosten hat ab dem 01.01.2020, also bereits zwei Tage, nachdem in der 11 Millionen-Metropole Wuhan lediglich bei sieben kritisch kranken Patienten eine atypische Lungenentzündung diagnostiziert wurde und noch kein einziger Todesfall erfolgt ist,[386] [387] [388] aus welchen Gründen auch immer, angefangen, ein PCR-Testverfahren zu entwickeln. Da er keine Virusisolate und auch keine Originalpatientenproben vorliegen hatte, hat er in einem Datenpool im Internet angebotene, kurze genetische Sequenzen ausgesucht, die SARS-Viren zugeschrieben werden und auf deren Basis die für die PCR ausschlaggebenden PCR-Primer-Sequenzen entworfen, was als Nachweis des, bis dahin noch unbekannten, Virus in China dienen sollte. [389]

Am 10.1.2020 und 12.1.2020 haben die Virologen der chinesischen Seuchenbehörde CCDC eine **vorläufige** Zusammenstellung von Gensequenzen des angeblichen Virus im Internet auf „http://virological.org", in der GISAID

---

[386] https://www.dw.com/en/new-strain-of-coronavirus-behind-lung-infections-in-china/a-51942489
[387] https://www.crm.de/infodienst/coronavirus/2019-nCov_Info_laie.htm
[388]
https://en.wikipedia.org/wiki/Li_Wenliang#Role_in_2019%E2%80%9320_COVID-19_pandemic
[389] Diagnostic detection of 2019-nCoV by real-time RT-PCR, siehe: Assay design https://www.who.int/docs/default-source/coronaviruse/protocol-v2-1.pdf

(Global Initiative on Sharing All Influenza Data) Datenbank und in der GenBank Datenbank[390] veröffentlicht,[391] welche sie mit Computerprogrammen theoretisch zu einem möglichen Virus-Erbgutstrang zusammensetzten. Drosten hat diese vorläufigen und theoretisch zusammengesetzten Sequenzen, die nicht wissenschaftlich bewiesen wurden, ebenso in seinen PCR-Test integriert und diesen am 17.01.2020 der WHO vorgelegt, mit der Behauptung, dass damit die Anwesenheit des neuen Corona-Virus in Menschen zuverlässig nachgewiesen werden kann.[392] Daraufhin hat die WHO das von ihm entwickelte Testverfahren am 21.1.2020 der gesamten Welt als zuverlässiges Testverfahren empfohlen, welches angeblich imstande war, die Ausbreitung des angeblich neuen Corona-Virus festzustellen. [393] Sowohl die Empfehlung der WHO, als auch die Veröffentlichung von Drostens Berichts in der Zeitschrift „Eurosurveillance" (23.01.2020) erfolgte noch **VOR** der Verkündung der offiziellen Ergebnisse der chinesischen Virologen, welche erst am 24.01.2020[394] und 3.2.2020[395] veröffentlicht wurden. Die WHO hat dabei zumindest fahrlässig agiert, da die offensichtlichen wissenschaftlichen Mängel des Drosten-PCR-Tests offenbar verkannt wurden.

22 Wissenschaftler haben in ihrem Übersichtsbericht „Review Report Corman-Drosten et al. Eurosurveillance 2020", welcher im November 2020 erschien, ebenfalls massive Kritik am Drosten-Test ausgeübt. Unter den Autoren befanden sich auch renommierte Wissenschaftler wie Michael Yeadon, Pharmakologe und ehemaliger Leiter der Pfizer Forschung, der Molekulargenetiker Dr. Pieter Borger aus Lörrach, sowie der Gründer von Medical Genomics, Kevin McKernan, welcher für die Forschung und Entwicklung des Human Genome Project am MIT zuständig und somit ein echter Fachmann in Sachen PCR ist.[396] Durch die externe Peer-Review des

---

[390] https://www.ncbi.nlm.nih.gov/nuccore/MN908947
[391] https://virological.org/t/novel-2019-coronavirus-genome/319
[392] Diagnostic detection of 2019-nCoV by real-time RT-PCR https://www.who.int/docs/default-source/coronaviruse/protocol-v2-1.pdf
[393] https://www.medica.de/de/News/Archiv/Diagnostika_erster_Test_f%C3%BCr_neuartiges_Coronavirus_entwickelt
[394] https://www.thelancet.com/journals/lancet/article/PIIS0140-6736(20)30185-9/fulltext
[395] https://www.nature.com/articles/s41586-020-2008-3
[396] https://cormandrostenreview.com/report/

Drosten-PCR-Tests sind dabei zehn wichtige wissenschaftliche Mängel auf molekularer und methodischer Ebene festgestellt worden, und die Wissenschaftler kamen allesamt zum Ergebnis, dass Drostens PCR-Test unbrauchbar ist:

*„Das veröffentlichte RT-qPCR-Protokoll zum Nachweis und zur Diagnose von 2019-nCoV und das Manuskript weisen zahlreiche technische und wissenschaftliche Fehler auf, darunter ein unzureichendes Primerdesign, ein problematisches und unzureichendes RT-qPCR-Protokoll und das Fehlen einer genauen Testvalidierung. Weder der vorgestellte Test noch das Manuskript selbst erfüllen die Anforderungen für eine akzeptable wissenschaftliche Veröffentlichung. Darüber hinaus werden schwerwiegende Interessenkonflikte der Autoren nicht erwähnt ... Wir liefern überzeugende Beweise für verschiedene wissenschaftliche Unzulänglichkeiten, Fehler und Mängel.*

*Angesichts der hier vorgestellten wissenschaftlichen und methodischen Mängel sind wir zuversichtlich, dass die Redaktion von Eurosurveillance keine andere Wahl hat, als die Veröffentlichung zurückzuziehen."*

Fraglich ist, wieso diese wichtigen wissenschaftlichen Erkenntnisse in den Massenmedien und in der Politik einfach ignoriert wurden.

Des Weiteren bezweifeln die Wissenschaftler des Review Reports stark, dass Drostens Bericht vor seiner Veröffentlichung, von anderen, unabhängigen Fachleuten überprüft (peer-reviewed) wurde, da der Bericht am 21.01.2020 eingereicht und bereits am 23.01.2020 veröffentlicht wurde, so dass niemand wirklich die Zeit gehabt hätte, den Bericht genau unter die Lupe zu nehmen. Dies widerspricht wissenschaftlichen Grundsätzen und könnte darauf zurückzuführen sein, dass Drosten und Chantal Reusken, Co-Autorin des Corman-Drosten-Berichts, auch gleichzeitig Mitglieder der Redaktion von Eurosurveillance sind und somit diesen wichtigen Schritt auslassen konnten. Das wäre ein schwerwiegender Interessenskonflikt zuungunsten der Wahrheit und der Wissenschaft. Die Wissenschaftler stellten außerdem noch weitere Interessenskonflikte fest.

So ist Drosten ebenfalls Direktor des kommerziellen Testlabors „Labor Berlin", wo der Co-Autor Victor Corman Leiter der speziellen Virendiagnostik ist. Das Labor Berlin ist im Bereich der Echtzeit-PCR-Tests tätig.[397]

Ferner wurde am 29. Juli 2020 ein Interessenkonflikt hinzugefügt, welcher offengelegt hat, dass der Co-Autor des Corman-Drosten-Berichts Olfert Landt, CEO von TIB-Molbiol[398], und der Co-Autor Marco Kaiser Senior Researcher bei GenExpress ist und als wissenschaftlicher Berater für TIB-Molbiol fungiert, was in der Originalversion nicht deklariert wurde. TIB-Molbiol hatte als erstes Unternehmen Corona-PCR-Kits auf der Grundlage des Corman-Drosten-Berichts hergestellt und verkauft, noch bevor der Bericht veröffentlicht wurde.

Äußerst interessant ist dabei auch die Tatsache, dass TIB Molbiol bereits am 10. Januar PCR-Testkits nach Hongkong verschickte, noch **bevor** überhaupt **vorläufige** Gensequenzen des mutmaßlichen neuen Coronavirus durch die chinesischen Virologen, am 10. und 12.01.2020, im Internet veröffentlicht wurden.[399] [400]

Da fragt man sich zu Recht - wie ist so etwas überhaupt möglich? Auf welcher Grundlage kann man PCR-Testkits ohne jegliche Isolate und Gensequenzen eines mutmaßlichen neuen Coronavirus herstellen?

In diesem Zusammenhang ist auch auf entsprechende Interessenkonflikte beim Robert-Koch-Institut zu verweisen. Die Welt berichtete am 29.11.2020:

*„Wie der Berliner Senat auf Anfrage des Abgeordneten Marcel Luthe (parteilos) Anfang November bestätigte, ist RKI-Fachgebietsleiter Heinz Ellerbrok gleichzeitig Gesellschafter der Firma GenExpress Gesellschaft für Proteindesign. Das RKI ist seit mehr als 20 Jahren Kunde des Unternehmens, erklärt die Sprecherin des Instituts. Seit 2005 arbeitet die Firma laut Auskunft des Senats auch in geringem Umfang für die Charité. Das Unternehmen arbeitet nach eigenen Angaben eng mit der Firma TIB Molbiol zusammen, die Anfang dieses Jahres gemeinsam mit dem Virologen Christian Drosten einen der ersten PCR-Tests auf Covid-19 entwickelt hat“.*[401] [402]

---

[397] https://www.laborberlin.com/fachbereiche/virologie/
[398] https://www.tib-molbiol.de/de/impressum
[399] https://www.tagesspiegel.de/berlin/tib-molbiol-berliner-firma-produziert-coronavirus-tests-fuer-die-ganze-welt/25602142.html
[400] https://www.cash.ch/news/politik/corona-test-berliner-biotech-firma-ist-vorreiter-bei-coronavirus-tests-1499104
[401] https://www.welt.de/wirtschaft/plus221257894/Corona-Tests-Hinweis-auf-Interessenkonflikt-bei-leitendem-RKI-

Ein weiterer wesentlicher Punkt ist, dass nirgendwo hervorgeht, dass Drosten im Rahmen der Entwicklung des PCR-Tests Kontrollversuche durchgeführt hat, obwohl dies ein obligatorischer Schritt in der Wissenschaft ist. Durch die vorgeschriebenen Kontrollexperimente könnte man eindeutig feststellen, ob die kurzen Gensequenzen des mutmaßlichen Virus tatsächlich aus dem verdächtigen Virus stammen oder ob es sich dabei lediglich um typische Bestandteile des Stoffwechsels handelte.

Nachdem Drosten das Angebot des Molekularbiologen Dr. Stefan Lanka nicht angenommen hat, gemeinsam mit ihm die notwendigen Kontrollexperimente durchzuführen, wurde Drosten von Dr. Lanka strafrechtlich angezeigt.[403]

Dr. Lanka schrieb dazu in seinem Newsletter:

*„Um die Corona-Krise schnell zu beenden, habe ich Prof. Christian Drosten angezeigt. Wegen seines Tuns, dass in direkter Folge zu den geplanten und durchgeführten Tatbeständen des § 7 (1) Völkerstrafgesetzbuches (VStGB) „Verbrechen gegen die Menschlichkeit“ führte, und anderer Vergehen: Anstellungsbetrug, er gibt in der Öffentlichkeit vor als Wissenschaftler zu arbeiten, verletzt aber Denkgesetze, Logik der Virologie und die eindeutigen Regeln wissenschaftlichen Arbeitens, und Betrug, um sich durch die Verbreitung erweislich falscher Tatsachen Vorteile zu verschaffen.“*[404] [405] [406]

Und auch Rechtsanwalt Dr. Reiner Füllmich bereitet eine Sammelklage gegen Christian Drosten und Lothar Wieler, den Präsidenten des Robert-Koch-Instituts, sowie einiger Politiker vor, die behaupten, dass der PCR-Test Infektionen erkennen könne.[407] [408]

---

Mitarbeiter.html?notify=success_subscription

402 Siehe auch: https://www.msn.com/de-de/finanzen/top-stories/hinweis-auf-interessenkonflikt-bei-leitendem-rki-mitarbeiter/ar-BB1bqwUf

403 https://bewegung2020.at/wp-content/uploads/2020/08/Druckverteil-Flyer_AnzeigeLanka-Drosten-1.pdf

404 WISSENSCHAFTPLUS magazin 02/2020, Fehldeutung Virus Teil 2 https://wissenschafftplus.de/cms/de/wichtige-texte

405 https://corona-transition.org/dr-stefan-lanka-zeigt-prof-christian-drosten-an

406 https://wissenschafftplus.de/cms/de/newsletter-archiv

## 6.5 Im WHO-PCR-Protokoll ist eine Sequenz des 8. menschlichen Chromosoms enthalten

Erstaunlicherweise ist im Dokument des WHO-Coronavirus-PCR-Testprotokolls eine 18-stellige Primärsequenz "CTCCCTTTGTTGTGTTGT" verzeichnet,[409] welche exakt der Sequenz des 8. menschlichen Chromosoms entspricht. Da das Virus logischerweise kein menschliches Erbgut enthalten kann, ist zu fragen, was die Sequenz des 8. menschlichen Chromosoms in einem WHO-PCR-Protokoll, welcher bei der Entwicklung sämtlicher PCR- Tests vermutlich eine große Rolle gespielt haben könnte, überhaupt zu suchen hatte.[410]

## 6.6 Widersprüchliche und lächerliche Testergebnisse / symptomlose SARS-CoV-2-„Infizierten"

Da die PCR-Tests ohne jegliche Virusisolate und mit einer teilweise viel zu hohen Zyklenanzahl erstellt wurden, ist es nicht verwunderlich, dass es im Rahmen der Verwendung der PCR-Tests bereits oft zu widersprüchlichen und lächerlichen Ergebnissen gekommen ist.

So ist z. B. nicht länger überraschend, dass Menschen mit Covid-19-Symptomen, die zusammen wohnen, dennoch unterschiedliche Testergebnisse haben oder dass die PCR-Tests bei ein und derselben Person kurz nacheinander jeweils gegensätzliche Ergebnisse anzeigen.[411]

---

[407] https://www.fuldaerzeitung.de/panorama/corona-pcr-test-streit-reiner-fuellmich-virologe-christian-drosten-lothar-wieler-rki-goettingen-90096522.html

[408] https://www.youtube.com/watch?v=_YWDD9zcNTs&feature=youtu.be

[409] https://www.who.int/docs/default-source/coronaviruse/real-time-rt-pcr-assays-for-the-detection-of-sars-cov-2-institut-pasteur-paris.pdf?sfvrsn=3662fcb6_2

[410] https://www.ncbi.nlm.nih.gov/nucleotide/NC_000008.11?report=genbank&log$=nuclalign&from=63648346&to=63648363

Ebenso scheint es nicht länger verwunderlich, dass z. B. in einem Gasthof gleich 4 von 8 Mitarbeitern falsch positiv getestet wurden.[412]

Aufgrund der Unbrauchbarkeit der PCR-Tests sind auch die absurden tansanischen PCR-Test-Ergebnisse nicht länger überraschend. Der ehemalige tansanische Präsident Magufuli hatte im Frühling 2020 u. a. Abstriche einer Papaya, einer Ziege und eines Vogels, unter ausgedachten Personendecknamen, in ein staatliches Labor, das die WHO-Tests verwendet, eingeschickt, woraufhin er jeweils positive SARS-CoV-2-Testergebnisse zurückbekam.[413]

Durch die Unbrauchbarkeit der PCR-Tests lassen sich auch die zahlreichen symptomlosen SARS-CoV-2-„Infizierten“ sehr leicht erklären- sie sind in Wirklichkeit nicht infiziert, kerngesund und Opfer der unbrauchbaren PCR-Tests.

### 6.7 Fazit

Wenn die PCR-Tests bedeutungslos und nichtssagend sind, sind mithin auch alle Statistiken (Infektionszahlen, Sterbefälle) in Zusammenhang mit Covid-19, die anhand der Auswertung der PCR-Tests aufgestellt wurden, falsch und fehlleitend.
Da die, von der Regierung und dem Gesundheitsministerium getroffenen „Schutzmaßnahmen“, genauso wie die Ausrufung der epidemischen Notlage von nationaler Tragweite durch den Bundestag, fast ausschließlich auf den PCR-Test-Statistiken beruhten, sind sie, zusammen mit allen getroffenen Entscheidungen, Verordnungen und Gesetzen, die auf der Auswertung der PCR-Testergebnisse basierten, sowohl aus wissenschaftlicher, als auch aus

---

[411] vgl. https://twitter.com/c_drosten/status/1249800091164192771

[412] „Servus am Abend“ am 20. Oktober 2020: https://www.facebook.com/watch/?v=1757002061116688________(alternativ: https://www.youtube.com/watch?v=-NUo8VzhVtQ)

[413] https://www.tag24.de/nachrichten/politik/international/politiker-international/politiker-schickte-obst-und-motoroel-zum-corona-test-die-ergebnisse-ueberraschen-1510787

juristischer Sicht absolut unbegründet. Der Schluss liegt nahe, dass es sich vorliegend um eine reine Testpandemie handelt, die nichts mit der Realität gemein hat.

**7. Stammt das SARS-CoV-2 aus einem Labor?**

Trump ist sich ganz sicher, dass das SARS-CoV-2 aus dem Wuhan-Labor stammt und selbst der amtierende US-Präsident Joe Biden und Anthony Fauci schließen diese Möglichkeit mittlerweile nicht länger aus.[414] [415]

Eine Studie des Nanowissenschaftlers Prof. Dr. Roland Wiesendanger von der Universität Hamburg kommt ebenfalls zum Ergebnis, dass *„sowohl die Zahl als auch die Qualität der Indizien für einen Laborunfall am virologischen Institut der Stadt Wuhan als Ursache der gegenwärtigen Pandemie sprechen.“* [416] [417]

Die Studie argumentiert, dass bislang kein Zwischenwirtstier identifiziert werden konnte, *„welches die Übertragung von SARS-CoV-2-Erregern von Fledermäusen auf den Menschen ermöglicht haben könnte“*. Daher besitze die Zoonose-Theorie als mögliche Erklärung für die Corona-Pandemie *„keine fundierte wissenschaftliche Grundlage“*.

Des Weiteren gäbe es keinerlei Beweise dafür, dass auf dem, in Verdacht geratenen, Fischmarkt im Zentrum von Wuhan, vor der Corona-„Pandemie“, Fledermäuse angeboten wurden.[418]

---

[414] https://www.bild.de/bild-plus/politik/ausland/politik-ausland/trump-bin-mir-sicher-dass-corona-aus-dem-labor-stammt-76508224,view=conversionToLogin.bild.html
[415] https://www.welt.de/politik/ausland/article231408909/Coronavirus-Biden-gibt-Labor-Hypothese-neuen-Aufwind-China-reagiert.html
[416] https://www.uni-hamburg.de/newsroom/presse/2021/pm8/pm-8-21.pdf
[417] https://www.researchgate.net/publication/349302406_Studie_zum_Ursprung_der_Coronavirus-Pandemie
[418] Siehe auch: https://www.thetimes.co.uk/article/no-evidence-bats-were-sold-in-wuhan-before-covid-pandemic-bkmlz562w

Im virologischen Institut der Stadt Wuhan gäbe es jedoch *„eine der weltweit größten Sammlungen von Fledermauserregern, welche von weit entfernten Höhlen in südchinesischen Provinzen stammen"* und es sei *„extrem unwahrscheinlich, dass sich Fledermäuse aus dieser Entfernung von nahezu 2.000 km auf natürliche Weise auf den Weg nach Wuhan begeben haben, um dann in unmittelbarer Nähe dieses virologischen Instituts eine weltweite Pandemie auszulösen"*.

Darüber hinaus hätte *„Eine Forschungsgruppe am virologischen Institut der Stadt*
*Wuhan ... über viele Jahre hinweg gentechnische Manipulationen an Coronaviren"* mit dem Ziel vorgenommen, *„diese für Menschen ansteckender, gefährlicher und tödlicher*
*zu machen"*, was *„in der wissenschaftlichen Fachliteratur durch zahlreiche Publikationen belegt"* sei.

Ferner würden *„erhebliche Sicherheitsmängel im virologischen Institut der Stadt Wuhan bereits vor Ausbruch der Coronavirus-Pandemie"* existieren, *„welche dokumentiert"* seien.
Interessant ist auch, dass das Institut für Virologie nur wenige Kilometer vom Fischmarkt entfernt ist, wo die Covid-19-Pandemie angeblich ausgebrochen sein soll und dass das Institut Chinas einziges Biowaffenlabor der hohen Sicherheitsstufe 4 ist. Es ist somit das einzige Labor in China, welche solche Art von Viren, wie SARS-CoV-2, überhaupt handhaben konnte.[419] [420]

Nicht weniger interessant ist auch die Tatsache, dass das US-Amerikanische „National Institute of Allergy and Infectious Diseases" (NIAID- dt. Nationales Institut für Allergien und Infektionskrankheiten), unter der Leitung von Dr. Fauci,[421] das Virologieinstitut in Wuhan mit mehreren Millionen Dollar bezuschusst hat, damit dieses Fledermaus-Coronaviren sammelt, erforscht und an ihnen herummanipuliert.[422]

---

[419] https://de.wikipedia.org/wiki/Institut_f%C3%BCr_Virologie_Wuhan
[420] https://www.livescience.com/china-lab-meets-biosafety-levels-new-coronavirus.html
[421]
https://de.wikipedia.org/wiki/National_Institute_of_Allergy_and_Infectious_Diseases

Der berühmte Virologe Luc Montagnier, welcher 2008 für seine Entdeckung des HIV mit dem Nobelpreis ausgezeichnet wurde,[423] behauptete in einem Interview auf dem französischen Sender CNEWS im April 2020, dass sein wissenschaftliches Team das SARS-CoV-2 unter die Lupe genommen hat und zum Ergebnis gekommen ist, dass das Virus keines natürlichen Ursprungs, sondern das Resultat einer Manipulation im Labor ist, wobei es Sequenzen des HIV enthält:[424]

*„Tatsächlich wurde ein Teil des Virus manipuliert, nicht das Ganze. Nun, das Virus folgt einem klassischen Modell, das von Fledermäusen stammt; aber zusätzlich zu diesem Modell hat jemand genetische Sequenzen hinzugefügt, welche dem HIV gehören, dem Virus, welches AIDS verursacht ... das (Virus) ist nicht natürlich. Es ist eine Laborarbeit von professionellen Molekularbiologen. Es ist eine sehr genaue Arbeit, wir können sagen, eine Arbeit eines Uhrmachers".*

Montagnier hielt es für möglich, dass die Wissenschaftler dadurch einen Impfstoff gegen Aids herstellen wollten, und wies darauf hin, dass Arbeiten zu diesem Thema unterdrückt werden würden und dass bereits vor ihnen eine Gruppe indischer Forscher zum gleichen Ergebnis gekommen sei: *„Es besteht der Wille, die Arbeiten zu diesem Thema zu unterdrücken. Wir sind nicht die Ersten. Das hat auch eine Gruppe renommierter indischer Forscher veröffentlicht. Aber sie zwangen sie, sie zurückzuziehen."*[425] [426]

Montagnier hingegen sei *„alt genug und Nobelpreisträger"*, so dass er frei arbeiten und auf ihn kein Druck ausgeübt werden könne.

Eine wissenschaftliche Studie, veröffentlicht im Juni 2020, könnte Montagnier Recht geben. Darin wurde eine Sequenz des Coronavirus 2 (SARS-CoV-2) mit

---

[422] https://www.newsweek.com/dr-fauci-backed-controversial-wuhan-lab-millions-us-dollars-risky-coronavirus-research-1500741
[423] https://de.wikipedia.org/wiki/Luc_Montagnier
[424] https://www.bitchute.com/video/XxTOEOpjG7ag/
[425] https://www.biorxiv.org/content/10.1101/2020.01.30.927871v1
[426] https://www.heise.de/tp/features/pLai3-envLuc2-Wurde-mit-HIV-Pseudovirus-das-Coronavirus-fuer-den-Menschen-gefaehrlich-4705632.html

117 Basen im menschlichen Genom (Chromosom 1p) mit einer Identität von 94,6 % wiedergefunden, was wiederum darauf hindeutet, dass das SARS-CoV-2 künstlich erzeugt sein könnte.[427]

## 8. Wurde das SARS-CoV-2 / Covid-19 wissenschaftlich nachgewiesen?

Wie bereits erwähnt, ist das Virus nach der heute vertretenen herrschenden Meinung nichts anderes als ein viraler DNA/RNA-Strang (Genom), welcher i. d. R. von einer Proteinhülle umrandet wird.[428]
Es bestehen jedoch Zweifel daran, ob die Existenz und die Gefährlichkeit von SARS-CoV-2 wissenschaftlich nachgewiesen wurde.

### 8.1 Wie sieht ein wissenschaftlicher Nachweis eines Virus aus?

Ein wissenschaftlicher Nachweis für einen mutmaßlichen (viralen) Krankheitserreger gilt dann als erbracht, wenn die Kochschen Postulate bzw. zumindest die Rivers-Postulate erfüllt wurden.[429]

Dazu müsste das mutmaßliche Virus, vorliegend SARS-CoV-2

1) in allen an Covid-19-erkrankten Organismen vorhanden sein, sollte jedoch nicht in gesunden Organismen vorkommen (Keine Voraussetzung für Rivers-Postulate),

2) aus einem kranken Organismus (A) isoliert und gereinigt werden,

3) im Labor gezüchtet,

und anschließend

4) in einen gesunden Organismus (B) injiziert werden.

5) Beim Organismus B müssen dann die gleichen Covid-19-Krankheitssymptome auftreten, wie beim Organismus A. Daraufhin muss

---

[427] https://pubmed.ncbi.nlm.nih.gov/32503821/
[428] https://de.wikipedia.org/wiki/Viren
[429] https://en.wikipedia.org/wiki/Koch%27s_postulates

das vermutliche neue Coronavirus aus dem Organismus B wieder isoliert und mit dem aus dem, aus dem Organismus A isolierten, vermutlichen Coronavirus verglichen werden. Sind beide Viren identisch, so hat man einen wissenschaftlichen Beweis dafür erbracht, dass das SARS-CoV-2 für die Covid-19-Erkrankung ursächlich ist.

Dieser klassische Erreger- bzw. Virusnachweis gilt für alle Virenarten und für alle Krankenerreger. Fraglich ist jedoch, ob das SARS-CoV-2 tatsächlich die Kochschen Postulate erfüllt hat.

### 8.2 Wurde das SARS-CoV-2 nur in an Covid-19-erkrankten Menschen beobachtet?

Da das SARS-CoV-2 sehr häufig bei Menschen vorgefunden wird, die keinerlei Covid-19-Symptome entwickeln (asymptomatische SARS-CoV-2-Träger), also bei Menschen, die nicht krank sind, scheint bereits das erste Kochsche Postulat nicht erfüllt zu sein.
Wenn wir jedoch annehmen, dass dies auf die Unbrauchbarkeit bzw. Fehldiagnosen der PCR-Tests zurückzuführen ist, so lässt sich diese Frage nicht eindeutig beantworten.

### 8.3 Wurde das SARS-CoV-2 ordnungsgemäß isoliert?

Es ist ersichtlich, dass in einer Patientenprobe sich nicht nur das Erbgut von Viren, sondern auch viele andere Substanzen, wie z. B. das Erbgut vom von diversen Bakterien und das vom Patienten selbst befinden. Daher muss zunächst einmal das mutmaßliche Virus samt seines kompletten Genoms von all dem gereinigt und getrennt werden, was es nicht ist, sprich von allem anderen isoliert werden. Dies wird durch von Filtration und Zentrifugation ermöglicht.
Erst danach könnte theoretisch das komplette Virus-Genom in voller Länge entnommen und biochemisch charakterisiert werden.[430]

---

[430] https://off-guardian.org/2020/06/09/scientists-have-utterly-failed-to-prove-that-the-coronavirus-fulfills-kochs-postulates/

Eine Isolation des mutmaßlichen Virus ist folglich dann zu bejahen, wenn dieses (samt seines kompletten Genoms) aus der Patientenprobe isoliert und gereinigt wurde. Als Beweis dafür dient heutzutage eine elektronenmikroskopische Aufnahme des isolierten mutmaßlichen Virus, auf der sein kompletter Erbgutstrang zu sehen ist (fotografischer Nachweis), sowie die Sequenzierung und biochemische Charakterisierung des kompletten mutmaßlichen Virus-Genoms (biochemischer Nachweis).

Fraglich ist jedoch, ob das SARS-CoV-2 überhaupt ordnungsgemäß isoliert wurde.

### 8.3.1 Die maßgeblichen Publikationen der chinesischen Seuchenbehörde (CCDC)

Den maßgeblichen Publikationen von der chinesischen Seuchenbehörde vom 24.01.2020[431] und vom 3.2.2020,[432] ist zu entnehmen, dass die aus den Patientenproben sequenzierten RNA Stückchen, die man für Viren-RNA-Stückchen hielt, einen winzigen Bruchteil des mutmaßlichen Viren-Genoms aufwiesen und gerade mal aus 150 Nukleotiden (Bausteinen der DNA/RNA) bestanden,[433] wohingegen ein komplettes Virus-Genom aus zehntausenden Nukleotiden bestehen soll. Diese winzigen RNA-Stückchen dienten als Grundlage für das sogenannte „Alignment“- (dt. Ausrichtung) Verfahren, bei welchem die fehlenden Nukleotide rein theoretisch, mithilfe von Computerprogrammen zu einem Virusmodell errechnet wurden, dessen kompletter RNA-Strang 29 903 Nukleotide vorwies.[434]

*„RNA, die aus bronchoalveolärer Lavageflüssigkeit und Kulturüberständen extrahiert wurde, wurde als Matrize verwendet, um das Genom zu klonieren und zu sequenzieren ... Das **Mehrfachsequenz-Alignment** der 2019-nCoV- und Referenzsequenzen wurde unter Verwendung von Muscle durchgeführt. Die phylogenetische Analyse des vollständigen Genoms wurde mit RAxML (13) mit 1000 Bootstrap-Replikaten und einem allgemeinen zeitreversiblen **Modell***

[431] https://www.nejm.org/doi/10.1056/NEJMoa2001017
[432] https://www.nature.com/articles/s41586-020-2008-3
[433] https://www.nature.com/articles/s41586-020-2008-3
[434] https://www.ncbi.nlm.nih.gov/nuccore/1798174254

*durchgeführt, das als* ***Nukleotidsubstitutionsmodell*** *verwendet wurde".* [435]

Als Vorlage für die Konstruktion von SARS-CoV-2 dienten dabei ein mit Menschen assoziiertes und ein mit Fledermäusen assoziiertes Coronavirus:

*„Die virale Genomorganisation von WHCV (SARS CoV 2, Anm. d. Verf.) wurde durch* ***Sequenzalignment*** *an zwei repräsentativen Mitgliedern der Gattung Betacoronavirus bestimmt: einem* ***mit Menschen assoziierten Coronavirus*** *(SARS-CoV Tor2, GenBank-Zugangsnummer AY274119) und einem* ***mit Fledermäusen assoziierten Coronavirus*** *(Fledermaus SL-CoVZC45, GenBank-Zugang) Nummer MG772933)."*[436]

Das gesamte SARS-CoV-2-Genom, bestehend aus 29 903 Nukleotiden, ist somit nichts anderes als ein gedankliches Modell, welches nichts mit der Wirklichkeit zu tun hat.
In Wirklichkeit hat man weder die komplette mutmaßliche Viren-RNA, noch größere Teile dieser tatsächlich vorfinden und isolieren können.

Es ist daher absolut unverständlich, wieso dieses rein theoretisch zusammengesetzte Viren-Genom-Modell weltweit akzeptiert und als Vorlage für die Kalibrierung der PCR-Tests verwendet wurde.

Erstaunlich ist auch, dass das Erstellen von Viren-Modellen mittels Alignment in der Virologie gängige Praxis ist, so dass diesbezüglich Fragen aufkommen, ob überhaupt jemals irgendein krankmachendes Virus ordnungsgemäß isoliert und nachgewiesen wurde. Dies wird an einer späteren Stelle erörtert (Kapitel 3. Zweifel an der Virologie).

Des Weiteren ist aus den Studien ebenfalls nicht ersichtlich, dass die chinesischen Virologen die erforderlichen Kontrollexperimente durchgeführt haben. Hierbei reicht eine bloße Behauptung über die angeblich durchgeführten Kontrollexperimente nicht aus, da die Kontrollexperimente genau dokumentiert sein müssten, um den Anforderungen einer wissenschaftlichen Publikation zu entsprechen.
Die Kontrollexperimente sind dafür notwendig, um auszuschließen, dass diese

---

[435] https://www.nejm.org/doi/10.1056/NEJMoa2001017
[436] https://www.nature.com/articles/s41586-020-2008-3

kurzen RNA-Bruchstücke, aus denen man ein Virusmodell konstruiert hat, nicht auch in

- Menschen, die gesund sind
- Menschen, die anderweitig erkrankt sind
- Menschen, die negativ auf das SARS-CoV-2 getestet wurden
- der RNA aus Rückstellproben, welche aus der Zeit stammte, als das SARS-CoV-2 noch unbekannt war

vorkommen.[437]

Interessanterweise geben die Autoren der ersten chinesischen SARS-CoV-2-Studie sogar ausdrücklich zu, dass ihre Studie nicht die Kochschen Postulate erfüllt:
*„our study does not fulfill Koch's postulates"*.[438]

### 8.3.2 Der maßgebliche Artikel der amerikanischen Seuchenbehörde (CDC)

Die CDC hat im Juni 2020 einen Artikel veröffentlicht, in welchem eine Gruppe von etwa 30 Virologen angegeben hat, das SARS-CoV-2 aus nasopharyngealen (NP, nasalen) und oropharyngealen (OP, oralen) Proben eines Covid-19-Patienten isoliert und die Virussequenz, die Replikationseigenschaften und den Zellkulturtropismus charakterisiert zu haben.[439]

Allerdings finden wir im Abschnitt „Whole Genome Sequencing" (dt. „Die Sequenzierung des gesamten Genoms"), dass die CDC, anstatt das komplette Virusgenom zu isolieren und es zu sequenzieren, *„auf Basis der Coronavirus-Referenzsequenz (GenBank Accession No. NC045512) ... 37 genomübergreifende Paare von verschachtelten PCRs **entworfen**"* hat. *„Wir extrahierten Nukleinsäure aus Isolaten und amplifizierten sie mit den 37 einzelnen verschachtelten PCRs"*.

---

[437] https://samueleckert.net/corona-die-nachvollziehbare-und-ueberpruefbare-widerlegung-der-virus-behauptungen/
[438] https://www.nejm.org/doi/10.1056/NEJMoa2001017
[439] https://wwwnc.cdc.gov/eid/article/26/6/20-0516_article

Unter „Results“ (Resultate) heißt es noch einmal schwarz auf weiß:

*„Wir verwendeten Isolate aus der ersten Passage einer OP und einer NP-Probe* ***für die Sequenzierung des gesamten Genoms.***“

Daraus ist klar, dass man zu keinem Zeitpunkt das SARS-CoV-2 samt seiner kompletten RNA isolierte, sondern lediglich RNA-Stückchen aus einer Patientenprobe entnommen und diese dann zu einem theoretischen Virusmodell errechnet hat, darunter wohl auch das berüchtigte „Spike-Protein“, ähnlich wie die chinesische Seuchenbehörde CCDC.[440]

Nach Dr. Thomas Cowan ist die Computergenerierung eines theoretischen Virenmodells nichts andere als wissenschaftlicher Betrug, welchen er im folgenden Beispiel veranschaulicht hat:

*„Eine Gruppe von Forschern behauptet, ein Einhorn gefunden zu haben, weil sie ein Stück Huf, ein Haar von einem Schwanz und einen Ausschnitt eines Horns gefunden haben. Sie fügen diese Informationen dann in einen Computer ein und programmieren ihn, um das Einhorn neu zu erstellen, und behaupten dann, dass diese Computerneuerstellung das echte Einhorn ist. Natürlich hatten sie noch nie ein Einhorn gesehen, also konnten sie unmöglich seine genetische Ausstattung untersuchen, um ihre Proben mit den Haaren, Hufen und dem Horn des tatsächlichen Einhorns zu vergleichen.*
*Die Forscher behaupten, sie hätten durch „Konsens“, eine Art Abstimmung, entschieden, welches das wahre Genom von SARS-CoV-2 ist. Auch hier werden verschiedene Computerprogramme verschiedene Versionen des imaginären „Einhorns“ entwickeln, sodass sie als Gruppe zusammenkommen und entscheiden, welches das echte imaginäre Einhorn ist“.*[441]

Die Virologen des CDC habe ebenfalls *„die Fähigkeit von SARS-CoV-2 untersucht, mehrere gängige Primaten- und menschliche Zelllinien zu infizieren und zu replizieren“* und haben festgestellt, dass der zytopathische Effekt

---

[440] https://odysee.com/@ThoughtCrime7:2/EmperorHasNoCorona:9
[441] https://drtomcowan.com/only-poisoned-monkey-kidney-cells-grew-the-virus/

(zellzerstörerischer Effekt), welcher den Viren zugeschrieben wird, nach Hinzugabe vom vermeintlichen SARS-CoV-2-Virenmaterial, bei allen getesteten menschlichen Zelllinien **NICHT** auftritt, was bedeutet, dass das SARS-CoV-2 für den Menschen **NICHT** schädigend ist. Es sei NUR für Affennierenzellen schädigend, allerdings muss dabei berücksichtigt werden, dass den Zellkulturen ebenso das Antibiotikum Amphotericin B hinzugefügt wurde, von dem bekannt ist, dass es für die Nieren toxisch ist,[442] [443]so dass anzunehmen ist, dass der zytopathische Effekt bei Affennierenzellen höchstwahrscheinlich auf die Hinzugabe von Amphotericin B und nicht auf das vermeintliche SARS-CoV-2-Virenmaterial zurückzuführen ist (siehe auch Kapitel 3. Punkt 4).

Es sieht somit ganz danach aus, dass die CDC bewiesen hat, dass das, was man für SARS-CoV-2 gehalten hat, für den Menschen und höchstwahrscheinlich auch für alle anderen Lebewesen keinerlei Gefahren darstellt.

### 8.3.3 Begriff der „Isolierung" wird selbst in wissenschaftlichen Arbeiten oft missbräuchlich verwendet

Torsten Engelbrecht, preisgekrönter Wissenschaftsjournalist und Konstantin Demeter, unabhängiger Forscher, haben von den Wissenschaftsteams der vier relevanten, in der ersten Hälfte des Jahres 2020 veröffentlichten, SARS-CoV-2-Studien, auf Anfrage jeweils Bescheid bekommen, dass die von Ihnen veröffentlichten elektronenmikroskopischen Aufnahmen keine gereinigten SARS-CoV-2-Partikel zeigen, was bedeutet, dass keine Isolierung des SARS- CoV-2 erfolgte, da diese Aufnahmen das Endergebnis darstellen. In diesem Zusammenhang weisen Engelbrecht und Demeter darauf hin, dass einige Forscher in ihren Arbeiten zwar den Begriff „Isolierung" verwenden, die darin beschriebenen Verfahren jedoch keinen ordnungsgemäßen Isolierungs- und Reinigungsprozess darstellen, so dass der Begriff „Isolierung" missbräuchlich verwendet wurde.[444] [445]

---

[442] https://www.netdoktor.de/medikamente/amphotericin-b/

[443] https://pubmed.ncbi.nlm.nih.gov/11154026/

[444] https://off-guardian.org/2020/06/27/covid19-pcr-tests-are-scientifically-meaningless/#2

[445] Siehe auch https://telegra.ph/Alle-f%C3%BChrenden-Wissenschaftler-best%C3%A4tigen-COVID-19-existiert-nicht-07-03

Obwohl der Begriff „Isolat“ grundsätzlich definiert ist, wird dem Begriff in der Virologie meistens eine andere Bedeutung zugeschrieben. Demnach bedeutet „Isolat“ nicht ein aus der Patientenprobe isoliertes (und gereinigtes) komplettes Virus (samt seines vollständigen Erbgutstrangs), sondern entweder

1) vermeintliche Virusstückchen, welche aus einer Patientenprobe entnommen wurden

oder

2) vermeintliche Virusstückchen, die aus einer Patientenprobe entnommen und in einer Zellkultur vermehrt wurden [Isolation nach einer vermeintlichen Virenvermehrung, welche für den zytopathischen Effekt verantwortlich gemacht wird (siehe auch Kapitel 3. Punkt 4)].[446]

Bis heute scheint es keine einzige wissenschaftliche Arbeit zu geben, in welcher die Isolierung des kompletten SARS-CoV-2 Genoms dokumentiert wird.[447]

Es gibt mittlerweile eine ganze Liste von Ärzten, Wissenschaftlern und Journalisten, welche die Ansicht vertreten, dass die „isolierten“ RNA-Stückchen nicht zu einem krankheitserregenden Virus gehören, u. a. Eleni Papadopulos-Eleopulos (Biophysiker und Leiter der australischen Perth Group), Dr. Andrew Kaufman (MD), Dr. Thomas Cowan (MD), Torsten Engelbrecht (Preisgekrönter Investigativjournalist aus Hamburg und Autor von „Virus Mania"), Jon Rappoport (freiberuflicher investigativer Reporter) und Dr. Stefan Lanka (Molekularbiologe).[448]

## 8.4 Welche Auswirkungen hat das Fehlen von SARS-CoV-2-Isolaten auf den PCR-Test?

Der Öffentlichkeit wird ständig suggeriert, dass die PCR-Tests nicht nur zur

---

[446] The Truth About Virus Isolation, Dr. Sam Bailey, Zitat von Dr. Vincent Racaniello, Ph.D. Higgins Professor of Microbiology & Immunology https://www.bitchute.com/video/yX2BTpeHjseF/

[447] https://odysee.com/@ThoughtCrime7:2/EmperorHasNoCorona:9

[448] https://www.torstenengelbrecht.com/en/home/

Identifizierung von SARS-CoV-2 geeignet sind, sondern sogar einen Goldstandard dafür bilden.[449 450 451]

Dies würde zutreffen, wenn der PCR-Test nach einem SARS-CoV-2-Isolat geeicht wäre, welches ordnungsgemäß, samt seiner vollständigen Erbsubstanz isoliert worden ist und experimentell nachgewiesen wurde, dass das Isolat tatsächlich Covid-19 verursacht. Da dies jedoch, allem Anschein nach, nicht geschehen ist, können die derzeit verwendeten PCR-Tests auch logischerweise keinen Goldstandard für SARS-CoV-2 darstellen.[452]

Selbst die CDC hat bestätigt, dass sie bei der PCR-Testentwicklung keine Isolate des SARS-CoV-2 hatte. In dem Dokument „CDC 2019-Novel Coronavirus (2019-nCoV) Real-Time RT-PCR Diagnostic Panel", erwähnt die CDC auf Seite 42 unter „Performance Characteristics", dass zum Zeitpunkt der Testentwicklung und Durchführung der Studie keine quantifizierten Virusisolate des 2019-nCoV für die CDC-Verwendung verfügbar waren.[453]

Fraglich ist somit, wonach die PCR-Tests überhaupt kalibriert wurden.

Wenn man annimmt, dass die PCR-Tests nach einem, mittels Computerprogrammen modellierten, theoretischen Viren-Erbgutstrang kalibriert wurden, den es in Wirklichkeit gar nicht gibt, ist es nur logisch, dass die PCR-Tests ungenau, irreführend und unbrauchbar sind.

Und wenn man annimmt, dass die PCR-Tests nach den, aus der Lungenflüssigkeit der Patienten entnommenen, kurzen RNA Stückchen kalibriert wurden, so hat dies ebenfalls keinerlei Aussagekraft, da man nicht

---

[449] https://www.infektionsschutz.de/coronavirus/tests-auf-sars-cov-2/pcr-test.html
[450] https://www.impfen-info.de/mediathek/fragen-antworten.html?tx_sschfaqtool_pi1%5Bfaq%5D=4692&tx_sschfaqtool_pi1%5Btag%5D=&tx_sschfaqtool_pi1%5Baction%5D=list&tx_sschfaqtool_pi1%5Bcontroller%5D=FAQ&cHash=e23e1598d3b7023e0878b41f234ce939
[451] https://www.ndr.de/nachrichten/info/57-Coronavirus-Update-Goldstandard-bleibt-der-PCR-Test,podcastcoronavirus244.html
[452] https://off-guardian.org/2020/06/27/covid19-pcr-tests-are-scientifically-meaningless/
[453] https://www.fda.gov/media/134922/download

beweisen konnte, dass diese RNA-Stückchen zu einem angeblich neuen und gefährlichen Virus gehören, welches angeblich Covid-19 verursachen soll.

In jedem Fall sind jedoch die durch die PCR-Tests gesuchten Nukleinsäure-Sequenzen derart kurz, dass sie sich in zahlreichen unterschiedlichen Organismen finden lassen, so dass es nicht verwunderlich ist, dass nicht nur vollkommen gesunde Menschen, sondern auch andere Organismen die gleichen kurzen RNA-Sequenzen aufweisen und somit zu einen positiven SARS-CoV-2-PCR-Test führen, was wiederum die lächerlichen Testergebnisse erklärt, wonach eine Ziege, ein Kiwi, Cola und eine Papaya positiv getestet wurden, da sie wohl die gleichen kurzen RNA-Sequenzen aufwiesen, nach denen der PCR-Test geeicht gewesen ist. [454]

*„Wenn aus kurzen Nukleinsäure-Sequenzen, die in jedem Organismus vorkommen, etwas Längeres konstruiert wird, das es nicht gibt, ist doch klar, dass durch die sog. genetischen Nachweisverfahren für Viren (PCR-Tests), die nur die Anwesenheit sehr kurzer Sequenzen nachweisen, alles und jeder, auch der Baum, „positiv" getestet werden kann. Das ist nichts anderes als gefährliche Science-Fiction in Aktion"*, so der Biologe und Virologe Dr. Stefan Lanka im Interview mit „Die Wurzel".[455]

Dazu kommt, dass sich im Menschen nicht nur die körpereigene DNA/RNA, sondern auch oft tierische und pflanzliche DNA/RNA befindet, da der Mensch durch den Verzehr von Tieren und Pflanzen diese in seinen Körper aufnimmt, so dass der PCR-Test auch in diesen Fällen positiv ausfallen könnte.

Wie es aussieht, sind die PCR-Tests daher nicht nur im Hinblick auf die Diagnose nichtssagend und nutzlos, sondern auch im Hinblick auf die bloße genetische Identifizierung des vermeintlichen Virus.

---

[454]https://www.tag24.de/nachrichten/politik/international/politiker-international/politiker-schickte-obst-und-motoroel-zum-corona-test-die-ergebnisse-ueberraschen-1510787
[455] https://www.extremnews.com/berichte/gesundheit/3cc117cfa2b58fc

## 8.5 Gibt es einen wissenschaftlichen Beweis dafür, dass SARS-CoV-2 Covid-19 verursacht?

Da das angebliche SARS-CoV-2 nicht einmal isoliert wurde, ist ersichtlich, dass auch keines der restlichen Kochschen Postulate erfüllt werden konnte.

Sämtliche Publikationen, die bis dato das Gegenteil behauptet haben, scheinen auch einer genaueren Prüfung nicht standhalten zu können.[456] [457]

Da es nicht danach aussieht, dass das Virus ordnungsgemäß isoliert wurde und selbst mit den nicht filtrierten, unreinen Proben die Postulate von Koch bzw. Rivers nicht erfüllt wurden, scheint es somit in der Tat keinen wissenschaftlichen Beweis dafür zu geben, dass SARS-CoV-2 überhaupt existiert, geschweige denn dass es Covid-19 verursacht.

## 8.6 Wurden SARS-CoV-2-Mutationen wissenschaftlich nachgewiesen?

All das, was zu SARS-CoV-2 gesagt wurde, trifft auch auf seine angeblichen Mutationen zu. Die angeblichen SARS-CoV-2-Mutationen wurden, genauso wie das angebliche SARS-CoV-2, nicht isoliert und es wurden auch keine wissenschaftlichen Beweise dafür erbracht, dass die angeblichen SARS-CoV-2-Mutationen Covid-19 verursachen.

## 8.7 Ausschreibungen von 100.000 bzw. von 1,5 Millionen Euro für einen wissenschaftlichen Beweis, dass SARS-CoV-2 Covid-19 verursacht

Der Medizin-Journalist Hans U. P. Tolzin hat am 22.03.2020 bis zum 31.12.2020 ein Preisgeld von 100.000 Euro für denjenigen ausgerufen, der ihm *„eine wissenschaftliche Publikation über einen erfolgreichen Ansteckungsversuch mit dem spezifischen SARS-CoV-2 vorlegen"* konnte. Dabei müsste *„der Ansteckungsversuch ... bei den Versuchspersonen zuverlässig zu*

---

[456] https://off-guardian.org/2020/06/09/scientists-have-utterly-failed-to-prove-that-the-coronavirus-fulfills-kochs-postulates/
[457] https://telegra.ph/Analyse-aller-Publikationen-auf-einem-Blick---Warum-diese-Arbeiten-kein-pathogenes-Virus-nachweisen-02-12

*Atemwegserkrankungen geführt haben"* und der wissenschaftliche Beweis vor dem 11.03.2020 erbracht worden sein, da Tolzin mit dieser Ausschreibung in erster Linie darauf aufmerksam machen wollte, dass die WHO die Covid-19-Pandemie am 11.03.2020 ohne eine solide wissenschaftliche Grundlage ausgerufen hätte, wodurch *„die Ausrufung einer Pandemie nicht zu rechtfertigen und die Verantwortlichen der WHO sind als Kriminelle zu betrachten"* wären.[458] Die Wette ist zum Jahresende 2020 abgelaufen, ohne dass jemand die Ausschreibung gewinnen konnte.

Des Weiteren hat der Unternehmer und Wahrheitsaktivist Samuel Eckert den „Isolate Truth Fund" ins Leben gerufen, in dem mittlerweile satte 1,5 Millionen € für einen Virologen ausgeschrieben werden, *„der den wissenschaftlichen Beweis der Existenz eines Corona-Virus ... inklusive der dokumentierten Kontrollversuche aller getätigten Schritte der Beweisführung"* vorlegen kann.[459] Das wäre doch einmal eine Gelegenheit für Drosten und Co., um alle die Zweifel endgültig aus dem Weg zu räumen, die „Corona-Leugner" ein für alle mal zum Schweigen zu bringen und sich dabei auch noch massiv zu bereichern. Doch auch dieser Jackpot ist bislang von niemandem geknackt worden.

## 8.8 Ist Covid-19 überhaupt eine virale Pneumonie?

Es ist bekannt, dass Covid-19 bei schweren Verläufen in eine atypische Lungenentzündung münden kann,[460] [461] bei welcher der Husten immer trocken ist.[462] [463]

---

[458] https://www.impfkritik.de/pressespiegel/2020032201.html
[459] https://www.samueleckert.net/isolate-truth-fund/
[460] https://www.meine-gesundheit.de/ratgeber/coronavirus-covid-19/symptome-verlauf-covid-19
[461] https://www.ndr.de/ratgeber/gesundheit/Coronavirus-Krankheits-Verlauf-Behandlung-Covid-19,coronavirus556.html
[462] What are the symptoms of COVID-19? https://www.who.int/emergencies/diseases/novel-coronavirus-2019/coronavirus-disease-answers?adgroupsurvey=%7Badgroupsurvey%7D&gclid=CjwKCAjw-qeFBhAsEi-wA2G7Nl73v_1TZZKGwiGJjMqZ488qlRgqnYRb0E2ahLDKfzCajnq7829KTaRoC0BoQAvD_BwE&query=symptoms+of+covid+19&referrerPageUrl=https%3A%2F%

Interessanterweise werden Pneumonien, die eine virale Ursache haben sollen, jedoch NICHT zu atypischen Pneumonien gezählt, so dass alleine schon dadurch ausgeschlossen wäre, dass es sich bei Covid-19 um eine Viruspneumonie handeln könnte. [464]

Das würde bedeuten, dass Covid-19 weder durch SARS-CoV-2, noch durch irgendein anderes Virus verursacht werden könnte.

### 8.9 Wurde Covid-19 als eigenständige Erkrankung wissenschaftlich nachgewiesen?

Es ist bekannt, dass Covid-19 jeweils unterschiedlich mit jeweils unterschiedlichen Symptomen verläuft, was gegen einen typischerweise klar definierten Verlauf einer erwiesenen Erkrankung spricht. Außerdem gibt es keine eindeutigen, krankheitsspezifischen Symptome, welche nur Covid-19 zugeordnet werden können, da eine Lungenentzündung oder die Kombination von Fieber und Husten auch bei diversen anderen respiratorischen Erkrankungen auftreten kann. [465] Daher ist nicht ersichtlich, wie Covid-19 anhand der Symptomatik überhaupt von anderen respiratorischen Erkrankungen abgegrenzt werden könnte.

Da es weder bewiesen wurde, dass das SARS-CoV-2 isoliert wurde, noch dass es Covid-19 verursacht, und die PCR-Tests, allem Anschein nach, nutzlos und nichtssagend sind, und es auch nicht möglich ist, anhand der Symptome die Covid-19-Erkrankung als solche zu diagnostizieren, ist folglich auch nicht erwiesen, dass Covid-19 als eigenständige Erkrankung überhaupt existiert.

Daher macht auch der Begriff „Corona-Leugner“ (welcher von zahlreichen Medien und Politikern dazu verwendet wird, um Menschen, welche die Existenz von SARS-CoV-2 bzw. von Covid-19 anzweifeln) keinen Sinn, da man ja bekanntlich nur erwiesene Tatsachen leugnen kann und nicht ein

---

2Fwww.who.int%2Femergencies%2Fdiseases%2Fnovel-coronavirus-2019%2Fcoronavirus-disease-answers

[463] https://www.lungenaerzte-im-netz.de/krankheiten/lungenentzuendung/krankheitsbild/

[464] https://de.wikipedia.org/wiki/Atypische_Pneumonie

[465] https://primary-hospital-care.ch/article/doi/phc-d.2020.10323

mutmaßliches Virus, welches noch nie gesehen wurde und dessen Existenz nicht bewiesen werden konnte bzw. eine mutmaßliche Krankheit, die keinen typischen Krankheitsverlauf und keine eigenständigen Symptome vorweist und sich nicht von anderen respiratorischen Erkrankungen unterscheiden lässt.

### 8.10 Fazit

Es sieht ganz danach aus, dass der angebliche Übeltäter, das angeblich gefährliche Virus, welches über die ganze Welt hergefallen ist, nicht einmal isoliert und identifiziert werden konnte. Man stelle so etwas in einem Gericht vor- ein Prozess ohne einen Angeklagten. Man hat lediglich eine Skizze des Angeklagten erstellt (vgl. das theoretische Virusmodell, welches mittels Alignment erstellt wurde), wobei man den Angeklagten selbst noch nie gesehen hat und auch nicht weiß, ob er überhaupt existiert. Das ist einfach nur lächerlich. Der Richter würde so einen Prozess auf der Stelle beenden und der Staatsanwalt sofort gefeuert werden.

Da das SARS-CoV-2 weder isoliert wurde, noch nachgewiesen wurde, dass es Covid-19 verursacht, ist zu fragen, wie unter diesen Umständen und auf welchen Grundlagen überhaupt Corona-Impfstoffe entwickelt werden konnten. Was sind die Covid-19-Impfstoffe überhaupt und was sollen sie bewirken? Diese Fragen werden an einer späteren Stelle erörtert.

## 9. Kritik an der Regierung, Gesetzgebung und den Medien

### 9.1 Zur (Un-)Rechtmäßigkeit der Covid-19-„Schutzmaßnahmen“

Wie bereits festgestellt, scheint es zu keiner Zeit eine Epidemie und somit auch keine epidemische Lage von nationaler Tragweite gegeben zu haben. Daher wären alle Maßnahmen, Verordnungen und Gesetze, welche einen Grundrechtsverletzenden bzw. Grundrechtseinschränkenden Charakter hatten und durch eine vermeintliche epidemische Notlage begründet wurden, folglich verfassungswidrig, illegal und von Anfang an nichtig. Doch selbst wenn man vom Gegenteil ausgeht und eine epidemische Notlage für gegeben hält, so gibt es dennoch einige (verfassungsrechtliche) Bedenken.

## 9.2 Verfassungsrechtler sehen eine Gefahr für die Demokratie

Durch das (erste) Gesetz zum Schutz der Bevölkerung bei einer epidemischen Lage von nationaler Tragweite vom 27. März 2020 wurde das Bundesministerium für Gesundheit ermächtigt, *„durch Anordnung oder Rechtsverordnung ohne Zustimmung des Bundesrates Maßnahmen zur Grundversorgung mit Arzneimitteln, einschließlich Betäubungsmitteln, Medizinprodukten, Labordiagnostik, Hilfsmitteln, Gegenständen der persönlichen Schutzausrüstung und Produkten zur Desinfektion sowie zur Stärkung der personellen Ressourcen im Gesundheitswesen zu treffen (§ 5 Abs. 2 Nr. 1–8 IfSG n.F.)"*.

Die Befugnisse würden nur bestehen, *„wenn der Deutsche Bundestag gem. § 5 Abs. 1 IfSG eine „epidemische Lage von nationaler Tragweite" feststellt. Der Bundestag entscheidet auch, wann diese epidemische Lage nicht mehr besteht, was im Bundesgesetzblatt zu veröffentlichen ist."*[466]

Die epidemische Lage von nationaler Tragweite ist ein Begriff, welcher anlässlich Covid-19 mit Wirkung zum 28. März 2020 in das IfSG eingeführt wurde. Laut den Beschlüssen des Bundestags liegt seit demselben Tag eine epidemische Lage von nationaler Tragweite in Deutschland vor, welche bislang immer wieder verlängert wurde.[467]

Problematisch ist vor allem, dass das erste Gesetz zum Schutz der Bevölkerung im Grunde genommen nichts anderes als ein Ermächtigungsgesetz für den Bundesgesundheitsminister Jens Spahn gewesen ist, welcher praktisch im Alleingang, ohne die Zustimmung des Bundesrates, nach Belieben Anordnungen und Rechtsverordnungen erlassen konnte und Gesetze vollziehen durfte. So hatte Spahn z. B. die Befugnis, Grenzen zu schließen, in den Verkehr einzugreifen und geltende Gesetze zu ändern. Dies wurde von einigen Verfassungsrechtlern, u. a. vom Professor Christoph Möllers kritisiert:

*"Auf einmal vollzieht der Bund Gesetze, genauer gesagt sogar nur ein einziger*

---

466 https://de.wikipedia.org/wiki/Gesetz_zum_Schutz_der_Bev%C3%B6lkerung_bei_einer_epidemischen_Lage_von_nationaler_Tragweite

467 https://de.wikipedia.org/wiki/Epidemische_Lage_von_nationaler_Tragweite

*Bundesminister, und die Länder spielen keine Rolle mehr".*[468]

Selbst der Wissenschaftliche Diensts des Deutschen Bundestages hat die neuen Verordnungsermächtigungen in § 5 Abs. 2 IfSG in der Ausarbeitung „Staatsorganisation und § 5 Infektionsschutzgesetz" vom 02.04.2020 als *„erheblich problematisch"* eingestuft.[469]

Der Verfassungstheoretiker Oliver Lepsius äußerte sich dazu wie folgt: *„Wenn schon auf dem Verordnungswege entschieden wird, dann wäre es angesichts der grundrechtlichen Relevanz zwingend erforderlich, dass die Regierungen entscheiden, weil im Kabinett wenigstens auch Minister vertreten sind, zu deren Aufgaben die Pflege der anderen Grundrechte gehört. Auch organisationsrechtlich ist momentan nichts falscher als Gesundheitsminister mit einem Sonderverordnungsrecht auszustatten, wie es der Deutsche Bundestag bei der ad hoc-Novelle des Infektionsschutzgesetzes getan hat".*[470]

Der Verfassungsrechtler Hans Michael Heinig war sogar der Ansicht "*dass sich unser Gemeinwesen von einem demokratischen Rechtsstaat in kürzester Frist in einen faschistoid-hysterischen Hygienestaat*" verwandeln könnte.

Und der ehemalige Präsident des Bundesverfassungsgerichts, Hans Jürgen Papier, bezeichnete die geltenden Ausgangs- und Kontaktbeschränkungen als "*schwerwiegende Grundrechtseingriffe*" und warnte vor einem Obrigkeits- und Überwachungsstaat:

*„Notlagenmaßnahmen rechtfertigen nicht die Außerkraftsetzung von Freiheitsrechten zugunsten eines Obrigkeits- und Überwachungsstaates*".[471]

---

[468] https://www.focus.de/politik/deutschland/corona-regelungen-der-regierung-medizin-darf-nicht-gefaehrlicher-sein-als-die-krankheit_id_11827625.html

[469] https://www.bundestag.de/resource/blob/690262/cb718005e6d37ecce82c99191efbec49/WD-3-080-20-pdf-data.pdf

[470] https://verfassungsblog.de/vom-niedergang-grundrechtlicher-denkkategorien-in-der-corona-pandemie/

[471] https://www.focus.de/politik/deutschland/corona-regelungen-der-regierung-medizin-darf-nicht-gefaehrlicher-sein-als-die-krankheit_id_11827625.html

## 9.3 Vergesetzlichung der illegalen Maßnahmen und der Diskriminierung der nichtgetesteten und nichtgeimpften Bürger (§ 28 a, b, c IfSG)

Da zu keinem Zeitpunkt eine epidemische Notlage gegeben war, wurden mit dem dritten und vierten Gesetz zum Schutz der Bevölkerung bei einer epidemischen Lage von nationaler Tragweite (verabschiedet am 18. 11.2020 bzw. am 22.04.2021), die „Schutzmaßnahmen", welche aufgrund des Ermächtigungsgesetzes vom 27. März 2020 (Gesetz zum Schutz der Bevölkerung bei einer epidemischen Lage von nationaler Tragweite) durch die Gesundheitsministerien mittels diverser Anordnungen und Verordnungen verhängt wurden, explizit im Gesetzestext aufgelistet und somit gesetzlich verankert (siehe § 28a, § 28b IfSG). Das Argument der Großen Koalition und der Bundesregierung, bezüglich der gesetzlichen Verankerung der grundrechtseinschränkenden Maßnahmen im § 28a, war in erster Linie die Rechtssicherheit, die dadurch erlangt werden sollte.

Die Auflistung der konkreten Maßnahmen würde das Handeln des Gesundheitsministeriums auf diese beschränken und somit für Rechtssicherheit sorgen.
Allerdings sind die in § 28a erwähnten Grundrechtseinschränkungen nicht einmal abschließend (siehe § 28a Abs.1 *„insbesondere"*, was nicht „ausschließlich" bedeutet), so dass man auch weiterhin vor allen möglichen grundrechtseinschränkenden Maßnahmen ungeschützt bleibt.

Da außerdem zu keinem Zeitpunkt eine epidemische Notlage gegeben war und mithin alle getroffenen „Schutzmaßnahmen" verfassungswidrig und illegal waren, ist folglich das Unrecht in den §§ 28a und 28b des IfSG gesetzlich verankert worden. Dasselbe gilt natürlich auch für § 28c IfSG, in welchem die Bundesregierung ermächtigt wird, *„durch Rechtsverordnung für Personen, bei denen von einer Immunisierung gegen das Coronavirus SARS-CoV-2 auszugehen ist oder die ein negatives Ergebnis eines Tests auf eine Infektion mit dem Coronavirus SARS-CoV-2 vorlegen können, Erleichterungen oder Ausnahmen von Geboten und Verboten nach dem fünften Abschnitt dieses Gesetzes oder von aufgrund der Vorschriften im fünften Abschnitt dieses Gesetzes erlassenen Geboten und Verboten zu regeln"*.
Anders ausgedrückt- die Bundesregierung kann von nun an durch Erlass von

Rechtsverordnungen nichtgetestete und nichtgeimpfte Menschen ungleich behandeln und diskriminieren, indem sie getestete und geimpfte Menschen von den „Schutzmaßnahmen“ ausschließt und ihnen ihre Grundrechte wiedergibt. Glücklicherweise wird die Willkür der Bundesregierung dahingehend eingegrenzt, dass ihre Rechtsverordnungen zumindest der Zustimmung von Bundestag und Bundesrat bedürfen (§ 28c S.2 IfSG).

Bevor die §§ 28a-c des IfSG verabschiedet wurden, hatten Gerichte noch die Möglichkeit, Rechtsverordnungen (auch die des Gesundheitsministeriums und der Bundesregierung) für das konkrete Gerichtsverfahren für rechts- oder verfassungswidrig zu erklären und diese wegen ihrer Nichtigkeit im Einzelfall außer Anwendung zu lassen. Da von nun an aufgrund eines formellen Gesetzes gehandelt wird, müssen Gerichte das Verfahren aussetzen und das Bundesverfassungsgericht bzw. Landesverfassungsgericht anrufen (Art. 100 GG), wenn sie ein Gesetz als verfassungswidrig betrachten, da nur Verfassungsgerichte das Verwerfungsmonopol haben und ihre Entscheidungen dann nicht nur für die konkreten Streitparteien gilt, sondern allgemeingültig ist.[472]

Doch auch wenn man davon ausgeht, dass eine epidemische Lage besteht, bzw. sie rechtmäßig ausgerufen wurde, und die §§ 28a und b demnach rechtmäßig sind, könnten sie dennoch aus folgenden Überlegungen nicht zur Anwendung gelangen:

Die Schutzmaßnahmen sollen bzw. müssen unter Berücksichtigung des jeweiligen **Infektionsgeschehens** getroffen werden (vgl. § 28 a Abs. 3 und die Überschrift zum § 28b). Da jedoch die PCR-Tests alleine für sich keine Infektion im Sinne des § 2 Nr. 2 IfSG nachweisen können (siehe Punkt 6.2.2), können die PCR-Tests mithin auch nichts über das Infektionsgeschehen aussagen. Daher ist es auch nicht rechtmäßig, die Maßnahmen nach den §§ 28a und b IfSG alleine auf der Basis von positiven Covid-19 PCR-Tests zu verhängen, was jedoch in Wirklichkeit seit der Einführung dieser Paragraphen tagtäglich erfolgt.

### 9.4 Keine breite öffentliche Diskussion bezüglich Covid-19 und der „Schutzmaßnahmen“

[472] https://de.wikipedia.org/wiki/Verwerfungskompetenz

Wie bereits festgestellt, sind die Schutzmaßnahmen, sowohl aus wissenschaftlicher Sicht, als aus auch aus wirtschaftlicher und juristischer Sicht untragbar. Umso schlimmer ist es, dass in der Politik, Wissenschaft, Medizin und den Medien keine breite Diskussion bezüglich Covid-19 und den „Schutzmaßnahmen“ erfolgt ist.

Eine lange Zeit gab es gefühlt nur zwei „Experten“, auf welche die Regierung hörte – den Virologen Christian Drosten und den „Gesundheitsexperten“ Karl Lauterbach. Dabei wurden und werden andere, renommierte Experten, wie z. B. Bhakdi oder Wodarg ignoriert und öffentlich diffamiert, anstatt sie zu den Talkshows und Bundestagsdebatten einzuladen und auch ihre Meinung öffentlich zu hören, so wie es sich in einer echten Demokratie auch gehören würde. Stattdessen gab und gibt es keine öffentliche Diskussion, sondern nur eine Meinung der Regierung, die seit Anbeginn der Pandemie kritiklos von den Medien und den meisten Politikern übernommen wird. Man darf sich daher nicht wundern, dass die Massenmedien, deren eigentlicher Zweck es ist, als „vierte Gewalt“ die Bevölkerung aufzuklären und die Regierung zu hinterfragen, aufgrund der einseitigen und regierungskonformen Berichterstattung, von Kritikern des Öfteren auch als „Sprachrohr der Regierung“ bezeichnet werden und sich der Begriff „Lügenpresse“ bereits seit Jahren etabliert hat.

Die Regierung und die Medien haben seit dem Beginn der Covid-19-„Pandemie“ jeden Tag absolut unbegründete Angst und Panik verbreitet, was dazu geführt hat, dass die meisten Menschen eingeschüchtert wurden und die *„umfassendsten und weitreichendsten Grundrechtseinschränkungen in der Geschichte der Bundesrepublik“* akzeptiert haben, wie es das AG Weimar in seinem Urteil treffend formulierte.[473]

### 9.5 Fachliche Inkompetenz der Regierung, ihrer „Experten“ und des Bundesgesundheitsministers

Dazu kommt, dass die Regierung und ihre Minister keinerlei Kompetenz in

---

[473] https://openjur.de/u/2316798.html

epidemiologischen Fragen vorweisen können. Die Bundeskanzlerin Merkel ist Chemikerin, der Bundesgesundheitsminister Spahn ist Bankkaufmann und der RKI-Chef Wieler ist Tierarzt.
Und auch die zwei „Hauptexperten" Drosten und Lauterbach bringen kein Fachwissen in Epidemiologie mit, da Drosten lediglich Virologe und kein Epidemiologe ist, und der „Gesundheitsexperte" Lauterbach nach den Aussagen seiner Ex Frau lediglich Gesundheitsmanagement und nicht Epidemiologie studierte.[474] Umso schlimmer erscheint es vor diesem Hintergrund, dass zahlreiche andere Expertenmeinungen aus Wissenschafts- und Medizinkreisen vollkommen ignoriert wurden.

## 9.6 Fehlprognosen und Panikverbreitung durch „Experten", Politiker und Medien

Das RKI hat massiv zur Covid-19 Panikmache beigetragen. So hat der RKI-Chef Lothar Wieler im März 2020 von einem exponentiellen Wachstum der Infektionen gesprochen, welches es zu keiner Zeit gegeben hat und *„vor einer Erhöhung der Zahl der COVID-19-Erkrankten in Deutschland auf bis zu 10 Millionen in zwei bis drei Monaten gewarnt, falls die von der Bundesregierung geforderten Maßnahmen zur Eindämmung der Epidemie nicht eingehalten werden"*.[475]

Des Weiteren hat das RKI Modellrechnungen veröffentlicht, bei denen von mehreren Hunderttausend Todesfällen ausgegangen wurde.[476]

Dabei ist nichts davon auch nur ansatzweise eingetreten.

Seit Anbeginn der „Pandemie" wurde bzw. wird man mit Corona-Nachrichten, gefühlt 48 Stunden am Tag, durch alle möglichen Medien (Fernsehen, Radio,

---

[474] https://www.express.de/news/politik-und-wirtschaft/kritik-an-lauterbachs-corona-politik-jetzt-meldet-sich-ex-frau-und-legt-richtig-los-37264576?cb=1626124826054
[475] https://www.aerzteblatt.de/nachrichten/111144/RKI-Praesident-warnt-Ohne-Massnahmen-bald-bis-zu-10-Millionen-Erkrankte
[476] https://www.rki.de/DE/Content/InfAZ/N/Neuartiges_Coronavirus/Modellierung_Deutschland.pdf?__blob=publicationFile

Zeitungen, Zeitschriften, Internet) bombardiert, als ob die Menschen nur noch AN Covid-19 sterben würden und als ob nichts anderes auf der Welt passiert. Dadurch wird ein Bild vermittelt, dass auf der ganzen Welt seit mehr als 1,5 Jahren ein Killervirus wütet, welcher bald die gesamte Menschheit auslöscht, wenn man sich nicht schnellstmöglich impfen lässt. Doch dieses Bild hat nichts mit der Realität gemein.

### 9.7 Internetzensur und Faktenchecker

Das Internet scheint längst nicht mehr so frei zu sein, wie es noch vor ein paar Jahren gewesen ist.

Während der „Pandemie" erlebten und erleben wir eine Zensur im weltweiten Netz (insbesondere in den sozialen Medien) von einem noch nie dagewesenen Ausmaß. Alle Meinungen, die dem offiziellen Narrativ und der Ansicht der WHO nicht entsprechen, wurden und werden auf Youtube (das zu Google gehört), Facebook und Twitter kontinuierlich zensiert.[477] [478] [479]

Mit der Google-Suche ist es übrigens auch nicht anders. Wenn man in Bezug auf Corona alternative Meinungen hören möchte, so erscheint zunächst immer eine Reihe von Gegendarstellungen, oft von sogenannten „Faktencheckern", die oft für die Massenmedien oder die Regierung arbeiten bzw. von ihnen finanziert werden, so dass man es schwer hat, sich selbst ein eigenes und möglichst unvoreingenommenes Bild zu machen.

Die Aufgabe der Faktenchecker ist es, angebliche Falschmeldungen zu prüfen und zu widerlegen. Fraglich ist jedoch, wie unvoreingenommen, unabhängig und qualifiziert solche Leute dafür sind.

*„Die Kennzeichnung von Fehlinformationen im Internet schadet mehr, als sie nützt. Die Möglichkeit, dass Covid-19 von einem Laborunfall herrührte, ist nur das jüngste Beispiel. Social-Media-Unternehmen versuchten monatelang, jede*

---

[477] https://support.google.com/youtube/answer/9891785?hl=en
[478] https://www.diepresse.com/5827736/youtube-im-spannungsfeld-zwischen-zensur-und-meinungsfreiheit
[479] https://www.embopress.org/doi/full/10.15252/embr.202051420

*Diskussion darüber zu unterdrücken. Aber warum? Es gibt keine starken Beweise dagegen, und Beweise für andere Theorien sind noch nicht schlüssig … Faktenprüfer in den sozialen Medien haben kein spezielles Wissen oder die Fähigkeit, Fakten von Fehlinformationen zu trennen. Was sie haben, ist eine außergewöhnliche Macht, das zu formen, was die Leute glauben"*, schreibt Bloomberg.[480]

Dabei stellt sich einem die Frage- wer überprüft die Faktenchecker und was sie berichten?

Die Frage ist u. a. auch deshalb berechtigt, da die Qualität so mancher Faktenchecker-Artikel oft zu wünschen übrig lässt.

Außerdem prüfen die Faktenchecker eigenartigerweise zu keinem Zeitpunkt das Narrativ der Politiker und der Massenmedien, was wiederum stark an ihrer Unabhängigkeit und Vertrauenswürdigkeit zweifeln lässt.

Es wird zwar behauptet, dass die Zensur bezüglich Covid-19 den Grund hat, dass mögliche Falschinformationen zu Gesundheitsbeeinträchtigungen führen können, doch wenn das wirklich so ist, wieso werden dann alternative Meinungen bezüglich der Kosmologie und bezüglich der Anschläge vom 11. September 2001 ebenfalls zensiert? [481] [482]

Was für eine Gesundheitsbeeinträchtigung kann es darstellen, wenn Menschen glauben, dass die Anschläge vom 09.11.2001 inszeniert waren, oder wenn sie der Ansicht sind, dass sie nicht auf einer rotierenden Kugel leben? Wie es aussieht, geht es hier offensichtlich nicht darum, dass man sich angeblich Sorgen um unsere Gesundheit macht, sondern um reine Informationskontrolle. Die Menschen sollen wohl das „einzig wahre" und alternativlose Narrativ der Politiker und Massenmedien schlucken und nichts hinterfragen. Die Zensur soll uns angeblich schützen, doch wer schützt uns vor der Zensur? Zumal diese alles, was nicht dem offiziellen Narrativ entspricht zensiert, als ob alles was

---

[480] https://www.bloomberg.com/opinion/articles/2021-06-07/facebook-youtube-erred-in-censoring-covid-19-misinformation
[481] https://www.mdr.de/wissen/youtube-flat-earther-100.html
[482] https://youtube.googleblog.com/2019/01/continuing-our-work-to-improve.html

abweicht grundsätzlich falsch ist und nicht verdient, gehört zu werden. Diese alternativlose und hoch dogmatische Einstellung, welche an Hochmut und Arroganz nicht zu übertreffen ist, ist wissenschaftlich unhaltbar und erinnert an die Zensur und Bücherverbrennungen in totalitären Diktaturen. Der Zweifel bildet das Fundament der Wahrheitsfindung und der Wissenschaft, daher darf und muss nach den wissenschaftlichen Grundsätzen immer alles angezweifelt und hinterfragt werden, in erster Linie auch die eigene Ansicht, um bestehende Irrtümer aufzudecken und um nicht in Dogmen zu verfallen. Das sture, dogmatische, alternativlose und unwissenschaftliche Narrativ, welches uns seit Beginn der „Pandemie" von der Regierung und den Massenmedien tagtäglich um die Ohren gehauen wird, hat hingegen nichts in einer freien und demokratischen Gesellschaft verloren.
In einer echten Demokratie sollte grundsätzlich jeder (erwachsene) Mensch die Freiheit haben, zu entscheiden, welche Informationen er konsumiert und welchen Informationen er Glauben schenkt, ohne dass er dabei bevormundet wird und die alternativen Sichtweisen zensiert werden.

Demgegenüber klingt die Äußerung des RKI-Chefs Wieler bezüglich der „AHA-Regeln" (**A**bstand halten, **H**ygiene beachten, im **A**lltag Maske tragen) aus Juli 2020 fast schon totalitär:

*„Die müssen also der Standard sein.* ***Die dürfen nie hinterfragt werden****. Das sollten wir einfach so tun".*[483]

Ist das etwa die Kulmination der jahrelangen Politik von Frau Merkel, die so oft als „alternativlos" dargestellt wurde?

Genau aus diesem Grund ist das Wort „alternativlos", welches von Frau Merkel und der Bundesregierung so oft verwendet wurde, um jegliche Regierungsmaßnahmen, wie z. B. den Euro-Rettungsschirm und das Bahnprojekt Stuttgart 21, zu begründen, im Jahr 2010 absolut zu Recht zum „Unwort des Jahres" gekürt worden.[484]

---

[483] https://www.deutschlandfunk.de/mehr-covid-19-faelle-in-deutschland-rki-praesident-die.676.de.html?dram:article_id=481382
[484] https://de.wikipedia.org/wiki/Alternativlos#Unwort_des_Jahres_2010

Russland hat 2020 ein Gesetz verabschiedet, das diejenigen mit Geldstrafen und Freiheitsstrafen bestraft, die *„absichtlich falsche"* Informationen (Fake News) über Covid-19 verbreiten. Was „falsche Informationen" sind, wird dabei natürlich nicht von den Betroffenen ausgelegt. Das Gesetz stellt einen heftigen Eingriff in die Meinungsfreiheit dar und kam bereits mehrfach zur Anwendung. So wurde z. B. eine Reihe russischer Social-Media-Nutzer mit einer Geldstrafe belegt und mehrere Anti-Lockdown-Demonstranten nach dem Gesetz angeklagt. [485]
Ein ähnliches Gesetz wurde auch in Griechenland erlassen, welches die Leugnung der „Pandemie" und die Verbreitung diesbezüglicher „Verschwörungstheorien" (u. a. in sozialen Netzwerken) unter Strafe stellt. Die Aufsicht über die Einhaltung des Gesetzes im Internet übernimmt dort die sogenannte „Cyber Crime Einheit" der griechischen Polizei, welche bereits mehrere Fälle von Corona-Leugnung in sozialen Netzwerken meldete und diese staatsanwaltschaftlich verfolgt wurden, u. a. auch eine Elterninitiative, welche gegen die Maskenpflicht in Schulen protestieren wollte.[486]

Damit ist es in Griechenland, dem Ursprungsland der Demokratie und einem EU-Mitgliedsstaat nun offiziell vorbei mit der freien Meinungsäußerung, einem fundamentalen Freiheitsrecht, ohne welches eine freiheitliche demokratische Grundordnung undenkbar ist. In Deutschland ist bislang zum Glück ein solches Gesetz noch nicht erlassen worden.

## 9.8 Öffentliche Diffamierung und Stigmatisierung der Corona-Kritiker und Demonstranten durch Politiker und Medien

Ich habe persönlich mehrere Anti-Corona-Maßnahmen-Demos (unter anderem auch eine Großdemo in Berlin gegen das dritte Bevölkerungsschutzgesetz am 18.11.2020) besucht, um mir ein klares Bild über die Demonstranten zu machen.

Nach meiner Beobachtung waren auf den Demonstrationen wirklich alle

---

[485] https://www.rferl.org/a/russia-fake-news-law-coronavirus/30587690.html
[486] https://www.heise.de/tp/features/Corona-Leugnung-in-Griechenland-strafbar-4881977.html

Bevölkerungsgruppen vertreten. Die meisten Demonstrationsteilnehmer kommen aus dem Mittelstand, viele aus den Bereichen der Gastronomie, dem Einzelhandel, der Tourismusbranche und der Eventbranche (Veranstalter, Musiker und Künstler), was wahrscheinlich auch dadurch bedingt ist, dass gerade diese Menschen durch die Covid-19-Maßnahmen erhebliche wirtschaftliche Einbußen erlitten haben und einige von ihnen bereits Insolvenz anmelden mussten. Auch sind alle möglichen Altersgruppen vertreten. Es gibt viele Familien mit Kindern und auch viele ältere Herrschaften, die mehr Angst vor den Maßnahmen, als vor Corona haben, obwohl sie womöglich zur Risikogruppe zählen.

Bei den Demonstranten handelt es sich um Menschen unterschiedlichsten Alters, Herkunft und sozialem Hintergrund, die wiederum unterschiedlichste Motive, Meinungen und Weltanschauungen haben. Das Einzige, was sie alle zu verbinden scheint, ist, dass sie alle mit den Schutzmaßnahmen der Regierung nicht einverstanden sind.

Es ist somit keineswegs ersichtlich, wieso die Corona-Demonstrationen von vielen Politikern und Medien oft als rechtslastig angesehen und dargestellt werden.

Es ist, als ob einige Fernsehmedien dabei extra nach rechtsextremen und weniger adäquaten Demonstrationsteilnehmern Ausschau halten, um diese aus der Menge herauszufischen und die gesamte Demo mit ihnen in Verbindung zu setzen, und dadurch alle Corona-Maßnahmen-Kritiker und Regierungskritiker zu diffamieren.

Auf diese Weise wird ein falscher Gesamteindruck von den Demonstrationen erzeugt, so dass die breite medienkonsumierende Öffentlichkeit sich von ihnen von vornherein distanziert- und somit auch von den sachlichen und berechtigten Aspekten der Kritik an den „Schutzmaßnahmen“. Aus denselben Gründen werden die Corona-Maßnahmen-Kritiker bzw. Demonstranten von Politik und Medien auch mit bestimmten beleidigenden Begriffen wie „Covidioten“, „Verschwörungstheoretiker“, “Aluhüte“, „Rechtsradikale“,“Nazis“, „Antisemiten“ etc. öffentlich stigmatisiert und diffamiert, um ihnen breites Gehör zu verwehren und die breite Öffentlichkeit von Ihnen abzuschrecken, welcher dann nur noch die alternativlose Sichtweise der Regierung verbleibt.

## 9.9 Grundlose Gewalt seitens der Polizei auf Corona Demonstrationen und Doppelmoral einiger Politiker

Die sinnlose und absolut unverhältnismäßige Gewalt der Polizei gegenüber den friedlichen Demonstranten in Form von Prügelattacken, Tränengaseinsatz und zahlreichen Festnahmen, lässt sich genauso wenig erklären, wie die von der Regierung verhängten "Schutzmaßnahmen".

Eigenartigerweise haben die meisten Medien nur wenig bis gar nicht darüber berichtet, da sie wohl vielmehr damit beschäftigt waren, Menschen, die gegen die Einschränkung ihrer Grundrechte demonstriert haben, als „Covidioten", „Reichsbürger", „Nazis" oder „Verschwörungstheoretiker" zu beschimpfen.

Auf der anderen Seite haben jedoch die Bundesregierung und die Medien die Massenproteste in Weißrussland 2020 gegen den Präsidenten Lukaschenko hochgelobt, sämtliche Titelblätter damit geschmückt und Aufnahmen der Polizeigewalt gegenüber den Demonstranten überall ausgestrahlt.
Und auch andere Demonstrationen, die der politischen Ausrichtung der Regierung willkommen waren, wurden herzlichst begrüßt, obwohl dort die Corona-Auflagen oft nicht eingehalten wurden.

So hat z. B. die Bundesvorsitzende der SPD Saskia Esken die BLM (Black Lives Matter) Demonstrationen im Juni 2020, bei denen die Maskenpflicht und Abstandsregelungen nicht eingehalten wurden, auf Twitter gelobt,[487] während sie Corona-Maßnahmen-Kritiker, welche für ihre Grundrechte demonstrierten, auf derselben Plattform im August 2020 als „Covidioten" bezeichnete.[488]

So etwas könnte man wohl auch als Heuchelei und Doppelmoral ansehen.

## 9.10 Die BRD - ein Gefängnis für ihre Bürger?

---

[487] https://twitter.com/eskensaskia/status/1269361945951514625?lang=en
[488] https://twitter.com/eskensaskia/status/1289518034621612032?lang=en

Wie bereits erörtert, waren alle „Schutzmaßnahmen“ der Regierung und des Gesundheitsministeriums, u. a. der Lockdown, die Maskenpflicht, Abstandsregelungen und Kontaktverbote absolut unverhältnismäßig, unnötig und sinnlos. Sie haben überhaupt nichts gebracht, außer enormen wirtschaftlichen, gesellschaftlichen und gesundheitlichen Schäden. Selbst für Risikogruppen waren sie absolut nutzlos.

Interessanterweise ist „Lockdown“ ein Begriff aus dem Gefängnisjargon. Die Menschen sind weltweit zu Insassen in ihren eigenen vier Wänden geworden und mussten über sich weitere Demütigungen wie „Ausgangssperren“, „Kontaktverbote“ und „Lockerungen“, (ebenfalls Begriffe aus dem Gefängnisjargon), sowie Maskenzwang erdulden lassen. Masken, welche von vielen Menschen aufgrund ihrer Sinn-und Nutzlosigkeit oft auch als Maulkörbe angesehen und aufgefasst werden.

Die BRD ist 2020/2021 zeitweise zu einem regelrechten Arbeitslager verkommen, wo man nur noch arbeiten und Steuern zahlen durfte bzw. musste.

Dabei ist diese maßlose Heuchelei, dass es bei den Maßnahmen angeblich um den Schutz der Gesundheit ginge, längst nicht mehr haltbar und hinnehmbar.
Die Regierung und das Gesundheitsministerium behaupten zwar, dass sie sich angeblich um die Gesundheit der Bürger kümmern, verbieten jedoch alles, was das Leben gesund und lebenswert macht – Sport, Reisen, menschliche Kontakte, Clubs, Bars, Cafés, Diskotheken, Events, Konzerte, Restaurantbesuche etc.

Stattdessen wurden bzw. werden die Menschen dazu genötigt bzw. sogar gezwungen, sich zu Hause einzusperren, sich mit experimentellen genetischen Impfstoffen impfen zu lassen, Abstände voneinander einzuhalten und Masken zu tragen, damit sie sich ja nicht näherkommen und frische Luft zu atmen bekommen, was sich äußerst negativ auf die physische und psychische Gesundheit der Menschen auswirkt. Gleichzeitig werden aufgrund dieser „Schutzmaßnahmen“ Existenzen zerstört und die gesamte Wirtschaft geht den Bach runter.

### 9.11 Strafbarkeit der Covid-19-„Schutzmaßnahmen“

Abgesehen davon, dass zu keiner Zeit eine epidemische Lage von nationaler Tragweite bestand, hätten die „Schutzmaßnahmen“ auch im Falle einer wirklichen bundesweiten Pandemie nicht getroffen werden dürfen, da sie keinerlei wissenschaftliche Grundlagen hatten und absolut nutzlos waren, was das Resultat ihrer sinnlosen Einführung zusätzlich bestätigte.
Daher sind die Maßnahmen in jeder Hinsicht illegal und müssen mit sofortiger Wirkung beendet werden. Dasselbe betrifft auch die fälschlich ausgerufene epidemische Lage von nationaler Tragweite, sowie alle Gesetze und Verordnungen, welche aufgrund einer angeblichen Pandemie erlassen wurden. Die Regierung, das Bundesgesundheitsministerium, regierungstreue Virologen und „Gesundheitsexperten“, Bundestags- bzw. Bundesratsabgeordnete sowie Medien, die diese Politik unterstützten bzw. unterstützt haben, müssen diesbezüglich zumindest wegen grober Fahrlässigkeit zur Verantwortung gezogen werden.

Die Corona-Maßnahmen haben bislang u. a. gegen folgende (Grundrechts-) Normen verstoßen:

- Zahlreiche Verstöße von unterschiedlicher Intensität, Art und Dauer gegen die Menschenwürde nach Art. 1 GG (Objektivierung des Individuums, siehe Punkt 3.3).

- Zahlreiche Verstöße von unterschiedlicher Intensität, Art und Dauer gegen die allgemeine Handlungsfreiheit/Bewegungsfreiheit nach Art. 2 GG (Lockdowns, Abstandsregelungen, Kontaktbeschränkungen, Maskenpflicht, Ausgangssperren).

- Zahlreiche Verstöße von unterschiedlicher Intensität, Art und Dauer gegen den Gleichheitsgrundsatz nach Art. 3 GG (Ungleichbehandlung der Getesteten/Geimpften und der Nichtgetesteten/Nichtgeimpften).

- Zahlreiche Verstöße von unterschiedlicher Intensität, Art und Dauer gegen die Versammlungsfreiheit nach Art. 8 (Demonstrationsverbote, Versammlungsverbote).

- Die durch die „Schutzmaßnahmen“ entstandenen Körper- bzw. Gesundheitsverletzungen und Todesfälle sind allesamt erfüllte strafrechtliche Tatbestände nach den §§ 222, 223, 224, 226, 227, 229 StGB. Darunter fällt auch die Polizeigewalt gegenüber den Demonstranten, die ebenfalls nicht gerechtfertigt war, da die Demonstrationsverbote illegal gewesen sind.

- Gleichzeitig wurde der Straftatbestand Nötigung (§ 240 StGB) durch die Verhängung der „Schutzmaßnahmen" erfüllt, da die Menschen unter Strafandrohung dazu genötigt und gezwungen wurden bzw. werden, Lockdowns, Kontaktbeschränkungen, Ausgangssperren, Demonstrationsverbote etc. zu dulden.

- Die Versuche der Regierung, die Menschen zu den Impfungen zu veranlassen, indem sie den Geimpften die unrechtmäßigerweise entzogenen Grund- und Freiheitsrechte wieder zurückgewähren, sind grundgesetzwidrig und stellen eine Nötigung nach § 240 StGB dar. Grundrechte sind Abwehrrechte **gegen** den Staat, welche nur ausnahmsweise, unter zwingend erforderlichen Umständen, gegenüber einzelnen Bürgern eingeschränkt werden dürfen. Es kann somit nicht sein, dass der Staat die Möglichkeit bekommt, die Grundrechte gegenüber allen Bürgern so einfach auszuhebeln, wie im Falle einer falschen Pandemie, mit der wir es vorliegend zu tun haben. Dies sollte in Zukunft ein für alle Mal verboten werden.

- Des Weiteren wurde gegen den Nürnberger Kodex verstoßen, welcher besagt, dass bei medizinischen Versuchen an Menschen *„die freiwillige Zustimmung der Versuchsperson unbedingt erforderlich (ist). Das heißt, dass die betreffende Person im juristischen Sinne fähig sein muss, ihre Einwilligung zu geben; dass sie in der Lage sein muss, unbeeinflusst durch Gewalt, Betrug, List, Druck, Vortäuschung oder irgendeine andere Form der Überredung oder des Zwanges, von ihrem Urteilsvermögen Gebrauch zu machen; dass sie das betreffende Gebiet in seinen Einzelheiten hinreichend kennen und verstehen muss, um eine verständige und informierte Entscheidung treffen zu können"*.
  Wie bereits festgestellt sind die neuen genetischen Impfstoffe, die bis dahin nie zugelassen wurden und auch jetzt lediglich eine bedingte Zulassung erhielten, nichts anderes als ein medizinisches Experiment, da sämtliche Versuche bezüglich ihrer Sicherheit noch laufen und die Auswirkungen auf die Gesundheit ungewiss sind. Der Druck und die

Nötigung zu diesen experimentellen Impfstoffen stellt mithin nichts anderes als einen klaren Verstoß gegen den Nürnberger Kodex dar, welcher seit seiner Formulierung in der Urteilsverkündung im Nürnberger Ärzteprozess (1946/47) zu den wichtigsten medizinethischen Grundsätzen gehört.
*„Anlass für den Nürnberger Kodex waren die während der Zeit des Nationalsozialismus im Namen der medizinischen Forschung begangenen Verbrechen gegen die Menschlichkeit, insbesondere „verbrecherische medizinische Experimente" und Zwangssterilisationen".*[489]

So wie es aussieht, haben sich die Regierung, das Bundesgesundheitsministerium, regierungstreue Virologen und sonstige „Experten", Bundestags- bzw. Bundesratsabgeordnete, sonstige Politiker, sämtliche (Polizei-)Beamte und Medien, die die Corona-Politik unterstützt und umgesetzt haben, allesamt hochgradig strafbar gemacht und enorme wirtschaftliche, gesellschaftliche und gesundheitliche Schäden verursacht. Auch wenn man annimmt, dass am Anfang der „Pandemie" viele von Ihnen gutgläubig davon ausgegangen sind, dass tatsächlich eine Pandemie im Land wütet, ist ihnen zumindest (grobe) Fahrlässigkeit zu unterstellen, da ihr rechtswidriges Handeln (Grundrechtsverletzungen, „Schutzmaßnahmen", grundloser Panikmache und Verbreitung von Fehlinformationen) nicht auf wissenschaftlicher Faktenlage basierte, was sie damals hätten leicht überprüfen können. Nach eineinhalb Jahren dieses Irrsinns kann jedoch von keiner Fahrlässigkeit mehr die Rede sein, so dass davon auszugehen ist, dass die Verantwortlichen ihr rechtswidriges Handeln zumindest bewusst in Kauf nehmen und somit vorsätzlich handeln (Eventualvorsatz).
Da sie, allem Anschein nach, vorsätzlich handeln und zudem höchstwahrscheinlich Angst haben strafrechtlich belangt zu werden, ist leider nicht zu erwarten, dass sie ihre Fehler einsehen und zurückrudern. Stattdessen ist davon auszugehen, dass sie bis zum bitteren Ende ihr Narrativ verteidigen werden, komme was wolle.

**10. Zwischenergebnis**

---

[489] https://de.wikipedia.org/wiki/N%C3%BCrnberger_Kodex

Somit ist Folgendes festzuhalten:

- Das SARS-CoV-2, sofern es überhaupt existiert, ist etwa so gefährlich wie eine Grippe.

- Es gab zu keiner Zeit eine epidemische Lage von nationaler Tragweite.

- Die Maßnahmen der Regierung sind illegal und völlig wirkungslos.

- Die neuen genetischen Covid-19-Impfungen sind unerforscht, absolut unnötig und potenziell gefährlich für die Gesundheit und das Leben.

- Die PCR-Tests sind nichtssagend, fehlleitend und absolut unbrauchbar.

- Weder das SARS-CoV-2, noch seine angeblichen Mutationen, noch die angebliche Ansteckung mit SARS-CoV-2 wurde wissenschaftlich nachgewiesen.

- Covid-19, sowie die Ansteckung mit Covid-19, wurde nicht wissenschaftlich nachgewiesen.

Daher sieht es ganz danach aus, dass Covid-19 keine reelle Pandemie, sondern nichts anderes als eine reine Angstpandemie, Testpandemie und Medienpandemie ist.

Über 500 Ärzte aus der interdisziplinären Arbeitsgemeinschaft „Ärzte für Aufklärung", sowie Rechtsanwalt Reiner Füllmich sind ebenfalls zum Ergebnis gekommen, dass die Covid-19-„Pandemie" nicht echt ist und nichts mit der Gesundheit zu tun hat.[490] [491]

Wenn jedoch die Gesundheit keine Rolle spielt, dann ist klar, dass mit der Pandemie politische Ziele verfolgt werden, welche durch die Antworten auf folgende Fragen herauskristallisiert werden könnten:

---

[490] https://www.bitchute.com/video/NFKb4ly46Mf5/
[491] https://www.bitchute.com/video/it0ZXWldRyti/

Wie kann man sich dann die weltweite Angst und die Panik erklären, die von den Regierungen und Medien überall auf der Welt in den letzten Monaten im Hinblick auf das Covid-19 geschürt worden ist?

Wieso wurde bzw. wird das angeblich gefährliche und wissenschaftlich unbewiesene Virus dermaßen aufgeblasen und wieso wurden bzw. werden unverhältnismäßige und nutzlose „Schutzmaßnahmen" seitens der Regierung und des Bundesgesundheitsministeriums angeordnet, die die Grundrechte der Menschen derart stark einschränken bzw. eingeschränkt haben?

Wieso haben die Regierung, das Bundesgesundheitsministerium, der Großteil vom Bundestag und die Medien an einem Strang gezogen, als ob es keinerlei Alternativen gäbe?

Wieso wurden alternative Expertenmeinungen und Studien von renommierten Wissenschaftlern, wie z. B. Prof. Dr. Ioannidis, Dr. Bhakdi und Dr. Wodarg, welche dem Narrativ der Regierung nicht entsprachen, von der Regierung und den Medien einfach ignoriert?

Wieso wurden die Impfungen von Anfang an als das einzige Mittel und der einzige Weg aus der Krise betrachtet (wo doch bei einer Grippe zahlreiche unterschiedliche Heilmethoden eine Wirkung zeigen, woraufhin die Menschen wieder genesen) und jegliche andere Heilmethoden (wie etwa mit Zink, in Zusammenhang mit Hydroxychloroquin und Azithromycin) ignoriert?

Wieso wurden von den Regierungen keine Untersuchungsausschüsse bezüglich Covid-19 gebildet und wieso fanden keine breiten und öffentlichen Diskussionen statt, wie es in einer Demokratie eigentlich zu erwarten wäre?

Wieso hat die Regierung zu keinem Zeitpunkt ihre Politik reflektiert und Einsicht gezeigt?

Wieso ist die epidemische Notlage von nationaler Tragweite nicht längst aufgehoben worden, samt den ganzen „Schutzmaßnahmen", die nichts anderes als willkürliche Foltermethoden sind?

Wieso wollen die Regierung, der Großteil vom Bundestag, das Bundesgesundheitsministerium und die Medien das Pandemie-Märchen unbedingt aufrechterhalten und fast die gesamte Bevölkerung impfen, wo doch überhaupt kein Grund dafür gegeben ist?

Es kommt der Eindruck auf, dass die Regierung und die Medien, komme was wolle, ein bestimmtes Szenario in die Tat umsetzen wollen, ohne Rücksicht auf Verluste.

Kann es vielleicht sein, dass diese Märchenpandemie in Wirklichkeit längst geplant war und als Vorwand für etwas Großes und Dunkles dient, was weltweit umgesetzt werden soll? Dies wäre zumindest eine logische Antwort auf die zuvor gestellten Fragen.

## Kapitel 2. Ist die „Pandemie" eine „PLANdemie"?

Fraglich ist, ob es sich bei der „Pandemie" um eine „Plandemie" handelt, ob diese also im Voraus geplant und umgesetzt worden ist. Wenn man sich den Verlauf der „Pandemie" genauer ansieht, so wird man feststellen, dass es dabei so einige Ungereimtheiten gibt. Betrachten wir uns zunächst doch mal den Anfang der „Pandemie" und gehen die relevantesten Geschehnisse chronologisch durch.

### 1. Wie alles begann - der merkwürdige Verlauf der „Pandemie" bis heute

Der chinesische Augenarzt Li Wenliang aus Wuhan war bekanntlich der erste, der seinen Kollegen am 30.01.2020 in einer privaten WeChat Gruppe mitteilte, dass sich 7 Menschen mit einer atypischen Lungenentzündung in einem Krankenhaus befanden, welche womöglich an SARS litten.[492] Dies war lediglich eine Vermutung, welche erst bestätigt werden musste. Einer von Wenliangs

---

492
https://en.wikipedia.org/wiki/Li_Wenliang#Role_in_2019%E2%80%9320_COVID-19_pandemic

Arbeitskollegen hat jedoch diese Information mittels eines Screenshots im Internet veröffentlicht und damit die Aufmerksamkeit der Öffentlichkeit darauf gezogen.

Es ist jedoch absolut unklar, wieso Drosten bereits zwei Tage später, am 01.01.2021, davon ausging, dass es sich um ein neues Coronavirus handelt, und anfing den PCR-Test zu entwickeln, noch bevor Chinesische Virologen vor Ort die Vorfälle untersucht und ihre Diagnosen gestellt haben.

Wieso war sich Drosten da eigentlich so sicher und woher wollte er wissen, dass es sich nicht um das alte SARS-Virus von 2003 oder überhaupt um ein Coronavirus, oder nicht um unzählige andere Viren oder gar Bakterien handelt, welche ebenfalls atypische Lungenentzündungen hervorrufen sollen? [493]

Wieso hat er sich von Anfang an so sehr für die 7 chinesischen Patienten mit einer Lungenentzündung in Wuhan, einer 11 Millionen-Metropole interessiert, noch bevor irgendwelche Diagnosen erstellt wurden? Zu dem Zeitpunkt gab es noch keinen einzigen Todesfall.[494] Wieso hat er diese Geschichte derart ernst genommen, dass er sich sofort auf den Weg machte einen PCR-Test für den unbekannten Faktor X zu erstellen? Das ist absolut nicht nachvollziehbar. Genauso gut hätte er sich auch dafür interessieren können, dass in China ein Sack Reis umgefallen ist.

Am 07.01.2020 haben die chinesischen Behörden als Ursache ein angeblich neuartiges Coronavirus identifiziert, welches vorläufig als „2019-nCoV“ bezeichnet wurde.[495]

Die chinesische Seuchenbehörde CCDC und die WHO gaben ebenfalls bekannt, dass das neue Coronavirus angeblich am 07.01.2020 isoliert wurde.[496] Dies ist jedoch nicht der Fall gewesen, da zu keinem Zeitpunkt ein vollständiger

---

493 https://de.wikipedia.org/wiki/Lungenentz%C3%BCndung#Typische_und_atypische_Pneumonien

494 https://www.dw.com/en/new-strain-of-coronavirus-behind-lung-infections-in-china/a-51942489

495 https://www.euro.who.int/de/health-topics/health-emergencies/coronavirus-covid-19/novel-coronavirus-2019-ncov

496 https://www.who.int/csr/don/12-january-2020-novel-coronavirus-china/en/

Erbgutstrang eines angeblichen neuen Coronavirus vollständig isoliert wurde, sondern lediglich kleine RNA Stückchen aus Patientenproben entnommen wurden, aus welchen dann, mittels Computermodellen, ein **theoretischer Erbgutstrang** eines **Virus-Modells** errechnet wurde (siehe Kapitel 1. Punkt 8.3.1 ).

Am 10.1.2020 und 12.1.2020 haben die Virologen des CDC eine **vorläufige** Zusammenstellung von Gensequenzen des angeblichen Virus im Internet veröffentlicht

Am 17.01.2020 hat Drosten seinen PCR-Test der WHO vorgelegt, welche den Test am 21.1.2020 der gesamten Welt als zuverlässiges Testverfahren empfohlen hat, noch bevor dieses in der Zeitschrift „Eurosurveillance" am 23.01.2020 offiziell veröffentlicht wurde, und noch bevor die offiziellen Ergebnisse der CCDC am 24.01.2020 und am 03.02.2020 verkündet wurden.

Drosten hat dabei im Rahmen der Entwicklung seines PCR-Testverfahrens auch keinerlei Kontrollexperimente durchgeführt, welche in der Wissenschaft obligatorisch sind, und es ist auch nicht davon auszugehen, dass Drostens Bericht ernsthaft peer-reviewed werden konnte, da zwischen der Einreichung des Berichts und der Veröffentlichung weniger als 2 Tage vergangen sind (21-23.01.2020) und Drosten und eine weitere Kollegin gleichzeitig Mitglieder der Redaktion von Eurosurveillance waren bzw. sind.

Interessant sind in diesem Zusammenhang auch die Interessenskonflikte von Drosten und weiterer Co-Autoren der Studie in Bezug auf das Labor Berlin, GenExpress, TIB Molbiol, RKI und die Charité, auf die bereits unter Kapitel 1. Punkt 6.6.4 eingegangen wurde, was klar für eine Gewinnerzielungsabsicht der Beteiligten spricht.

Äußerst verdächtig ist auch die bereits erwähnte Tatsache, dass TIB Molbiol bereits am 10. Januar PCR-Testkits nach Hongkong verschickte, noch **bevor** überhaupt **vorläufige** Gensequenzen des angeblich neuen Coronavirus durch die chinesischen Virologen im Internet veröffentlicht wurden (10 und 12.01.2020).[497] [498]

---

[497] https://www.tagesspiegel.de/berlin/tib-molbiol-berliner-firma-produziert-coronavirus-tests-fuer-die-ganze-welt/25602142.html
[498] https://www.cash.ch/news/politik/corona-test-berliner-biotech-firma-ist-

Wie ist so etwas überhaupt möglich?

Am 27.01.2020 wurde vom bayerischen Gesundheitsministerium der erste bundesweite Corona-Fall gemeldet.

Daraufhin haben Drosten et al. am 30.01.2020, nur drei Tage nachdem angeblich der erste Coronapatient Deutschlands identifiziert wurde, einen „wissenschaftlichen“ Artikel veröffentlicht, welcher diesen Vorfall als Beweis dafür ansah, dass symptomlose SARS-CoV-2-Träger das Virus auf andere übertragen können.[499]

Der Artikel ging rasch um die ganze Welt und bildete den Meilenstein für die Legitimierung der Covid-19-„Schutzmaßnahmen“, da von nun an auch symptomlose infizierte als Gefahrenquelle angesehen wurden. Daran änderte sich auch nichts, als der Artikel im Nachhinein widerlegt wurde, da die Angst unter Mithilfe von Massenmedien bereits weltweit verbreitet war.

Anthony Fauci hat damals ebenfalls zur Popularisierung des Artikels einen wesentlichen Beitrag geleistet: "*Diese Studie legt die Frage zur Ruhe ... Nach der Lektüre des NEJM- Papiers besteht kein Zweifel, dass eine asymptomatische Übertragung auftritt*“, sagte er damals gegenüber Journalisten.[500]

Der Artikel basierte auf dem ersten Corona-Fall Deutschlands. Am 20.01.2020 soll eine angeblich symptomlose chinesische Geschäftsfrau, die sich in Deutschland aufhielt, einen 33-jährigen Webasto-Mitarbeiter infiziert haben.[501] [502]

---

vorreiter-bei-coronavirus-tests-1499104

[499] Transmission of 2019-nCoV Infection from an Asymptomatic Contact in Germany (dt. Übertragung der 2019-nCoV-Infektion von einem asymptomatischen Kontakt in Deutschland) https://www.nejm.org/doi/full/10.1056/NEJMc2001468?url_ver=Z39.88-2003&rfr_id=ori

[500] https://www.sciencemag.org/news/2020/02/paper-non-symptomatic-patient-transmitting-coronavirus-wrong

[501] https://www.stuttgarter-zeitung.de/inhalt.ein-jahr-corona-in-deutschland-webasto-bei-muenchen-wo-am-27-januar-alles-begann.835998bd-e698-43f3-b4e0-0986972f0f4b.html

[502] https://www.tagesspiegel.de/wirtschaft/webasto-mitarbeiter-infiziert-wie-deutsche-firmen-ihre-mitarbeiter-vor-dem-coronavirus-schuetzen/25478104.html

Im Nachhinein hat es sich jedoch herausgestellt, dass die Frau sehr wohl Symptome hatte, die jedoch aufgrund der Einnahme von Paracetamol, einem fiebersenkenden Mittel, nicht offensichtlich waren.[503] [504]

Außerdem hat es sich ebenfalls herausgestellt, dass Drosten und Co nicht einmal mit der chinesischen Geschäftsfrau persönlich gesprochen haben, bevor sie den Artikel veröffentlichten. Der Artikel stütze sich lediglich auf Informationen der vier anderen Patienten.[505] So viel zum „wissenschaftlichen" Vorgehen von Drosten und seiner Kollegen.

An dieser Stelle ist erwähnenswert, dass interessanterweise Bundeskanzlerin Angela Merkel wenige Monate vor der „Pandemie" selbst in Wuhan gewesen ist und dort persönlich am 7.09.2019 einen neuen Webasto-Standort im Wuhan eröffnet hat. [506] Unklar ist jedoch, ob sich dort auch der angeblich infizierte Webasto-Mitarbeiter befunden hat.

Am 07.02.2020 soll der nur 33 Jahre alte Whistleblower Li, welcher als erster vor dem angeblich neuen Coronavirus gewarnt hatte, selbst infolge der SARS-CoV-2-Infektion gestorben sein, die er sich angeblich am 08.01.2020 eingefangen haben soll.[507] Damit ist er, laut den RKI Angaben vom Januar 2021, einer höchst unwahrscheinlichen Wahrscheinlichkeit von 0,01 % zum Opfer gefallen.[508] Was für ein „Zufall" aber auch und welch eine boshafte Ironie.

Seine Eltern, welche angeblich ebenfalls infiziert waren und aufgrund ihres Alters, im Vergleich zu ihrem Sohn, einer weitaus höheren

---

503 https://www.sciencemag.org/news/2020/02/paper-non-symptomatic-patient-transmitting-coronavirus-wrong

504 https://www.nejm.org/doi/suppl/10.1056/NEJMc2001468/suppl_file/nejmc2001468_appendix.pdf (siehe: Monday, 20 January 2020)

505 https://www.sciencemag.org/news/2020/02/paper-non-symptomatic-patient-transmitting-coronavirus-wrong

506 https://www.webasto-group.com/de/presse/pressemitteilungen/pressemitteilung/bundeskanzlerin-angela-merkel-eroeffnet-neuen-webasto-standort-im-chinesischen-wuhan/

507 https://www.nbcnews.com/news/world/china-investigate-death-doctor-who-blew-whistle-coronavirus-n1132171

508 https://www.zdf.de/nachrichten/briefing/eu-russland-nawalny-zdfheute-update-100.html

Mortalitätswahrscheinlichkeit unterlagen, haben sich hingegen davon erholt.[509]

Interessant ist auch, dass, nach Wenliangs Aussagen, mehrere Tests auf das neuartige Coronavirus negativ ausfielen. Erst am 30. Januar 2020 hat er gemeldet, dass der Nukleinsäuretest (PCR-Test) positiv ausgefallen sei.[510]

Bereits am 13.02.2020 warnte Drosten öffentlich vor einer weltweiten Pandemie, fast einen Monat bevor diese am 11.03.2020 von der WHO ausgerufen wurde.[511]

Im März 2020 ist die Pandemie in China urplötzlich verschwunden und das Politbüro Chinas hat das Ende der Pandemie verkündet. Der Grund dafür seien angeblich Quarantänemaßnahmen gewesen.[512] Andere Länder nahmen sich ein Beispiel daran und verhängten ebenfalls Lockdowns, wobei diese eigenartigerweise nicht fruchteten. Es ist als ob China Werbung für Lockdowns und weitere Maßnahmen, wie Kontaktverfolgung, Masken und Abstandsregelungen machen sollte, damit auch andere Länder auf diesen Zug aufspringen.

Am 16. März hat der britische Epidemiologe Neil Ferguson bzw. dass Imperial College alleine in Großbritannien 510 000 und in den USA 2,2 Millionen Corona-Tote, sowie eine Überfüllung der Intensivstationen in diesen beiden Ländern prophezeit, sofern keine Maßnahmen ergriffen werden würden. Diese absurden Hochrechnungen, die sich nicht mal annähernd bewahrheitet haben, gingen damals um die Welt und dienten als „wissenschaftliche“ Grundlage für die Begründung der massiven Grundrechtseinschränkungen in Form von „Schutzmaßnahmen“.[513] [514]

Etwa zur gleichen Zeit wurde unter Mitwirkung des BMI durch externe

[509] https://de.wikipedia.org/wiki/Li_Wenliang#Familie
[510] https://de.wikipedia.org/wiki/Li_Wenliang#Coronavirus-Infektion
[511] https://www.tagesspiegel.de/wissen/deutscher-coronavirus-experte-wir-muessen-uns-auf-eine-pandemie-einstellen/25542906.html
[512] https://de.wikipedia.org/wiki/COVID-19-Pandemie_in_der_Volksrepublik_China#M%C3%A4rz_2020
[513] https://www.imperial.ac.uk/media/imperial-college/medicine/sph/ide/gida-fellowships/Imperial-College-COVID19-NPI-modelling-16-03-2020.pdf
[514] https://www.tagesschau.de/investigativ/ndr/coronavirus-studie-london-101.html

Wissenschaftler das Papier "Wie wir COVID-19 unter Kontrolle bekommen" veröffentlicht, worin im „*Worst Case Szenario*" fast 1.2 Millionen Todesfälle in Deutschland bis zum 27.05.2020 prognostiziert wurden.[515] [516]

Interessanterweise wurde ein zentraler Teil dieses Papiers von Otto Kölbl verfasst, einem österreichischen Germanistik-Doktoranden und Verehrer von Mao Zedong und Chinas Diktatur, welcher die Bundesregierung damals in Sachen Pandemiebekämpfung beraten hat, obwohl er sich mit Pandemien nie beschäftigt hat.[517] [518] [519]
Anscheinend hat es ihm nichts ausgemacht, dass der chinesische kommunistische Diktator Mao Zedong mindestens 45 Millionen Todesopfer auf seinem Gewissen hat, womit er als größter Massenmörder in die Geschichte eingegangen ist.[520]

Und auch das RKI hat massiv zur Panikverbreitung beigetragen.
Am 18.03.2020 hat RKIs Präsident Lothar Wieler von einem exponentiellen Wachstum der Infektionen gesprochen, welches es zu keiner Zeit gegeben hat und hat „*vor einer Erhöhung der Zahl der COVID-19-Erkrankten in Deutschland auf bis zu 10 Millionen in zwei bis drei Monaten gewarnt, falls die von der Bundesregierung geforderten Maßnahmen zur Eindämmung der Epidemie nicht eingehalten werden*".[521]

---

515
https://www.bmi.bund.de/SharedDocs/downloads/DE/veroeffentlichungen/2020/corona/szenarienpapier-covid19.html
516
https://www.bmi.bund.de/SharedDocs/downloads/DE/veroeffentlichungen/2020/corona/szenarienpapier-covid19.pdf?__blob=publicationFile&v=6
517 https://www.welt.de/politik/deutschland/plus226761145/Corona-Expertenrat-Das-Innenministerium-und-der-Germanist.html

518 https://www.welt.de/politik/deutschland/article226755565/BMI-Sprachpruefer-verfasste-zentrale-Teile-eines-Corona-Strategiepapiers.html
519 https://twitter.com/WELTAMSONNTAG/status/1363171556730540038
520 https://www.faz.net/aktuell/politik/politische-buecher/mao-tse-tung-45-millionen-tote-14038.html
521 https://www.aerzteblatt.de/nachrichten/111144/RKI-Praesident-warnt-Ohne-Massnahmen-bald-bis-zu-10-Millionen-Erkrankte

Am 20. März 2020 hat das RKI Modellrechnungen veröffentlicht, bei denen von mehreren Hunderttausend Todesfällen ausgegangen wurde.[522]

Und am 21 März hat die Deutsche Gesellschaft für Epidemiologie (DGEpi) Horrorszenarien von über 8 Millionen Infektionen in Deutschland prophezeit, wenn keine Maßnahmen ergriffen werden würden.[523]

Am 22.03.2020 erfolgte schließlich der bundesweite Lockdown, obwohl das Bundesgesundheitsministerium erst einige Tage davor, am 14.03, twitterte:

*„!Achtung Fake News!*

*Es wird behauptet und rasch verbreitet, das Bundesministerium für Gesundheit / die Bundesregierung würde bald massive weitere Einschränkungen des öffentlichen Lebens ankündigen. Das stimmt NICHT!*

*Bitte helfen Sie mit, ihre Verbreitung (der Falschinformation, Anm. d. Verf.) zu stoppen“*.[524]

Nur zwei Tage später, am 16. März, wurden bereits weitere massive Einschränkungen des öffentlichen Lebens angekündigt,[525] welche schließlich am 22.03.2020 in einem bundesweiten Lockdown mündeten.

Das erinnert doch sehr stark an den berühmten Satz von Parteichef Walter Ulbricht, der Spitze des Zentralkomitees der SED in der DDR: *„Niemand hat die Absicht, eine Mauer zu errichten“*.

Interessant ist auch, dass im Nachhinein herausgekommen ist, dass das Bundesinnenministerium in der ersten Welle der Corona-Pandemie (im März

---

522 https://www.rki.de/DE/Content/InfAZ/N/Neuartiges_Coronavirus/Modellierung_Deutschland.pdf?__blob=publicationFile

523 https://www.dgepi.de/assets/Stellungnahmen/Stellungnahme2020Corona_DGEpi-21032020-v2.pdf

524 https://twitter.com/bmg_bund/status/1238780849652465664?lang=en

525 https://www.bundesregierung.de/breg-de/aktuelles/vereinbarung-zwischen-der-bundesregierung-und-den-regierungschefinnen-und-regierungschefs-der-bundeslaender-angesichts-der-corona-epidemie-in-deutschland-1730934

2020, noch bevor der Lockdown ausgerufen wurde) Wissenschaftler mehrerer Forschungsinstitute und Hochschulen für politische Zwecke einspannte.

*„Es beauftragte die Forscher des Robert-Koch-Instituts und anderer Einrichtungen mit der Erstellung eines Rechenmodells, auf dessen Basis die Behörde von Innenminister Horst Seehofer (CSU) harte Corona-Maßnahmen rechtfertigen wollte.*

Dies geht *„aus einem mehr als 200 Seiten starken internen Schriftverkehr zwischen der Führungsebene des Innenministeriums und den Forschern hervor"*, welchen eine *„Gruppe von Juristen ... in einer mehrmonatigen rechtlichen Auseinandersetzung mit dem Robert-Koch-Institut erstritten"* hat.

*„Im E-Mail-Wechsel bittet etwa der Staatssekretär im Innenministerium, Markus Kerber, die angeschriebenen Forscher, ein Modell zu erarbeiten, auf dessen Basis „Maßnahmen präventiver und repressiver Natur" geplant werden könnten"*, berichtete die „Welt am Sonntag" am 07.02.2021.

Die Wissenschaftler haben dem Schriftwechsel zufolge *„in nur vier Tagen in enger Abstimmung mit dem Ministerium Inhalte für ein als geheim deklariertes Papier"* erarbeitet, *„das in den folgenden Tagen über verschiedene Medien verbreitet wurde. Darin wurde ein „Worst-Case-Szenario" berechnet, laut dem in Deutschland mehr als eine Million Menschen am Coronavirus sterben könnten, würde das gesellschaftliche Leben so weitergeführt wie vor der Pandemie"*. [526]

Es ist, als ob das Innenministerium und die Bundesregierung bereits am Anfang der „Pandemie" um jeden Preis drakonische Maßnahmen einführen wollten, ohne jeglichen Bezug zur Realität und ohne jegliche Rücksicht auf Verluste.

Am 25.03.2020 wurde die epidemische Notlage von nationaler Tragweite zum 28.03.2020 ausgerufen, welche daraufhin als Begriff im § 5 IfSG gesetzlich verankert und später im selben Paragraphen legaldefiniert wurde.

Durch die Ausrufung der epidemischen Notlage wurde der Gesundheitsminister Jens Spahn, ermächtigt, aufgrund von Verordnungen, quasi im Alleingang, zu

---

[526] https://www.welt.de/politik/deutschland/article225864597/Interner-E-Mail-Verkehr-Innenministerium-spannte-Wissenschaftler-ein.html

regieren. Interessant ist auch, dass Spahn, ein Bankkaufmann und Pharmalobbyist, welcher *„schon vor Jahren an Lobbyarbeit für den Medizin- und Pharmasektor“* verdient hat,[527] ein Jahr vor der Pandemie, 2018, auf Wunsch von Frau Merkel zum Bundesgesundheitsminister ernannt wurde.[528] [529]

Am 02.04.2020 hat Bill Gates gegenüber „The Daily Show“ verlautbaren lassen, dass seine Stiftung bereits den Bau von Fabriken für sieben Coronavirus-Impfstoffkandidaten finanziere und dass die Entwicklung der Impfstoffe ca. 18 Monate dauern würde.[530]

Am 05.04.2020 sagte Bill Gates als Erster (in einem Interview auf Fox News), dass **die ganze Welt geimpft werden muss** und dass es ohne Impfung keinen Rückgang zur Normalität geben wird, zu einem Zeitpunkt, als die „Pandemie“ in China bereits verschwunden ist - und das ohne jegliche Impfstoffe.[531]

Und bereits am 23.04.2000 hat sich der bayerische Ministerpräsident Markus Söder für eine Corona-Impfpflicht ausgesprochen.[532]

Im Mai 2020 hat Spahn bereits versucht mit einem Gesetzesentwurf einen Immunitätsausweis (Impfpass) einzuführen, welcher Genesenen und später auch Geimpften mehr Freiheitsrechte ermöglichen sollte, eine Art „Impfpflicht durch die Hintertür“.[533] [534] Das Vorhaben wurde jedoch (zunächst) gestrichen.[535]

---

[527] https://www.t-online.de/nachrichten/deutschland/parteien/id_83295652/kuenftiger-minister-jens-spahn-verdiente-an-lobbyarbeit.html
[528] https://www.reuters.com/article/deutschland-koalition-union-idDEKCN1G90BD
[529] https://www.bundesgesundheitsministerium.de/presse/pressemitteilungen/2018/1-quartal/ernennung-bundesgesundheitsminister-spahn.html
[530] https://www.businessinsider.com/bill-gates-factories-7-different-vaccines-to-fight-coronavirus-2020-4
[531] https://www.foxbusiness.com/markets/bill-gates-coronavirus-outbreak-vaccine-pandemic
[532] https://www.n-tv.de/politik/Soeder-befuerwortet-Corona-Impfpflicht-article21735218.html
[533] https://netzpolitik.org/2020/spahn-schlaegt-immunitaetsausweis-vor/
[534] https://www.bundesgesundheitsministerium.de/fileadmin/Dateien/3_Downloads/Gesetze_und_Verordnungen/GuV/S/Entwurf_Zweites_Gesetz_zum_Schutz

Am 1. September 2020 versicherte der Gesundheitsminister Jens Spahn, dass *„mit dem Wissen von heute"* keine Friseure und kein Einzelhandel mehr geschlossen werden würden. Das würde *„nicht noch mal passieren"*. Jedoch ist bereits im Dezember 2020 genau das eingetreten. Walter Ulbricht lässt grüßen.[536]

Im November 2020 wurde mit der Einführung des § 28a IfSG das Unrecht gesetzlich verankert. Von da an dürfen Maßnahmen, die mit dem § 28a IfSG konform sind (Inzidenz größer gleich 35) nicht mehr durch Gerichte als verfassungswidrig im Hinblick auf die Parteien erklärt werden.

Im Dezember 2020 kamen, nach nur ca. 10 Monaten Entwicklungszeit, erste Corona-Impfstoffe weltweit auf den Markt, die mittels einer bedingten Zulassung, bzw. sogar einer „Notfallzulassung" (wie z. B. in den USA) zugelassen wurden.

Am 27.12.2020 erfolgte der Impfstart auch in Deutschland.

Ende Dezember 2020 kamen Union und SPD zum Ergebnis, dass es *„nicht hinnehmbar"* sei, dass Geimpfte gegenüber Ungeimpften Privilegien haben sollten. *„Eine solche Sonderregelung würde zu Spaltungen in der Gesellschaft führen"*.[537]

Und auch Jens Spahn ruderte wieder einmal zurück und lehnte Privilegien für Geimpfte ab.[538]

Doch bereits Anfang Februar 2021 ließ Merkel verlautbaren: *„Wer nicht geimpft werden will, kann auch einiges nicht mehr machen"*.[539]

---

_der_Bevoelkerung_bei_einer_epidemischen_Lage_von_nationaler_Tragweite.pdf

535 https://www.aerzteblatt.de/nachrichten/112876/Spahn-haelt-Immunitaetsausweis-weiterhin-fuer-erforderlich

536 https://www.bild.de/politik/inland/politik-inland/spahn-bricht-sein-lockdown-versprechen-man-wuerde-mit-dem-wissen-von-heute-74392592.bild.html

537 https://www.aerzteblatt.de/nachrichten/119745/Union-und-SPD-pruefen-Verbot-von-Privilegien-fuer-Geimpfte

538 https://www.zeit.de/politik/deutschland/2020-12/corona-impfung-jens-spahn-privilegien-geimpfte?utm_referrer=https%3A%2F%2Fwww.google.de%2F

539 https://www.rtl.de/cms/merkel-satz-zur-impfung-polarisiert-wer-das-nicht-

Zu der Zeit wurden bereits erste digitale Impfpässe in Deutschland eingeführt.[540] Seit dem 1. Juli 2021 gelten die digitalen Impfpässe EU-weit.[541]

Am 19.02.2021 wiederholt Merkel bei einer Pressekonferenz nach der G7-Videokonferenz die Worte von Bill Gates aus April 2020:

***„Die Pandemie ist erst besiegt, wenn alle Menschen auf der Welt geimpft sind“***.[542]

Im März 2021 prognostizierte Bill Gates, dass die Welt **erst Ende 2022 zur Normalität zurückkehren** würde.[543]

Am 24. März 2021 ließ der WHO-Chef Tedros Adhanom Ghebreyesus in einer jährlichen Ansprache an die UN-Gesundheitsministerversammlung der 194 Mitgliedsstaaten verlautbaren, dass mit Sicherheit ein neues Virus geben wird, welches das SARS-CoV-2 in den Schatten stellt:

„Machen Sie keinen Fehler, dies wird nicht das letzte Mal sein, dass die Welt von einer Pandemie bedroht ist ... **Es ist eine evolutionäre Gewissheit, dass es ein weiteres Virus mit dem Potenzial geben wird, übertragbarer und tödlicher zu sein als dieses.**“[544]

Am 31. Mai 2021 hat die Europäische Kommission, auf Empfehlung der Europäischen Arzneimittelbehörde (EMA), den BioNTech/Pfizer-Impfstoff „Comirnaty“ für Kinder ab 12 Jahren zugelassen.[545]

---

moechte-kann-bestimmte-dinge-nicht-machen-4696452.html

[540] https://kommunal.de/digitaler-impfpass

[541] https://www1.wdr.de/nachrichten/themen/coronavirus/corona-impfpass-impfausweis-eu-100.html

[542] https://www.bundesregierung.de/breg-de/themen/buerokratieabbau/pressekonferenz-von-kanzlerin-merkel-nach-der-g7-videokonferenz-1860056

[543] https://www.dailymail.co.uk/news/article-9400895/Bill-Gates-says-world-normal-end-2022-vaccines-Polish-media.html

[544] https://www.news.com.au/world/coronavirus/global/who-warns-the-world-a-new-pandemic-is-an-evolutionary-certainty/news-story/60888feaa512cfb85b27d8a2dd773781

[545] https://www.infektionsschutz.de/coronavirus/schutzimpfung/fragen-und-antworten/corona-schutzimpfung-ab-12-jahren.html#tab-4577-0

Am 06.06.2021 forderte der britische Premierminister Boris Johnson die G7-Staaten auf, **bis Ende 2022 eine Impfung der Weltbevölkerung** anzustreben.[546]

Im Juli 2021 warnte Spahn vor einer 800er-Inzidenz im Oktober, zu einem Zeitpunkt, als die Inzidenzen im Keller waren.[547]

Am 25.07.2021 hat der baden-württembergische Ministerpräsident Winfried Kretschmann zu verstehen gegeben, dass eine Impfpflicht im weiteren Kampf gegen Corona durchaus denkbar sei: *„Für alle Zeiten kann ich eine **Impfpflicht nicht ausschließen**"*.[548]

Am 2. August 2021 wurde im Rahmen der Gesundheitsministerkonferenz beschlossen, allen Kindern und Jugendlichen ab 12 Jahren ein Angebot für die Corona-Impfung mit den Impfstoffen Comirnaty von BioNTech/Pfizer und Spikevax von Moderna zu machen, obwohl die STIKO (Ständige Impfkommission) zu dem Zeitpunkt noch keine allgemeine Empfehlung zur Kinderimpfung gegen Corona abgegeben hat.[549] Nach nur einer Woche sind bereits mehr als 1 Million Kinder geimpft worden.[550]

Am 16. August 2021 hat die STIKO letztendlich nun doch eine allgemeine Impfempfehlung für Kinder ab 12 Jahren abgegeben.[551]Der Druck ist wohl zu groß gewesen.

Am 10. August 2021 haben sich im Rahmen der Ministerpräsidentenkonferenz, Bund und Länder auf neue „3G-Maßnahmen" zur Bekämpfung der Corona-Krise geeinigt. Ab dem 23. August 2021 müssen Ungeimpfte einen Nachweis im Sinne der 3G-Regel (geimpft, genesen, getestet) vorzeigen, um Räumlichkeiten wie Friseursalons, Fitnessstudios, Krankenhäuser, Pflegeheime und Innengaststätten betreten zu können. Dabei sollen ab dem 11. Oktober 2021

---

546 https://www.zdf.de/nachrichten/politik/corona-johnson-globale-impfungen-100.html
547 https://www.zdf.de/nachrichten/politik/corona-inzidenz-spahn-herbst-100.html
548 https://www.bild.de/politik/inland/politik-inland/corona-krise-winfried-kretschmann-schliesst-impfpflicht-nicht-mehr-aus-77183228.bild.html
549 https://www.gmkonline.de/Beschluesse.html?uid=218&jahr=2021
550 https://www.zeit.de/news/2021-08/10/spahn-mehr-als-eine-million-kinder-ab-12-jahren-geimpft
551 https://www.tagesschau.de/inland/stiko-impfempfehlung-105.html

alle Corona-Tests kostenpflichtig werden, wodurch ein unglaublicher Druck auf (insbesondere finanziell schwächere) Ungeimpfte entstehen soll. [552] Mittlerweile wird sogar in Sachsen darüber diskutiert, ob die 3G-Regel auch für Supermärkte gelten soll.[553]

Bayerns Ministerpräsident Söder hat sogar im gleichen Monat erklärt, dass 2G *„so oder so kommen"* wird, wodurch der Druck auf Ungeimpfte, seiner Ansicht nach, steigen solle.

"*Das ist die Realität. Das wird auch noch stärker werden ... 2G wird so oder so ab einem bestimmen Zeitpunkt kommen. Mir wäre es lieber, jetzt ehrlich darüber zu reden, als es zu vertagen bis nach der Bundestagswahl ...* ***Wer auf Dauer wirklich Normalität wieder will, der muss sich impfen lassen****.“* Mit Tests alleine ließe sich *„die 4. Welle nicht lösen“*, denn man wolle *„ja eigentlich unsere Freiheit zurück“. Darüber hinaus könne es „einen Lockdown für Geimpfte ... auch aus verfassungsrechtlichen Gründen nicht mehr geben. Vollständig Geimpfte und Genese seien schon jetzt etwa bei der Testpflicht oder Kontaktbeschränkungen ausgenommen.“* [554]

In Hamburg wurde sogar Ende August 2021 bereits ein 2G-Optionsmodell eingeführt, welches Restaurants, Kneipen, Kinos, Theater etc. auf Wunsch ermöglicht, nur Geimpfte oder Genesene reinzulassen.[555]

Und auch in Sachsen wurde bereits das optionale 2G-Modell eingeführt und zunächst bis zum 21.Oktober 2021 befristet. [556] [557]

---

[552] https://www.merkur.de/verbraucher/corona-supermarkt-bundesregierung-regeln-einkaufen-nachweise-herbst-2021-90903371.html
[553] https://www.ruhr24.de/service/corona-2g-regel-supermarkt-geimpft-einzelhandel-bundeslaender-sachsen-genesen-deutschland-90986827.html
[554] https://www.tagesschau.de/inland/innenpolitik/soeder-2g-101.html
[555] https://www.ndr.de/nachrichten/hamburg/coronavirus/Corona-Hamburg-startet-2G-Regelung-,corona8648.html
[556] https://www.lr-online.de/nachrichten/sachsen/neue-corona-regeln-sachsen-einzelhandel-gastronomie-hotels-verordnung-oktober-aktuell-59575961.html
[557] https://www.wmn.de/buzz/2g-regel-bus-bahn-supermarkt-ungeimpfte-id255227

Es läuft alles darauf hinaus, dass die 2G-Regelung bald bundesweit eingeführt wird und danach womöglich sogar die 1G-Regelung durchgeboxt wird, bei welcher nur noch Geimpfte Privilegien genießen können.

Anfang September 2021 hat der Generalsekretär der Deutschen Interdisziplinären Vereinigung für Intensiv- und Notfallmedizin (DIVI), Florian Hoffmann bekannt gegeben, dass er einen Corona-Impfstoff für Kinder unter 12 Jahren bereits zum Ende 2021 erwartet und ab 2022 auch fest mit Corona-Impfstoffen für Säuglinge rechnet:

*„Wir gehen fest davon aus, dass es ab kommendem Jahr Impfstoffe für alle Altersklassen geben wird, sogar zugelassen bis hin zu Neugeborenen“.*[558]

Am 9. September 2021 verkündete der US-Präsident Joe Biden eine Impfpflicht für alle Staatsbediensteten. [559]

Am 14. September 2021 ließ der neue Präsident der Generalversammlung der Vereinten Nationen, Abdulla Shahid, verlautbaren, dass bis Ende 2022 die ganze Welt geimpft werden soll:

*„Nachdem ich gewählt wurde und ich hier auf dieser Generalversammlung sprach, sprach ich darüber, die Welt zu impfen, weil es sehr klar ist, dass niemand sicher ist, bis alle sicher sind. Es ist leicht gesagt, aber auch machbar. Ich glaube, dass es machbar ist, weil die internationale Gemeinschaft die Kapazitäten hat ... Es reicht nicht aus, nur zu sagen, dass niemand sicher ist, bis alle sicher sind.* ***Wenn wir zusammenkommen, werden wir in der Lage sein, die Welt zu impfen ... bis Ende 2022 werden wir es schaffen****.“*[560]

Bill Gates lässt wieder einmal grüßen.

---

[558] https://www.faz.net/aktuell/gesellschaft/gesundheit/coronavirus/corona-ende-der-pandemie-und-impfungen-fuer-babys-in-sicht-17512899.html
[559] https://www.br.de/nachrichten/deutschland-welt/joe-biden-zur-corona-pandemie-lassen-sie-sich-impfen,SiZptUY
[560] https://news.un.org/en/story/2021/09/1099772

## 1.1 Fazit

Im Rahmen der gesamten „Pandemie“ handelten die Regierung und das Bundesgesundheitsministerium total widersprüchlich und hielten sich nicht an ihre Versprechen, ganz nach dem Motto: „Was interessiert mich der Schnee von gestern?“ Was gestern noch versprochen wurde, könnte heute nicht mehr gelten.

Spätestens jetzt sollte jedem klar sein, dass ihnen unmöglich länger vertraut werden kann, selbst wenn man immer noch an eine reale Pandemie glaubt.

Letztendlich ist jedoch ein klares Ziel erkennbar, das verfolgt wird - möglichst alle Menschen (regelmäßig) mit Corona-Impfstoffen zu impfen.

Interessant ist auch, dass Spahn bereits im Juli 2021 für Oktober 2021 eine Inzidenz von 800 ankündigte, als ob er ein Wahrsager mit einer Glaskugel ist und in die Zukunft blicken kann, genauso wie Söder, welcher im August 2021 ebenfalls eine vierte Welle ankündigte. Es ist, als ob die Bevölkerung bereits im Vorfeld auf fest geplante Ereignisse darauf vorbereitet wird, die im Herbst eintreten, damit diese leichter akzeptiert werden können.

Söder hat ebenfalls klar zu verstehen gegeben, dass man sich seine Normalität und Freiheit wieder zurückimpfen muss, was ganz nach einer klaren Erpressung klingt. Auch ein Lockdown sei für Geimpfte verfassungsmäßig nicht zu vertreten, was im Umkehrschluss bedeutet, dass ein Lockdown für Ungeimpfte durchaus vertretbar ist und möglicherweise sogar schon im Herbst 2021, während der „vierten Welle“ auch eingeführt werden soll.

Es sieht ganz danach aus, dass die Regierung unbedingt jeden Menschen impfen will (sogar Kleinkinder und Säuglinge) und dass letztendlich eine Impfpflicht eingeführt werden soll, die auch diejenigen Menschen erfassen soll, die bis zum Schluss standhaft bleiben und sich trotz massiver Grundrechtseinschränkungen nicht zur Impfung nötigen oder erpressen lassen.

Die gesamte Corona - „Pandemie“, angefangen von Drostens zweifelhaften PCR-Test, bis zur Einführung der 3G bzw. 2G-Regeln sieht in der Gesamtbetrachtung sehr stark nach einer geplanten Aktion aus, wo die Beteiligten jeweils ihre Rollen spielen. Dabei ist offensichtlich, dass das Ziel, die Bevölkerung durchzuimpfen sich nicht nur auf Deutschland beschränken lässt, sondern die ganze Welt erfasst, wie es uns Angela Merkel, Bill Gates und Abdulla Shahid, der neue Präsident der Generalversammlung der Vereinten Nationen, klar und deutlich zu verstehen gegeben haben. Daher ist es an der Zeit über den Tellerrand hinauszublicken und sich die verdächtigen globalen Akteure dieses Spektakels näher unter die Lupe zu nehmen.

## 2. Verdächtige Machenschaften der Weltbank

### 2.1 Strategisches Vorbereitungs- und Antwortprogramm auf Covid-19

Die Internationale Bank für Wiederaufbau und Entwicklung (englisch International Bank for Reconstruction and Development, IBRD), welche ein Teil der Weltbankgruppe und die *„Weltbank im engen Sinne“* ist,[561] hat am 02.04.2020 ein strategisches Vorbereitungs- und Antwortprogramm auf Covid-19 veröffentlicht.[562]

Darin heißt es unter *„I. Strategischer Kontext Nr. 1“*:

*„Am 3. März 2020 billigte der Verwaltungsrat die Weltbankgruppe (WBG), dringend Maßnahmen zu ergreifen, um die Reaktion der Kundenländer auf die COVID-19-Pandemie zu unterstützen“*

Interessant ist dabei, dass diese Entscheidung getroffen wurde, noch bevor Covid-19 von der WHO als Pandemie eingestuft und als solche am 11. März 2020 ausgerufen wurde.

Weiter im Text heißt es:

*„Angesichts der Auswirkungen des Ausbruchs auf die Wirtschaftstätigkeit muss auch auf wirtschaftliche und soziale Störungen reagiert werden, die sich aus der*

---

561 https://de.wikipedia.org/wiki/Internationale_Bank_f%C3%BCr_Wiederaufbau_und_Entwicklung

562 COVID-19 Strategic Preparedness and Response Program https://documents1.worldbank.org/curated/en/993371585947965984/pdf/World-COVID-19-Strategic-Preparedness-and-Response-Project.pdf

*Verbreitung des Virus ergeben. Wie der WBG-Präsident in den Ausführungen zum virtuellen Gipfel der G20-Staats- und Regierungschefs am 26. März 2020 angekündigt hat, kann die WBG in den nächsten 15 Monaten insgesamt 150 bis 160 Milliarden US-Dollar und 330 bis 350 Milliarden US-Dollar finanzielle Unterstützung bis Ende Juni 2023 leisten."*

Die Weltbank hat also vor bis einschließlich Juni 2023 zwischen 480 und 510 Milliarden US-Dollar an unterschiedliche Länder zu vergeben. Nun ist die Weltbank keine Wohltätigkeitsorganisation, so dass man davon ausgehen kann, dass das meiste Geld in Form von Krediten vergeben wird, welche die Länder, die bereits durch die Corona-„Schutzmaßnahmen" wirtschaftlich stark angeschlagenen sind, zurückzahlen müssen. Dadurch werden sie in ein Abhängigkeitsverhältnis gebracht, aus dem kein baldiger Ausweg möglich erscheint.

Dies ist vor allem dann der Fall, wenn es die ärmsten und am wenigsten entwickelten Länder betrifft, die bereits vor Corona wirtschaftlich nicht glänzten. Und genau solche Länder hat die Weltbank im Visier.

Am 19. Mai 2020 gab die Weltbankgruppe bekannt, dass ihre Notfalleinsätze zur Bekämpfung von Covid-19 100 Entwicklungsländer (welche die Weltbank als die *„ärmsten Länder"* bezeichnete[563] ) erreicht haben, in welchen 70 % der Weltbevölkerung leben.[564]

In Bezug auf Deutschland, welches sich durch die Corona-Maßnahmen hoch verschuldet hat, verhält es sich mit der Hilfe von außen ähnlich. So ist z. B. nicht unwahrscheinlich, dass die Europäische Zentralbank (EZB) beim Schuldenabbau Deutschlands aushelfen und die BRD damit in ein Abhängigkeitsverhältnis bringen wird.[565]

### 2.2 Pandemie-Anleihen der Weltbank

Im Juni 2017 hat die Weltbank zum ersten Mal in der Geschichte Pandemie-Anleihen eingeführt:

---

[563] https://www.worldbank.org/en/news/video/2020/05/18/100-countries-get-support-from-world-bank-group-in-response-to-covid-19

[564] https://www.worldbank.org/en/news/press-release/2020/05/19/world-bank-group-100-countries-get-support-in-response-to-covid-19-coronavirus

[565] https://www.zdf.de/nachrichten/wirtschaft/corona-schulden-ezb-100.html

*„Die Investoren wurden mit einem zweistelligen Kupon (zweistelligen jährlichen Zinszahlungen) geködert. Einziger Haken. Sollte es zu einer Pandemie mit vielen Toten kommen, würden Anleger nur einen Teil des Geldes zurückbekommen oder müssten ihren Einsatz im Extremfall sogar ganz abschreiben."* [566]

Die Anleihen deckten sechs Viren ab, die am wahrscheinlichsten eine Pandemie verursachen, unter anderem auch **Coronaviren**. [567]

Es ist, als ob die Weltbank sicher gewusst hätte, dass in den nächsten Jahren eine Pandemie ausgerufen wird. Wieso sonst hätte sie den Investoren derart hohe Zinssätze zusichern sollen?

## 3. Die Rolle der Weltgesundheitsorganisation (WHO)

Wie konnte eine Organisation wie die WHO, welcher man sehr wohl fachliche Kompetenz unterstellen darf, da sie als Hauptverantwortliche in Weltgesundheitsfragen auftritt, die offensichtlichen wissenschaftlichen Mängel des Drosten-PCR-Tests und das Fehlen von wissenschaftlichen Nachweisen bezüglich der Existenz und Gefährlichkeit des SARS-CoV-2 verkennen und am 11. März eine weltweite Pandemie ausrufen? Dies war eine verheerende Entscheidung für die gesamte Welt, aufgrund welcher die meisten Staaten drakonische „Schutzmaßnahmen" einführten, welche auf die Wirtschaft und die Gesundheit der Menschen verheerende Auswirkungen hatten.

Es ist bekannt, dass Regierungen und Medien in Gesundheitsfragen im Grundsatz auf die Weltgesundheitsorganisation hören und ihre Ratschläge und Empfehlungen befolgen. Dabei ist die WHO keine staatliche oder öffentliche Instanz, sondern eine Koordinationsbehörde der Vereinten Nationen für das internationale öffentliche Gesundheitswesen mit Sitz in Genf.[568] Sie wurde von

---

[566] https://www.welt.de/finanzen/geldanlage/article206170891/Weltbank-Papier-Der-Pandemie-Bond-zeigt-den-Ernst-der-Lage.html
[567] https://www.worldbank.org/en/news/press-release/2017/06/28/world-bank-launches-first-ever-pandemic-bonds-to-support-500-million-pandemic-emergency-financing-facility

niemandem demokratisch gewählt und verdankt ihre Existenz größtenteils privaten Geldgebern.

## 3.1 Die falschen Pandemien und Panikmache der WHO

### 3.1.1 SARS - die Pandemie, die ausgeblieben ist

Es ist längst nicht das erste Mal, dass die WHO im Hinblick auf eine angeblich gefährliche Pandemie Panik schürt und aus einer Fliege einen Elefanten macht.

Am 12. März 2003 hat die Weltgesundheitsorganisation SARS als weltweite Bedrohung eingestuft, welche von den Massenmedien aufgenommen und weltweit verbreitet wurde. Viel Lärm um nichts, denn die Pandemie ist ausgeblieben und entgegen hohen Erwartungen gab es weltweit nur 8 098 Erkrankte und 774 Todesfälle.[569] [570]

Das SARS soll eine Letalitätsrate von 11 % gehabt haben, wohingegen sein Nachfolger SARS- CoV-2 lediglich im Durchschnitt für 0,23 % Todesfälle verantwortlich gemacht wird (Kapitel 1.Punkt 1.1.1), und das sogar ohne die Unterscheidung, ob jemand AN oder MIT Covid-19 gestorben ist. Wie kann es sein, dass die Letalitätsraten von Viren, die angeblich zum gleichen Stamm der Coronaviren gehören und zu 80 % identisch sind,[571] sich derart stark unterscheiden können?

Interessant ist auch, dass die Beweislage für das SARS-Virus (ebenfalls wie beim SARS-Cov-2) ausgesprochen dürftig gewesen ist, die SARS-Krankheit (ebenso wie Covid-19) keine abgegrenzten Symptome hatte, und die SARS-Tests nur in einer Minderheit von Fällen positiv waren.

So konnten z. B. kanadische Forscher *„das neue Coronavirus nur in 40 Prozent aller mutmaßlichen SARS-Patienten finden. Allerdings gelang es ihnen, das Virus*

---

568 https://de.wikipedia.org/wiki/Weltgesundheitsorganisation
569 https://en.wikipedia.org/wiki/Severe_acute_respiratory_syndrome
570 https://www.corodok.de/sars-covid-definition/
571 https://www.sciencealert.com/genetic-analysis-shows-wuhan-coronavirus-is-similar-to-sars

*in einigen Gesunden aus der Kontrollgruppe nachzuweisen. In einer weiteren Gruppe von 250 Patienten fanden sie bei 20 Prozent der Proben einen Antikörper gegen das Coronavirus. Angesichts dieser Ergebnisse zeigte sich der Leiter der kanadischen Forschergruppe Frank Plummer „überrascht" und meldete Zweifel an, ob das neue Coronavirus wirklich die Ursache für SARS ist."* [572] [573]

Interessanterweise hatte auch hier Dr. Christian Drosten (zusammen mit Dr. Stephan Günther) eine entscheidende Rolle gespielt. Drosten und sein Kollege haben angeblich das SARS-Coronavirus identifiziert und nur zwei Tage später ein diagnostisches Testsystem weltweit zur Verfügung gestellt, welches angeblich das SARS-Virus nachweisen konnte, ähnlich wie beim SARS-CoV-2.[574]

Dabei soll die Firma TIB- MOLBIOL bei der Erstellung der Diagnostik-Kits ebenfalls, wie auch bei der aktuellen SARS-CoV-2-„Pandemie", eine wichtige Rolle gespielt haben.[575]

### 3.1.2 Der Vogelgrippeskandal

Die unbegründete und maßlos übertriebene Panikmache der WHO hat sich auch während der Vogelgrippe breitgemacht.

So hat z. B. der damalige Impfdirektor der WHO, Klaus Stöhr, im Mai 2005 bis zu 7 Millionen Tote durch die Vogelgrippe prophezeit, bei welcher weltweit jedoch nur 152 Menschen verstarben.[576] [577]

Und auch Anthony Fauci schürte bereits damals Panik und warnte, dass H5N1 *„eine Zeitbombe"* sei, *„die nur darauf wartet, gezündet zu werden"*.[578]

---

[572] https://www.deutschlandfunk.de/meldungen-liste-forschung-aktuell.1508.de.html?drn:news_id=75613
[573] Siehe auch: https://www.thomaskubo.de/files/pdf/Corodok1_PCR.pdf
[574] https://www.bnitm.de/aktuelles/mitteilungen/113-virologen-des-tropeninstituts-erhalten-preis-der-werner-otto-stiftung/
[575] https://www.thomaskubo.de/files/pdf/Corodok1_PCR.pdf
[576] https://www.spiegel.de/wissenschaft/mensch/millionen-tote-who-haelt-globale-seuche-fuer-unvermeidbar-a-329741.html
[577] https://de.wikipedia.org/wiki/Weltgesundheitsorganisation#Influenza

Die Pharmaindustrie konnte dabei einen enormen Umsatz verzeichnen, da durch die Panikmache sämtliche Regierungen Grippemittel, wie z. B. Tamiflu des Unternehmens Roche durch riesige Geldbeträge des Steuerzahlers angeschafft haben, wobei die Wirksamkeit von Tamiflu stark angezweifelt [579] [580] und sogar vermutet wird, dass es starke Nebenwirkungen wie psychische Erkrankungen, Kopfschmerzen, Erbrechen und Kreislaufstörungen verursachen kann. Dennoch wird Tamiflu auch weiterhin fleißig von der WHO empfohlen.[581]

Interessanterweise wechselte Klaus Stöhr 2007 von der WHO zum Pharmakonzern Novartis. (K)Ein Schelm, wer Böses dabei denkt.[582]

### 3.1.3 Der Schweinegrippeskandal

Im Rahmen der Schweinegrippe 2009 hat die WHO die Pandemiewarnstufe schrittweise bis zur höchsten Stufe (Stufe 6) erhöht und weltweit eine Pandemie ausgerufen, die jedoch zu keiner Zeit eine solche gewesen ist, da die Schweinegrippe sogar milder als eine herkömmliche Grippewelle verlaufen ist. Dennoch haben die Regierungen von Steuergeldern Impfstoffe und Grippemittel in Milliardenhöhe bestellt (in Deutschland für ca. 450 Mio. Euro), wodurch die Pharmaindustrie wieder einmal einen Reibach gemacht hat.[583]

Dr. Ulrich Keil, der weltweit bekannte Epidemiologe, welcher damals als Berater der WHO und Direktor des WHO-Kollaborationszentrums für Epidemiologie in Münster fungierte, hat die Pandemiepolitik der WHO stark kritisiert:

---

578 https://www.latimes.com/archives/la-xpm-2006-apr-06-oe-siegel6-story.html

579 https://www.zeit.de/wissen/gesundheit/2012-01/tamiflu-cochrane-wirksamkeit?utm_referrer=https%3A%2F%2Fwww.google.com%2F

580 https://www.sueddeutsche.de/gesundheit/kampf-gegen-die-grippe-die-tamiflu-luege-1.1037400

581 https://www.daserste.de/information/politik-weltgeschehen/mittagsmagazin/sendung/tamiflu-schweinegrippe-medikament-100.html

582 https://de.wikipedia.org/wiki/Weltgesundheitsorganisation#Influenza

583 https://de.wikipedia.org/wiki/Weltgesundheitsorganisation#Influenza

*„Es werden unglaubliche Mengen an Geld verschwendet in Pandemien, die eigentlich gar keine sind*[584]*... **Wir erleben eine gigantische Fehlallokation von Ressourcen (bisher 18 Milliarden US-Dollar) im Hinblick auf die öffentliche Gesundheit"**.*[585]

So hat z. B. die Bundesregierung damals 50 Millionen Pandemrix-Impfdosen des Pharmakonzerns GlaxoSmithKline bestellt, von denen jedoch nur wenige an den Mann kamen. Dies ist nicht zuletzt darauf zurückzuführen, da rechtzeitig bekannt wurde, dass die Bundesregierung, Bundesbeamte und Soldaten der Bundeswehr, im Gegensatz zum Rest der Bevölkerung, einen anderen Impfstoff des Pharmakonzerns Baxter bekommen sollten, welcher **keine** umstrittenen Wirkstoffverstärker (Adjuvantien) enthielt. Die H1N1-Impfstoff-Adjuvantien könnten nach Ansicht der Mediziner Nebenwirkungen verstärken, zu Kopfschmerzen und Fieber führen und wären daher für Schwangere und Kinder *„wenig geeignet"*.[586] [587]

Interessanterweise hat die damals amtierende Direktorin der WHO-Impfstoffabteilung- Marie-Paule Kieny vor ihrer Tätigkeit bei der WHO beim französischen Pharmaunternehmen Transgene S.A. gearbeitet, welches *„strategische Partnerschaften zur Impfstoffherstellung mit dem Schweizer Pharmakonzern Roche unterhält"*.[588] [589] [590]

---

[584] https://www.tagesspiegel.de/politik/diagnose-fehlalarm-experten-schweinegrippe-wurde-unnoetig-zur-pandemie-erklaert/1670998.html

[585] https://web.archive.org/web/20200323172329if_/https:/www.forbes.com/2010/02/05/world-health-organization-swine-flu-pandemic-opinions-contributors-michael-fumento.html#31cbc57748e8

[586] https://www.sueddeutsche.de/politik/schweinegrippe-aufregung-um-zwei-klassen-impfung-1.36055

[587] https://www.spiegel.de/wissenschaft/medizin/schutz-vor-schweinegrippe-kanzlerin-und-minister-sollen-speziellen-impfstoff-erhalten-a-655764.html

[588] https://de.wikipedia.org/wiki/Weltgesundheitsorganisation#Influenza

[589] https://www.medico.de/im-wuergegriff-17006/

[590] https://www.deutschlandfunkkultur.de/weltgesundheitsorganisation-am-bettelstab-das-dilemma-der.976.de.html?dram:article_id=385853

### 3.1.3.1 Impfschäden, welche durch die Schweinegrippeimpfungen verursacht wurden

Die Schweinegrippe-Impfung „Pandemrix“ hatte eine regelrechte Epidemie von über 1.300 Narkolepsie-Fällen ausgelöst (Stand: 2015), welche insbesondere Kinder und Jugendliche im Alter von 4 bis 19 Jahren traf. Alleine in Schweden, wo sich Ende 2009 nach einem Impfaufruf der Regierung 60 % der Bevölkerung hatte impfen lassen, wurden 311 Narkolepsie-Opfer mit bis zu einer Million Euro entschädigt. Die Narkolepsie ist eine neurologische Erkrankung, welche im Volksmund auch als „Schlafkrankheit“ bekannt ist und welcher eine Störung der Schlaf-Wach-Regulation zugrunde liegt.[591] [592] [593] [594]

Die kanadische Provinz Québec hatte nach den Impfungen gegen die Schweinegrippe eine Häufung von Guillain-Barré-Syndromen (GBS) verzeichnet. Das GBS führt vorübergehend zum Ausfall von peripheren Nerven samt Lähmungen und Sensibilitätsstörungen und wird heute als Autoimmunreaktion gedeutet. Einige Wissenschaftler sehen darin einen kausalen Zusammenhang zur Schweinegrippeimpfung, insbesondere wenn diese Adjuvantien enthielt.[595]

Es war auch nicht das erste Mal, dass mit einer angeblichen Schweinegrippeseuche öffentlich Panik geschürt wurde und die Impfkampagnen beschuldigt wurden, zahlreiche Fälle von GBS verursacht zu haben. Bereits 1976/77 hat die US-Regierung ganze 40 Millionen ihrer Bürger gegen eine angeblich drohende Schweinegrippeepidemie geimpft, welche im Nachhinein ausgeblieben ist.[596]

Nachdem es zu einer Häufung von GBS gekommen war, wurde die Impfaktion abgebrochen. Dabei stufte das Institute of Medicine (IOM) 2003 die Kausalität zwischen den Impfkampagnen von 1976/77 und dem GBS als *„wahrscheinlich“*

---

591 https://de.wikipedia.org/wiki/Narkolepsie

592 https://www.aerzteblatt.de/nachrichten/63356/Grippeimpfung-Wie-Pandemrix-eine-Narkolepsie-ausloest

593 https://stm.sciencemag.org/content/7/294/294ra105

594 https://www.spiegel.de/gesundheit/diagnose/schweinegrippe-impfung-schweden-entschaedigt-narkolepsie-patienten-a-1092175.html

595 vgl. https://jamanetwork.com/journals/jama/fullarticle/1216476

596 https://www.deutschlandfunk.de/tod-durch-impfung.740.de.html?dram:article_id=111813

ein.[597]

### 3.1.3.2 Die „üblichen Verdächtigen" - „Experten", welche bereits 2009 als Panikmacher fungierten

Drosten hat bereits damals, während der harmlosen Schweinegrippe, Panik verbreitet, und rief ebenfalls dringend dazu auf, sich gegen die Schweinegrippe impfen zu lassen:

"*Bei der Erkrankung handelt es sich um eine schwerwiegende allgemeine Virusinfektion, die erheblich stärkere Nebenwirkungen zeitigt als sich irgendjemand vom schlimmsten Impfstoff vorstellen kann*".[598] [599]

Und auch das RKI hat die Impfung für alle Altersgruppen bundesweit empfohlen.[600]

Dabei kamen die Empfehlungen von Drosten (November 2009) und dem RKI (Dezember 2009) *„zu einem Zeitpunkt, an dem schon klar war, dass die Schweinegrippe-Pandemie beinahe die harmloseste Grippewelle aller Zeiten war"*, da sowohl vor dem Ausruf der H1N1-Pandemie (Juni 2009), als auch danach fast niemand an der Schweinegrippe gestorben ist. [601]

Die Fake-Pandemie hat fast niemanden interessiert und ist spurlos in der Versenkung verschwunden. Dasselbe wäre auch mit der aktuellen Corona-„Pandemie" passiert, wenn die Politiker, Medien und regierungskonforme „Experten" nicht derart Panik verbreitet hätten.

*„Die meisten Menschen in der Bevölkerung haben gar nicht mitbekommen, dass*

---

[597] https://www.aerzteblatt.de/nachrichten/50858/Guillain-Barre-Syndrom-nach-Impfung-gegen-Schweinegrippe
[598] https://www.kma-online.de/aktuelles/panorama/detail/zweite-welle-hat-begonnen-tote-erwartet-a-18682
[599] https://www.sueddeutsche.de/wissen/schweinegrippe-die-welle-hat-begonnen-1.140006
[600] https://www.rki.de/DE/Content/Service/Presse/Pressemitteilungen/2009/30_2009.html
[601] Karina Reiss, Sucharit Bhakdi, Corona-Fehlalarm, Goldegg Verlag GmbH, Berlin, 2020

*wir 2009 eine Pandemie hatten – und haben sich Gott sei Dank nicht impfen lassen"*, so Dr. Bhakdi.[602]

Stattdessen wurden am Ende 16 Millionen von absolut unnötigen und ungenutzten Impfdosen im Heizkraftwerk verbrannt, was einer Steuerverschwendung von 130 Millionen Euro entspricht.[603]

Ein weiterer bekannter Panikmacher ist Prof. Neil Ferguson vom Imperial College, welcher dafür bekannt ist, ständig absurde Hochrechnungen zu modellieren, die sich (zum Glück) nie bewahrheiten.

*„Im Jahr 2001 führte die Modellierung des Imperial College-Teams zur Keulung von 6 Millionen Tieren und wurde von epidemiologischen Experten als schwerwiegend fehlerhaft kritisiert. In verschiedenen Jahren in den frühen 2000er Jahren prognostizierte Ferguson bis zu 136.000 Todesfälle durch Rinderwahnsinn, 200 Millionen durch Vogelgrippe und 65.000 durch Schweinegrippe. Die endgültige Zahl der Todesopfer lag jeweils bei Hunderten."* [604] [605]

### 3.1.3.3 WHO änderte den Begriff der „Pandemie" kurz vor der Schweinegrippe-„Pandemie"

Genauso interessant, wie verdächtig ist die Tatsache, dass der Pandemiebegriff durch die WHO im März 2009 geändert wurde, kurz bevor die WHO weltweit die Schweinegrippe-„Pandemie" im Juni 2009 ausgerufen hat, was von zahlreichen Experten (wie z. B. Dr. Wodarg und Dr. Bhakdi) und Journalisten angeprangert wurde.

---

[602] Karina Reiss, Sucharit Bhakdi, Corona-Fehlalarm, Goldegg Verlag GmbH, Berlin, 2020

[603] https://www.stern.de/panorama/wissen/mensch/schweinegrippe-impfstoff-wird-vernichtet-130-millionen-euro-landen-im-brennofen-3442134.html

[604] http://www.rationaloptimist.com/blog/lockdown-and-mathematical-guesswork/

[605] https://www.telegraph.co.uk/news/2020/03/28/neil-ferguson-scientist-convinced-boris-johnson-uk-coronavirus-lockdown-criticised/

Vor März 2009 wurde eine Influenzapandemie folgendermaßen definiert:

*„Eine Influenzapandemie tritt auf, wenn ein neues Influenzavirus auftritt, gegen das die menschliche Bevölkerung keine Immunität hat, was weltweit zu Epidemien mit* ***einer enormen Anzahl von Todesfällen und Krankheiten*** *führt."* [606]

Die neue, abgeänderte, Definition lautet hingegen wie folgt:

*„Eine Krankheitsepidemie tritt auf,* ***wenn mehr Fälle dieser Krankheit als normal vorliegen****. Eine Pandemie ist eine weltweite Epidemie einer Krankheit. Eine Influenzapandemie kann auftreten, wenn ein neues Influenzavirus auftritt, gegen das die menschliche Bevölkerung keine Immunität hat."* [607]

Wie wir sehen, wurde der Pandemiebegriff stark abgeschwächt, so dass ab März 2009 die WHO nicht ferner eine enorme Anzahl von Todesfällen und Krankheiten benötigt, um weltweit eine Pandemie ausrufen zu können. Sie kann sogar theoretisch eine Pandemie mit null Todesfällen ausrufen (wenn z. B. nur ein leichter Anstieg von Grippekranken als üblich vorliegt) und weltweit Panik verbreiten, ganz zur Freude der Pharmaindustrie, die dadurch große Gewinne erwirtschaften kann. Dies wurde ebenfalls von zahlreichen Experten wie Dr. Wodarg[608] oder Dr. Bhakdi[609] beanstandet.

Die Schweinegrippe- "Pandemie" ist vom Epidemiologen Wolfgang Wodarg damals (wohl zu Recht) als "*falsche Pandemie*" und als "*einer der größten Medizin-Skandale des Jahrhunderts*" bezeichnet worden.[610]

Zur Aufklärung dieses riesigen Skandals hat Wodarg vor dem Europarat einen

---

606 https://web.archive.org/web/20090418142949/http://www.who.int/csr/disease/influenza/pandemic/en/

607 https://web.archive.org/web/20090520211728/http://www.who.int/csr/disease/influenza/pandemic/en/

608 https://de.wikipedia.org/wiki/Wolfgang_Wodarg

609 Karina Reiss, Sucharit Bhakdi, Corona-Fehlalarm, Goldegg Verlag GmbH, Berlin, 2020

610 https://web.archive.org/web/20200323172329if_/https:/www.forbes.com/2010/02/05/world-health-organization-swine-flu-pandemic-opinions-contributors-michael-fumento.html#31cbc57748e8

Untersuchungsausschuss zur Rolle der WHO eingeleitet und diesen als wissenschaftlicher Berater unterstützt. Wodarg hat beanstandet, dass Millionen von Menschen ohne guten Grund geimpft worden sind und die Pharmaindustrie an der Ausrufung der falschen Pandemie 18 Milliarden Dollar verdient hat.[611]

Umso schlimmer ist es, dass während der Corona-„Pandemie" eine Legaldefinition einer epidemischen Lage von nationaler Tragweite in das Infektionsschutzgesetz hinzugefügt wurde, welche an die Ausrufung einer Pandemie durch die WHO gekoppelt wurde (§ 5 Abs. 1 S. 4 IfSG).

Demnach kann der Deutsche Bundestag eine epidemische Lage von nationaler Tragweite feststellen, *„wenn eine ernsthafte Gefahr für die öffentliche Gesundheit in der gesamten Bundesrepublik Deutschland besteht, weil ... die Weltgesundheitsorganisation eine gesundheitliche Notlage von internationaler Tragweite ausgerufen hat und die Einschleppung einer bedrohlichen übertragbaren Krankheit in die Bundesrepublik Deutschland droht"*.

Von nun an reicht es somit aus, wenn die WHO eine Pandemie ausruft, um eine epidemische Lage von nationaler Tragweite zu erklären und dadurch sämtliche Grundrechte einzuschränken.

## 3.2 Die zweifelhafte Vergangenheit des amtierenden Generaldirektors der WHO

Die politische Karriere von Tedros Adhanom Ghebreyesus begann in der Tigray People's Liberation Front (TPLF, dt. Volksbefreiungsfront von Tigray), einer linksradikalen terroristischen Organisation,[612] bei welcher Tedros zu den *„Top 3"* gezählt haben soll. Die Organisation soll auch *„letztendlich für alle Korruption, Morde, Folter, Massenverhaftungen, Landraub oder Vertreibung*

---

611 https://de.wikipedia.org/wiki/Wolfgang_Wodarg#Kritiker_des_Umgangs_mit_der_H1N1-Pandemie_(%E2%80%9ESchweinegrippe%E2%80%9C)

612 https://www.trackingterrorism.org/group/tigray-peoples-liberation-front-tplf

*verantwortlich*" gewesen sein.[613] Sie löste eine langwierige Rebellion gegen die damalige äthiopische Regierung aus, was letztendlich 1991 zu deren Sturz führte. Daraufhin wurde TPLF Teil der neuen Regierung Äthiopiens.[614] [615]

Die starke Stellung in der TPLF half Tedros dabei, dem äthiopischen Gesundheitsministerium beizutreten und 2005 bis zum Gesundheitsminister des Landes aufzusteigen.[616]

Daraufhin wurde Tedros beschuldigt in den Jahren 2006, 2009, 2011 drei Cholera-Epidemien in seinem Heimatland Äthiopien vertuscht zu haben.[617]

Während seiner Zeit als Außenminister Äthiopiens von 2012-2016, wurden Demonstrationen gewaltsam niedergeschlagen,[618] und 2020 hat der äthiopische Armeechef Tedros vorgeworfen, bei der Beschaffung von Waffen für die TPLF geholfen zu haben.[619]

Insbesondere im Rahmen der Corona-„Pandemie" wurde Tedros oft für seine China-Sympathien kritisiert, wobei viele Menschen seinen Rücktritt forderten.[620]

Kurz vor seiner Wahl zum Generaldirektor der WHO im Jahr 2017 wurde Tedros von der Amhara Professionals Union (AMA) sogar ein systematischer Völkermord an den Amharen vorgeworfen.

---

[613] https://www.ethiopianregistrar.com/tedros-adhanom-played-key-role-kidnapping-prominent-dissident/

[614] https://www.foxnews.com/world/who-chief-tedros-questionable-past-coronavirus

[615] https://en.wikipedia.org/wiki/Tigray_People%27s_Liberation_Front#1991%E2%80%932018

[616] https://www.orfonline.org/expert-speak/dr-cover-up-tedros-adhanoms-controversial-journey-to-the-who-65493/

[617] https://www.nytimes.com/2017/05/13/health/candidate-who-director-general-ethiopia-cholera-outbreaks.html

[618] https://www.derstandard.at/story/2000117159120/tedros-adhanom-ghebreyesus-ein-afrikanischer-arzt-in-globaler-mission

[619] https://www.bbc.com/news/world-africa-55001328

[620] https://www.sueddeutsche.de/politik/profil-tedros-adhanom-ghebreyesus-1.4960966

So ist z. B. Folgendes im Forschungsartikel der AMA zu lesen:

*„Die TPLF hat die Amharas historisch als den historischen Feind des Tigray-Volkes bezeichnet. Dies kommt im 1975 veröffentlichten TPLF-Manifest zum Ausdruck. Als Dr. Ghebreyesus Minister der äthiopischen FMOH war, nutzte er sein Ministerium, um eine Rolle bei der Verwirklichung der Ziele von TPLF zu spielen. Die Bevölkerung der Amhara hat zwischen der Volkszählung von 1997 und 2007 im Vergleich zu den Projektionen mehr als 2,5 Millionen Menschen verloren. Jede größere ethnische Gruppe verzeichnete einen durchschnittlichen Anstieg von 2,6 %, während die Amharas nur ein jährliches Wachstum von 1,9 % aufwiesen. Obwohl das Bevölkerungswachstum in Äthiopien politisiert wird, kommt der Verlust von Millionen von Amharas einem Völkermord gleich und erfordert weitere Untersuchungen. Angesichts dieser Entvölkerung der Amharas würde niemand erwarten, dass ein Verhütungsmittel in der „Amhara-Region" im Vergleich zu anderen „Regionen" oberste Priorität hat. Darüber hinaus waren sowohl IMR als auch U5MR die höchsten in der „Amhara-Region". Dr. Ghebreyesus hat dazu beigetragen, die Agenda der TPLF zur Entvölkerung von Amharas zu verwirklichen. Die „Amhara-Region" stand nur bei der Familienplanung an der Spitze, insbesondere bei der Verwendung von injizierbaren „Verhütungsmitteln", die viele Amhara-Frauen effektiv unfruchtbar machten".*[621]

Aus diesen Gründen ist absolut unverständlich, wie jemand mit solchen Vorwürfen und solcher Vergangenheit Generaldirektor der einflussreichsten Gesundheitsorganisation der Welt sein kann.

### 3.3 Der Einfluss der Rockefeller auf die WHO und auf das Bildungssystem

Der Einfluss des Rockefeller-Klans auf die WHO und auf das globale Gesundheitswesen ist schon immer enorm gewesen.
So gilt die Rockefeller Foundation sogar als das *„beispiellose Schwergewicht der*

---

[621] International Organizations Leadership Recruitment Policies: the Failed Experiment of Dr. Tedros A. Ghebreyesus Candidacy for WHO Director General Position https://www.ambapu.org/sites/default/files/2017-04/APU_opposes_candidacy_of_Dr_TAG.pdf?fbclid=IwAR1Gj8tav3wmi3btS1YbCljmgdAslg-rLAasfvnOfMBqndtp8v0EhDLAHpg

*Gesundheitsphilanthropie des 20. Jahrhunderts"*, welche die WHO *„tiefgreifend geprägt und lange und komplexe Beziehungen zu ihr"* unterhalten hat.[622]

Die Abteilung für internationale Gesundheit der Rockefeller Stiftung, namentlich „International Health Division" [IHD, auch bekannt als International Health Board (1916-1927) und International Health Commission (1913-1916)], ist eine frühe Einrichtung für öffentliche Gesundheit und Vorgänger der WHO gewesen,[623] welche 1948 als Organisation der UNO gegründet wurde.

Der Einfluss der Rockefeller auf das westliche Gesundheitswesen geht jedoch bereits auf den Anfang des 20. Jahrhunderts zurück. Schon damals hat der Ölmagnat John D. Rockefeller, der reichste Mensch der modernen Menschheitsgeschichte,[624] bzw. seine Rockefeller Stiftung, zusammen mit dem Stahlmogul Andrew Carnegie durch zahlreiche Spenden bestimmte wissenschaftliche bzw. medizinische Einrichtungen und Universitäten begünstigt, welche ihrer Agenda entsprachen, bzw. diese aufgrund der Spanden annahmen, und dadurch maßgeblich zur Erschaffung unseres heutigen Medizinsystems beigetragen haben, in welchem sich die Gesundheit zu einem großen Geschäft für Big Pharma entwickelte, so dass aus Patienten Kunden wurden.[625] [626] [627] [628]

Nicht umsonst wurde wohl *„in der turbulenten progressiven Ära des frühen 20. Jahrhunderts"* die Philanthropie von vielen Zeitgenossen *„als eine zynische Verwendung von ausbeuterischen Profiten"* betrachtet, *„um der Bedrohung durch die Unruhen der Arbeiterklasse und den wachsenden politischen Radikalismus entgegenzuwirken"*. [629]

---

622 https://www.sciencedirect.com/science/article/abs/pii/S003335061300396X
623 https://en.wikipedia.org/wiki/International_Health_Division
624 https://en.wikipedia.org/wiki/John_D._Rockefeller
625 https://www.thelancet.com/journals/lancet/article/PIIS0140-6736(13)61013-2/fulltext
626 Siehe auch: https://meridianhealthclinic.com/how-rockefeller-created-the-business-of-western-medicine/
627 https://www.youtube.com/watch?v=-fRPkcHqGd4
628 https://www.youtube.com/watch?v=xc4AG4SMobs
629 https://www.thelancet.com/journals/lancet/article/PIIS0140-6736(13)61013-2/fulltext

Es ist offensichtlich, dass Big Pharma ihrerseits kein Interesse daran hat, Menschen dauerhaft zu heilen, da ein gesunder Mensch bekanntlich ein schlechter Kunde für das Arzneimittelgeschäft ist. Stattdessen wird oft versucht, lediglich die Symptome zu lindern, so dass man möglichst lange auf ihre Medikamente angewiesen ist und dadurch zu einem Stammkunden wird. Daher ist es auch nicht verwunderlich, dass die Ärzte während ihrer Ausbildung fast nichts über gesunde Ernährung und sonstige Mittel zur Vorbeugung von Krankheiten lernen, da sie in erster Linie dazu ausgebildet werden, den Patienten bzw. Kunden diverse Medikamente zu verschreiben und sie somit als eine Art Zwischenhändler für die Pharma zu fungieren.

Die Rockefeller haben seit dem Anfang des 20. Jahrhunderts ebenfalls einen enormen Einfluss auf das Bildungswesen ausgeübt und bereits früh die Grundlagen für das westliche Bildungssystem gelegt.

So hat z. B. John D. Rockefeller zusammen mit Frederick T. Gates im Jahr 1902 das „General Education Board“ gegründet- eine Stiftung, welche vorwiegend medizinische Fakultäten und weiterführende Schulen in den USA unterstützte. Rockefeller spendete $180 Millionen USD an die Stiftung, eine unglaublich hohe Summe für die damaligen Verhältnisse.

Frederick T. Gates, zugleich Vorsitzender der Stiftung, beschrieb die Aufgabe des General Education Boards wie folgt:

*„In unseren Träumen haben wir unbegrenzte Ressourcen und Menschen ergeben sich mit vollständiger Gelehrigkeit (Fügsamkeit) in unsere formenden Hände. Die gegenwärtigen pädagogischen Gepflogenheiten verschwinden aus unseren Köpfen und, ungehindert durch Tradition, übertragen wir unseren eigenen guten Willen auf eine dankbare und empfängliche Landbevölkerung. Wir werden nicht versuchen, aus diesen Leuten oder einem ihrer Kinder Philosophen oder Gelehrten oder Männer der Wissenschaft zu machen. Wir müssen nicht Schriftsteller, Pädagogen, Dichter oder Literaten unter ihnen aufziehen. Wir werden nicht nach den Keimen für große Künstler, Maler, Musiker, noch nach Anwälten, Ärzten, Predigern, Politikern, Staatsmännern suchen, von denen wir reichlich haben.“*[630]

---

630

Und John D. Rockefeller soll Folgendes gesagt haben, was wohl die Ausführungen von Frederick T. Gates, kurz und trocken, in einem Satz zusammenfasst:

*„Ich will keine Nation von Denkern, ich will eine Nation von Arbeitern."* [631]

Daher ist auch nicht verwunderlich, dass unser gesamtes Schulsystem darauf basiert, dass die Schüler gezwungen werden, das zu wiederholen, was der Lehrer sagt und was in den Schulbüchern steht.

Derjenige, der dies am besten schafft, bekommt auch die besten Noten und hat später die besten Karriereaussichten. Die besten Schüler sind somit nicht die klügsten und kreativsten, sondern diejenigen, die am besten den Lernstoff wiedergeben können, als seien sie lediglich Papageien und keine selbstständig denkenden, vernünftige Individuen.

Durch das ständige Wiederholen und Auswendiglernen wird das kreative und kritische Denken bereits vom Kindheitsalter an abgetötet. Dazu kommt noch die ständige Noten- und Prüfungsangst, der die Kinder ständig ausgesetzt sind. Dadurch werden die Kinder in ihrer Entwicklung stark gehemmt und zu treuen Systemsklaven erzogen, deren Lebensaufgabe es ist, zu arbeiten, zu konsumieren, brav die Steuern zu zahlen, den Regierungen blind zu gehorchen und nichts zu hinterfragen. Das System ist nicht an intelligenten, kreativen und freidenkenden Menschen interessiert, da man diese nicht so einfach kontrollieren, lenken und ausbeuten kann.

Daher liegt der Gedanke nahe, dass die Schulen in der heutigen Form keine Bildungseinrichtungen, sondern viel eher Indoktrinationsstätten sind.

### 3.4 Der Einfluss von Bill Gates und der Pharmaindustrie auf die WHO

---

https://de.wikipedia.org/wiki/General_Education_Board#Gr%C3%BCndung_und_Ziele

[631] https://www.jetsetmag.com/exclusive/business/nation-workers-public-education-dummying-labor-force/

Das größte Problem der WHO ist wohl, dass fast 80 % des WHO-Etats von privaten Spendern kommen. Vieles davon fließt direkt aus der Pharmaindustrie und vieles davon auch indirekt, z. B. über Stiftungen, die die Interessen der Pharmakonzerne vertreten, bzw. mit diesen verbunden sind.[632]

Nahezu alle Spenden sind zweckgebunden, was heißt, dass allein die Spender bestimmen, wofür die WHO das gespendete Geld ausgeben darf und wofür nicht.[633]

Dies ist der Grund, wieso die WHO nicht als unabhängig bezeichnet werden kann (so wie es eigentlich sein sollte), und daher anzunehmen ist, dass sie eigentlich Interessen von privaten Spendern bzw. von Pharmakonzernen vertritt, welche bekanntlich den Interessen der Weltgesundheit zuwiderlaufen, da die Pharmaindustrie an gesunden Menschen nichts verdienen kann. Die Rechnung ist ganz einfach. Die Pharmaindustrie braucht keine gesunden Menschen, da gesunde Menschen keine Arzneimittel brauchen, welche die Pharmaindustrie herstellt und verkauft. Gesunde Menschen sind, wie bereits gesagt, schlecht fürs Geschäft.

Andreas Zumach, Journalist und UNO-Experte sieht in der Abhängigkeit der WHO von privaten Spendern die *„schlimmstmögliche Entwicklung“* für alle Kranken weltweit, *„weil damit diese privaten Spender ganz wesentlichen Einfluss haben auf das, was die WHO dann tut oder was sie nicht tut, und wenn sie wesentlich jetzt Programme finanziert, bei denen die großen Pharmaindustrien ihre Gewinne machen – das sind, erstens, Impfprogramme –, statt die Basisgesundheitssysteme in vielen Ländern zu stärken, mit dem schlichten Ziel, das zumindest alle Menschen Zugang zu sauberem Trinkwasser haben – der Mangel daran ist ja einer der Hauptursachen –, dann ist das im Ergebnis schlecht, weil immer mehr Menschen sterben beziehungsweise keinen Zugang haben zu den Basisgesundheitsdienstleistungen, damit sie gar nicht erst mehr krank werden.“* [634]

---

[632] https://www.deutschlandfunkkultur.de/weltgesundheitsorganisation-der-verhaengnisvolle-einfluss.1008.de.html?dram:article_id=386282
[633] https://www.deutschlandfunkkultur.de/unabhaengigkeit-der-weltgesundheitsorganisation-das-dilemma.976.de.html?dram:article_id=423076
[634] https://www.deutschlandfunkkultur.de/weltgesundheitsorganisation-der-verhaengnisvolle-einfluss.1008.de.html?dram:article_id=386282

Die „Bill and Melinda Gates Foundation“ (BMGF) ist mit 10,82 % der größte private Geldgeber der WHO und insgesamt ihr zweitgrößter Geldgeber, gleich nach den USA mit 15,15 %.[635]

Mit einem Vermögen von etwa 49,8 Milliarden USD ist die BMGF weltweit die größte private Stiftung der Welt.[636] Neben Bill Gates ist der Großinvestor und „Philanthrop“ Warren Buffett einer der Hauptspendengeber der BMGF, welcher ebenfalls, zusammen mit Bill und Melinda Gates, im Vorsitz der Stiftung sitzt.[637] Buffet hat noch im Jahr 2006 der BMGF 30 Milliarden Dollar versprochen [638]und ihr seitdem mehrere Milliarden US-Dollar gespendet[639].

Neben der BMGF ist auch die Impfallianz GAVI (Global Alliance for Vaccines and Immunisation, dt. Globale Allianz für Impfstoffe und Immunisierung) mit 7,93 % ein sehr wichtiger Geldgeber der WHO.[640]
GAVI wurde am 29. Januar 2000 am Weltwirtschaftsforum (WEF) in Davos von der BMGF mitgegründet, welche ihr zum Einstand gleich 750 Millionen US-Dollar zur Verfügung stellte[641] und seitdem ihr größter Geldgeber geblieben ist.[642] Dabei sind in GAVIs Vorstand die größten Pharmakonzerne der Welt führend vertreten.[643]

Die BMGF und GAVI sponsern die WHO insgesamt zu 18,75 % und bilden somit zusammen den Hauptgeldgeber der WHO, noch vor der USA mit 15,15 %.

---

[635] https://open.who.int/2018-19/contributors/contributor
[636] https://www.gatesfoundation.org/who-we-are/general-information/foundation-factsheet
[637] https://de.wikipedia.org/wiki/Bill_%26_Melinda_Gates_Foundation
[638] https://web.archive.org/web/20071128090517/http://money.cnn.com/2006/06/25/magazines/fortune/charity1.fortune/index.htm
[639] https://www.dailymail.co.uk/news/article-1364191/Bill-Gates-remain-second-billionaire-rich-list-thanks-28bn-charitable-giving.html
[640] https://open.who.int/2018-19/contributors/contributor
[641] https://de.wikipedia.org/wiki/Gavi,_die_Impfallianz#Gr%C3%BCndung
[642] https://www.gavi.org/investing-gavi/funding
[643] https://www.deutschlandfunkkultur.de/weltgesundheitsorganisation-der-verhaengnisvolle-einfluss.1008.de.html?dram:article_id=386282

*„Im Gegenzug "empfiehlt" die BMGF der WHO, ihre Aufträge an Pharmakonzerne wie Merck, GlaxoSmithKline, Novartis und Pfizer zu vergeben, die ebenfalls Millionenspenden von der BMGF erhalten.“* [644]

Wir alle kennen das Sprichwort „Wer bezahlt, der bestellt auch die Musik“, und somit kann man sagen, dass Bill Gates über die zweckgebundenen Spenden der BMGF und GAVI die WHO in der Tasche hat und ihre Politik im Wesentlichen (mit-)bestimmt.
Bemerkenswert ist auch, dass der derzeitige WHO-Generaldirektor Tedros Adhanom Ghebreyesus von 2008 bis 2009 Mitglied des Vorstands von GAVI gewesen ist, was darauf schließen lässt, dass Tedros und Gates einen guten Draht zueinander hatten bzw. haben.[645]

### 3.5 Investitionen der Bill and Melinda Gates Foundation (BMGF) zulasten der Umwelt und der Weltgesundheit

Die BMGF positioniert sich als eine philanthropische Stiftung. Interessant ist allerdings, dass die BMGF (so wie auch viele andere „philanthropische“ Stiftungen) jedes Jahr nur ca. 5 % an wohltätige Zwecke abgibt, um sich dadurch steuerliche Vorteile zu sichern, wohingegen die restlichen 95 % in die *„weniger prestigeträchtigen Unternehmungen“* fließen, wodurch Geld erwirtschaftet werden soll.[646] [647]

Gates und seine Ehefrau haben der Stiftung mehr als 36 Milliarden US-Dollar ihres privaten Vermögens gespendet, was zu einer Steuerersparnis von ungefähr 11% der Beiträge, die sie in dieser Zeit geleistet haben, führte. [648]

Die BMGF wird schon lange kritisiert, da sie auch durch Kapitalanlagen in

---

[644] https://www.heise.de/tp/features/Bill-Gates-zwischen-Schein-und-Sein-3378037.html
[645] https://www.gavi.org/gavi-welcomes-election-of-new-who-chief
[646] https://www.derstandard.at/story/2720170/das-schmutzige-geheimnis-der-gates-stiftung
[647] https://www.latimes.com/news/la-na-gatesx07jan07-story.html
[648] https://www.gatesfoundation.org/who-we-are/general-information/foundation-faq

Unternehmen Verdienste macht, die, sanft ausgedrückt, die Weltgesundheit nicht gerade fördern und alles andere als wohltätig sind.

So verdient z. B. die Gates-Stiftung ihr Geld ebenfalls *„mit Anlagen in Konzernen, die wiederum sehr gesundheitsschädliche Produkte oder Praktiken betreiben, also etwa bei Ölfirmen oder auch bei Nestlé, die im Gegensatz zu WHO-Regeln immer noch“* weltweit versucht, Mütter *„vom Bruststillen abzubringen, um die teuren Muttermilchersatzprodukte zu verkaufen“*.[649]

Die Stiftung investiert mehr als 400 Millionen Dollar in Öl-Unternehmungen wie Royal Dutch Shell, Total, Exxon Mobil Corp., Eni, BP, die Chevron Corp. und Total, welche sich maßgeblich an der Zerstörung der Umwelt beteiligen. BP und Royal Dutch Shell werden ebenfalls für Emissionen von krebserregenden Stoffen wie Dioxin verantwortlich gemacht.

BP ist auch für die Ölpest im Golf von Mexiko 2010 verantwortlich gewesen, den größten Ölunfall der Geschichte, welcher elf Menschen das Leben kostete und den Ozean stark verschmutzte.

Nach der Explosion auf der Ölplattform Deepwater Horizon sind innerhalb von 87 Tagen schätzungsweise insgesamt fast 800 Millionen Liter Öl in den Ozean geflossen, da bis dahin alle Versuche das Bohrloch zu schließen gescheitert sind.[650]

Die BMGF investiert ebenfalls in Pharmaunternehmen, welche die Preise für AIDS-Medikamente absichtlich künstlich hochhalten und sie so für viele Betroffene unerschwinglich machen- und das, obwohl die Bekämpfung von AIDS angeblich ein wichtiges Anliegen der Stiftung sein soll.[651] [652]

Die Gates-Stiftung hat auch wiederholt insgesamt 350 000 Dollar in die Entwicklung von Kondomen aus Graphen investiert,[653] [654] einem

---

649 https://www.deutschlandfunkkultur.de/weltgesundheitsorganisation-der-verhaengnisvolle-einfluss.1008.de.html?dram:article_id=386282
650 https://www.deutschlandfunk.de/deepwater-horizon-unglueck-2010-der-groesste-oelunfall-der.871.de.html?dram:article_id=474977
651 https://www.derstandard.at/story/2720170/das-schmutzige-geheimnis-der-gates-stiftung
652 https://www.latimes.com/news/la-na-gatesx07jan07-story.html
653 https://www.bbc.com/news/uk-england-manchester-25016994.amp

gesundheitsschädlichen Stoff,[655][656] welcher in Form des Graphenoxids in einigen Masken und möglicherweise auch in den neuen Covid-19-Impfstoffen enthalten ist (siehe Kapitel 1. Punkt 3.8 und Punkt 5.18).

Die Stiftung hält ebenfalls *„Aktien von Coca-Cola im Wert von 500 Millionen Dollar und Aktien des weltgrößten Supermarktkonzerns Walmart im Wert von einer Milliarde Dollar. Hinzu kommen Beteiligungen an den Nahrungsmittelkonzernen Pepsi Co, Unilever, Kraft-Heinz, Mondelez und Tyson Foods; an den Alkoholkonzernen Anheuser-Busch und Pernod; an den Pharmakonzernen Glaxo Smith Kline, Novartis, Roche, Sanofi, Gilead und Pfizer.*

*Des Weiteren hält die Stiftung Anteile im Wert von fast zwölf Milliarden Dollar am Berkshire Hathaway Trust des Investors Warren Buffett. Der Trust wiederum besitzt Aktien von Coca-Cola im Wert von 17 Milliarden Dollar und von Kraft-Heinz im Wert von 29 Milliarden Dollar.“* [657]

Das Coca-Cola-Unternehmen ist nach Ansicht von Verbraucherschützern wie Foodwatch für weltweite Epidemien chronischer Erkrankungen wie Fettleibigkeit und Diabetes mitverantwortlich.[658] Umso verwerflicher ist es, dass die Vermarktungsstrategie von Coca-Cola sich auch an Kinder richtet, ähnlich wie beim Unternehmen McDonalds,[659] in welches die BMGF ebenfalls mehrere Jahre lang investierte.[660]

Die BMGF investierte ebenfalls in den *„umstrittenen Konzern Monsanto, dem*

---

[654] https://www.graphene-info.com/graphene-enhanced-condoms-research-receives-new-funding
[655] https://www.elektormagazine.de/news/graphen-ein-gesundheitsrisiko
[656] https://particleandfibretoxicology.biomedcentral.com/articles/10.1186/s12989-016-0168-y
[657] https://www.swr.de/swr2/wissen/who-am-bettelstab-was-gesund-ist-bestimmt-bill-gates-100.html
[658] https://www.handelsblatt.com/politik/deutschland/verschleierung-von-gesundheitsgefahren-foodwatch-wirft-coca-cola-methoden-der-tabakindustrie-vor/21138536.html?ticket=ST-12100537-RAoA6SZ0Di6cFtBHILTy-ap6
[659] https://www.t-online.de/leben/essen-und-trinken/id_89482574/coca-cola-mcdonald-s-so-vermarkten-lebensmittelkonzerne-junkfood-an-kinder-.html
[660] https://www.bloomberg.com/news/articles/2020-09-17/bill-gates-liquidates-stake-in-largest-mcdonald-s-franchisee

*unter anderem vorgeworfen wird, die Landwirtschaft in Afrika zu bedrohen und über die Patentierung von Saatgut in wirtschaftlicher Abhängigkeit zu halten".*[661]

US-Finanzwebsite hat das jährliche Anlageportfolio der Stiftung 2010 veröffentlicht, *„aus dem hervorging, dass sie 500.000 Monsanto-Aktien im Wert von rund 23 Millionen US-Dollar gekauft hatte. Dies war ein erheblicher Anstieg in den letzten sechs Monaten".*[662]

Es wurde ebenfalls bekannt, dass die Stiftung mit dem Unternehmen Cargill zusammenarbeitet, welches The Guardian als einen *„gesichtslosen Agrarriesen"* bezeichnete, *„der die meisten Nahrungsmittel der Welt kontrolliert"*.

Das 10-Millionen-Dollar-Projekt sollte *„aller Wahrscheinlichkeit nach ... die große Einführung von genetisch veränderten Soja im südlichen Afrika"* einläuten. [663]

## 3.6 Schwere Interessenskonflikte der WHO / großer Einfluss der Konzerne auf die WHO

Der Journalist und Autor Thomas Kruchem erklärt den daraus resultierenden Interessenskonflikt der WHO:

*„Für die Gates-Stiftung heißt dies: Je mehr Profite die genannten Firmen machen, desto mehr Geld kann sie für die WHO ausgeben. Für die WHO heißt es: Mit jeder Maßnahme gegen gesundheitsschädliche Aktivitäten der Süßgetränke-, Alkohol- und Pharmaindustrie würde die WHO die Gates-Stiftung daran hindern, das Geld zu erwirtschaften, mit dem die Stiftung die WHO finanziert.*

*Kurz, die Weltgesundheitsorganisation steckt in einem klassischen*

---

[661] https://web.de/magazine/news/coronavirus/bill-melinda-gates-stiftung-zentrum-kritik-verschwoerungstheorien-34693522
[662] https://www.theguardian.com/global-development/poverty-matters/2010/sep/29/gates-foundation-gm-monsanto
[663] https://www.theguardian.com/global-development/poverty-matters/2010/sep/29/gates-foundation-gm-monsanto

*Interessenkonflikt, der sie in ihren Handlungsmöglichkeiten schwächt und der angesichts ihrer finanziellen Abhängigkeit von der Gates-Stiftung unter den gegenwärtigen Bedingungen kaum aufzulösen ist."*[664]

Ein weiterer Interessenskonflikt besteht darin, dass die Gates-Stiftung führ ihre großzügigen Spenden an die WHO auch gewisse Gegenleistungen erwartet:

*„Im Gegenzug "empfiehlt" die BMGF der WHO, ihre Aufträge an Pharmakonzerne wie Merck, GlaxoSmithKline, Novartis und Pfizer zu vergeben, die ebenfalls Millionenspenden von der BMGF erhalten.*

*Das Ziel der Pharmakonzerne -* ***und der mit Aktien beteiligten BMGF*** *- ist es, einen exklusiven Marktzugang in Afrika und Asien zu erhalten, "marktbasierte Lösungen" zu entwickeln und gleichzeitig die öffentlichen Gesundheitssysteme auszuhebeln. Zwar steigt inzwischen die Impfrate, doch gleichzeitig steigen die Gewinne der beteiligten Konzerne: Eine vollständige Impfung eines Kindes kostete 2015 bis zu 68 mal mehr als noch im Jahr 2005 - mit denselben Medikamenten.*[665]

Dazu kommt noch der immense Einfluss der Konzerne, welcher teilweise direkt auf die WHO ausgeübt wird.

Rechercheure von Reuters 2012 haben herausgefunden, dass ein WHO-Forum, welches sich mit ernährungsbedingten Krankheiten befasste, 50.000 US-Dollar von Coca-Cola und je 150.000 von Nestlé und Unilever genommen hatte. Davon profitierte mit Sicherheit auch die Pharmaindustrie, die im Anschluss weitaus mehr Medikamente gegen Fettleibigkeit und Diabetes verkaufte. Der weltweite Umsatz von Diabetes-Medikamenten erreichte 2017 etwa 55 Milliarden US-Dollar.

Thomas Gebauer, Geschäftsführer der Gesundheitsorganisation „Medico International“ und Mitbegründer der „Initiative Global Health Watch“, welche einen alternativen Weltgesundheitsbericht herausgibt, sieht darin *„eine schon*

---

[664] https://www.deutschlandfunkkultur.de/unabhaengigkeit-der-weltgesundheitsorganisation-das-dilemma.976.de.html?dram:article_id=423076
[665] https://www.heise.de/tp/features/Bill-Gates-zwischen-Schein-und-Sein-3378037.html

*fast perverse Arbeitsteilung".* Auf der einen Seite sei *„die Getränkeindustrie, die große Nahrungsmittelindustrie, wesentlich dazu beiträgt, dass diese Krankheiten sich in den Ländern des Südens, in aller Welt ausbreiten können. Und auf der anderen Seite dann die Pharmaindustrie und die medizintechnische Industrie sozusagen die Antworten liefert. Und da kann doppelt verdient werden: Einmal an der Verursachung des Problems und dann an der Behandlung des Problems."*

Die Konzerne haben mittlerweile einen so großen Einfluss auf die WHO, dass im Mai 2016 die Mitgliederversammlung der WHO beschlossen hat, dass sich neben gemeinnützigen Organisationen jetzt auch kommerzielle Unternehmen in WHO-Arbeitsgruppen engagieren dürfen.

Die Konzerne scheinen ebenfalls einen enormen Einfluss auf die WHO-Mitgliedsstaaten auszuüben. So wurde sogar, einem WHO-Insiderbericht zufolge, im Rahmen der Sitzung des WHO-Exekutivrats im Januar 2017 die Regierung Italiens durch Mitarbeiter des Süßwaren-Konzerns Ferrero vertreten.[666]

## 3.7 Was Bill Gates will, das kriegt er auch

Durch den immensen Einfluss seiner Stiftung auf die WHO, genießt Bill Gates zugleich eine weltweite Vormachtstellung in jeglichen weltumfassenden Gesundheitsfragen (und somit auch in den Covid-19 Angelegenheiten), obwohl er persönlich längst kein Fachmann auf diesem Gebiet ist (Gates ist weder Mediziner, noch Virologe, noch Epidemiologe) und auch von niemandem demokratisch gewählt oder sonst irgendwie legitimiert wurde.

Mit der WHO im Rücken (oder in der Tasche), ist es auch wenig verwunderlich, dass alle Vorhaben und Ziele von Bill Gates zur Politik der WHO werden, nach welchen sich die meisten Staaten richten, da die WHO als Weltgesundheitsbehörde, trotz der zahlreichen Skandale, immer noch ein sehr

[666] https://www.deutschlandfunkkultur.de/unabhaengigkeit-der-weltgesundheitsorganisation-das-dilemma.976.de.html?dram:article_id=423076

hohes Ansehen weltweit genießt.

Dies erklärt auch, wieso all das, was Gates 2020 anstrebte und öffentlich erklärt hat, bereits umgesetzt wurde bzw. wird:

- Bill Gates hat bereits im März 2020 angekündigt, dass letztendlich alle Covid-19-Impflinge digitale Zertifikate als Nachweis über die Impfung erhalten,[667] was auch 2021 in Form von digitalen Impfpässen verwirklicht wurde.

- Bill Gates war der erste, der (Anfang April 2020 in einem Interview auf Fox News) gesagt hat, dass es erst dann eine Rückkehr zur Normalität geben wird, wenn die gesamte Menschheit geimpft wird,[668] was brav von zahlreichen Politikern und Medien wiederholt wurde, u. a. auch von Angela Merkel auf dem G7-Gipfel im Februar 2021: *„Die Pandemie ist erst besiegt, wenn alle Menschen geimpft sind"*.[669] Am 30. April 2020 hat Gates in seinem Blog geschrieben, dass es notwendig sei, sieben bzw., für den Fall einer Mehrfachimpfung, 14 Milliarden Impfdosen so schnell wie möglich herzustellen und weltweit zu verteilen, um damit praktisch die gesamte Menschheit, die aktuell etwa 7,7 Milliarden bemisst, zu impfen.[670] [671] Dies ist zur politischen Agenda der meisten Staaten geworden.

- Gates hat bereits Anfang April 2020 gesagt, dass die Impfstoffe gegen Covid-19 voraussichtlich in einer absoluten Rekordzeit von etwa 18 Monaten auf den Markt kommen werden,[672] was zahlreiche

---

667 https://www.reddit.com/r/Coronavirus/comments/fksnbf/im_bill_gates_cochair_of_the_bill_melinda_gates/fkupg49/
668 https://www.youtube.com/watch?v=jXHikITwlng&t=1s
669 https://www.merkur.de/politik/siko-muenchen-2021-sicherheitskonferenz-merkel-biden-trump-ischinger-rede-russland-bundeswehr-zr-90211036.html
670 https://www.gatesnotes.com/Health/What-you-need-to-know-about-the-COVID-19-vaccine?WT.mc_id=20200430165003_COVID-19-vaccine_BG-TW&WT.tsrc=BGTW&linkId=87665522
671 https://www.businessinsider.com/bill-gates-14-billion-doses-coronavirus-vaccine-may-be-needed-2020-5?r=DE&IR=T

Massenmedien, Politiker und „Gesundheitsexperten" allesamt brav wiederholt haben, u. a. auch der Gesundheitsberater des Weißen Hauses, Dr. Fauci[673]. Letztendlich wurden die Impfstoffe sogar viel früher, bereits im Dezember 2020, etwa acht Monaten nach seiner Ankündigung, zugelassen. Im Rahmen der Impfstoffentwicklung hat Gates genetische Impfstoffe favorisiert, die dann auch für die Impfkampagnen ausgewählt wurden.[674] [675]

Somit hat Gates bislang all das bekommen, was er verlangt hat, was nicht nur ein wenig unheimlich, sondern auch besorgniserregend ist.

### 3.8 Fazit

Es sieht somit ganz danach aus, dass die WHO, welche überwiegend von privaten Spendern finanziert wird,[676] welche die Interessen der Pharmaindustrie vertreten, falsche Pandemien ausruft, an denen die Pharmakonzerne Milliarden verdienen. Zahlreiche „Experten", Medien und Politiker tun dabei ihr Übriges und verbreiten Panik, damit die Bürger eingeschüchtert werden und die milliardenfachen Steuerverschwendungen für Impfstoffe und Arzneimittel hinnehmen, ohne sie zu hinterfragen. Gleichzeitig können Regierungen Notstände ausrufen und durch sinnlose drakonische „Schutzmaßnahmen" die Grundrechte von Bürgern massiv einschränken. Somit deutet alles auf ein perfides und menschenverachtendes Geschäftsmodell hin, welches auf einem skrupellosen Betrug basiert.

---

672 https://www.businessinsider.com/bill-gates-factories-7-different-vaccines-to-fight-coronavirus-2020-4

673 https://www.businessinsider.com/coronavirus-vaccine-quest-18-months-fauci-experts-flag-dangers-testing-2020-4?r=DE&IR=T

674 https://www.businessinsider.com/bill-gates-10-promising-coronavirus-vaccine-candidates-2020-5?r=DE&IR=T

675 https://thehill.com/changing-america/well-being/prevention-cures/495650-bill-gates-sees-rna-vaccines-as-best-options-for

676 https://www.deutschlandfunkkultur.de/weltgesundheitsorganisation-der-verhaengnisvolle-einfluss.1008.de.html?dram:article_id=386282

## 4. (Covid-19-) Impfstoffe, ein riesiges Geschäft für Bill Gates und die Pharmaindustrie

Es ist nicht verwunderlich, dass Gates im Rahmen der Covid-19-Impfstoffentwicklung genetische Impfstoffe favorisierte, da seine Stiftung, sowohl aus eigener Finanzierung, als auch durch CEPI (Coalition for Epidemic Preparedness Innovations – dt. Koalition für Innovationen in der Epidemievorbeugung), bereits seit fast einem Jahrzehnt die Entwicklung einer RNA-Impfstoffplattform unterstützt, wie er es selbst in seinem Blog geschrieben hat.[677]

CEPI ist eine internationale Non-Profit-Organisation, welche am 19. Januar 2017 von der BMGF, zusammen mit dem WEF, den Regierungen von Norwegen, Indien und dem britischen Wellcome Trust, im Rahmen des WEF in Davos gegründet wurde.[678]

Laut „Forbes“ hat Bill Gates seit dem Jahr 2010 sein Vermögen mehr als verdoppelt.

So hatte er 2010 noch ein Vermögen von 53 Milliarden USD zu verzeichnen[679], wobei sich dieses aktuell (Stand Juli 2021) auf mehr als 130 Milliarden USD bemisst,[680] womit sich Gates, zusammen mit Jeff Bezos und Elon Musk, in der „Top 5“-Liste der reichsten Menschen der Welt befindet.[681]

Dabei hat Bill Gates sogar öffentlich damit geprahlt, dass ihm Investitionen in globale Gesundheitsorganisationen, die darauf abzielen, den Zugang zu Impfstoffen zu verbessern, eine Rendite von 20 zu 1 gebracht haben. Nach seinen Angaben habe er aus einer Investition von 10 Milliarden US-Dollar einen Ertrag von 200 Milliarden US-Dollar erwirtschaftet.[682]

---

677 https://www.gatesnotes.com/Health/What-you-need-to-know-about-the-COVID-19-vaccine

678 https://de.wikipedia.org/wiki/Coalition_for_Epidemic_Preparedness_Innovations#Gr%C3%BCndung_und_Organisation

679 https://www.forbes.com/2010/03/09/worlds-richest-people-slim-gates-buffett-billionaires-2010-intro_slide.html?sh=7de8e9ae2eed

680 https://www.forbes.com/profile/bill-gates/?sh=52183cf4689f

681 https://www.forbes.com/billionaires/

682 https://www.cnbc.com/2019/01/23/bill-gates-turns-10-billion-into-200-billion-worth-of-economic-benefit.html

Wie es aussieht, hat das sogenannte „Jahrzehnt der Impfstoffe“ (Decade of Vaccines), welches von ihm und seiner Frau Melinda am Weltwirtschaftsforum in Davos im Januar 2010 angekündigt wurde (mit dem Versprechen der beiden, 10 Milliarden Dollar für die für die Erforschung, Entwicklung und Lieferung von Impfstoffen zur Verfügung zu stellen),[683] ihn noch reicher gemacht, als sein Microsoft-Imperium.

Im Mai 2012 wurde der Globale Aktionsplan für Impfstoffe (Global Vaccine Action Plan - GVAP) von den 194 Mitgliedstaaten der WHO gebilligt, welcher das Ziel hatte, dass bis 2020 alle Menschen auf der Welt in den „Genuss“ der Impfung kommen, unabhängig davon, wo sie geboren wurden, wer sie sind oder wo sie leben.
An der Entwicklung des GVAP waren die Bill & Melinda Gates-Stiftung, GAVI Alliance, UNICEF, das US-amerikanische Nationale Institut für Allergien und Infektionskrankheiten (unter der Leitung von Dr. Fauci) und die WHO beteiligt.[684]

Bemerkenswert ist auch die Tatsache, dass Dr. Fauci persönlich im Führungsrat der „Jahrzehnt der Impfstoffe“ - Kollaboration sitzt und somit auszugehen ist, dass er und Gates sich nahestehen.[685]

Und auch während der Covid-19-„Pandemie” hat sich Gates, neben vielen anderen Milliardären, bisher sagenhaft bereichern können, während ganze Wirtschaften samt dem Mittelstand und dem Einzelhandel den Bach runter gingen bzw. gehen.
So hat sich z. B. von Januar 2020 bis April 2021 das Vermögen von Gates und anderen Superreichen wie folgt vermehrt:

Bill Gates + 22 Milliarden USD

---

[683] https://www.gatesfoundation.org/Media-Center/Press-Releases/2010/01/Bill-and-Melinda-Gates-Pledge-$10-Billion-in-Call-for-Decade-of-Vaccines
[684] https://www.who.int/teams/immunization-vaccines-and-biologicals/strategies/global-vaccine-action-plan
[685] https://www.gatesfoundation.org/ideas/media-center/press-releases/2010/12/global-health-leaders-launch-decade-of-vaccines-collaboration

Mark Zuckerberg + 35 Milliarden USD
Jeff Bezos + 86 Milliarden USD
Elon Musk + 144 Milliarden USD

Interessant ist auch, dass die meisten Milliardäre, welche sich an der „Pandemie“ bereichert haben, in technologischen Branchen tätig sind.[686]

### 4.1 Global Response Initiative

Am 24. April 2020 hat die WHO gemeinsam mit der BMGF und anderen globalen Gesundheitsakteuren die historische „Global Response“-Initiative zum Kampf gegen das Coronavirus gestartet.[687]

Daraufhin hat die EU-Kommission unter Ursula von der Leyen gemeinsam mit der BMGF am 4. Mai 2020 eine Geberkonferenz veranstaltet, und innerhalb weniger Stunden satte 7,4 Milliarden Euro von 40 Staaten und privaten Geldgebern für die Entwicklung von Corona-Impfstoffen eingesammelt.

Dabei wurden ALLE gesammelten Gelder an Organisationen weitergeleitet, die von der Gates-Stiftung finanziert und/oder (mit-)gegründet wurden:[688]

- The Coalition for Epidemic Preparedness Innovation (CEPI)[689] [690]

---

686 https://www.forbes.com/sites/chasewithorn/2021/04/30/american-billionaires-have-gotten-12-trillion-richer-during-the-pandemic/?sh=203c0dacf557
687 https://www.bundesregierung.de/breg-de/themen/coronavirus/geberkonferenz-covid-19-1750152
688 https://global-response.europa.eu/about_en
689 https://de.wikipedia.org/wiki/Coalition_for_Epidemic_Preparedness_Innovations
690 https://homelandprepnews.com/stories/57513-bill-melinda-gates-foundation-awards-up-to-20m-to-cepi-for-covid-19-vaccine-portfolio-expansion/?amp

- Gavi, the Vaccine Alliance[691] [692]
- Therapeutics Accelerator for therapeutics[693]
- UNITAID[694]
- Foundation for Innovative New Diagnostics (FIND)[695]
- The Global Fund[696]
- The World Health Organization (WHO)[697]

Die Gates-Stiftung durfte sich freuen, da sie in all diesen Institutionen ein gewaltiges Mitspracherecht bzw. sogar eindeutig das Sagen hatte und daher faktisch über die gesammelten Gelder, nach Belieben, (mit-)verfügen durfte.

Darüber gibt es auch einen sehr informativen Beitrag von der „Anstalt", einer politischen Kabarettsendung auf ZDF.[698]

Wäre das öffentlich-rechtliche Fernsehen immer so aufklärerisch und informativ, so müsste man wohl keine GEZ-Zwangsgebühren einführen. Die Menschen würden mit Sicherheit gerne auch freiwillig dafür bezahlen, um wahrheitsgetreu und umfassend informiert zu werden.

---

691 https://de.wikipedia.org/wiki/Gavi,_die_Impfallianz#Gr%C3%BCndung
692 https://www.gavi.org/investing-gavi/funding
693 https://www.gatesfoundation.org/ideas/media-center/press-releases/2020/03/covid-19-therapeutics-accelerator
694 https://unitaid.org/news-blog/unitaid-hails-new-us-50-million-contribution-bill-melinda-gates-foundation/#en
695 https://www.ncbi.nlm.nih.gov/books/NBK560479/box/box003/?report=objectonly
696 https://www.theglobalfund.org/en/private-ngo-partners/resource-mobilization/bill-melinda-gates-foundation/
697 https://open.who.int/2018-19/contributors/contributor
698 Finanz-Talk im Kopf von Bill Gates, Die Anstalt https://www.youtube.com/watch?v=nxXWKAprQ1E
https://www.youtube.com/watch?v=nxXWKAprQ1E

Insgesamt wurden seit dem 4. Mai 2000 15,9 Mrd. EUR für die Global Response- Initiative mobilisiert.[699]

### 4.2 Global Vaccine Summit

Am 04.06.2020 wurde von Großbritannien ein virtueller globaler Impfstoffgipfel („Global Vaccine Summit") veranstaltet, welcher vom britischen Premierminister Boris Johnson ausgerichtet wurde. Am Gipfel haben Vertreter aus 62 Ländern, darunter 42 Staats- und Regierungschefs, sowie Führungskräfte globaler Gesundheitsorganisationen, Impfstoffhersteller und Stiftungen teilgenommen, und es wurden insgesamt 8,8 Milliarden US-Dollar an GAVI zugesichert, *„um 300 Millionen Kinder zu immunisieren und den weltweiten Kampf gegen COVID-19 zu unterstützen"*, worauf sich Bill Gates wieder einmal freuen konnte.[700]

Die größten Geldgeber waren Großbritannien mit 1,705 Milliarden USD, die BMGF mit 1,6 Milliarden USD, die USA mit 1,16 Milliarden USD, Norwegen mit 1,009 Milliarden USD, Deutschland mit 785 Millionen USD, Kanada mit 444 Millionen USD, Frankreich mit 393 Millionen USD und die Europäische Kommission mit 336 Millionen USD. Die Rockefeller Stiftung hat ebenfalls am Gipfel teilgenommen und 5 Millionen USD zugesichert.[701] [702]

### 4.3 Global Goal: Unite for Our Future - Geberkonferenz

Die Geberkonferenz „Global Goal: Unite for Our Future" (Globales Ziel: Vereinigt euch für unsere Zukunft), welche am 27.06.2020 als Reaktion auf die Covid-19-„Pandemie" von der Bewegung „Global Citizen" und der Europäischen Kommission abgehalten wurde, mobilisierte insgesamt 6,9 Milliarden US-Dollar

---

[699] https://global-response.europa.eu/index_de
[700] https://www.gavi.org/news/media-room/world-leaders-make-historic-commitments-provide-equal-access-vaccines-all
[701] https://www.gavi.org/sites/default/files/document/2020/4-June-2020-Global-Vaccine-Summit-Gavi-3rd-Replenishment-Pledging-tables_150620.pdf
[702] https://www.cnbc.com/2020/06/04/bill-gates-backed-vaccine-alliance-looks-to-raise-7point4-billion.html

an neuen Zuschüssen, Darlehen und Garantien für *„einen gerechten Zugang zu COVID-19-Tests, -Behandlungen und –Impfstoffen"*. An der Konferenz nahmen diverse Staaten, Unternehmen, Stiftungen, die EU und die Europäische Investitionsbank Teil, die allesamt GAVI finanzielle Mittel zusicherten.

Dabei haben die EU und die Europäische Investitionsbank Kredite und Garantien in Höhe von 5,4 Mrd. USD, die USA 545 Mio. USD und Deutschland 383 Mio. EUR zugesagt, und die Rockefeller-Stiftung hat sich verpflichtet, ihre Investitionen um 50 Millionen USD zu erhöhen, wieder einmal ganz zur Freude von Bill Gates.[703] [704]

### 4.4 Bill Gates investierte in BioNTech kurz vor der „Pandemie"

Die BMGF hat im September 2019, nur wenige Monate vor der „Pandemie" 55 Millionen US-Dollar in die Mainzer Firma BioNtech investiert (wobei die *„Gesamtfinanzierung bis zu 100 Millionen US-Dollar erreichen könnte"*) - und zwar *„in eine Zusammenarbeit im Bereich Infektionskrankheiten"*. [705] Nicht weniger interessant ist, dass BioNtech zuvor eine Pleitegeierfirma gewesen ist, die kein einziges Produkt auf den Markt brachte,[706] und nun eine entscheidende Rolle in der Covid-19-Impfstoffherstellung (Pfizer) spielt und Milliardengewinne zu verzeichnen hat.[707]

Was für ein Zufall aber auch.

### 4.5 Die EU hat bis zu 1,8 Milliarden weiterer Covid-19 Pfizer/BioNtech Impfstoffdosen bestellt

---

[703] https://www.gavi.org/vaccineswork/global-goal-unite-for-our-future-impact-report
[704] https://ec.europa.eu/commission/presscorner/detail/en/ip_20_1213
[705] https://investors.biontech.de/news-releases/news-release-details/biontech-announces-new-collaboration-develop-hiv-and/
[706] https://de.wikipedia.org/wiki/Biontech
[707] https://www.tagesschau.de/wirtschaft/unternehmen/biontech-milliarden-gewinn-corona-delta-impfstoff-krebs-forschung-101.html

Interessant ist in dieser Hinsicht ebenfalls, dass die Europäische Union einen Vertrag mit BioNTech/Pfizer über den Kauf von bis zu 1,8 Milliarden weiterer Impfstoffdosen abgeschlossen hat. Dabei soll die Hälfte der Dosen fest bestellt werden und die Lieferung der anderen Hälfte optional bis ins Jahr 2023 erfolgen. Es sieht somit nicht danach aus, als ob die EU von einem baldigen Ende der „Pandemie" ausgeht, trotz der offiziellen Statistik, die besagt, dass der Großteil der EU-Bevölkerung bereits geimpft wurde.[708]

### 4.6 Bill Gates kann sich seine Freude über die „Pandemie" nicht verkneifen

Bill Gates scheint das ganze Pandemiefiasko eine große Freude zu bereiten.

Kein Wunder, denn die Steuergelder aus aller Welt, welche durch Initiativen wie die Global Response gesammelt wurden, sind an Organisationen weitergeleitet worden, die von der Gates-Stiftung finanziert und/oder (mit-)gegründet wurden (GAVI, CEPI, WHO, etc.). Diese konnten dann beliebig mit den Steuergeldern verfügen und diese an private Pharmakonzerne ihrer Wahl lenken, an denen die Gates-Stiftung wiederum Aktienanteile hat (wie z. B. Pfizer) bzw. in welche sie investiert hat (wie z. B. im Fall der Firma BionTech, welche im Anschluss durch die Coronaimpfstoffe Milliardengewinne verzeichnen konnte).

In einem Interview mit CNBC vom 09.04.2020 hat Gates gesagt, dass er mit 1 in 10 000 Nebenwirkungen bei Covid-19-Impfstoffen rechnet, also weltweit *„700 000 Menschen, die davon leiden würden"*.[709] [710] Noch während er vom Leid der Menschen sprach, ging ihm eigenartigerweise ein Lächeln über die Lippen, als ob er seine Freude darüber nicht verbergen konnte.

In einem anderen Interview mit CNN vom 26.04.2020 sieht man, wie Gates sich seine Freude nicht verkneifen kann und breit zu grinsen anfängt, als der

---

708 https://de.euronews.com/2021/08/03/eu-lander-im-vergleich-wer-impft-schneller-gegen-covid-19
(Stand 03.08.2021)
709 https://www.cnbc.com/video/2020/04/09/bill-gates-an-effective-covid-19-vaccine-is-at-least-18-months-away.html
710 https://www.youtube.com/watch?v=EjgbMib36do (1:15)

Interviewer im vollen Ernst davon spricht, dass die Wirtschaft einen enormen Schaden durch den Lockdown getragen hat und dass es eine lange Zeit dauern wird, bis sich diese wieder erholt.[711]

In einem weiteren Interview mit Anderson Cooper konnte Gates seine Freude ebenso nicht verbergen und fing an breit zu grinsen, als ihn Cooper fragte, ob Gates denke, dass Menschen „Social Security" (Sozialversicherung bzw. soziale Leistungen in Form von Alters-, Invaliditätsrente bzw. Hinterbliebenenrente und Zusatzleistungen)[712] nur dann bekommen sollen, wenn sie geimpft sind.[713]

Und in einem Interview mit der U.S. Chamber of Commerce Foundation im Juni 2020 erklärte Bill Gates, dass einige Länder der Covid-19-„Epidemie" nicht genug Beachtung geschenkt haben und warnte davor, dass *„wir uns auf die Nächste (Epidemie) vorbereiten müssten, die diesmal die nötige Beachtung bekommen würde"*, woraufhin er sich, genauso wie seine Frau, ein höhnisches Grinsen nicht verkneifen konnte.[714]

### 4.7 Spenden der BMGF an die Charité und das RKI

Interessant ist auch, dass die BMGF sowohl dem RKI, als auch der Charité Berlin, bei welcher Christian Drosten seit 2017 er Professor, Lehrstuhlinhaber und Institutsdirektor ist, Spenden hat zukommen lassen. So hat das RKI kurz vor der „Pandemie", im November 2019, 253 000 USD erhalten, um *„den Ursprung und die Entwicklung des Pockenimpfstoffs zu untersuchen"*.[715] Und das Charité Berlin erhielt 249 550 USD, für die *„Entwicklung von Diagnose- und Virologiewerkzeugen, um eine schnelle Reaktion auf das neuartige Coronavirus 2019 zu ermöglichen."*[716]

---

[711] https://edition.cnn.com/videos/tv/2020/04/26/exp-gps-0426-gates-on-re-opening-the-u-s-economy.cnn (5:15)
[712] https://www.debt.org/retirement/social-security/
[713] https://www.thegatewaypundit.com/2021/08/weird-bill-gates-smiles-suggesting-nonvaccinated-withheld-social-security-benefits/
[714] https://www.youtube.com/watch?v=fWQ2DsHWrQE&t (6:23)
[715] https://www.gatesfoundation.org/about/committed-grants/2019/11/opp1216026
[716] https://www.gatesfoundation.org/about/committed-

## 5. „Vorhersagen“ und Inszenierungen der „Pandemie“

Bill Gates hat in den vergangenen Jahren wiederholt eine Pandemie „vorhergesagt“. So hat er z. B. 2015 bei TED Talk behauptet, dass es wohl keinen atomaren Weltkrieg geben wird, sondern dass ein Virus mehr als 10 Millionen Menschen töten könnte.[717]

Und auch Dr. Fauci hat der Welt ebenso eine Pandemie wiederholt „prophezeit“. Bereits im Januar 2017 sagte er, es bestehen *„kein Zweifel“*, dass Donald J. Trump während seiner Präsidentschaft mit einem überraschenden Ausbruch einer Infektionskrankheit konfrontiert werden wird.[718]

In einem Video aus dem gleichen Jahr spricht Fauci ebenfalls von einem *„überraschenden Ausbruch“* einer Pandemie.[719]

Fraglich ist, wie Gates und Dr. Fauci sich da überhaupt so sicher in ihren „Prophezeiungen“sein konnten. Es ist, als ob sie genau gewusst haben, was uns alle erwartet.

Interessant und zeitgleich beruhigend ist auch, wie uns sämtliche Politiker und die ganzen Massenmedien nach der ersten Corona- Welle weitere Covid-19-Wellen prophezeit haben, obwohl man dies im Vorhinein gar nicht wissen kann und es in der Regel auch nicht davon auszugehen ist, dass weitere Viruswellen folgen, vor allem dann nicht, wenn die Inzidenzwerte bereits im Keller waren, wie wir es im Sommer 2020 und 2021 beobachten konnten. Es ist, als ob man die Menschen auf die nächste Phase eines Plans vorbereiten wollte, damit sie weitere Grundrechtseinschränkungen besser akzeptieren und hinnehmen.

### 5.1 Event 201

Am 18. Oktober 2019, also nur etwa zwei Monate vor dem Ausbruch des

---

grants/2020/03/inv005971

[717] https://www.youtube.com/watch?v=6Af6b_wyiwl

[718] https://www.healio.com/news/infectious-disease/20170111/fauci-no-doubt-trump-will-face-surprise-infectious-disease-outbreak

[719] https://www.youtube.com/watch?v=Kh3twYon8pc

Corona-Wahnsinns, haben die Bill und Melinda Gates Stiftung, das Johns Hopkins Center for Health Security und das Weltwirtschaftsforum zu Übungszwecken das „Event 201“ in New York veranstaltet, bei welchem der weltweite Ausbruch einer Pandemie simuliert wurde, welche durch ein **neues Coronavirus** verursacht wurde.[720] Was für ein (höchst unwahrscheinlicher) Zufall aber auch, vor allem in Bezug auf die unzähligen Virenarten, die es gibt.

Die Simulation, welche von den Massenmedien kaum beachtet wurde, sollte aufzeigen, wie Regierungen, Behörden, Unternehmen und die UNO in diesem Krisenfall am besten zusammenarbeiten sollten[721]:

In der Simulation kam es zum freien Fall der Wirtschaft, zum Einbruch des Tourismus und Dienstleistungssektors, zu begrenzten Internetabschaltungen, zur Unterdrückung der Panik und zu 65 Millionen Toten in den ersten 18 Monaten.
Man muss sagen, dass außer den 65 Millionen Toten und den Internetabschaltungen wohl alles andere eingetroffen ist. Anstatt den Internetabschaltungen wurde eine starke Internetzensur eingeführt, welche auch heute noch versucht, so ziemlich alle Meinungen, die dem offiziellen Narrativ widersprechen, mundtot zu machen und/oder als Verschwörungstheorie abzutun (siehe auch Kapitel 1. Punkt 9.7).[722]

## 5.2 Das Rockefeller-Szenario

Im Bericht „Scenarios for the Future of Technology and International Development“ (dt. „Szenarien der Zukunft der Technologie und der internationalen Entwicklung“), welcher bereits im Mai 2010 von der Rockefeller-Stiftung und dem Global Business Network veröffentlicht wurde, wurde ebenfalls ein Pandemieszenario „vorhergesagt“, welches das Vorgehen Chinas lobt und der aktuellen Covid-19-„Pandemie“ stark ähnelt.[723]

---

720 https://www.centerforhealthsecurity.org/event201/
721 https://www.bitchute.com/video/Qun2S0ZFZrff/
722 https://www.youtube.com/watch?v=n041ZiGNd9o
723 Scenarios for the Future of Technology and International Development, The Rockefeller Foundation, Global Business Network, 2010

Das Szenario mit dem Namen „Lock Step" wird folgendermaßen beschrieben: ***„Eine Welt strengerer staatlicher Kontrolle von oben nach unten und autoritärerer Führung*** *mit begrenzter Innovation und wachsendem Rückstoß der Bürger".*

Es folgt ein Auszug aus diesem Szenario:

*„2012* ***schlug die Pandemie schließlich ein, mit der die Welt seit Jahren gerechnet hatte****. Im Gegensatz zum H1N1 von 2009 war dieser neue Influenzastamm, der von Wildgänsen stammt, äußerst virulent und tödlich. Selbst die am stärksten von Pandemien vorbereiteten Nationen waren schnell überwältigt, als das Virus weltweit ausbrach, fast 20 Prozent der Weltbevölkerung infizierte und in nur sieben Monaten 8 Millionen Menschen tötete, die meisten davon gesunde junge Erwachsene. Die Pandemie hatte auch tödliche Auswirkungen auf die Volkswirtschaften:* ***Die internationale Mobilität von Menschen und Gütern kam zum Stillstand, schwächte Industrien wie den Tourismus und brach die globalen Lieferketten.*** *Selbst vor Ort standen normalerweise geschäftige Geschäfte und Bürogebäude monatelang leer, ohne Mitarbeiter und Kunden.*

*Die Pandemie bedeckte den Planeten - in Afrika, Südostasien und Mittelamerika starben überproportional viele Menschen, wo sich das Virus ohne offizielle Eindämmungsprotokolle wie ein Lauffeuer ausbreitete. Aber auch in den Industrieländern war die Eindämmung eine Herausforderung ... Ein paar Ländern erging es jedoch besser -* ***insbesondere China****. Die* ***rasche Einführung und Durchsetzung der Quarantänepflicht für alle Bürger durch die chinesische Regierung sowie die sofortige und nahezu hermetische Abschottung aller Grenzen*** *retteten Millionen von Menschenleben,* ***stoppten die Ausbreitung des Virus weit früher als in anderen Ländern*** *und ermöglichten eine schnellere Bekämpfung postpandemische Genesung.*

*Chinas Regierung war nicht die Einzige, die* ***extreme Maßnahmen ergriffen*** *hat, um ihre Bürger vor Risiken ... zu schützen. Während der Pandemie haben* ***nationale Staats- und Regierungschefs auf der ganzen Welt ihre Autorität gestärkt und luftdichte Regeln und Beschränkungen auferlegt****, vom* ***obligatorischen Tragen von Gesichtsmasken*** *bis hin zu* ***Körpertemperaturkontrollen*** *an den Eingängen zu Gemeinschaftsräumen wie Bahnhöfen und Supermärkten.* ***Selbst nach dem Ende der Pandemie blieb diese***

***autoritärere Kontrolle ... der Bürger und ihrer Aktivitäten bestehen und verstärkte sich sogar****. Um sich vor der Ausbreitung zunehmend globaler Probleme zu schützen - von Pandemien und transnationalem Terrorismus bis hin zu Umweltkrisen und zunehmender Armut - haben die* ***Staats- und Regierungschefs*** *auf der ganzen Welt* ***die Macht fester in ihren Griff*** *bekommen. Zunächst fand die Vorstellung einer kontrollierten Welt breite Akzeptanz und Zustimmung.* ***Die Bürger gaben bereitwillig einen Teil ihrer Souveränität - und ihrer Privatsphäre - an paternalistischere Staaten ab im Austausch für mehr Sicherheit und Stabilität.“***

Benjamin Franklin, der einst gesagt hat, dass diejenigen, die wesentliche Freiheiten aufgeben, um ein wenig vorübergehende Sicherheit zu erlangen, weder Freiheit noch Sicherheit verdienen, würde sich dabei wohl im Grabe umdrehen.[724]

***„Die Bürger waren*** *toleranter und* ***sogar eifriger in Bezug auf die Führung und Kontrolle von oben nach unten****, und die Staats- und Regierungschefs hatten mehr Spielraum, um nach eigenem Ermessen Ordnung zu schaffen. In den Industrieländern nahm diese* ***verstärkte Aufsicht*** *viele Formen an: zum Beispiel* ***biometrische Ausweise für alle Bürger*** *und eine strengere Regulierung der Schlüsselindustrien, deren Stabilität als entscheidend für die nationalen Interessen angesehen wurde. In vielen Industrieländern stellte die erzwungene Zusammenarbeit mit einer Reihe neuer Vorschriften und Vereinbarungen langsam, aber stetig die Ordnung und vor allem das Wirtschaftswachstum wieder her.“*

### 5.3 Pandemiesimulationen der Weltbank

Im Oktober 2016 hat die Weltbank auf ihrer Jahrestagung ihre erste Pandemiesimulation überhaupt durchgeführt, welche sich an Finanzminister richtete. Darauf folgten drei weitere Pandemiesimulationen:

- Im Januar 2017 veranstaltete die Weltbank zusammen mit der Bill and Melinda Gates Foundation auf der Jahrestagung des

[724] https://de.wikiquote.org/wiki/Benjamin_Franklin#Autobiographie

Weltwirtschaftsforums in Davos (Schweiz) eine Pandemiesimulation für Geschäftsführer großer Unternehmen.

- Im Juli 2017 führte die Weltbank *„gemeinsam mit der Bundeskanzlerin Angela Merkel auf dem Treffen der G-20-Regierungen eine Pandemiesimulation für die Gesundheitsminister durch, die sich traditionell auf Finanzen und Wirtschaft konzentriert“*. [725]

- Im Oktober 2017 erfolgte auf der Jahrestagung in Washington erneut eine Pandemiesimulation mit einem Szenario, welches verblüffende Ähnlichkeiten mit der aktuellen Corona-„Pandemie“ aufweist:
  *„Die Minister der Regierung standen vor einem neuen Ausbruch von Infektionskrankheiten. Das mysteriöse Virus machte Menschen mit alarmierender Geschwindigkeit krank und tötete sie. Einige Patienten mussten an* ***Beatmungsgeräte*** *angeschlossen werden, um ihnen beim Atmen zu helfen. Das neue Virus schien* ***gegen antivirale Medikamente resistent*** *zu sein.*
  *Innerhalb einer Woche hatten Beamte ein großes* ***Krankenhaus und Schulen geschlossen*** *und Tausende von Menschen unter* ***Quarantäne*** *gestellt. Angst und Panik breiteten sich schnell aus, als Menschen in Nachbarländern infiziert wurden und starben.“*

Es erscheint einem doch als äußerst verdächtig, dass die Weltbank nur drei Jahre vor der Covid-19 „Pandemie“ auf einmal anfing, sich derart für Pandemien zu interessieren, welche für sie eigentlich fachfremd sein sollten.

## 5.4 Vorhersagen der Corona Pandemie in den Medien

### 5.4.1 The Economist

Die Corona-„Pandemie“ wurde auch auf dem Cover der „The Economist – The World in 2019“ Ausgabe vom 22. November 2018 „vorhergesagt“. The Economist ist eine englischsprachige Wochenzeitung mit den Schwerpunkten

---

[725] https://www.washingtonpost.com/news/to-your-health/wp/2017/10/24/world-leaders-rehearse-for-a-pandemic-that-will-come-sooner-than-we-expect/

internationale Weltwirtschaft, Politik und Technologie.[726] Die Zeitung wird vom Medienunternehmen „The Economist Group“ herausgegeben, welches bereits 1843 in London gegründet wurde und zum Teil der Rothschild-Familie gehört. Aktuell ist Lady Lynn Förster de Rothschild Mitglied im Verwaltungsrat des Unternehmens.[727]

Die Zeitung ist unter anderem dafür bekannt, dass sie jeweils zum Jahresende auf ihren Covern mit dem Titel „The Worhld in ...“ Voraussagen für das kommende Jahr durch (zum Teil codierte) Botschaften/Symbole tätigt.[728]

Auf dem Cover der Ausgabe von „The Economist – The World in 2019“ sind vier Reiter auf vier Pferden abgebildet, die wohl die vier Reiter der Apokalypse darstellen sollen. Auf einem der Pferde sitzt die Freiheitsstatue Amerikas, welche eine Mund-Nasenschutzmaske trägt, was wohl auf den Ausbruch einer Pandemie schließen lässt.[729]

### 5.4.2 Netflix

Der Medienriese Netflix hat wohl ebenfalls in die Glaskugel geschaut.
Passend zum Ausbruch der Corona-Pandemie hat Netflix am 07. November 2019, also etwas mehr als einen Monat vor dem ersten offiziellen Covid-19-Fall, einen Dokumentarfilm mit dem Titel „The Next Pandemic“ (dt. die nächste Pandemie) ausgestrahlt, in welchem sich unter anderem auch Bill Gates als „Experte“ zu Wort meldete.[730] [731] *„Die Episode beginnt mit der Darstellung der Möglichkeiten, wie die Welt enden könnte – und dann stellt Bill Gates fest, dass eine Pandemie das plausibelste Ereignis ist“*.[732]

---

[726] https://en.wikipedia.org/wiki/The_Economist
[727] https://en.wikipedia.org/wiki/The_Economist_Group#Governance
[728] https://en.wikipedia.org/wiki/The_Economist_Group#Operations
[729] https://ukshop.economist.com/products/the-world-in-2019?redirect=International
[730] https://www.imdb.com/title/tt11244670/
[731] https://vanderbilthustler.com/36567/life/not-so-unprecedented-netflixs-explained-predicted-the-covid-19-pandemic/
[732] https://vanderbilthustler.com/36567/life/not-so-unprecedented-netflixs-explained-predicted-the-covid-19-pandemic/

Des Weiteren wurde in der Episode u. a. Folgendes „vorausgesagt", was sich mit der aktuellen Corona-„Pandemie" verblüffend deckt: [733]

- Die Pandemie würde höchstwahrscheinlich von einem zoonotischen Virus ausgehen – *„eines, das von Tieren stammt und auf den Menschen übertragen wird"*.

- „Das Virus könnte wahrscheinlich auf einem Nassmarkt (Tiermarkt) auf den Menschen übertragen werden."

- Laut Bill Gates würde die nächste Pandemie die Wirtschaft zum Stillstand bringen.

Und bereits im Januar 2020 hat Netflix angefangen die Serie „Pandemic: How to Prevent an Outbreak" (dt. "Pandemie: Wie man einen Ausbruch verhindert") auszustrahlen,[734] deren Produktion *„einige Monate vor Beginn des Coronavirus-Ausbruchs in China abgeschlossen"* wurde.[735] Was für ein Zufall aber auch.

Netflix hat im Mai 2018 einen mehrjährigen Vertrag mit der Firma „Higher Ground Productions" geschlossen, die die Obamas gegründet haben.[736] Seitdem produzieren sie für Netflix Serien, Filme und Dokumentationen. Im Vorstand bei Netflix saß damals Susan Rice, eine gute Bekannte Obamas, welche unter seiner Regierung UN-Botschafterin der USA gewesen ist.[737]

### 5.4.3 Die Fake-Pandemie bei den Simpsons

---

[733] https://vanderbilthustler.com/36567/life/not-so-unprecedented-netflixs-explained-predicted-the-covid-19-pandemic/
[734] https://en.wikipedia.org/wiki/Pandemic:_How_to_Prevent_an_Outbreak
[735] https://www.latimes.com/entertainment-arts/tv/story/2020-04-01/pandemic-netflix-documentary-coronavirus
[736] https://en.wikipedia.org/wiki/Higher_Ground_Productions
[737] https://about.netflix.com/en/news/ambassador-susan-e-rice-appointed-to-netflix-board-of-directors

Die weltberühmte Zeichentrickserie „Die Simpsons“, welche bekannt für ihre „Vorhersagen“ sämtlicher Weltereignisse ist,[738] hat in einer Folge aus dem Jahr 2010 („The fool Monty“ - dt. „Das Wunder von Burns“) das Szenario einer unechten Pandemie dargestellt.[739]

Darin plant eine Gruppe von Vertretern namhafter US-Medienimperien, während eines geheimen Treffens, Massenpanik auszulösen, indem sie eine **unechte Krankheit fabrizieren** und u. a. angeben, dass **ein Impfstoff in begrenztem Umfang verfügbar ist**.

Dabei wird der Zuschauer u. a. Zeuge des folgenden Dialogs:

Vorsitzende:

*„Wir sind hier, um die nächste schwachsinnige, unechte Krise zu erfinden, die die Amerikaner in ihre dunklen Zimmer zwingt, gefesselt an einen Fernseher und zu ängstlich die Werbeblöcke zu überspringen.“*

...

(Aufschrift auf dem Flipchart: Zielsetzung: **Unechte Krise schaffen**)

*„Ich bin für die gute alte Gesundheitspanik.“*

Eine blonde Frau namens Janice:

*„Eine neue Krankheit, niemand ist immun. Das ist wie 9/11, aber anstatt der Terroristen ist es eine Epidemie und statt dem 11. September ist es immer.“*

Rufe aus der Runde: *„Ja! Das ist grandios!“*

Ein weiterer Medienvertreter:

*„Aber Janice, wir haben unsere Prinzipien. Wir können nicht einfach eine Krankheit erfinden. Wenn wir moralisch integer sein sollen,* ***müssen wir die Menschheit mit einem tödlichen Virus infizieren****.“*

Darauf holt der Vorsitzende einen Aktenkoffer raus, mit den Worten:

---

[738] https://www.youtube.com/watch?v=-10vg90Zly8
[739] https://en.wikipedia.org/wiki/The_Fool_Monty

*„Wir hätten da was in petto, aber es ist noch nicht getestet worden.“*

Der Vorsitzende macht den Aktenkoffer auf, ruft den Vertreter von NBC und **injiziert diesem das Virus mittels einer Spritze** aus dem Aktenkoffer, worauf der Arme sofort auf den Boden fällt und zu zucken beginnt.

Stimmen aus der Runde: *„Wow! Wow! Großartig!“*

Darauf der Vorsitzende, sichtlich zufrieden mit dem Ergebnis:

*„Unsere tödliche Krankheit hätten wir.“*[740]

### 5.4.4 Madonnas morbider Auftritt bei der Eurovision 2019

Und auch Popstar Madonna scheint bezüglich der „Pandemie“ im Bilde gewesen zu sein. Ihr morbider und okkulter Auftritt bei der Eurovision 2019 lässt darauf schließen, dass sie (und die Leute die hinter ihr stehen) genau gewusst haben, was die Welt erwartet.[741]

Die Show begann mit dem Lied „Like a prayer“ vor dem Hintergrund eines schwarz-roten Tors, welches wie ein Teufelsschädel aussieht und jeweils 20 Druiden/Mönchen zu jeder Seite, welche wohl das Jahr 2020 repräsentieren. Während Madonna sang, gingen an ihr jeweils links und rechts zwei Druiden die Stufen hoch und trugen zwei Säulen, welche sie oben, vor dem Tor aufrichteten.

Im weiteren Verlauf der Show warfen die Mönche ihr Gewand ab und man konnte sehen, dass es sich bei diesen um weibliche und männliche Tänzer handelte, welche allesamt Gasmasken trugen, was wohl ein Hinweis auf die bevorstehende Coronavirus-Pandemie und/oder eine biologische Kriegsführung gewesen ist. Madonna hatte neben dem zugedeckten linken Auge (okkulte Ein-Auge-Symbolik, siehe auch Kapitel 8. Punkt 18) auch noch eine Krone auf dem Kopf. Interessanterweise kommt das Wort „Corona” aus dem Lateinischen und bedeutet „Krone“. Das Coronavirus selbst verdankt seinen Namen der Außenhülle der Viren, deren Fortsätze einer Krone ähneln.[742]

---

[740] https://www.youtube.com/watch?v=SZ9KDbGDmPc

[741] https://www.youtube.com/watch?v=VG3WkiL0d_U

Im weiteren Verlauf der Show ertönte das Lied „Future“ (Zukunft), bei welchem verschiedene Weltuntergangsszenarien gezeigt wurden und welches den folgenden Refrain enthielt:

*"not everyone is coming to the future*

*not everyone is learning from the past*

*not everyone is coming to the future*

*not everyone that´s here is gonna last"*

Übersetzt heißt dies:

Nicht jeder kommt in die Zukunft

Nicht jeder lernt aus der Vergangenheit

Nicht jeder kommt in die Zukunft

Nicht jeder, der hier ist, wird es schaffen/durchhalten

Nach den Weltuntergangsszenarien nahmen die Tänzer schließlich ihre Masken ab und setzten sich allesamt auf ein Knie, was stark an die George Floyd Solidaritätsgeste erinnert, welche möglicherweise ebenfalls „vorhergesagt“ wurde.

Daraufhin stiegen die Tänzer jeweils paarweise hoch und ließen sich nach hinten fallen.

Im Anschluss wurde eine digitale Pyramide über den gesamten Bildschirm eingeblendet, es erschien die Aufschrift „Wake Up“ (dt. Wacht auf), woraufhin sich Madonna und der Sänger Quavo ebenfalls, vor den aufgerichteten Säulen, nach hinten abfallen ließen.

---

[742] https://www.edugroup.at/detail/ein-kleines-lexikon-zum-neuartigen-coronavirus.html

Bemerkenswert ist ebenfalls, dass auf der Rückseite von Madonnas Albums "Madame X", welches im Juni 2019 erschien, eine Schreibmaschine der Marke „Corona" abgebildet ist.[743]

### 5.5 Aufblähung und Inszenierungen der „Pandemie" durch die Medien

Die Massenmedien sind des Öfteren dabei ertappt worden, wie sie die „Pandemie" aufgebläht bzw. sogar künstlich inszeniert haben. So haben z. B. Medien während der ersten Corona Welle in New York schreckliche Bilder von Massengräbern auf der nahe liegenden Insel Hart Island gezeigt, und diese in Zusammenhang mit Covid-19 gebracht,[744] [745] woraufhin bei vielen Menschen der Eindruck erzeugt wurde, dass die Friedhöfe in New York aufgrund der „Pandemie" überfüllt seien und man nun Massenbegräbnisse auf Hart Island durchführen müsse.

Dies entsprach jedoch zu keinem Zeitpunkt der Realität. Die Medien haben eigenartigerweise nichts darüber berichtet, dass sich auf Hart Island der weltweit größte Armenfriedhof (Potter's Field) befindet, welcher 1868 gegründet wurde und auf welchem seitdem mehr als eine Million Tote bestattet wurden. Viele von ihnen sind Totgeborene, Säuglinge, Obdachlose und Menschen, deren Angehörige man nicht ausfindig machen konnte. Wie man sieht, ist es kein Sonderfriedhof für Menschen, die MIT oder AN Covid-19 gestorben sind, welcher extra etabliert wurde, weil in der Stadt angeblich die Friedhöfe wegen der „Pandemie" überfüllt waren.[746] [747]

---

[743] https://www.amazon.de/Madame-X-Madonna/dp/B07QFWPZLL/ref=sr_1_1?__mk_de_DE=%C3%85M%C3%85%C5%BD%C3%95%C3%91&dchild=1&keywords=madame+x&qid=1630345531&sr=8-1

[744] https://nypost.com/cover/covers-for-friday-april-10-2020/

[745] https://www.reuters.com/news/picture/workers-bury-the-dead-in-mass-grave-on-n-idUSRTS38M8U

[746] https://de.wikipedia.org/wiki/Hart_Island#Potter%E2%80%99s_Field

[747] https://reason.com/2020/04/10/no-nyc-is-not-running-out-of-burial-space-due-to-covid-19/

Zwei weitere Beispiele:

- Am 19 März 2020 hat Sky News Krankenhausaufnahmen von einem Krankenhaus in **Bergamo** ausgestrahlt. Und ein paar Tage später, am 25 März 2020, hat CBS genau **dieselben Krankenhausaufnahmen** ausgestrahlt, mit dem Unterschied, dass CBS diese als Aufnahmen von einem Krankenhaus aus **New York** ausgegeben hat.[748]

- Die italienischen Medien haben ein Interview mit einem scheinbar an Covid-19 erkrankten Patienten aus einem Patientenzimmer eines Krankenhauses in der italienischen Region Piemont ausgestrahlt, wobei das ganze Kamerateam von Kopf bis Fuß in Schutzanzüge gekleidet war. Interessanterweise hat man wohl hierbei vergessen, den Zimmernachbarn des Interviewten entsprechend zu verkleiden, da dieser ohne jeglichen Schutz, ganz normal in seinem Bett, in einem T-Shirt, daneben saß, und sich wohl fragte, was denn da gerade für eine Show über die Bühne ging.[749]

Interessant ist auch, wie zahlreiche Medienberichte von angeblich vollen Krankenhäusern und Warteschlangen in den USA durch ganz normale Bürger entlarvt wurden, die vor Ort Videos aufnahmen, welche zeigten, dass dies alles nur Show war und dass es in Wirklichkeit keine Warteschlangen gab und die Krankenhäuser leer waren- und das in einem Land mit den angeblich meisten Opfern, die mit oder an Covid-19 gestorben sein sollen.[750]

### 5.6 Die mediale Inszenierung von Covid-19-Impfungen

Um die Impfpropaganda anzukurbeln, haben die Medien auf der ganzen Welt gezeigt, wie sich zahlreiche Menschen, darunter auch Politiker und Stars, wie z. B. Kamala Harris, Vizepräsidentin der USA,[751] Annastacia Palaszczuk, die Premierministerin des australischen Bundesstaates Queensland[752] oder die

---

[748] https://www.bitchute.com/video/g7HwsWq3ql9n/
[749] https://www.stopgreatreset.ru/2021/07/05/vypusk-iz-intensivnogo-otdelenija-kovid-bolnicy-v-italjanskom-pemonte/
[750] https://www.bitchute.com/video/RDR0fd7mUERj/
[751] https://www.bitchute.com/video/EmGINii6KnHH/

berühmte Sängerin Mariah Carey,[753] angeblich live haben impfen lassen. Aufmerksame Augen haben dies jedoch als eine Inszenierung entlarvt, da bei genauerem Hinsehen man z. B. genau erkennen konnte, dass die Kappen auf den Spritzen nicht abgenommen wurden, oder dass der Impfstoff nicht injiziert wurde, oder dass die Spritze keine Nadel hatte, oder dass sich die Spritze verbog etc..[754]

KTSM 9 NEWS, ein mit NBC verbundener Fernsehsender, hat einen solchen Fall entlarvt, nachdem ihn aufmerksame Zuschauer darauf aufmerksam gemacht haben.[755] Die restlichen Massenmedien haben dies jedoch vollkommen ignoriert.

Interessant ist auch, wie sich der Gesundheitsberater der US-Regierung, Dr. Anthony Fauci, der angeblich in den **linken Arm** geimpft wurde, am Tag darauf in einem CBSN Interview auf seinen **rechten Arm** gezeigt und angegeben hat, dass er da einen kleinen Schmerz verspürt.[756]

## 5.7 Bill Gates warnt vor Bioterrorismus

Bill Gates hat davor gewarnt, dass die nächste Pandemie ein bioterroristischer Angriff sein könnte und dass wir uns darauf vorbereiten sollten. Dabei hat er Covid-19 als „Pandemie 1“ und den bioterroristischen Angriff als „Pandemie 2“ bezeichnet.[757] [758] [759]

---

[752] https://www.bitchute.com/video/Nod7WZBK4nrh/
[753] https://www.bitchute.com/video/ZRbwXSEYgeXM/
[754] https://www.bitchute.com/video/WB9de7dNACc4/
https://www.bitchute.com/video/zXwJOynNBfaW/
https://www.bitchute.com/video/tRL7LFsIfHx1/
https://www.bitchute.com/video/tLO3dMhm1iV0/
https://www.bitchute.com/video/qtkjgEFehzFV/
[755] https://www.youtube.com/watch?v=WBBsQmnc8fI
[756] https://www.bitchute.com/video/rghDOaThvbqE/
[757] https://www.youtube.com/watch?v=ipaP5zTVKKU&t (2:50)
[758] https://www.rollingstone.com/tv/tv-news/bill-gates-covid-19-late-show-989380/

Gates hat ebenfalls den Bioterrorismus und den Klimawandel als die nächstgrößten Bedrohungen für die Menschheit nach der Coronavirus-Pandemie bezeichnet, welche jeweils schlimmer als Covid-19 sein könnten.[760]

Es ist, als ob die Menschen auf die nächste Phase eines perfiden Plans vorbereiten werden sollen und dass die Pandemiewellen ihnen so lange Angst und Schrecken einjagen sollen, bis das Ziel von Bill Gates und Co. verwirklicht wird und die gesamte Weltbevölkerung geimpft wird und regelmäßige (Nach-)Impfungen zum Alltag werden.

Dabei ist zunächst einmal sogar fraglich, ob Bioterrorismus auf der Grundlage von Viren bzw. Bakterien überhaupt realisierbar ist. Wie bereits erörtert, gibt es keinen Beweis für die Existenz des SARS-CoV-2. Wenn dies auch für die anderen Viren gelten sollte, dann ist zu fragen, ob die Viren überhaupt eine Bedrohung darstellen können und ob man sich davor wirklich zu fürchten braucht.

## Kapitel 3. Virologie auf dem Prüfstand

Da das SARS-CoV-2 bislang nicht nachgewiesen werden konnte, stellt sich die berechtigte Frage, ob dasselbe nicht auch für andere Viren gilt und ob sich die Virologie womöglich verirrt hat? Dafür sprechen die folgenden Überlegungen.

### 1. Das Virus ist tot

Wie bereits erwähnt, ist das Virus nach der heute vertretenen herrschenden Meinung nichts anderes als DNA/RNA, welches in der Regel von einer Proteinhülle umrandet wird. Da es keinerlei Bestandteile einer Zelle und keinen eigenen Stoffwechsel hat, ist das Virus kein Lebewesen und folglich

---

[759] https://deutsche-wirtschafts-nachrichten.de/510226/Bill-Gates-warnt-vor-Bio-Terrorismus-mit-Viren-und-Klimawandel

[760] https://www.marca.com/en/lifestyle/2021/02/08/6021b90f268e3e4d5f8b4580.html

*„biochemisch tot"*.[761] [762]
Laut der Meinung der Virologen ist das Virus auf eine Wirtszelle angewiesen, um sich zu reproduzieren und dadurch die Zelle zerstören zu können. [763]

Fraglich ist jedoch, wie überhaupt etwas Totes in irgendeiner Art und Weise für die lebendigen Zellen gefährlich werden kann, insbesondere wie es *„die Kraft entwickeln kann, durch Häute, Faszien und Lederhäute der Organe, Auskleidungen der Gefäße und entgegen des Schleimflusses der Schleimhäute in den Organismus zu gelangen, um dort durch die zähe Bindegewebsmasse (die alle Zellen umgibt)"* in die Zelle zu gelangen und diese dazu zu „zwingen" das Virus zu reproduzieren und damit quasi Selbstmord zu begehen.[764]

**2. Die menschliche DNA besteht zu einem großen Teil aus „Viren", welche für den Menschen lebensnotwendig sind**

Der deutsche Molekularbiologe Dr. Stefan Lanka hat als erster „harmlose" Algenviren (Phagen) ordnungsgemäß, samt dem kompletten Erbgutstrang, isoliert und festgestellt, dass von ihnen keinerlei Gefahr ausgeht:

*„Damals ging ich davon aus, dass ich das erste harmlose Virus entdeckt hätte, da der Organismus, der es hervorbrachte, stets lustig weiterwuchs ... In einer Aufsammlung aus Pflanzen entdeckte 1988 einer meiner Professoren in einer bekannten und gut untersuchten Alge die gleichen Phänomene wie in der unbekannten und unbestimmten Alge, aus der ich 1986 diese Struktur entdeckt hatte. Wir hatten großes Glück, denn diese Algen, die diese „harmlosen" Viren in großer Menge produzierten, wuchsen sehr gut, ohne dass sie dadurch*

---

[761] https://de.wikipedia.org/wiki/Viren
[762] WISSENSCHAFFTPLUS magazin 3/2020, Interview mit Dr. Lanka zum gewonnenen Masern-Virus-Prozess,
Virologen bestätigen: Viren sind biochemisch tot!
http://wissenschafftplus.de/cms/de/wichtige-texte
[763] https://de.wikipedia.org/wiki/Viren#Vermehrung_und_Verbreitung
[764] WISSENSCHAFFTPLUS magazin 3/2020, Interview mit Dr. Lanka zum gewonnenen Masern-Virus-Prozess,
Virologen bestätigen: Viren sind biochemisch tot!
http://wissenschafftplus.de/cms/de/wichtige-texte

*Schaden genommen hätten. Wir hatten also das erste stabile Virus-Wirt-System gefunden. Mehr noch, wir hatten auch Algen der gleichen Art, die diese „Viren" nicht bildeten und konnten somit klassische Kreuzungsexperimente durchführen. Die Resultate dieser Experimente bewiesen, dass Bestandteile dieses „Virus" durch geschlechtliche Vermehrung weitergegeben werden u. a. eine ungewöhnlich lange Substanz aus 335.593 Bausteinen der Nukleinsäure, genannt DNS.*[765]

Interessant ist auch, dass ein großer Teil des menschlichen Genoms (etwa 9 %) aus viraler DNA besteht, was wohl bestätigt, dass zumindest diese Viren nicht nur harmlos, sondern auch fundamental und lebensnotwendig für den Menschen sind.[766]

### 3. Wurde ein „krankmachendes Virus" jemals vollständig isoliert und fotografiert?

Nach Ansicht einiger Biologen, Virologen, Mediziner und Wissenschaftler (u. a. Dr. Stefan Lanka, Dr. Andrew Kaufman und Dr. Thomas Cowan) konnte in der Natur noch nie ein „krankmachendes" „Virus" vorgefunden und samt seiner vollständigen Erbsubstanz isoliert werden - im Gegensatz zu den harmlosen Phagen, deren vollständige Erbsubstanz ohne Probleme isoliert und nachgewiesen werden konnte. Daher seien auch auf den elektronenmikroskopischen Aufnahmen von vermeintlichen Viren keine ordnungsgemäß isolierten krankmachenden Viren zu sehen.

Dr. Lanka schreibt hierzu:

*„Partikel, die sie in solchen Aufnahmen zeigen, wurden nie isoliert und deren Zusammensetzung biochemisch bestimmt. Es müssten ja alle Eiweiße und der lange Erbgutstrang gefunden werden, der den Viren zugesprochen wird. Weder das, noch die Isolation solcher eingebetteter Teilchen und die biochemische Charakterisierung ihrer Zusammensetzung taucht in einer einzigen Publikation*

---

765 WISSENSCHAFFTPLUS – Das Magazin 6/2015, Viren entwirren - das Masernvirus als Beispiel https://wissenschafftplus.de/cms/de/wichtige-texte
766 https://www.pharmazeutische-zeitung.de/ausgabe-072010/parasiten-im-genom/

*von Virologen auf. Damit ist die Behauptung der Virologen widerlegt, dass es sich bei solchen Aufnahmen um Viren handeln würde ... Die elektronenmikroskopischen Aufnahmen angeblicher Viren zeigen ausschließlich Strukturen, die immer nur aus ganz anderen Quellen gewonnen werden. Diese Strukturen wurden, wie sehr leicht anhand der Publikationen nachvollziehbar und überprüfbar ist, niemals isoliert, weder biochemisch charakterisiert noch als Quelle für die kurzen Stückchen an Nukleinsäuren benutzt, aus denen die Virologen* ***NUR GEDANKLICH*** *eine lange Nukleinsäure konstruieren, die als angeblicher Erbgutstrang eines Virus ausgegeben wird. Aus allen Arten von „Phagen" und „Riesenviren" können jedes Mal die jeweils exakt gleich langen und exakt gleich zusammengesetzten Nukleinsäuren gewonnen werden. Noch nie ist es gelungen, eine Nukleinsäure (DNA oder RNA) aus einer Struktur oder aus einer Flüssigkeit zu isolieren, deren Länge und Zusammensetzung dem entsprechen würde, was die Virologen als den Erbgutstrang eines krankmachenden Virus ausgeben ... Mangels elektronenmikroskopischer Aufnahmen von „krankmachenden Viren" in Menschen/Tieren/Pflanzen, mangels elektronenmikroskopischer Aufnahmen von „krankmachenden Viren" in isolierter Form, mangels biochemischer Charakterisierung der Bestandteile von „krankmachenden Viren", mangels ihrer Isolation, waren und sind die Virologen bis heute gezwungen, einzelne Bestandteile aus vermeintlich „viral" erkrankten Gewebe, gedanklich und grafisch zu Viren zusammen zu setzen und diese geistigen Produkte sich selbst und der Öffentlichkeit als existente Viren vorzutäuschen!"*[767]

Die meisten Virologen scheint es dabei wenig zu stören, wenn kein wissenschaftlicher Beweis eines krankmachenden Virus erbracht wurde.

*„Anders als in der Wissenschaft eigentlich vorgesehen, wird die Existenz von Erregern in der Virologie nicht faktisch nachgewiesen. Stattdessen gilt ihre Existenz lediglich auf Basis von interpretiertem Augenschein und gedanklichen Modellen als erwiesen. Krankheitserregende Viren sind also zunächst einmal nichts anderes als bloßer Konsens, das bedeutet eine Meinung, auf die man sich in der Wissenschaft geeinigt hat".*[768]

---

[767] WISSENSCHAFFTPLUS magazin 4/2020, Die Verursacher der Corona-Krise sind eindeutig identifiziert: Virologen http://wissenschafftplus.de/cms/de/wichtige-texte

[768] https://projekt-immanuel.de/einschub-die-virusmutation/

Es ist klar, dass eine solche Vorgehensweise nicht wirklich wissenschaftlich sein kann, da es in der Wissenschaft in erster Linie um Fakten und Beweise geht und nicht um theoretische Modelle und einen Konsens.

## 4. Der Irrtum im Labor?

Die Virologen glauben, dass Gewebe und Zellen deswegen sterben, weil sie mit einem Virus infiziert sind und dass sich sterbendes Gewebe und Zellen komplett in Viren verwandeln, was sie als Vermehrung der Viren deuten.

Diese Annahme könnte jedoch das Ergebnis einer Fehldeutung sein, die folgendermaßen erklärt werden könnte:

1954 wurde die Studie des Nobelpreisträgers, John Franklin Enders und seiner Kollegen publiziert.[769] Laut Dr. Lanka stellt diese Publikation die einzige und exklusive Grundlage aller anderen ca. 30.000 wissenschaftlichen Publikationen dar, welche das „Masernvirus" zum Thema haben und nach welcher bis heute alle „krankmachenden Viren" „nachgewiesen" werden.[770]

Aus der Publikation geht hervor, dass Enders und seine Kollegen lediglich eine Vermutung aufgestellt haben, dass das Sterben von Zellen im Reagenzglas auf Masernviren zurückzuführen ist. Gleichzeitig wird darin jedoch dokumentiert, dass der zytopathische (zellzerstörerische) Effekt, wonach Zellen unter bestimmten Bedingungen im Reagenzglas absterben, nicht notwendigerweise auf das vermutete Masernvirus zurückzuführen sein müsste und auch andere

[769] „Propagation in Tissue Cultures of Cytopathogenic Agents from Patients with Measles" (dt. „Vermehrung in Gewebekulturen von zytopathogenen Erregern von Patienten mit Masern")
https://www.semanticscholar.org/paper/Propagation-in-Tissue-Cultures-of-Cytopathogenic-Enders-Peebles/a8d3a62cbed04eca654ec5888684c97adb376143
https://pubmedinfo.files.wordpress.com/2017/01/propagation-in-tissue-cultures-of-cytopathogenic-agents-from-patients-with-measles.pdf

[770] https://telegra.ph/Correctiv-verheimlicht-ma%C3%9Fgebliche-Fakten-zum-Masernprozess-07-31

Ursachen haben könnte, und dass die Studienergebnisse der *„kritischsten Analyse"* unterzogen werden müssten.

So heißt es auf Seite 283:

*„Dabei ist jedoch zu beachten, dass zytopathische Effekte, die oberflächlich denen einer Infektion mit den Masern-Erregern ähneln, möglicherweise durch andere im Nierengewebe von Affen vorhandene Viruserreger (vgl. letzter Absatz unter G) oder durch unbekannte Faktoren induziert werden können."*

Und auf Seite 285:

*„Ein zweiter Erreger wurde aus einer nicht beimpften Kultur von Affennierenzellen erhalten. Die dadurch hervorgerufenen zytopathischen Veränderungen in den ungefärbten Präparaten konnten nicht sicher von den aus Masern isolierten Viren unterschieden werden ... Dementsprechend müssen die hier zusammengefassten Ergebnisse der kritischsten Analyse unterzogen werden."*

Des Weiteren haben Enders und seine Kollegen im Rahmen ihrer Studie u. a. das Antibiotikum Streptomycin benutzt, um damit die Rachenabstriche von Masern-Patienten zu „sterilisieren" und danach die Zellen mit den vermeintlichen Masern Viren zu „infizieren":

*„Nach dem Abtupfen des Rachens wurde der Tupfer in 2 ml Milch eingetaucht. Penicillin, 100 E/ml und Streptomycin, 50 mg/ml. wurden allen Halsproben hinzugefügt"* (S. 278).

Daher ist sehr gut möglich, dass Enders und Kollegen durch die Hinzugabe von Streptomycin den zytopathischen Effekt selbst verursacht und die Zellen abgetötet haben und dies nicht auf ein vermeintliches Masernvirus zurückzuführen ist.

Dazu kommt, dass mittlerweile in der Wissenschaft die Erkenntnis existiert, dass im Rahmen der Laborversuche durch die Zugabe von Antibiotika Exosome (RNA-Sequenzen) entstehen, welche vorher nicht vorhanden waren und welche von Enders und seinen Kollegen als „Viren" fehlgedeutet werden konnten (siehe Punkt 6).[771]

Möglicherweise würden die Virologen auch heute noch nicht bemerken, dass sie selbst den zytopathischen Effekt verursachen, indem sie die das Gewebe/Zellen verhungern lassen und vergiften und zelleigene DNA/RNA-Bestandteile bzw. Exosomen als Viren fehldeuten.

Die Virologen würden dabei aus den folgenden Überlegungen heraus handeln:

1) Die Zellen müssen zunächst hungrig werden, da sie dadurch die „krankmachende Viren“ leichter aufnehmen können. Daher wird den Zellen die Nahrung (Nährlösung) entzogen.

2) Außerdem wird den Zellen (toxische) Antibiotika verabreicht, welche Bakterien abtötet, damit ausgeschlossen wird, dass das erwartete Zellsterben auf Bakterien zurückgeführt werden kann.

Dadurch würden die Zellen selbst jedoch vergiftet werden. Wenn nun eine mit vermeintlich krankmachenden Viren infizierte Flüssigkeit zugesetzt wird, würden die Virologen fälschlicherweise annehmen, dass das Gewebe/die Zellen eben durch diese Flüssigkeit abstirbt und sich in „Viren“ verwandelt, obwohl das Gewebe/die Zellen auch ohne die Hinzugabe der vermeintlich infizierten Flüssigkeit an Hunger und Vergiftung gestorben wären.

Laut Dr. Lanka könnte man diese Fehldeutung anhand von Kontrollversuchen leicht erkennen. Wenn man nämlich im Rahmen eines Kontrollexperiments einfach dem verhungernden und vergifteten Gewebe und Zellen sterile Substanzen von kerngesunden Menschen bzw. Tieren zusetzen würde, so würde man feststellen, dass das Gewebe/Zellen auch ohne „infiziertes“ Material abstirbt.[772]

Da jedoch bis heute in der herrschenden wissenschaftlichen Praxis keinerlei Kontrollexperimente durchgeführt worden seien, welche die Virus-Vermutung von Enders und Co., dass das Sterben von Zellen im Reagenzglas auf Viren zurückzuführen ist, leicht widerlegen und die wirkliche Ursache für das Absterben der Zellen durch das Vergiften mittels Antibiotika /Chemikalien und

---

[771] https://www.nature.com/articles/s41598-017-08392-1

[772] WISSENSCHAFFTPLUS magazin 01/2020, Fehldeutung Virus Teil 1

Verhungern feststellen würden, sei diese Vermutung im Verlauf der Zeit zur wissenschaftlichen Tatsache geworden, unter anderem auch aus dem Grund, weil Enders später einen Nobelpreis erhalten hätte und somit auch seine Publikationen stark an Autorität gewannen, so dass dieser Irrtum von der herrschenden Wissenschaft bis heute aufrechterhalten und fast nie hinterfragt worden wäre. [773] [774]

In manchen virologischen Publikationen sei eine Durchführung der Kontrollexperimente zwar behauptet worden, da jedoch die angeblich durchgeführten Kontrollexperimente nicht dokumentiert seien, könne eine bloße Behauptung nicht als Beweis dienen und keineswegs wissenschaftlichen Ansprüchen gerecht werden.[775]

Daher hat Dr. Stefan Lanka sämtliche Virologen und Wissenschaftler dazu aufgerufen, ihrerseits diese Kontrollexperimente durchzuführen. Er selbst habe diese Kontrollversuche im Rahmen des „Masernvirus-Prozesses“ in Affennierenzellen durchgeführt, mit dem Ergebnis, dass der zytopathische Effekt in diesen nicht maservirusspezifisch war (d. h. die Zellen auch ohne eine „Infektion“, alleine durch das Verhungern und Vergiften abgestorben sind).[776] [777]

**5. Dr. Lankas SARS-CoV-2-Kontrollexperiment**

Dr. Lanka hat nach seinen Angaben ein Kontrollexperiment durchgeführt, welches belegt haben soll, dass der zytopathische Effekt auch ohne die Hinzugabe der vermeintlich viralen RNA eintritt und folglich die Schädigung der Zelle nicht auf ein Virus zurückzuführen ist. Dr. Lanka soll dabei genauso wie die Virologen verfahren haben. Den Zellen wurde zunächst 10 % Kalbsserum und eine niedrige Menge an Antibiotika hinzugegeben. Anschließend wurde die Nährlösung drastisch von 10 % auf 1 % reduziert und große Mengen an

---

[773] WISSENSCHAFFTPLUS – Das Magazin 2/2017, go Virus go http://wissenschafftplus.de/cms/de/wichtige-texte

[774] https://telegra.ph/Eine-gro%C3%9Fe-Bitte-an-Frau-Prof-K%C3%A4mmerer-10-27

[775] https://odysee.com/@kaisertv:a/Lanka-vs.-Kutschera_forOdysee:9

[776] WISSENSCHAFFTPLUS – Das Magazin 2/2017, go Virus go http://wissenschafftplus.de/cms/de/wichtige-texte

[777] https://telegra.ph/Gerichtsprotokolle-best%C3%A4tigen-Es-existiert-kein-wissenschaftlicher-Nachweis-f%C3%BCr-das-Masernvirus-07-06

Antibiotika (das Dreifache) hinzugegeben, woraufhin bereits nach einem Tag der zytopathische Effekt (das Absterben von Zellen) eingetreten ist, welcher sich nach fünf Tagen verstärkte. Der zytopathische Effekt hat sich weiterhin verstärkt, als grundsätzlich harmlose Hefe-RNA zusätzlich hinzugegeben wurde. Daraufhin wurde die Hefe-RNA wieder isoliert, welche von den Virologen als „Virus"-RNA fehlgedeutet werden würde, um zu zeigen, dass die hinzugefügte RNA nicht „viral" sein müsste, sondern auch harmlos sein könne, um die Zellen zu schädigen. Daher könnte man auch davon ausgehen, dass die RNA, welche als SARS-CoV-2 bezeichnet wurde, im Rahmen der Infektionsexperimente der Virologen genauso wenig „viral" bzw. zellzerstörerisch gewesen ist.[778] [779]

## 6. Sind „Viren" in Wirklichkeit nichts anderes als Exosome?

Einige Wissenschaftler und Mediziner, wie z. B. Dr. Kaufman und Dr. Thomas Cowan, sind der Ansicht, dass Viren nichts anderes als Exosome sind und dass die Virologen diese als „Viren" fehldeuten.

Exosome sind Membranbläschen in der Größe von 50 bis 150 Nanometer.
Sie werden in Zellen milliardenfach gebildet und in die Blutbahn abgegeben. Dabei transportieren sie Fragmente von DNA, RNA und Eiweißen (Proteinen), welche für ihre Ursprungszellen spezifisch sind. Der exosomale Transfer von Proteinen und Nukleinsäuren ist nichts anderes als Kommunikation der Zellen untereinander. Da die Exosome dieselbe Größe und auch dieselben Bestandteile wie „Viren" aufweisen, liegt die Vermutung nahe, dass „Viren" nichts anderes als Exosome sind, welche für den Menschen nicht nur harmlos sind, sondern eine lebensnotwendige Rolle spielen.[780]

Selbst Dr. James Hildreth von der Johns Hopkins University hat in einem wissenschaftlichen Artikel behauptet, dass "*das Virus in jeder Hinsicht ein Exosom ist*", obwohl er weiterhin an die Existenz der Viren glaubt.[781]

---

778 https://www.youtube.com/watch?v=WRet1fhtr1E
779 Siehe auch: https://www.bitchute.com/video/9tHFT03CsAwE/
780 https://www.bdc.de/tumor-spezifische-exosome/
781 https://www.ncbi.nlm.nih.gov/pmc/articles/PMC2248418/

Sein Glaube an die Viren könnte jedoch durch die Studie "The Role of Extracellular Vesicles as Allies of HIV, HCV and SARS Viruses"(dt. Die Rolle extrazellulärer Vesikel als Verbündete von HIV-, HCV- und SARS-Viren) erschüttert werden, in der u. a. zu lesen ist:

*„Heutzutage ist es eine **fast unmögliche Mission, EVs** (extrazelluläre Vesikel, zu denen auch Exosome zählen, Anm. d. Verf.[782])* ***und Viren*** *mit kanonischen Vesikelisolierungsmethoden wie der differentiellen Ultrazentrifugation* ***zu trennen****, da sie aufgrund ihrer ähnlichen Größe häufig gekoppelt werden (56, 57). Um dieses Problem zu lösen, haben verschiedene Studien die Trennung von EVs von Viruspartikeln vorgeschlagen, indem ihre unterschiedliche Migrationsgeschwindigkeit in einem Dichtegradienten ausgenutzt wird oder das Vorhandensein spezifischer Marker verwendet wird, die Viren von EVs unterscheiden (56, 58, 59).* ***Bis heute existiert jedoch kein zuverlässiges Verfahren, das eine vollständige Trennung tatsächlich garantieren kann****".*[783]

Da Exosome und Viren nicht nur optisch nicht zu unterscheiden sind, sondern auch nicht einmal mittels Zentrifugation voneinander getrennt werden können, könnte darauf geschlossen werden, dass Viren als solche fehlgedeutet werden und in Wirklichkeit nichts anderes als Exosome sind.

In Bezug auf Covid-19 hat Dr. Kaufman Aufnahmen von Exosomen mit den Aufnahmen des SARS-CoV-2 verglichen und dabei ebenfalls keinen Unterschied feststellen können.[784]

Somit ist es gut möglich, dass die Virologen in Wirklichkeit nicht auf Viren, sondern auf Exosome schauen, die sie für Viren halten, und dass der Covid-PCR-Test in Wirklichkeit keine SARS-CoV-2-DNA/RNA-„Virenstückchen", sondern lediglich Exosome entdeckt, welche von einer (vergifteten) Zelle abgesondert werden. Dies würde sehr gut auch die zahlreichen „asymptomatischen Fälle" erklären- Menschen, die vor Covid-19 noch als „Gesunde" bezeichnet wurden.

---

[782] https://en.wikipedia.org/wiki/Extracellular_vesicle
[783] https://www.ncbi.nlm.nih.gov/pmc/articles/PMC7291340/
[784] https://www.bitchute.com/video/oqlHYxy8KoNr/

## 7. Mögliche Fehldeutung der „Virus-Mutationen" / ständige Veränderung der DNA/RNA

Die Mutationen könnten nichts anderes als eine (weitere) Fehldeutung der Virologen sein.

Wenn Virologen RNA-Bruchstücke aus den angeblich mit SARS-CoV-2-infizierten Menschen untersuchen, die sie für Bestandteile der SARS-CoV-2-RNA halten und dabei feststellen, dass sich die RNA verändert hat, dann gehen sie davon aus, dass das „Virus" mutiert ist, da sie davon ausgehen, dass der Bauplan eines Lebewesens grundsätzlich unveränderlich und in der DNA/RNA gespeichert ist, und jegliche Veränderungen des Genoms krankhafte Ausnahmen (Mutationen) sind.

Bereits seit zwei Jahrzehnten existiert jedoch in der Wissenschaft die Erkenntnis, dass das Erbgut eines jeden Menschen kein stabiler Text ist, sondern sich ständig verändert und dass jeder Organismus, jeder Mensch und selbst jede Körperzelle ein genetisches Universum für sich darstellt. Der US-Genetiker Matthew Hahn hat das Erbgut sogar mit einer Drehtür verglichen: *„Ständig kommen Gene, andere gehen"*.[785]

Dabei bilden die ständig ablaufenden genetischen Prozesse ein *„offenes System, in dem keineswegs alles vorbestimmt ist"*. Man hat auch festgestellt, dass sich eineiige Zwillinge bereits als Embryonen genetisch auseinanderentwickeln.

*„Selbst wenn man einen bis ins letzte Molekül exakt duplizierten Embryo unter identischen Umständen im Mutterleib heranwachsen lassen könnte – »es käme dennoch ein anderer Mensch heraus«, versichert der Berliner Genetiker Nikolaus Rajewsky. Und das auch ohne einen Einfluss durch Erziehung und Kultur."*[786]

Dabei stellt sich die Frage, dass wenn die DNS sich ständig verändert, wie sie dann überhaupt unser Erbgut enthalten kann.

Daher gehen einige Wissenschaftler heute davon aus, *„dass die DNS vielmehr*

---

785 https://www.zeit.de/2008/25/M-Genetik

786 https://www.zeit.de/2008/25/M-Genetik

*dazu dient, Energie im Körper zu erzeugen und freizusetzen, wodurch sich die ständigen Veränderungen in der DNS auch erklären lassen. Der überwiegende Teil der Wissenschaftler geht allerdings immer noch von der veralteten Idee der Gene aus (ohne diese je zu hinterfragen und zu prüfen) und glaubt, dass der Bauplan eines Lebewesens in der DNS gespeichert ist. Daher sehen sie in der Tatsache, dass sich DNS verändert, eine „Mutation" der Gene ... Auf diese Weise und mit dieser veralteten Vorstellung lassen sich bis in alle Ewigkeit immer neue Mutationen von SARS-CoV-2 (er)finden. Das kann ganz schnell zu einem katastrophalen Selbstläufer und Teufelskreis werden. Und so wie es aussieht, sind viele Wissenschaftler in diesen bereits hineingeraten".*[787] [788]

Somit könnte die sich ständig wandelnde RNA immer wieder als „mutierte Viren-RNA" (fehl)gedeutet und der Einsatz von ständig neuen Impfstoffen gerechtfertigt werden. Auf diese Art und Weise könnte die „Pandemie" immer weiter in die Länge gezogen werden, wobei die Unwirksamkeit der alten Impfstoffe durch die neuen „Virenmutationen" erklärt werden können. Wenn man jedoch bedenkt, dass sich Mutationen nur minimal zum Ursprungsmodell unterscheiden sollen, so dass sich der Schutz der „alten" Impfstoffe auch auf die Mutationen erstrecken müsste (vgl. Kapitel 1. Punkt 5.8), dann wird auch diese Argumentation entkräftet.

## 8. Zwischenergebnis

Fassen wir noch einmal kurz alles zusammen. Da anscheinend noch nie ein krankmachendes Virus, samt seiner kompletten DNA/RNA, in der Natur gesichtet und isoliert werden konnte, versucht die Virologie angeblich krankmachende Viren folgendermaßen nachzuweisen:

1) Anhand von DNA/RNA Stückchen, welche aus den Patientenproben bzw. dem zytopathischen Effekt im Rahmen der sog. „Infektionsversuche" entnommen werden und welche die Virologen als Viren-Stückchen deuten, wird gedanklich, mittels Computerprogrammen, ein rein theoretisches Modell eines kompletten Virus Erbgutsrangs errechnet (Alignment),

[787] https://projekt-immanuel.de/einschub-die-virusmutation/
[788] Siehe auch: https://odysee.com/@Projekt-Immanuel:3/AAA02_Mutation:5

welches jedoch in der Realität nicht existiert.

2) Die Virologen fügen im Rahmen der „Infektionsversuche“ den Zellen/Gewebe das angeblich virale Material hinzu und glauben, dass dadurch das Gewebe abstirbt und sich in „Viren“ verwandelt, was sie als Vermehrung der „Viren“ deuten. Es könnte jedoch sein, dass in Wirklichkeit das Gewebe durch das Verhungern und Vergiften abstirbt, was die Virologen u. a. durch die Nichtvornahme der notwendigen Kontrollversuche verkennen können.
Was tatsächlich geschehen könnte, ist, dass vergiftete und verletzte Zellen vermehrt Nukleinsäurestückchen (absterbendes Zellmaterial) bzw. Exosome ausscheiden, welche als krankmachende Viren fehlinterpretiert werden, obwohl diese in Wirklichkeit Bestandteil des menschlichen Stoffwechsels sind. Wenn daraufhin eine Veränderung dieser DNA/RNA-Stückchen festgestellt wird, so könnte dies als eine Virus-Mutation fehlgedeutet werden. Dabei könnte die Veränderung der Nukleinsäure, welche keinerlei „virale“ Eigenschaften hat, einen normalen und völlig ungefährlichen Prozess darstellen, welcher permanent stattfindet.

## 9. Zweifel an der Keimtheorie

Da die Virologie auf der Keimtheorie aufbaut, ergeben sich somit auch erhebliche Zweifel an der Keimtheorie.

Die Keimtheorie ist die derzeit herrschende Theorie, dass viele Krankheiten durch Keime, also Mikroorganismen (z. B. Bakterien) oder Subzelluläre „Erreger“ (z. B. Viren) verursacht werden.[789] Dabei wird sie nicht umsonst als Keim-„**Theorie**“ bezeichnet, da sie lediglich eine Theorie ist, die bis heute nicht wissenschaftlich bewiesen wurde. Es herrscht lediglich Konsens darüber, dass sie stimmig ist. Dennoch wurde sie, wie viele andere (wissenschaftliche) Theorien in der heutigen Zeit, zum Dogma hervorgehoben, so dass andere Ansichten als unwissenschaftlich stigmatisiert werden.

Es ist jedoch klar, dass ein Konsens noch längst kein Beweis ist und dass

---

[789] https://en.wikipedia.org/wiki/Germ_theory_of_disease

Dogmen in der Wissenschaft nichts verloren haben. Es kann nicht sein, dass die Ansichten von Wissenschaftlern als „unwissenschaftlich" abgetan werden, bloß weil sie nicht der herrschenden Theorie in der Wissenschaft entsprechen. Wenn man sich als Wissenschaftler bezeichnet, so muss man immer in der Lage sein, alles zu hinterfragen, in erster Linie die eigenen Überzeugungen und die herrschenden Theorien bzw. angeblichen Beweise. Dies ist die Grundlage der Wahrheitsfindung, welche wiederum die Grundlage der Wissenschaft bildet.

## 10. Der wissenschaftliche Beweis / die wissenschaftliche Methodik

Die Wissenschaft ist evidenzbasiert, sie braucht Beweise. Ein wissenschaftlicher Beweis ist dann erbracht, wenn die wissenschaftliche Methodik angewendet wurde. Diese besteht aus den folgenden Schritten:[790]

1) Es wird eine Beobachtung gemacht.
2) Aufgrund der Beobachtung wird eine Theorie aufgestellt.
3) Es wird ein Experiment entworfen, welches die Theorie prüft.
4) Das Experiment wird durchgeführt.
5) Die Theorie bestätigt sich durch das Experiment, andernfalls wird die Theorie angepasst und die Schritte 3) bis 5) werden wiederholt.

## 11. Die Kochschen Postulate

Aufgrund dieser Logik sind zum Nachweis der Keimtheorie auch die Kochschen Postulate entwickelt worden. Robert Koch, einer der großen Verfechter der Keimtheorie, hat 1884 die logisch erforderlichen Postulate eingeführt, welche allesamt erfüllt werden müssen, um zu beweisen, dass ein Keim eine Krankheit verursacht.

Diese sind:[791]

---

[790] https://www.science.lu/de/wie-forscher-arbeiten/was-ist-die-wissenschaftliche-methode
[791] https://de.wikipedia.org/wiki/Henle-Koch-Postulate

1) Der mutmaßliche Krankheitserreger muss nur im Kranken Organismus und nicht im Gesunden Organismus vorhanden sein.
2) Der mutmaßliche Erreger muss vom kranken Organismus isoliert und in Reinkultur gezüchtet werden.
3) Die Reinkultur des mutmaßlichen Erregers muss im gesunden Organismus dieselbe Krankheit auslösen.
4) Der mutmaßliche Erreger muss reisoliert werden und mit dem ursprünglichen Erreger identisch sein.

Das erste Postulat folgt aus der Beobachtung, aufgrund welcher eine Theorie (die Keimtheorie) erstellt wurde. Es wurden Keime beobachtet, bei denen man angenommen hat, dass sie eine Krankheit verursachten. Die Schritte 2) bis 4) beschreiben das logisch notwendige Experiment, welches die Keimtheorie belegen könnte.

Koch selbst konnte seine eigenen Postulate jedoch nicht erfüllen, und es ist fraglich, ob sie überhaupt jemals erfüllt werden konnten.

## 12. Pasteur, Bakterien und die „Milieu (Nährboden)-Theorie" von Bechamp

Der berühmte Mikrobiologe Louis Pasteur ist als Vater der Keimtheorie in die Geschichte eingegangen und wird heute noch in Wissenschaftskreisen verehrt. Dabei ist Pasteur alles andere als ein redlicher Wissenschaftler gewesen, wie es sich später herausgestellt hat. Laut seinen Notizbüchern, welche, entgegen seinem Willen, aufgrund der Erlaubnis seines letzten männlichen Nachfolgers, nach dessen Tod 1971, veröffentlicht wurden, hat Pasteur des Öfteren Wissenschaftsbetrug begangen.[792]

Gerald L. Geison vom Historischen Institut der Universität Princeton in New Jersey entdeckte u. a. eine Reihe von gravierenden Abweichungen zu den von Pasteur tatsächlich publizierten Arbeiten. So benutzte Louis Pasteurs laut den Einträgen in den Notizbüchern z. B. einen anderen Impfstoff gegen Milzbrand als er in seinen Veröffentlichungen angegeben hatte.[793]

---

792 https://de.wikipedia.org/wiki/Louis_Pasteur#Die_Labortageb%C3%BCcher

793 https://de.wikipedia.org/wiki/Betrug_und_F%C3%A4lschung_in_der_Wissensc

Des Weiteren wurde Pasteur immer wieder (u. a. von der Französischen Akademie der Wissenschaften) beschuldigt, Béchamps Werke plagiiert und diese dann unterdrückt zu haben.[794]
Pasteur hat versucht, zu beweisen, dass Bakterien als Verursacher der Krankheiten fungieren. Dies ist ihm jedoch nicht gelungen, so dass er schließlich, der Überlieferung nach, auf seinem Sterbebett seinem Kontrahenten Claude Bernard recht gegeben haben soll: *„Die Mikrobe ist nichts, der Nährboden (Milieu) ist alles"*.[795]

Nach der Milieutheorie bzw. Terraintheorie hängt es vom Nährboden ab, ob sich darin Bakterien bilden. Dabei erscheinen die Bakterien nicht einfach so, von sich aus, sondern werden z. B. erst in einem giftigen Nährboden aktiv und helfen dabei, diesen zu zersetzen und den Körper zu entgiften.
Die im Körper lebenden Bakterien können zwar als Folge natürlicher Vorgänge Schwellungen und entzündliche Reaktionen durch ihre Stoffwechselprodukte bewirken und damit Beschwerden hervorrufen [wie z. B. beim Abbau von überschüssigem Gewebe (Tumoren)], sind jedoch niemals Verursacher der Erkrankung, sondern immer deren Resultat.

Dr. Arthur M Baker schrieb hierzu in seinem Buch: „Awakening Our Self-Healing Body-: A Solution to the Health Care Crisis" (dt. "Unseren selbstheilenden Körper erwecken – eine Lösung für die Gesundheitskrise"):

*„Wenn der Körper einen stark lokalisierten toxischen Zustand im System erzeugt, wie er während einer Entzündung auftritt, absorbiert der Körper Bakterien aus dem Darm und / oder anderen Körperhöhlen und transportiert sie dorthin, wo sich die angesammelten Gifte konzentriert haben.*

*Während des Entzündungsprozesses wird Eiter aus dem Aggregat toter Zellen und aus der heilenden Aktivität der weißen Blutkörperchen gebildet; und Bakterien vermehren sich, um dieses Material zu fressen und zu verarbeiten, was es dem Körper leichter macht, es auszutreiben.*

---

haft
[794] https://en.wikipedia.org/wiki/Antoine_B%C3%A9champ#Career
[795] https://www.naturheilpraxis-kuester.de/2020/09/11/antoine-bechamp-and-louis-pasteur-8/

*Auf diese Weise helfen Bakterien symbiotisch beim Abbau dieser toxischen Materialien zur Eliminierung. Dabei sind jedoch die darin erzeugten Ausscheidungen von Bakterien toxisch. Die eigene Ausscheidung der Bakterien spiegelt die Morbidität der von ihnen konsumierten Toxine wider, da diese Abfälle auch hochvirulent sind. Wenn sie nicht aus dem Körper ausgeschieden werden, sammeln sie sich in einem solchen Ausmaß an, dass der Körper eine Reinigungs- bzw. Heilungskrise auslöst.*
*Dieser Prozess hilft, die toten Stoffe aus dem Körper zu entfernen, und ebenso helfen die Bakterien bei der Beseitigung toxischer Substanzen. Aus diesem Grund werden sie regelmäßig während des Krankheits- bzw. Reinigungsprozesses beobachtet, da diese Prozesse den Zerfall von angesammeltem Giftmüll erfordern, den das System zu reinigen versucht .... Bakterien verursachen nicht den Tod der organischen Substanz, auf die sie einwirken, da sie Teil des Krankheitsergebnisses sind und nicht dessen Ursache .... Bakterien vermehren sich, weil sie tote organische Stoffe zum Fressen haben, nicht weil sie plötzlich bösartig werden ... Bakterien produzieren keine Krankheiten, sind aber nützliche Organismen, die helfen, totes Zellmaterial zu zersetzen, wenn die Zellen des Körpers ihren normalen Lebenszyklus abgeschlossen haben."*[796]

Wird die Qualität des Milieus (Nährbodens) besser, so verschwinden auch die Bakterien. Bakterien und andere Keime sind somit, nach der Milieutheorie und entgegen der Keimtheorie, weder von sich aus gefährlich, noch kommen sie von außen. Sie befinden sich die ganze Zeit über in unserem Körper, welcher ein komplexer Organismus ist und unzählige Milliarden von Keimen in sich trägt, die für seine Funktion notwendig sind, und werden dann abgerufen, wenn sie gebraucht werden. Daher ist es in vielen Fällen sinnlos oder sogar schädlich, wenn man Bakterien oder andere Keime zu bekämpfen oder gar auszurotten versucht, außer vielleicht, wenn der Körper selbst nicht mehr mit der Reinigung fertig werden kann, da er zu viel Giftmüll angesammelt hat.

## 13. Schädliche Auswirkungen der Mysophobie auf unsere Gesundheit / Hygienehypothese

[796] Baker, Arthur M. Awakening Our Self-Healing Body-: A Solution to the Health Care Crisis, Verlag: Dennis Nelson, 1994

Eine Studie von Forschern des Brigham and Women's Hospital in Boston, welche im „Science“ veröffentlicht wurde, hat ergeben, dass Keime *„ein notwendiger Bestandteil eines gesunden Immunsystems“* sind, *„das die Abwehrkräfte unseres Körpers stärkt und zukünftige Krankheiten bekämpft. Wenn die Keimbelastung einer Person verringert wird, können Probleme auftreten“*, berichtet abcNEWS.[797]

*„Die Idee wird Hygienehypothese genannt. Wissenschaftler haben jahrelang vermutet, dass es eine Rolle dabei spielt, wie sich Krankheiten auf Menschen in der modernen Welt der Händedesinfektion auswirken, aber sie hatten nie konkrete Beweise.*

*Aber eine neue Studie von Forschern des Brigham and Women's Hospital in Boston hat das geändert.*

*Die Forscher untersuchten zwei Arten von Mäusen: Eine Gruppe war einer normalen Bakterienumgebung ausgesetzt und eine andere Gruppe war keimfrei. Als Wissenschaftler das Immunsystem der beiden Mäusegruppen verglichen, fanden sie, was sie als Beweis für die Hygienehypothese anführten – die Mäuse, die Mikroben ausgesetzt waren, hatten ein stärkeres Immunsystem als die keimfreien Mäuse.*

*Darüber hinaus wiesen die keimfreien Mäuse eine übertriebene Entzündung in Lunge und Dickdarm auf, ähnlich wie bei Menschen mit Asthma und Colitis ulcerosa. Die Forscher fanden heraus, dass eine bestimmte Art von Immunzellen, die als invariante natürliche Killer-T-Zelle bezeichnet wird, bei diesen Mäusen besonders hyperaktiv war.*

*Aber für die keimfreien Mäuse war noch nicht alles verloren. Als die Forscher sie in den ersten Wochen ihres Lebens mit Mikroben bekannt machten, verbesserte sich ihr schwaches Immunsystem auf ein normales Niveau. Aber ältere keimfreie Mäuse hatten diesen positiven Effekt nicht … Die Forscher untersuchten nur Mäuse, nicht Menschen, aber Experten sagten, dass der von ihnen untersuchte biologische Mechanismus sowohl bei Nagetieren als auch*

[797] https://abcnews.go.com/Health/bodys-defenses-made-mightier-microbes-study/story?id=15982444

*beim Menschen ähnlich war.*

*Dr. Richard Blumberg, einer der leitenden Autoren der Studie, sagte, die Ergebnisse deuten darauf hin, was Wissenschaftler seit Jahren vermuteten – dass Keime der menschlichen Gesundheit zugute kommen können ... Was die Hygiene-Hypothese angeht, ist diese Fülle an Bakterien eine gute Sache, denn sie hilft, unser Immunsystem zu trainieren.*

*„Aber als wir in die 1950er und 60er und 70er Jahre kamen und als wir in der entwickelten Welt immer hygienischer wurden, begannen wir zu denken, dass wir uns, insbesondere empfindliche Neugeborene, vor allem schützen möchten, was mikrobiell sein könnte.“ sagte Dr. William Schaffner, Vorsitzender der Präventivmedizin am Vanderbilt University Medical Center. "Und das stellt sich offensichtlich als eine Überreaktion heraus."*

*Einige Wissenschaftler glauben, dass die Folgen unserer Mysophobie sehr real sind. Mit der Verbesserung der menschlichen Gesundheit und Hygiene steigt auch die Zahl der Menschen, die mit Asthma, Allergien und entzündlichen Darmerkrankungen leben. Nach Angaben der Centers for Disease Control and Prevention verdoppelte sich beispielsweise die Zahl der Kinder mit Asthma von 3,6 Prozent im Jahr 1980 auf 7,5 Prozent im Jahr 1995; 2005 wurde bei 12,7 Prozent der Kinder irgendwann in ihrem Leben Asthma diagnostiziert.*

*Diese Krankheiten sind oft das Ergebnis einer Symphonie von Genen und Umweltfaktoren. Viele Wissenschaftler sagen jedoch, dass die höheren Zahlen zumindest teilweise durch die Hygienehypothese erklärt werden können. Immunsysteme, die weniger an den Umgang mit Mikroben gewöhnt sind, können hyperaktive Reaktionen zeigen, die zu Atemnot bei Asthma oder Bauchkrämpfen bei entzündlichen Darmerkrankungen führen.“*

### 14. Die „Eiweiß-Toxin-Virologie“

Als man gegen Ende des 19 Jahrhunderts durch das Filtrieren herausgefunden hat, dass es winzige Partikel gibt, die kleiner als Bakterien sind und die man nicht mit einem Mikroskop sehen kann, hat man nun versucht die Verursachung der Krankheit von Bakterien auf diese winzig-kleinen Partikel zu schieben, welche als „Virus“ bezeichnet wurden, was auf lateinisch „Gift“

bedeutet, da man sie für Eiweiß-Toxine hielt.

Allerdings half auch dies nicht, die Kochschen Postulate zu erfüllen, so dass diese schließlich 1937 durch den Bakteriologen Thomas M. Rivers gelockert wurden. Eine wesentliche Änderung war zum Beispiel, dass es von nun an ausreichen sollte, wenn man das „Virus“ von einem kranken Organismus isolierte, unabhängig davon, ob dieses Virus im gesunden Organismus vorgefunden wurde.[798]

Dabei würde selbst die Erfüllung der Rivers-Postulate keinen Beweis erbringen, dass die Krankheit durch den verdächtigen Erreger ausgelöst wird, sondern lediglich „ziemliche Sicherheit“, wie es Rivers selbst zugab. Doch auch die Rivers-Postulate wurden bis heute, allem Anschein nach, nie erfüllt.

1939 konnte man schließlich diese winzigen Partikel durch das Elektronenmikroskop (welches 1931 erfunden wurde) erkennen, die man als Viren deutete.[799]

Doch auch die Sichtbarmachung dieser winzigen Partikel, die man als Viren deutete half nicht dabei, Kochs bzw. Rivers Postulate zu erfüllen.

1951 wurden laut Dr. Stefan Lanka schließlich zwei Kontrollexperimente gemacht, welche endgültig die Virentheorie widerlegt haben sollen, da festgestellt worden sei, dass auch die gesunden, nicht „infizierten“ Zellen beim Absterben genau die gleichen Eiweiße bilden, wie die infizierten. Damit sei ausgeschlossen worden, dass es sich bei diesen Eiweißen um Viren handeln könnte, wie man es früher fälschlicherweise angenommen hätte.

Dr. Lanka schreibt dazu:

*„Um die Annahme und Behauptung von Toxin-Viren zu prüfen und als wissenschaftlich behaupten zu dürfen, wurden zwei Kontrollexperimente durchgeführt:*

---

[798] https://www.bitchute.com/video/dX0wqs2xbM05/
[799] https://www.mpiwg-berlin.mpg.de/sites/default/files/Preprints/P125.pdf

*1. Es wurden gesunde Gewebe der Verwesung ausgesetzt und nicht nur vermeintlich durch Viren geschädigte Gewebe. Dabei wurde festgestellt, dass die bei der Verwesung von gesundem Gewebe entstandenen Eiweiße als die gleichen sind, die bei der Verwesung von „Virus-erkranktem" Gewebe entstandenen. Damit war die Virus-Annahme widerlegt.*

*2. Die Eiweiß-Toxin-Virus-Annahme wurde zusätzlich dadurch widerlegt, dass im Elektronenmikroskop bei „Virus-erkrankten" Menschen, Tieren und deren Flüssigkeiten niemals etwas anderes gefunden und fotografiert werden konnte, als dies bei gesunden Menschen auch der Fall war. Das ist übrigens bis heute so geblieben.*

*Die klinische, also die medizinische Virologie widerlegte sich mit diesen erfolgreichen Kontrollversuchen selbst und gab sich mit Worten des Bedauerns auf, was aber nur aufmerksamen Lesern von Fachzeitschriften auffiel. Von den Massenmedien wurde diese Tatsache unterdrückt, weil die Hypnotiseure der Macht die laufenden Impfkampagnen feierten."*[800]

### 15. Die „Gen-Virologie"

Da die Toxin-Virologie nie wissenschaftlich belegt werden konnte und 1951 sogar, allem Anschein nach, wissenschaftlich widerlegt wurde, gab es für die Virologen von da an zwei Alternativen:

1) Sich und der gesamten Welt einzugestehen, dass man Unrecht hatte und die Keimtheorie nicht korrekt ist,
   oder
2) eine andere Virentheorie aufzustellen und die Keimtheorie weiterhin am Leben zu erhalten.

Wie es aussieht, haben die Virologen die zweite Alternative bevorzugt, wohl nicht zuletzt auch aus dem Grund, da die erste Alternative ihren Beruf wohl

[800] WISSENSCHAFFTPLUS magazin 4/2020, Die Verursacher der Corona-Krise sind eindeutig identifiziert: Virologen
http://wissenschafftplus.de/cms/de/wichtige-texte

überflüssig gemacht hätte.

Auf diese Art und Weise erfolgte der Übergang von der Toxin-Virologie zur heutigen Gen-Virologie, welche seit dem Anfang der 1950er-Jahre auf zwei zentralen Grundlagen beruht:

1) Bakteriophagen wurden als Vorzeigemodell für „Viren" gewählt, welche einen oder zwei DNA-Stränge beinhalten. Man hat sich einfach vorgestellt, dass die Viren so oder so ähnlich aussehen könnten. Das Virus sei nun nicht länger ein Eiweiß-Toxin, sondern eine gefährliche Erbsubstanz, welches die Zelle zur Vermehrung des Virus und somit zum Zelltod „programmieren" würde.[801] [802] Auf diese Vorstellung ist man auch heute noch angewiesen, da bislang, allem Anschein nach, kein einziges krankmachendes Virus in der Natur vorgefunden und samt seines kompletten Erbguts isoliert werden konnte.

2) Man ist davon (fälschlicherweise?) ausgegangen, dass krankmachende Viren entstehen würden, wenn Zellen im Reagenzglas sterben, nachdem ihnen vermeintlich infiziertes Probenmaterial zugesetzt wird.

Ein wissenschaftlicher Virus-Nachweis im Rahmen der Gen-Virologie müsste die folgenden Kriterien erfüllen:

a) Das mutmaßliche Virus muss mit seinem kompletten Genom ordnungsgemäß isoliert und nicht nur theoretisch mit der Alignment-Methode zu einem Modell konstruiert werden.
b) Das isolierte Virus muss samt seines kompletten Genomstrangs fotografisch und biochemisch erfasst werden.
c) Es muss bewiesen werden, dass das isolierte Virus wirklich krank macht, indem es die Kochschen bzw. zumindest die Rivers Postulate erfüllt.
d) Im Rahmen der Beweisführung müssen die notwendigen Kontrollexperimente durchgeführt und dokumentiert werden.

---

[801] WISSENSCHAFFTPLUS magazin 01/2020, Fehldeutung Virus Teil 1
[802] Vgl. Karlheinz Lüdtke, Zur Geschichte der frühen Virusforschung, 1999

Allerdings gibt es allem Anschein nach keine eine einzige Studie, die diese Kriterien erfüllt. Wenn es eine solche Studie in der Wissenschaft gäbe, dann würde sie mit Sicherheit die Titelblätter der meisten wissenschaftlichen Magazine schmücken, denn damit wäre die Viren- bzw. die Keimtheorie endgültig erwiesen und wäre nicht länger nur eine Theorie.

Da die Kochschen Postulate nicht erfüllt werden konnten, wurden sie seit der Einführung der Gen-Virologie mit der Zeit einfach durch Richtlinien ersetzt, die auf dem Nachweis von DNA oder RNA aus dem mutmaßlichen Erreger selbst beruhen.
Dies ist jedoch ein Zirkelschluss, da das bloße Vorhandensein bestimmter Keime bzw. deren Teile nichts darüber aussagen kann, ob sie die Krankheit tatsächlich verursachen bzw. verursacht haben. Dies muss immer in einem separaten Schritt gesondert nachgewiesen werden. Anderenfalls könnte man auch einfach Feuerwehrleute beschuldigen, dass sie für den Brand ursächlich waren, nur aus dem Grund, weil sie an der Brandstelle anwesend waren.

Sämtliche Studien, die behaupten die Kochschen Postulate erfüllt zu haben, scheinen einer näheren Überprüfung nicht stand zu halten.

So hat zum Beispiel Dr. Kaufman in seinem Videovortrag eine berühmte Studie mit dem Titel „Koch's postulates fulfilled for SARS virus“ (Kochs Postulate für SARS-Virus erfüllt) aus dem Jahre 2003[803] unter die Lupe genommen und ausführlich erklärt, dass in Wirklichkeit **KEINES** der Kochschen Postulate bzw. der durch Rivers modifizierten Postulate erfüllt wurde.[804]

Und selbst im sogenannten „Masernvirus-Prozess“ konnte kein Nachweis eine angeblich krankmachenden Masernvirus erbracht werden.

## 16. Der „Masernvirus-Prozess“ vor dem OLG/BGH

Der Virologe Dr. Stefan Lanka hat am 24.11.2011 ein Preisgeld von 100.000 EUR ausgelobt, wenn ihm "*eine wissenschaftliche Publikation vorgelegt wird, in der*

---

[803] https://www.nature.com/articles/423240a
[804] https://www.bitchute.com/video/dX0wqs2xbM05/

*die Existenz des Masern-Virus nicht nur behauptet, sondern auch bewiesen und darin u. a. dessen Durchmesser bestimmt ist".*[805]

Die Herausforderung wurde von dem deutschen Mediziner David Bardens angenommen, welcher Lanka gleich mehrere Studien zusandte, die den angeblichen Beweis liefern sollten. Lanka hat diese jedoch nicht als Beweis gelten lassen, woraufhin Bardens beim Landgericht Ravensburg Klage erhob.
Am 12. März 2015 sprach das Landgericht Bardens das Preisgeld in voller Höhe zu, woraufhin Lanka in Berufung ging, welcher vom Oberlandesgericht (OLG) Stuttgart am 16. Februar 2016 stattgegeben wurde. Die im Anschluss von Bardens eingelegte Nichtzulassungsbeschwerde wurde vom Bundesgerichtshof (BGH) am 20. Januar 2017 abgelehnt, womit das Urteil des OLG rechtskräftig wurde. Lanka wurde endgültig Recht gesprochen, und er wurde von der Zahlungspflicht des Preisgeldes befreit.

Im Rahmen der Beweisführung hat Bardens sechs der wichtigsten Publikationen in Bezug auf den Beweis der Existenz eines Masernvirus vorgelegt, welche jedoch durch das OLG allesamt verworfen wurden, da es festgestellt hat, dass keine von diesen Publikationen die Existenz eines Masernvirus beweisen konnte.[806]

Unter den sechs vom OLG abgewiesenen Publikationen befand sich auch die Publikation des Nobelpreisträgers John Franklin Enders und seiner Kollegen aus dem Jahr 1954, welche laut Dr. Lanka die einzige und exklusive Grundlage aller anderen ca. 30.000 wissenschaftlichen Publikationen ist, welche das „Masernvirus" zum Thema haben, und nach welcher bislang alle „krankmachenden Viren" "nachgewiesen" werden.[807]

Dadurch hat das Oberlandesgericht offiziell bestätigt, dass die wichtigste Publikation bezüglich des angeblichen Nachweises eines krankmachenden Virus in Wirklichkeit keinen Beweis für den Nachweis eines krankmachenden Virus liefert. Diese Tatsache ist seitdem Teil der deutschen Rechtsprechung.

---

805 https://openjur.de/u/892340.html
806 https://telegra.ph/Corrective-verheimlicht-ma%C3%9Fgebliche-Fakten-zum-Masernprozess-07-31
807 https://telegra.ph/Correctiv-verheimlicht-ma%C3%9Fgebliche-Fakten-zum-Masernprozess-07-31

Außerdem würden die sechs vorgelegten Publikationen von völlig unterschiedlichen Größen des Masernvirus sprechen, was natürlich nicht sein kann, da ein bestimmtes Virus u. a. dadurch definiert ist, dass es eine bestimmte Größe hat. Die Größen in den Publikationen würden jedoch von 100-150 nm bzw. 120-250 nm über 180-600 nm bis zu 1000 nm variieren.[808]

Da Dr. Lanka den Masern-Prozess gewonnen hat und auch sonst das Preisgeld für seine Auslobung von niemandem eingefordert werden konnte, lässt dies darauf schließen, dass es wohl keine wissenschaftliche Publikation gibt, in der die Existenz des Masernvirus bewiesen wird. Alleine schon dadurch wird die Existenz des Masernvirus infrage gestellt.

### 17. Hat das RKI zugegeben, dass es nicht mit Masernviren arbeitet?

Frau Prof. Dr. Annette Mankertz von der Infektionsabteilung des RKI hat angeblich in einer E-Mail an Dr. Lanka eingestanden, dass das „Masernvirus" typisch zelleigene Bestandteile (Ribosomen, die Eiweiß-Fabriken der Zellen) enthält:

*„Masernviren zeigen wie andere Paramyxoviren keine präzise Größe, keinen präzisen Durchmesser: sie messen von 120 – 400 nm im Durchmesser und enthalten dann oftmals auch Ribosomen in ihrem Inneren."*[809]

„Ribosomen" sind zelleigene Fabriken, mit denen der Mensch, die Tiere und Pflanzen ihre Eiweiße herstellen. Das Masernvirus ist jedoch gerade dadurch definiert, dass es keine „Ribosomen" enthält.
Somit hätte das RKI mit diesem Eingeständnis die Definition des Masernvirus über Bord geschmissen und gleichzeitig zugegeben, dass es, anstatt mit Masernviren, mit ganz normalen Bestandteilen der Zelle arbeitet.

Nach Dr. Lanka würde dies auch erklären, wieso speziell die Masernimpfung,

---

[808] https://telegra.ph/Correctiv-verheimlicht-ma%C3%9Fgebliche-Fakten-zum-Masernprozess-07-31
[809] https://telegra.ph/Correctiv-verheimlicht-ma%C3%9Fgebliche-Fakten-zum-Masernprozess-07-31

vor allen anderen Standardimpfungen, die höchste Rate an Impfschäden in Form von Allergien und Autoimmunreaktionen erzeugt. Da die Masern-Impfung aus ganzen Masernviren bestehe, enthalte sie neben den toxischen Adjuvantien auch zelleigene Bestandteile in Form von Ribosomen, welche körpereigene Eiweiße produzieren und daher „Auto"-Immunreaktionen des Körpers auslösen können.[810]

## 18. Zweifel an HIV/AIDS

AIDS (acquired immunodeficiency syndrome) wird offiziell als ein erworbenes Immunschwächesyndrom definiert, welches ein Spektrum von Erkrankungen erfasst, die angeblich durch eine Infektion mit dem humanen Immunschwächevirus (HIV- human immunodeficiency virus) verursacht werden.[811] Dabei weist AIDS keine eigenständigen und krankheitsspezifischen Symptome auf und ist lediglich ein Sammelname für Dutzende unterschiedliche Krankheiten, welche allesamt bereits lange vor AIDS existierten, jedoch seit der angeblichen Entdeckung des „neuen" HI-„Virus" im Jahr 1983 auch durch dieses verursacht werden konnten.

Zu den unter AIDS erfassten Erkrankungen zählen u. a. Tuberkulose, Pneumonie, Magen-Darm-Trakt-Erkrankungen, Enzephalitis, das Kaposisarkom (Hautkrebs), chronische Geschwüre, Bronchitis uvm.[812]

Dennoch wurde AIDS durch die CDC 1981 als eigenständige Krankheit anerkannt, noch bevor der französische Virologe und Nobelpreisträger Luc Montagnier überhaupt angeblich das HI-Virus 1983 nachweisen konnte, welches AIDS verursachen soll.[813]

### 18.1 Ist es bewiesen, dass HIV AIDS verursacht?

---

810 WISSENSCHAFFTPLUS – Das Magazin 2/2017, go Virus go http://wissenschafftplus.de/cms/de/wichtige-texte

811 https://en.wikipedia.org/wiki/HIV/AIDS

812 https://www.gesundheit.gv.at/krankheiten/immunsystem/hiv-aids/infektion/aids-definierende-erkrankungen

813 https://de.wikipedia.org/wiki/AIDS#Isolation_des_Virus_und_erste_Therapien

Ähnlich wie beim SARS-CoV-2, bestehen jedoch erhebliche Zweifel daran, dass das HI-Virus jemals ordnungsgemäß isoliert wurde, und nachgewiesen wurde, dass es AIDS verursacht.

Das HIV soll angeblich ein Retrovirus sein. [814] Allerdings hat sein angeblicher Entdecker Luc Montagnier, 1997 in einem Interview mit der Fachzeitschrift Continuum eingeräumt, dass auf den elektronenmikroskopischen Aufnahmen der Zellkultur, mit welcher das HIV angeblich nachgewiesen worden sein soll, keine Partikel zu sehen sind, welche eine für Retroviren typische Beschaffenheit aufweisen.[815]

Eine Studie aus dem Jahr 2004 hegt ebenfalls erhebliche Zweifel daran, dass das HIV ein Retrovirus ist:

*„Da das "gereinigte Virus" von Montagnier keine Partikel mit der "für Retroviren typischen Morphologie" enthält, können die Proteine nicht retroviral sein. Wir schließen daraus, dass diese Phänomene für Retroviren unspezifisch sind und daher nicht als Beweis für die Existenz eines einzigartigen Retrovirus HIV angesehen werden können“.*

Außerdem wird in der Studie angeprangert, dass bis heute kein HIV-Impfstoff und auch kein erfolgreiches Tiermodell entwickelt wurde, [816] womit die Kochschen bzw. die Rivers Postulate nicht erfüllt und folglich auch ein Nachweis, dass das angeblich HI-Virus AIDS verursacht, nicht erbracht werden konnte.

Peter Duesberg, Molekularbiologe und Professor für Molekular- und Zellbiologie an der University of California, Berkeley, hat ebenso starke Zweifel

---

[814] https://de.wikipedia.org/wiki/Retroviren

[815] Tahi, Djamel, Did Luc Montagnier Discover HIV? Interview mit Luc Montagnier, Continuum, Winter 1997 https://www.virusmyth.org/aids/hiv/dtinterviewlm.htm

[816] A critique of the Montagnier evidence for the HIV/AIDS hypothesis (dt. Eine Kritik der Montagnier-Beweise für die HIV/AIDS-Hypothese) https://pubmed.ncbi.nlm.nih.gov/15325002/

an der These, dass HIV AIDS verursachen könnte. Duisberg ist einer der größten Spezialisten für Retroviren. Er hat jahrzehntelang Retroviren beobachtet und als Erster ihre genetische Struktur aufgedeckt und entziffert, wodurch er in die Akademie der Wissenschaften aufgenommen wurde.

*„Ich glaube nicht, dass die Ursache für AIDS schon gefunden worden ist, sicher nicht ...*
*Ich habe beobachtet, dass Retroviren keine Zellen abtöten und keine Krankheiten hervorrufen ... Wir haben das beim Menschen nie festgestellt ... Wir haben keinen Menschen und kein Tier gefunden, das vollkommen frei von Retroviren wäre. Beide haben in ihrem Körper Retroviren, die genauso aussehen, wie das HIV. Sie sind latent da, haben dieselbe genetische Struktur, denselben Kopiermechanismus, dieselbe Mutationsrate, dasselbe Reverse-Transkriptase-Enzym, alles ist das gleiche, und sie rufen keine Krankheiten hervor. Sie sind die unschädlichsten Viren, die wir je gefunden haben."* [817]

Des Weiteren kritisiert Duesberg die bloße symptomlose Infektion mit HIV, welche angeblich erst in 5-10 Jahren AIDS verursachen kann. Dies sei nicht möglich und ist noch nie beobachtet worden, da in der Regel nicht mehr als ein paar Wochen vergehen, bis eine Infektion in eine Krankheit ausschlägt. Wenn das HI-Virus wirklich für die Erkrankung ursächlich wäre, so müsste man sofort krank werden und nicht etwa zehn Jahre später.
Dies war auch das erste Mal in der Geschichte, dass man asymptomatische (gesunde) Menschen dafür verantwortlich machte, dass sie angeblich ein Virus bzw. eine Krankheit übertragen konnten, ohne selbst krank zu sein. Nachdem man bemerkt hat, dass eine Ansteckung mit HIV/AIDS von einem asymptomatischen Menschen durch einen Geschlechtsakt öffentlich akzeptiert wurde, ist man bei Covid-19 einen Schritt weitergegangen und hat die Bevölkerung glauben lassen, dass asymptomatische Menschen nun auch über Luft, mittels Tröpfcheninfektion andere Menschen mit SARS-CoV-2 anstecken können, was leider ebenfalls weit und breit Akzeptanz fand.

Auf die Frage hin, ob es möglich wäre, ein einziges aktives HI-Virus zu finden, antwortete Duesberg:

---

[817] ARTE Dokumentation „Aids - Die grossen Zweifel", 1996, Tahi Djamel

*„Bei den meisten Patienten gibt es keine, nur Antikörper dagegen. Das ist genau der Grund, warum ziemlich kompetente Biologen wie Gallo und Robin Weiss niemals einen AIDS-Virus von AIDS Kranken isolieren konnten ... Sie konnten es nicht. Nach Jahren vergeblicher Versuche landeten alle bei Montagniers Virus. Sie konnten es selbst nicht finden, weil nichts da ist."*[818]

Der Nobelpreisträger und Erfinder des PCR-Testverfahrens Kary Mullis ist ebenfalls der Ansicht, dass Retroviren unschädlich sind und dass es keine Beweise dafür gibt, dass HIV AIDS verursacht:

*„Wir leben mit einer unzählbaren Anzahl von Retroviren. Sie sind überall und wahrscheinlich schon so lange hier wie die Menschheit. Wir haben sie in unserem Genom ... Einige von ihnen können wie HIV aussehen. Niemand hat gezeigt, dass sie jemals zuvor jemanden getötet haben*[819] *...*
*Ich bin mir ganz sicher, dass es (HIV) nicht die Ursache von AIDS ist. Die Fakten liegen jetzt auf dem Tisch und wenn Sie sich die genau ansehen, kann es nicht der AIDS-Erreger sein."*[820]

Mullis hat angefangen, den AIDS-Konsens infrage zu stellen, als er einen Fortschrittsbericht über die NIH-Zuschüsse verfasste und keinen von Experten begutachteten Hinweis finden konnte, dass HIV die Ursache von AIDS war.[821]

*„Ich habe Computerrecherchen gemacht. Weder Montagnier, Gallo noch sonst jemand hatten Papiere veröffentlicht, in denen Experimente beschrieben wurden, die zu dem Schluss führten, dass HIV wahrscheinlich AIDS verursacht",*
schrieb Mullis in seinem Buch.
*„Ich las die Artikel in Science, für die sie als AIDS-Ärzte bekannt geworden waren, aber sie sagten nur, dass sie bei einigen AIDS-Patienten Beweise für eine frühere Infektion mit etwas gefunden hatten, das wahrscheinlich HIV war ... Es gab in diesen Papieren keinen Hinweis darauf, dass dieses Virus eine Krankheit verursachte. Sie zeigten nicht, dass jeder mit den Antikörpern die Krankheit hatte. Tatsächlich fanden sie einige gesunde Menschen mit Antikörpern.*
*Wenn Montagnier und Gallo diese Beweise nicht wirklich gefunden hatten,*

---

[818] ARTE Dokumentation „Aids - Die grossen Zweifel", 1996, Tahi Djamel
[819] Kary Mullis, Dancing Naked in the Mind Field, Vintage, 2000
[820] ARTE Dokumentation „Aids - Die grossen Zweifel", 1996, Tahi Djamel
[821] https://en.wikipedia.org/wiki/Kary_Mullis#Views_on_HIV/AIDS

*warum wurde dann ihre Arbeit veröffentlicht und warum hatten sie so hart gekämpft, um Anerkennung für die Entdeckung zu bekommen? ... Ich habe bei unzähligen Meetings über PCR referiert. Es waren immer Leute da, die über HIV sprachen. Ich fragte sie, woher wir wissen, dass HIV die Ursache von AIDS ist. Jeder sagte etwas. Jeder hatte die Antwort zu Hause im Büro in irgendeiner Schublade. Sie wussten es alle und sie würden mir die Papiere schicken, sobald sie zurück waren. Aber ich habe nie Papiere bekommen. Niemand hat mir jemals Nachrichten darüber geschickt, wie AIDS durch HIV verursacht wurde.*
*Endlich hatte ich die Gelegenheit, Dr. Montagnier nach der Referenz zu fragen, als er in San Diego bei der Eröffnung des UCSD AIDS Research Center... einen Vortrag hielt ...*
*Als Antwort schlug Dr. Montagnier vor: "Warum verweisen Sie nicht auf den CDC-Bericht?"*
*„Ich habe ihn gelesen", sagte ich, „er geht nicht wirklich auf die Frage ein, ob HIV die wahrscheinliche Ursache von AIDS ist, oder nicht?"*
*Er stimmte mir zu. Es war verdammt irritierend. Wenn Montagnier die Antwort nicht wusste, wer zum Teufel dann? ... Eines Nachts fuhr ich von Berkeley nach La Jolla und hörte im National Public Radio ein Interview mit Peter Duesberg, einem prominenten Virologen in Berkeley. Endlich verstand ich, warum ich so große Schwierigkeiten hatte, die Hinweise zu finden, die HIV mit AIDS in Verbindung brachten. Es gab keine, sagte Duesberg. Niemand hatte jemals bewiesen, dass HIV AIDS verursacht."*[822]

Selbst Reinhard Kurth, ehemaliger Leiter des Robert-Koch-Instituts musste 2004 eingestehen: *„Wir wissen nicht einmal genau, wie HIV krank macht"*. [823]

Bezüglich der HIV-Tests und der Diagnose der Krankheiten, welche zu AIDS gezählt werden, gibt es ebenfalls einige Ungereimtheiten.

*„Die CDC hat AIDS als eine von mehr als dreißig Krankheiten definiert, die von einem positiven Ergebnis eines Tests begleitet werden, der Antikörper gegen HIV nachweist. Aber dieselben Krankheiten werden nicht als AIDS-Fälle definiert, wenn die Antikörper nicht nachgewiesen werden. Wenn eine HIV-*

---

[822] Kary Mullis, Dancing Naked in the Mind Field, Vintage, 2000
[823] https://www.spiegel.de/wissenschaft/der-optimismus-ist-verflogen-a-411cb4bf-0002-0001-0000-000030020341

*positive Frau beispielsweise Gebärmutterkrebs entwickelt, gilt sie als AIDS-krank. Wenn sie nicht HIV-positiv ist, hat sie einfach Gebärmutterkrebs. Ein HIV-positiver Mann mit Tuberkulose hat AIDS; wenn er negativ testet, hat er einfach Tuberkulose. Lebt er in Kenia oder Kolumbien, wo der Test auf HIV-Antikörper zu teuer ist, wird einfach vermutet, dass er die Antikörper und damit AIDS hat, und kann deshalb in der Klinik der Weltgesundheitsorganisation behandelt werden"*, so Mullis in seinem Buch.[824]

Dass Problem hierbei ist jedoch, dass diese Art von Definition irreführend ist.

*„Sie ist zirkulär, denn sie fußt auf und arbeitet bereits mit Annahmen, bei denen berechtigte Zweifel bestehen, dass sie bewiesen sind beziehungsweise Sinn machen: dass HIV existiert; dass HIV AIDS ... verursachen kann; dass ein positiver Antikörper-Test die Existenz von HIV nachweist usw."*, so der preisgekrönte Wissenschaftsjournalist Torsten Engelbrecht, der dies richtigerweise erkannt und beanstandet hat.

Ähnlich wie bei SARS-CoV-2 / Covid-19 stellt sich bezüglich der HIV (PCR) - Tests, die Frage, wie und wonach diese kalibriert wurden, wenn nie wissenschaftlich bewiesen wurde, dass das HI-Virus existiert und dass es angeblich AIDS bzw. eine der unter AIDS erfassten Krankheiten verursacht.

*„Solange HIV nicht nachgewiesen ist, solange können auch diese Tests nicht auf HIV geeicht werden - und so lange kann man mit ihnen auch keine »HI-Viruslast« messen. Es werden zwar feinste Spuren Erbsubstanz (DNA, RNA) aufgespürt, doch ob diese von einem (bestimmten) Virus oder sonst irgendeiner „Verunreinigung" oder einem Zellpartikel stammen, bleibt unklar"*, so der preisgekrönte Wissenschaftsjournalist Torsten Engelbrecht in seinem Buch „Virus-Wahn".[825]

## 18.2 Medienpanik und Wirklichkeit

---

[824] Kary Mullis, Dancing Naked in the Mind Field, Vintage, 2000

[825] Torsten Engelbrecht, Claus Köhnlein, Virus-Wahn, Kapitel 3, AIDS: Vom Rettungsanker zum Multi-Milliarden-Dollar-Business, emu Verlag, 2010

Interessant ist auch, wie seit dem Beginn der 80er-Jahre etwa zwei Jahrzehnte lang weltweit Panik bezüglich der „neuen Seuche“ AIDS in Medien und Politik verbreitet wurde,[826] [827]die horrorhaften Prognosen jedoch ausgeblieben sind, worüber die „Zeit“ bereits 1990 in ihrem Artikel „Die Apokalypse wird abgesagt“ berichtet hat.[828]

*„Der Spiegel kündigte 1984 (genau wie Bild der Wissenschaft im Jahr darauf) unter Berufung auf Aussagen des Medizin-Establishments praktisch an, Mitte der 90-er würde auch der letzte Deutsche an AIDS erkranken und zwei Jahre später daran sterben. Im Vergleich dazu gab sich Newsweek 1986 noch moderat:*
*Bis 1991, orakelte das US-Nachrichtenmagazin, würden fünf bis zehn Millionen Amerikaner mit HIV infiziert sein. Doch der Reality-Check zeigt: Tatsächlich starben in Deutschland an dem, was in staatlichen Statistiken mit AIDS bezeichnet wird, in keinem Jahr mehr als einige Hundert Menschen; wobei die Menschen eigentlich an altbekannten Krankheiten (zum Beispiel Lymphdrüsenkrebs oder Tuberkulose) sterben, die dann in AIDS umdefiniert werden ... Und was die Horror-Visionen von Newsweek betrifft, so lag das Nachrichtenmagazin mit seiner Prognose um das Zehnfache über den 750000 HIV-Infizierten, die die US-Behörden auswiesen.*
*Hinzu kommt, dass es sich bei den 750000 um einen kumulierten Wert handelt. Das heißt: Es wurden nicht die Fälle für ein bestimmtes Jahr genannt, sondern alle Fälle zusammengezählt, die sich seit dem Start der statistischen AIDS-Aufzeichnung Mitte der 80-er angehäuft hatten. Dass die Zahlen bei einer derartigen Zählmethode um ein Zigfaches schauriger erscheinen, als sie sind, liegt auf der Hand. Und logisch ist auch, dass die Zahlen dadurch immer nur zunehmen können, auch wenn in einem Jahr ein Rückgang der Fälle zu verzeichnen war. Übrigens wird nur bei AIDS kumulativ gezählt. Oder haben Sie schon einmal erlebt, dass zum Beispiel in der Tagesschau die Zahl der Verkehrstoten genannt wird, die seit Beginn der statistischen Zählung umgekommen sind (und nicht »nur« die Toten für ein ganz bestimmtes Jahr)?*

[826] https://www.2mecs.de/wp/2014/11/hardliner-aids-krise-gert-froesner/
[827] AIDS Werbespot aus dem Jahr 1987
https://www.youtube.com/watch?v=OJ9f378T49E
[828] https://www.zeit.de/1990/25/die-apokalypse-wird-abgesagt/komplettansicht

*Sicher nicht".*[829] [830]

Als Engelbrecht das geschrieben hat, konnte er natürlich noch nicht wissen, dass später mit Covid-19 eine neue „Seuche" am Horizont erscheinen wird, bei welcher ebenfalls eine kumulative Zählweise angewendet wird.
Wie bei Covid-19, liegt auch in Sachen AIDS der Verdacht nahe, dass man versucht hat, die Zahlen, wo es nur geht, hochzuschaukeln, um die „Seuche" gefährlicher wirken zu lassen, als sie in Wirklichkeit war.

### 18.3 Was könnte AIDS wirklich verursachen?

Interessant ist auch, dass AIDS schon immer hauptsächlich in der Schwulenszene und bei Drogenabhängigen diagnostiziert wurde. Wenn HIV tatsächlich durch Geschlechtsverkehr übertragen werden würde, wieso waren dann diese beide Gruppen unverhältnismäßig stark davon betroffen? Wieso wurde es bei Heterosexuellen so wenig diagnostiziert? Müsste sich das angebliche HI-Virus nicht auf alle möglichen Bevölkerungsgruppen in etwa der gleichen Weise und Intensität ausbreiten?[831] [832]

Im Hinblick auf die unverhältnismäßig stark betroffene Gay-Szene kann ebenfalls nicht erklärt werden, wieso das angeblich neue „Virus" gerade jetzt die unter AIDS zusammengefassten Krankheiten verursachen soll, vor allem da Viren und Homosexualität so alt wie die Menschheitsgeschichte sind.

Wenn man sich jedoch bewusst macht, dass die Gay-Community vor allem in den 80-er Jahren einen exzessiven Lebensstil samt Drogenkonsum (wie etwa der Gay-Droge „Poppers") führte, dann können die Ursachen für die Immunschwäche und die daraus resultierenden Krankheiten, die unter dem

[829] Torsten Engelbrecht, Claus Köhnlein, Virus-Wahn, Kapitel 3, AIDS: Vom Rettungsanker zum Multi-Milliarden-Dollar-Business, emu Verlag, 2010
[830] Siehe auch: https://www.aerzteblatt.de/archiv/107417/AIDS-Statistik-Kumulative-Verwirrung
[831] https://www.spiegel.de/politik/aids-die-bombe-ist-gelegt-a-ec2476eb-0002-0001-0000-000013510622
[832] https://www.zeit.de/1990/25/die-apokalypse-wird-abgesagt/komplettansicht

Sammelbegriff „AIDS“ zusammengeführt sind, wohl viel eher auf den Drogenkonsum zurückzuführen sein, ähnlich wie bei den Junkies.

*„Auch machte sich die Gay-Szene die altbekannten Eigenschaften von Poppers als Muskel-Relaxans zunutze. So führt die Einnahme von Poppers dazu, dass »sich während des Analverkehrs beim passiven Partner die Analmuskulatur entspannt, was das Eindringen des Penis erleichtert«, wie das Fachmagazin MedicalAspects of Human Sexuality bereits 1975 berichtet. Darüber hinaus helfen Poppers, Erektion und Orgasmus zu verlängern. Der Stoff war (und ist) leicht in Heimarbeit herzustellen, und er ist sehr günstig zu erstehen (wenige Dollar pro Ampulle). Dabei wurden Poppers in den einschlägigen Gay-Medien massiv beworben … Bei diesen Junkies ist es noch offenbarer als bei den Poppers inhalierenden Gays, dass sie einen ihr Immunsystem zerstörenden Drogen-Lebensstil führen.*
*Junkies sind eben ein Inbegriff für einen Menschen, dessen Gesundheit nicht durch ein Virus, sondern (primär) durch jahrelange Drogenexzesse zugrunde gerichtet wurde. Wäre es also von Anfang an stärker ins allgemeine Bewusstsein gedrungen, dass stets ein hoher Prozentsatz der AIDS-Patienten Junkies waren, so hätte dies womöglich die Aufmerksamkeit der Bevölkerung viel stärker auf Drogen als mögliche Ursache von AIDS gelenkt… Hinzu kommt, dass seit jeher in den reichen Ländern wie den USA und Deutschland gemäß offiziellen Statistiken Poppers konsumierende Schwule rund 50 Prozent aller AIDS-Patienten ausmachen und Junkies etwa 30 Prozent – weitere 7 Prozent sind beides. Damit sind fast alle AIDS-Patienten Männer, die einen selbstzerstörerischen Lebensstil mit giftigen Drogen, Medikamenten etc. führen.*
*Im Kontrast dazu besagt die offizielle Statistik, dass in armen Ländern*

- *prozentual sehr viel mehr Menschen in der Bevölkerung AIDS haben,*
- *Männer und Frauen gleichermaßen betroffen sind und*
- *vor allem unterernährte Menschen an AIDS leiden.*

*Dies zeigt eindeutig an, dass AIDS-Symptome durch Umweltfaktoren wie Drogen,*
*Medikamente und Mangelernährung ausgelöst werden. Und es spricht klar gegen die Behauptung, dass hier ein Virus am Werk ist …*
*Denn ein solcher Erreger müsste unweigerlich alle Menschen in allen Ländern der Erde gleichermaßen attackieren: Männer und Frauen, Gays und Heteros, Afrikaner und Deutsche - und nicht, wie die Statistiken offenlegen, in »rassistischer « Weise bestimmte Bevölkerungen in unterschiedlichem Ausmaß angreifen“*, schreibt Engelbrecht in seinem Buch.

Dass die toxikologischen Zusammenhänge zwischen Drogenkonsum und AIDS völlig ignoriert wurden und somit aus dem Blickfeld geraten sind, hängt wohl damit zusammen, *„dass mit Intoxikations-Hypothesen, die auf Vergiftungen durch Drogen, Medikamente und sonstige chemische Substanzen wie Pestizide abheben, kein Geld zu verdienen ist. Im Gegenteil, würden bestimmte chemische Stoffe verboten, so würde dies wahrscheinlich beträchtliche Umsatz- und Gewinneinbußen nach sich ziehen: bei der erzeugenden und verarbeitenden genau wie etwa bei der Pharma-, Chemie-, Auto- und Spielzeugindustrie - und auch bei den Medien, deren Existenz entscheidend von den Erlösen aus den Anzeigen dieser Industrien abhängt.*
*Demgegenüber können mit Virus-Hypothesen, also mit dem Verkauf von Impfstoffen,*
*PCR- und Antikörper-Tests und antiviralen Medikamenten, Multi-Milliarden-Profite generiert werden. In »der Biomedizin sind die Verbindungen zur Industrie überall vorhanden, das Erwähnen von Fakten hingegen nicht«, wie William Booth bereits 1988 in Science schreibt. Entsprechend wird alles darangesetzt, immer neue Viren aus der Taufe zu heben und diese für altbekannte Krankheiten verantwortlich zu machen (Ebola, SARS, Vogelgrippe)“.* [833]

Seitdem die Nixon Regierung 1971 den Krieg gegen den Krebs erklärte (war on cancer) und das US- Bundesgesetz „National Cancer Act“ verabschiedete, flossen mehrere Milliarden Dollar in die Krebsforschung,[834] [835] wobei die Virologen einen erheblichen Teil dieser Gelder brav einkassierten und vergeblich versucht haben, irgendein Virus für Krebs verantwortlich zu machen. Als sie nach mehr als einem Jahrzehnt immer noch in der Sackgasse waren, mussten sie um weitere Forschungsgelder bangen, bis Luc Montagnier sie endlich erlöste:

*„Bob Gallo (der AIDS-Forscher Robert Charles Gallo, Anm. d. Verf.) hatte eine Virusprobe, die Luc Montagnier im Lymphknoten eines schwulen Dekorateurs in*

---

833 Torsten Engelbrecht, Claus Köhnlein, Virus-Wahn, Kapitel 3, AIDS: Vom Rettungsanker zum Multi-Milliarden-Dollar-Business, emu Verlag, 2010
834 https://en.wikipedia.org/wiki/War_on_cancer#National_Cancer_Act_of_1971
835 https://en.wikipedia.org/wiki/War_on_cancer#Obama-Biden_Plan_to_Combat_Cancer

*Paris mit AIDS gefunden hatte. Montagnier hatte sie zur Auswertung an Gallo geschickt, und Bob hatte nutzte es um seine eigene Karriere zu fördern.*
*Margaret berief eine Pressekonferenz ein und stellte Dr. Robert Gallo vor, der höflich seine Rundum-Sonnenbrille absetzte und der Weltpresse verkündete: „Meine Herren, wir haben die Ursache von AIDS gefunden!" Und das war es. Gallo und Heckler sagten voraus, dass innerhalb weniger Jahre ein Impfstoff und ein Heilmittel verfügbar sein würden. Das war 1984.*
*Alle alten Virusjäger vom National Cancer Institute haben neue Schilder an ihre Türen gesetzt und wurden AIDS-Forscher. Nur für den Anfang schickte Reagan etwa eine Milliarde Dollar, und plötzlich war jeder, der behaupten konnte, irgendein Mediziner zu sein und in letzter Zeit nicht viel zu tun hatte, voll angestellt. Sie sind es immer noch ...*
*HIV tauchte nicht plötzlich aus dem Regenwald oder Haiti auf. Es fiel Bob Gallo gerade in die Hände, als er eine neue Karriere brauchte. Es war die ganze Zeit hier.*
*Wenn man nicht mehr nur auf den Straßen der Großstädte danach sucht, merkt man, dass es überall dünn verteilt ist ... Die wissenschaftliche Frage wird mit Moral verheddert. Was ich beschreibe, hat nichts mit Moral zu tun. Dies ist nicht „Gottes Zorn" oder irgendeine andere Absurdität. Ein Teil unserer Gesellschaft experimentierte mit einem Lebensstil und es funktionierte nicht. Sie wurden krank. Ein anderes Segment unserer pluralistischen Gesellschaft, nennen Sie sie Ärzte/Wissenschaftler-Flüchtlinge aus dem gescheiterten Krieg gegen den Krebs oder nennen Sie sie einfach professionelle Schakale, entdeckte, dass es funktionierte. Bei ihnen hat es funktioniert. Sie bezahlen ihre neuen BMWs immer noch aus Ihrer Tasche",* so Mullis in seinem Buch.[836]

Peter Duesberg ist ebenfalls der Auffassung, dass AIDS nicht-virale Ursachen hat und im Westen durch den langfristigen Drogenkonsum, sowie auch durch antiretrovirale Medikamente (siehe Punkt 17.4) verursacht wird, wohingegen die wirklichen Krankheitsursachen bei afrikanischen AIDS-Patienten in Faktoren wie Unterernährung, verschmutztes Trinkwasser, sowie unterschiedliche Infektionen liegen. Daher sei AIDS in Afrika ein *„Mythos"*, welches fehldiagnostiziert werde.[837]

---

[836] Kary Mullis, Dancing Naked in the Mind Field, Vintage, 2000
[837] https://en.wikipedia.org/wiki/Peter_Duesberg#AIDS

So auch Engelbrecht:

*„Das, was als afrikanische HIV/AIDS-Epidemie durch die Medien geistert, ist also in Wahrheit ein Sammelsurium von altbekannten Krankheiten, von denen etliche eng mit Armut korrelieren. Wer redlich über AIDS in Afrika sprechen will, kommt daher am Thema Armut nicht vorbei. Dieses wird bei der Suche nach Lösungen nach wie vor sträflich vernachlässigt. Dabei ist in Afrika mehr als ein Drittel der Bevölkerung mangelernährt, mehr als 30 Prozent der Babys kommen untergewichtig auf die Welt. Und wie man weiß, geht Mangelernährung mit verheerenden gesundheitlichen Konsequenzen einher und begünstigt beziehungsweise ist eine entscheidende Ursache für viele Krankheiten wie etwa Tuberkulose."* [838]

Interessanterweise hat Montagnier diesbezüglich ausgeführt, dass die HIV Tests für Afrikaner *„nicht immer sehr passend"* seien, da es in Afrika eine Anzahl von unglaublich vielen Virusstämmen gäbe und sich viele Afrikaner chronische Infektionen (wie z. B. Malaria) einholen und einen anormal hohen Antikörperspiegel haben, was zu falsch positiven HIV Tests führen könne.[839]

Ebenso interessant ist, dass Montagnier in einem Interview für den Film „House of Numbers" (2009) behauptet hat, dass eine gesunde Ernährung, Hygiene und Antioxidantien im Kampf gegen AIDS wichtiger als einschlägige Arzneimittel seien. Ein gesundes Immunsystem, welches durch eine gesunde Ernährung bzw. Lebensweise gestärkt wird, soll in der Lage sein, das HI-Virus restlos zu beseitigen, ganz ohne Medikamente. Seine Ansicht widerspricht der herrschenden Auffassung, dass AIDS mit den heute zur Verfügung stehenden Mitteln nicht heilbar ist.[840]

## 18.4 Das AIDS-Medikament AZT – mehr schlecht als recht?

Im Jahr 1987 wurde eines der giftigsten und teuersten Medikamente, das Chemotherapeutikum namens „AZT", auf den Markt gebracht, welches

---

[838] Torsten Engelbrecht, Claus Köhnlein, Virus-Wahn, Kapitel 3, AIDS: Vom Rettungsanker zum Multi-Milliarden-Dollar-Business, emu Verlag, 2010
[839] ARTE Dokumentation „Aids - Die grossen Zweifel", 1996, Tahi Djamel
[840] https://de.wikipedia.org/wiki/Luc_Montagnier#Umstrittene_Positionen

angeblich lebensverlängernd für AIDS Patienten wirken sollte. Das „Medikament" wurde innerhalb von nur 20 Monaten zugelassen, obwohl die strengsten Testanforderungen der FDA besagen, dass die meisten neuen Medikamente zwischen acht und zehn Jahren von der Entwicklung bis zur Marktreife benötigen. Genauso wie bei den Covid-19-Impfstoffen handelte es sich dabei um eine Art Notfallzulassung, da niemand voraussagen konnte, welche Langzeitfolgen auftreten könnten.[841]

*„AZT war ein aufgegebenes Krebsmedikament, das wegen seiner tödlichen Toxizität verworfen wurde, in dem zynischen Glauben wiederbelebt, dass AIDS-Patienten sowieso sterben würden."* Es soll *„schlimmer als die Krankheit"* selbst gewesen sein und *„schneller töten, als das natürliche Fortschreiten von AIDS, das unbehandelt blieb"*.[842]

Die Patienten, die es nahmen, klagten über massive Nebenwirkungen. Die toxischen Wirkungen von AZT, insbesondere Knochenmarksuppression und Anämie, waren so schwerwiegend, dass bis zu 50 Prozent aller AIDS-Patienten es nicht vertragen haben.

*„In dem Zulassungsschreiben, das Burroughs Wellcome an die FDA schickte, wurden alle 50 zusätzlichen Nebenwirkungen von AZT, abgesehen von den häufigsten, aufgeführt. Dazu gehörten: Verlust der geistigen Schärfe, Muskelkrämpfe, rektale Blutungen und Zittern."*[843]

Anämie, welche nichts anderes als die Erschöpfung der roten Blutkörperchen ist, stellt eine der häufigsten Nebenwirkungen von AZT dar. Peter Duesberg warnte, dass rote Blutkörperchen das Einzige seien, auf das man nicht verzichten kann, da man ohne sie nicht Sauerstoff aufnehmen könne.

---

[841] https://www.independent.co.uk/arts-entertainment/rise-and-fall-azt-it-was-drug-had-work-it-brought-hope-people-hiv-and-aids-and-millions-company-developed-it-it-had-work-there-was-nothing-else-many-who-used-azt-it-didn-t-2320491.html
[842] https://www.spin.com/featured/aids-and-the-azt-scandal-spin-1989-feature-sins-of-omission/
[843] https://www.spin.com/featured/aids-and-the-azt-scandal-spin-1989-feature-sins-of-omission/

Ein AIDS-kranker Patient, bei welchem es durch das AZT zu einer schweren Anämie gekommen ist, hat Folgendes darüber berichtet:

*„Ich lebe in einem Studio und mein Badezimmer ist nur fünf Schritte von meinem Bett entfernt ... Ich konnte nicht aufstehen, um diese fünf Schritte zu gehen. Als ich ins Krankenhaus gebracht wurde, musste mich jemand anziehen lassen. Es ist diese Art von starker Müdigkeit. Meine Lebensqualität war erbärmlich ... Ich habe mich noch nie so schlecht gefühlt... Ich habe das AZT abgebrochen und die geistige Verwirrung, die Kopfschmerzen, die Nackenschmerzen, die Übelkeit verschwanden innerhalb von 24 Stunden ... Ich fühle mich jetzt sehr gut".*[844]

In Bezug auf AZT schrieb Duesberg damals, dass selbst wenn HIV AIDS verursachen würde, eine AZT-Therapie nicht legitim wäre, da das AZT als Chemotherapeutikum sich teilende Blutzellen und andere Zellen abtöte und damit *„direkt immunsuppressiv"* wirke.

*„In der Zwischenzeit verabreichen sie dieses Medikament, das Millionen von Lymphozyten (weiße Blutkörperchen) tötet. Es ist mir schleierhaft, wie das von Vorteil sein könnte",*[845]so Duesberg.

Der damals 23-Jährige Michael Cottrell war einer der ersten Menschen, die AZT in Großbritannien eingenommen haben. Dabei litt er unter schweren Nebenwirkungen, wie chronische Kopfschmerzen, Übelkeit und Muskelermüdung. Cottrell fühlte sich auf AZT viel schlechter als ohne und wusste, dass es ihm nicht half. Dennoch hielt er durch, denn es schien, dass AZT das einzige Anti-Aids-Medikament war, das es gab:

*„Bei mir wurde vor Kurzem HIV-positiv diagnostiziert und ich geriet in Panik. Ich dachte ich würde sterben ... Ich war vollkommen gesund ... Es (AZT, Anm. d. Verf.) wurde mir über einen Zeitraum von drei Jahren dreimal verschrieben und ich nahm es aus Angst. Mir wurden zuerst 1.200 mg pro Tag verschrieben und dann 500 mg, aber ich fühlte mich immer noch schlecht, selbst bei der*

---

[844] https://www.spin.com/featured/aids-and-the-azt-scandal-spin-1989-feature-sins-of-omission/
[845] https://www.spin.com/featured/aids-and-the-azt-scandal-spin-1989-feature-sins-of-omission/

*niedrigeren Dosis. Ich hatte Übelkeit und Kopfschmerzen und Muskelermüdung.“*

Cottrels Freund Pierre Hardy hatte ebenfalls AZT eingenommen, als bei ihm 1989 im Alter von 28 Jahren HIV diagnostiziert wurde.
Nach dreijähriger Einnahme von AZT hatte er wiederholt Brustentzündungen und einen Schlaganfall, woraufhin er in eine Fachabteilung eingeliefert wurde.

*„Als ich nach Hause kam und anfing, das Ganze noch einmal durchzugehen, die ganze HIV-Theorie. Ich warf alle Pillen weg, die ich einnahm - ich nahm jeden Morgen und Abend sieben. Ich begann meine Ernährung umzustellen und ging dann wieder zu meinem Arzt ... Ich hatte seit Januar drei Mal Migräne, ein bisschen Asthma kommt zurück, aber im Grunde fühle ich mich viel besser. Hätte ich weiter an die traditionelle Medizin geglaubt, wäre ich entweder dieses oder nächstes Jahr tot gewesen“*, so Hardy.[846]

Der deutsche AIDS-Aktivist Ulli Würdemann hat bezüglich AZT ebenfalls keine guten Erinnerungen:

*„Viele, die damals AZT nahmen, kotzten sich die Seele aus dem Leib. Sie hatten Schüttelfrost und gleichzeitig hohes Fieber. Schlimm war zudem diese unendlich große Müdigkeit und Kraftlosigkeit. Man hatte überhaupt keine Energie mehr. Das führte bei vielen zu dem Eindruck, dass es ihnen oder ihren Freunden, bei denen sie das erlebten, mit AZT noch schlechter ging als vorher ohne Medikament. Ich habe das damals selbst im Freundeskreis erlebt. Man hatte manches Mal das Gefühl: Der stirbt jetzt nicht an Aids, der stirbt schon vorher an AZT ... Die Gerüchte über massive Nebenwirkungen verbreiteten sich unter den HIV-Positiven sehr rasch. So groß die Hoffnung war, so schnell ist sie wieder verflogen. Viele wollten diese Pillen deshalb auch nicht mehr nehmen. Wenn man erlebt hatte, wie schlecht es vielen mit AZT damals ging, konnte man diese Haltung gut verstehen. Ich selbst habe mich damals zunächst ebenfalls dagegen entschieden, AZT zu nehmen.“*[847]

---

[846] https://www.independent.co.uk/arts-entertainment/rise-and-fall-azt-it-was-drug-had-work-it-brought-hope-people-hiv-and-aids-and-millions-company-developed-it-it-had-work-there-was-nothing-else-many-who-used-azt-it-didn-t-2320491.html
[847] https://magazin.hiv/2017/03/20/so-gross-die-hoffnung-war-so-schnell-ist-

AZT wurde selbst bekannten Persönlichkeiten als die einzige Hoffnung im Kampf gegen AIDS verkauft, was sicherlich weiterhin den Bekanntheitsgrad und den Marktwert des umstrittenen „Medikaments" steigerte.
Freddie Mercury- der berühmte bisexuelle Sänger der britischen Rock-Band Queen, hat nach einem positiven HIV-Test den Rat seines Arztes befolgt und AZT eingenommen. Da er noch zu der ersten AZT-Patienten-Generation gehörte, bekam er die volle Ladung AZT (1500 Milligramm pro Tag) verabreicht. Letztendlich sah Mercury aus wie ein Gerippe und verstarb im November 1991 mit nur 45 Jahren.[848]

Erst mit der Veröffentlichung der Concorde-Studie im Jahr 1994 wurde endgültig belegt, dass AZT in viel zu hohen Dosen verabreicht wurde (was zum Teil tödliche Folgen für die Patienten hatte).[849]

*„In früheren Interviews und Seminaren hatte ich gesagt, dass ich dachte, AZT sei nicht nur nutzlos gegen AIDS, sondern vergifte Menschen. Es gab in Europa große medizinische Studien, die sogenannte Concorde-Studie, die genau dies zeigten. AZT war gegen AIDS wertlos und sogar für gesunde Menschen schädlich*", so Kary Mullis in seinem Buch.[850]

Und auch der berühmte Balletttänzer Rudolph Nureyev, hatte sich entschlossen, Ende der 80er-Jahre AZT zu nehmen, obwohl er kerngesund war und nur einen positiven HIV-Test hatte, woraufhin er 1993 verstorben ist.

Dasselbe Schicksal ereilte auch im gleichen Jahr den Wimbledon Sieger Arthur Ashe mit nur 36 Jahren, nachdem er 1988 infolge eines positiven HIV Tests von seinem Arzt AZT verschrieben bekommen hat.

Der Basketballstar Earvin „Magic" Johnson hatte wohl die richtige Intuition, nicht auf Ärzte zu hören. Nachdem er 1991 auf HIV-positiv getestet wurde, war

---

sie-wieder-verflogen/
[848] Torsten Engelbrecht, Claus Köhnlein, Virus-Wahn, Kapitel 3, AIDS: Vom Rettungsanker zum Multi-Milliarden-Dollar-Business, emu Verlag, 2010
[849] https://magazin.hiv/2017/03/20/so-gross-die-hoffnung-war-so-schnell-ist-sie-wieder-verflogen/
[850] Kary Mullis, Dancing Naked in the Mind Field, Vintage, 2000

es Dr. Anthony Fauci persönlich, welcher neben Johnsons persönlichen Arzt David Ho, ihm eindringlich geraten hat, AZT einzunehmen. Daraufhin verschlechterte sich Johnsons Gesundheitszustand derart, dass er klagte, dass er sich so fühlen würde, *„als müsste er sich jeden Tag übergeben"*. Nach kurzer Zeit verschwanden jedoch seine Krankheitssymptome urplötzlich, was wohl damit zusammenhängt, dass Johnson die AZT-Therapie beendete. 1995 gab er in einem persönlichen Gespräch zu, dass er nur ganz kurze Zeit AZT zu sich nahm. Die Folge: Johnson wurde wieder kerngesund, gewann sogar kurz darauf (1992) mit dem US-Basketballteam die olympische Goldmedaille und lebt auch heute noch, 30 Jahre nach der HIV-Diagnose wohlauf.[851]

Gene Fedorko, Präsident von Health Education AIDS Liaison (HEAL) hat folgende Schlussfolgerungen daraus gezogen, dass er sich jahrelang in der wöchentlichen Selbsthilfegruppe von HEAL die Geschichten von Menschen angehört hat, die mit AIDS kämpften:

*„Ich bin fest davon überzeugt, dass Menschen, die kein AZT einnehmen, eine bessere Lebensqualität genießen und länger überleben ... Ich finde es schrecklich, wie Menschen von ihren Ärzten gemobbt werden, dieses Medikament zu nehmen. Wir bekommen Leute, die zitternd und weinend zu uns kommen, weil ihre Ärzte sagten, dass sie sterben würden, wenn sie AZT nicht nehmen. Das ist eine absolute Lüge."*[852]

Der selbst an AIDS erkrankte Michael Callen, Mitbegründer der PWA-Koalition von New York City, der Community Research Initiative und Herausgeber mehrerer AIDS-Zeitschriften hat sich diesbezüglich wie folgt geäußert:

*„Ich würde AZT nicht nehmen, wenn Sie mich bezahlen würden ... ich denke, die Verwendung von AZT ist so, als würde man einen thermonuklearen Sprengkopf auf eine Mücke richten. Die überwältigende Mehrheit der Langzeitüberlebenden, die ich kenne, hat sich dafür entschieden, AZT nicht zu nehmen."*

---

[851] Torsten Engelbrecht, Claus Köhnlein, Virus-Wahn, Kapitel 3, AIDS: Vom Rettungsanker zum Multi-Milliarden-Dollar-Business, emu Verlag, 2010
[852] https://www.spin.com/featured/aids-and-the-azt-scandal-spin-1989-feature-sins-of-omission/

Dr. Harvey Bialy, Molekularbiologe und wissenschaftlicher Herausgeber der Zeitschrift Biotechnology war fassungslos über die geringe Qualität der Wissenschaft rund um die AIDS-Forschung. Es gäbe keine Beweise, keine objektive Studie, die die Behauptung stützen würde, dass das AZT das Leben der Menschen verlängere.

*„Ich kann mir nicht vorstellen, dass dieses Medikament etwas anderes bewirken könnte, als die Leute sehr krank zu machen ... Wenn AIDS nicht die Volkskrankheit wäre, die es ist – die Maschine zum Geldverdienen und Karriere machen – könnten diese Leute mit dieser Art von schäbiger Wissenschaft nicht davonkommen“*, sagte Bialy. "*In all meinen Jahren in der Wissenschaft habe ich noch nie etwas so Grausames gesehen.*"
Es sei auch *„mehr als möglich“*, dass Menschen in Wirklichkeit an einer AZT-Vergiftung und nicht an AIDS gestorben sind.

Dr. Joseph Sonnabend, einer der angesehensten AIDS-Ärzte in New York City, hat zahlreiche Langzeitüberlebende Patienten in seinen Reihen, obwohl bzw. vielleicht auch gerade deswegen, weil er noch nie AZT verschrieben hat. Er war einer der ersten, der die einfache Beobachtung machte, dass AIDS-Patienten nicht nur wegen ihrer HIV-Infektion, sondern wegen ihrer Krankheiten behandelt werden sollten.

*„Ich schäme mich für meine Kollegen“*, klagte Sonnabend. "*Das ist mir peinlich. Das ist eine so schäbige Wissenschaft, dass es kaum zu glauben ist, dass niemand protestiert. Verdammte Feiglinge. Der Name des Spiels ist, Ihren Zuschuss zu schützen und nicht den Mund aufzumachen. Es geht nur um Geld ... es ist ein Grund, einfach der Parteilinie zu folgen und nicht kritisch zu sein, wenn offensichtlich finanzielle und politische Kräfte dafür verantwortlich sind.“*

Damit hat Sonnabend wohl nicht zuletzt den Hersteller von AZT gemeint, welcher sich an seinem „Medikament“ dumm und dämlich verdient hat.

*„Da das Medikament nicht die üblichen massiv teuren Forschungs- und Versuchsprozesse erforderte, nachdem es dies Jahre zuvor durchlaufen hatte, war es für seinen Hersteller Burroughs Wellcome wahnsinnig profitabel ... Burroughs Wellcome-Aktie ging durch die Decke, als die Ankündigung gemacht wurde. Mit einem Preis von 8.000 US-Dollar pro Patient und Jahr (ohne Blutuntersuchungen und Transfusionen) ist AZT das teuerste Medikament, das*

*jemals auf den Markt gebracht wurde. Der Bruttogewinn von Burroughs Wellcome für das nächste Jahr wird auf 230 Millionen US-Dollar geschätzt. Börsenanalysten gehen davon aus, dass Burroughs Wellcome bis Mitte der 1990er-Jahre jedes Jahr AZT im Wert von 2 Milliarden US-Dollar unter dem Markennamen Retrovir verkaufen könnte – was dem Gesamtumsatz von Burroughs Wellcome für alle seine Produkte im letzten Jahr entspricht."*

Daher ist es wohl auch nicht verwunderlich, dass am 17. August 1989 die US-Regierung angekündigt hat, den Therapiekreis durch AZT enorm auszuweiten. Nun sollten auch 1,4 Millionen gesunde, HIV-Antikörper-positive Amerikaner von der Einnahme von AZT „profitieren" können, obwohl sie keine Krankheitssymptome hatten- und das, obwohl davor die allgemeine Ansicht vertreten wurde, dass das AZT aufgrund der extremen Toxizität nur als letztes Mittel für schwerkranke AIDS-Patienten verwendet werden sollte. Dabei war es kein geringerer als Dr. Anthony Fauci, welcher auf die Ausweitung des Behandlungskreises von AZT auf symptomlose HIV-Träger (gesunde Menschen) drängte.[853]

Es ist einfach unglaublich, dass diese hochtoxische Substanz, welches sich „Medikament" nennt derart schnell und bedenkenlos zugelassen wurde und einen immensen Schaden anrichten konnte, ohne dass bisher irgendjemand dafür haftbar gemacht wurde.

Durch den Fokus auf das angebliche HI-Virus, welches angeblich AIDS verursacht, wurde dabei, so wie es aussieht, total übersehen, dass viele Todesursachen nicht auf HIV/AIDS, sondern auf eine Falschbehandlung mit „antiviralen" Medikamenten wie AZT zurückzuführen sein könnten. Die pure Fokussierung auf HIV/AIDS ist mithin ein gedanklicher Teufelskreis:

*„Gesunde Menschen werden „therapiert", und jede Verschlechterung des Gesundheitszustandes wird nun der Viruserkrankung zugeschoben, die die »Therapie« nicht aufhalten kann. Und am Ende, wenn die Medikamente einfach nicht gesundheitsfördernd wirken wollen, wird dies auch noch der »Raffinesse« der HI-Viren zugeschoben, woraufhin man von »therapieresistenten*

---

[853] https://www.spin.com/featured/aids-and-the-azt-scandal-spin-1989-feature-sins-of-omission/

*Virusmutanten« spricht. Der Patient stirbt mit AIDS-typischen Symptomen wie Demenz, Gewichtsverlust, Nervenschäden - und weil alle dem Tunnelblick auf HIV verhaftet sind, kann sich niemand vorstellen, dass der Kranke nicht trotz, sondern gerade wegen all dieser medikamentösen Bemühungen stirbt.*

*Zum Beispiel passiert es, dass nach einer Therapieunterbrechung die mit der PCR gemessene sogenannte Viruslast wieder hochgeht. Dies wird, wie geschildert, von der etablierten Medizin wieder so interpretiert (ohne Beweise dafür zu haben), dass HIV sich erneut vermehrt und die Helferzellen wieder stärker befallen hat. Weshalb wieder antiretrovirale Medikamente gegeben werden.*
*Und wenn es dem Patienten dann wieder schlechter geht, dann wird HIV dafür verantwortlich gemacht (und nicht etwa die giftigen Medikamente) - und so werden die in letzter Konsequenz tödlichen Präparate weiter verabreicht"*, so Engelbrecht.[854]

Umso schlimmer erscheint es, dass die WHO bei der Behandlung von AIDS auch weiterhin empfiehlt, AZT zu verwenden, selbst bei Kindern und Säuglingen.[855]

### 18.5 Parallelen zwischen HIV/AIDS und SARS-CoV-2/Covid-19

Zwischen HIV/AIDS und SARS CoV-2/Covid-19 lassen sich einige Parallelen und Gemeinsamkeiten feststellen:

1) Sowohl HIV als SARS-CoV-2 wurde zunächst als ein angebliches Killervirus dargestellt, welches angeblich eine Bedrohung für die gesamte Menschheit darstellte, was sich im Nachhinein als falsch herausgestellt hat.

2) Die Statistiken für AIDS und Covid-19 wurden bzw. werden kumulativ gerechnet, um dadurch einen gefährlicheren Eindruck zu erzeugen.

---

[854] Torsten Engelbrecht, Claus Köhnlein, Virus-Wahn, Kapitel 3, AIDS: Vom Rettungsanker zum Multi-Milliarden-Dollar-Business, emu Verlag, 2010
[855] https://apps.who.int/iris/bitstream/handle/10665/325892/WHO-CDS-HIV-19.15-eng.pdf

3) Die Massenmedien, sowie einige Politiker und regierungstreue Wissenschaftler haben sowohl in Bezug auf AIDS, als auch bezüglich Covid-19 über einen langen Zeitraum Panik massenhaft verbreitet.

4) Sowohl beim HIV, als auch beim SARS-CoV-2 gibt es angeblich „symptomlose Träger“, Menschen ohne jegliche Krankheitssymptome, die angeblich ansteckend sein können und die man zuvor immer als „Gesunde“ bezeichnet hat.

5) Sowohl AIDS, als auch Covid-19 weisen keine eigenen krankheitsspezifischen Symptome auf und können somit als eigenständige Erkrankungen nicht nachgewiesen werden.

6) Das HIV ist (so wie SARS-CoV-2) weder ordnungsgemäß isoliert worden, noch wurde nachgewiesen, dass es AIDS verursacht (so wie auch beim SARS-CoV-2 nicht nachgewiesen wurde, dass es Covid-19 verursacht).
7) Sowohl beim HIV, als auch beim SARS-CoV-2 gibt es massenweise falsch-positive PCR-Tests.

8) Der PCR-Test ist sowohl bei HIV, als auch bei SARS-Cov-2 nichtssagend, da dieser nicht mit nachgewiesenen Virus-Isolaten kalibriert wurde.

9) Eine Ansteckung sowohl mit HIV, als auch mit SARS-CoV-2 wurde nie wissenschaftlich nachgewiesen.

10) Sowohl bei AIDS, als auch bei Covid-19 wurden „Medikamente“ in kürzester Zeit zugelassen (AZT bzw. genetische Impfstoffe), ohne dass sie hinreichend geprüft wurden und ohne, dass die Langzeiteffekte überhaupt studiert werden konnten.

11) Sowohl AZT, als auch die genetischen Covid-19 Impfstoffe haben zahlreiche Gesundheitsschäden und Todesfälle verursacht.

12) Die Pharmaunternehmen machten sowohl bei HIV/AIDS, als auch bei SARS-CoV-2/Covid-19 durch PCR-Tests und „Medikamente“ (AZT/Impfungen) riesige Gewinne.

13) Dr. Anthony Fauci hat sowohl für AZT, als auch für die Covid-19-Impfungen kräftig die Werbetrommel gerührt.

## 19. Gibt es einen wissenschaftlichen Beweis für eine Ansteckung mit Viren?

Wenn man davon ausgeht, dass Viren keine Krankheiten verursachen, dann ist auch eine Ansteckung mit Krankheiten, die auf Viren zurückgeführt werden, nicht möglich.
Interessant ist in diesem Zusammenhang, dass sowohl die traditionelle chinesische Medizin, sowie die traditionelle indische Heilkunst (Ayurveda) die Ansteckungstheorie immer klar verneint haben.

Bis heute scheint es auch keine einzige Studie zu geben, die eine Ansteckung wissenschaftlich belegen kann. Dafür gibt es jedoch einige wissenschaftliche Studien, die beim Versuch, eine Ansteckung wissenschaftlich zu beweisen, gescheitert sind.

So wurde z. B. im Rahmen einer großen Bostoner Studie während der Spanischen Grippe (1918-1919), welche von einer Gruppe von Offizieren der US-Navy und des US Public Health Service an 100 Freiwilligen durchgeführt wurde („Experiments to determine mode of spread of influenza, Milton J. Rosenau, MD – dt. Experimente zur Bestimmung der Ausbreitungsart von Influenza), vergeblich versucht, die Ausbreitungsart der Influenza experimentell zu bestimmen, wodurch erhebliche Zweifel an der Ansteckungstheorie aufgekommen sind.[856]

Zunächst hat man versucht eine Reinkultur von Influenzabazillus (Pfeiffers Bazillus) in einer eher moderaten Menge in die Nasenlöcher einiger dieser Freiwilligen zu verabreichten, allerdings wurde niemand dadurch angesteckt.

Daraufhin wurde neunzehn Freiwilligen eine sehr große Menge von einer Mischung aus dreizehn verschiedenen Pfeiffer-Bazillus-Stämmen (Haemophilus-influenzae[857], Anm. d. Verf.) verabreicht, von denen einige kürzlich bei der Autopsie aus der Lunge gewonnen wurden. Diese Mischungen wurden in die Nase, die Augen und in die Kehle gesprüht, während die Freiwilligen eingeatmet haben. Obwohl einige Milliarden dieser Organismen

---

[856] https://zenodo.org/record/1505669#.X98j51VKjX4
[857] https://en.wikipedia.org/wiki/Haemophilus_influenzae

auf jeden Freiwilligen verwendet wurden, ist keiner von ihnen erkrankt.

Dann hat man Schleimsekrete von Mund, Nase, Rachen und Bronchien von Influenzapatienten gesammelt und an 10 Freiwillige in jedes Nasenloch, in den Hals und ins Auge verabreicht, ohne dass jemand krank wurde.

Im nächsten Experiment wurden den Freiwilligen jeweils 10 ml Blut von Influenzapatienten injiziert, ohne dass auch hier jemand erkrankt ist.

Daraufhin wurde viel Schleimmaterial aus den oberen Atemwegen gesammelt, filtriert und in die Probanden injiziert, mit dem Ergebnis, dass auch bei diesem Experiment sich niemand infizierte.

Das nächste Experiment sollte die natürliche Art und Weise imitieren, wie sich Influenza angeblich ausbreitet – durch menschlichen Kontakt. Dafür wurden zehn Freiwillige in eine Station mit dreißig Betten gebracht, die jeweils mit Influenzapatienten gefüllt waren. Anschließend musste jeder Freiwillige mit insgesamt zehn Influenzapatienten, welche jeweils verschiedene Fälle von Influenza hatten, die folgende Prozedur durchmachen: Sich fünf Minuten lang mit dem Patienten unterhalten, ihm die Hand schütteln, fünfmal seinen Atem ins Gesicht bekommen und dann fünfmal seinen Husten direkt ins Gesicht bekommen. Die Freiwilligen wurden anschließend sieben Tage lang aufmerksam beobachtet - und keiner von ihnen ist in irgendeiner Weise krank geworden.

Schließlich mussten die Verfasser der Studie sich eingestehen, dass ihre Vorstellung darüber, dass sie die Ursache der Krankheit kannten und ziemlich sicher waren, dass sie wussten, wie sie von Person zu Person übertragen wurde, schwer ins Schwanken gekommen ist:

*„Vielleicht gibt es Faktoren oder einen Faktor bei der Übertragung von Influenza, die wir nicht kennen ... Wenn wir etwas gelernt haben, dann dass wir uns vielleicht nicht ganz sicher sind, was wir über die Krankheit wissen."*

Außerdem verwiesen die Autoren auf Dr. McCoy, der mit Dr. Richey eine ähnliche Reihe von Experimenten auf Goat Island, San Francisco, durchführte, und dabei Freiwillige verwendete, die, soweit bekannt, überhaupt nicht dem Influenza-Ausbruch ausgesetzt waren. Die Freiwilligen hatten ebenfalls negative Ergebnisse zu verzeichnen und die Studieninitiatoren konnten die

Krankheit nicht reproduzieren.

Etwa ein Jahr zuvor wurden ebenfalls vergeblich Tierversuche durchgeführt, die das Ziel hatten, eine Ansteckung bei Pferden nachzuweisen. Dazu wurden gesunde Pferde in allen Stadien der Krankheit in engem Kontakt mit kranken Pferden gehalten. Bei kranken Pferden wurde der Nasenausfluss in Nasensäcken gesammelt. Anschließend wurde dem Nasensack Futter beigemischt, so dass er als Futterquelle für gesunde Pferde verwendet wurde, welche sich dennoch nicht ansteckten. Infolge dieser und anderer Versuche schrieb Oberstleutnant Herbert Watkins-Pitchford vom Veterinärkorps der britischen Armee im Juli 1917, dass er keine Beweise dafür finden konnte, dass die Influenza jemals direkt von einem Pferd auf ein anderes übertragen wurde.[858]

## 20. Sind sogenannte „Infektionskrankheiten“ in Wirklichkeit Vergiftungen?

Wenn man zu dem Schluss kommt, dass die Keimtheorie nicht stimmt, dann stellt sich die Frage, was die sogenannten „Infektionskrankheiten“ sind bzw. wie diese verursacht werden.
Die des Öfteren gemachten Beobachtungen, dass mehrere Personen, welche zusammen wohnen, gleichzeitig erkranken und ähnliche Symptome aufweisen, sind nicht notwendigerweise auf virale Krankheitserreger zurückzuführen und könnten auch durch eine Vergiftung erklärt werden, wenn z. B. die Personen allesamt etwas Verdorbenes gegessen haben. Dazu bedarf es nicht unbedingt eines „krankmachenden Virus“. Die Tatsache, dass längst nicht immer alle im Haushalt lebenden Personen gleichzeitig erkranken bzw. dass sich längst nicht alle gesunden Menschen (mit etwa gleich starker bzw. schwacher Immunität) von kranken Menschen anstecken, spricht ebenfalls gegen die Annahme, dass es sich um ein „Virus“ handeln kann, welches ansonsten alle Personen befallen und krank machen müsste.

Wenn z. B. Fische in einem Teich sterben, so kommt man auch nicht auf den Gedanken, dass es das Resultat von einem Virus ist, sondern, dass wahrscheinlich das schlechte bzw. vergiftete Wasser (Milieu, Nährboden) der Grund dafür ist. Die Milieutheorie erscheint daher viel einleuchtender und

---

[858] Firstenberg Arthur, The Invisible Rainbow: A History of Electricity and Life, Mystery on the Isle of Wight, Chelsea Green Publishing Co, 2020

lebensnaher als die Keimtheorie.

Daher könnte das, was in der Schulmedizin als „Infektionskrankheit“ bezeichnet wird, welche z. B. durch einen Virus verursacht sein soll, in Wirklichkeit nichts anderes als ein Entgiftungs- und Heilungsprozess des Körpers sein.
Die Krankheitssymptome wären somit in Wirklichkeit Entgiftungs- bzw. Heilungssymptome des Körpers, und die Krankheit selbst wäre folglich nichts anderes als Vergiftung. Daher könnte der Entgiftungsprozess von der Schulmedizin als „Krankheit“ fehlgedeutet werden.

Dafür könnten folgende Überlegungen sprechen:

Der Körper besitzt bekanntlich Selbstheilungskräfte, wie man es sehr schön an einer offenen Wunde erkennen kann, die verheilt und sich zuzieht, so dass letztendlich, wenn überhaupt, nur eine Narbe übrig bleibt. Dasselbe passiert mit Vergiftungen- der Körper versucht, sich zu reinigen und den Körper von Giften zu befreien. Daher sollte man den Körper in Ruhe seine Arbeit verrichten lassen, wenn er sich zu einer Reinigung entschließt und gegebenenfalls nur seine Selbstheilungskräfte anregen und unterstützen, anstatt ihm Antibiotika oder fiebersenkende Mittel zu verabreichen und den Entgiftungsprozess auf diese Weise abzubrechen. Antibiotika richten sich, wie der Name schon sagt „gegen das Leben“ (anti-bios). Sie zerstören die Keime, welche den Körper entgiften und vergiften den Körper zusätzlich. Die Verwendung von Antibiotika sollte wohl nur dann infrage kommen, wenn das Milieu (der Nährboden) zu giftig ist und die Bakterien, die es verarbeiten zu viel Gift (Toxine) freisetzen, so dass der Körper dies nicht mehr verarbeiten kann. Grundsätzlich ist jedoch davon auszugehen, dass wenn der Körper Antibiotika aufnimmt, der Entgiftungsprozess gestoppt wird, da Antibiotika Bakterien zerstören, die diesen Entgiftungsprozess durchführen. Zusätzlich wird durch die Hinzugabe von Antibiotika noch mehr Gift in Form von eben diesen Antibiotika reingepumpt. Durch die Unterbrechung der Entgiftung verschwinden auch die (Entgiftungs-)Symptome, die von der Schulmedizin als „Krankheitssymptome“ möglicherweise fehlgedeutet werden. Man fühlt sich zwar für den Augenblick besser, ist aber weiterhin voll mit Schlacken, Toxinen und jetzt auch noch mit giftigen Antibiotika, so dass nach einer gewissen Zeit der Körper wieder versuchen wird, sich von all dem zu reinigen. In der Schulmedizin könnte dies als eine erneute Viruserkrankung fehlgedeutet werden, die man immer wieder versucht mit Antibiotika und fiebersenkenden Mitteln zu behandeln. Auf diese

Art und Weise entsteht ein teuflischer Kreislauf, da dem Körper auf der einen Seite verwehrt wird, sich von Giften zu reinigen, und auf der anderen ihm noch mehr Gifte, wie Antibiotika, zusetzt. Daher wäre es auch kein Wunder, dass die Menschen sich nie richtig auskurieren, sondern immer kränker und schwächer werden. Der Grad der Vergiftung nimmt dabei ständig zu- erreicht er seinen Höhepunkt, so kann es sein, dass der Körper nicht länger mit den Giften fertig wird und der Mensch an Vergiftung stirbt, was die zahlreichen Grippetoten bestens erklären könnte.

So könnte man z. B. die Grippe dahingehend deuten, dass der Körper versucht, sich anhand von Husten, Schnupfen und Fieber, von Schlacken und Giften zu reinigen. Die Grippe könnte somit so etwas wie eine Generalreinigung sein, welche die meisten Menschen 1-3 Mal im Jahr durchlaufen. Die sogenannten „Grippewellen" könnten mithin nichts anderes als Entgiftungsprozesse sein, die jährlich zu einer bestimmten Jahreszeit auftreten (vom Herbst bis zum Frühling), wo die Menschen in der Regel viel weniger Sport treiben, sich weniger gesund ernähren, einen Vitaminmangel haben, kaum an die frische Luft gehen und viel weniger Sonne (Vitamin D) abbekommen, und daher viel mehr zugeschlackt werden, so dass sie gerade in dieser Zeit eine Generalreinigung benötigen. Zudem wird der Entgiftungsprozess allem Anschein nach durch Kälte angeregt. Nicht umsonst wird dieser auch als „Erkältung" bezeichnet, was von dem Wort „Kälte" kommt.

Die Virologen können hingegen bis heute nicht erklären, wieso Viren zyklisch, bzw. saisonal auftreten.[859]

Es sieht danach aus, dass der Körper regelmäßig kleinere Reinigungen/Entgiftungen vollzieht, indem er Gifte und Schlacke in Körperflüssigkeiten einbettet, welche wir Rotz nennen. Menschen, die sich gesund ernähren und eine gesunde Lebensweise führen, entwickeln (fast) keinen Rotz, da sie nicht zugeschlackt sind. Da diese Menschen keine Gifte in sich lassen, werden sie auch nicht krank (vergiftet) und brauchen auch keinen Entgiftungsprozess.
Bei älteren Menschen kann es häufiger zu Komplikationen während der

---

[859] https://www.mdr.de/wissen/mensch-alltag/wann-haben-welche-viren-saison-100.html

Entgiftungsprozesse kommen, da sie über ihr ganzes Leben schon Schlacke und Toxine angesammelt haben und ihre Organe Verschleißerscheinungen aufweisen. Daher kann der Körper nicht immer mit den Giften fertig werden, so dass die Grippe in eine Lungenentzündung münden kann, die wiederum tödlich ausgehen kann. Deswegen ist es wohl wichtig, bereits in den jungen Jahren auf seine Gesundheit zu achten, damit man es auch später im Alter leichter hat.
Dies gilt natürlich auch, wenn man weiterhin an die Keimtheorie glaubt, da ein gutes Immunsystem, welches bekanntlich durch gesunde Ernährung und eine gesunde Lebensweise gefördert wird, auch im Alter viel besser vor Viren jeglicher Art schützt.

## 21. Welche Arten von Vergiftungen gibt es?

Vergiftungen können durch schlechte, ungesunde Ernährung, Säuerungsmittel, Konservierungsstoffe, Alkohol, Drogen, Impfstoffe, Antibiotika, Tabakkonsum, Schlafmangel, Stress, Übergewicht, Luftverschmutzung, Elektrosmog, Strahlung, Funkwellen, Pestizide, chemikalische Stoffe usw. hervorgerufen werden. Als Folge versucht sich der Körper zu entgiften, wobei die Symptome des Entgiftungsprozesses in der Schulmedizin als Krankheit fehlgedeutet werden könnten. Einige der Krankheiten (Vergiftungen) können auch psychosomatisch verursacht werden, was als „Vergiftung des Geistes" bezeichnet werden könnte, was sich wiederum negativ auf die physische Gesundheit auswirkt. Der Wissenschaft ist der Placeboeffekt längst bekannt, bei welchem kranke Probanden zwecks ihrer Behandlung, ohne ihr Wissen, Tabletten ohne jeglichen Wirkstoff (Placebos) erhalten, und anschließend dennoch gesunden, weil sie an die heilende Wirkung der Placebos glauben. Genauso gibt es auch den „Nocebo-Effekt", bei dem ein gesunder Mensch psychosomatisch erkranken kann, wenn er ständig negative Gedanken bezüglich sich selbst und seiner Gesundheit hat.

Eine Vergiftung könnte auch durch Impfstoffe erfolgen, die in zahlreichen Fällen Giftstoffe wie Schwermetalle, wie z. B. Aluminium oder Quecksilber beinhalten.

Dass Luftverschmutzung erheblich zu Vergiftungen und sogar Todesfällen beitragen kann, könnte die aktuelle Lage in Russland deutlich demonstrieren. In den letzten Monaten lässt es sich beobachten, dass die Menschen dort sehr häufig erkranken und versterben. Dies betrifft auch nicht nur Risikogruppen. Selbst die meisten Menschen, die nur kurz nach Russland einreisen, werden anschließend sofort krank. Das bezeugen u. a. sogar diverse Augenzeugen aus meinem Umfeld, die es teilweise auch persönlich erwischt hat.

Natürlich machen die Massenmedien und zahlreiche Politiker in Russland das Coronavirus dafür verantwortlich. Dagegen spricht jedoch, dass Menschen, die sich auf ihren Datschas seit Monaten isolieren, ebenfalls erkranken, obwohl sie von niemandem angesteckt werden konnten.
Außerdem ist nicht zu erklären, wieso das angebliche Virus ausgerechnet in Russland gerade in den letzten Monaten angefangen hat so stark zu wüten, was davor nicht beobachtet werden konnte.
Wie kann es außerdem sein, dass das angebliche Virus nicht nur für Risikogruppen gesundheitsgefährlich und sogar tödlich ist, und es derart gravierende Unterschiede im Vergleich zu anderen Ländern gibt? Wie ist es möglich, dass z. B. Afrika, ein Kontinent, welcher eine große Bevölkerungsdichte, soziale Notstände wie Hunger, Wasserknappheit, Armut, mangelnde Hygiene und ein dürftiges Medizinsystem hat, bislang vom angeblichen Virus praktisch verschont geblieben ist?
Da ein bestimmtes Virus überall auf der Welt jeweils die gleichen Eigenschaften und Folgen aufweisen und mithin überall gleich gefährlich sein muss, ist davon auszugehen, dass eben nicht das angebliche SARS-CoV-2, sondern regionale Faktoren bei den erhöhten Kranken- und Sterberaten eine Rolle gespielt haben (vgl. Kapitel 1. Punkt 2.4).

Doch wie kann man dann die Lage in Russland erklären?

Diversen Augenzeugenberichten zufolge ist z. B. in der Region Stawropol beobachtet worden, dass die Gipfel ganzer Baumreihen kahl geworen sind – und das nach einem verregneten Sommer 2021, so dass man mögliche Dürreursachen mit Sicherheit ausschließen kann. Eine einheimische Frau hat sogar angegeben, dass sie beobachtet hätte, wie drei Flugzeuge etwas in der Luft versprüht haben. Kann es vielleicht sein, dass dort absichtlich die Luft verschmutzt bzw, vergiftet wird, so dass die Menschen dadurch erkranken bzw. sogar sterben und anschließend das angebliche Coronavirus dafür verantwortlich gemacht wird?

Ein Motiv dafür wäre es z. B., den Menschen Angst einzujagen und die

Impfbereitschaft anzukurbeln, da diese in Russland im Vergleich zu den meisten westlichen Ländern doch recht dürftig ist. [860]

## 22. Wie lassen sich sogenannte Masernpartys erklären?

Fraglich bleibt, wie z. B. die, in der Vergangenheit oft durchgeführten, Masernpartys erklärt werden können, bei welchen die Kinder absichtlich unter ein Dach mit einem Kind gesteckt werden, das bereits Masern hat, woraufhin viele von den gesunden Kindern ebenfalls Masern bekommen. Interessanterweise treten Masern oft in einem bestimmten Kindesalter auf und zählen zu den sogenannten Kinderkrankheiten, welche von einigen Medizinern und Wissenschaftlern weniger als Krankheiten, sondern vielmehr als Entwicklungsprozesse angesehen werden, welche die Abwehrkräfte der Kinder für ihre Zukunft entwickeln und stärken sollen. Studien zufolge könnte, aufgrund der durchgemachten Kinderkrankheiten, später im Erwachsenenleben sogar das Krebsrisiko reduziert werden.[861] [862] [863]

Dies beantwortet jedoch nicht die Frage, wieso Kinder auf Masernpartys jeweils die gleichen Symptome entwickeln. Wie kann man so etwas ohne ein Virus und die Keimtheorie erklären? Dazu könnten sich folgende Überlegungen als dienlicher Lösungsansatz erweisen:

Da wir Menschen bioelektrische Wesen sind und somit auf EMF, Frequenzen und Schwingungen reagieren (siehe Kapitel 7. Punkt 7), kann es natürlich auch sein, dass sich sogenannte „Infektionskrankheiten" wie Masern durch Vibrationen bzw. Schwingung auf andere Menschen übertragen lassen. So wird z. B. oft in der Natur beobachtet, wie sich bei den Tieren in einem Tierrudel zur gleichen Zeit Entgiftungsprozesse stattfinden und Frauen, die länger zusammen leben, zur gleichen Zeit die Regel bekommen, welche auch eine Form der Entschlackung darstellt. Das alles hat natürlich nichts mit einem Virus zu tun,

---

[860] https://news.google.com/covid19/map?hl=de&state=7&mid=%2Fm%2F06bnz&gl=DE&ceid=DE%3Ade

[861] https://medizin.plus/studie/kindheitsinfektionen-krebs

[862] https://onlinelibrary.wiley.com/doi/10.1002/ijc.28205

[863] https://onlinelibrary.wiley.com/doi/10.1002/ijc.32393

sondern ist wohl auf eine unterbewusste Harmonisierung der biologischen Abläufe zurückzuführen. Die Menstruation kann übrigens ein wesentlicher Grund dafür sein, wieso Frauen im Schnitt mehrere Jahre länger leben als Männer, da Männer diese Art von monatlicher und intensiver Reinigung nicht haben, welche zwar einige Schmerzen, dafür aber auch so einige Gesundheitsvorteile mit sich bringt.

Selbst die moderne Wissenschaft ist mittlerweile der Ansicht, dass alles, u. a. auch die Materie, Energie bzw. Schwingung ist, wodurch die Entstehung und Übertragung von Krankheiten womöglich besser erklärt und verstanden werden könnte.[864]

Nikola Tesla, einer der größten Wissenschaftler und Erfinder der Menschheitsgeschichte, dessen Ideen und Erfindungen die Grundlage für das moderne Wechselstrom-Netz, Elektromotoren, Neonröhren, Mikrowellenherde, das Radio, Fernsteuerung und WLAN schufen, [865] [866] [867] hat einmal gesagt:

*„Möchtest du die Geheimnisse des Universums erfahren, denke in den Begriffen Energie, Frequenz und Schwingung.“*

Könnte es demnach sein, dass sich bestimmte Krankheiten aufgrund bioelektrischer Schwingung bzw. Einflusses von einem Menschen auf andere verbreiten? Interessant ist in dieser Hinsicht auch, dass der Begriff „Influenza“ vom Lateinischen kommt („influens“) und „Einfluss“ bedeutet.[868]

Eine, möglicherweise etwas konkretere, Erklärung für die Übertragung von bestimmten Infektionskrankheiten könnte uns die Quantenfeldtheorie liefern.

---

[864] https://www.pt-magazin.de/de/wirtschaft/innovation/gesund-werden-mit-k%C3%B6rper-geist-und-seele_kik463c9.html
[865] https://www.scinexx.de/dossier/nikola-tesla/
[866] https://en.wikipedia.org/wiki/Wireless_power_transfer
[867] https://en.wikipedia.org/wiki/World_Wireless_System#Wireless_transmission
[868] https://de.wiktionary.org/wiki/Influenza

## 23. Die Quantenfeldtheorie als mögliche Erklärung für die Übertragung von sogenannten „Infektionskrankheiten“

Wir alle kennen noch das bekannte Atommodell aus der Schule, bei welchem der Atomkern aus Protonen und Neutronen gebildet wird (welche sich weiterhin in Elementarteilchen namentlich Quarks aufteilen lassen), und von Elektronen umkreist wird, welche sich im Raum zwischen dem Atomkern und der Atomhülle befinden.

Allerdings wissen die wenigsten, dass das Atom zu 99,999 % immateriell sein soll. Somit ist das „kleinste materielle Teilchen“ zu 99,999 % überhaupt nicht materiell.[869] Der einzige materielle Teil des Atoms ist der angebliche Atomkern, welcher etwa 100.000 Mal kleiner als das gesamte Atom sein soll. Selbst der britische Physiker, Ernest Rutherford, welcher als erster ein Atommodell mit einem Atomkern entwarf, hat die Größe des Atomkerns in Bezug auf das Atom mit einer *„Fliege in einer Kathedrale“* verglichen.[870] [871]

Wissenschaftler, welche die Atomtheorie befürworten, sind der Ansicht, dass wenn wir den gesamten toten Raum in unseren Atomen verlieren, die gesamte menschliche Spezies in das Volumen eines Zuckerwürfels passen würde.

Interessant ist ebenfalls, dass das einzelne Atom (und erst recht nicht den noch viel winzigeren, Atomkern) noch nie jemand, selbst mit dem stärksten Mikroskop, hat sehen können.[872]

Alle Abbildungen des Atoms sind lediglich theoretische Modelle, welche aufgrund von Vermutungen bezüglich der Existenz und den Aufbau des kleinsten „materiellen“ Teilchens erstellt wurden. Im Grunde genommen wissen wir also nicht, ob das kleinste „materielle" Teilchen überhaupt existiert, da seine angebliche Existenz lediglich auf Annahmen und Modellen beruht, und nicht auf Beweisen.[873]
Doch selbst wenn das gängige Atommodell der Realität entspricht, so ist dessen

---

[869] https://www.sciencealert.com/99-9999999-of-your-body-is-empty-space
[870] https://en.wikipedia.org/wiki/Ernest_Rutherford
[871] https://www.irishtimes.com/opinion/the-fly-in-the-cathedral-1.561618
[872] https://www.ds.mpg.de/117271/02
[873] Vgl. https://www.elektronik-kompendium.de/sites/grd/0110271.htm

materieller Anteil so unglaublich gering, dass er fast schon bedeutungslos ist.

Daher wendet sich die heutige Wissenschaft immer mehr der sogenannten Quantenfeldtheorie (QFT) zu, welche sich von der Vorstellung, dass (fast) alles aus Atomen bzw. aus Elektronen und Quarks besteht, abwendet, und behauptet, dass unsere Welt von diversen Quantenfeldern durchströmt ist, welche erst die Entstehung diverser Partikel ermöglichen.

Der theoretische Physiker David Tong sagte dazu in seinem Vortrag „Quantenfelder: Die wirklichen Bausteine des Universums" Folgendes:[874]

*„Wir haben noch nie etwas Kleineres als das Elektron entdeckt und wir haben noch nie etwas Kleineres als die Quarks entdeckt. Wir haben also drei Teilchen, aus denen alles, was wir wissen, besteht ... Wir nehmen es sozusagen als selbstverständlich hin. Wir lernen das in der Schule. Wir denken nicht wirklich darüber nach. Alles, was wir in der Welt sehen, die ganze Vielfalt der natürlichen Welt, Sie, ich, alles um uns herum, sind genau die gleichen drei Partikel mit leicht unterschiedlichen Neuordnungen, die sich immer und immer wieder wiederholen. Es ist eine erstaunliche Lektion, wie die Welt zusammengesetzt ist. Das haben wir also. Wir haben ein Elektron und zwei Quarks- sie sind wie LEGO-Steine, aus denen alles auf der Welt aufgebaut ist. Diese LEGO-Steine sind Teilchen, und die Teilchen sind das Elektron und zwei Quarks. Es ist ein sehr schönes Bild. Es ist ein sehr beruhigendes Bild. Es ist das Bild, das wir Kindern in der Schule beibringen. Es ist das Bild, das wir sogar Studenten an Bachelor-Universitäten vermitteln. Und es gibt ein Problem damit.* ***Das Problem ist, dass es eine Lüge ist****. Es ist eine Notlüge. Es ist eine Notlüge, die wir unseren Kindern erzählen, weil wir sie nicht zu früh der schwierigen und schrecklichen Wahrheit aussetzen wollen. Es macht es einfacher zu lernen, wenn Sie glauben, dass diese Teilchen die grundlegenden Bausteine des Universums sind. Aber es stimmt einfach nicht. Den besten Theorien, die wir über die Physik haben, liegen nicht das Elektronen-Teilchen und die beiden Quark-Teilchen zugrunde. Tatsächlich basieren die allerbesten Theorien, die wir über die Physik haben, überhaupt nicht auf Teilchen. Die besten Theorien, die wir haben, sagen uns, dass die grundlegenden Bausteine der Natur keine Teilchen sind, sondern etwas viel Nebelhafteres und Abstrakteres.* ***Die***

[874] https://www.youtube.com/watch?app=desktop&v=zNVQfWC_evg

***Grundbausteine der Natur sind flüssigkeitsähnliche Substanzen, die sich im gesamten Universum verteilen und auf seltsame und interessante Weise rauschen.*** *Das ist die grundlegende Realität, in der wir leben. Für diese flüssigkeitsähnlichen Substanzen haben wir einen Namen.* ***Wir nennen sie Felder****."*

Diese Idee ist alles andere als neu, und reicht fast 200 Jahre auf den britischen Wissenschaftler Michael Faraday zurück, welcher über viele Jahrzehnte hinweg zahlreiche Entdeckungen auf dem Gebiet der Elektrizität und Magnetismus durch seine Experimente machte, und bereits eine Vorstellung über die, uns heute bekannten, elektrischen und magnetischen Felder entwickelte, welche unsere gesamte Welt durchziehen.[875]

Wir benutzen diese Felder in unserem tagtäglichen leben, indem wir z. B. mit Menschen auf der gesamten Welt drahtlos kommunizieren. Und der Kompass, welcher überall auf der Welt die natürlichen Magnetfelder der Erde erkennt, vereinfacht uns seit Jahrhunderten die Navigation.[876]

Interessant ist auch, dass bereits in den 1950er-Jahren experimentell bestätigt wurde, dass auf zwei parallele, leitfähige Platten im Vakuum eine Kraft wirkt, die beide zusammendrückt (Casimir-Effekt), was bedeutet, dass selbst das Vakuum nie leer ist und dort Kräfte einwirken, welche auf elektromagnetische Felder zurückzuführen sind, so dass darauf geschlossen werden kann, dass es in unserem Universum keine leeren Räume, kein Nichts gibt.[877]

Faraday hatte ebenfalls angenommen, dass diese unsichtbaren, elektrischen und magnetischen Felder, die er damals als „Kraftlinien" bezeichnete, buchstäblich das Einzige waren, was wir je gesehen haben und dass es sich bei Licht um nichts anderes handele, als um Wellen des elektrischen und magnetischen Feldes. Seine Annahme wurde später von Wissenschaftlern wie James Clerk Maxwell und Heinrich Hertz bestätigt.

*„Und es hat über 150 Jahre gedauert, bis wir die Bedeutung dieser Felder*

---

[875] https://en.wikipedia.org/wiki/Michael_Faraday
[876] https://www.universetoday.com/77072/wie-funktioniert-ein-Kompass/
[877] https://de.wikipedia.org/wiki/Casimir-Effekt

*erkannt haben. Was also in diesen 150 Jahren geschah, war eine kleine Revolution in der Wissenschaft. In den 1920er-Jahren erkannten wir, dass sich die Welt sehr, sehr von den Ideen des gesunden Menschenverstands unterscheidet, die uns Newton und Galileo Jahrhunderte zuvor überliefert hatten. In den 1920er-Jahren erkannten Leute wie Heisenberg und Schrödinger, dass die Welt im kleinsten Maßstab, im mikroskopischen Maßstab, viel mysteriöser und kontraintuitiver ist, als wir es uns jemals vorstellen konnten. Dies ist natürlich die Theorie, die wir heute als Quantenmechanik kennen. Ich könnte also viel über die Quantenmechanik sagen. Lassen Sie mich Ihnen eine der Pointen der Quantenmechanik erzählen. Eine der Pointen ist, dass Energie nicht kontinuierlich ist. Energie in der Welt wird immer in kleine, separate Klumpen zerlegt. Genau das bedeutet das Wort Quanten. Quantum bedeutet „separat" oder „ein Klumpen". Der wahre Spaß beginnt also, wenn Sie versuchen, die Ideen der Quantenmechanik zu übernehmen, die besagen, dass die Dinge separat sein sollten, und Sie versuchen, sie mit Faradays Ideen von Feldern zu kombinieren ... Die Idee, diese beiden Theorien miteinander zu kombinieren, nennen wir Quantenfeldtheorie. Und hier ist die Implikation der Quantenfeldtheorie. Die erste Implikation ist, was für das elektrische und magnetische Feld passiert. Faraday lehrte uns und Maxwell später, dass Wellen des elektromagnetischen Feldes das sind, was wir Licht nennen. Aber wenn man die Quantenmechanik darauf anwendet, stellt man fest, dass diese Lichtwellen nicht ganz so glatt und kontinuierlich sind, wie sie erschienen. Wenn Sie sich also Lichtwellen genau ansehen, werden Sie feststellen, dass sie aus Partikeln bestehen. Sie sind kleine Lichtteilchen, und das sind Teilchen, die wir Photonen nennen*", so David Tong.

Um etwas besser begreifen zu können, dass ein Teilchen auch gleichzeitig eine Welle sein kann, kann man sich zur Veranschaulichung z. B. einen Tropfen Wasser als ein Teilchen vorstellen. Wenn man nun den Tropfen in den Ozean fallen lässt, wird dieser seine Eigenschaft als Tropfen verlieren und Bestandteil einer Ozeanwelle werden.

Dass sich Teilchen sowohl wie Teilchen, als auch wie Wellen verhalten können, beweist das sogenannte „Doppelspaltexperiment", welches (zumindest in der Quantenphysik) überaus bekannt und faszinierend zugleich ist.[878]

---

[878] https://de.wikipedia.org/wiki/Doppelspaltexperiment

Bei dem Experiment wird ein Quantenteilchen (etwa ein Lichtteilchen oder ein Elektron) auf eine Platte mit zwei Schlitzen geschossen. Erstaunlicherweise dringt das Teilchen durch beide Schlitze gleichzeitig durch und überlagert sich dahinter wellenartig mit sich selbst. Dadurch entsteht hinter den Schlitzen ein Wellenmuster, welches zu der Schlussfolgerung führt, dass das Teilchen zwei verschiedene Wege gleichzeitig zurückgelegt hat.

Daher ist ersichtlich, dass sich Teilchen auch gleichzeitig wie Wellen verhalten können. Sie können gleichzeitig durch mehrere Öffnungen in einer Schranke wandern und auf der anderen Seite der Schranke wieder zusammentreffen. Das „Zusammentreffen" der Teilchen wird als „Interferenz" bezeichnet.
Interessanterweise konnte eine Interferenz jedoch immer nur dann auftreten, wenn niemand zugeschaut hat. Sobald ein Beobachter die Partikel bei ihrem Weg durch die Öffnungen beobachtet hat, erhielten die Physiker ein völlig anderes Bild:
Wenn ein Teilchen beim Durchgang durch einen bestimmten Schlitz beobachtet werden konnte, dann hat der Beobachter logischerweise angenommen und erwartet, dass es nicht auch durch den anderen Schlitz gewandert ist, was auch tatsächlich der Fall gewesen ist. Es ist als ob unter Beobachtung die Elektronen „gezwungen" wurden sich, den Erwartungen des Beobachters entsprechend, wie Teilchen und nicht wie Wellen zu verhalten. Somit hat bereits der bloße Akt der Beobachtung die Ergebnisse der Experimente beeinflusst. Außerdem wurde festgestellt, dass mit zunehmender Intensität der Beobachtung die Interferenz schwächer und mit abnehmender Intensität der Beobachtung die Interferenz stärker wurde. Daher ist ersichtlich, dass, durch die unterschiedliche Intensität der Beobachtung, das Verhalten der Elektronen beeinflusst und sogar gesteuert werden kann.

Daraus kann geschlossen werden, dass subatomare Partikel Bestandteile eines riesigen und unsichtbaren Energiefeldes (Quantenfeldes) sind, welches sich überall uns herum befindet. Sie befinden sich ursprünglich in einem wellenförmigen, unsichtbaren und chaosartigen Zustand, welcher unendliche Möglichkeiten darstellt und durch einen bewussten Beobachter definiert werden kann. Erst durch den bewussten Akt der Beobachtung kann aus purer Energie das definiert werden, was wir „Materie" nennen. Das Doppelspaltexperiment beweist somit, dass ohne das beobachtende Bewusstsein keine objektive, physische Welt existiert.

Daraus kann gefolgert werden, dass alles Materielle, bzw. unsere physische Realität (samt uns Menschen, als Teil dieser Realität) aus einem Bewusstsein bzw. aus einem bewussten Schöpfungsakt entstanden bzw. definiert worden sein muss.[879]

Doch zurück zu David Tong und zu seinen weiteren Ausführungen:

*„Die Magie dieser Idee (Doppelnatur der Lichtteilchen als Teilchen bzw. Welle, Anm. d. Verf.) besteht darin, dass dasselbe Prinzip für jedes einzelne andere Teilchen im Universum gilt. Überall in diesem Raum breitet sich also etwas aus, das wir das Elektronenfeld nennen. Es ist wie eine Flüssigkeit, die diesen Raum ausfüllt und tatsächlich das gesamte Universum ausfüllt. Und die Wellen dieser Elektronenflüssigkeit, die Wellen dieser Flüssigkeit, werden durch die Regeln der Quantenmechanik zu kleinen Energiebündeln verbunden, und diese Energiebündel nennen wir das Teilchen, das Elektron. Alle Elektronen, die sich in Ihrem Körper befinden, sind nicht fundamental. Alle Elektronen, die in Ihrem Körper existieren, sind Wellen des gleichen zugrunde liegenden Feldes. Und wir sind alle miteinander verbunden. So wie die Wellen auf dem Ozean alle zu demselben unterliegenden Ozean gehören, sind die Elektronen in Ihrem Körper und die Elektronen in meinem Körper Wellen des gleichen Feldes".*

David Tongs Aussage hätte auch aus dem Mund von Nikola Tesla kommen können, welcher einst sagte:

*„Wenn wir vom Menschen sprechen, haben wir eine Vorstellung von der Menschheit als Ganzes, und bevor wir wissenschaftliche Methoden zur Untersuchung seiner Bewegung anwenden, müssen wir dies als physikalische Tatsache akzeptieren. Aber kann heute irgendjemand daran zweifeln, dass all die Millionen von Individuen und all die unzähligen Typen und Charaktere ... eine Einheit bilden? Obwohl wir frei denken und handeln können, werden wir wie die Sterne am Firmament durch untrennbare Bande zusammengehalten. Diese Bindungen sind nicht zu sehen, aber wir können sie spüren. Ich schneide mich in den Finger, und es tut mir weh: Dieser Finger ist ein Teil von mir. Ich sehe, wie ein Freund verletzt wird, und es tut mir auch weh: mein Freund und ich sind eins. Und jetzt sehe ich einen Feind niedergeschlagen, einen*

---

[879] https://idw-online.de/de/news391

*Materieklumpen, der mir von allen Materieklumpen im Universum am wenigsten am Herzen liegt, und es schmerzt mich immer noch. Beweist das nicht, dass jeder von uns nur ein Teil eines Ganzen ist?*

*Seit Jahrhunderten wird dieser Gedanke in den vollendet weisen Lehren der Religion verkündet, wahrscheinlich nicht allein, um Frieden und Harmonie unter den Menschen zu sichern, sondern als eine tief begründete Wahrheit. Der Buddhist drückt es auf eine Weise aus, der Christ auf eine andere, aber beide sagen dasselbe: Wir sind alle eins. Metaphysische Beweise sind jedoch nicht die einzigen, die wir für diese Idee vorbringen können. Auch die Wissenschaft erkennt diese Verbundenheit einzelner Individuen an, wenn auch nicht ganz in dem Sinne, wie sie zugibt, dass die Sonnen, Planeten und Monde einer Konstellation ein Körper sind, und es kann keinen Zweifel daran geben, dass es sich in Zukunft experimentell bestätigen wird, wenn unsere Mittel und Methoden zur Erforschung psychischer und anderer Zustände und Phänomene zu großer Vollendung gebracht sein werden. Mehr noch: Dieser eine Mensch lebt weiter und weiter. Das Individuum ist vergänglich, Rassen und Nationen kommen und vergehen, aber der Mensch bleibt. Darin liegt der tiefe Unterschied zwischen dem Einzelnen und dem Ganzen. Darin liegt auch die teilweise Erklärung vieler jener wunderbaren Vererbungsphänomene, die das Ergebnis unzähliger Jahrhunderte schwachen, aber beharrlichen* ***Einflusses*** *sind".*[880]

Tong führte weiterhin aus:

*„Es gibt Felder, die allem zugrunde liegen. Und was wir uns als Teilchen vorstellen, sind überhaupt keine Teilchen, sondern Wellen dieser Felder, die zu kleinen Energiebündeln zusammengebunden sind. Dies ist das Erbe von Faraday. Hierhin hat uns Faradays Vision von Feldern geführt. Es gibt keine Teilchen auf der Welt. Die grundlegenden Grundbausteine unseres Universums sind diese flüssigkeitsähnlichen Substanzen, die wir Felder nennen."*

David Tong hält es ebenfalls für möglich, dass die unterschiedlichen Felder Ausprägungen eines einheitlichen Feldes sind, welches sich über das ganze

[880] https://teslauniverse.com/nikola-tesla/articles/problem-increasing-human-energy

Universum erstreckt und hinter welchem eine einzige Kraft steckt.[881]

Aufgrund dieser Erkenntnisse ist es mit Sicherheit ratsam, dass sich die zahlreichen Anhänger der rein materiellen Wissenschaft von den ausschließlich materiellen Dogmen und Paradigmen lösen, und die wahre Natur der Dinge möglichst unvoreingenommen erforschen.

*„An dem Tag, an dem die Wissenschaft beginnt, die nicht-physischen Phänomene zu studieren, wird es mehr Fortschritte in einem Jahrzehnt geben als in allen vergangenen Jahrhunderten ihrer Existenz.“*[882] - Nikola Tesla

Dasselbe gilt natürlich ebenfalls für die Medizin, so wie für alle anderen Lebensbereiche.

### 24. Das Rätsel bezüglich der „Spanischen Grippe“

Es wird behauptet, dass die Spanische Grippe durch einen *„ungewöhnlich virulenten Abkömmling des Influenzavirus (Subtyp A/H1N1) verursacht wurde“*.[883]
Diese Behauptung könnte sich jedoch aufgrund folgender Überlegungen als unwahr erweisen:
Wissenschaftliche Experimente konnten, wie bereits erörtert, keine „Influenza-Ansteckung“ beweisen (siehe Punkt 19). Auch hatten Masken, Quarantänen und Isolation keinerlei Wirkung. So hat sich die „Grippe“ z. B. selbst in einem isolierten Land wie Island, trotz der Quarantäne seiner Opfer, weit und breit verbreitet.[884]

Es ist wohl kein Zufall, dass die spanische Grippe noch während des Ersten Weltkriegs ausgebrochen ist. Einige der Opfer könnten wohl sicherlich auf die entsetzlichen Bedingungen, unter denen Soldaten lebten und kämpften, Exposition gegenüber tödlichem Chlorgas und anderen giftigen Stoffen, die im Krieg verwendet wurden zurückgeführt werden.

---

[881] https://www.youtube.com/watch?app=desktop&v=zNVQfWC_evg
[882] https://www.goodreads.com/quotes/139502-the-day-science-begins-to-study-non-physical-phenomena-it-will
[883] https://de.wikipedia.org/wiki/Spanische_Grippe
[884] Firstenberg Arthur, The Invisible Rainbow: A History of Electricity and Life, Mystery on the Isle of Wight, Chelsea Green Publishing Co, 2020

Ferner wurden die Soldaten massenweise diversen Impfungen unterzogen, die toxische Substanzen enthielten, welche zahlreiche Soldaten vergiftet und getötet haben konnten. Da die Behandlung oft mittels giftiger Medikamente erfolgte, könnte dadurch der Zustand der Patienten weiterhin um einiges verschlimmert worden sein.

*„Zudem enthielten die damals massenweise verabreichten Medikamente und Impfstoffe hochgiftige Substanzen wie Schwermetalle, Arsen, Formaldehyde oder Chloroform, die sehr wohl schwere Grippesymptome auslösen können. Auch wanderten damals zahlreiche für die militärische Anwendung gedachte Chemikalien unkontrolliert in den zivilen Sektor (Landwirtschaft, Medizin)"*, schreibt Torsten Engelbrecht.[885]

Die Zivilbevölkerung musste unterdessen teilweise katastrophale sanitäre Umstände erleiden, die der Krieg hinterlassen hat. Die mangelnde Hygiene war somit sicherlich auch ein Grund für zahlreiche Krankheiten bzw. Vergiftungen mit Todesfolge, welche der Spanischen Grippe zugesprochen wurden.

Die weltweiten Todeszahlen werden bei der damaligen Weltbevölkerung von 1,8 Milliarden, von 20 Millionen bis auf 100 Millionen geschätzt, weswegen man auch nicht mal annähernd sagen kann, wie viele Menschen tatsächlich der Spanischen Grippe erlegen sind.
Allerdings ist bekannt, dass etwa 2/3 von den gesamten „Grippetoten" gesunde junge Menschen zwischen 20 und 40 Jahren waren,[886] was ebenfalls eindeutig dafür spricht, dass es sich dabei nicht um eine Grippe im herkömmlichen Sinne gehandelt hat, welche hauptsächlich nur für vorerkrankte und/oder ältere Menschen gefährlich werden kann.

Ältere Patienten gab es hingegen selten. So schrieb z. B. ein Arzt in der Schweiz, dass er *„keinen Fall bei einem Säugling und keinen schweren Fall bei Personen über 50 kannte "*, aber dass *„eine robuste Person um 16 Uhr die ersten Symptome zeigte und am nächsten Morgen vor 10 Uhr starb"*. Ein Reporter in

---

885 Torsten Engelbrecht, Claus Köhnlein, Virus-Wahn, Kapitel 1, Folge eines Virus oder des 1. Weltkriegs?, emu Verlag, 2010
886 https://de.wikipedia.org/wiki/Spanische_Grippe

Paris ging sogar so weit zu sagen, dass *„nur Personen zwischen 15 und 40 Jahren betroffen"* wären.[887]

Ein weiteres Paradoxon war, dass es für Menschen, die in schlechter körperlicher Verfassung waren, die z. B. unterernährt, körperlich behindert, anämisch oder tuberkulös waren, es viel weniger wahrscheinlich war, dass Sie an dieser „Grippe" erkrankten bzw. starben. Dies wurde dermaßen häufig beobachtet, dass Dr. D.B. Armstrong einen provokanten Artikel schrieb, der im Boston Medical and Surgical Journal veröffentlicht wurde, mit dem Titel „Influenza: Ist es eine Gefahr, gesund zu sein?" Die Ärzte haben ernsthaft darüber diskutiert, ob sie ihre Patienten tatsächlich zum Tode verurteilen würden, indem sie ihnen rieten, sich fit zu halten.
Die Opfer sind auch oft monatelang wiederholt krank gewesen, als ob sich bei ihnen überhaupt keine Immunität gegen die „Grippe" gebildet hatte.

Eine weitere Besonderheit war die Tatsache, dass sich die angebliche Grippe viel schneller ausbreitete, als es die Bewegungsgeschwindigkeit der Menschen ermöglichen konnte, was z. B. durch den Militärarzt Dr. George A. Soper bezeugt wurde, und was somit ebenfalls eindeutig gegen ein „Virus" bzw. eine Ansteckung mit diesem spricht.
Eine weitere rätselhafte Beobachtung war, dass 1918 nur wenige Patienten, die für eine Grippe typischen Symptome, wie Halsschmerzen, laufende Nasen oder andere anfängliche Atemwegsbeschwerden hatten.
Eines der Dinge, die Ärzte am meisten verwirrten, waren starke und regelmäßige Blutungen einiger Patienten aus der Nase, dem Zahnfleisch, den Ohren, der Haut, dem Magen, dem Darm, der Gebärmutter oder den Nieren.
Die häufigste und schnellste Todesursache war eine Blutung in der Lunge, wodurch die Menschen in ihrem eigenen Blut ertranken. Autopsien haben auch ergeben, dass bis zu einem Drittel der tödlichen Fälle auch auf Gehirnblutungen zurückzuführen waren.
Außerdem war die Gerinnbarkeit des Blutes verringert und die gemessene Gerinnungszeit ist mehr als doppelt so lang als normal gewesen.
Des Weiteren verloren viele Patienten zwei bis drei Monate nach der Genesung von der „Grippe" regelmäßig einen Teil ihrer Haare, wobei die meisten dieser

---

[887] Firstenberg Arthur, The Invisible Rainbow: A History of Electricity and Life, Mystery on the Isle of Wight, Chelsea Green Publishing Co, 2020

Patienten junge Frauen waren. [888]

All dies steht jedoch überhaupt nicht im Einklang mit einem Atemwegsvirus, sondern viel eher mit einer Erkrankung, die durch Elektrizität bzw. Radiowellen verursacht wird. Interessanterweise hat sich das US-Militär 1917, als es in den Ersten Weltkriegs eingetreten ist, mit verschiedenen Hochleistung–Funksendern ausgerüstet und diese insbesondere seit Februar 1918 vermehrt in Betrieb genommen, was eine rationale Ursache für die beschriebenen Symptome sein könnte. [889]

Dies würde auch erklären, wieso bei vielen Patienten neurologische Symptome weit verbreitet waren, da sie ebenfalls durch Elektrizität verursacht werden können. Die Symptome reichten dabei von Schlaflosigkeit, Benommenheit, abgestumpften Wahrnehmungen, ungewöhnlich erhöhten Wahrnehmungen, Kribbeln, Juckreiz und Schwerhörigkeit bis hin zu Schwäche oder teilweiser Lähmung des Gaumens, der Augenlider, der Augen und verschiedener anderer Muskeln. Nicht umsonst wird die Geburtsstunde der Neurasthenie in Zusammenhang mit der elektrischen Revolution gesehen, welche sowohl aufgrund von psychischen Ursachen (z. B. Stress), als auch aufgrund von Umweltfaktoren (z. B. Elektrizität) entstehen kann.[890]

Dies würde auch erklären, wieso zwei Drittel der „Grippe“-Patienten junge Menschen waren, da gerade in dieser Altersspanne die Anfälligkeit für Neurasthenie besonders hoch ist.

Bereits 1889, als die Vollelektrifizierung in den USA, und kurz darauf auch in Europa, begann, wurde die westliche Welt mit einer „Grippepandemie“ überschüttet, die viel mehr einer Neurasthenie ähnelte, da die Symptome zumeist neurologischer Natur waren und Atemwegsbeschwerden nicht mit einschlossen. Diese „Pandemie“ dauerte vier Jahre und tötete insgesamt mindestens eine Million Menschen.

---

[888] Firstenberg Arthur, The Invisible Rainbow: A History of Electricity and Life, Mystery on the Isle of Wight, Chelsea Green Publishing Co, 2020

[889] Firstenberg Arthur, The Invisible Rainbow: A History of Electricity and Life, Mystery on the Isle of Wight, Chelsea Green Publishing Co, 2020

[890] https://krank.de/krankheiten/neurasthenie/

Interessanterweise erfolgte der Ausbruch der „Asiatischen Grippe“ von 1957-58 nach der Installation eines leistungsfähigen Radarüberwachungssystems, und der Ausbruch der „Hongkong-Grippe“ (ab Juli 1968) nach der Inbetriebnahme von 28 militärischen Satelliten für die Weltraumüberwachung auf der Höhe der Van-Allen-Gürtel.[891]

Somit ist zumindest eine Korrelation zwischen den weltweiten „Grippepandemien“ und jeweils einem neuen Fortschritt in der Elektrotechnik erkennbar. Vor allem in Hinblick auf die Gefahren, welche von elektromagnetischen Feldern ausgehen können (siehe Kapitel 7. Punkt 6), könnte man durchaus auf eine Ursächlichkeit schließen. Diese Frage bedarf natürlich einer separaten und viel ausführlicheren Untersuchung.

## 25. Gesundung / Vorbeugung von Krankheiten

Wenn man zum Schluss kommt, dass die Keimtheorie falsch ist, dann lässt sich eine vollständige Gesundung bzw. eine Vorbeugung von Krankheiten auch nicht durch Impfungen oder chemische Arzneimittel erreichen, da diese höchstens nur (Entgiftungs-) Symptome stoppen können und dabei den Körper zusätzlich vergiften. Dabei wird jedoch die Ursache der Erkrankung nicht beseitigt.

Wenn man eine typische „infektiöse“ Erkrankung nicht auf Keime, sondern auf Toxine bzw. eine Vergiftung zurückführt, so bedarf es folglich einer Entgiftung, um zu gesunden. Dafür ist oft die Änderung der eigenen Lebensweise unumgänglich. Eine gesunde Lebensweise, gesunde Ernährung, Sport, frische Luft, Natur, Sonne, der richtige Umgang mit Stress, sowie eine positive Denkweise und positive Lebenseinstellung tragen dazu bei, dass sich Körper und Geist regenerieren und Toxine abbauen können. Sollte der Körper zu stark verschlackt sein, so kann man ihm auch mit natürlichen, homöopathischen Mitteln dazu verhelfen, dass seine natürlichen Abwehrkräfte aktiver angeregt werden. Regelmäßiger Sport und Saunieren sind sehr wichtig, da dadurch zahlreiche Giftstoffe über die Haut ausgeschwitzt werden können. Nicht umsonst erhöht sich bei Fieber die Körpertemperatur, so dass man dadurch ins

---

[891] Firstenberg Arthur, The Invisible Rainbow: A History of Electricity and Life, Mystery on the Isle of Wight, Chelsea Green Publishing Co, 2020

Schwitzen kommt und die Schlacke aussondert.
Durch Sport wird zusätzlich der Kreislauf, die Fettverbrennung und die Produktion von Endorphinen angeregt, was dem Körper und der Psyche zugute kommt.

Ein besonders wichtiger Punkt ist die Ernährung.
Bei wilden Tieren kann man nicht umsonst fast nie beobachten, dass sie krank werden. Sie kriegen keinen Schnupfen, keine Grippe, kein Aids, kein Krebs, keine Schlaganfälle und keine Herzinfarkte. Dies hängt wohl damit zusammen, dass sie sich gesund ernähren, also nur das verzerren, was die Natur ihnen bietet und sich daher wenig oder gar nicht vergiften. Vielleicht kann dies auch damit begründet werden, dass Tiere ausschließlich Rohkost verzerren. Dafür könnten auch einige Erfahrungsberichte von kranken (also vergifteten und verschlackten) Menschen sprechen, die ihre Ernährung auf (vegane) Rohkost umgestellt haben und wieder gesund wurden, obwohl sie teilweise schlimme Krankheiten wie z. B. Krebs hatten.[892] [893]
Nicht umsonst wohl gibt es in der traditionellen chinesischen Medizin den Spruch:

*„Die Ursache für die Krankheit findet man in seinem Teller.“*

Wenn diese Sichtweise stimmt, dann ist klar, dass man für die eigene Gesundheit selbst verantwortlich ist und diese voll und ganz in den eigenen Händen, und nicht in den Händen der Ärzte und der Pharmaindustrie, liegt.

## 26. Fazit

Man kann sehr wohl zum Ergebnis gelangen, dass die Virologie bzw. die Keimtheorie unstimmig ist und dass sogenannte „Viren“ keine Krankheiten verursachen können.

---

[892] https://www.zentrum-der-gesundheit.de/bibliothek/ratgeber/erfahrungsberichte/vegane-rohkost-gegen-brustkrebs-ia
[893] https://www.rtl.de/cms/krebsfrei-dank-veganer-diaet-ehemaliger-krebspatient-rob-mooberry-schwoert-darauf-4136845.html

Es scheint wirklich keine Studie zu geben, worin beschrieben und bewiesen wird, dass der gesamte Erbgutstrang des angeblich krankmachenden Virus isoliert (und nicht etwa mit Computerprogrammen theoretisch konstruiert) wurde und dass dieses Virus nachweislich eine bestimmte Erkrankung verursacht. Womöglich könnten die sogenannten „Infektionskrankheiten" auf Vergiftungen zurückzuführen sein, bzw. auf die bioelektrische Beeinflussung (Schwingung).
Diese Fragen sind für die Gesundheit der Menschen äußerst wichtig und bedürfen natürlich einer separaten und viel ausführlicheren Untersuchungen durch unvoreingenommene und unabhängige Ärzte, Forscher und Wissenschaftler. Diese Erörterung ist kein Gesundheitsratgeber und soll lediglich einige alternative Denk- bzw. Lösungsansätze vermitteln, die womöglich für die Wahrheitsfindung von Bedeutung sein könnten.

Interessant ist an dieser Stelle auch die Frage, dass, wenn es keine Viren geben sollte, wogegen dann überhaupt geimpft wird bzw. ob die Impfstoffe überhaupt nützlich sein können. Dem soll nun nachgegangen werden.

## Kapitel 4. Impfungen auf dem Prüfstand

Immer mehr Menschen zweifeln den allgemeinen Nutzen der Impfungen und die Impftheorie als solche an. Sie behaupten, dass Impfungen nicht nützlich, bzw. sogar schädlich sind und dass der Nutzen der Impfungen nie wissenschaftlich nachgewiesen wurde.

### 1. Ist die möglicherweise drohende Corona-Impfpflicht rechtswidrig?

Wie bereits erwähnt sind Impfstoffe die einzige Medizin, die gesunden Menschen gegeben wird. Es ist bekannt, dass durch Impfungen teilweise schwere Nebenwirkungen und Impfschäden verursacht werden können. Ein gesunder Mensch wird somit einem Gesundheitsrisiko ausgesetzt, welches er davor nicht hatte.

Des Weiteren stellt eine Impfung einen Eingriff in die körperliche Unversehrtheit dar, was nichts anderes als eine Körperverletzung nach § 223

StGB ist. Die körperliche Unversehrtheit ist ein Grundrecht, welches explizit durch Art. 2 Abs. 2 GG geschützt ist. Ärzte, die impfen, bedürfen daher unbedingt (gemäß § 228 StGB) der Einwilligung des Impflings, um sich nicht strafbar zu machen. Somit ist jegliche Impfpflicht und Impfzwang grundgesetzwidrig und kann von vornherein keinerlei rechtliche Relevanz entfalten.

Dies gilt selbstverständlich und erst recht auch für eine potenzlielle Corona-Impfpflicht, im Rahmen welcher experementelle genetische Impfstoffe eingesetzt werden sollen.

Die Unterlassung einer Corona-Impfpflicht wurde sogar von der parlamentarischen Versammlung des Europarats (PACE) in der Resolution 2361 (Covid-19 vaccines: ethi-cal, legal and practical considerations; dt. Covid-19 Impfungen: ethi-sche, legale und praktische Betrachtungen) vom 27. Januar 2021 explizit gefordert:[894]

*„Die Versammlung fordert daher die Mitgliedstaaten und die Europäische Union auf:*

...

*7.3.1. sicherzustellen, dass die Bürger darüber informiert werden, dass **die Impfung NICHT obligatorisch ist und dass niemand politisch, sozial oder anderweitig unter Druck gesetzt wird, sich impfen zu lassen, wenn er dies nicht selbst tun möchte**;*

*7.3.2. sicherzustellen, dass **niemand diskriminiert wird, weil er nicht geimpft ist**, aufgrund möglicher Gesundheitsrisiken oder **weil er nicht geimpft werden möchte**".*

## 2. Ist die Masern-Impfpflicht rechtswidrig?

Im März 2020 wurde in Deutschland per Gesetz eine Impfpflicht gegen Masern

---

894 http://www.europeanrights.eu/index.php?lang=eng&funzione=S&op=3&id=1252

für Kinder, Asylbewerber, Flüchtlinge, sowie für Personen, die in Gemeinschaftseinrichtungen oder medizinischen Einrichtungen tätig sind (z. B. Lehrer, Erzieher, Tagespfleger und medizinisches Personal) eingeführt. [895] Das Gesetz ist grundgesetzwidrig und mithin nichtig, weil eine Impfung grundsätzlich immer eine Einwilligung des Impflings bedarf, da sie einen Eingriff in die körperliche Unversehrtheit darstellt (vgl. Art. 2 Abs. 2 GG, § 223 StGB i.V.m. § 228 StGB) und nicht davon auszugehen ist, dass sie in jedem Fall erteilt wird.

Da Masernimpfstoffe nie einzeln verfügbar sind, sondern immer nur in einer Kombination mit Mumps- und Röteln Impfstoffen (MMR-Impfstoffe), für die es ebenfalls keine Einzelimpfungen gibt, bedeutet dies, dass durch die Masernimpfpflicht de facto auch eine Impfpflicht gegen Mumps und Röteln besteht.[896]

Man könnte einwenden, dass das Gesetz zumindest für Kinder gültig sei, da diese bis zu einem gewissen Alter keine Einwilligung erteilen können, da ihnen im Hinblick auf Gesundheitsfragen das nötige Wissen und Bewusstsein fehlt, und dass jemand mit der nötigen Verstandesreife dafür sorgen muss, dass sie gesund bleiben und es ihnen gut geht. Dieses Recht, welches auch gleichzeitig eine Pflicht ist, obliegt jedoch grundsätzlich in erster Linie den Eltern und nicht dem Staat, vgl. Art. 6 Abs. 2:

*„Pflege und Erziehung der Kinder sind das natürliche Recht der Eltern und die zuvörderst ihnen obliegende Pflicht. Über ihre Betätigung wacht die staatliche Gemeinschaft*".

Daher gilt auch nach wie vor der Grundsatz, dass Eltern für ihre Kinder haften (vgl. auch die Haftungspflicht der Eltern für Schäden, welche durch ihre minderjährigen Kinder verursacht werden, sofern die Eltern ihre Aufsichtspflicht verletzen, § 832 BGB).
Die staatliche Gemeinschaft bzw. der Staat kann nur dann in das Erziehungsrecht der Eltern eingreifen, wenn diese ihren Pflichten zur Pflege

---

[895] https://www.bundesgesundheitsministerium.de/impfpflicht.html
[896] https://www.impfen-info.de/impfempfehlungen/fuer-kinder-0-12-jahre/kombinationsimpfstoffe.html

und Erziehung der Kinder nicht nachkommen. Grundsätzlich dürfen und müssen daher die Eltern für ihre minderjährigen Kinder entscheiden dürfen, ob und welche Impfungen diese verabreicht bekommen und der Staat darf sich nur einmischen, wenn die Eltern ihren Pflichten zur Kindererziehung nicht nachkommen und dem Kind Gefahr für die Gesundheit, Leib und Leben droht. Allerdings kann dies in keiner Weise eine allgemeine Impfpflicht aller Kinder rechtfertigen, welche größtenteils gesund und ungefährdet sind, weder in Bezug auf die Masern, noch in Bezug auf andere (Kinder-)Krankheiten.

Die Masernimpfpflicht stellt somit auch in Bezug auf Kinder einen rechtswidrigen Eingriff des Staates, sowohl in das Grundrecht der körperlichen Unversehrtheit der Kinder (vgl. Art. 2 Abs. 2 GG, § 223 StGB i.V.m. § 228 StGB), als auch in das Grundrecht der Eltern auf Pflege- und Erziehung dar, und ist daher grundgesetzwidrig und von Anfang an nichtig.

### 3. Zwangsimpfungen entbehren jeglicher Logik

Doch auch bezüglich der Sinnhaftigkeit des Masernimpfzwangs fehlt jegliche Logik.
Wenn sich z. B. Eltern Sorgen machen, dass ihr Kind im Kindergarten oder in der Schule angesteckt werden könnte und glauben, dass Impfungen dies verhindern können,
dann ist es ihr gutes Recht, ihr Kind zu impfen. Wenn sie auch weiterhin Angst haben, dass ihr Kind angesteckt werden könnte, nachdem ihr Kind geimpft wurde, dann stellt sich die Frage, wie ihr geimpftes Kind angesteckt werden kann, wenn die Impfungen wirken? Wenn sie jedoch nicht wirken, warum sollten sie dann ihre Kinder überhaupt impfen und dazu noch verlangen, dass auch andere Kinder geimpft werden? Das macht doch überhaupt keinen Sinn. Dieselbe Logik gilt selbstverständlich auch für die Erwachsenen und für alle Impfungen im Allgemeinen.

Wie wir sehen, gibt es überhaupt keinen Grund und auch kein Recht, eine allgemeine Impfpflicht einzuführen, erst recht nicht für Kinder.

### 4. Wurde der Nutzen von Impfungen jemals nachgewiesen?

Obwohl Impfungen nachgesagt wird, dass sie so manche Krankheiten ausgerottet hätten und maßgeblich für den Anstieg der Lebenserwartung im 20 Jahrhundert wären, ist fraglich, ob diese beiden Behauptungen wissenschaftlich bzw. historisch belegt sind.

Am 19. Oktober 1970 hielt Dr. Edward H. Kass, damaliger Präsident der „Infectious Diseases Society of America" (dt. Gesellschaft für Infektionskrankheiten von Amerika) eine Rede vor seinen Gesellschaftskollegen und präsentierte dabei verschiedene Diagramme, die eindeutig belegten, dass Impfstoffe und andere Arzneimittel erst dann erfunden bzw. eingesetzt wurden, als die Infektionskrankheiten wie Masern, Scharlach, Diphtherie, Keuchhusten und Tuberkulose bereits sehr stark zurückgegangen waren.[897]

1977 veröffentlichten John B. McKinlay und Sonja M. McKinlay eine umfangreiche Studie im "Millbank Memorial Fund" mit dem selbsterklärenden Titel: The Questionable Contribution of Medical Measures to the Decline of Mortality in the United States in the Twentieth Century (dt. „Der fragwürdige Beitrag medizinischer Maßnahmen zum Rückgang der Sterblichkeit in den Vereinigten Staaten im 20. Jahrhundert").[898]

In der Studie wurde u. a. festgestellt, dass sich 92,3 % des Rückgangs der Sterblichkeitsrate zwischen 1900 und 1950 ereignet hat, noch bevor die meisten Impfstoffe überhaupt erfunden wurden, und dass medizinische Maßnahmen seit etwa 1900 nur wenig zum allgemeinen Rückgang der Sterblichkeit in den Vereinigten Staaten beigetragen haben, da sie in vielen Fällen mehrere Jahrzehnte nach dem Einsetzen eines deutlichen Rückgangs der Sterblichkeit eingeführt wurden und in den meisten Fällen keinen nachweisbaren Einfluss hatten.

Von dem, seit 1900 erfolgtem, Rückgang der Sterblichkeit seien Impfstoffe und andere medizinische Maßnahmen, wie z. B. Antibiotika lediglich nur für 1 % - 3,5 % des Rückgangs verantwortlich. Im Umkehrschluss bedeutet dies, dass

---

[897] https://childrenshealthdefense.org/news/the-impact-of-vaccines-on-mortality-decline-since-1900-according-to-published-science/
[898] https://www.milbank.org/quarterly/articles/the-questionable-contribution-of-medical-measures-to-the-decline-of-mortality-in-the-united-states-in-the-twentieth-century/

mindestens ganze 96,5 % des Rückgangs der Sterblichkeit auf anderen Faktoren beruhten, welche nichts mit Arzneimitteln und Impfstoffen zu tun hatten.

Derselben Ansicht waren auch Epidemiologen von der Johns Hopkins University und dem Centers for Disease Control (CDC), deren Artikel im September 2000 in der Zeitschrift „Pediatrics“, welche Impfungen stark unterstützt, veröffentlicht wurde.[899]

Darin heißt es:

*"Daher ist die Impfung nicht für den beeindruckenden Rückgang der Sterblichkeit in der ersten Hälfte des Jahrhunderts verantwortlich. Fast 90 % des Rückgangs der Sterblichkeit bei Infektionskrankheiten bei US-Kindern erfolgte vor 1940, als nur wenige Antibiotika oder Impfstoffe verfügbar waren."*

In der Studie wurden auch die Ursachen erklärt, die tatsächlich für einen massiven Rückgang der Sterblichkeit verantwortlich waren: Wasseraufbereitung, Lebensmittelsicherheit, organisierte Entsorgung fester Abfälle, Aufklärung der Öffentlichkeit über Hygienepraktiken, Minimierung der Einwohnerdichte, sauberes Wasser, sicheres Essen, Ernährung, Installation und Hygiene.[900] [901]

## 5. Gefährliche und toxische Substanzen in Impfstoffen

Die Impfstoffe bestehen aus drei verschiedenen Gruppen. Die erste Gruppe besteht aus den angeblichen „Krankheitserregern“, die zweite besteht aus Chemikalien, die als Adjuvantien bezeichnet werden und die dritte Gruppe besteht aus den Chemikalien, die als Konservierungs- und Fixiermittel verwendet werden.

---

[899] Annual Summary of Vital Statistics: Trends in the Health of Americans During the 20th Century (dt. „Jährliche Zusammenfassung der Vitalstatistik: Trends in der Gesundheit der Amerikaner im 20. Jahrhundert“) https://pediatrics.aappublications.org/content/106/6/1307#sec-3

[900] https://childrenshealthdefense.org/news/the-impact-of-vaccines-on-mortality-decline-since-1900-according-to-published-science/

[901] https://telegra.ph/Robert-F-Kennedy-Jr-beweist-Alan-Dershowitz-Das-Impfungen-unwirksam-und-gef%C3%A4hrlich-sind-08-05

Die Funktion eines Adjuvans besteht darin, die Produktion von Antikörpern zu steigern und somit die Immunantwort des Körpers zu stärken, welche Schutz vor einer bestimmten Krankheit bieten soll. Dabei umfassen die als Adjuvantien verwendeten Substanzen oft Aluminiumhydroxid und Aluminiumphosphat, wobei Aluminium ein bekanntes Neurotoxin ist.
Des Weiteren finden sich in vielen Impfstoffen auch Toxine und Schwermetalle wie Formaldehyd, Quecksilber, Ammoniumsulfat, Sorbit, Aspartam, Mononatriumglutamat und Phenol. Manche Impfstoffe enthalten sogar humane diploide Zellen aus abgebrochenem fötalem Gewebe oder sind tierischen Ursprungs und enthalten Gelatine, Hühnerembryo, Vesikelflüssigkeit aus Kälberhäuten, embryonale Kükenflüssigkeit, Mausserumproteine und Affennierenzellen.
Es ist bekannt, dass Substanzen tierischen Ursprungs bzw. körperfremde Eiweißstoffe akute, allergische Reaktionen des Immunsystems (Anaphylaxie) und somit schwere Gesundheitsschäden auslösen können. Dadurch kann es sogar zum anaphylaktischen Schock kommen, welcher zu einem schnellen Tod führen kann.
Obwohl Impfstoffe eher intramuskulär als direkt in den Blutkreislauf injiziert werden, gelangen die darin enthaltenen toxischen Inhaltsstoffe mit ziemlicher Sicherheit auch in den Blutkreislauf, der dadurch unweigerlich vergiftet wird.[902]

Ist dies vielleicht ein Grund dafür, dass Impfstoffe auch häufig in mehreren Einheiten verabreicht werden, da man sich vielleicht dadurch erhofft, dass aufgeteilte und somit geringere (weniger toxische) Impfdosen weniger wahrscheinlich unangenehme Nebenwirkungen verursachen?

### 6. Nebenwirkungen von Impfungen, Impfreaktionen und Impfschäden

Es ist allgemein bekannt, dass es bei einer Impfung zu Impfreaktionen, Impfkomplikationen und sogar Impfschäden kommen kann.

Die US-amerikanische Agentur für Gesundheitsforschung und Qualität (Agency

---

[902] Dawn Lester, David Parker, What Really Makes You Ill?: Why Everything You Thought You Knew About Disease Is Wrong, 2. Vaccinations: Ineffective and Dangerous, Vaccine Ingredients, 2019

for Healthcare Research and Quality - AHRQ) hat eine umfassende Studie mit dem folgenden Ergebnis durchgeführt:
Von Juni 2006 bis Oktober 2009 wurden an 376.452 Personen 1,4 Millionen Impfdosen von 45 verschiedenen Impfstoffen verabreicht. Von diesen Dosen wurden 35.570 mögliche Reaktionen (2,6 Prozent der Impfungen) identifiziert, was bedeutet, dass einer von 40 geimpften Menschen Nebenwirkungen durch Impfungen erleidet.[903]
Somit sind Impfnebenwirkungen alles andere als selten.

Folgende Impfreaktionen, Impfkomplikationen und Impfschäden sind offiziell anerkannt:[904] [905]

**Mögliche Impfreaktionen**

- Schwellung oder Rötung an der Einstichstelle
- Kopfschmerzen
- Schwindel
- erhöhte Temperatur
- grippeähnliche Symptome
- Übelkeit oder Durchfall

**Mögliche Impfkomplikationen**

- besonders hohes Fieber
- Fieberkrämpfe
- andere Erkrankungen, die kurz nach der Impfung auftreten

**Impfschäden**

Folgende Impfschäden sind medizinisch anerkannt:

---

[903] https://digital.ahrq.gov/ahrq-funded-projects/electronic-support-public-health-vaccine-adverse-event-reporting-system
[904] https://www.big-direkt.de/de/gesund-leben/impfungen/impfungen-die-vor-und-nachteile
[905] https://www.brinkmann-ra.de/kanzlei/medizin-und-sozialrecht/schadensersatzansprueche-bei-impfschaeden/

- Hirnschäden
- Lähmungen
- Krampfanfälle
- Epilepsie

Folgende Impfschäden werden als möglich betrachtet:

- Allergien
- Verhaltensauffälligkeiten (ADHS, Apathie, etc.)
- Diabetes
- Entwicklungs- und Sprachstörungen

## 7. Können Impfungen Allergien verursachen?

Interessant ist die Tatsache, dass seitdem Kinderschutzimpfungen in den 1950er Jahren massenhaft eingeführt wurden, auch Allergien exponentiell zugenommen haben, wodurch zumindest eine Korrelation gegeben ist.[906]
Außerdem ist bekannt, dass Impfstoffe bereits bestehende Allergien oder sogar einen anaphylaktischen Schock auslösen können, so wie auch der aktuelle Covid-19-Impfstoff von Pfizer.[907] [908]
Im Sonderheft „Allergie und Impfen" der Gesellschaft für Pädiatrische Allergologie und Umweltmedizin e. V. vom September 2015 sind auf Seite 6 eine ganze Menge an Allergenen aufgeführt, welche in Impfstoffen vorkommen können.[909]

## 8. Können Impfungen Narkolepsie verursachen?

---

[906] https://www.handelsblatt.com/technik/das-technologie-update/healthcare/vorsorge-impfen-loest-allergien-und-autismus-aus/8611056-3.html?ticket=ST-12103571-m5rb1venFPcOLYjUQwxF-ap5
[907] https://www.aerztezeitung.de/Nachrichten/Vor-Anaphylaxie-bei-Corona-Impfung-wird-gewarnt-415495.html
[908] https://m.focus.de/gesundheit/news/zur-pandemie-coronavirus-patient-erleidet-schwere-allergische-reaktion-nach-impfung-mit-pfizer-vakzin_id_12782666.html
[909] https://www.gpau.de/mediathek/die-zeitschrift/sonderhefte/

Wie bereits (unter Kapitel 2. Punkt 3.1.3.1) erörtert, hatte die Schweinegrippe-Impfung „Pandemrix“ eine regelrechte Epidemie von über 1.300 Narkolepsie-Fällen ausgelöst (Stand: 2015), welche insbesondere Kinder und Jugendliche im Alter von 4 bis 19 Jahren traf. Alleine in Schweden, wo sich Ende 2009 nach einem Impfaufruf der Regierung 60 % der Bevölkerung hatten impfen lassen, wurden 311 Narkolepsie-Opfer mit bis zu einer Million Euro entschädigt. [910] [911] [912] [913]

## 9. Können Impfungen Krebs verursachen?

Da Impfstoffe oft toxische Inhaltsstoffe und sogar Karzinogene wie Quecksilber und Formaldehyd enthalten, kann nicht ausgeschlossen werden, dass sie auch Krebs verursachen können, zumal die Impfstoffe nicht auf Karzinogenität untersucht werden, was anhand von zahlreichen Impfstoff-Packungsbeilagen festgestellt werden kann.[914]

## 10. Können Impfungen Autismus verursachen?

Es gibt Hinweise darauf, dass insbesondere kombinierte Impfstoffe Autismus verursachen können. So wird z. B. seit der Zulassung der MMR-Impfstoffe (Mumps-Masern-Röteln) 1971 ebenfalls ein exponentieller Anstieg an Autismus bei Kindern in den USA festgestellt, welcher bis heute andauert. Daher scheint zumindest eine Korrelation zwischen der steigenden Impfhäufigkeit und steigenden Autismusfällen gegeben zu sein.

Während 1970 nur 1 von 10 000 Kindern erkrankte, war es 1995 bereits 1 von 1

---

[910] https://www.aerzteblatt.de/nachrichten/63356/Grippeimpfung-Wie-Pandemrix-eine-Narkolepsie-ausloest
[911] https://stm.sciencemag.org/content/7/294/294ra105
[912] https://www.spiegel.de/gesundheit/diagnose/schweinegrippe-impfung-schweden-entschaedigt-narkolepsie-patienten-a-1092175.html
[913] https://de.wikipedia.org/wiki/Narkolepsie#Ursachen_der_Narkolepsie
[914] Dawn Lester, David Parker, What Really Makes You Ill?: Why Everything You Thought You Knew About Disease Is Wrong, 2019

000, 2006 1 von 110, und 2016 1 von 54.[915] [916]
Wenn es so weiter geht, wird bald jedes zweite Kind in den USA an Autismus erkrankt sein.
Zahlreiche Eltern von autistischen Kindern berichteten, dass ihre Kinder kurz nach den Impfungen, quasi „über Nacht“ Verhaltensstörungen entwickelten und autistisch wurden.
So auch der berühmte US-Schauspieler Robert der Niro, welcher einen autistischen Sohn großzieht. De Niro ist auch Gründer des Tribeca Filmfestivals und wollte 2016 den Film „Vaxxed“ vorstellen, hat sich jedoch kurz vor dem Festival aus öffentlichem Druck umentschieden und ihn aus dem Programm genommen.

In dem NBC-„TODAY Show“-Interview zum Tribeca Film Festival 2016 hat er dies jedoch bereut und die Wichtigkeit des Films extra betont:

*„Alles, worum ich bitte ist, dass dieser Film gesehen wird.“*[917] [918]
Der Film gibt diverse Erfahrungsberichte der Eltern von geimpften Kindern wieder, die kurz nach der MMR-Impfung autistisch wurden, und berichtet über Fälschung und Unterdrückung der Daten der CDC in Bezug auf Impfungen und Autismus. Im Film wurden Telefonaufzeichnungen des CDC Insiders William W. Thompson veröffentlicht, welcher darin behauptet hat, dass eine CDC-Studie aus dem Jahre 2004, an welcher er selbst beteiligt war und welche einen deutlichen Zusammenhang zwischen Impfstoffen und Autismus festgestellt hatte, gefälscht wurde, um diesen Zusammenhang zu vertuschen. Dabei hat er auch von einer großen Vernichtungsaktion von Dokumenten berichtet, aus denen negative Nebenwirkungen von Impfungen hervorgehen, die er jedoch sichern konnte.
Thompson übergab dem Kongressabgeordneten Bill Posey 100.000 interne CDC-Dokumente über die Forschungen zur Impfstoffsicherheit, welcher sich seitdem politisch für die Aufklärung dieses Skandals einsetzt.[919] [920]

---

[915] https://tacanow.org/autism-statistics/
[916] https://www.cdc.gov/ncbddd/autism/data/index.html
[917] https://www.thesun.co.uk/news/1127284/robert-de-niro-reveals-his-autistic-son-changed-overnight-after-having-mmr-jab/
[918] https://www.vaxxed-derfilm.de/film/vaxxed
[919] https://vaxxedthemovie.com/download-the-cdc-autism-mmr-files-released-by-dr-william-thompson/

Interessant ist auch, dass in den USA die CDC Kindern mittlerweile ganze 16 Impfstoffe bis zum 18 Lebensjahr empfiehlt, welche in etwa 53 Impfeinheiten injiziert werden, wobei etwa 26 Impfeinheiten alleine bereits bis zum 18. Lebensmonat erfolgen sollen.[921]

## 11. Die zweifelhafte Geschichte der Impfungen

Als die Impfpraxis ursprünglich eingeführt wurde, behauptete Edward Jenner, ein englischer Landarzt, welcher als der „Vater" der Impfung gilt, dass eine einzige Impfung gegen Pocken lebenslang schützen würde, ohne dabei Beweise für seine Behauptung zu liefern.
Die erhöhte Inzidenz von Pocken, die trotz der erhöhten Anzahl geimpfter Personen auftrat, zeigte jedoch, dass der „Schutz " eindeutig nicht lebenslang war. Anstatt zu erkennen, dass Impfstoffe nicht wie angenommen funktionierten, führte die medizinische Einrichtung die Praxis der erneuten Impfung während des gesamten Lebens der Menschen ein, um einen kontinuierlichen „Schutz " zu gewährleisten. Eine Praxis, die der Grundtheorie, dass Impfstoffe lebenslange Immunität gegen Krankheiten verleihen, widerspricht.[922]

Edward Jenner glaubte, 1796 ein passendes Mittel gegen die Pocken gefunden zu haben. Am 14. Mai 1796 impfte er den 8-jährigen Jungen James Phipps mit Kuhpocken- oder Vacciniaviren. Daher wird die Impfung auch als Vakzination oder Vakzinierung bezeichnet, was nichts anderes als die Infektion mit Kuhpockenmaterial bedeutet (von lateinisch vacca ‚Kuh'). Jenner impfte auch seinen 11 Monate alten Sohn, welcher sein ganzes Leben lang Probleme mit seiner Gesundheit hatte und mit bereits mit 21 Jahren verstorben ist, was möglicherweise auf einen Impfschaden schließen lässt. Bei seinem zweiten Kind hat Jenner die Impfung dann unterlassen. Das Nationalgeschenk von 30.000

---

920 https://www.zentrum-der-gesundheit.de/news/gesundheit/impfung-autismus-170204011
921 https://www.healthpartners.com/blog/childhood-immunization-schedule-by-age/
922 Dawn Lester, David Parker, What Really Makes You Ill?: Why Everything You Thought You Knew About Disease Is Wrong, 2019

Pfd. St. (600.000 Mk.), welches er für die Erfindung der Kuhpockenimpfung erhielt, hat Jenner dennoch nicht zurückgegeben.[923]

Statistiken *„aus Berichten des Generalkanzlers von England"* hätten jedoch *„gezeigt, „dass der Impfstoff kein Erfolg war, da die Zahl der Todesfälle durch Impfungen bis Anfang des 20. Jahrhunderts die Zahl der Todesfälle durch Pocken überstieg. 1831 nahm ein Pockenausbruch in Württemberg, Deutschland, das Leben von fast tausend Menschen, die eine Impfung erhalten hatten; und im selben Jahr entwickelten zweitausend geimpfte Menschen in Marseille, Frankreich, Pocken. In den Jahren 1854–1863 forderten Pocken nach der Einführung von Impfpflichtprogrammen in Europa mehr als 33.000 Todesopfer, und es folgten weitere Epidemien.*
*Epidemien, bei denen Tausende geimpfter Menschen starben. Die Impfpflichtgesetze in England wurden 1907 aufgehoben, da ihr Versagen zu offensichtlich war, um es zu verschleiern. Während einer der schlimmsten Pockenepidemien in England zwischen 1870 und 1872 verfolgte die Stadt Leicester einen anderen Ansatz. Sie führten ein System guter Hygiene und Quarantäne ein, so dass es in Leicester während der Epidemie nur einen Todesfall durch Pocken gab"*, schreibt Dr. Thomas Cowan in seinem Buch.[924]
Dr. Wilh. Rowley aus Oxford, nannte Jenner einen frechen Scharlatan (Quacksalber) und schrieb 1806: "*Der geträumten Sicherheit durch Kuhpockenimpfung stehen so viele Tatsachen von Kindern gegenüber, welche die Blattern bekamen, nachdem sie (zwei Monate bis 6 Jahre vorher) regelrecht geimpft waren, dass es kaum noch einer anderen Widerlegung bedarf.*"[925]

Der Impfzwanggegnerverein zu Dresden hat 1890 einen Bericht veröffentlicht, in welchem zahlreiche Ärzte die Impfung als *„gefährlichen Hokuspokus"* und *„Aberglauben"* bezeichneten.[926]

---

[923] https://www.impfkritik.de/upload/pdf/zeitdokumente/der-impfspiegel.pdf (S. 33)
[924] Thomas Cowan, The Contagion Myth: Why Viruses (Including Coronavirus) Are Not the Cause of Disease, SKYHORSE PUB, 2020
[925] https://www.impfkritik.de/upload/pdf/zeitdokumente/der-impfspiegel.pdf (S. 8)
[926] Der Impfspiegel - 300 Aussprüche ärztlicher Autoritäten über die Impffrage https://www.impfkritik.de/upload/pdf/zeitdokumente/der-impfspiegel.pdf

Außerdem kamen die Ärzte u. a. zu folgenden Ergebnissen:

- Die Impftheorie ist wissenschaftlich nicht zu begründen.
- Die Impfung hat auf die größere oder geringere Heftigkeit der Pockenkrankheit
- keinen Einfluss.
- Die Sterblichkeit der Ungeimpften ist nicht größer als die der Geimpften.
- Die Impfung macht den Körper erst recht empfänglich für die Seuche.
- Durch die Impfung können die echten Pocken erzeugt und verbreitet werden.
- Das Impfen nützt nichts, ist aber sehr schädlich.
- Die Impfung kann den Tod herbeiführen.
- Einige Kinderkrankheiten sind seit Einführung des Impfzwanges viel häufiger
- und gefährlicher geworden.
- Durch die Impfung wird der Körper für Seuchen empfänglicher.
- Die Volksgesundheit hat sich seit Einführung des Impfzwanges verschlechtert.
- Die Einführung des Impfzwanges hat die allgemeine Sterblichkeit erhöht.
- Die Impfärzte sind pekuniär (finanziell) interessiert.
- Wo der Impfzwang abgeschafft wurde, hat sich die Kindersterblichkeit verringert.

Dr. med. Nittinger aus Stuttgart, hat die Folgen des Impfzwanges aufgezählt:

*„1. das Sinken der Volkszahl*
*2. die Mehrung der Todesfälle*
*3. die Abnahme der Geburten*
*4. die Gebrechen der Militärpflichtigen*
*5. die Verminderung der Geburtskraft der Frauen“,* (Seite 22).

Und Dr. med. Crüwell aus Danzig, hat sich wie folgt geäußert:

*„Lehrreich sind die Angaben des Züricher statistischen Amtes über die dortigen Sterblichkeits-Verhältnisse. Es starben an Diphtheritis und Kroup unter der Herrschaft des Impfzwanges im Jahre 1882: 390, dagegen nach Aufhebung des Impfzwanges im Jahre 1884: 177 Kinder; es starben an Brechdurchfall im Jahre*

*1882: 840, dagegen nach Aufhebung des Impfzwanges im Jahre 1884: 403, also nicht einmal die Hälfte der Kinder"*, (Seite23).

Dr. von Kerschensteiner aus München, ließ 1871 verlautbaren:

"*Die gesamte bayrische Bevölkerung ist nahezu geimpft, und trotz 55-jähriger strenger Impfung erkrankten an Pocken:*
*a) Geimpfte 29.429 = 65,7 %*
*b) Ungeimpfte (Säuglinge) 1.313 = 4,3 %.*
*Die bayrische Armee ist seit 1843 wiedergeimpft, und doch starben in selbiger 1870/71 an 559 Soldaten an den Pocken*" (Seite 10).

Und Dr. med. Stowell aus Brighton sagte:

*„Ich begreife sehr wohl, warum ein Dr. Simon für die Zwangsimpfung schreibt ... Ein jährliches Salär von 1.500 Pfd. Sterling (30.000 Mk.) fällt in jeder Wage schwer ins Gewicht. Und ich begreife gar wohl, warum die öffentlichen Impfer ... von den Vorteilen der Impfung so fest überzeugt sind"* (Seite 33, 34).

Der Staatsrat Dr. Walz aus Landsberg kritisierte, dass viele Ärzte aus monetären Motiven handeln würden:

*„Die Impfung liefert jährlich 30 Millionen Mark in die Taschen der Ärzte"* (Seite 34).
Könnte man dasselbe nicht auch heute über gewisse impfwilligedd Ärzte behaupten? So wie es aussieht, gibt es nichts neues unter der Sonne.

## 12. Der Tuberkulin-Skandal

1890 hat der berühmte Mikrobiologe Robert Koch der Öffentlichkeit ein angebliches Heilmittel gegen Tuberkulose vorgestellt, was er als „Tuberkulin" bezeichnete. Daraufhin zog es viele Tuberkulosekranke nach Berlin, die mit diesem „Wundermittel" geimpft wurden.
Koch hat daraus versucht, einen kommerziellen Gewinn zu schlagen. So forderte er vom Kultusministerium ein eigenes Institut, ausschließlich zur Produktion von Tuberkulin, und schätzte den jährlich zu erwartenden Gewinn auf 4,5 Millionen Mark. Seine Gewinnerzielungsabsicht wurde ihm von Vielen

übelgenommen, da er am Tuberkulin mit staatlichen Mitteln an einem staatlichen Institut forschte.
Koch hat sogar in Kauf genommen, dass Menschen viel empfindlicher mit Fieber, Gelenkschmerzen und Übelkeit auf Tuberkulin reagierten, als seine Versuchstiere.
Dabei testete der damals schon fast 50-jährige Koch das Tuberkulin u. a. an seiner gerade mal 17 Jahre alten Geliebten, die er später ehelichte.[927]

Nach der großen Euphoriewelle des „Wundermittels" kam es jedoch zur großen Ernüchterung, als sich der Zustand vieler Patienten nach der Verabreichung des Tuberkulins verschlechterte und auch etliche Tote zu beklagen waren. Daraufhin sah sich Koch gezwungen, die Zusammensetzung seines Wundermittels aufzudecken, wobei sich herausstellte, dass nicht einmal er selbst genau wusste, was es enthielt.
Im Anschluss beurlaubte er sich und flüchtete nach Ägypten.[928] [929]

### 13. Haftungsausschluss für Impfstoffhersteller in den USA bereits seit mehr als 30 Jahren

Am 14.10.1986 hat der US-Kongress sichergestellt, dass kein Impfstoffhersteller in einer Zivilklage für Schäden haftbar gemacht werden kann, die sich aus einer impfstoffbedingten Verletzung oder dem Tod ergeben, sofern die Nebenwirkungen unvermeidbar waren oder ausschließlich aufgrund des Versäumnisses des Herstellers, direkte Warnungen zu geben, erfolgten. Doch auch in den Fällen, wenn der Impfstoffhersteller betrügerisch oder vorsätzlich Informationen zurückhielt oder die gebotene Sorgfalt nicht angewendet hat, kann dieser nur *„unter bestimmten Umständen"* im Rahmen einer Zivilklage haftbar gemacht werden.[930] [931]

Daher wurde in den USA 1988 das „National Vaccine Injury Compensation

---

[927] https://de.wikipedia.org/wiki/Robert_Koch#Tuberkulin-Skandal
[928] https://de.wikipedia.org/wiki/Robert_Koch#Tuberkulin-Skandal
[929] https://www.faz.net/aktuell/wissen/medizin-ernaehrung/medizingeschichte-der-grosse-irrtum-des-doktor-koch-1256014-p4.html
[930] https://www.congress.gov/bill/99th-congress/house-bill/5546
[931] https://www.law.cornell.edu/uscode/text/42/300aa-22

Program“ (VICP, dt. Nationales Programm zur Entschädigung von Impfverletzungen) eingerichtet, welches bislang 4,2 Milliarden US-Dollar an Impfgeschädigte ausgezahlt hat (Stand: Oktober 2019).[932]

Das US Department of Health and Human Services (HHS) gibt dabei zu, dass weniger als 1 % der Menschen, die einen Impfschaden erlitten, vor Gericht ziehen.[933]
Wenn alle Impfgeschädigten in den USA vor Gericht ziehen würden, dann würde die Schadensersatzsumme hochgerechnet etwa 420 Milliarden Dollar betragen. Die Tatsache, dass vor Gericht nicht jeder Recht bekommt, obwohl er Recht hat, bedeutet auch, dass die Schadensersatzsumme sogar noch viel höher ausfallen könnte.

### 14. Keine Placebo-Vergleichsstudien von Impfstoffen in den USA

Da Impfstoffe in den USA nicht zu den Arzneimitteln zählen, sind die Impfstoffhersteller, Aufsichtsbehörden und Gesundheitsämter auch nicht dazu verpflichtet, Kontrollexperimente in Form von Placebostudien durchzuführen, welche Klarheit über Impfnebenwirkungen, Impffolgen und Impfschäden schaffen würden. Selbst Dr. Coleen Boyle, Direktorin der CDC hat vor dem US-Kongress zugegeben, dass die CDC solche Studien nie durchgeführt hat.[934]

### 15. Unabhängige Studien belegen die Schädlichkeit von Impfungen

Robert F. Kennedy Jr. hat 60 unabhängige Placebostudien zusammengefasst, mit dem Ergebnis, dass ungeimpfte Kinder weitaus gesünder als geimpfte Kinder sind.[935]

---

[932] https://en.wikipedia.org/wiki/Vaccine_adverse_event#United_States
[933] Kennedy – Dershowitz- Interview (17:24)
https://www.youtube.com/watch?v=lfnJi7yLKgE
[934] https://healthimpactnews.com/2017/congressman-posey-lone-voice-in-congress-calling-for-vaccine-studies-comparing-vaccinated-with-unvaccinated-children/
[935] https://childrenshealthdefense.org/wp-content/uploads/Vax-Unvax-Presentation-Parts-I-X.pdf

Demnach leiden geimpfte Kinder im Vergleich zu nicht geimpften Kinder viel häufiger an Autismus, Schlafstörungen, Sprechstörungen, Allergien, ADHS, Diabetes, Asthma, neurologischen Störungen, Narkolepsie, erhöhter Anfälligkeit gegenüber anderen Erkrankungen, etc.
Des Weiteren ist auch eine deutliche Erhöhung der Sterblichkeitsrate unter den geimpften Kindern bzw. Säuglingen erkennbar.

## 16. Zweifel an der Immunitätstheorie (mögliche Fehldeutung der „Antikörper")

Die Existenz der Impfstoffe beruht gänzlich auf der Grundannahme, dass die Immunitätstheorie stimmig ist. Diese besagt, dass die Exposition gegenüber einer Infektionskrankheit den Körper dazu anregt, die geeigneten Antikörper zu produzieren, deren Vorhandensein darauf hinweisen soll, dass der Körper eine „natürliche Immunität" gegen eine bestimmte Krankheit erlangt hat und sich nicht mehr mit ihr anstecken kann, sofern die Immunität nicht abgeschwächt wird.
Der Sinn der Impfung besteht darin, Infektionskrankheiten vorzubeugen.
Daher injiziert man eine bestimmte Menge an Keimen, die man für Krankheitserreger hält, und glaubt, dass dadurch der Körper gegen diese Keime Antikörper entwickelt und dadurch immun wird, da er später dieselben „Krankheitserreger" sofort erkennt und bekämpft, so dass es nicht zu einer erneuten Erkrankung kommt. Wie bereits erörtert, war man ursprünglich der Auffassung, dass die Immunität ein Leben lang halten würde. Diese Annahme wurde jedoch noch nie wissenschaftlich belegt. Es ist auch bekannt, dass Menschen an derselben „ansteckenden" Krankheit mehrmals im Leben erkranken können, was bedeutet, dass sie bei ihrer ersten Exposition gegenüber der Krankheit keine (lebenslange) Immunität erlangt haben. Und es ist ebenso bekannt, dass selbst bei geimpften Menschen dieselbe Infektionskrankheit wiederholt auftritt, was sowohl gegen die ursprüngliche Immunitätstheorie, als auch gegen den Nutzen von Impfungen spricht.
Daher wurde die Immunitätstheorie angepasst, indem man einfach behauptet hat, dass die Immunität mit der Zeit abnehmen kann, so dass es jeweils einer „Auffrischung" in Form von Impfungen bedarf.
Doch auch diese Behauptung kann nicht erklären, wieso manche Impflinge überhaupt keine geeigneten Antikörper produzieren (sogenannte „Non-

Responder").[936]

Auf der anderen Seite können Antikörper auch dann auftreten, wenn überhaupt keine „Infektion" vorliegt.[937]

Außerdem können auch längst nicht in jedem Fall sogenannte „krankheitsspezifische Antikörper" nach einer Krankheit vorgefunden werden, die sich eigentlich nach der Immunitätstheorie hätten bilden müssen.

So haben z. B. einer Schweizer Studie zufolge etwa 20% der Corona-Infizierten selbst nach einem Monat keine Antikörper gebildet.

*„Das heisst aber nicht, dass man keine Immunität entwickelt hat. Da spielen auch noch andere Aspekte mit"*, so der Epidemiologe Milo Puhan von der Universität Zürich.[938]

Ferner ist ebenfalls bekannt, dass selbst Kinder, bei denen sehr hohe Antikörper (Titer) gemessen wurden, dennoch an derselben Krankheit erkranken können.[939]

Daher ist ersichtlich, dass alleine die Bildung bzw. die Anzahl der Antikörper nicht notwendigerweise etwas über die Immunität des Menschen in Bezug auf Krankheiten aussagen kann.

Selbst im Arznei-Telegramm vom 04/2001 heißt es: *„durch Impfstoffe hervorgerufene Titeranstiege (Erhöhte Menge von Antikörpern,[940] Anm. d. Verf.) sind unzuverlässige Ersatzkriterien für die Wirksamkeit. Welchen Nutzen oder Schaden der Impfling zu erwarten hat, lässt sich aus solchen Befunden nicht ableiten"*.[941]

Und auch das RKI teilt in seinem „Epidemiologischen Bulletin" dieselbe

---

[936] https://de.wikipedia.org/wiki/Non-Responder#Non-Responder_bei_Impfung

[937] https://www.mdr.de/wissen/sind-kinder-corona-erkrankter-eltern-immun100.html

[938] https://www.srf.ch/wissen/corona/suche-nach-antikoerpern-immun-oder-nicht-was-bleibt-nach-einer-corona-infektion

[939] https://www.rki.de/DE/Content/Infekt/EpidBull/Archiv/2008/Ausgaben/24_08.pdf?__blob=publicationFile

[940] https://de.wikipedia.org/wiki/Titer_(Medizin)

[941] https://www.arznei-telegramm.de/html/2001_04/0104041_01.html

Auffassung:
*„Für manche impfpräventablen (durch Impfung verhinderbare, Anm. d. Verf.) Krankheiten (z. B. Pertussis) existiert kein sicheres serologisches Korrelat, das als Surrogatmarker für bestehende Immunität geeignet wäre.* ***Ferner lässt die Antikörperkonzentration keinen Rückschluss auf eine möglicherweise bestehende zelluläre Immunität zu.*** *"* [942]

Und sogar Prof. Heininger, ein langjähriges Mitglied der Ständigen Impfkommission (STIKO) schreibt dazu in seinem Buch:

*„Es ist weder notwendig noch sinnvoll, durch Blutentnahme und Antikörperbestimmung nach einer durchgeführten Impfung die Wirksamkeit zu bestimmen. Zum einen ist* ***selbst durch eine Antikörperbestimmung keine zuverlässige Aussage über Vorhandensein oder Fehlen von Impfschutz möglich,*** *zum anderen ist das einfach zu teuer".* [943]

Somit ist nicht bewiesen, dass „Antikörper" einen Schutz gegen Krankheiten bieten.
Sie könnten nichts anderes als das Resultat einer Fehldeutung sein. Es ist gut möglich, dass die Eiweiße, welche als „Antikörper" bezeichnet werden, in Wirklichkeit aufgrund einer Reaktion auf eine Verletzung bzw. Vergiftung gebildet werden, welche u. a. auch durch Impfstoffe bzw. durch die in den Impfstoffen enthaltenen Impfverstärker (Adjuvantien) erfolgen kann. Die „Antikörper"-Titer-Messung würde somit nur den Grad der Vergiftung/Beschädigung des Körpers anzeigen.

Daher ist durchaus denkbar, dass eben die Toxine (und nicht der angebliche Krankheitserreger), welche in den Impfstoffen enthalten sind und mit diesen verabreicht werden, dazu führen, dass die Eiweiß-Blutwerte, welche (fälschlicherweise?) als „Antikörper" bezeichnet werden, hochgetrieben werden, wodurch angeblich bewiesen sein soll, dass die erhöhte Anzahl dieser auch gleichzeitig eine erhöhte Immunität bedeutet. In Wirklichkeit könnte es

---

942 https://www.rki.de/DE/Content/Infekt/EpidBull/Archiv/2012/Ausgaben/30_12.pdf?__blob=publicationFile
943 Ulrich Heininger „Handbuch Kinderimpfgung: Die kompetente Entscheidungshilfe für Eltern", Verlag: Hugendubel, 2004

sich jedoch um nichts anderes als um eine Reaktion des Körpers auf die injizierten Giftstoffe (in den Adjuvantien) handeln, ohne jeglichen Bezug bzw. Zusammenhang zur Immunität. Je stärker die Giftzufuhr/Verletzung, desto stärker würde unser Körper darauf reagieren.

Es kann somit sein, dass unser Körper spezifische Blutproteine (die als „Antikörper", welche angeblich eine Immunität erzeugen, womöglich fehlgedeutet werden) produziert, um Toxine zu binden, zu neutralisieren und so die von den Toxinen/Verletzungen verursachten Schäden zu beheben.[944]

Dr. Stefan Lanka hat sich wie folgt zum Titeranstieg geäußert:

*"Der Titernstieg ist nichts anderes, als die Reaktion des Körpers auf Vergiftung. Wenn der Körper vergiftet wird, werden mittels dieser Gifte Löcher in die Zellen gerissen und die Zellen gehen kaputt. Die Reaktion des Körpers, wenn Zellen kaputt gehen, ist Dichtsubstanz zu bilden, Globuline, kleine Eiweißkörper, die im sauren sich sofort aufspannen, flächig werden und mit Ihren Schwefelwasserstoffgruppen, in der Energie gespeichert ist, mit anderen Eiweißen usw. sich zu vernetzen.*

*Diese machen die Blutgerinnung und die Wundbildung und dichten unsere Zellen ab, wenn Gifte in den Körper implantiert werden. Aber auch wenn man einen Schlag auf den Muskel bekommt, bei einem Bluterguss, oder ein Schlag auf die Niere (besonders empfindlich), oder die Leber, erfolgt sofort ein Titeranstieg. Da reagiert der Körper drauf, die geschädigten Zellen abzudichten und natürlich heranwachsende Zellen abzudichten.*

*Es ist wie bei einem Hausbau welches vorerst undicht ist, bis die Fenster drin sind und isoliert werden, dass wird dann als Antikörper bezeichnet und sogar als spezifischer Antikörper. Das stimmt nicht, die Bindeeigenschaft dieser Eiweiße mit Ihrer Schwefelwasserstoffgruppen ist nicht spezifisch, diese bindet an alles Mögliche, das können Sie im Labor beliebig manipulieren, in dem sie den Säurewert verändern, Detergenzien (Spülmittel) hineingeben, die Mineralkonzentration verändern, so können Sie eine Bindung erreichen, oder*

---

[944] https://www.narayana-verlag.de/homoeopathie/pdf/Die-geimpfte-Nation-Andreas-Moritz.21741.pdf

*eben nicht. Das Blut einer Schwangeren ist voll mit Globulinen, um eben die Plazenta, die andauernd wächst abzudichten, und die Substanz zum Kind hinzutragen. Ich muss das Blut einer schwangeren Frau 40-fach verdünnen, damit es nicht in diesem Test als massiv positiv eingeschätzt wird, auch im sogenannten HIV-Antikörpertest. Auch hier die Gretchenfrage, die Beweisfrage- wo sind diese Verfahren geeicht? Nämlich nirgendwo. Diesen Goldstandard gibt es nicht. In diesem Fall auch nicht bei Bakterien. Bakterien existieren ja, machen aber keine Gifte im lebenden Organismus, nur in der Leiche".*[945] [946]

Daher wäre es auch nicht verwunderlich, dass unter den Impfärzten die Dauer der Immunität direkt mit der Toxizität der Adjuvantien in Abhängigkeit gebracht wird- je toxischer das Adjuvans, umso länger soll (angeblich) die Dauer der Immunität sein. Mehr Toxizität soll mehr Antikörperproduktion und daher eine längere Immunität gewährleisten.[947]

In Wirklichkeit könnte es jedoch sein, dass größere Toxizität eben eine stärkere Eiweißbildung („Antikörper") verursacht, um der Dimension des angerichteten Schadens gerecht zu werden und den Schaden zu reparieren.

Somit ist festzuhalten, dass die angeblich schützenden Antikörper in Wirklichkeit nichts über den Schutz gegenüber den mutmaßlichen „krankheitsverursachenden Erregern" aussagen und womöglich nichts anderes, als kleine Eiweißkörper sind, die durch die Bildung einer Dichtsubstanz Verletzungen oder Vergiftungen entgegenwirken.

### 17. Zweifel an der Herdenimmunität

Die Herdenimmunität ist eine Theorie, welche auf der Grundlage der Immunitätstheorie basiert. Es ist der Glaube an die Entstehung eines indirekten

---

[945] https://www.youtube.com/watch?v=KexlGm1ixW8&t
[946] Vgl. auch Andreas Moritz, Die geimpfte Nation, Kapitel 1: Der Impfmythos, 5. Impfstoffe unterdrücken die Immunität, Narayana Verlag, 2018 https://www.narayana-verlag.de/homoeopathie/pdf/Die-geimpfte-Nation-Andreas-Moritz.21741.pdf
[947] https://childrenshealthdefense.org/news/court-hears-gardasil-science-and-moves-forward/

Schutzes vor einer „ansteckenden“ Krankheit, wenn ein hoher Prozentsatz einer Bevölkerung durch Infektion oder Impfung „Immunität“ erlangt hat, wodurch eine weitere Ausbreitung des „Krankheitserregers“ innerhalb der Bevölkerung unterbleiben soll.[948]

Wenn man jedoch zu dem Schluss kommt, dass die Immunitätstheorie („Antikörpertheorie“) falsch ist, dann bedeutet dies logischerweise gleichzeitig, dass es auch keine Herdenimmunität geben kann, welche man mittels groß angelegter Impfaktionen vergeblich zu erreichen versucht.

## Kapitel 5. Eugeniker und „Philanthropen“ - ihre Sorgen und Vorhaben

### 1. Zweifelhafte „Philanthropie“ von Bill Gates und Co. / Investitionen und Impfskandale der BMGF

Bill Gates bezeichnet sich selbst als „Philanthrop“, also als einer, dem das Wohlergehen der Menschheit angeblich am Herzen liegt. Doch wenn dieser selbsternannte „Philanthrop“ Menschen wirklich helfen wollte, würde er dann sein Geld in Unternehmen investieren, welche die Gesundheit der Menschen und die Umwelt schädigen? Würde er seine angeblich gemeinnützige Stiftung dazu verwenden, um u. a. durch Investitionen in gesundheitsschädliche Unternehmen Geld zu erwirtschaften und lediglich 5 % seines Stiftungsvermögens an wohltätige Zwecke abgeben, was seiner Stiftung erhebliche Steuervorteile bringt?
Wenn Gates der Menschheit wirklich helfen wollte, würde er sich dann nicht vielmehr dafür einsetzen, dass kein Mensch auf der Welt hungern müsste, und dass jeder Mensch einen Zugang zu sauberem Wasser, gesundem Essen und ein Dach über dem Kopf hat, anstatt Menschen in dritten Ländern (und jetzt in Bezug auf Corona auch weltweit) gegen seltene Krankheiten zu impfen? Aber anscheinend scheint es ihn nicht zu kümmern, dass alle paar Sekunden irgendwo in Afrika ein Kind an Hunger stirbt. Kann es vielleicht damit zusammenhängen, dass der Kampf gegen Hunger und für menschenwürdige

[948] https://de.wikipedia.org/wiki/Herdenimmunit%C3%A4t

Lebensverhältnisse bei Weitem nicht so rentabel ist, wie das Geschäft mit den Impfungen und Arzneimitteln?

### 1.1 The Giving Pledge – zweifelhafte „Philanthropie" von Bill Gates und Co.

Als Bill Gates 2010 das Jahrzehnt der Impfstoffe eingeleitet hat, hat er auch im selben Jahr, zusammen mit Warren Buffet, „The Giving Pledge" ins Leben gerufen, eine Kampagne, welche die Milliardäre dazu ermutigen soll, ein Versprechen abzugeben, mindestens die Hälfte ihres Vermögens noch während des Lebens oder nach dem Tod an wohltätige Zwecke zu spenden.[949] Damit dürfte wohl auch nicht zuletzt seine eigene Stiftung gemeint sein.

Was auf den ersten Blick gut klingt, erweist sich bei näherem Hinsehen als ein elitärer und exklusiver Klub, dem ausschließlich Milliardäre beitreten können. Die abgegebenen Versprechen sind nicht einklagbar, binden die Versprechenden somit nicht rechtlich und können auch zugunsten ihrer eigenen „wohltätigen" Stiftungen abgegeben werden, so dass die Spenden auch weiterhin unter der eigenen Kontrolle bzw. unter der Kontrolle ihrer Familie bleiben. So kann man z. B. sein Auto oder sein Haus an die eigene Stiftung spenden und es weiterhin nach Belieben benutzen. Außerdem können die Milliardäre jeweils einander versprechen, Zuwendungen über die Stiftungen zu machen, so dass es etwa zu einem Klub-internen Vermögensaustausch unter dem Deckmantel der Wohltätigkeit kommt, welcher massive Steuervorteile für sie bringt. Wie heißt es so schön? „Eine Hand wäscht die andere".

Es deutet somit vieles darauf hin, dass einige der Milliardäre sich der Initiative nur anschließen, um ihr Image aufzupolieren, und/oder sich Steuervorteile zu sichern.

Neben den Initiatoren Gates und Buffet, haben sich zahlreiche Milliardäre der Giving Pledge Kampagne angeschlossen, u. a. auch Elon Musk, Mark Zuckerberg und McKenzie Bezos, die Ex Ehefrau von Amazon Gründer Jeff Bezos.

Eine im August 2020 veröffentlichte Studie des US-amerikanischen Think Tanks

---

[949] https://givingpledge.org/

„Institute for Policy Studies" (IPS), mit dem selbsterklärenden Titel „Gilded Giving 2020: How Wealth Inequality Distorts Philanthropy and Imperils Democracy" (dt. „Gilded Giving 2020: Wie Wohlstandsungleichheit die Philanthropie verzerrt und die Demokratie gefährdet") hat ergeben, dass Superreiche einen immer größeren Teil zur gesamten Wohltätigkeit in den USA beitragen, wobei ein immer größerer Teil der Spendengelder an private Stiftungen, wie etwa die BMGF, und nicht an Wohltätigkeitsorganisationen fließen.[950] Fraglich ist somit, wie viel der Spendengelder bedürftigen Menschen wirklich zukommt, zumal private Stiftungen wie die BMGF selbst entscheiden, wie viel Geld und zu welchem Zeitpunkt tatsächlich für wohltätige Zwecke ausgegeben wird, wobei sie den Zweck selbst bestimmen. Dabei wird oft nur ein minimaler Anteil an wohltätige Zwecke gespendet, um sich dadurch Steuervorteile zu ermöglichen.

*„Doch damit nicht genug: Da viele Spenden an private Stiftungen von der Steuer abgesetzt werden können, entstehen durch die immer größeren Super-Spenden Steuerausfälle, für die die amerikanischen Steuerzahler aufkommen müssen. Das IPS hat berechnet, dass, wenn alle Mitglieder von Giving Pledge auch nur die Hälfte ihrer Versprechen wahr machen würden, 360 Milliarden Dollar Steuerausfälle entstehen würden"*, berichtet der Business Insider.[951]

*„Während die ausfallenden Steuermittel vom Staat verwendet würden, um karitative Zwecke zu erfüllen — wie Alters- und Krankenvorsorge, öffentliche Gesundheit und soziale Absicherung — übernähmen private Stiftungen zukünftig mehr und mehr dieser Aufgaben. Doch die Entscheidung darüber, wer wann welche Unterstützung erhält, obliegt dann den privaten Stiftern — und ist damit keine demokratische getroffene, kontrollierbare Entscheidung mehr."*

Die Autorinnen und Autoren der Studie kommen daher zu dem Schluss, dass diese Tendenzen im Kern undemokratisch sind:

*„Die private Philanthropie befindet sich auf Kollisionskurs mit der Demokratie. Ohne Intervention werden einige wenige Milliardärs-Philanthropen bald Aufgaben der Politik im Wettbewerb mit der eigenen Regierung übernehmen"*.

---

[950] https://inequality.org/great-divide/gilded-giving-2020/
[951] https://www.businessinsider.de/leben/superreiche-wohltaeter-spenden-bekenntnisse-der-milliardaere-um-gates-und-co-koennten-weniger-gut-fuer-beduerftige-sein-als-es-scheint/

In dem Bericht der IPS heißt es außerdem:

*„Zu den Risiken für die Öffentlichkeit gehört die Einlagerung von Reichtum bei gleichzeitigem dringendem Bedarf an anderer Stelle; ein zunehmend undemokratischer philanthropischer Sektor der keinerlei Rechenschaft mehr ablegen muss; Philanthropie als Steuervermeidung; sowie die Tendenz, Philanthropie als Machtmittel zur Sicherung der eigenen Privilegien einzusetzen".*

Ein weiterer Kritikpunkt ist, dass viele der Milliardäre ihr Vermögen mit zweifelhaften und umstrittenen Maßnahmen erwirtschaftet haben, wobei man davon ausgehen kann, dass längst nicht alle Skandale an die Öffentlichkeit gelangt sind.

So lässt z. B. Apple seine Produkte in China unter Arbeitsbedingungen produzieren, die Arbeiterinnen und Arbeiter dort regelmäßig in den Suizid treiben.[952] Die Arbeitsbedingungen bei Tesla sind auch nicht besser und erinnern an einigen Standorten an die Zeiten der industriellen Revolution,[953] [954] und Amazon gelingt es durch seine Steuervermeidungs-Strategie kaum Steuern auf die eigenen Rekordumsätze zu bezahlen[955].

Interessanterweise besitzt Gates erhebliche Anteile an allen drei Unternehmen, so dass er an deren Machenschaften zumindest mitverdient.[956] Und das Portfolio des Mitinitiators von The Giving Pledge, Warren Buffet, besteht sogar zu weit mehr als einem Drittel aus Apple Aktien.[957]

Ein weiteres Problem ist, dass multimilliardenschwere „Philanthropen" den Begriff der Wohltätigkeit in ihrem eigenen Interesse auslegen können.

---

[952] https://netzpolitik.org/2019/bits-und-baeume-die-arbeitsbedingungen-des-apple-lieferanten-foxconn-in-china/

[953] https://www.spiegel.de/wirtschaft/unternehmen/tesla-arbeiter-berichten-von-ueblen-arbeitsbedingungen-a-1148397.html

[954] https://www.handelszeitung.ch/unternehmen/tesla-arbeiter-beschweren-sich-ueber-arbeitsbedingungen-1454144

[955] https://www.spiegel.de/wirtschaft/unternehmen/amazon-bezahlt-keine-steuern-auf-multimilliarden-gewinn-a-1253643.html

[956] https://www.theinvestorspodcast.com/legend-investors-stock-portfolio/bill-gates-stock-portfolio/

[957] https://www.cnbc.com/berkshire-hathaway-portfolio/

So hat z. B. Silicon Valley zwei pseudo-wohltätige Projekte ins Leben gerufen:

*„Da ist zum einen das Projekt „Internet.org", durch das jene zwei Drittel der Menschheit, die derzeit kein Internet haben, gratis ans Netz angeschlossen werden sollen. Der Haken: Sie werden nur über Facebook ins Netz kommen. Das andere ist die Initiative für die Einwanderungsreform, mit der sich einige Digitalgiganten, darunter Zuckerberg und Gates ... positionieren. Dennoch geht es dabei vor allem darum, den Arbeitsmarkt zu globalisieren"*, schreibt die Süddeutsche Zeitung.[958]

Facebook ist, ähnlich wie Amazon, ebenfalls dafür bekannt, Steuern so gut es geht zu umgehen.

*„In Europa beispielsweise entzieht sich Facebook konsequent der gesellschaftlichen Verantwortung des Steuerzahlens. 2014 belief sich Facebooks Firmensteuer in Großbritannien auf 4327 Pfund, in Deutschland im Jahr zuvor auf 220 000 Euro, und im Steuerparadies Irland, wo der Konzern sein europäisches Hauptquartier unterhält, bezahlte Facebook für 1,8 Milliarden Euro Umsatz nur 1,9 Millionen Euro Steuern"*.[959]

Interessant ist in dieser Hinsicht auch, dass eine andere Studie der britischen NGO „Global Justice Now" Anfang 2016 zu dem Ergebnis gekommen ist, dass Gates' Microsoft laut einem Bericht des US-Senats jährlich etwa 4,5 Milliarden USD am Staat vorbeischleust und in karibischen Steueroasen verschwinden lässt, wobei die Summe der vorbeigeschleusten Steuergelder die Einnahmen der BMGF, die bei jährlich rund 3,6 Milliarden US-Dollar liegen, deutlich übersteigt.[960] [961]

---

[958] https://www.sueddeutsche.de/politik/spenden-wohltaten-mit-haken-1.2763917

[959] https://www.sueddeutsche.de/politik/spenden-wohltaten-mit-haken-1.2763917

[960] https://www.heise.de/tp/features/Bill-Gates-zwischen-Schein-und-Sein-3378037.html

[961] Gated Development – is the Gates Foundation always a force for good? https://www.globaljustice.org.uk/resource/gated-development-gates-foundation-always-force-good/

Kann es vielleicht sein, dass Gates und Co. aus ihrer „Philanthropie" ein riesiges Geschäft machen, und das Minimum an wohltätigen Spenden in erster Linie dafür dient, um das Image aufzupolieren und sich erhebliche Steuervorteile zu sichern?

## 1.2 Die Investitionen der BMGF in Medien und Regierungen

Die BMGF hat u. a. auch diverse Massenmedien finanziert, von denen man danach wohl kaum eine objektive Berichterstattung über Bill Gates, seine Stiftung und seine Unternehmungen erwarten kann.

*„In der Tat haben nur wenige der Nachrichtenorganisationen, die Gates-Geld erhalten, eine kritische Berichterstattung über Stiftungsprogramme veröffentlicht"*, schreibt die Seattle Times,[962]was auch kein Wunder ist, denn wie heißt es so schön? „Man beißt nicht die Hand, die einen füttert".

Die BMGF hat Hunderte Millionen Dollar für journalistische Zwecke verwendet. Zu den Begünstigten gehörten u. a. auch Massenmedien wie BBC[963], der Spiegel[964], die Zeit,[965] [966] ABC, PBS, Public Radio, The Guardian,[967] [968] Le Monde,[969] NBC, Financial Times, sowie gemeinnützige Organisationen, die mit

---

962 https://www.seattletimes.com/seattle-news/does-gates-funding-of-media-taint-objectivity/
963 https://www.cjr.org/criticism/gates-foundation-journalism-funding.php
964 https://www.spiegel.de/wirtschaft/corona-stiftung-von-melinda-und-bill-gates-spendet-150-millionen-dollar-a-e89886d8-a012-4196-81d2-3e608acacb14
965 https://blog.zeit.de/glashaus/2020/05/05/foerderung-einer-veranstaltungsreihe-durch-die-gates-stiftung/
966 https://www.heise.de/tp/features/Ueber-Impfstoffe-zur-digitalen-Identitaet-4713041.html?seite=all
967 https://www.theguardian.com/global-development/2010/sep/14/about-this-site
968 https://www.theguardian.com/info/2018/oct/02/philanthropic-partnerships-at-the-guardian
969 https://www.lemonde.fr/le-monde-et-vous/article/2021/01/26/comment-fonctionne-le-partenariat-entre-le-monde-et-la-fondation-gates_6067625_6065879.html

Nachrichtenagenturen verbunden sind, wie BBC Media Action und New York Times' Neediest Cases Fund.[970] [971]

*„Die direkte Finanzierung von Medienorganisationen ist jedoch nur eine Möglichkeit, wie die mächtigste Stiftung der Welt das beeinflusst, was die Öffentlichkeit liest, hört und sieht"*, schreibt die Seattle Times.

*„Um die Aufmerksamkeit auf die Themen zu lenken, die sie interessieren, hat die Stiftung Millionen in Schulungsprogramme für Journalisten investiert. Es finanziert die Erforschung der effektivsten Methoden zur Erstellung von Medienbotschaften. Von Gates unterstützte Think Tanks stellen Medien-Factsheets und Zeitungsartikel her. Zeitschriften und wissenschaftliche Zeitschriften erhalten Gates Geld für die Veröffentlichung von Forschungsergebnissen und Artikeln. Experten, die in von Gates finanzierten Programmen geschult wurden, schreiben Kolumnen, die in Medien von der New York Times bis zur Huffington Post erscheinen, während digitale Portale die Grenze zwischen Journalismus und Spin verwischen.*

*Die Bemühungen sind Teil dessen, was die Stiftung „Anwaltschaft und Politik" nennt. In den letzten zehn Jahren hat Gates 1 Milliarde US-Dollar für diese Programme bereitgestellt, die nun etwa ein Zehntel der jährlichen Ausgaben der Riesenphilanthropie von 3 Milliarden US-Dollar ausmachen. Die Gates Foundation gibt mehr für Politik und Interessenvertretung aus als die meisten großen Stiftungen - einschließlich Rockefeller und MacArthur - insgesamt ausgeben."*

Die Stimme der BMGF in Medien und Politik wird auch dadurch verstärkt das *„praktisch jeder wichtige Akteur im Bereich der globalen Gesundheit - und viele im Bildungsbereich - Gates-Geld erhält"*.[972]

Die BMGF hat ebenfalls, teilweise Milliarden Dollar, in diverse Regierungen investiert, u. a. in die kanadische (mehr als 1,5 Milliarden US-Dollar), deutsche (zwischen 1 und 1,5 Milliarden US-Dollar) französische und japanische

---

[970] https://www.seattletimes.com/seattle-news/gates-foundation-gives-20m-to-bbc-charity-arm/
[971] https://www.cjr.org/criticism/gates-foundation-journalism-funding.php
[972] https://www.seattletimes.com/seattle-news/does-gates-funding-of-media-taint-objectivity/

Regierung (jeweils zwischen 100 Millionen und 1 Milliarde US-Dollar). [973] [974]

Es ist somit ebenfalls davon auszugehen, dass die begünstigten Regierungen sich wohl kaum Gates´ Unternehmungen in den Weg stellen und diese wahrscheinlich sogar fördern werden.

## 1.3 Impfskandale der BMGF

Daher ist es nicht verwunderlich, dass über Skandale, in welche die BMGF verwickelt worden ist, medial i. d. R. nur kaum bis gar nicht berichtet wird, und auch die Regierungen sich mit ihrer Kritik stark zurückhalten.

So haben z. B. nur wenige Medien darüber berichtet, dass die BMGF zusammen mit der „gemeinnützigen" Organisation PATH (Programme for Appropriate Technology in Health- dt. Programm für angemessene Technologie im Gesundheitswesen) in einen großen Pharmaskandal in Indien in Zusammenhang mit den HPV-Impfungen verwickelt war.

PATH startete im Juli 2009 in den indischen Provinzen Andhra Pradesh und Gujarat eine sogenannte HPV-Beobachtungsstudie, welche von der BMGF finanziert wurde.[975]

HPV ist die Abkürzung für humane Papillomaviren, welche angeblich Gebärmutterhalskrebs verursachen sollen.

Im Rahmen der Studie sind mehr als 24.000 Mädchen im Alter von zehn bis 14 Jahren mit Gardasil (Merck) und Cervavix (GlaxoSmithKline) geimpft worden. Mindestens sieben Mädchen sind dabei gestorben. PATH und die indische Regierung haben daraufhin jeglichen Zusammenhang mit den Impfungen abgestritten.

---

[973] https://www.derstandard.at/story/2720170/das-schmutzige-geheimnis-der-gates-stiftung
[974] https://www.latimes.com/news/la-na-gatesx07jan07-story.html
[975] https://jimdo-storage.global.ssl.fastly.net/file/a19fcbca-be9f-4022-a1e5-1e9115e36eae/Indische%20Kritik%20an%20HPV-Imfpungen%20durch%20Gates%2072.pdf

Was kaum zu glauben ist- PATH hatte die Impfungen durchgeführt, *„ohne alle Eltern um Erlaubnis zu fragen"*, schreibt der Spiegel in seinem Artikel „Inder wollen keine Versuchskaninchen mehr sein" vom 09.05.2012.

*„Stattdessen unterschrieben vielfach die Lehrer in Schulen die vorgeschriebenen Formulare. Die Mädchen wurden nach der Impfung sich selbst überlassen - eine Nachbeobachtung fand nicht statt. Mögliche Nebenwirkungen wurden nicht erfasst. Es dauerte Wochen, bis die Todesfälle bekannt wurden - eine glaubwürdige Untersuchung war in manchen Fällen gar nicht mehr möglich, die toten Mädchen waren längst begraben oder eingeäschert. Bis heute sind die Vorfälle rund um die HPV-Studie nicht gänzlich geklärt. Das indische Gesundheitsministerium wimmelte alle Anfragen ab. Auf Mails, später Briefe und Faxe von SPIEGEL ONLINE erfolgte keine Reaktion. Ruft man an, legt der Gesprächspartner einfach auf, sobald der Begriff "HPV-Studie" fällt".*[976]

Eine Gesetzesänderung im Jahr 2005 hat bewirkt, dass klinische Studien von internationalen Konzernen direkt, ohne jegliche vorhergehende Testverfahren, zugelassen werden, was die indischen Probanden de facto zu Versuchskaninchen und Indien zu einem *„interessanten Standort für Medikamenten-Tests"* machte.[977]

2010 finanzierte die BMGF, zusammen mit PATH und GlaxoSmithKline (GSK) eine Phase-3-Studie mit dem experimentellen Malaria-Impfstoff von GSK, bei welcher 1.048 der 5.949 Kinder schwere Nebenwirkungen entwickelten und 151 afrikanische Säuglinge starben.[978]

Und 2012 wurden, im Rahmen der MenAfriVac-Kampagne (welche von der BMGF mitgegründet und mitfinanziert wurde)[979] in Subsahara-Afrika, afrikanische Kinder gegen Meningitis geimpft, woraufhin über 40 der 500 geimpften Kinder eine Lähmung entwickelten und unter Halluzinationen und Krämpfen litten.

---

[976] https://www.spiegel.de/wissenschaft/medizin/klinische-studien-in-indien-fordern-immer-wieder-todesopfer-a-806797.html

[977] https://www.spiegel.de/wissenschaft/medizin/klinische-studien-in-indien-fordern-immer-wieder-todesopfer-a-806797.html

[978] https://archive.is/cUut7

[979] https://en.wikipedia.org/wiki/MenAfriVac#History

Allerdings haben die Medien auch über diese beiden Vorfälle kaum Bericht erstattet.

*„Diese Tragödie wirft viele unbeantwortete Fragen auf ... Warum werden Impfstoffe in einem Land, in dem es an sauberem Trinkwasser und sanitären Grundversorgungen mangelt, so stark forciert? ... Warum haben große Organisationen 571 Millionen US-Dollar für ein Impfprojekt ausgegeben, wenn das Internationale Komitee vom Roten Kreuz für weniger als 3.000 US-Dollar Brunnen für den Zugang zu sauberem Trinkwasser gebaut hat? Wie können mindestens 40 Kinder nach einer Impfung gelähmt werden und keine Nachrichtenagentur berichtet über diese beunruhigende Situation? Die Medien sind völlig verstummt. Auf keiner Regierungswebsite scheint es über diesen Vorfall zu berichten ... Wo sind Statements der beteiligten Organisationen – WHO, GAVI, PATH, UNICEF und der Bill and Melinda Gates Foundation? Warum wurde dieses Impfprogramm nicht ausgesetzt?"*[980]

In diesem Zusammenhang stellt sich natürlich die Frage, ob die von Gates so hochgelobten Impfungen, mit denen er ein Vermögen verdient, auch wirklich ungefährlich sind, und ob sie nicht mehr Schaden als Nutzen verursachen.

Auf einer Veranstaltung im Jahr 2015 in Brüssel hat Gates, im Rahmen einer Diskussion über gentechnisch veränderte Pflanzen folgendes zum Ausdruck gebracht, als er das Risiko von neuen Medizintechniken mit dem Risiko des Verzehrs von gentechnisch veränderten Pflanzen verglich: *„Wir nehmen Dinge, die genetisch veränderte Organismen sind, und wir injizieren sie in die Arme von kleinen Kindern. Wir schießen sie einfach direkt in die Vene"*.[981]

Ob ihm da nicht ein freudscher Versprecher unterlaufen ist?

Bei einem Meeting der BMGF mit ihren Mitarbeitern hat Gates während einer Frage-und- Antwort-Runde erzählt, wie er von Donald Trump wiederholt gefragt wurde, ob die Impfungen wirklich eine gute Sache wären. Trump soll Gates gesagt haben, dass er einen Untersuchungsausschuss bilden wolle, welcher Nachforschungen anstellt, ob es einen Zusammenhang zwischen den Impfungen und negativen Auswirkungen auf die Gesundheit gibt, da ihm Robert Kennedy Jr. (Umweltaktivist, Impfgegner und Neffe von John F.

---

[980] https://archive.is/yphRE

[981] https://www.youtube.com/watch?v=bxpYmClTq-c

Kennedy) gesagt hätte, dass Impfungen negative Folgen haben würden. Gates habe daraufhin Trump gesagt, dass dies schlecht wäre und dass er das nicht machen solle. In der Videoaufzeichnung sieht man deutlich, wie unwohl sich Gates bei der ganzen Geschichte fühlt, wie er die Arme verschränkt und sich auf dem Stuhl hin und her bewegt.[982]

Daher stellt sich natürlich die Frage: Wenn die Impfstoffe (von Bill Gates) angeblich so ungefährlich und so gut für die Gesundheit sind, wieso war dann Gates so kategorisch dagegen, als Trump diese näher untersuchen wollte?

## 2. Die globale Erwärmung - mehr Politik als Wissenschaft?

### 2.1 Bill Gates und Co. sorgen sich um die globale Erwärmung – droht uns ein Klima-Lockdown?

Bill Gates scheint sich ebenfalls wegen des Erdklimas Sorgen zu machen und hat, genauso wie seine superreichen Kollegen (Musk, Bezos, Zuckerberg und Co.) dem Klimawandel den Kampf angesagt.[983]

Um die globale Erwärmung einzudämmen und die Welt abzukühlen, möchte Gates sogar die Sonne verdunkeln lassen.

*„Der Plan klingt wie Science-Fiction – könnte aber innerhalb eines Jahrzehnts Realität werden; Täglich würden mehr als 800 riesige Flugzeuge Millionen Tonnen Kreidestaub auf eine Höhe von 20 Kilometern über der Erdoberfläche heben und die Menge dann hoch in die Stratosphäre streuen.*

*Theoretisch würde der Staub in der Luft einen gigantischen Sonnenschutz erzeugen, der einen Teil der Sonnenstrahlen und der Wärme zurück in den Weltraum reflektiert, diejenigen, die durchkommen, verdunkelt und so die Erde vor den schlimmeren Folgen der Klimaerwärmung schützt.*

*Das ist nicht der verrückte Plan eines Gartenhaus-Erfinders. Das Projekt wird*

---

[982] https://www.youtube.com/watch?v=dY7byG1YGwg
[983] https://www.forbes.com/sites/sofialottopersio/2021/04/22/what-the-worlds-richest-people-are-doing-to-fight-climate-change/?sh=58e466ed2a39

*vom Milliardär und Microsoft-Gründer Bill Gates finanziert und von Wissenschaftlern der Harvard University vorangetrieben.*

*Tatsächlich sind die Pläne so weit fortgeschritten, dass die ersten Experimente zur „Himmelbewölkung" schon vor Monaten beginnen sollten.*

*Dieser erste 3-Millionen-Dollar-Test, bekannt als Stratospheric Controlled Perturbation Experiment (SCoPEx), würde einen wissenschaftlichen Ballon in großer Höhe verwenden, um etwa 2 kg Kalziumkarbonatstaub – die Größe eines Mehlsacks – in die Atmosphäre 12 Meilen über der Wüste von New Mexiko zu befördern.*

*Dies würde einen röhrenförmigen Himmelsbereich mit einer Länge von einer halben Meile und einem Durchmesser von 100 Metern bilden. In den folgenden 24 Stunden würde der Ballon mit Propellern durch diese künstliche Wolke zurückgelenkt, wobei seine Sensoren an Bord sowohl die Sonnenreflexion des Staubs als auch seine Auswirkungen auf die dünne Umgebungsluft überwachen"*, schreibt die Daily Mail.[984]

Glücklicherweise wurde SCoPEx zunächst jedoch auf Eis gelegt, *„da befürchtet wird, dass es eine katastrophale Reihe von Kettenreaktionen auslösen könnte, die das Klima in Form von schweren Dürren und Wirbelstürmen verwüsten und Millionen von Menschen auf der ganzen Welt den Tod bringen könnten"*.

Vieles deutet darauf hin, dass Bill Gates in naher Zukunft ebenfalls einen Klima-Lockdown einführen möchte.

So zählt z. B. Gates, bzw. seine BMGF zusammen mit George Soros bzw. seine Open Society Foundations mit zu den Finanzierern von Project Syndicate, einer „gemeinnützigen" Mission, welche Ideen bezüglich eines Klima-Lockdowns befürwortet.[985]

In einem Artikel von Project Syndicate vom 22.09.2020 mit dem Titel „Avoiding

---

[984] https://www.dailymail.co.uk/sciencetech/article-7350713/Bill-Gates-wants-spray-millions-tonnes-dust-stratosphere-stop-global-warming.html
[985] https://www.project-syndicate.org/about

a Climate Lockdown“ (dt. „Klima-Lockdown vermeiden“) heißt es wortwörtlich:

*„Die Welt nähert sich einem Wendepunkt beim Klimawandel, an dem der Schutz der Zukunft der Zivilisation dramatische Eingriffe erfordert. Um dieses Szenario zu vermeiden, ist eine grüne wirtschaftliche Transformation erforderlich – und damit eine radikale Überarbeitung der Unternehmensführung, der Finanzen, der Politik und der Energiesysteme.*

*Als sich COVID-19 Anfang dieses Jahres verbreitete, führten die Regierungen Lockdowns ein, um zu verhindern, dass ein Notfall im Bereich der öffentlichen Gesundheit außer Kontrolle gerät. In naher Zukunft muss die Welt möglicherweise wieder auf Lockdowns zurückgreifen – diesmal, um einen Klimanotstand zu bewältigen.“*[986]

Des Weiteren findet es Gates beunruhigend, dass die angebliche Überbevölkerung, bzw. die Menschheit im allgemeinen negative Auswirkungen auf das Erdklima haben soll.
So hat er in seinem Vortrag „Innovation nach Null“ aus dem Jahr 2010 öffentlich erklärt, dass die Menschen durch das Ausatmen des CO2-Gases zum wesentlichen Teil mitursächlich für die Erderwärmung seien.[987]

Doch auch wenn das wirklich der Wahrheit entsprechen sollte, stellt sich einem die Frage, wieso sich Gates für gefährliche Experimente, wie die Verdunkelung der Sonne, einsetzt und nicht z. B. dafür, dass die Ausrottung der Wälder gestoppt wird und mehr Bäume gepflanzt werden, die das angeblich gefährliche CO2 wieder in Sauerstoff umwandeln? Diese Frage richtet sich ebenfalls an all die anderen sogenannten „Klimaschützer“, welche stattdessen zweifelhafte Geoengineering-Konzepte bevorzugen.

Das Intergovernmental Panel on Climate Change [IPCC, auf Deutsch oft als „Weltklimarat“ bezeichnet, welcher 1988 vom Umweltprogramm der Vereinten Nationen (UNEP) und der Weltorganisation für Meteorologie (WMO) als zwischenstaatliche Institution ins Leben gerufen wurde[988]], ist ebenso der

---

[986] https://www.project-syndicate.org/commentary/radical-green-overhaul-to-avoid-climate-lockdown-by-mariana-mazzucato-2020-09
[987] https://www.youtube.com/watch?v=JaF-fq2Zn7I
[988]

Ansicht, dass in erster Linie Menschen für den Klimawandel ursächlich sind.
Der IPCC hat nämlich in seinem fünften Weltklimabericht 2013 Folgendes von sich gegeben:

*„Es ist extrem wahrscheinlich, dass der menschliche Einfluss der Hauptgrund für die seit 1950 beobachtete globale Erwärmung ist“.*[989]

Wie wir sehen, machen sich die milliardenschweren „Philanthropen“, die von ihnen gegründeten nichtstaatlichen Denkfabriken und internationale Organisationen wie UNO und WHO seit längerem Sorgen um die angebliche Überbevölkerung und um die angebliche Gefahr einer angeblichen globalen Erwärmung und sehen sogar einen angeblichen direkten Zusammenhang zwischen diesen beiden Faktoren.
Doch sind ihre Sorgen wirklich berechtigt?

Schauen wir uns doch zunächst einmal kurz die angeblichen Gefahren einer angeblichen Erderwärmung an.

## 2.2 Sind die Sorgen bezüglich der angeblichen globalen Erwärmung berechtigt?

Zunächst einmal erscheint der Grundgedanke, dass das CO2 schädlich für unsere (Um-)Welt sein könnte als weltfremd, zumal das CO2 Nahrung für die Pflanzen ist, welche durch die Photosynthese Sauerstoff produzieren, welcher wiederum für uns Menschen und Tiere lebensnotwendig ist. Mehr CO2 bedeutet mehr Pflanzen und somit mehr Sauerstoff für uns alle.

Es gibt auch zahlreiche Wissenschaftler, dies sich dagegen aussprechen, dass das CO2 maßgeblich zur Erderwärmung beiträgt, allerdings werden sie von der Politik und der Presse einfach ignoriert oder mundtot gemacht.
So hat sich z. B. der berühmte US-amerikanische Physiker und ehemalige Präsident der National Academy of Sciences (NAS, dt. Nationale Akademie der Wissenschaften), Frederick Seitz, darüber geäußert, dass es keinerlei

---

https://de.wikipedia.org/wiki/Intergovernmental_Panel_on_Climate_Change
[989] http://www.climatechange2013.org/

wissenschaftliche Beweise dafür gäbe, dass das CO2 für die Erderwärmung ursächlich sei bzw. sein könnte. [990]

Derselben Meinung waren auch weitere mehr als 31 000 Wissenschaftler, welche diesbezüglich die „Oregon Petition“ gegen das Kyoto-Protokoll unterzeichneten.[991] [992] Darin heißt es:

*„Wir fordern die Regierung der Vereinigten Staaten dringend auf, das im Dezember 1997 in Kyoto, Japan, unterzeichnete Abkommen über die globale Erwärmung und alle anderen ähnlichen Vorschläge abzulehnen. Die vorgeschlagenen Grenzwerte für Treibhausgase würden der Umwelt schaden, den Fortschritt von Wissenschaft und Technologie behindern und der Gesundheit und dem Wohlergehen der Menschheit schaden.*

*Es gibt keine überzeugenden wissenschaftlichen Beweise dafür, dass die Freisetzung von Kohlendioxid, Methan oder anderen Treibhausgasen durch den Menschen eine katastrophale Erwärmung der Erdatmosphäre und eine Störung des Erdklimas verursacht oder in absehbarer Zeit verursachen wird. Darüber hinaus gibt es substanzielle wissenschaftliche Beweise dafür, dass eine Zunahme des atmosphärischen Kohlendioxids viele positive Auswirkungen auf die natürliche Pflanzen- und Tierumgebung der Erde hat.“*

Wie man sieht, hatte die USA wohl triftige Gründe dafür, die Ratifikation des Kyoto-Protokolls 2001 abzulehnen.[993]
RTL EXTRA Spezial hat 2007 eine britische Doku mit dem selbsterklärenden Titel „Der Klimaschwindel“ ausgestrahlt, in welcher namhafte Wissenschaftler den Standpunkt äußerten, dass der Mensch keinen Einfluss auf das Klima hat und CO2, sowie andere Treibhausgase mit dem Klimawandel nichts zu tun haben.
Heutzutage wäre eine öffentliche Ausstrahlung einer solchen Sendung wohl leider unvorstellbar.

Darin äußert z.B. IPCC-Mitglied Professor Richard Lindzen die Auffassung, dass es überhaupt kein Klimaproblem gibt.

---

[990] https://en.wikipedia.org/wiki/Frederick_Seitz#Consultancy_career
[991] http://www.oism.org/pproject/
[992] http://www.petitionproject.org/index.php
[993] https://de.wikipedia.org/wiki/Kyoto-Protokoll

Ein weiteres IPCC-Mitglied, Dr. Hans Labohm spricht sogar von 10 000 Wissenschaftlern (darunter mehr als 70 Nobelpreisträger), die mit der Hypothese nicht einverstanden sind, dass der Mensch einen bedeutenden Beitrag zum Klimawandel liefert.

Und IPCC-Mitglied John Christy, benennt die tatsächliche Intention sowie die Mittel der Klima-Alarmisten:

*„Man muss eine gewisse Panik schüren, dann fließt das Geld!"*

Die in der Doku interviewten Wissenschaftler machen darauf aufmerksam, dass sich das Klima bereits seit ca. 200 Jahren erwärmt. Davor gäbe es eine kleine Eiszeit und vor dieser die sogenannte „mittelalterliche Warmzeit" mit viel höheren Temperaturen als heute. Und auch in der Steinzeit wären die Temperaturen erheblich höher als heute.
Würde das alleine nicht bereits beweisen, dass das CO2 keinerlei Einfluss auf das Klima hat, da es im Mittelalter bzw. in der Steinzeit viel weniger Menschen und überhaupt keine Industrie, Autos oder Flugzeuge gegeben hat, welche für die Produktion von CO2 verantwortlich sind?

Die Wissenschaftler prangern ebenfalls an, dass während des industriellen Booms nach dem Zweiten Weltkrieg, und dem damit verbundenem CO2 Anstieg, die Temperatur auf der Erde gesunken sei, obwohl sie eigentlich hätte steigen müssen.[994] Ferner würden Eisproben (wie etwa aus der Arktis) belegen, dass die Kurve des CO2-Gehalts im Verlauf der Geschichte schon immer der Temperaturkurve gefolgt ist, was bedeuten würde, dass eben die Temperatur Einfluss auf den CO2-Gehalt hätte und nicht umgekehrt. Daher sei ersichtlich, dass die Klimaveränderung, damals wie heute, natürliche Ursachen hätte. Es erscheine weitaus plausibler, dass die Veränderung durch die Sonne verursacht werden würde, zumal Wissenschaftler diesbezüglich einen klaren Zusammenhang zwischen der Sonnenaktivität und der Erderwärmung festgestellt hätten.[995]

---

[994] Siehe auch:
https://en.wikipedia.org/wiki/Global_cooling#Concern_in_the_1970s
[995] RTL EXTRA „Der Klimaschwindel", 2007

Des Weiteren ist sogar fraglich, ob überhaupt eine globale Erwärmung stattfindet.
Am Beispiel Grönlands kann man z. B. erkennen, dass in den letzten 10 000 Jahren Temperaturschwankungen von bis zu 2,5 Grad die Regel waren und wir uns momentan wieder in der kältesten Phase befinden.[996]

Dazu hatte die USA 2018 und 2019 in einigen Regionen die kältesten Winter in der Geschichte zu verzeichnen.[997] [998] Die Winter waren so kalt, dass Alligatoren in North Carolina im Eis eingefroren sind und im Süden der USA Leguane festfroren und von den Bäumen fielen. [999] [1000] Und auch Italien, England und Frankreich hatten 2019 mit sehr kalten Wintern zu kämpfen, bei denen zahlreiche Menschen ums Leben kamen.[1001]

Somit könnte es sein, dass wir es momentan sogar mit einer globalen Abkühlung zu tun haben. Zum gleichen Ergebnis gelangt auch ein wissenschaftlicher Artikel von Prof. Don J. Easterbrook aus dem Jahr 2008, mit dem selbsterklärenden Titel „Global Cooling is Here - Evidence for Predicting Global Cooling for the Next Three Decades" (dt. "Die globale Abkühlung ist da - Beweise für die Vorhersage der globalen Abkühlung für die nächsten drei Jahrzehnte"). [1002]

Kann es vielleicht sein, dass genau deswegen der Begriff „global warming" (globale Erwärmung) in den letzten Jahren immer weniger Verwendung in der

---

[996] https://www.globalresearch.ca/global-cooling-is-here/10783
[997] https://weather.com/storms/winter/news/2018-01-09-coldest-first-week-of-january-on-record-east-2018
[998] https://en.wikipedia.org/wiki/January%E2%80%93February_2019_North_American_cold_wave
[999] https://www.cbsnews.com/news/alligators-frozen-north-carolina-swamp-with-noses-above-ice/
[1000] https://www.washingtonpost.com/news/animalia/wp/2018/01/04/iguanas-are-falling-out-of-trees-in-florida-because-its-so-cold-please-dont-pick-them-up/
[1001] https://www.thesun.co.uk/news/9887058/uk-weather-forecast-coldest-winter-years/
[1002] https://www.globalresearch.ca/global-cooling-is-here/10783

Presse gefunden hat und stattdessen der Begriff „climate change“ (dt. Klimawandel) immer mehr in den Vordergrund gerückt ist, da dieser auch Abkühlungen erfasst? An sich ist der neue Begriff jedoch nichtssagend, da sich das Klima ständig verändert. Den Klimawandel gibt es so lange, wie unsere Erde existiert. Mal wird es wärmer mal kälter, so ist es nun mal. Die Angst vor dem Klimawandel, welche von zahlreichen Politikern und Massenmedien geschürt wird, scheint jedoch absolut unbegründet zu sein. Außerdem besitzt kein Wissenschaftler der Welt eine Glaskugel, mit welcher er mit Sicherheit voraussagen kann, wie sich das Klima in 10, 20 oder 30 Jahren verhalten wird. So hat man z. B. in den 1970-er Jahren bereits Panik vor einer angeblichen globalen Abkühlung geschürt.[1003] Doch es ist nichts Schlimmes passiert- und jetzt ist wohl wieder die globale Erwärmung das Schreckgespenst.

Und auch wenn sich die Erde seit dem Beginn dieses Jahrhunderts um ca. 0,5 Grad erwärmt haben sollte, so wäre auch dies längst kein Grund zur Panik, da in den letzten 15.000 Jahren die Erde ohne jegliche Probleme Temperaturanstiege um 10 - 11 Grad und Abkühlungen um 10-8 Grad erfahren hat.[1004] Plus minus 2-3 Grad sind somit für die Erde ganz normal.

Was würde eigentlich überhaupt dagegen sprechen, wenn wir eine leichte Erwärmung hierzulande erleben sollten? Wäre es denn nicht viel schöner, häufiger im Jahr die Sonne zu genießen und Vitamin D zu tanken? Ein wärmeres Klima ist bekanntlich viel besser für die Gesundheit und weniger gefährlich, als ein kälteres.[1005]

Ob Erwärmung oder Abkühlung, Fakt ist - die Klimahysterie ist ein Riesengeschäft geworden, welches durch Politik und Medien weiter hochgepuscht und aufgebläht wird. Weltweit werden mehrere Milliarden USD für Klimaforschung ausgegeben, was natürlich ein Grund mehr ist, um den Klimaschwindel aufrecht zu erhalten. Kein Wunder, dass viele „Wissenschaftler“ tief in die Trickkiste greifen, Datensätze fälschen oder unhaltbare Klimamodelle aufstellen, die nichts mit der Wirklichkeit zu tun haben.[1006] [1007] Kein Wunder ist auch, dass bei solchen Geldmengen auch die

---

[1003] https://en.wikipedia.org/wiki/Global_cooling
[1004] https://www.globalresearch.ca/global-cooling-is-here/10783
[1005] https://www.spiegel.de/gesundheit/diagnose/kaltes-wetter-schaedlicher-fuer-gesundheit-als-warmes-a-1034859.html

angeblich vom Menschen verursachte globale Erwärmung zu einer Art Religion geworden ist, die man nicht anzweifeln darf, wenn man nicht als Ketzer bzw. Verschwörungstheoretiker gelten möchte (Parallelen zu der aktuellen Corona-„Pandemie“ können an dieser Stelle gerne gezogen werden).

Umso schlimmer erscheint vor diesen Hintergründen die Tatsache, dass die Bundesregierung im Mai 2020 einen einheitlichen Preis für den Ausstoß von CO2 beschlossen hat und im Januar 2021 in Deutschland eine CO2-Steuer auf Benzin, Diesel, Heizöl und Gas eingeführt wurde.[1008]

Des Weiteren soll nach dem Bundesverfassungsgericht die neue Klimaschutz-Gesetzgebung der BRD zu drastischen Freiheitseinschränkungen berechtigen - von potenziellen Privat-PKW-Fahrverboten bis hin zu einem möglichen Klima-Lockdown.[1009]

## 3. Die Eliten und ihr Problem mit der angeblichen Überbevölkerung

### 3.1 Bill Gates sorgt sich bezüglich einer angeblichen Überbevölkerung

Bill Gates macht sich bereits seit längerem Sorgen bezüglich einer angeblichen Überbevölkerung.

So hat er bei „TED“ noch vor über 10 Jahren Folgendes von sich gegeben:

---

[1006] https://www.welt.de/wissenschaft/article5294872/Die-Tricks-der-Forscher-beim-Klimawandel.html
[1007] https://www.welt.de/wissenschaft/umwelt/article6038044/Die-selbstgemachte-Klimakatastrophe-der-UN.html
[1008] https://www.handelsblatt.com/finanzen/steuern-recht/steuern/co2-preis-was-die-neue-co2-steuer-fuer-verbraucher-bedeutet/26228322.html?ticket=ST-714588-KdontiAseypzbaccux4a-ap6
[1009] https://www.focus.de/wissen/gesetz-soll-heute-beschlossen-werden-klima-gesetz-wissenschaftler-warnen-vor-klima-fahrverboten-und-nationalem-alleingang_id_13287630.html

*„Als unsere Stiftung gegründet wurde, konzentrierte sie sich auf die reproduktive Gesundheit ... Das Bevölkerungswachstum in armen Ländern ist das größte Problem ... Das ist das Einzige, was wirklich zählt.“*[1010]

Und auch in einem Video mit dem Titel „Does saving more lives lead to overpopulation?“ (dt. Führt die Rettung von mehr Leben zur Überbevölkerung?) macht sich Bill Gates ebenfalls Sorgen wegen des Weltbevölkerungsanstiegs der letzten Jahrhunderte und findet ihn sogar *„etwas beängstigend“*. Daher stellten Gates und seine Frau Melinda die Frage, ob die Zurverfügungstellung von Medikamenten oder die Lebenserhaltung von Kindern nicht noch mehr *„Bevölkerungsprobleme“* schaffen würde. Allerdings hätten sie herausgefunden, dass es überall auf der Welt einen Zusammenhang zwischen Gesundheitsversorgung und kinderreichen Familien gäbe. Je besser die Gesundheitsversorgung sei, desto mehr Familien würden sich für weniger Kinder entscheiden und umgekehrt. 2100 würde die Weltbevölkerung 11 Milliarden betragen. Das würde zwar *„immer noch viel sein“*, aber die gute Nachricht dabei sei, *„dass je schneller wir die Gesundheit verbessern, desto schneller die Familiengröße sinken wird*", so Gates.[1011]

### 3.2 Der „Good Club“ – alles andere als „good“?

Gates ist längst nicht der einzige milliardenschwere „Philanthrop“, welcher sich Sorgen um eine angebliche Überbevölkerung macht.

Der sogenannte „Good Club“, welcher aus der globalen Elite von Milliardär-Philanthropen besteht, zu denen, neben Bill Gates, auch weitere berühmte Persönlichkeiten wie George Soros, Oprah Winfrey, Michael Bloomberg, David Rockefeller und Ted Turner gehören, hat sich ebenfalls mit dieser Thematik beschäftigt. So haben die Mitglieder des Good Club zum ersten Mal, unter Ausschluss der Öffentlichkeit, 2009 in New York getagt und behandelten u. a. Themen wie Geburtenrate-Kontrolle und Überbevölkerung, welche sie als ein *„globales Gesundheitsproblem“* ansehen.[1012]

---

[1010] https://www.youtube.com/watch?v=lIAG5V7x17A
[1011] https://www.youtube.com/watch?v=obRG-2jurz0
[1012] https://www.globalresearch.ca/global-cooling-is-here/10783

Folgende Zitate stammen vom Good Club Mitglied Ted Turner, einem bekennenden Globalisten und dem Gründer von CNN:

*„Die drei Probleme, die mich am meisten beschäftigen, sind die Gefahr der nuklearen Vernichtung, des Klimawandels und das anhaltende Wachstum der Weltbevölkerung."*[1013]

*„Wir sind zu viele Menschen, deshalb haben wir die globale Erwärmung"*[1014]

In einem kurzen und spontanen Interview, bei welchem es um eine potenzielle Bevölkerungsreduzierung bzw. die optimale Zahl der Weltbevölkerung ging, sagte Turner:

"*Ich denke zwei Milliarden (Menschen, Anm. d. Verf.) ist ungefähr in Ordnung*".

Die Weltbevölkerung soll nach Ansicht Turners mittels einer „1-Kind-Politik" für die nächsten 100 Jahre durchgesetzt werden, ganz nach dem chinesischen Vorbild. Dabei hat Turner selbst 5 Kinder.

Auf die Frage, ob Turner 1996 gesagt hätte, dass die Weltbevölkerung idealerweise um 95 % reduziert werden sollte, antwortete dieser:

"*Ich könnte es gesagt haben, ich weiß es nicht, 96 ist lange her.*"

Turner behauptete auch, dass sich die Menschen gegen den Begriff der Bevölkerungskontrolle wenden, weil *„die Menschen nicht kontrolliert werden wollen"*.

2010 schlug Turner vor, Frauen den Verkauf ihrer Fruchtbarkeitsrechte zu ermöglichen, damit arme Menschen von ihrer Entscheidung profitieren könnten, sich nicht zu reproduzieren.

Steven Mosher, Präsident des Bevölkerungsforschungsinstituts hat dies folgendermaßen kommentiert:

*„Es ist ... etwas verabscheuungswürdig, einer armen, hungrigen Frau Essen, Geld oder Kleidung anzubieten, wenn sie ihre Fruchtbarkeit aufgibt."* [1015] [1016]

---

1013 https://givingpledge.org/Pledger.aspx?id=302
1014 https://www.youtube.com/watch?v=mys_AQjM4U0

1998 hat Turner die United Nations Foundation (Stiftung der Vereinten Nationen) gegründet und durch diese der UNO 1 Milliarde USD als Stiftungskapital zur Verfügung gestellt.[1017]

Seitdem können auch Privatpersonen offiziell die UNO durch Spenden an die United Nations Foundation unterstützen und dadurch Einfluss auf ihre Politik ausüben, ähnlich wie im Falle der WHO. Da direkte Spenden von Privatpersonen an die UNO nicht möglich sind, war diese Möglichkeit Privaten bis zur Gründung der United Nations Foundation verwehrt.

Für das Jahr 2000 sollen von der 1 Milliarde-Dollar-Spende 74 Millionen USD für die Arbeit der Vereinten Nationen bereitgestellt worden sein, von denen die Mehrheit (42 Millionen US-Dollar) der Zuschüsse in Projekte flossen, die sich mit Frauen- und Bevölkerungsfragen (Bevölkerungskontrolle) befassten.[1018]

Selbstverständlich möchten diese superreichen „Philanthropen", welche sich so viele Sorgen um eine angebliche Überbevölkerung machen und dagegen was unternehmen möchten, jedoch nicht mit gutem Beispiel vorangehen und bei sich selbst oder ihren Nächsten anfangen. Es betrifft wohl immer die anderen, in unserem Fall uns - die 99.9 % der „restlichen" Erdenbewohner, die nicht zu ihrem elitären Club gehören.

### 3.3 Der "Club of Rome"

Die milliardenschweren „Philanthrophen" befassen sich auch nicht nur seit Kurzem mit der angeblichen Überbevölkerung.

Bereits 1968 wurde von David Rockefeller, Aurelio Peccei, einem italienischen Industriellen und Alexander King, einem schottischen Wissenschaftler und Eduard Pestel, einem Deutschen Ökonomen und Politiker, die supranationale Denkfabrik mit dem Namen „Club of Rome" (CoR) gegründet,[1019] [1020]welche

---

1015 https://www.lifesitenews.com/news/video-ted-turner-reduce-population-by-five-billion-people
1016 https://www.businessinsider.com/ted-turner-urges-world-leaders-to-adopt-chinas-one-child-policy-on-global-scale-2010-12?r=MX&IR=T
1017 https://de.wikipedia.org/wiki/United_Nations_Foundation
1018 https://www.lifesitenews.com/news/turner-donations-used-mostly-for-population-control

seitdem die angebliche Bevölkerungsproblematik ziemlich ernst zu nehmen scheint.

1973 veröffentlichte der Club of Rome einen Bericht mit dem Titel „Limits to Growth", der sich mit dem Problem der angeblichen Überbevölkerung befasste.

Interessant ist auch, dass noch im selben Jahr die Verkündung des Manifestes (Davos Manifesto) des Weltwirtschaftsforums durch die Rede von Aurelio Peccei, dem Mitbegründer und Präsidenten des Club of Rome, eröffnet wurde, welcher „The Limits to Growth" zusammenfasste, was darauf schließen lässt, dass das WEF und der CoR dieselbe Agenda verfolgen.[1021]

Eduard Pestel, ein weiterer Mitbegründer des Club of Rome, prägte 1974 den widerlichen Spruch:
*„Die Welt hat Krebs und der Krebs ist der Mensch"*.[1022]
Ein wahrer Menschenfreund, der seinesgleichen sucht und womöglich im Prince Philip fündig wird, welcher 1988 gesagt haben soll:

*„Für den Fall, dass ich wiedergeboren werde, möchte ich als tödlicher Virus zurückkehren, um etwas zur Lösung der Überbevölkerung beizutragen."*[1023]

1991 veröffentlichte der Club of Rome einen Bericht mit dem Titel „The first Global Revolution", in welchem die Menschheit selbst als der wahre Feind der Menschheit bezeichnet wurde, da sie angeblich die Umweltverschmutzung, die Gefahr der globalen Erwärmung, Wasserknappheit und Hungersnot verursachen würde.[1024]

In seiner Rede auf dem Internationalen Forum für Nanotechnologie

---

[1019] https://en.wikipedia.org/wiki/Club_of_Rome
[1020] https://de.wikipedia.org/wiki/Eduard_Pestel
[1021] http://www3.weforum.org/docs/WEF_A_Partner_in_Shaping_History.pdf
[1022] http://www.scienzz.de/magazin/art12415.html
[1023] https://www.businessinsider.in/entertainment/news/prince-philip-quote-about-reincarnating-as-a-deadly-virus-to-solve-overpopulation-resurfaces/articleshow/81992882.cms
[1024] The First Global Revolution: A Report by the Council of the Club of Rome, S.75

RUSNANOTECH, welches im Oktober 2011 in Moskau stattfand, machte sich der russische Oligarch Anatoly Chubais[1025] Sorgen bezüglich einer angeblichen Überbevölkerungsproblematik und berichtete, dass **die Welt nach den Erkenntnissen des Club of Rome ein nahezu katastrophales Szenario erwarte, wenn die Menschheit nicht *„bis zum Ende des Jahrhunderts auf zweieinhalb, zwei oder sogar eineinhalb Milliarden Menschen"* reduziert wird.**[1026]

### 3.4 Der „Kissinger-Bericht" (NSSM200)

Doch nicht nur superreiche „Philanthropen" machen sich bezüglich einer angeblichen Überbevölkerung Sorgen. Diese Thematik ist seit 1975 bis heute auch offizielle Politik der USA.

Im Dezember 1974 wurde das Dokument „National Security Study Memorandum 200" (NSSM200) vom Nationalen Sicherheitsrat der Vereinigten Staaten unter der Leitung von dem damaligen US-Sicherheitsberater und US-Außenminister Henry Kissinger verfasst, welches Auswirkungen des weltweiten Bevölkerungswachstums auf die US-Sicherheit und die Interessen in Übersee thematisierte.[1027] [1028]

Der Kissinger-Bericht erläuterte die geopolitischen und wirtschaftlichen Gründe für die Reduzierung des Bevölkerungswachstums, welche insbesondere in *„weniger entwickelten Ländern"*, nahe null betragen sollte. Um die Interessen der Industrienationen, insbesondere der USA, an importierten Bodenschätzen zu schützen, sollten *„wirksame Familienprogramme"* gefördert werden, welche den Zweck haben, die Fruchtbarkeit zu verringern.

So heißt es im Dokument z. B.:

*„Ob durch staatliche Maßnahmen, Arbeitskonflikte, Sabotage oder zivile Unruhen, der reibungslose Fluss der benötigten Materialien wird gefährdet. Obwohl der Bevölkerungsdruck offensichtlich nicht der einzige Faktor ist, sind diese Arten von Frustrationen unter Bedingungen eines langsamen oder Null-*

[1025] https://en.wikipedia.org/wiki/Anatoly_Chubais
[1026] https://www.youtube.com/watch?v=4u0n8P2k_e8 (ab 7:50)
[1027] https://pdf.usaid.gov/pdf_docs/Pcaab500.pdf
[1028] https://en.wikipedia.org/wiki/National_Security_Study_Memorandum_200

*Bevölkerungswachstums viel weniger wahrscheinlich."*

Auch Abtreibungen wurden als Mittel der geopolitischen Strategie mehrere Dutzend Male mit suggestiven Implikationen erwähnt:

*„Kein Land hat sein Bevölkerungswachstum reduziert, ohne auf Abtreibung zurückzugreifen".*

Im Bericht wird auch die Frage aufgeworfen, ob die USA eine bevorzugte Verteilung überschüssiger Nahrungsmittel an Staaten in Betracht ziehen sollte, welche der Anwendung von Maßnahmen zur Bevölkerungskontrolle zustimmen.

Es wurde ebenso empfohlen, dass die US-Führung *„die nationalen Führer beeinflusst"* und dass *„eine verbesserte weltweite Unterstützung für bevölkerungsbezogene Bemühungen durch verstärkte Betonung von Massenmedien und anderen Programmen zur Aufklärung und Motivation der Bevölkerung durch die Vereinigten Staaten, USIA und USAID angestrebt werden sollte".*

Folgende Länder wurden als besonders problematisch in Bezug auf US-Sicherheitsinteressen genannt: Indien, Bangladesch, Pakistan, Indonesien, Thailand, die Philippinen, die Türkei, Nigeria, Ägypten, Äthiopien, Mexiko, Kolumbien und Brasilien, welche zusammengenommen 47 Prozent des gesamten Weltbevölkerungswachstums ausmachen sollen.

Im Rahmen des Berichts wurde das Bevölkerungswachstum auch für Umweltverschmutzung verantwortlich gemacht.

Der Kissinger-Bericht wurde klassifiziert und 1975 unter Präsident Gerald Ford insgeheim zur offiziellen US-Politik erklärt, die bis heute fortwirkt. Erst Anfang der 1990er Jahre wurde der Bericht den Forschern und somit auch der Öffentlichkeit zugänglich gemacht.[1029]

### 3.5 Der „Global 2000 Report"

1977 hat der US-Präsident Jimmy Carter eine Umweltstudie an den Kongress in

---

[1029] https://en.wikipedia.org/wiki/National_Security_Study_Memorandum_200

Auftrag gegeben, welche 1980 mit dem Titel „The Global 2000 Report to the President" veröffentlicht wurde. Die Studie warnte davor, dass das steigende Wachstum der Weltbevölkerung bis zum Jahr 2000 dramatische Folgen haben würde, wenn keine Änderungen der öffentlichen Politik vorgenommen werden würden.[1030] [1031] [1032]

### 3.6 Der UNFPA Bericht

Die UNO macht sich ebenfalls seit längerem Sorgen um einen möglichen Weltbevölkerungsanstieg. Dies geht u. a. aus dem Bericht des Bevölkerungsfonds der Vereinten Nationen (UNFPA) aus dem Jahr 2011 hervor, in welchem vor einer angeblichen Überbevölkerungsproblematik, insbesondere in Entwicklungsländern wie z. B. Sub-Saharan, Afrika gewarnt wird.[1033] Des Weiteren wird die Tatsache, dass von 1950 bis 2010 *„die Fruchtbarkeit, die Anzahl der Kinder, die eine Frau in ihren reproduktiven Jahren haben soll, um mehr als die Hälfte von etwa 6,0 auf 2,5"* zurückgegangen ist, als ein Erfolg angesehen, den man *„feiern"* sollte (Seite 3/4).[1034] [1035]

### 3.7 Die Georgia Guidestones

Die sogenannten „Georgia Guidestones" (dt. „Orientierungstafeln von Georgia"), sind ein Monument aus Granit, welche ihre eigenen 10 Gebote in 8 verschiedenen Sprachen enthalten und optisch an Stonehenge erinnern.

---

[1030] https://en.wikipedia.org/wiki/The_Global_2000_Report_to_the_President
[1031] https://de.wikipedia.org/wiki/Global_2000_(Studie)
[1032] The Global 2000 Report to the President, 1980 https://www.cartercenter.org/resources/pdfs/pdf-archive/global2000reporttothepresident--enteringthe21stcentury-01011991.pdf
[1033] UNFPA, state of world population, 2011 https://www.unfpa.org/sites/default/files/pub-pdf/EN-SWOP2011-FINAL.pdf (S. 4-5)
[1034] https://www.bbc.com/news/world-15459643
[1035] https://www.unfpa.org/sites/default/files/pub-pdf/EN-SWOP2011-FINAL.pdf S.3-4

Das Monument wurde im Auftrag eines gewissen „Robert C. Christian“ erbaut, welcher jedoch ein Pseudonym benutzte und seinerseits angegeben hat, im Auftrag *„einer kleinen Gruppe loyaler Amerikaner“* zu handeln. Das Monument sollte Katastrophen überstehen und als Kalender, Uhr und Kompass genutzt werden können.[1036]

Gleich im ersten Gebot heißt es:

*“**Halte die Menschheit unter 500 Millionen in fortwährendem Gleichgewicht mit der Natur**“.*

Und das zehnte Gebot lautet:

*“**Sei kein Krebsgeschwür für diese Erde – lass der Natur Raum**“,* [1037]

was stark an die Aussage von Eduard Pestel (dem Mitbegründer des Club of Rome) aus dem Jahre 1974 erinnert: *„**Die Welt hat Krebs und der Krebs ist der Mensch**“.*

Bis heute ist nicht geklärt, wer der eigentliche Auftraggeber der Georgia Guidestones gewesen ist.

### 3.8 Hat die Welt überhaupt ein Problem der Überbevölkerung?

Dabei ist höchst fraglich, ob es derzeit überhaupt eine Überbevölkerung auf der Welt gibt, bzw. ob ein weiteres Bevölkerungswachstum zur Überbevölkerung führt und womöglich Missstände verursacht. Eine Problematik ist wohl dann anzunehmen, wenn es eine Platz-, Ressourcen- und Nahrungsmittelknappheit gibt.

Bezüglich des angeblichen Platzmangels wurde zum heutigen Tag errechnet, dass die gesamte Weltbevölkerung, also ca. 7,7 Milliarden Menschen, auf einer Fläche von nur 654 $km^2$ Platz hätte. Damit hätte die gesamte Weltbevölkerung

---

[1036] https://en.wikipedia.org/wiki/Georgia_Guidestones
[1037] https://de.wikipedia.org/wiki/Georgia_Guidestones#Inschriften

nicht einmal eine Stadt wie Berlin ausgefüllt (891 km²), wenn man alle Erdenbewohner nebeneinandergestellt hätte.[1038] Alleine diese Tatsache belegt, dass die Welt doch sehr groß ist und uns Menschen für unzählige weitere Generationen eine Menge Platz bietet.

Und was die angebliche Ressourcen- oder Nahrungsmittelknappheit angeht- die heutigen Technologien erlauben es uns aus Wind und Sonne Energie zu produzieren und mit Elektroautos zu fahren. Wir sind nicht mehr so stark auf Öl angewiesen, obwohl auch dieses noch zuhauf verfügbar ist. Dafür erleben wir leider, wie jeden Tag aus Restaurants und Supermärkten tonnenweise Nahrung einfach weggeworfen wird. Die Regale in den Lebensmittelläden sind überfüllt und die westliche Gesellschaft kämpft schon lange mit Fettleibigkeit. In Wirklichkeit haben wir im Westen eine Überproduktion der Nahrung, wohingegen in den Ländern der Dritten Welt Menschen an Hunger leiden müssen und in vielen Fällen nicht einmal einen Zugang zum sauberen Trinkwasser haben. Diese Problematik folgt jedoch nicht aus der Ressourcen- bzw. Nahrungsmittelknappheit, sondern aus der Unterentwicklung der Dritten Welt, deren Schicksal jedoch die milliardenschweren „Philanthropen" und die Erste-Welt-Länder nicht zu interessieren scheint.

Somit ist nicht ersichtlich, dass weder der derzeitige Bevölkerungsstand, noch das Bevölkerungswachstum ein Problem darstellt, da unsere Welt genug Platz und Ressourcen für zig weitere Milliarden Menschen bietet.

Und auch wenn es in bestimmten Ländern zu einer Überbevölkerungsproblematik kommen sollte, so sind die Regierungen der betroffenen Länder dafür zuständig, die Überbevölkerungsproblematik in ihrem Land zu regeln und nicht eine Gruppe von superreichen „Philanthropen", die von niemandem gewählt wurden.

### 3.9 Das Problem der ungerechten Güter- und Vermögensverteilung

Das wahre Problem könnte nicht in der angeblichen globalen Überbevölkerung und auch nicht in einer angeblichen Güterknappheit, sondern vielmehr in der tatsächlichen ungerechten Güter- und Vermögensverteilung liegen.

---

[1038] https://twitter.com/tagesschau/status/1118187490446381057

In einer Studie der Technischen Hochschule in Zürich aus dem Jahr 2011 mit dem Titel „The Network of Global Corporate Control“ (dt. „Das Netzwerk der globalen Unternehmenskontrolle“) wurden alle 43 060 transnationale Unternehmen analysiert, mit dem Ergebnis, dass deren Anteilseigner allesamt miteinander verbunden waren. Dabei wurde festgestellt, dass an der Spitze insgesamt nur 737 Aktionäre, hauptsächlich US - amerikanische und englische Banken, wie z. B. die Barclays Bank, J.P. Morgan Chase & Co, Goldman Sachs Group, Commerzbank und die Deutsche Bank, ganze 80 % des gesamtes Wertes der transnationalen Unternehmen kontrollieren, von denen wiederum nur 147 Aktionäre ganze 40 % des Vermögens im transnationalen Netzwerk steuern.[1039]

James Glattfelder, einer der Verfasser der Studie hat das wie folgt kommentiert:

*"Die Realität ist so komplex, dass wir uns vom Dogma entfernen müssen, egal ob es sich um Verschwörungstheorien oder um den freien Markt handelt. Unsere Analyse basiert auf der Realität."* [1040] [1041] [1042]

Nach Berechnungen von Oxfam aus dem Jahr 2016 verfügen die reichsten 62 Menschen über denselben Reichtum wie die ärmere Hälfte der Weltbevölkerung zusammen.[1043]

Und nach den Berechnungen des Tax Justice Networks besitzen etwa 0,1 % der Personen über 80 % des gesamten Weltfinanzvermögens, wobei zahlreiche Ökonomen der Ansicht sind, dass die Ungleichverteilung der Vermögen in Wirklichkeit deutlich höher ausfällt, als die meisten Untersuchungen angeben, weil ein großer Teil der Vermögen nicht berücksichtigt wird.[1044] [1045]

---

[1039] https://journals.plos.org/plosone/article?id=10.1371/journal.pone.0025995

[1040] https://www.newscientist.com/article/mg21228354-500-revealed-the-capitalist-network-that-runs-the-world/

[1041] https://www.forbes.com/sites/bruceupbin/2011/10/22/the-147-companies-that-control-everything/#6c6b75b45105

[1042] https://www.ted.com/talks/james_b_glattfelder_who_controls_the_world?language=de#t-829852

[1043] https://www.oxfam.de/ueber-uns/aktuelles/2016-01-18-62-superreiche-besitzen-so-viel-haelfte-weltbevoelkerung

Diese ungerechte und unfaire Vermögensverteilung wird sehr treffend vom amerikanischen superreichen Großinvestor Warren Buffett beschrieben:

*„Es herrscht Klassenkrieg, richtig, aber es ist meine Klasse, die Klasse der Reichen, die Krieg führt, und wir gewinnen."*[1046]

Das Problem liegt somit nicht in der angeblichen Überbevölkerung, sondern eindeutig in der ungerechten Güter- und Vermögensverteilung.

Umso schlimmer ist es, dass die USA, die UNO, die WHO sowie zahlreiche milliardenschwere „Philanthropen" die eigentliche Problematik (mit Absicht?) verkennen und alle Probleme auf eine angebliche Überbevölkerung schieben. Doch auch wenn wir tatsächlich eine Überbevölkerungsproblematik hätten, so stellen sich einem diesbezüglich viele kritische Fragen:
Wie können überhaupt Bill Gates, die Rockefeller und ihresgleichen sich anmaßen, darüber entscheiden zu können, wer leben soll und wer nicht und wer wie viele Kinder in die Welt zu setzen hat? Woher nehmen sie sich das Recht dazu? Denken sie wirklich, dass sie alles tun und lassen können, bloß weil sie reich sind? Woher haben sie solche Denkansätze? Sind das alles „nur" Einzelfälle, oder steckt vielleicht eine gewisse Ideologie dahinter, welche diese Personen verbindet? Der letzten Frage soll nun nachgegangen werden.

## 4. Bill Gates, Rockefeller & Co. und die Eugenik

### 4.1 Was bedeutet Eugenik?

Das Wort „Eugenik" kommt vom griechischen Wort „eugenes", was „von edler Abstammung" bzw. „edel geboren" heißt.[1047]

---

1044 https://de.wikipedia.org/wiki/Verm%C3%B6gensverteilung#Ungleichheit_des_Finanzverm%C3%B6gens_inklusive_des_versteckten_Verm%C3%B6gens

1045 https://www.taxjustice.net/cms/upload/pdf/The_Price_of_Offshore_Revisited_Presser_120722.pdf

1046 https://markets.businessinsider.com/news/stocks/warren-buffett-right-class-war-taxes-rich-bernie-sanders-2020-8

1047 https://www.gedenkort-t4.eu/de/wissen/was-heisst-eugenik

Ein gewisser Sir Francis Galton, Freimaurer und Cousin von Charles Darwin, gilt als Pionier der Eugenik, welcher auch 1883 den Begriff „Eugenik“ selbst prägte.[1048]

Im Rahmen der Eugenik werden diejenigen Maßnahmen, welche der Vermehrung von Menschen dienen, deren Erbanlagen erwünscht sind oder als positiv bewertet werden, als „positive Eugenik“ bezeichnet. Demgegenüber werden Maßnahmen, welche zur Verhinderung der Vermehrung von Menschen dienen, deren Erbanlagen unerwünscht sind oder negativ eingestuft werden, als „negative Eugenik“ bezeichnet. [1049]
Darunter fallen unter anderem auch Abtreibungen, Sterilisationen und eine Politik, welche Kinderlosigkeit oder Kinderbegrenzung anstrebt.

### 4.2 Ist Bill Gates ein Eugeniker?

Wenn man sich die Familiengeschichte von Bill Gates, oder „William Henry Gates III“ ansieht, so könnte man durchaus zu dem Schluss kommen, dass sich seine Weltanschauung nicht durch Zufall gebildet hat.

Ein gewisser William Henry Gates war in den 20er-Jahren des letzten Jahrhunderts Mitglied der American Eugenics Society (Amerikanische Eugenik-Gesellschaft), welche heute den Namen „Society for Biodemography and Social Biology“ (Gesellschaft für Biodemographie und Sozialbiologie) trägt.[1050]
Dabei könnte es sich womöglich um den Großvater von Bill Gates handeln.
Tatsache ist jedoch, dass Bill Gates Vater, Bill Gates Sr. oder William Henry Gates II, im Vorstand von Planned Parenthood Federation of America (PPFA - dt. Geplante Elternschaft) gewesen ist. [1051]

Die PPFA ist Nachfolgerin der American Birth Control League (ABCL, dt. Amerikanische Liga für Geburtenkontrolle) und Mitgliedsverband der

---

[1048] https://en.wikipedia.org/wiki/Francis_Galton
[1049] https://www.gedenkort-t4.eu/de/wissen/was-heisst-eugenik
[1050]
https://archive.org/details/AMERICANEUGENICSSOCIETYMEMBERS/page/n157/mode/2up
[1051] https://de.wikipedia.org/wiki/William_H._Gates,_Sr.#Beruf

International Planned Parenthood Federation (IPPF). Die ABCL wurde 1921 von der Frauenrechtlerin Margaret Sanger gegründet und 1941 in die PPFA umbenannt.[1052] Die IPPF wurde 1952 ebenfalls von Sanger (mit-)gegründet,[1053] welche sich u. a. für Eugenik, Zwangssterilisationen und gegen Vermehrung der Armen einsetzte.

So hatte Frau Sanger sich z. B. gewünscht *„eine strikte und unbeugsame Politik der Sterilisierung und Absonderung jener Teile der Bevölkerung anzuwenden, deren Nachkommenschaft verdorben ist, oder deren Erbgut von solcher Art ist, dass verwerfliche Charakterzüge möglicherweise auf den Nachwuchs übertragen werden."*[1054]

Sanger wies ebenfalls auf ein *„Ungleichgewicht zwischen der Geburtenrate der „Untauglichen" und der „Geeigneten" hin, welches „die größte gegenwärtige Bedrohung der Zivilisation"* sei.
Dabei dürfe *„das Beispiel der minderwertigen Klassen, der Fruchtbarkeit der Schwachsinnigen, der Geistesgestörten, der Armutsklasse nicht nachgeahmt werden ... Im Gegenteil, das dringendste Problem"* sei zu der Zeit, *„wie man die Überfruchtbarkeit von geistig und körperlich Geschädigten begrenzen und entmutigen kann."*[1055]

Folgende Zitate stammen ebenfalls von ihr:[1056]

*„Das Wissen um Geburtenkontrolle ist im Wesentlichen moralisch. Seine allgemeine, wenn auch umsichtige Praxis muss zu einer höheren Individualität und letztendlich zu einer saubereren Rasse führen."*

*„Eugenik ist ... der angemessenste und gründlichste Weg zur Lösung rassischer, politischer und sozialer Probleme."*

*„Die Kampagne zur Geburtenkontrolle hat nicht nur einen eugenischen Wert,*

---

[1052] https://de.wikipedia.org/wiki/Planned_Parenthood#Geschichte
[1053] https://en.wikipedia.org/wiki/International_Planned_Parenthood_Federation
[1054] https://de.wikipedia.org/wiki/Margaret_Sanger#Eugenik
[1055] https://en.wikiquote.org/wiki/Margaret_Sanger
[1056] https://en.wikiquote.org/wiki/Margaret_Sanger

*sondern ist praktisch identisch mit den Endzielen der Eugenik."*

*„Die dritte Gruppe (der Gesellschaft) sind diejenigen, die unverantwortlich und rücksichtslos sind, die die Konsequenzen ihrer Handlungen wenig beachten oder deren religiöse Skrupel es verhindern, dass sie ihre Zahl kontrollieren. Viele dieser Gruppe sind krank, schwachsinnig und gehören zu den Armen, die auf ihre Unterstützung durch die normalen und gesunden Mitglieder der Gesellschaft angewiesen sind. Es besteht kein Zweifel in den Köpfen aller denkenden Menschen, dass die Fortpflanzung dieser Gruppe gestoppt werden sollte."*

*„Geburtenkontrolle ist keine wahllos und gedankenlos praktizierte Verhütung. Es bedeutet die Freilassung und Kultivierung der besseren Rassenelemente in unserer Gesellschaft und die allmähliche Unterdrückung, Beseitigung und schließlich Ausrottung mangelhafter Bestände – jenes menschlichen Unkrauts, das das Blühen der schönsten Blumen der amerikanischen Zivilisation bedroht."*

Der deutsche Sozialhygieniker und Bevölkerungswissenschaftler Hans Harmsen, welcher bis Ende des Zweiten Weltkrieges Eugenik im Dienste der nationalsozialistischen Machthaber betrieb, hat auf der Grundlage der ABCL 1952 die Pro Familia Gesellschaft mitbegründet und ist ebenfalls Präsident, sowie Ehrenpräsident von Pro Familia gewesen.[1057] [1058]

Die Pro Familia Gesellschaft ist wiederum ihrerseits Gründungsmitglied des IPPF.[1059]

*„Die IPPF wird finanziell von Regierungen, Trusts und Stiftungen unterstützt, einschließlich der Europäischen Kommission und des Bevölkerungsfonds der Vereinten Nationen für Sonderprojekte ... Die IPPF ist ein prominenter Lobbyist in der Europäischen Union, speziell für den Europäischen Rat und den Wirtschafts- und Sozialrat der Vereinten Nationen (ECOSOC)"* und arbeitet häufig mit der Weltgesundheitsorganisation, dem Entwicklungsprogramm der Vereinten Nationen (UNDP), dem Kinderhilfswerk der Vereinten Nationen

---

[1057] https://de.wikipedia.org/wiki/Hans_Harmsen
[1058] https://de.wikipedia.org/wiki/Pro_familia_(Deutschland)#Geschichte
[1059] https://de.wikipedia.org/wiki/Pro_familia_(Deutschland)

(UNICEF), dem Bevölkerungsfonds der Vereinten Nationen (UNFPA) und der Organisation für wirtschaftliche Zusammenarbeit und Entwicklung (OECD).[1060]

Dass Bill Gates und sein Vater gemeinsame Sache machen, bezeugt die Tatsache, dass Bill und Melinda Gates 1994 eine Stiftung mit dem Namen „William H. Gates Foundation" gründeten, welche von seinem Vater geführt wurde. Im Jahr 2000 wurde die „Bill and Melinda Gates Foundation" durch den Zusammenschluss von der „William H. Gates Foundation" und der „Gates Learning Foundation" gegründet, wobei Bill Gates Vater bis zu seinem Tod im September 2020, neben seinem Sohn, Melinda Gates und Warren Buffet, Vorstandsmitglied der BMGF gewesen ist.[1061] [1062]

### 4.3 Die Eugenik im Dritten Reich und die Rockefeller

Die Eugenik war zur Zeit des Dritten Reiches auch als „nationalsozialistische Rassenhygiene" bekannt und diente zur Rechtfertigung der Krankenmorde im Rahmen der „Vernichtung lebensunwerten Lebens", wie z. B. der „Kinder-Euthanasie", sowie zur Rechtfertigung von Menschenversuchen in Konzentrationslagern.[1063]

Die Rockefeller Foundation hat verschiedene deutsche Eugenikprogramme finanziert, darunter das Labor von Otmar Freiherr von Verschuer, für das Josef Mengele arbeitete, bevor er nach Auschwitz ging.

*„Die Rockefeller-Stiftung finanzierte nationalsozialistische Rassenstudien, obwohl klar war, dass diese Forschung dazu verwendet wurde, die Dämonisierung von Juden und anderen Gruppen zu rationalisieren. Bis 1939 finanzierte die Rockefeller-Stiftung Forschung zur Unterstützung rassistisch-wissenschaftlicher Studien der Nazis am Kaiser-Wilhelm-Institut für Anthropologie, menschliche Vererbung und Eugenik (KWIA). Die bei Rockefeller*

---

1060 https://en.wikipedia.org/wiki/International_Planned_Parenthood_Federation#Funding
1061 https://www.britannica.com/topic/Gates-Foundation
1062 https://www.gatesfoundation.org/about/leadership/william-h-gates-sr
1063 https://de.wikipedia.org/wiki/Eugenik

*eingereichten Berichte verbargen nicht, was diese Studien zur Rechtfertigung verwendeten, aber Rockefeller setzte die Finanzierung fort und unterließ es, diese Forschung zu kritisieren, die so eng mit der nationalsozialistischen Ideologie verbunden war. Die Rockefeller-Stiftung hat „die Welt nicht auf die Natur der deutschen Wissenschaft und die rassistische Torheit aufmerksam gemacht", die die deutsche Anthropologie jahrelang nach der Verabschiedung der Nürnberger Rassengesetze von 1935 verkündete und von Rockefeller finanzierte.“*[1064]

Außerdem war die Rockefeller Stiftung zusammen mit der Carnegie Institution bis 1939 der Hauptfinanzierer des Eugenics Record Office, einer New Yorker Institution, welche, wie der Name schon sagt, sich mit der Eugenik beschäftigte.

Bei einem weiteren, von der Rockefeller Stiftung finanzierten, Experiment, welches von der Vanderbilt University in den 1940er-Jahren durchgeführt wurde, wurden 800 schwangeren Frauen radioaktives Eisen ohne ihre Zustimmung verabreicht. Im Artikel, welcher 1969 im „American Journal of Epidemiology“ erschien, wurde geschätzt, dass dabei drei Kinder ums Leben kamen.

Derzeit ist die Rockefeller Foundation Gegenstand einer Klage von Guatemala wegen einem Experiment der US-Regierung aus den 1940er-Jahren, bei dem Hunderte von Guatemalteken mit Syphilis infiziert wurden.
Eine frühere Klage wegen der Syphilis-Experimente in Guatemala gegen die Vereinigten Staaten wurde 2011 abgewiesen, mit der unglaublichen und absolut lächerlichen Begründung, dass die US-Regierung nicht für Handlungen außerhalb der USA haftbar gemacht werden kann.[1065]
Auf dem folgenden Photo sind David Rockefeller, William Henry Gates II, Ted Turner und George Soros zusammen abgelichtet:[1066]
„Philanthropen“ unter sich.

---

1064 https://en.wikipedia.org/wiki/Rockefeller_Foundation#Eugenics_and_Nazi_racial_studies
1065 https://en.wikipedia.org/wiki/Rockefeller_Foundation#Scandal
1066 https://www.irishtimes.com/culture/film/the-beginning-of-a-beautiful-friendship-that-stretched-from-trumbo-to-casablanca-1.2550022

Und auf dem folgenden Photo hat sich auch noch Anthony Fauci zu ihnen hinzugesellt:[1067]

### 4.4 Die traurige Geschichte der Eugenik in den USA

Die Eugenik hat in den USA eine lange Tradition und war lange Zeit salonfähig und gesellschaftlich anerkannt, insbesondere zu Beginn des 20. Jahrhunderts.

*„1896 wurde im US-Bundesstaat Connecticut ein gesetzliches Heiratsverbot für „Epileptiker, Schwachsinnige und Geistesschwache" erlassen. Später wurde es mit Zwangssterilisationen verbunden. Daraufhin sollen geschätzte 100.000 Menschen im Rahmen dieses Programms sterilisiert worden sein, häufig ohne Information über die Folgen des Eingriffs.*

*1903 richtete die American Breeders Association (Vereinigung der amerikanischen Erzeuger) ein „Eugenik-Komitee" ein. Diesem zufolge sollten mindestens 10 Millionen US-Bürger an der Fortpflanzung gehindert werden.*

*1907 wurde in Indiana erstmals Zwangssterilisation aus eugenischen Gründen gesetzlich erlaubt, wobei weitere 32 US-Bundesstaaten ähnliche Gesetze erlassen haben. Daraufhin wurden rund 60.000 US-Bürger sterilisiert, besonders viele davon in Kalifornien.*

*1921 fand in New York der zweite internationale Eugenik-Kongress unter der Schirmherrschaft des American Museum of Natural History statt. Die Organisatoren und Honorarpräsident Alexander Graham Bell strebten Gesetze an, die die Ausweitung von „defekten Rassen" verhindern sollten."*[1068]

1924 wurde der „Virginia Sterilization Act" (Sterilisationsgesetz von Virginia) erlassen, welcher die Entwicklung der Eugenik im 20. Jahrhundert stark beeinflusst hat.

Das Gesetz wurde angefochten und im Fall „Buck gegen Bell" vom Obersten Gerichtshof als verfassungsmäßig bestätigt.[1069]

---

[1067] https://www.trendsmap.com/twitter/tweet/1400120173718347781
[1068] https://de.wikipedia.org/wiki/Eugenik#USA
[1069] https://en.wikipedia.org/wiki/Virginia_Sterilization_Act_of_1924

Das Urteil spiegelt die damaligen gesellschaftlichen Tendenzen deutlich wider.

Carrie Buck wurde mit 17 Jahren vom Neffen ihrer Pflegeeltern vergewaltigt und geschwängert. Um die Tat zu vertuschen, schickten Carries Pflegeeltern das Mädchen am 23. Januar 1924 wegen angeblichen Schwachsinn, unverbesserlichem Verhalten und Promiskuität in die Virginia State Colony for Epileptics and Feebleminded (Virginia Bundesstaatskolonie für Epileptiker und Schwachsinnige).

Richter Oliver Wendell Holmes Jr. argumentierte damals in dem Urteil, dass das Interesse des „Gemeinwohls" das Interesse des Einzelnen an körperlicher Unversehrtheit überwiege:

*„Es ist besser für die ganze Welt, wenn die Gesellschaft diejenigen, die offensichtlich untauglich sind, daran hindern kann, ihre Art fortzusetzen, anstatt darauf zu warten, entartete Nachkommen wegen Verbrechens hinzurichten oder sie wegen ihrer Dummheit verhungern zu lassen. Das Prinzip der obligatorischen Impfung ist breit genug, um das Schneiden der Eileiter abzudecken ... Drei Generationen von Dummköpfen sind genug.*"[1070]

Somit wurde Carrie Buck nach dem Virginia Sterilization Act sterilisiert und kurz darauf aus der Virginia Colony für Epileptiker und Schwachsinnige entlassen. Nach demselben Gesetz wurden auch Carrys Mutter und ihre dreijährige Tochter ohne ihre Zustimmung sterilisiert.

Und auch Doris Buck, Carries jüngere Schwester wurde ohne ihr Wissen oder ihre Zustimmung sterilisiert, als sie wegen Blinddarmentzündung ins Krankenhaus eingeliefert wurde. Sie hat vergeblich versucht mit ihrem Mann Kinder zu bekommen. Der Grund für ihre Unfähigkeit, schwanger zu werden, wurde ihr erst 1980 mitgeteilt.

Carrie Buck heiratete William Eagle und war mit ihm 25 Jahre bis zu seinem Tod verheiratet. Nach dem Urteil des Obersten Gerichtshofs bekam sie Besuch von Wissenschaftlern und Reportern, welche berichteten, dass sie eine Frau mit normaler Intelligenz zu sein schien.[1071]

---

1070 https://en.wikipedia.org/wiki/Racial_Integrity_Act_of_1924#Carrie_Buck_and_the_Supreme_Court

Zwischen 1924 und 1979 sterilisierte Virginia im Rahmen des Virginia Sterilization Act, welcher bis heute nicht für verfassungswidrig erklärt wurde, über 7.000 Personen.[1072]

Die Entscheidung des Obersten Gerichtshofs in der Rechtssache Buck gegen Bell hatte jedoch nicht nur Auswirkungen auf Virginia, sondern auch zur Folge, *„dass die Gesetze zur eugenischen Sterilisation in den Vereinigten Staaten legitimiert wurden. Während viele Staaten bereits Sterilisationsgesetze in ihren Büchern hatten, hatten die meisten außer Kalifornien sie unregelmäßig und selten angewendet. Nach Buck v. Bell haben Dutzende von Staaten neue Sterilisationsgesetze hinzugefügt oder ihre Gesetze aktualisiert. Sie verabschiedeten Gesetze, die dem vom Gerichtshof bestätigten Gesetz von Virginia näherkamen.“*[1073]

Bis 1956 hatten vierundzwanzig US-Staaten Gesetze verabschiedet, die eine unfreiwillige Sterilisation vorsahen. Sie gaben an, in den im Zeitraum von 1906 bis 1956 insgesamt 59.000 Menschen gewaltsam sterilisiert zu haben.[1074]

Wenn das Zwangssterilisationsprogramm sich anfangs angeblich noch vorrangig gegen Kranke und Behinderte richtete, so waren später davon vermehrt Verbrecher und schließlich auch vorrangig Afroamerikaner betroffen.

Die letzte Zwangssterilisation in den USA erfolgte 2002 und somit vor noch nicht allzu langer Zeit. Im selben Jahr wurden in North Carolina insgesamt 7600 Menschen sterilisiert- die meisten davon gegen ihren Willen.[1075]

Zu den Unterstützern der Eugenik zählten u. a. die National Academy of Sciences, der National Research Council, der US-Präsident Theodore Roosevelt,

---

1071 https://en.wikipedia.org/wiki/Racial_Integrity_Act_of_1924#Carrie_Buck_and_the_Supreme_Court

1072 https://en.wikipedia.org/wiki/Virginia_Sterilization_Act_of_1924

1073 https://en.wikipedia.org/wiki/Racial_Integrity_Act_of_1924#Carrie_Buck_and_the_Supreme_Court

1074 https://en.wikipedia.org/wiki/Virginia_Sterilization_Act_of_1924#Laughlin's_Model_Eugenical_Sterilization_Law

1075 https://de.wikipedia.org/wiki/Eugenik#USA

sowie Mitglied des Eugenikerbunds „Eugenics Record Office“ (ERO) - Lothrop Stoddard, welcher Adolf Hitler persönlich kennenlernte und dessen Rassenideologie unterstützte.

Als Reaktion auf die Radikalisierung der Eugenik im Dritten Reich, sind fast alle Länder von ihrer vormals praktizierten eugenischen Politik abgewichen, obwohl die Ideologie nicht verschwand.

Julian Huxley, Präsident der britischen Eugenik-Gesellschaft, der erste Generaldirektor der UNESCO und Mitbegründer des World Wildlife Fund (WWF), hat 1947 Folgendes von sich gegeben:

*„Auch wenn es sicher wahr ist, dass jegliche radikale eugenische Politik für viele Jahre politisch und psychologisch unmöglich sein wird, wird es für die UNESCO wichtig sein, zu erkennen, dass das Eugenik-Problem mit größter Sorgfalt untersucht wird und das öffentliche Bewusstsein über die Sachverhalte so weit informiert wird, dass das Undenkbare wenigstens denkbar wird.“*[1076]

Wie es aussieht, haben sich die Eugeniker nach und nach lediglich von dem Begriff der „Eugenik“ distanziert, da dieser nicht länger gesellschaftsfähig war und versuchten fortan ihre menschenfeindlichen und rassistischen Ziele durch Organisationen wie Planned Parenthood zu verwirklichen. Bezeichnend ist auch, dass Planned Parenthood bis 1942 noch den Namen American Birth Control League (Amerikanische Liga der Geburtenkontrolle) trug, welcher die klaren eugenischen Absichten der Organisation offenlegte, bevor diese durch die neue Namensgebung verschleiert wurden.[1077]

### 4.5 Jeffrey Epstein, Eugeniker und Freund von Bill Gates?

Jeffrey Epstein, der ehemalige US-amerikanischer Investmentbanker, verurteilter Sexualstraftäter und Mitglied von internationalen Denkfabriken, wie der Trilateralen Kommission und des Council on Foreign Relations,[1078] ist ebenfalls für seine eugenischen Ansichten bekannt gewesen, wie eine Untersuchung der New York Times ergeben hat.
Auch wollte Epstein höchstpersönlich den menschlichen Genpool stärken.

---

[1076] https://de.wikipedia.org/wiki/Eugenik#Eugenik_nach_1945
[1077] https://de.wikipedia.org/wiki/Planned_Parenthood#Geschichte
[1078] https://de.wikipedia.org/wiki/Jeffrey_Epstein#Sonstiges

Dazu hatte er vor, seine Ranch in New Mexico dafür zu nutzen, um bis zu 20 Frauen gleichzeitig zu schwängern.
Epstein hat seine eugenischen Ideen und Visionen mit renommierten Wissenschaftlern und Nobelpreisträgern geteilt, die er auf seine ausgefallenen Dinnerpartys und Inselkonferenzen eingeladen hat, darunter z. B. auch Stephen Hawking. Epstein nutzte sein Geld und seinen Einfluss, um mit prominenten Wissenschaftlern zusammenzuarbeiten, die ihm dabei helfen sollten, seine genetischen Ziele zu verwirklichen.
Epstein ist auch Anhänger der Kryonik und des Transhumanismus gewesen und wollte laut Berichten der NY Times nach seinem Tod seinen Kopf und sein Glied einfrieren lassen.[1079] [1080]

Wie es sich herausstellte, hat Jeffrey Epstein zu Bill Gates einen guten Draht gehabt.
Gates hat anfangs noch versucht, alles abzustreiten und jegliche Beziehung zu Epstein zu leugnen, doch seine Lügen wurden aufgedeckt.[1081]

So ist z. B. Bill Gates 2013 nachweislich mit Epsteins Privatjet, dem „Lolita-Express" geflogen und hat sich viele Male mit Epstein getroffen, auch nachdem dieser 2019 angeklagt wurde, einen Sexhandelsring mit Minderjährigen unterhalten zu haben.
Ferner wollten die Bill and Melinda Gates Stiftung und J.P. Morgan Chase sogar einen Multimilliardenschweren, gemeinnützigen Fond einrichten, welcher Epstein finanziell zugutekommen sollte.[1082]
Außerdem hat Bill Gates über Epstein für das MIT Media Lab zwei Millionen US-Dollar zur Verfügung gestellt (siehe auch Punkt 7.3).[1083]

Interessant ist auch, dass ein gewisser Dr. Boris Nikolic, ehemaliger wissenschaftlicher Berater von Bill Gates und der BMGF, von Epstein in seinem

---

[1079] https://www.nytimes.com/2019/07/31/business/jeffrey-epstein-eugenics.html
[1080] https://www.usatoday.com/story/news/nation/2019/08/01/jeffrey-epstein-new-york-times-details-dna-eugenics-interest/1886777001/
[1081] https://www.youtube.com/watch?v=WnKQ4tzg7ow
[1082] https://www.nytimes.com/2019/10/12/business/jeffrey-epstein-bill-gates.html
[1083] https://www.newyorker.com/news/news-desk/how-an-elite-university-research-center-concealed-its-relationship-with-jeffrey-epstein

Testament als Ersatz- Nachlassverwalter eingesetzt wurde.[1084]

Auf dem folgenden Foto sehen wir Jeffrey Epstein, Bill Gates und Boris Nikolic zusammen abgebildet:[1085]

Wie es aussieht, wurden die Gates, Rockefeller und Co. von der Eugenik stark geprägt. Oder ist es vielleicht sogar so, dass sie die Eugenik geprägt haben? Dabei muss das eine das andere natürlich nicht ausschließen.
Jedenfalls vertreten Bill Gates, Ted Turner und Co. die Ansicht, dass die Weltbevölkerung bzw. deren Anstieg reduziert werden muss und dass sich diese negativ auf das Erdklima auswirkt.

## 5. Impfstoffe als Mittel zur Reduzierung des Bevölkerungswachstums?

### 5.1 Bill Gates und seine „Innovation nach Null“

In seinem Vortrag „Innovation nach Null“ hat Gates vier Faktoren präsentiert, die für die CO2-Produktion maßgeblich sind:

1) (P)eople (Menschen)
2) (S)ervices per person (Dienstleistungen pro Person)
3) (E)nergy per service (Energie pro Dienstleistung)
4) (C)$O_2$ per unit energy (CO2-Anteil pro Energieeinheit)

Diese Faktoren waren Bestandteil der folgenden Gleichung:

$CO_2$= (P)eople x (S)ervices per person x (E)nergy per service x (C)$O_2$ per unit energy

Das Ziel der Innovation ist folglich die Reduzierung der CO2-Produktion durch die Reduzierung dieser vier Faktoren (unter welchen sich wohlgemerkt auch der Faktor „Menschen“ befindet) „nach Null“.

---

[1084] https://www.foxbusiness.com/features/who-is-boris-nikolic-epstein-executor
[1085] https://www.lanacion.com.py/sociales/celebridades/2021/08/31/error-enorme-dice-bill-gates-por-socializar-con-jeffrey-epstein/

Anschließend nahm sich Gates den Faktor „Menschen“ vor. Er prognostizierte einen Populationsanstieg der Weltbevölkerung von 6,8 auf 9 Milliarden und sagte, dass man diesen gezielt durch:

1) Neue Impfstoffe
2) Gesundheitsvorsorge
3) Reproduktive Gesundheitsdienste

um 10-15 % reduzieren könnte, sofern man eine *„wirklich großartige Arbeit“* diesbezüglich macht.[1086]

## 5.2 Der Jahresbericht der Rockefeller Stiftung (1968)

Wer bis dahin dachte, dass der Zweck von Impfungen und der Gesundheitsvorsorge dazu da ist, um die Menschen gesund zu machen und ihre Fortpflanzung zu fördern, wird hier wohl eines Besseren belehrt. Dies scheint längst nicht immer der Fall zu sein, wie es auch die Rockefeller-Stiftung bereits 1968 in ihrem Jahresbericht unter der Rubrik „Bevölkerungsproblematik“ auf Seite 52 verdeutlichte:

*„Es wird derzeit nur sehr wenig an immunologischen Methoden gearbeitet, wie den Impfstoffen, um die Fruchtbarkeit zu verringern, und viel mehr Forschung ist erforderlich, wenn hier eine Lösung gefunden werden soll.“* [1087]

## 5.3 Die WHO entwickelt bereits seit den 1970-er Jahren Impfstoffe gegen Fruchtbarkeit

Die WHO ist, allem Anschein nach, der Forderung des Rockefeller Jahresberichts aus dem Jahre 1968 nachgekommen, da sie sich bereits seit den 1970-er Jahren mit der Entwicklung der Anti-Fruchtbarkeits-Impfstoffen beschäftigt.[1088] Dies geht u. a. auch aus einer Studie mit dem Titel „HCG Found

[1086] https://www.youtube.com/watch?v=JaF-fq2Zn7I
[1087] https://www.rockefellerfoundation.org/wp-content/uploads/Annual-Report-1968-1.pdf
[1088] https://taz.de/Von-den-Ratten-zu-den-Frauen/!1684809/

in WHO Tetanus Vaccine in Kenya Raises Concern in the Developing World“ (dt. HCG im Tetanus-Impfstoff der WHO in Kenia gefunden, was Anlass zur Sorge in den Entwicklungsländern gibt) von John Oller et.al. aus dem Jahr 2017 hervor:

*„Veröffentlichte Forschungsergebnisse zeigen, dass WHO-Forscher 1976 Tetanustoxoid (TT) mit humanem Choriongonadotropin (HCG) konjugiert hatten, um einen Impfstoff gegen Geburtenkontrolle herzustellen. Die Konjugation von TT mit HCG führt dazu, dass Schwangerschaftshormone vom Immunsystem angegriffen werden. Erwartete Ergebnisse sind Abtreibungen bei bereits schwangeren Frauen und/oder Unfruchtbarkeit bei noch nicht imprägnierten Empfängern. Wiederholte Impfungen verlängern die Unfruchtbarkeit.“* [1089] [1090]

### 5.4 Die WHO wird beschuldigt, in ihren Impfkampagnen Anti-Fertilitäts-Impfstoffe verwendet zu haben

In den Jahren 1993, 1994 und 1995 wurde die WHO u. a. von Sprechern der katholischen Kirche und von Pro-Life-Gruppen beschuldigt, dass ihre Tetanus-Impfkampagnen in den Entwicklungsländern, insbesondere in Mexiko, Nicaragua, den Philippinen und Kenia, zur Unfruchtbarkeit geführt haben sollen.[1091] [1092]

Eine ähnliche Impfkampagne wurde von 2013-2015 in Kenia durchgeführt, die in einen Skandal mündete. Analysen von Proben von WHO-Tetanus-Impfstoffen haben ergeben, dass die Hälfte der Proben das HCG-Hormon enthielten, welches in Kombination mit dem Tetanus-Impfstoff zu Fehlgeburten und/oder Unfruchtbarkeit führen kann.

---

[1089] https://jimdo-storage.global.ssl.fastly.net/file/55818de0-65e2-49a9-bbfc-9883847b3239/2017_OLLER_HCG%20found%20in%20WHO%20Tetanus%20Vaccine.pdf

[1090] Siehe auch: https://www.pnas.org/content/73/1/218

[1091] https://www.washingtonpost.com/national/religion/kenyas-catholic-bishops-tetanus-vaccine-is-birth-control-in-disguise/2014/11/11/3ece10ce-69ce-11e4-bafd-6598192a448d_story.html

[1092] https://jimdo-storage.global.ssl.fastly.net/file/55818de0-65e2-49a9-bbfc-9883847b3239/2017_OLLER_HCG%20found%20in%20WHO%20Tetanus%20Vaccine.pdf

Daraufhin hat am 6. November 2014 die Kenia-Konferenz der katholischen Bischöfe (KCCB), welche der katholischen Gesundheitskommission von Kenia vorsteht, eine Pressemitteilung veröffentlicht, in der behauptet wurde, dass die WHO im Rahmen ihrer Anti-Tetanus-Impfkampagne heimlich eine „Geburtenkontrolle" durchführen wollte.

*„Was unmoralisch und böse ist, dass der mit HCG geschnürte Tetanus-Impfstoff zur Regulierung der Fruchtbarkeit verabreicht wurde, ohne den Mädchen und Müttern seine empfängnisverhütende Wirkung mitzuteilen*", sagte Dr. Wahome Ngare, Mitglied der Kenya Catholic Doctors Association.[1093]

Folgende Punkte, die in der Studie von John Oller et.al. aufgezeigt wurden, sprechen ebenfalls dafür, dass die WHO im Rahmen ihrer Impfkampagne in Kenia ganz bewusst HCG-Konjugate verwendet hat: [1094]

- In der WHO-Impfkampagne in Kenia wurden keine Männer, sondern nur Frauen im gebärfähigen Alter (von 12 bis 49 Jahren) geimpft, obwohl Männer genauso stark wie Frauen dem Tetanusbakterium ausgesetzt sind.

- Ein Vergleich der veröffentlichten Zeitpläne hat ergeben, dass der WHO-Dosierungsplan nicht mit dem herkömmlichen Tetanus-Impfstoff-Dosierungsplan übereinstimmt. Stattdessen stimmt er mit dem Dosierungszeitplan der Tetanusimpfstoffe, welche HCG-Konjugate enthalten, überein.

- Da zudem alle Impfstoffhersteller und Impfstofflabors von der WHO zertifiziert sein müssen, ist ersichtlich, dass die WHO für alles verantwortlich gewesen ist, was im kenianischen Immunisierungsprogramm geschehen ist.

---

1093 https://www.washingtonpost.com/national/religion/kenyas-catholic-bishops-tetanus-vaccine-is-birth-control-in-disguise/2014/11/11/3ece10ce-69ce-11e4-bafd-6598192a448d_story.html

1094 https://jimdo-storage.global.ssl.fastly.net/file/55818de0-65e2-49a9-bbfc-9883847b3239/2017_OLLER_HCG%20found%20in%20WHO%20Tetanus%20Vaccine.pdf

Wie man also sieht, arbeiten die WHO, die Rockefeller Foundation und Bill Gates bereits jahrzehntelang an Anti-Fruchtbarkeits-Impfstoffen, welche wohl das Bevölkerungswachstum eindämmen sollen.
Gates Plan ist, nahezu die gesamte Erdbevölkerung gegen ein vermeintliches Virus zu impfen, dessen Existenz bis heute nicht nachgewiesen wurde. Kann es vielleicht sein, dass die neuen genetischen Covid-mRNA-Impfstoffe in Wirklichkeit dafür gedacht sind, um die Menschen auf Dauer unfruchtbar zu machen und dadurch die Weltbevölkerung zu reduzieren? Der Gedanke daran scheint zwar furchtbar, aber auch nicht unrealistisch zu sein, zumal Bill Gates auch seit Langem ein Befürworter und Unterstützer von neuen genetischen Manipulationstechniken (wie z.B Gene Drive) ist, welche bestimmte Tier- oder Insektenarten, wie z. B. Mücken ausrotten sollen, und welche auch an Menschen angewandt werden können.

## 6. Die genetischen Technologien

### 6.1 Bill Gates, DARPA und die Gene Drive Technologie

Die „Gene Drive“ (engl. für Genantrieb) – Technologien dienen zur beschleunigten Ausbreitung von Genen in Populationen. *„Während ein Gen, das nur einmal im Genom vorkommt, normalerweise an 50 % der Nachkommen weitergegeben wird, sind es beim Gene Drive 100 %. Gene-Drive-Technologien wurden ... bisher vor allem in Hefen, Stechmücken und Fruchtfliegen angewendet ... Stark vereinfacht funktioniert der Mechanismus zur Ausrottung der Art dadurch, dass alle Nachkommen einer manipulierten Mücke Träger eines rezessiven Gens sind, das aber erst dann zu einer Beeinträchtigung (zum Beispiel Unfruchtbarkeit oder nur männliche Nachkommen) führt, wenn Vater und Mutter Träger des Gens sind. Dass beide Elternteile das schädliche Gen tragen, wird durch den Gene Drive erreicht, der die Wahrscheinlichkeit, das schädliche Gen zu vererben, deutlich erhöht.“*[1095]

---

[1095] https://de.wikipedia.org/wiki/Gene_Drive#Anwendungen

Zudem ist herausgekommen, dass Gates mit unethischen Mitteln versucht hat die Gene Drive Technologie zu fördern:

*„Die Bill and Melinda Gates Foundation hat eine PR-Firma damit beauftragt, heimlich einen wichtigen UN-Prozess zum Thema Synthetische Biologie zu unterwandern. Mehr als 1200 E-mails – Dokumente, die über das Informationsfreiheitsgesetz in den USA (Freedom of Information requests) offengelegt wurden, die sogenannten Gene Drive Files – belegen, dass die Bill and Melinda Gates Foundation eine private Agrar- und Biotech-PR-Firma bezahlt hat, um eine undercover „advocacy coalition" zu leiten, die zum Ziel hatte, den einzigen UN-Prozess zu unterminieren, der sich explizit mit der möglichen Regulierung der Gene Drive Technologie befasst."*[1096]

Interessant ist auch, dass das US-amerikanische Militär eine führende Rolle bei der Entwicklung der Gene-Drive Technologie spielt:

*„Die Daten, die Prickly Research vorgelegt hat, belegen, dass DARPA (US Defense Advanced Research Projects Agency) circa $100 Millionen für die Erforschung von Gene Drives ausgegeben hat. Das sind $35 Millionen mehr als zuvor bekannt. Damit ist DARPA der weltweit größte Förderer dieser gefährlichen Technologie. Die E-mails belegen auch, dass DARPA alle wichtigen Player in diesem Feld entweder finanziell unterstützt oder sich mit ihnen abstimmt.*

*Und die Finanzierung findet nicht nur in den USA statt. DARPA finanziert ebenfalls Gene Drive Forschung in Australien (u. a. eine australische Regierungsbehörde, CSIRO) und in Großbritannien."*[1097]

### 6.2 Die BMGF investiert in genetisch veränderte Mücken

Die BMGF arbeitet mit dem gentechnischen Unternehmen Oxitec an einem Projekt zur Mücken-Gentechnik, für welches die Stiftung Mittel in Höhe von bis

[1096] https://www.boell.de/de/die-gene-drive-files
[1097] https://www.boell.de/de/die-gene-drive-files

zu 4,1 Millionen US-Dollar ausgezahlt haben soll. Im August 2020 bekam das Projekt grünes Licht von lokalen Beamten in Florida, welche die Freilassung von 750 Millionen gentechnisch veränderten männlichen Mücken genehmigten, um die Mückenpopulation zu verringern.

Dies soll folgendermaßen funktionieren:

Die gentechnisch veränderten männlichen Mücken werden in die Wildnis entlassen, um sich mit den weiblichen Mücken zu paaren.

Da nur weibliche Mücken den Menschen beißen können, sollen die gentechnisch veränderten männlichen Mücken für den Menschen ungefährlich sein. Die männlichen Mücken sollen sich mit den Weibchen paaren und dadurch ein "selbstlimitierendes" Gen an ihre Nachkommen weitergeben, welches zukünftige Generationen weiblicher Mücken abtöten soll, noch bevor diese ins Erwachsenenalter kommen und die Fähigkeit erlangen, Menschen zu beißen.[1098] [1099]

## 6.3 Bill Gates und die CRISPR/Cas9-Genschere

Bill Gates hat ebenfalls in CRISPR/Cas9 (auch „Gen-Schere" genannt) investiert, eine Methode, die auf der Gene-Drive-Technik basiert, welche es kostengünstig ermöglicht mittels einer Injektion das Erbgut (u. a. auch von Menschen) beliebig zu verändern, Gene und Mutationen auszuschalten, zu entfernen oder einzufügen.[1100] [1101] [1102] [1103]

---

[1098] https://voi.id/en/bernas/20052/bill-gates-controversial-genetically-engineered-mosquito-comes-true

[1099] https://www.businessinsider.com/bill-gates-melinda-gates-malaria-killing-mosquito-2018-6

[1100] https://www.youtube.com/watch?v=ouXrsr7U8WI

[1101] https://www.businessinsider.com/how-crispr-and-genetic-editing-will-change-the-world-2015-9

[1102] https://www.youtube.com/watch?v=jAhjPd4uNFY (6:15)

[1103] https://www.discovermagazine.com/health/crispr-treatment-is-injected-directly-into-a-patients-body-a-first-for-gene

Bereits im Jahr 2015 hat Gates 120 Millionen USD in Editas Medicine investiert, eines der ersten Unternehmen, welches die CRISPR/Cas9-Methode einsetzt.[1104]

Interessanterweise erfolgte die Investition über das Unternehmen „bng0", welches extra dafür gegründet wurde um in Editas zu investieren und bei welchem Boris Nikolic, ehemaliger leitenden Technologieberater von Bill Gates und Ersatznachlassverwalter von Jeffrey Epstein, Geschäftsführer ist.[1105] [1106]

Die CRISPR/Cas9-Technologie soll in Zukunft auch ermöglichen, gentechnisch veränderte Babys zu erzeugen und somit eine Art „Superrasse" zu züchten, mit denen die natürlichen Menschen kaum mithalten können. Außerdem soll CRISPR dazu dienen, den Alterungsprozess der Menschen zu verlangsamen, zu stoppen oder gar umzudrehen.[1107] Ein Traum vom ewigen Leben könnte wahr werden, fragt sich wohl für wen?
Wohl kaum für die Mehrheit der Weltbevölkerung, da es ja eh schon angeblich eine Überbevölkerung gibt, sondern viel eher für die 0.1 % der superreichen Eugeniker, Technokraten und Transhumanisten.

Die Gen-Schere funktioniert dabei folgendermaßen:

*„Die CRISPR/Cas-Methode (von engl. Clustered Regularly Interspaced Short Palindromic Repeats - gruppierte kurze palindromische Wiederholungen mit regelmäßigen Abständen und CRISPR-associated - CRISPR-assoziiertes Protein) ist eine* ***molekularbiologische Methode, um DNA gezielt zu schneiden und zu verändern*** *(Genome Editing). Gene können mit dem CRISPR/Cas-System eingefügt, entfernt oder ausgeschaltet werden, auch Nukleotide in einem Gen können geändert werden... Die CRISPR/Cas-Methode ... wird als Methode verwendet, um DNA an einer bestimmbaren DNA-Sequenz zu schneiden.*

---

1104 https://www.wiwo.de/technologie/forschung/crispr-cas9-vermarktung-ueber-vier-start-ups/12918636-2.html
1105 https://www.businessinsider.com/bill-gates-and-others-invest-in-editas-for-crispr-gene-editing-2015-8
1106 https://www.crunchbase.com/person/boris-nikolic
1107 https://www.youtube.com/watch?v=jAhjPd4uNFY

*Dadurch können beispielsweise durch zwei Schnitte DNA-Sequenzen entfernt – oder es kann im Anschluss an einen Schnitt eine andere DNA-Sequenz an der Schnittstelle eingefügt werden.*

*Das DNA-schneidende Enzym namens Cas (von englisch CRISPR-associated, CRISPR-assoziiert') bindet eine bestimmte RNA-Sequenz. Auf diese RNA-Sequenz folgt eine weitere RNA-Sequenz, die per Basenpaarung an eine DNA mit komplementärer Sequenz binden kann. Die RNA dient hierbei als Brücke zwischen Cas und der zu schneidenden DNA. Durch die Verkettung des Enzyms Cas, der RNA und der DNA wird das DNA-schneidende Enzym Cas in die räumliche Nähe der gebundenen DNA gebracht, woraufhin das Enzym die (indirekt gebundene) DNA schneidet. Im Sonderfall einer Einfügung von DNA in die Schnittstelle wird eine weitere DNA hinzugegeben, die an ihren beiden Enden jeweils überlappende Sequenzen für eines der beiden Enden der Schnittstelle aufweist. Die einzufügende DNA wird durch die zelleigene DNA-Reparatur mit den Enden der Schnittstelle verbunden. Bei einer Variante des Systems (Prime Editing) ist keine einzufügende DNA für eine Einfügung nötig, da die einzufügende Sequenz durch eine RNA-Verlängerung codiert wird."*[1108]

## 6.4 CRISPR/Cas9 und Graphenoxid

Interessant ist auch, dass im Rahmen der CRISPR/Cas9-Technologie, Graphenoxid, welches in einigen Masken und möglicherweise auch in den Covid-19 Impfstoffen enthalten ist, eine wichtige Rolle spielen kann. So können z. B. PEG-Nanoträger aus Graphenoxid für den Transport von hochmolekularen Cas9/Single-Guide-RNA (sgRNA)-Komplexen für den nuklearen Eintritt und Gen-Editierung in humanen Zellen konstruiert und verwendet werden.[1109]

## 6.5 Gemeinsamkeiten zwischen den Covid-19 Impfstoffen und der CRISPR/Cas9-Technologie

---

[1108] https://de.wikipedia.org/wiki/CRISPR/Cas-Methode#Prinzip
[1109] https://pubmed.ncbi.nlm.nih.gov/29266160/

Die CRISPR/Cas9-Technologie, welche auf der Gene Drive Technologie beruht, kann, wie bereits festgestellt, das (menschliche) Erbgut recht unkompliziert und kostengünstig nach Belieben verändern und manipulieren. Dabei wird in das Genom die Zielsequenz, das CRISPR-Werkzeug, die Genschere Cas9 und die guideRNA eingebaut. Sowohl bei den Covid-19 Impfstoffen, als auch bei CRISPR kommt somit *„eine spezielle RNA zum Einsatz, mit deren Informationen sich bestimmte Bereiche in der DNA gezielt ansteuern lassen“*, so die Professorin für Biochemie an der Universität Leipzig, Annette Beck-Sickinger.[1110]

Des Weiteren gelangt die CRISPR-Gen-Schere, genauso wie die neuen Covid-19-Impfstoffe, mittels einer Injektion in den Körper.

Interessant ist auch, dass einer der Gründer von Moderna, der Stammzellbiologe Derrick Rossi, eine Methode entwickelt hatte, um die mRNA zu modifizieren und sie in menschliche Zellen zu transfizieren, [1111] und dass der Firmenname „Moderna“ nichts anderes bedeutet, als „mode RNA“, also modifizierte RNA.[1112]

Nicht weniger interessant ist auch, dass das Graphenoxid als Polyethylenglycol-(PEG) Nanocarrier für den Transport von hochmolekularen Cas9/Single-Guide-RNA zum nuklearen Eintritt und Gen-Editierung in humanen Zellen Verwendung findet,[1113] dass die Lipide in den Covid-19-Impfstoffen ebenfalls PEG enthalten, [1114] und dass einige Forscher und Wissenschaftler angegeben haben, Graphenoxid in den Covid-19-Impfstoffen gefunden zu haben (Kapitel 1. Punkt 5.18). Dies könnte möglicherweise darauf schließen, dass das Graphenoxid als PEG-Nanocarrier für den Transport von Cas9/Single-Guide-RNA zur Gen-Editierung, im Rahmen der Corona-Impfstoffe Anwendung findet.

Somit könnten die, absolut neuen, zum ersten Mal in der Geschichte der Menschheit (per Notfallzulassung bzw. bedingter Zulassung) auf den Markt

---

[1110] https://faktencheck.afp.com/nein-corona-impfungen-zerschneiden-nicht-mittels-crispr-die-gene-im-koerper
[1111] https://de.wikipedia.org/wiki/Moderna#Firmengeschichte
[1112] https://www.statnews.com/2020/11/10/the-story-of-mrna-how-a-once-dismissed-idea-became-a-leading-technology-in-the-covid-vaccine-race/
[1113] https://pubmed.ncbi.nlm.nih.gov/29266160/
[1114] https://nanoportal-bw.de/pb/,Lde/Startseite/Ihre+Fragen/COVID-19-Impfstoff_+Lipid-Nanopartikel+und+PEG

gebrachten genetischen Corona-„Impfstoffe“ nichts anderes sein, als eine weltweite Implementierung der CRISPR-Cas-Methode (oder einer ähnlichen Methode), welche die Menschen insoweit gentechnisch verändern könnte, dass sie z. B. unfruchtbar werden (wenn z. B. ein Teil der DNA, welcher für die Fruchtbarkeit verantwortlich ist mit der Genschere CRISPR/Cas9 einfach herausgeschnitten wird), und/oder (eventuell nach einem längeren Zeitraum nach der „Impfung“) Krankheiten und/oder genetische Mutationen entwickeln, die womöglich sogar einen tödlichen Ausgang bewirken.

Dies wäre wohl auch der einfachste Weg, um die Bevölkerung bzw. den Bevölkerungswachstum drastisch zu reduzieren. Man jagt der ganzen Welt Angst vor einem nicht existenten Virus ein und präsentiert die „Impfstoffe“ als Lösung, die in Wirklichkeit genetische Waffen sind, welche die Menschen mit der Zeit umbringen und/oder unfruchtbar machen sollen – das wäre ein wahrhaft perfider Plan, der an Bösartigkeit kaum zu überbieten ist.

Interessanterweise hat Bill Gates in einem Interview mit Stephen Colbert im April 2020 die Covid-19-Impfstoffe als *„Endlösung“* (final solution) bezeichnet.[1115] Derselbe Begriff wurde bekanntermaßen im Dritten Reich verwendet und von diesem stark geprägt (Endlösung der Judenfrage).[1116] [1117]

Als Colbert Gates auf die äußerst unglückliche Wortwahl ansprach und ihm vorgeschlagen hat, die Impfungen nicht als *„Endlösung“*, sondern als die *„beste Lösung“* zu bezeichnen, hat Gates ihm zugestimmt und angefangen lauthals zu lachen. Ist es vielleicht möglich, dass Gates (wieder einmal) ein „freudscher Versprecher“ unterlaufen ist und kurz seine wahren Absichten aus seinem Mund herausrutschten?

## 7. Digitale Identitäten und eine bargeldlose Zukunft

### 7.1 Bill Gates, Rockefeller und das Projekt ID 2020

---

[1115] https://www.youtube.com/watch?v=dNiuaKKEPu8 (2:25)
[1116] https://de.wikipedia.org/wiki/Endl%C3%B6sung_der_Judenfrage
[1117] https://en.wikipedia.org/wiki/Final_Solution

Die „gemeinnützige" Organisation „ID 2020" hat ein gleichnamiges Projekt im September 2019, zusammen mit der Impfstoffallianz Gavi, der Regierung von Bangladesch und neuen Partnern in Regierung, Wissenschaft und humanitärer Hilfe ein neues Programm für digitale Identität, gestartet - nur ein paar Monate vor dem Ausbruch der Covid-19-„Pandemie".

Das Ziel von ID 2020 ist, jeden Erdenbewohner mit einer digitalen Identität auszustatten, da ihm darauf ein „Recht" zustehe.[1118]

Die digitale Identität ist ein *„tragbarer, biometrisch-verknüpfter Ausweis"*, dessen Daten in einem digitalen Register gespeichert sind und welcher möglichst noch im Säuglingsalter mit dem Beginn der Immunisierung (Impfung) oder zum Zeitpunkt der Geburtenregistrierung ausgestellt werden soll.[1119]

Der Inhaber der digitalen Identität soll sich dann z. B. mittels Gesicht, Iris und Fingerabdruck ausweisen, und auf Anforderung Daten freigeben können.[1120]

ID 2020 verfasste bereits im März 2018 einen Artikel mit dem Titel: „Immunisierung: Ein Einstiegspunkt für die digitale Identität", in welchem vorgeschlagen wurde, die digitale Identität mit Impfungen zu koppeln. **Demnach sollte den Menschen bereits im Säuglingsalter die digitale Identität in einem Zug mit der Impfung verpasst werden.**[1121]

Der Journalist Thomas Kruchem hat sich im Saarländischen Rundfunk geäußert, *„dass ID 2020 darauf abziele, jedem Menschen auf der Erde eine digitale Identität zu verpassen, deren Daten in einer Cloud abrufbar seien. So soll es erste Versuche bereits an Kindern in Bangladesch gegeben haben, denen bei der Impfung gleichzeitig **„Marker" injiziert** worden seien"*.[1122]

Im Hinblick auf die Covid-19-Impfstoffe könnte die digitale Identität in Zukunft womöglich auch dafür verwendet werden, um zu verfolgen, wer bereits geimpft wurde.

---

[1118] https://id2020.org/digital-identity
[1119] https://id2020.org/uploads/files/RFI.pdf
[1120] https://www.swr.de/swr2/wissen/digitale-identitaet-aller-menschen-fortschritt-oder-globale-ueberwachung-swr2-wissen-2020-11-03-100.html
[1121] https://medium.com/id2020/immunization-an-entry-point-for-digital-identity-ea37d9c3b77e
[1122] https://de.wikipedia.org/wiki/ID2020#Rezeption

*„ID 2020-Partner Bill Gates hat sich zum Beispiel dafür ausgesprochen, dass der Nachweis einer Corona-Impfung die Voraussetzung für grenzüberschreitendes Reisen werden müsse. Er fordert in einem Interview mit dem Online-Medium TED Conferences einen digitalen Impfausweis auf biometrischer Basis. Dadurch können die Kameras von Grenzbehörden am Gesicht erkennen, ob die Person geimpft ist. Solche Informationen könnten in einem weiteren Schritt auch Teil einer digitalen Identität sein."*[1123]

Kurz gesagt- keine Reise ohne Impfung.

In diesem Zusammenhang ist mit Sicherheit auch interessant, dass das WEF das „Known Traveller Digital Identity" (KDTI- dt. „Digitale Identität für bekannte Reisende") Projekt zusammen mit diversen Regierungen, internationalen Organisationen, Finanzdienstleistern, Hotelbetreibern, Fluggesellschaften und Technologieunternehmen, bereits 2015, ins Leben gerufen hat. Das Projekt soll es ermöglichen, Reisende an Flughäfen, Bahnhöfen und Hotels digital zu erkennen.

Die KDTI-Projekttechnologie basiert auf Biometrie, Kryptographie, Blockchain und mobilen Endgeräten und soll sowohl biometrische und biographische Daten der Reisenden, als auch Daten aus vorangegangenen Reisen auswerten. [1124] [1125] [1126]

Es ist somit ebenfalls gut möglich, auch auf das KDTI-Projekt, bzw. dessen Technologie zurückgegriffen wird, um eine digitale Identität für Reisende (und womöglich nicht nur für Reisende) einzuführen.

ID 2020 wurde 2017 u. a. von der Rockefeller Foundation, GAVI und Microsoft gegründet[1127] [1128] und weist unter ihren Kooperationspartnern u. a. auch ICC (International Computing Centre – Internationales Rechenzentrum) auf, eine Organisation der Vereinten Nationen, die US-Regierung, die EU-Kommission

---

[1123] https://www.swr.de/swr2/wissen/digitale-identitaet-aller-menschen-fortschritt-oder-globale-ueberwachung-swr2-wissen-2020-11-03-100.html
[1124] https://de.wikipedia.org/wiki/Known_Traveller_Digital_Identity
[1125] https://ktdi.org/
[1126] https://www.weforum.org/projects/shaping-the-future-of-security-in-travel
[1127] https://id2020.org/alliance
[1128] https://de.wikipedia.org/wiki/ID2020#Partner_und_Finanzen

und das UN-Flüchtlingshilfswerk UNHCR auf.[1129] [1130]

Sowohl GAVI, als auch Microsoft wurden ihrerseits von Bill Gates mitgegründet. Auch wenn Gates seinen Sitz im Vorstand von Microsoft 2019 aufgegeben hat, um sich ganz seiner Stiftung zu widmen, so hat er nach wie vor ein großes Mitspracherecht, zumal er dem restlichen Führungsteam auch weiterhin als Berater erhalten bleibt[1131] und immer noch einer der Top-Aktionäre des Unternehmens ist.[1132]

Wie es aussieht, möchte Gates somit nicht nur fast die gesamte die Weltbevölkerung impfen und jedem einen digitalen Impfausweis verpassen, sondern auch jeden Erdenbewohner mit einer digitalen Identität ausstatten.

Neben Gates hat auch der ehemalige Premierminister Großbritanniens Tony Blair die Einführung einer neuen digitalen ID gefordert, damit die Menschen neben Test- und Rückverfolgungsprogrammen ihren Krankheitsstatus bezüglich des Coronavirus nachweisen können, wenn sich die Welt aus dem Lockdown hinausbewegt. Branchen wie das internationale Reisen könnten nach Blair nur dann wiedereröffnen, wenn die Menschen leicht nachweisen können, dass sie kein SARS-CoV-2 bzw. Covid-19 haben.[1133]

Dies ist keineswegs das erste Mal, dass sich Blair zur (digitalen) ID bekennt. Als Premierminister startete er ein obligatorisches ID-Kartensystem, (das jedoch von der Koalitionsregierung ausrangiert wurde) und versuchte mehrfach, zu unterschiedlichen Zeiten und für unterschiedliche Zwecke Gesetze für deren Einführung zu erlassen, sei es im Rahmen des Krieges gegen den Terror, zur Bekämpfung von Identitätsbetrug oder zur Eindämmung der illegalen Einwanderung.[1134] Daher kommt wohl auch ihm die Corona-„Pandemie" gerade recht:

---

[1129] https://id2020.org/alliance

[1130] https://www.swr.de/swr2/wissen/digitale-identitaet-aller-menschen-fortschritt-oder-globale-ueberwachung-swr2-wissen-2020-11-03-100.html

[1131] https://www.zeit.de/wirtschaft/2020-03/microsoft-gruender-bill-gates-verwaltungsrat-ruecktritt

[1132] https://www.cnbc.com/2020/03/13/bill-gates-leaves-microsoft-board.html

[1133] https://www.dailymail.co.uk/news/article-8403369/Tony-Blair-calls-new-digital-ID-people-prove-coronavirus-disease-status.html

[1134] https://www.bbc.com/news/uk-politics-54010432

*"Es gab schon immer gute Gründe für die Einführung einer digitalen ID, aber ich denke, dass die heutige Situation einen noch besseren Grund dafür liefert"*.[1135]

Die Gefahren globaler und privatisierter digitaler Identitäten wurden sehr schön von Eric Wagner in seinem Artikel „Über Impfstoffe zur digitalen Identität?“ beschrieben:

*„Die Etablierung globaler, privatisierter digitaler Identitäten birgt große Gefahren in sich. Mit einem Bedeutungsverlust öffentlich-nationaler Identitätsverfahren zugunsten privatisierter globaler Identität geht auch eine Machtverschiebung von den bisherigen Verwaltern des Systems zu den neuen Verwaltern einher. Damit würde die Kontrolle über die Strukturen von den Bürgern des jeweiligen Staates, die auf nationaler Ebene zumindest noch verbleibende Möglichkeiten einer Intervention gegen Missbrauch und Willkür besitzen, auf eine globale, private Infrastruktur verlagert, die "über den Dingen" steht und der der Einzelne praktisch machtlos gegenübersteht.*

*Nachdem die Technologie auf "freiwilliger" Basis einmal etabliert worden ist, können ihre Anwendungsfelder Schritt für Schritt erweitert werden, sodass ohne die "freiwillige" Preisgabe von Schulzeugnissen, Impfnachweisen oder Führungszeugnissen der Zugang zu Arbeit, Gesundheitsleistungen, Mobilität oder Sozialleistungen eingeschränkt oder verwehrt werden kann. Missliebiges Verhalten könnte so leicht sanktioniert und Verhaltenskontrolle durchgesetzt werden.“* [1136]

Kurz gesagt- wenn die Ziele von ID 2020, die darin bestehen, die gesamte Weltbevölkerung mit einer digitalen Identität auszustatten, verwirklicht werden, dann erlangen superreiche Globalisten wie Gates und Co. die Kontrolle über jeden einzelnen von uns, so dass wir ihnen schutzlos ausgeliefert sind.

### 7.2 Das Aadhaar-System

---

[1135] https://www.dailymail.co.uk/news/article-8403369/Tony-Blair-calls-new-digital-ID-people-prove-coronavirus-disease-status.html
[1136] https://www.heise.de/tp/features/Ueber-Impfstoffe-zur-digitalen-Identitaet-4713041.html?seite=all

Vor diesen Hintergründen ist es somit kaum verwunderlich, dass Gates ein großer Befürworter des Aadhaar-Systems in Indien ist. Gates hat sogar die Weltbank finanziert, um das Aadhaar-Programm auf andere Länder zu erweitern. Für diesen Zweck haben die BMGF und die Weltbank den Multimilliardär und Aadhaar-Chefarchitekten Nandan Nilekani engagiert, welcher die Weltbank konsultieren und bei der Durchführung der Aadhaar-ähnlichen Projekte in anderen Ländern unterstützen soll.[1137] [1138] [1139]

Aadhaar (dt. Fundament) ist eine persönliche Identifikationsnummer, welche für jeden Bürger Indiens gedacht ist und stellt faktisch eine digitale Identität dar, unter welcher biometrische und biographische Daten der jeweiligen Person in einer zentralen Datenbank gespeichert werden. Das Aadhaar wird grundsätzlich in Form eines PDF-Dokuments bereitgestellt, welches einen QR-Code enthält eine Erweiterung um zahlreiche weitere Daten wie Iris-Scans, Fingerabdrücke und Fotos ermöglicht, was z. B. zur Multi-Faktor-Authentifizierungen verwendet werden kann.

Die Aadhaar-Datenbank ist mit 1,2 Milliarden eingetragenen Mitgliedern die größte biometrische Datenbank der Welt und erfasst schätzungsweise 99 % der indischen Bevölkerung über 18 Jahren.[1140]

Das Adhaar-System wurde 2009 auf freiwilliger Basis eingeführt und ist seit 2016 faktisch verpflichtend geworden, um sämtliche Staatsleistungen in Anspruch nehmen zu können. So kann man z. B. nur mit Aadhaar ein Bankkonto eröffnen, eine Kreditkarte oder eine Telefonnummer erhalten, seine Steuererklärung abgeben, Sozialleistungen in Anspruch nehmen oder eine Ehe schließen. Im nächsten Schritt sollen auch noch die Gesundheitsdaten eines jeden Bürgers mit seiner Aadhaar verknüpft werden.[1141]

---

1137 https://in.news.yahoo.com/bill-gates-world-bank-aadhaar-131300791.html
1138 https://littleindia.com/bill-gates-funds-world-bank-to-replicate-aadhaar-model-in-other-countries/
1139 https://www.businesstoday.in/current/world/bill-gates-endorses-aadhaar-scheme-says-it-doesnt-pose-privacy-issues/story/276170.html
1140 https://de.wikipedia.org/wiki/Aadhaar
1141
https://de.wikipedia.org/wiki/Aadhaar#Aadhaar_als_Digitale_Identit%C3%A4t

Dabei hat sich das Aadhar-System jedoch nicht als besonders zuverlässig erwiesen.

So ist z. B. der Journalistin Rachna Khaira gelungen für lediglich 500 Rupien (etwa 5,5 Euro) einen Zugang zur Aadhaar-Datenbank zu erkaufen, weswegen sie unverständlicherweise wegen Betrugs angeklagt wurde.[1142]

2019 ist es sogar zu mehreren Todesfällen gekommen, als Bedürftige, welche sich ebenfalls mit Aadhaar zum Erhalt von Nahrungsmitteln authentifizieren mussten, von dem System nicht erkannt wurden bzw. wegen Internetausfalls nicht mit der Datenbank abgeglichen werden konnten und deswegen verhungerten.[1143]

### 7.3 Bill Gates und das Quantenpunkt-Tattoo

Die BMGF hat Forscher des MIT (Massachusetts Institute of Technology) finanziert, welche eine farblose Tinte entwickelt haben, die gleichzeitig mit der Impfung gespritzt wird.

*„Das unsichtbare „Tattoo", das den Impfstoff begleitet, ist ein Muster aus winzigen Quantenpunkten - winzigen halbleitenden Kristallen, die Licht reflektieren und unter Infrarotlicht leuchten. Das Muster und der Impfstoff werden mit löslichen High-Tech-Mikronadeln aus einer Mischung von Polymeren und Zucker in die Haut abgegeben."* [1144]

Dieses, für das Auge unsichtbare, Tattoo soll dann für mindestens fünf Jahre den aktuellen Impfstatus der jeweiligen Person anzeigen.[1145] Das Tattoo lässt sich mit einem speziellen Handyfilter welches, kombiniert mit einer App, das Infrarotlicht auf die Haut strahlt, leicht erkennen. Diese Technologie soll vorwiegend an Kindern angewendet werden, um erkennen zu können, ob sie

---

[1142] https://de.wikipedia.org/wiki/Aadhaar#Aadhaar_als_Digitale_Identit%C3%A4t
[1143] https://de.wikipedia.org/wiki/Aadhaar#Schwachstellen_bei_Sozialleistungen
[1144] https://futurism.com/neoscope/invisible-vaccine-ink-tattoos-kids
[1145] https://news.mit.edu/2019/storing-vaccine-history-skin-1218

geimpft wurden.[1146]

Nach Aussage des MIT-Professors und leitenden Autors Robert Langer ist es möglich, dass dieser unsichtbare Ansatz eines Tages neue Möglichkeiten für Datenspeicherung, Biosensorik und Impfstoffanwendungen schafft.[1147]

Momentan wird das Quantenpunkt-Tattoo noch nicht in Zusammenhang mit den Covid-19-Impfungen eingesetzt, was sich aber in der Zukunft recht schnell ändern könnte, zumal das Quantenpunkt-Tattoo und ID 2020 sich vervollständigen können.

Interessant ist an dieser Stelle mit Sicherheit auch, dass, Dokumenten zufolge, welche „The New Yorker" erhalten und veröffentlicht hat, das MIT Media Lab der Elite-Universität über Epsteins Status als verurteilter Sexualstraftäter informiert war, und dass Epstein Beiträge an das Labor geleistet hat, die weit die vom MIT öffentlich zugelassene Betragsgrenze überschreiten, obwohl Epstein in der offiziellen Spenderdatenbank des MIT als *„disqualifiziert"* aufgeführt war.

Epstein hat zwischen dem Labor und anderen wohlhabenden Spendern ebenfalls als Vermittler fungiert und Millionen von Dollar an Spenden von Einzelpersonen und Organisationen eingeholt, darunter auch zwei Millionen US-Dollar von Bill Gates.[1148]

### 7.4 Bill Gates strebt weltweit eine bargeldlose Gesellschaft an / Better Than Cash Alliance

Bill Gates ist ein starker Befürworter einer weltweiten, bargeldlosen Gesellschaft, welche er selbst „vorausgesagt" hat:

---

1146 https://www.scientificamerican.com/article/invisible-ink-could-reveal-whether-kids-have-been-vaccinated/
1147 https://futurism.com/neoscope/invisible-vaccine-ink-tattoos-kids
1148 https://www.newyorker.com/news/news-desk/how-an-elite-university-research-center-concealed-its-relationship-with-jeffrey-epstein

*"Die Welt als Ganzes wird bargeldlos, aber es ist sehr schwierig, für jedes Land vorherzusagen, wann dies geschehen wird"*.

Gates hat ebenfalls die Entscheidung der indischen Regierung, 1.000 und 500 Rupien einzustellen, als eine *„gute Sache"* bezeichnet, da er die Digitalisierung begrüße.[1149]

Außerdem ist die BMGF Mitglied und Finanzierer der „Better than Cash Alliance" (BTCA – dt. Besser- als- Bargeld- Allianz), ein Kapitalentwicklungsfond der UNO, dessen Ziel es ist einen Übergang von Bargeld zu digitalen Zahlungen zu verwirklichen und weltweit eine bargeldlose und digitalisierte Gesellschaft zu etablieren.

Zu den weiteren Geldgebern der BTCA, welche ihren Sitz im UN-Hauptgebäude hat, zählen die Citi, Ford Foundation, MasterCard, Omidyar Network, die US-Agentur für internationale Entwicklung und Visa Inc.[1150]

Als Mitglieder der BTCA sind u. a. das deutsche Bundesministerium für wirtschaftliche Zusammenarbeit und Entwicklung (BMZ), die Clinton Development Initiative (Bill Clintons Entwicklungsinitiative), die Europäische Bank für Wiederaufbau und Entwicklung, VISA, Mastercard, UNICEF, Hoher Flüchtlingskommissar der Vereinten Nationen (UNHCR), das Entwicklungsprogramm der Vereinten Nationen sowie das UN-Sekretariat zu verzeichnen.[1151]

Am Beispiel Schwedens können wir bereits seit längerer Zeit sehen, dass Bargeldzahlungen kaum mehr möglich sind. Schweden plant sogar bis 2030 im gesamten Land das Bargeld ganz abzuschaffen.[1152]

Und auch die Covid-19-„Pandemie" wird dazu verwendet, um überall stark für bargeldlose Zahlungen zu werben, da sich der menschliche Kontakt dadurch

---

[1149] https://economictimes.indiatimes.com/news/economy/policy/india-to-be-most-digitised-economy-in-7-years-says-bill-gates/articleshow/55483442.cms
[1150] https://sustainabledevelopment.un.org/partnership/?p=7507
[1151] https://www.betterthancash.org/members
[1152] https://www.worldtimes-online.com/kultur/226-schweden-wird-das-erste-bargeldlose-land-der-welt.html

einschränken lässt.

Jeder weiß, dass Bargeld Freiheit bedeutet, da sich Bargeldzahlungen und somit der Geldumlauf nur schwer oder gar nicht zu kontrollieren ist. Wenn man das Bargeld abschafft und man nur noch digital bezahlen kann, dann ist man für das System komplett durchsichtig und diesem schutzlos ausgeliefert, da es jederzeit Konten und Kreditkarten ablesen bzw. sperren kann, so dass man nicht länger am Zahlungsverkehr teilnehmen kann und dadurch die eigene Existenz bedroht werden könnte.

### 7.5 Der Club of Rome sagte bereits 1982 eine bargeldlose Zukunft voraus

Interessanterweise hat der CoR bereits 1982 in seinem Bericht „Microelectronics and society“ (dt. Mikroelektronik und Gesellschaft) eine bargeldlose Zukunft für die Menschheit „vorhergesagt“ und diese sogar als „*unvermeidlich*“ bezeichnet.

So heißt es in der Einleitung auf Seite 7:

*„Die Konzentration der Aktivitäten rund um den Computer wird dazu neigen, die Familie zu immobilisieren, so wie es das Fernsehen heutzutage in vielen Fällen tut - aber viel mehr - wird sie (die Hausfrau) ermutigt, menschlichen Kontakt nach außen zu suchen, indem sie auf traditionelle Weise einkauft. Dieses Bild ist die Vision der "verkabelten Gesellschaft", der "bargeldlosen Gesellschaft", aber nicht der "entfremdeten Gesellschaft", in der Wahlen und kollektive Entscheidungsmöglichkeiten vom Sessel zu Hause aus verfügbar sind - aber nicht verwendet werden.“*

Und auf Seite 72:

*„Der Übergang zur bargeldlosen Gesellschaft scheint angesichts des technologischen Vorstoßes der Mikroelektronik und der erheblichen Kostenvorteile, die mit dem elektronischen Geldtransfer verbunden sind,* ***unvermeidlich****.“*

## 8. Möchte Bill Gates alles und jeden kontrollieren?

### 8.1 Möchte Bill Gates Kontrolle über unser Essen haben?

Bill Gates möchte, dass die Menschheit auf synthetischen Fleischverzehr umsteigt,[1153] und hat dafür Dutzende Millionen von Dollar in eine Reihe von Startups investiert, die synthetisches Fleisch herstellen wollen, darunter Impossible Foods, Beyond Meat, Memphis Meats und Hampton Creek Foods.[1154] [1155]

Außerdem hat Gates zusammen mit seiner Frau in weniger als einem Jahrzehnt mehr als 108 860 Hektar Ackerland in 18 US-Bundesstaaten erworben und ist damit der größte private Ackerlandbesitzer der USA.[1156] [1157]

Wie es aussieht, strebt Gates nun auch in Sachen Essensproduktion eine gewichtige Stellung an, was ihm nicht nur wirtschaftliche Vorteile, sondern vor allem auch Kontrolle über einen großen Bereich der Produktion und des Vertriebs von Nahrungsmitteln bringen würde.

### 8.2 Kontrolle durch ein Kryptowährungssystem von Microsoft?

Das von Bill Gates gegründete Microsoft hat am 20. Juni 2019 ein Patent bezüglich eines Kryptowährungssystems, welches Körperaktivitätsdaten verwendet, angemeldet.[1158]

Das System soll es ermöglichen, die menschliche Körperaktivität zu messen und

---

[1153] https://www.technologyreview.com/2021/02/14/1018296/bill-gates-climate-change-beef-trees-microsoft/
[1154] https://www.beefcentral.com/news/synthetic-meat-investor-bill-gates-calls-for-rich-countries-to-eat-only-synthetic-meat/
[1155] https://childrenshealthdefense.org/defender/bill-gates-fake-meat/
[1156] https://www.nbcnews.com/tech/tech-news/mcdonald-s-french-fries-carrots-onions-all-foods-come-bill-n1270033
[1157] https://landreport.com/2021/01/bill-gates-americas-top-farmland-owner/
[1158] https://patentscope.wipo.int/search/en/detail.jsf?docId=WO2020060606

dadurch einen Mining-Prozess zu veranlassen. Neben dem Computer soll nun auch der menschliche Körper aufgrund bestimmter Aktivitäten digitale Währungen „minen" und für bestimmte Aufgaben entlohnt werden können:

*„Die menschliche Körperaktivität, die mit einer einem Benutzer bereitgestellten Aufgabe verbunden ist, kann in einem Mining-Prozess eines Kryptowährungssystems verwendet werden. Ein Server kann einem Gerät eines Benutzers, das kommunikativ mit dem Server verbunden ist, eine Aufgabe bereitstellen. Ein Sensor, der kommunikativ mit dem Gerät des Benutzers gekoppelt oder darin enthalten ist, kann die Körperaktivität des Benutzers erfassen. Körperaktivitätsdaten können basierend auf der erfassten Körperaktivität des Benutzers erzeugt werden. Das kommunikativ an das Gerät des Benutzers gekoppelte Kryptowährungssystem kann überprüfen, ob die Körperaktivitätsdaten eine oder mehrere Bedingungen erfüllen, die durch das Kryptowährungssystem festgelegt werden, und Kryptowährung an den Benutzer vergeben, dessen Körperaktivitätsdaten verifiziert sind."*

Soll so etwa unser Arbeitslohn in Zukunft transferiert werden? In Form von einer digitalen Währung, welche von unserem Körper durch die Verrichtung einer bestimmten (Arbeits-)Tätigkeit erzeugt werden soll?
Wenn zudem noch das Bargeld abgeschafft wird, könnte der dystopische Traum eines jeden Kontrollfreaks Wirklichkeit werden- eine Welt voller digitaler Arbeitssklaven, die am Kryptowährungstropf hängen.

Interessant ist auch, dass die Publikationsnummer des Patents auf „666" endet: WO/2020/060606

### 8.3 Bill Gates möchte die gesamte Welt aus dem Weltraum beobachten

Gates hat in das US-Unternehmen Earth Now investiert, welches eine Konstellation aus Satelliten ins All schicken möchte, durch welche man z. B. auch vom Tablet oder Smartphone aus, die gesamte Welt rund um die Uhr beobachten und sehen kann, was gerade wo auf der Erde passiert.[1159] Dies

[1159] https://www.golem.de/news/satelliten-earth-now-plant-erdbeobachtung-

wäre eine enorme Einschränkung der Privatsphäre eines jeden Erdenbewohners von einem noch nie dagewesenen Ausmaß. Big Brother lässt grüßen.

### 8.4 Bill Gates und Gordon Brown streben offen eine Weltregierung an

In einem Interview mit der Süddeutschen Zeitung hat sich Gates im Januar 2015 geäußert, dass die Welt zwar ganz gut auf Kriege, jedoch nicht auf Seuchen vorbereitet sei, und hat sich offen für eine Weltregierung ausgesprochen, da man dadurch besser auf Pandemien vorbereitet wäre.[1160]

Damit ist Gates nicht alleine. Gordon Brown, ehemaliger Premierminister des Vereinigten Königreichs hat ebenfalls eine Weltregierung gefordert, um das Coronavirus zu bekämpfen.[1161]

### 8.5 Fazit zu Bill Gates

Wir fassen also zusammen:

- Bill Gates macht ein riesiges Geschäft mit den (Covid-19-) Impfstoffen.
- Gates hat die WHO quasi „in der Tasche“, da er, bzw. seine Stiftung (BMGF) ihr größter privater Geldgeber ist.
- Die BMGF investiert teilweise in Unternehmen, die die Weltgesundheit verschlechtern und der Umwelt schaden.

---

in-echtzeit-1804-133997.html

[1160] https://www.sueddeutsche.de/wirtschaft/bill-gates-im-interview-den-taeglichen-tod-nehmen-wir-nicht-wahr-1.2324164

[1161] https://www.theguardian.com/politics/2020/mar/26/gordon-brown-calls-for-global-government-to-tackle-coronavirus

- Der Vater von Bill Gates war Vorsitzender der eugenischen „Planned Parenthood".

- Bill Gates macht sich Sorgen wegen einer angeblichen Überbevölkerung und möchte das Bevölkerungswachstum reduzieren.

- Gates plädiert für *„neue Impfstoffe"*, aufgrund welcher das Bevölkerungswachstum eingedämmt werden sollte.
- Gates hat jahrelang vor dem Ausbruch einer weltweiten Pandemie gewarnt und hat den Ausbruch einer Coronavirus-Pandemie mit dem Event 201, etwa zwei Monate vor deren Beginn simuliert bzw. „vorhergesagt".

- Gates möchte in Rekordzeit mit genetischen Corona-Impfstoffen fast die gesamte Menschheit impfen, obwohl diese noch nie zugelassen wurden, absolut unnötig sind und die Auswirkungen dieses verrückten Experiments an der Menschheit ungewiss sind. Dabei bezeichnete er die Covid-19-Impfungen als *„Endlösung"* (final solution).

- Gates Stiftung wurde bereits aufgrund ihrer Impfprogramme in der Dritten Welt heftig kritisiert.

- Gates konnte seine Freude über die Auswirkungen der Pandemie, über die möglichen Nebenwirkungen durch die Covid-19-Impfstoffe und über die nächste Epidemie sichtlich nicht verbergen.

- Gates hatte eine Beziehung zum verurteilten Sexualstraftäter Epstein, zu dessen Gunsten er einen Multimilliardenschweren, „gemeinnützigen" Fond einrichten wollte. Gates ist ebenso mit Epsteins „Lolita Express" geflogen.

- Gates möchte durch ein riskantes Projekt die Umwelt manipulieren und die Sonne verdunkeln lassen.

- Gates unterstützt das Gene Drive Editing und die CRISPR/Cas9-Technologie, welche es ermöglicht, das menschliche Erbgut zu manipulieren. Dabei hat sich herausgestellt, dass Gates auch mit unethischen Mitteln versucht hat die Gene Drive-Technologie zu fördern.

- Gates möchte auf die Menschheit genmanipulierte Mücken loslassen.

- Gates ist der größte Ackerlandbesitzer in den USA und möchte, dass die Menschheit auf synthetisches Fleisch umsteigt, welches er finanziert.

- Gates finanziert Programme wie ID 2020 und das farblose Tinte Tattoo, deren Ziel es ist, Zusammen mit der Impfung allen Menschen ab dem Säuglingsalter bereits eine digitale Identität zu verpassen bzw. einen digitalen Impfnachweis.

- Gates möchte Satelliten ins All schicken und durch diese die gesamte Welt aus dem Weltraum beobachten.

- Gates strebt eine weltweit bargeldlose Gesellschaft an. Seine Stiftung ist Mitglied und Geldgeber der Better than Cash Alliance, welche weltweit eine bargeldlose und digitalisierte Gesellschaft etablieren möchte.

- Gates hat sich öffentlich für die Etablierung einer Weltregierung ausgesprochen.

Was für Schlüsse können daraus gezogen werden?

Es kommt einem so vor, als ob Bill Gates wirklich nahezu überall seine Finger drin hat und überall kräftig mitmischen möchte.

Im besten Fall ist wohl anzunehmen, dass Gates und die Impfstoffhersteller durch den weltweiten Verkauf der Corona-Impfungen sich einfach nur weiter bereichern möchten.

Im schlimmsten Fall werden die Corona-Impfstoffe negative Auswirkungen auf die Gesundheit haben, wie genetische Mutationen, Krebs, Unfruchtbarkeit oder sogar Tod. Durch die weltweiten Impfungen wird das Bevölkerungswachstum gebremst und es kommt vielleicht sogar zu einer Bevölkerungsreduzierung.

In jedem Fall strebt jedoch Gates eine bargeldlose und digitalisierte Gesellschaft an, in welcher alle Menschen auf der Welt mit einer digitalen Identifikation ausgestattet werden und eine Weltregierung etabliert wird, was ganz nach einem System der totalen Kontrolle über alles und jeden klingt.

# Kapitel 6. The Great Reset, die vierte Industrielle Revolution und künstliche Intelligenz

## 1. Das Weltwirtschaftsforum (WEF)

Schwab hat das WEF 1971 gegründet. Seitdem fahren namhafte Politiker, Wirtschaftsbosse und Globalisten jedes Jahr nach Davos, um unter sich zu sein und um „globale Probleme" auszudiskutieren. Man könnte dies wohl auch folgendermaßen formulieren: „Milliardäre treffen sich, um darüber zu entscheiden, wie der Rest der Menschheit leben soll". Dabei werden die Kosten für die Sicherheitsmaßnahmen des WEF, welche sich jährlich auf mehrere Millionen Franken Beziehen, zum Teil auch von den Schweizer Kantonal- und Bundesbehörden, also von den Steuerzahlern mitgetragen.

Das WEF ist seit 2015 offiziell als eine internationale Organisation anerkannt, welche Entscheidungen ohne jegliche Rechenschaftspflicht fällen kann und finanziell intransparent ist.[1162] [1163] [1164]

---

[1162] https://de.wikipedia.org/wiki/Weltwirtschaftsforum#Organisation

[1163] https://de.wikipedia.org/wiki/Weltwirtschaftsforum#Mangel_an_demokratischer_Rechenschaftspflicht

[1164] https://de.wikipedia.org/wiki/Weltwirtschaftsforum#Finanzielle_Intransparenz

## 1.1 Zusammenarbeit mit der UNO / Agenda 2030

Das WEF arbeitet auch mit der UNO zusammen und hat mit ihr 2019 einen „strategischen Partnerschaftsrahmen" unterzeichnet, *„um die Umsetzung der Agenda 2030 für nachhaltige Entwicklung zu beschleunigen"*.[1165] [1166]

Die Agenda 2030 beinhaltet 17 politische Zielsetzung für nachhaltige Entwicklung (Sustainable Development Goals – SDGs), welche am 1. Januar 2016 bis 2030 in Kraft getreten sind und **für alle Staaten gelten**. Eine der SDGs heißt „Climate Action" und fordert auf, etwas gegen die angebliche Bedrohung eines angeblichen Klimawandels zu unternehmen. [1167] [1168]

Interessant ist außerdem, dass Robb Butler, Exekutivdirektor der europäischen WHO-Filiale,[1169] in seiner Präsentation „Vaccination refusal, hesitancy, acceptance and demand" (dt. Impfverweigerung, Zögern, Akzeptanz und Nachfrage) zum Ausdruck gebracht hat, dass ganze 14 der 17 SDGs in Zusammenhang mit der Immunisierung (also mit Impfungen) stehen, [1170] und Schwab seinerseits ebenfalls die genetischen Covid-19-Impfstoffe befürwortet:

*„Es gibt zwei Szenarien. Das positive: Wir haben im Frühjahr 2021 einen Impfstoff in genügender Menge, noch bessere und schnellere Tests und vielleicht auch bessere Behandlungsmöglichkeiten von Corona-Patienten. Dann wird sich auch die Wirtschaft relativ rasch wieder erholen. Das negative Szenario: Wir haben all das nicht. Dann wird uns die Pandemie bis mindestens 2022 beschäftigen"*, sagte Schwab gegenüber der „Zeit".[1171]

---

1165 https://www.weforum.org/press/2019/06/world-economic-forum-and-un-sign-strategic-partnership-framework/
1166 https://weforum.ent.box.com/s/rdlgipawkjxi2vdaidw8npbtyach2qbt
1167 https://de.wikipedia.org/wiki/Ziele_f%C3%BCr_nachhaltige_Entwicklung
1168 https://sdgs.un.org/goals/goal13
1169 https://www.euro.who.int/en/about-us/executive-council/mr-robb-butler
1170 https://www.youtube.com/watch?v=1LCcaYoaZWg (16:17)
1171 https://www.zeit.de/wirtschaft/2020-09/corona-kapitalismus-rezession-wef-neoliberalismus-klaus-schwab/seite-2

## 1.2 Young Global Leaders

Klaus Schwab und sein WEF gründeten 2005 das Forum der „Young Global Leaders“ (YGL) in Form einer Schweizer Stiftung. Das Forum ist Nachfolger der Gemeinschaft der „Global Leaders of Tomorrow“, welche von 1993 bis 2003 bestand.

*„Die Mitglieder von YGL sind junge Führungskräfte, die verschiedensten Sparten und Disziplinen angehören und aus allen Teilen der Welt stammen. Sie werden für sechs Jahre berufen und dürfen zum Zeitpunkt der Berufung das 40. Lebensjahr noch nicht vollendet haben. Nach dem Ablauf ihrer Zugehörigkeit zu den YGL können Mitglieder der YGL Alumni Community beitreten.* ***Die Mitglieder unterhalten die 2030 Initiative****, die einen Aktionsplan zur Verwirklichung der Vision einer idealen Welt im Jahr 2030 zum Ziel hat. Jährlich werden neue Mitglieder berufen. Im Jahr 2014 zählten die YGL mehr als 900 Mitglieder.“*[1172]

Man kann höchstwahrscheinlich davon ausgehen, dass die YGL neben der Agenda 2030 auch die Agenda des Great Reset verfolgen, da diese das Aushängeschild des WEF ist.

Zu den prominenten YGL zählen u. a. der Bundesminister für Gesundheit Jens Spahn, die Bundesvorsitzende der Grünen und Kanzlerkandidatin Annalena Baerbock, der Staatspräsident von Frankreich, Emmanuel Macron, der amtierende Premierminister von Belgien, Alexander De Croo, der Vorsitzende der Fraktion Die Grünen/EFA und MEP, Ska Keller sowie der österreichische Bundeskanzler Sebastian Kurz. Mark Zuckerberg, Leonardo DiCaprio, Ashton Kutcher, Michael Schumacher und Cherlize Theron haben ebenfalls das YGl-Programm absolviert. 2017 trat auch der VK- und Telegram-Gründer Pavel Durov dem YGL-Forum als Vertreter Finnlands bei.[1173] [1174] [1175] [1176]

---

1172 https://de.wikipedia.org/wiki/Weltwirtschaftsforum#%C2%ABYoung_Global_Leaders%C2%BB

1173 https://en.wikipedia.org/wiki/Pavel_Durov#VK

1174 https://en.wikipedia.org/wiki/Young_Global_Leaders

1175 https://de.wikipedia.org/wiki/Weltwirtschaftsforum#%C2%ABYoung_Global_L

Selbst Angela Merkel wurde vom WEF bereits 1993 zum „Young Global Leader" gekürt.[1177]

Interessanterweise hat Schwab dem Präsidenten von Costa Rica, Carlos Alvarado Quesada, 2019 in Davos, mitgeteilt, dass neben Angela Merkel auch Tony Blair und sogar Vladimir Putin allesamt YGL gewesen sind.[1178]

### 1.3 Möchte das WEF, dass wir Insekten essen?

Das WEF hat in seinem Artikel „Good grub: why we might be eating insects soon" (dt. Gutes Essen: Warum wir bald Insekten essen könnten) angebliche Vorteile genannt, warum Menschen mehr Insekten essen sollten, wie z. B. dass Käfer pro Kilo Lebendgewicht *„weniger schädliches Gas ... als landwirtschaftliche Nutztiere"* ausstoßen würden, oder dass sie *„weniger Ressourcen als herkömmliche Nutztiere"* verbrauchen.[1179] [1180]

Des Weiteren heißt es in dem Artikel:

*„Es kann nicht lange dauern, bis wir alle eine Tüte essbare Insekten in unserem örtlichen Lebensmittelgeschäft kaufen können. Obwohl sie weltweit von 2 Milliarden Menschen gegessen werden, haben EU-Gesetze den Verkauf von Insekten für den menschlichen Verzehr verhindert.*

*Die im Januar in Kraft getretene neue Novel-Food-Verordnung der EU könnte jedoch dazu führen, dass Insekten auf europäischen Tellern häufiger zu sehen sind.*

*2017 änderte die Schweiz ihre Lebensmittelsicherheitsgesetze und erlaubte als erstes europäisches Land den Verkauf von insektenbasierten Lebensmitteln für*

---

eaders%C2%BB
[1176] https://www.younggloballeaders.org/
[1177] https://www.welt.de/wirtschaft/article113098161/Merkel-drueckt-dem-Gipfel-in-Davos-ihren-Stempel-auf.html
[1178] https://www.bitchute.com/video/ycvtBhjrheTE/
[1179] https://www.weforum.org/agenda/2018/07/good-grub-why-we-might-be-eating-insects-soon
[1180] Siehe auch: https://www.facebook.com/watch/?v=10154714596316479

*den Menschen. Und im selben Jahr präsentierte Coop in einigen Schweizer Supermärkten eine Reihe von Mehlwurm-Burgern und -Bällchen.*

*Im März gab IKEAs externes Innovationslabor SPACE10 bekannt, dass es beliebte Gerichte in den Restaurants des Einzelhändlers „neu erfindet". In einem Blogbeitrag erklären die Forscher, dass sie an Käfer-Burgern und Mehlwurm-Frikadellen arbeiten, fügen aber hinzu, dass die neuen Zutaten getestet werden, damit Kunden sie nicht auf IKEA-Speisekarten finden."*[1181]

Na dann - guten Appetit!

## 2. The Great Reset / Build Back Better

The Great Reset (TGR) ist eine Initiative des WEF, welche von Prinz Charles und WEF-Gründer und Direktor Klaus Schwab im Mai 2020 vorgestellt wurde.

Klaus Schwab, Mitglied des Lenkungsausschusses der Bilderberg-Konferenzen, Globalist, Transhumanist, sowie Gründer und Vorstandsvorsitzender des Weltwirtschaftsforums[1182] hat die Corona-„Pandemie" als ein *„ein seltenes, aber enges Zeitfenster"* bezeichnet, *„um unsere Welt zu reflektieren, neu zu definieren und zurückzusetzen"*.[1183] [1184]

Damit ist in erster Linie unser Wirtschafts- und Gesellschaftssystem gemeint, welches „zurückgesetzt" werden soll. Dieses Vorhaben wird offiziell auch als „The Great Reset" (dt. „Der Große Reset") bezeichnet.

Interessanterweise hat Schwab zum Ausdruck gebracht, dass die Agenda des Weißen Hauses „Build Back Better" (welche eine Art Katastrophenhilfe bzw. Vorbereitung auf nächste Katastrophen sein soll)[1185] und TGR im Grunde

---

[1181] https://www.weforum.org/agenda/2018/07/good-grub-why-we-might-be-eating-insects-soon
[1182] https://de.wikipedia.org/wiki/Klaus_Schwab#Leben
[1183] https://www.weforum.org/agenda/2020/06/now-is-the-time-for-a-great-reset/
[1184] https://de.wikipedia.org/wiki/The_Great_Reset
[1185] https://en.wikipedia.org/wiki/Building_Back_Better

genommen identisch sind:

*„Es ist eine große Anstrengung um, einige würden sagen besser zurückzubauen (Build Back Better), wir würden sagen, wirklich einen Great Reset zu haben."*

Folgende Personen und Institutionen haben sich ebenfalls öffentlich zur Agenda von Build Back Better (BBB) bzw. TGR bekannt:

Tony Blair, Greta Thunberg, Hillary Clinton, Nancy Pelosi, Bill Clinton, Justin Trudeau (Premierminister von Kanada), Boris Johnson, Barack Obama, Joe Biden, Bill Gates, Kamala Harris, Prince Charles, Kristalina Georgieva (geschäftsführende Direktorin des Internationalen Währungsfonds), Prince Harry, António Guterres (Generalsekretär der UNO), Papst Franziskus, die Vereinten Nationen und viele andere.[1186] [1187] [1188]

Laut Schwab soll TGR in Form einer „globalen Ordnungspolitik" manifestiert werden:

*„Das Problem, das wir haben, ist nicht die Globalisierung. Das Problem ist ein Mangel an globaler Ordnungspolitik"* (Global Governance).[1189]

Unter „globaler Ordnungspolitik" versteht Schwab einen *„Kooperationsprozess zwischen transnationalen Akteuren mit dem Ziel, Antworten auf globale Probleme (die mehr als einen Staat oder eine Region betreffen) zu finden"*.[1190]

Dabei werden *„als transnational ... Merkmale und Prozesse bezeichnet, die über die staatlichen Grenzen der Nationen hinausgehen und* ***auch von nichtstaatlichen Akteuren betrieben*** *werden"*.[1191] Damit wird wohl, neben den großen Banken und transnationalen Unternehmen, in erster Linie auch sein Weltwirtschaftsforum gemeint sein. Die globale Ordnungspolitik könnte somit eine Vor- bzw. Zwischenstufe zur Weltregierung darstellen.

---

[1186] https://europe.ohchr.org/EN/Stories/Pages/BBB.aspx
[1187] https://www.youtube.com/watch?v=YkcaeaD45MY
[1188] https://www.bitchute.com/video/5lpJj0RixzIf/
[1189] https://www.weforum.org/agenda/2016/11/from-a-former-refugee-to-the-head-of-the-world-economic-forum-top-quotes-on-the-us-election/
[1190] Klaus Schwab, Thierry Malleret, Covid-19: Der grosse Umbruch, Forum Publishing, 2020
[1191] https://de.wikipedia.org/wiki/Transnational

## 2.1 Der „Stakeholder-Kapitalismus"

TGR zielt auf eine Veränderung des Shareholder-Kapitalismus zum sogenannten „Stakeholder-Kapitalismus" ab, einem Begriff, der von Schwab seht stark geprägt wurde.

*„Der Stakeholder-Kapitalismus ist ein System, in dem Unternehmen darauf ausgerichtet sind, den Interessen aller ihrer Stakeholder zu dienen. Zu den wichtigsten Stakeholdern zählen Kunden, Lieferanten, Mitarbeiter, Aktionäre und lokale Gemeinschaften".* [1192]

Im Gegensatz zu der heute herrschenden Form des Shareholder-Kapitalismus, bei welcher Unternehmensleiter nur den Eigentümern (Aktionären) gegenüber verpflichtet, stellt der Stakeholder-Kapitalismus somit eine Erweiterung der Verpflichtung auf alle Personengruppen dar, die unmittelbar oder mittelbar von der Art und Weise der Unternehmensführung betroffen sein können.

Somit ist klar, dass der Stakeholder-Kapitalismus durch seine „sozialen" bzw. sozialistischen Vorgaben die unternehmerische Freiheit stark einschränkt, was sich negativ auf die Wettbewerbsfähigkeit von Unternehmen auswirken wird.

Da Schwab ein Globalist ist, strebt er natürlich an, dass der Stakeholder Kapitalismus weltweit in jedem Land umgesetzt wird.

In seinem, zusammen mit dem Ökonomen Thierry Malleret, im Juli 2000, veröffentlichten Buch „Covid-19: The Great Reset" bzw. der im September 2020 veröffentlichten deutschen Fassung „Covid-19: Der Grosse Umbruch" erwartet Schwab, dass es nach der Covid-19-Pandemie zu einer Umverteilung von oben nach unten, also *„von den Reichen zu den Armen und vom Kapital zur Arbeit"* und zum Tod des Neoliberalismus kommt, welcher *„Wettbewerb über Solidarität, ... schöpferische Zerstörung über staatliche Intervention und Wirtschaftswachstum über soziales Wohlergehen"* stellt. Die Rolle des Staates in der Wirtschaft würde sich erheblich verstärken, so dass *„die Regierungen wieder die Oberhand"* erlangen:

---

[1192] https://www.investopedia.com/stakeholder-capitalism-4774323

*„Eine der großen Lehren der letzten fünf Jahrhunderte in Europa und Amerika ist, dass akute Krisen zur Stärkung der Staatsmacht beitragen. Dies war immer der Fall und es gibt keinen Grund, warum es bei der Covid-19-Pandemie anders sein sollte“.*[1193]

Der Kommunismus bzw. Sozialismus und seine Planwirtschaft lassen grüßen.

## 2.2 Möchte das WEF das Privateigentum abschaffen?

Und apropos Kommunismus- die Zukunftsvisionen des WEF beinhalten die Abschaffung des Privateigentums, ganz im Sinne der marxistischen Lehre.

In dem kurzen Werbefilm des WEF „8 predictions of the world by 2030" (8 Vorhersagen für die Welt bis 2030) aus dem Jahr 2016, wird ausdrücklich (vorher)gesagt, dass man bis 2030 *„nichts besitzen“* und *„glücklich sein“* wird. Wenn man etwas nutzen möchte, so wird man es mieten und es wird *„per Drohne“* geliefert.[1194] [1195]

Im selben Jahr veröffentlichte das WEF einen Artikel mit dem Titel: "Welcome To 2030: I Own Nothing, Have No Privacy And Life Has Never Been Better“ (dt. Willkommen in 2030: Ich besitze nichts, habe keine Privatsphäre und das Leben war noch nie besser) mit folgender Einführung:

*„Willkommen im Jahr 2030. Willkommen in meiner Stadt - oder sollte ich sagen "unsere Stadt". Ich besitze nichts. Ich besitze kein Auto. Ich besitze kein Haus. Ich besitze keine Geräte oder Kleidung.“*

Weiter im Text heißt es:

*„In unserer Stadt zahlen wir keine Miete, weil jemand anderes unseren freien Platz nutzt, wenn wir ihn nicht brauchen. Mein Wohnzimmer wird für*

---

[1193] Klaus Schwab, Thierry Malleret, Covid-19: Der grosse Umbruch, Forum Publishing, 2020

[1194] https://www.youtube.com/watch?v=Hx3DhoLFO4s

[1195] https://www.weforum.org/agenda/2016/11/8-predictions-for-the-world-in-2030/

*Geschäftstreffen genutzt, wenn ich nicht da bin."*

Was soll man dazu noch sagen? Ein Traum eines jeden Kommunisten.

Dem Ganzen wird dann noch die Krone, in Form von Totalüberwachung durch Aufzeichnung von allen Handlungen und sogar Gedanken, aufgesetzt:

*„Hin und wieder ärgere ich mich darüber, dass ich keine wirkliche Privatsphäre habe. Nirgendwo kann ich hingehen und mich nicht registrieren lassen. Ich weiß, dass irgendwo alles aufgezeichnet wird, was ich tue, denke und träume. Ich hoffe nur, dass niemand es gegen mich einsetzen wird. Alles in allem ist es ein gutes Leben. Viel besser als der Weg, auf dem wir waren".*

Menschen, die sich nicht mit diesem totalitären Wahnsinn zufriedengeben wollten, werden in dem Artikel ebenfalls erwähnt:

*„Meine größte Sorge sind alle Menschen, die nicht in unserer Stadt leben. Die haben wir unterwegs verloren. Diejenigen, die entschieden, dass es zu viel wurde, all diese Technologie. Diejenigen, die sich veraltet und nutzlos fühlten, als Roboter und KI große Teile unserer Arbeit übernahmen. Diejenigen, die sich über das politische System aufregten und sich dagegen wandten. Sie leben anders als außerhalb der Stadt. Einige haben kleine selbstversorgende Gemeinschaften gebildet. Andere blieben nur in den leeren und verlassenen Häusern in kleinen Dörfern aus dem 19. Jahrhundert."*[1196]

Interessanterweise wurde der Artikel kurze Zeit nach der Veröffentlichung in „Here's how life could change in my city by the year 2030" (dt. So könnte sich das Leben in meiner Stadt bis zum Jahr 2030 verändern) umbenannt, da er wohl einiges an Aufsehen sorgte und negative Kritik nach sich zog.[1197]

Zum Zeitpunkt des Verfassens dieser Zeilen (08.05.2021) ist der Artikel auf der Webseite des WEF nicht länger auffindbar. Es sieht ganz danach aus, als ob die Kritik ständig wuchs und das WEF sich dazu entschlossen hat, den Artikel zu entfernen.

---

[1196] https://www.forbes.com/sites/worldeconomicforum/2016/11/10/shopping-i-cant-really-remember-what-that-is-or-how-differently-well-live-in-2030/?sh=2898c29d1735

[1197] https://www.weforum.org/agenda/2016/11/how-life-could-change-2030/

In einem anderen Werbespot aus dem Jahr 2017 mit dem Titel „Can you rent everything you need in life?" (dt. „Können Sie alles im Leben mieten?") wird für eine Gesellschaft geworben, die ausschließlich auf Mietwirtschaft basiert. Als Vorzeigebeispiel wird eine „Werkzeugbibliothek" in Toronto vorgestellt und abschließend die wohl rhetorische Frage gestellt: *„Vielleicht werden wir in 50 Jahren nichts mehr besitzen"*?[1198]

Doch wenn die Menschen alles mieten sollen, wer ist dann der Eigentümer? Etwa all die großen Unternehmen und Banken (bzw. deren Eigentümer), die dann ALLES besitzen werden? Damit wären 99 % der Menschen wohl endgültig zu Sklaven degradiert, welche bekanntlich ebenfalls keinerlei Eigentumsrechte haben und selbst Eigentum ihrer Herren sind.

Oder werden vielleicht all die Multi-Milliardäre und Eigentümer der transnationalen Unternehmen ihr Vermögen verschenken und ebenfalls nichts mehr besitzen? Ich denke, darauf kann man lange warten - und mit „lange" meine ich „ewig".

### 2.3 Covid-19: Der Grosse Umbruch

In seinem Buch „Covid-19: Der Grosse Umbruch"[1199] bezeichnet Schwab die „Pandemie" als *„eine der am wenigsten tödlichen Pandemien, die die Welt in den letzten 2000 Jahren erlebt hat"* und geht davon aus, dass *„die Folgen von Covid-19 in Bezug auf Gesundheit und Mortalität im Vergleich zu früheren Pandemien relativ gering sein"* werden. Die „Pandemie" stelle *„weder eine existenzielle Bedrohung noch einen Schock dar, der die Weltbevölkerung für Jahrzehnte prägen wird"*.

Daher ist es nicht verständlich, wieso Schwab an einer anderen Stelle des Buches davon spricht, dass sich die Dinge niemals normalisieren werden und dass nichts jemals so sein wird, wie zuvor:

---

[1198] https://www.youtube.com/watch?v=Kpz6K1sSIPY&t

[1199] Klaus Schwab, Thierry Malleret, Covid-19: Der grosse Umbruch, Forum Publishing, 2020

*„Viele von uns fragen sich, wann sich die Dinge wieder normalisieren werden. Die kurze Antwort lautet: niemals. Nichts wird jemals wieder so sein wie zuvor. Die Normalität in dem Sinne, wie wir sie kannten, ist zu Bruch gegangen und die Coronavirus-Pandemie stellt einen grundlegenden Wendepunkt auf unserem globalen Kurs dar ... Die Welt, wie wir sie in den ersten Monaten des Jahres 2020 kannten, gibt es nicht mehr, sie hat sich im Kontext der Pandemie aufgelöst. Es kommen derart radikale Veränderungen auf uns zu, dass manche Experten bereits von der Zeit „vor Corona“ (BC) und „nach Corona“ (AC) sprechen. Diese Veränderungen werden uns wie bisher plötzlich und unerwartet überraschen und im Zuge ihrer Verkettung Auswirkungen zweiter, dritter, vierter und weiterer Ordnung, Dominoeffekte und unvorhergesehene Folgen hervorrufen. Auf diese Weise wird eine „neue Normalität“ entstehen, die sich radikal von jener unterscheidet, die wir nach und nach hinter uns lassen werden. Viele unserer Überzeugungen und Annahmen, wie die Welt aussehen könnte oder sollte, werden sich dabei zerschlagen.“*

Da es Viren seit mindestens 300 Millionen Jahren gäbe, ist Schwab der Ansicht, *„dass Pandemien höchstwahrscheinlich seit jeher existieren und ein fester Bestandteil der Geschichte der Menschheit sind, seit der Mensch zu reisen begann“* und dass sie in den letzten 2000 Jahren ... eher die Regel als die Ausnahme“ waren.

Schwab stellt die Frage:

*„Wird es uns gelingen, unser globales Heim in Ordnung zu bringen? Oder einfacher ausgedrückt: Werden wir den großen Umbruch in Gang setzen? Ein Neustart ist eine ehrgeizige Aufgabe, vielleicht zu ehrgeizig, aber wir haben keine andere Wahl, als unser Bestes zu geben, um diese Aufgabe zu bewältigen.“*

An dieser Stelle stellt sich doch einem die berechtigte Gegenfrage, wieso bei einer verhältnismäßig schwachen Covid-19-Pandemie die Rückkehr zur Normalität nicht möglich sein sollte und wir *„keine andere Wahl“* hätten, obwohl die Menschheit nach viel stärkeren Weltkrisen in Form von Pandemien, Wirtschaftskrisen und Weltkriegen, im Verlauf der Geschichte es immer wieder geschafft hat, zur Normalität zurückzukehren.

Dazu kommt, dass die „alte“ Normalität gar nicht so schlimm gewesen ist, wie es Schwab selbst zugibt:

*„Es stimmt natürlich, dass der Zustand der Welt heute im Durchschnitt deutlich besser ist als in der Vergangenheit. Wir müssen anerkennen, dass es uns als Menschen noch nie so gut ging. Fast alle Kennzahlen, die die „kollektive Wohlfahrt" messen (wie die Zahl der Menschen, die in Armut leben oder in Kriegen sterben, das Pro-Kopf-BIP, die Lebenserwartung oder die Alphabetisierungsrate und sogar die Zahl der durch Pandemien verursachten Todesfälle) haben sich in den vergangenen Jahrhunderten kontinuierlich verbessert, und in den letzten Jahrzehnten sogar ganz beeindruckend. Daher ist die Überzeugung, dass die heutige Welt besser ist als je zuvor, zwar richtig, kann jedoch nicht als Entschuldigung dafür herangezogen werden, sich bequem im Status quo auszuruhen und die vielen weiterhin bestehenden Missstände in der Welt nicht zu beheben."*

In seinen Ausführungen in Bezug auf das „politische Trilemma" zwischen Globalisierung, Demokratie und des Nationalstaates kommt Schwab zu dem Ergebnis, dass jeweils nur zwei dieser Komponenten miteinander vereinbar wären:

*„Das Trilemma legt nahe, dass die drei Begriffe der wirtschaftlichen Globalisierung, der politischen Demokratie und des Nationalstaates miteinander unvereinbar sind, basierend auf der Logik, dass nur jeweils zwei davon gleichzeitig effektiv koexistieren können. Demokratie und nationale Souveränität sind nur vereinbar, wenn die Globalisierung zurückgedrängt wird. Wenn dagegen der Nationalstaat und die Globalisierung florieren, dann ist die Demokratie unhaltbar. Wenn wiederum Demokratie und Globalisierung zunehmen, so ist kein Platz für den Nationalstaat. Man kann immer nur zwei aus drei wählen – dies ist der Kern des Trilemmas ... Im gegenwärtigen Umfeld legt das „politische Trilemma" nahe, dass die Globalisierung notwendigerweise eingeschränkt werden muss, wenn wir nicht einen Teil der nationalen Souveränität oder der Demokratie aufgeben möchten. Der Aufstieg des Nationalismus macht daher den Rückzug der Globalisierung in den meisten Teilen der Welt unvermeidlich – ein insbesondere im Westen spürbarer Impuls. Die Entscheidung zugunsten des Brexits und die Wahl von Präsident Trump auf einer protektionistischen Plattform sind zwei bedeutsame Ausdrucksformen des Widerstands gegen die Globalisierung."*

Kernaussage dieser Ausführungen ist wohl: *„Wenn wiederum Demokratie und Globalisierung zunehmen, so ist kein Platz für den Nationalstaat"*. Ein Nationalstaat ist ein souveräner Staat, welcher unabhängig seine Politik und

Wirtschaft gestalten kann. Schwab sieht eine Gefahr in den souveränen Einzelstaaten, welche den Great Reset und die Globale Ordnungspolitik zunichtemachen können:

*„Die beiden Begriffe der globalen Ordnungspolitik und der internationalen Zusammenarbeit sind so miteinander verflochten, dass globale Ordnungspolitik in einer gespaltenen Welt, die sich zurückzieht und aufsplittert, nahezu unmöglich ist. Je stärker die Weltpolitik von Nationalismus und Isolationismus durchdrungen wird, desto höher stehen die Chancen, dass globale Ordnungspolitik ihre Bedeutung verliert und unwirksam wird. Leider sind wir nun an diesem kritischen Punkt angekommen."*

Interessanterweise ist Schwab ebenfalls der Ansicht, dass *„die Ablehnung der Globalisierung durch die Wähler eine rationale Reaktion ist, wenn die Wirtschaft stark und die Ungleichheit hoch"* ist.

Da Laut Schwab für wirtschaftsstarke Länder die Ablehnung der Globalisierung eine vernünftige Lösung ist, kommt ihm wohl die durch Covid-19 verursachte Wirtschaftskrise gerade recht.

Schwab macht sich ebenfalls, wie Bill Gates, Ted Turner und andere Superreiche, Sorgen bezüglich angeblicher Gefahren des Klimawandels, welchen Schwab als schwerwiegender einstuft als die Covid-19 „Pandemie", und versucht, beim Leser Ängste zu schüren:

*„Eines Tages wird es (die „Pandemie", Anm. d. Verf.) vorüber sein. Hingegen wird uns die Bedrohung durch den Klimawandel und die damit verbundenen extremen Wetterereignisse in absehbarer Zukunft und darüber hinaus begleiten. Denn das Klimarisiko entwickelt sich langsamer als die Pandemie, aber es wird weitaus schwerwiegendere Folgen haben. Das Ausmaß wird zu einem großen Teil von der politischen Reaktion auf die Pandemie abhängen. Jede Maßnahme zur Wirtschaftsbelebung wird unmittelbare Auswirkungen auf unsere Lebensweise haben, aber auch auf die CO2-Emissionen, die sich ihrerseits wiederum weltweit und über Generationen hinweg auf die Umwelt auswirken werden ... Es bleibt zu hoffen, dass einige dieser Lehren, die uns ein besseres Verständnis dafür vermitteln, was ein existenzielles Risiko wirklich bedeutet und zur Folge hat, nun auf die Klimarisiken übertragen werden. Nicholas Stern, Leiter des Grantham Forschungsinstituts für Klimawandel und Umwelt, drückt es folgendermaßen aus: „Was wir aus all dem gelernt haben,*

*ist, dass wir in der Lage sind, Dinge zu ändern ... Wir müssen erkennen, dass es weitere Pandemien geben wird, und wir müssen dann besser vorbereitet sein. [Aber] wir müssen auch erkennen, dass der Klimawandel eine viel tiefgreifendere und größere Bedrohung darstellt, die nicht verschwindet und genauso dringend ist. Nachdem wir uns monatelang über die Pandemie und ihre Auswirkungen auf unsere Lungen Sorgen gemacht haben, werden wir von sauberer Luft besessen sein; während der Lockdowns haben viele von uns die Vorteile einer verringerten Luftverschmutzung selbst gesehen und gerochen, was möglicherweise zu der kollektiven Erkenntnis geführt hat, dass wir nur noch wenige Jahre haben, um die schlimmsten Folgen der globalen Erwärmung und des Klimawandels anzugehen. Wenn dem tatsächlich so ist, werden gesellschaftliche (kollektive und individuelle) Veränderungen folgen."*

Im Hinblick auf die Bekämpfung von Covid-19 hält Schwab die Lockdowns für wirksam, um *„die Reproduktionsrate des Coronavirus zu reduzieren"* und ist ein Befürworter von Contact Tracing, der Ermittlung von Kontaktpersonen, welche sich seiner Meinung nach als *„eine Schlüsselkomponente einer erfolgreichen Strategie gegen Covid-19 erwiesen"* hat.

Hinsichtlich der Folgen der „Pandemie" sagt Schwab eine zunehmende Technisierung des Arbeitsmarktes voraus und den damit verbundenen Verlust von Arbeitsplätzen:

*„Aller Wahrscheinlichkeit nach wird die durch die Pandemie ausgelöste Rezession einen starken Anstieg der Arbeitssubstitution auslösen, d. h. körperliche Arbeit wird durch Roboter und „intelligente" Maschinen ersetzt, was wiederum dauerhafte und strukturelle Veränderungen auf dem Arbeitsmarkt hervorrufen wird ... Diese auf Notwendigkeit (wie z. B. Hygienemaßnahmen) beruhenden Innovationen werden bald Hunderttausende und möglicherweise Millionen von Arbeitsplätzen kosten."*[1200]

## 2.4 Menschen als Humankapital

---

[1200] Klaus Schwab, Thierry Malleret, Covid-19: Der grosse Umbruch, Forum Publishing, 2020

In einer Animation des WEF mit dem Titel „What will the future of jobs be like?“ (dt. „Wie wird die Zukunft der Jobs sein?“) werden die neuen Arbeitsbedingungen und die fortschreitende Technisierung der Arbeit vorgestellt. Dabei haben die Arbeiter in der Animation keine Augen, wodurch sie entmenschlicht sind, tragen zudem Masken und werden mit dem Unwort des Jahres 2004 *„Humankapital“* bezeichnet, welches Menschen *„zu nur noch ökonomisch interessanten Größen“* degradiert.[1201]

### 3. Die Vierte Industrielle Revolution

Die Corona „Pandemie“, sowie The Great Reset sollen auch gleichzeitig die „Vierte Industrielle Revolution“ (4IR) einleiten, von der Schwab seit Jahren schwärmt.

So würden bereits heute sämtliche Technologien, welche zur Covid-19-Pandemiebekämpfung eingesetzt wurden bzw. werden [wie z. B. die Biotechnologie zur Impfstoffentwicklung (mRNA- und Vektorplattformen), die genetische Sequenzierung sowie die Apps und Software zur Kontaktverfolgung (Massenüberwachung)] auf Technologien der 4IR beruhen.[1202]

In seinem Buch „Shaping the future of the 4th industrial revolution” (dt. “Gestaltung der Zukunft der 4. industriellen Revolution“), welches im Januar 2018 veröffentlicht wurde, beschreibt Schwab was uns alle, seiner Meinung nach, erwarten soll:

***„Die Technologien der vierten industriellen Revolution werden nicht aufhören, Teil der physischen Welt um uns herum zu werden - sie werden Teil von uns****. In der Tat haben einige von uns bereits das Gefühl, dass unsere Smartphones zu einer Erweiterung unserer selbst geworden sind. Die heutigen externen Geräte - von tragbaren Computern bis hin zu Virtual-Reality-Headsets*

---

[1201] https://www.faz.net/aktuell/feuilleton/sprache-das-unwort-des-jahres-humankapital-1210498.html

[1202] https://de.wikipedia.org/wiki/Klaus_Schwab#Die_vierte_industrielle_Revolution

*- werden mit ziemlicher Sicherheit in unseren Körper und unser Gehirn implantiert. Exoskelette und Prothesen werden unsere körperliche Leistungsfähigkeit steigern, während Fortschritte in der Neurotechnologie unsere kognitiven Fähigkeiten verbessern. Wir werden besser in der Lage sein, unsere eigenen Gene und die unserer Kinder zu manipulieren. Diese Entwicklungen werfen tiefgreifende Fragen auf: Wo ziehen wir die Grenze zwischen Mensch und Maschine? Was bedeutet es, menschlich zu sein? ...* ***Computer werden auch physisch ein Teil von uns****. Externe tragbare Geräte wie Smartwatches, intelligente Ohrhörer und Augmented-Reality-Brillen weichen* ***aktiven implantierbaren Mikrochips****, die die Hautbarriere unseres Körpers durchbrechen und faszinierende Möglichkeiten schaffen, die von integrierten Behandlungssystemen bis hin zu Möglichkeiten zur Verbesserung des Menschen reichen.*

*Biologisches Computing könnte es uns bald ermöglichen, spezialisierte Mikrochips durch maßgeschneiderte Organismen zu ersetzen, ein Schlüsselaspekt einer neuen kulturellen Ausdrucks- und Konsumform namens „Biohacking".*

*Forscher am MIT haben gezeigt, dass Sensoren, Speicherschalter und Schaltkreise in gewöhnlichen menschlichen Darmbakterien codiert werden können."*

Wer den Film "Minority Report" gesehen hat, dem dürfte der Inhalt der folgenden Aussage bekannt vorkommen:

*„Der Justizsektor wird aufgefordert, grundlegende Vorstellungen über persönliche Verantwortung zu überdenken, da der Zusammenhang zwischen Gehirnzuständen und Verhalten besser verstanden wird. In vielen Ländern sind Gerichte vorsichtig, wenn es darum geht, sich auf Geräte zu verlassen, die behaupten, die Gedanken einer Person zu interpretieren, wie den Lügendetektor oder den Polygraphen. Wenn sich jedoch die Fähigkeiten in diesem Bereich verbessern, wird die Versuchung für* ***Strafverfolgungsbehörden und Gerichte*** *zunehmen,* ***Techniken einzusetzen, um die Wahrscheinlichkeit krimineller Aktivitäten zu bestimmen, Schuldgefühle zu bewerten oder möglicherweise sogar Erinnerungen direkt aus dem Gehirn von Menschen abzurufen. Selbst das Überschreiten einer nationalen Grenze könnte eines Tages einen detaillierten Gehirn-Scan erfordern, um das Sicherheitsrisiko einer Person zu bewerten****."*

Ein Werbefilm des WEF bezüglich der 4IR zitiert Schwab, wie er den wesentlichen Unterschied der 4IR zu den drei vorangegangenen industriellen Revolutionen erklärt:

"***Eines der Merkmale dieser vierten industriellen Revolution ist, dass sie nicht ändert, was wir tun, sondern uns (selbst) verändert***."

Weiterhin wird im Werbevideo davon gesprochen, dass **die 4IR neu definieren wird *„was es bedeutet, ein Mensch zu sein*"**, dass unsere Körper *„so hochtechnologisch sein"* werden, ***„dass wir nicht wirklich unterscheiden können, was natürlich und was künstlich ist***." Und dass es **möglich sein wird Zugang zu Gedanken und Emotionen der Menschen zu erhalten**.[1203]

Jeder kennt das Sprichwort: „Die Gedanken sind frei". Dieses wird in Schwabs Zukunftsvision wohl nicht mehr gelten. Wenn das alles Realität wird, dann kann man sich nicht nur von seiner physischen Freiheit, sondern auch von seiner geistigen Freiheit ein für alle Mal verabschieden. Dann ist es wohl vorbei mit dem freien Willen und der freien Meinungsbildung- bzw. Äußerung.

Die vierte industrielle Revolution ist somit nichts anderes, als eine Verschmelzung des Menschen mit High-Tech-Technologien, welche u. a. seine Gedanken ablesen und diese kontrollieren sollen- ein Traum eines jeden Kontrollfreaks.

### 4. Die Gefahren eines universellen Grundeinkommens

Das WEF hat sich ebenfalls für ein universelles Grundeinkommen (UG) für alle ausgesprochen.[1204] Was zunächst gut klingt, könnte sich jedoch bei näherem Hinsehen als eine Falle erweisen. Denn eins ist klar- mit einem UG wäre mal total vom Staat abhängig. Dieser könnte dann diktieren, was man zu tun hat, wenn man das UG beziehen möchte. Da Schwab ein Globalist ist und sich gegen die staatliche Souveränität ausspricht, ist durchaus möglich, dass letztendlich das UG an Bedingungen der „Global Governance" geknüpft wird, welche einem

---

[1203] https://www.youtube.com/watch?v=kpW9JcWxKq0&t

[1204] https://www.weforum.org/agenda/2020/04/covid-19-universal-basic-income-social-inequality/

regelmäßige Impfungen, digitale Identitäten oder transhumanistische Eingriffe in den Körper vorschreiben könnten. Da durch die Corona Politik und womöglich auch durch die erwarteten Cyber-Pandemien (siehe auch: Punkt 7.) zahlreiche Existenzen und ganze Wirtschaften vernichtet werden und Staaten sich immer mehr verschulden, ist durchaus möglich, dass die führenden Globalisten zusammen mit der Weltbank, bzw. dem Internationalen Währungsfond den Staaten zunächst immer mehr Kredite vermitteln, und wenn klar wird, dass die Staaten sie niemals tilgen können, einen Schuldenerlass, eine Art Neustart (Great Reset) vorschlagen, sofern man den Bedingungen der Globalisten und der globalen Banken akzeptiert. Dabei werden die Bedingungen wahrscheinlich an die Aufgabe jeglicher staatlicher Souveränität geknüpft sein, so dass der staatliche Schutz quasi wegfällt, und die Globalisten die unmittelbare Macht und Kontrolle über einen jeden Erdenbewohner erhalten.

## 5. Transhumanismus

### 5.1 Was bedeutet Transhumanismus?

Der Transhumanismus ist eine philosophische und kulturelle Bewegung, die den menschlichen Fortschritt durch Technologie fördert und den Menschen mit dieser verschmelzt. Transhumanismus ist der Glaube bzw. die Theorie, dass sich der Mensch, über seine gegenwärtigen physischen und mentalen Grenzen hinaus, zu so etwas wie einem „Übermenschen“ entwickeln kann, insbesondere durch Wissenschaft und Technologie. Dazu sollen die Menschen (u. a. durch Genmanipulationen) zielgerichtet gezüchtet werden.

Somit folgt der Transhumanismus den Grundsätzen der Eugenik, welche im Transhumanismus eine zentrale Rolle spielt.

In der transhumanistischen Zukunft sollen Computerchips sich nicht nur in Laptops oder Telefonen befinden, sondern durch Ärzte in unser Gehirn implantiert werden. Der berühmte theoretische Physiker Michio Kaku beschreibt Gehirnimplantate als den eigenen, erweiterten Verstand. Dies soll der Beginn des „Gehirnnetzes“ sein, den möglichen Nachfolger des Internets, eine Form der virtuellen Telepathie, die es ermöglichen soll, Musik zu erstellen, ein Auto zu fahren, mit anderen Menschen zu kommunizieren und sogar mit einer Geschwindigkeit, die der Denkgeschwindigkeit entspricht, im Internet zu surfen.

Das Hauptziel des Transhumanismus soll eine Transformation des Menschen sein, die darin besteht, zu versuchen, den biologischen Tod zu überwinden, was durch eine Reihe von Methoden ermöglicht werden soll, indem z. B. Organe durch 3D-Druck gedruckt werden, da Organversagen einer der Hauptgründe ist, warum Menschen sterben. Es soll auch möglich werden, sich selbst in eine Maschine hochzuladen oder seine genetische Struktur zu verändern und zu versuchen, sie so zu gestalten, dass der Alterungsprozess aufgehalten wird.
Sollte man es nicht bis zur Einführung dieser Technologien schaffen und sterben, kann man auf Wunsch seinen Körper bzw. sein Gehirn einfrieren lasse, mit der Hoffnung, wiederbelebt zu werden, sobald die Technologie dies ermöglicht.[1205] [1206] [1207] [1208] [1209]
Der Transhumanismus ist mittlerweile gesellschaftsfähig geworden und hat es z. B. bereits auf Titelblätter von National Geographic und Time Magazine geschafft. [1210] [1211]

## 5.2 Metropolis

Die Idee des Transhumanismus ist nicht neu. Bereits 1927 erschien der Spielfilm „Metropolis", in welchem eine Mensch-Maschine erschaffen wurde, die beliebige menschliche Gestalt annehmen konnte.

---

[1205] https://www.nbcnews.com/science/science-news/brainiac-says-well-all-be-part-brain-net-someday-n70236
[1206] https://de.wikipedia.org/wiki/Transhumanismus
[1207] https://www.youtube.com/watch?v=x3IjzrU1hWo&list=UUuftdXePz6z73Wsg8Ao5lTg&index=2
[1208] https://www.youtube.com/watch?v=STisIGbJIAI
[1209] https://www.zukunftsinstitut.de/artikel/transhumanismus-die-cyborgisierung-des-menschen/
[1210] http://content.time.com/time/covers/0,16641,20110221,00.html
[1211] https://www.biblio.com/book/national-geographic-magazine-april-2017-next/d/1014474496

Die Handlung des Films erzählt von einer technokratischen Riesenstadt Metropolis, in welcher Arbeiter und Oberschicht völlig isoliert voneinander leben. Die Arbeiter gelten dabei als minderwertig und müssen in den Tiefen der Erde vegetieren, wo es weder Sonne noch Freude gibt, und in engen Massenunterkünften wohnen. Die Reichen und Mächtigen hingegen residieren hoch über dem Boden von Metropolis. Ihre Söhne leben in einer eigenen Stadt mit eigenen Universitäten, einem gigantischen Stadion und den paradiesischen ewigen Gärten. Der Film „Metropolis" wird insbesondere von Transhumanisten hoch angesehen, wobei auch viele Popstars, wie z. B. Madonna, Lady Gaga, Christina Aguillera, Beyonce haben diesem Film bzw. der transhumanistischen Agenda offensichtlich Tribut gezollt haben.[1212]

### 5.3 Die Huxleys- eine schrecklich transhumanistische Familie?

Als Gründer des Transhumanismus wird der Eugeniker Julian Huxley betrachtet, welcher ebenfalls der erste Generaldirektor der UNESCO, Mitbegründer des World Wildlife Fund (WWF) und Präsident der Eugenics Society gewesen ist. Die Eugenics Society (oft auch als „British Eugenics Society" bezeichnet) wurde 1989 in das „Galton Institute" umbenannt, wohl um die eugenischen Absichten zu verschleiern, welche sich aus der vorherigen Namensgebung klar herauslesen ließen.[1213]

Julians Bruder, Aldous Huxley hat im Jahre 1932 den weltberühmten Roman „Schöne Neue Welt" herausgebracht, welcher zahlreiche eugenische und transhumane Elemente enthält.
Aldous beschreibt darin eine Dystopie von einem totalitären Staat, in welchem Religion, Kunst und Wissenschaft verschwunden sind und menschliche Embryos künstlich erzeugt, konditioniert und prädestiniert werden. Dadurch entsteht eine Sozialstruktur mit fünf Kasten, von Alpha bis Epsilon, welche durch materiellen Konsum, stimmungserhellenden Drogenkonsum und Promiskuität bei Laune gehalten wird, damit kritisches Denken, Selbstbewusstsein und Eigeninitiative, welche für das System gefährlich werden könnten, bereits im

---

[1212] https://smoda.elpais.com/celebrities/divas-mk-ultra-la-conspiranoia-senala-a-las-estrellas-del-pop/
[1213] https://en.wikipedia.org/wiki/Galton_Institute

Keim erstickt werden.[1214]

Zbigniew Brzeziński, ehemaliger einflussreichen US-Politikberater, hat 1970 in seinem Buch „America's Role in the Technetronic Era" (dt. „Amerikas Rolle in der technotronischen Ära") etwas Ähnliches prophezeit:

*„Der Mensch ist in wachsendem Maße in der Lage, das Geschlecht von Kindern zu bestimmen, durch Medikamente das Maß ihrer Intelligenz und ihre Persönlichkeit zu ändern und zu steuern. Ein Hirnforscher versicherte mit Blick auf die Entwicklung in der nahen Zukunft: „Ich sehe eine Zeit voraus, in der wir die Mittel haben und damit unweigerlich der Versuchung ausgesetzt sein werden, das Verhalten und die mentalen Funktionen aller Menschen durch Veränderung der Umwelt und durch biochemische Manipulation des Gehirns zu beeinflussen ... In der technotronischen Gesellschaft scheint der Trend dahin zu gehen, ... die neuesten Kommunikationstechniken effektiv zu nutzen, um Emotionen zu manipulieren und die Vernunft zu kontrollieren."* [1215] [1216]

Interessant ist auch die Tatsache, dass sowohl Julian, als auch Aldous, Thomas Henry Huxley als Großvater hatten, einen Freimaurer und ehemaligen Präsidenten der Royal Society, welcher nicht umsonst als „Darwins Bulldogge" bezeichnet wurde, da er Charles Darwins Evolutionstheorie massiv unterstützte und öffentlich verbreitete, aus welcher dann die Eugenik und der Transhumanismus entstanden.

### 5.4 „Schöne neue Welt" vs "1984"

Aldous Huxley war mit dem Schriftsteller George Orwell befreundet und ist sogar sein Französischlehrer gewesen.[1217] Orwell hat 1948 ebenfalls eine

---

1214 https://de.wikipedia.org/wiki/Sch%C3%B6ne_neue_Welt
1215 Between two Ages - America's Role in the Technetronic Era, Zbigniew Brzezinski, The Viking Press, Inc, New York 1970

1216 https://de.wikipedia.org/wiki/Zbigniew_Brzezi%C5%84ski#Zwischen_zwei_Zeitaltern,_Amerikas_Rolle_in_der_technetronischen_%C3%84ra_1970
1217 https://www.thevintagenews.com/2017/01/30/aldous-huxley-was-george-

weltberühmte Dystopie mit dem Namen „1984“ veröffentlicht.
Auch hier geht es um einen totalitären Überwachungsstaat und um die Unterdrückung des Individuums und des eigenständigen und kritischen Denkens durch den Staat. Allerdings wird dies in 1984, nicht wie bei Huxley indirekt durch den Konsum, Promiskuität und stimmungserhellenden Drogen bewirkt, sondern direkt mittels permanenter Kontrolle, Überwachung und Gewalt.[1218] Viele Begriffe aus 1984, wie z. B. „Big Brother“, „Neusprech“ und „Doppeldenk“ werden auch heutzutage überall verwendet und sind wohl so aktuell wie nie zuvor.

Nach der Veröffentlichung von „1984“ hat Aldous Huxley an Orwell einen Brief geschrieben, in dem er das Werk zwar gelobt hatte, jedoch seine Version der Dystopie (Schöne Neue Welt) für realistischer hielt:

*„Mein eigener Glaube ist, dass die herrschende Oligarchie weniger beschwerliche und verschwenderische Wege finden wird, um ihre Machtgier zu regieren und zu befriedigen, und diese Wege werden denen ähneln, die ich in Brave New World beschrieben habe.*
*...*
*Ich glaube, dass die Machthaber der Welt innerhalb der nächsten Generation feststellen werden, dass die Konditionierung von Kindern und die Narkohypnose als Regierungsinstrumente effizienter sind als ... Gefängnisse, und dass die Machtgier ebenso vollständig befriedigt werden kann, indem den Menschen suggeriert wird, ihre Knechtschaft zu lieben,“* anstatt dass sie *„durch das Auspeitschen und Treten (Zwingen) in den Gehorsam“* gezwungen werden“.[1219]

Wenn man sich die heutige Welt so ansieht, so mag Aldous nicht unrecht gehabt haben. Unsere heutige Gesellschaft ist stark nach Konsum ausgerichtet und wir erleben einen ständigen Verfall der traditionellen Familienwerte und die dadurch kausale Zunahme an Promiskuität. Drogen wie Alkohol und Zigaretten sind längst gesellschaftskonform und lenken die Menschen, genauso wie Brot und Spiele, von den wichtigen politischen Themen und Weltereignissen ab. Auch ist kritisches, eigenständiges Denken immer seltener

---

orwells-french-teacher-at-eton-college/
[1218] https://de.wikipedia.org/wiki/1984_(Roman)
[1219] https://www.intellectualtakeout.org/blog/huxley-letter-orwell-my-book-was-right/

aufzutreffen, wodurch eine Abschwächung von Verantwortung und Eigeninitiative bewirkt wird. Auf der anderen Seite sehen wir, wie die staatliche Kontrolle und Überwachung immer mehr zunimmt. An jeder Straßenecke gibt es mittlerweile Kameras, jegliche Daten der Bürger sind für die Behörden schon lange ein offenes Buch und die zahlreichen gravierenden Grundrechtseinschränkungen durch staatliche Corona-Maßnahmen sprechen ebenfalls für 1984, auch wenn diese der Bevölkerung als „Schutzmaßnahmen" verkauft werden.

Die aktuelle Lage sieht somit ganz nach einem Mix aus „1984" und „Schöne neue Welt" aus, wobei sich die Lage für die Menschen zunehmend verschlechtert. Verschlimmert wird das Ganze durch die traurige Tatsache, dass die meisten Menschen zumeist ignorant und ahnungslos darüber sind, was wirklich in der Welt vorgeht und ganz einfach, bequem und willenlos, wie tote Fische, mit dem Strom mitschwimmen.

Aldous Huxley und George Orwell waren sichtlich ihrer Zeit voraus. Es ist jedoch naiv anzunehmen, dass sie das alles einfach frei erfunden haben. Aldous stammt aus einer Familie, deren Mitglieder Freimaurer, Eugeniker und Transhumanisten waren. Es ist daher anzunehmen, dass er Insiderwissen hatte und über die Pläne der Eliten Bescheid wusste, welche er in „Schöne Neue Welt" zumindest teilweise offengelegt hatte. Orwell war sein Freund und wurde sichtlich von Aldous Huxley und seinem Roman inspiriert und beeinflusst. Bemerkenswert ist, dass in beiden Werken am Ende nicht der Widerstand, sondern das totalitäre System gewinnt.

Es ist daher gut möglich, dass diese beiden Werke eine Art vorausschauende Programmierung darstellen, die eine Form der psychologischen Kriegsführung ist. Dabei sollen den Menschen die kommenden geplanten Ereignisse [in dem Fall ein totalitärer (Welt-)Staat] im Vorfeld aufgezeigt werden, damit sie diese besser akzeptieren können, wenn sie eintreten. Des Weiteren soll den Menschen suggeriert werden, dass das was kommt, unabwendbar ist und dass der Widerstand verlieren wird, so dass die Menschen von vornherein denken sollen, dass sie keine Chance haben und entmutigt werden.

## 5.5 Nanobots im Gehirn, Verbindung zur Cloud und Avatare

Ray Kurzweil, Transhumanist und Technischer Direktor bei Google, ist der Meinung, dass in den 2030ern Nanobots (winzige Roboter aus DNA-Strängen) in den Kapillaren unseres Gehirns herumschwimmen werden, durch die unser Gehirn (Neocortex) drahtlos mit einer Cloud verbunden werden soll. Dadurch sollen wir in der Lage sein, E-mails, Fotos, Erinnerungen und Gedanken in einer Cloud zu sichern.

Außerdem soll es uns ermöglicht werden, Erinnerungen an verstorbene Menschen zu entnehmen und diese in sogenannte „Avatare" einzusetzen, welche eine realistische Kopie des Verstorbenen darstellen sollen:

*„Bis 2030 wird die künstliche Intelligenz in der Lage sein, Avatare zu erstellen, die einem tatsächlich lebenden Menschen sehr ähneln werden. Wir können ihre DNA berücksichtigen. In den 2030er-Jahren werden wir in der Lage sein, Nanobots in das Gehirn lebender Menschen zu schicken und Erinnerungen an verstorbene Menschen zu extrahieren. Dann kann man sie wirklich sehr realistisch machen."*

Weiterhin soll es möglich sein, Bücher, Musik sowie diverse Kenntnisse, Techniken und Fähigkeiten direkt ins Gehirn herunterzuladen und dadurch z. B. sofort zum Fachmann in dem ausgewählten Bereich zu werden bzw. sich eine bestimmte Technik sofort aneignen zu können. Dadurch sollen wir Kurzweils Ansicht nach *„gottähnlicher"* werden.[1220] [1221] [1222]

Da die Cloud im Gegensatz zum Gehirn erweitert werden kann, und somit viel mehr Sachen über die Cloud heruntergeladen werden, bzw. darauf gespeichert werden können, ist es gut möglich, dass sich mit der Zeit unser Bewusstsein immer mehr in die Cloud verlagert und folglich sich immer weniger im biologischen Gehirn befindet, so dass es immer mehr von der Cloud abhängig sein wird. Ab einem bestimmten Punkt könnte sich das Bewusstsein womöglich vollständig vom biologischen Gehirn loslösen und wäre dann in der Cloud vielleicht für immer gefangen. Man möchte es sich nicht vorstellen, was alles

---

[1220] https://www.huffpost.com/entry/ray-kurzweil-nanobots-brain-godlike_n_560555a0e4b0af3706dbe1e2
[1221] https://www.mobilegeeks.de/artikel/ray-kurzweil-ueber-nanobots-in-unserem-gehirn-und-gottaehnlichen-cyborgs/
[1222] https://www.youtube.com/watch?v=6BsluRkxs78&list=PL967nT-2upaYmZaXg8uGF4QE213E8lxZw&index=46

passieren kann, wenn diese Technologie massenhaft Verwendung findet und dann technische Pannen aufweist, gehackt wird oder in die Hände von machtgeilen Kontrollfreaks gerät.[1223]

## 5.6 Elon Musks Neuralink - ein Mikrochip im Kopf

Elon Musk hat 2016 das Unternehmen Neuralink gegründet, *„das die Vernetzung zwischen Mensch und Maschine auf das nächste Level heben soll. Die Firma soll einen implantierbaren, nur wenige Millimeter großen Chip entwickeln, der es möglich machen soll, einen Computer nur durch Gedanken zu steuern."*[1224]

Die Idee ist, über kleine Löcher in der Schädeldecke Chips mit acht Millimeter Durchmesser zu platzieren, an denen High-Tech-Elektroden an Kabelfäden hängen, die dünner als ein Haar sind.

Der Chip wird über kleine Löcher in der Schädeldecke (8 mm Durchmesser) mittels einem selbst entwickelten Operations-Roboter implantiert, und ist mit sogenannten "Threads" ausgestattet - extrem dünnen Fäden von der Dicke einer Nervenzelle, welche nur einen Bruchteil eines menschlichen Haares messen. Am Ende der Threads befinden sich wiederum Elektroden, welche mit dem Gehirn verbunden werden und welche fähig sind, Signale zu empfangen oder die Nervenzellen zu stimulieren. Die Informationen werden an einen Sender übertragen, welcher hinter dem Ohr befestigt wird und mit dem Smartphone gekoppelt ist.[1225] [1226] [1227]

---

[1223] https://www.youtube.com/watch?v=6BsluRkxs78&list=PL967nT-2upaYmZaXg8uGF4QE213E8lxZw&index=46

[1224] https://www.stern.de/digital/technik/neuralink--elon-musk-will-musik-direkt-ins-gehirn-streamen-9346696.html

[1225] https://www.welt.de/wirtschaft/article197006211/Neuralink-Elon-Musk-pflanzt-kuenstliche-Intelligenz-ins-Gehirn.html

[1226] https://medium.com/the-treatise/neuralink-explained-how-exactly-will-we-talk-to-machines-using-our-brain-83f26e432650

[1227] https://www.stern.de/digital/technik/neuralink--elon-musk-will-musik-direkt-ins-gehirn-streamen-9346696.html

*„Musk ist vom Potenzial der Technologie felsenfest überzeugt. Mit ihr soll es möglich sein, mit Hilfe einer via Smartphone gekoppelten App wie in einem App Store neue Fähigkeiten herunterzuladen und diese direkt ins Gehirn einzuspeisen - vorstellbar wären Fremdsprachen oder Bewegungsmuster aus Sportarten, quasi als Direktdownload. Zudem könne man das Gehirn direkt mit einer Künstlichen Intelligenz koppeln.*

*Doch Musk sieht noch weitere Szenarien: Auf Twitter gab er nun bekannt, dass Neuralink auch ein völlig neues Musikerlebnis ermöglichen werde. Auf Anfrage eines Computerwissenschaftlers erklärte Musik, man könne Musik "direkt ins Gehirn „streamen."*[1228]

Außerdem möchte Musk durch sein Unternehmen Neuralink *„einen Schritt weiter gehen und quasi neue Fähigkeiten in Nervenzellen des Gehirns wie ein Software-Update laden. Beispielsweise eine neue Sprache oder Bewegungsabläufe, etwa eine Kampfsportart. Es könnten auch Bilder erzeugt werden, etwa für Werbung oder virtuelle Stadtpläne zur Orientierung."*[1229]

Jeder, der den ersten Teil der „Matrix"-Trilogie gesehen hat, wird sich an dieser Stelle sicherlich wohl an die Szene erinnern, als Neo sich auf diese Art und Weise Kampftechniken runterlädt und aneignet. So oder so ähnlich könnte es auch in der Wirklichkeit aussehen, wenn es nach Musk oder Kurzweil ginge.

Wer jetzt denkt, dass die technologischen Visionen von Schwab, Kurzweil und Musk viel zu fantastisch und zumindest in naher Zukunft technologisch nicht umsetzbar sind, der könnte sich irren.

Bereits 2003 haben Forscher einen Neuro-Chip entwickelt, welcher *„Gedanken lesen"* kann.[1230]

Außerdem hat Musks Neuralink bereits bei Schweinen Microchips in deren Schädel implantiert.

---

[1228] https://www.stern.de/digital/technik/neuralink--elon-musk-will-musik-direkt-ins-gehirn-streamen-9346696.html
[1229] https://www.welt.de/wirtschaft/article197006211/Neuralink-Elon-Musk-pflanzt-kuenstliche-Intelligenz-ins-Gehirn.html
[1230] https://www.infineon.com/cms/de/about-infineon/press/market-news/2003/129317.html

*„Musk zeigte im Firmenhauptquartier im kalifornischen Fremont eines der Tiere, bei dem Impulse vom Rüssel übermittelt wurden. Jedes Mal, wenn das Schwein damit etwas berührte, waren auf einem Bildschirm elektrische Signale zu sehen. Bei einem Schwein auf dem Laufband konnte mit Informationen aus dem Gerät per Software ziemlich genau vorhergesagt werden, wann welches Gelenk aktiviert wird.“*[1231]

Im April 2021 hat Neuralink ein Video aus dem Testlabor veröffentlicht, in welchem zu sehen ist, wie der Affe namens „Pager“ vermeintlich das klassische und simple Videospiel Pong spielt, ohne dabei einen Controller zu benutzen, rein durch Gedankenkraft. Der Affe *„wird lediglich über einen Halm, der von der Konstruktion ausgeht, mit Bananenmark versorgt, offensichtlich, um ihn zu motivieren.*

*Zuvor wurde Pager ein neuraler Mikrochip in den Kopf eingesetzt, mit dem der Affe über Gedankenimpulse das Geschehen auf dem Bildschirm beeinflussen können soll. Im Video ist zunächst zu sehen, wie der Affe mithilfe eines Joysticks Aufgaben auf dem Monitor erlernt. Später aber ist dieser Stick verschwunden und der Pager-Chip wird über eine Smartphone-App mit dem Spiel „Pong“ verbunden. Es ist zu sehen, wie sich die „Pong-Elemente“ scheinbar von Geisterhand bewegen.“* [1232]

Der Affe soll dabei das Spiel nur mit seinen Gedanken gesteuert haben.

### 5.7 Die gedankliche Fernsteuerung ist bereits Realität

Die gedankliche Fernsteuerung wird in der Spielindustrie bereits seit einigen Jahren eingesetzt. Dabei tragen die Spieler ein Headset und beeinflussen alleine durch ihre Konzentration das Spielgeschehen. Die EEG – Technologie, welche in Krankenhäusern bereits seit Langem breite Verwendung findet, ermöglicht es, Gehirnwellen zu messen und die Spielfigur durch konzentriertes

---

[1231] https://www.spiegel.de/netzwelt/elon-musk-praesentiert-gehirn-computer-schnittstelle-a-e5fe3272-0e5f-4c88-bcde-68be07e1bc81
[1232] https://www.bild.de/digital/multimedia/multimedia/elon-musks-neuralink-chip-laesst-affen-spiel-mit-gedanken-steuern-76060572.bild.html

Denken zu steuern.[1233]

Durch ein von InterXon entwickeltes „Muse"-Stirnband, welches die EEG-Technologie verwendet, werden Alphawellen (8–12 Hz), die mit Entspannung und Ruhe verbunden sind und Betawellen (12–30 Hz), die mit wachen oder aufmerksamen Geisteszuständen korrelieren, gemessen. Durch die Interpretation dieser Messungen (Signale) kann man auf bestimmte Zustände schließen, in denen sich der Mensch befindet, so z. B. ob bzw. wann er fokussiert oder entspannt ist.

Die Muse verfügt über eine App, die Daten sammelt und in die Cloud überträgt, sodass jemand, der diese Daten teilt, nach Mustern der Gehirnaktivität suchen kann. Die Muse kann auch dazu verwendet werden, um Feedback zum eigenen Geisteszustand zu erhalten und die eigene Kognition zu trainieren, um produktiver zu werden, die Gedächtnisleistung zu steigern und schlechte kognitive Gewohnheiten zu durchbrechen, die Depressionen und Angstzuständen verursachen und die Stimmung und das Denken verbessern können.[1234]

Dabei besteht durchaus die Gefahr, dass die Gehirnaktivität über digitale Geräte kontrolliert oder in der Cloud verfolgt wird, indem andere diese Informationen anzapfen und durch die Deutung der Gehirnwellen etwas über eine Person erfahren können, was eine potenzielle Gefahr für die Privatsphäre bedeuten würde.[1235]

So konnte z. B. eine Gruppe von Forschern der University of California in Berkeley, der Oxford University und der Universität Genf, welche 28 Probanden mit den Gehirngeräten NeuroSky und Emotiv untersuchte, die elektrischen Signale aus den Gehirnen der Probanden verwenden, Hinweise auf persönliche Informationen, wie z. B. Gesichter, die sie erkannten, den Standort ihrer Häuser und sogar ihre Kreditkarten und PINs erhalten, indem die Forscher die EEG-

---

[1233] https://gajitz.com/mind-games-four-games-you-control-with-your-brain/

[1234] https://readwrite.com/2013/01/10/ces-2013-muse-mind-control/

[1235] https://de.scribd.com/document/102968008/On-the-Feasibility-of-Side-Channel-Attacks-with-Brain-Computer-Interfaces?ad_group=38395X1559799X46504a9e24b921f3ce47e2ddc1c48562&campaign=SkimbitLtd&keyword=660149026&medium=affiliate&source=hp_affiliate

Daten der Probanden auswerteten, welche signalisierten, was die Probanden erkannten, und was nicht.[1236] [1237]

Die gedankliche Fernsteuerung funktioniert sogar zwischen Menschen.

So wurde z. B. in einem Experiment eine Handbewegung mittel EEG, Internet und transkranieller Magnetstimulation zwischen zwei Menschen vermittelt, die sich in unterschiedlichen Räumen befunden haben.[1238] Der Sender hat sich dabei rein gedanklich vorgestellt, wie er seine Hand hebt auf die Leertaste der Tastatur drückt, um dadurch in einem Videospiel, welches er auf seinem Monitor beobachtete, eine Kanone abzufeuern und eine Rakete vom Himmel abzuschießen.

Dabei wurden seine Gehirnsignale mittels EEG aufgezeichnet. Der Computer hat die imaginäre Bewegung erkannt und sendete über das Internet ein „Feuer"-Befehl, welcher durch die transkranielle Magnetsimulation (eine Möglichkeit, das Gehirn mittels Magnetfelder zu stimulieren, um eine Reaktion auszulösen[1239]) beim Empfänger die unbewusste und unwillkürliche Reaktion auslöste, die darin bestand, dass dieser seine Hand anhob und auf die Leertaste drückte, womit er die Rakete abfeuerte.

Dadurch hat ein Mensch eine gedachte Handlung eines andern Menschen, wie ein Roboter, unwillkürlich und unbewusst, vollführt.

"*Das Internet war eine Möglichkeit, Computer zu verbinden, und jetzt kann es eine Möglichkeit sein, Gehirne zu verbinden*", so der am Experiment teilnehmende Wissenschaftler Andrea Stocco.

Dr. Ian Pearson, ein Zukunftsforscher mit naturwissenschaftlichem und technischem Hintergrund, hat das Experiment mit Experimenten des australischen Performance-Künstlers Stelarc in den späten 90er-Jahren des letzten Jahrhunderts verglichen, in welchen Stelarc es anderen Menschen ermöglichte, seine Gliedmaßen über das Internet fernzusteuern. Nach Ansicht

---

1236 https://www.forbes.com/sites/andygreenberg/2012/08/16/mind-control-gaming-devices-leak-brain-data-that-help-researchers-guess-users-secrets/?sh=4483bc14134b
1237 https://www.huffpost.com/entry/mind-controlled-devices_b_3062689
1238 https://www.bbc.com/news/business-23994649
1239 https://de.wikipedia.org/wiki/Transkranielle_Magnetstimulation

von Dr. Pearson sei *„das Hinzufügen eines einfachen Kontrollsystems zur Gedankenerkennung ... ziemlich trivial“.*
Man sei auch nicht in der Lage durch diese Technologie *„Zombies zu erschaffen".*
*„Wenn wir direkt mit dem Gehirn verbunden sind und man jemanden wie einen Roboter steuern kann, dann könnten wir Probleme bekommen“*, so Person. [1240]
Möchten Elon Musk und Co. vielleicht genau aus diesem Grund Mikrochips in unsere Köpfe installieren?

## 5.8 Jose Delgado – Das Stier-Experiment und Verhaltenskontrolle

Im Übrigen wäre dies auch nichts Neues. Bereits in den 1960er-Jahren hat der spanische Physiologe und Professor an der Yale University, Jose Delgado, eindrucksvoll demonstriert, wie er einen Bullen fernsteuern konnte.[1241] [1242] [1243] Delgado hat in das Gehirn des Bullen einen sogenannten Stimoceiver installiert, eine Art Funkantenne für EEG, welche an Elektroden angeschlossen wurde, die in das Gehirn des Stiers eingeführt wurden, und konnte auf Knopfdruck den auf ihn zurasenden Stier aufhalten.[1244] [1245]

*„Der Stimoceiver könnte verwendet werden, um Emotionen zu stimulieren und das Verhalten zu kontrollieren.“*

Laut Delgado *„führte die Stimulation verschiedener Punkte in der Amygdala und im Hippocampus bei den ... Patienten zu einer Vielzahl von Effekten, darunter angenehme Empfindungen, Hochstimmung, tiefe, nachdenkliche Konzentration, seltsame Gefühle, Superentspannung, farbige Visionen und andere Reaktionen."*

---

[1240] https://www.bbc.com/news/business-23994649
[1241] https://www.youtube.com/watch?v=S051A8doXP0
[1242] https://www.youtube.com/watch?v=Ni2FFSAhTcA
[1243] https://www.youtube.com/watch?v=NuMkAuwkLsM
[1244] https://gedankenwelt.de/der-stimoceiver-chip-ein-faszinierendes-experiment/
[1245] https://en.wikipedia.org/wiki/Jos%C3%A9_Manuel_Rodr%C3%ADguez_Delgado#Research

Delgado erklärte, dass *„Gehirnsender ein Leben lang im Kopf einer Person bleiben können"* und dass *„die Energie zur Aktivierung des Gehirnsenders wird über Funkfrequenzen übertragen"* wird.

*„Mit dem Stimoceiver stellte Rodríguez Delgado fest, dass er nicht nur Emotionen, sondern auch bestimmte körperliche Reaktionen hervorrufen konnte. Diese spezifischen körperlichen Reaktionen, wie die Bewegung eines Gliedes oder das Ballen einer Faust, wurden erreicht, als Rodríguez Delgado den motorischen Kortex stimulierte. Menschen, deren Implantate zur Auslösung einer Reaktion angeregt wurden, konnten der Reaktion nicht widerstehen, und so sagte ein Patient: „Ich denke, Herr Doktor, dass Ihre Elektrizität stärker ist als mein Wille.""*

Die menschliche Verhaltenskontrolle bzw. Fernsteuerung war somit bereits in den 1960er-Jahren möglich.

Auf der anderen Seite könnte diese Technologie wohl auch zum Nutzen eingesetzt werden. So konnte Delgado z. B. durch die Stimulation des Septums, eines Bereichs in der limbischen Region, Gefühle starker Euphorie erzeugen, welche manchmal stark genug waren, um Depressionen und körperliche Schmerzen zu überwinden.[1246]

### 5.9 Initiative 2045

2011 wurde vom russischen Unternehmer Dmitry Itskov unter Beteiligung führender russischer Spezialisten auf dem Gebiet neuronaler Schnittstellen, Robotik, künstlicher Organe und Systeme, die transhumanistische Initiative „2045" gegründet.

Darin wird die Zukunft der Menschheit folgendermaßen prognostiziert, auf die man sich bereits freut:[1247]

*„2015-2020*

---

1246 https://en.wikipedia.org/wiki/Jos%C3%A9_Manuel_Rodr%C3%ADguez_Delgado#Research

1247 http://2045.com/ideology/

*Die Entstehung und weit verbreitete Verwendung von erschwinglichen Android-"Avataren", die über eine "Gehirn-Computer"-Schnittstelle gesteuert werden. In Verbindung mit verwandten Technologien bieten „Avatare" eine Reihe neuer Funktionen: die Fähigkeit, in gefährlichen Umgebungen zu arbeiten, Rettungsaktionen durchzuführen, in extremen Situationen zu reisen usw.*

*Avatar-Komponenten werden in der Medizin zur Rehabilitation von vollständig oder teilweise behinderten Patienten verwendet, die ihnen Prothesen geben oder verlorene Sinne wiederherstellen.*

*2020-2025*

*Durch die Schaffung eines autonomen Lebenserhaltungssystems für das menschliche Gehirn, das mit einem Roboter, dem „Avatar", verbunden ist, werden Menschen gerettet, deren Körper völlig abgenutzt oder irreversibel beschädigt ist. Jeder Patient mit einem intakten Gehirn kann zu einem voll funktionsfähigen Körperleben zurückkehren. Solche Technologien werden die Möglichkeit hybrider bioelektronischer Geräte erheblich erweitern, wodurch eine neue IT-Revolution entsteht und alle Arten von Überlagerungen elektronischer und biologischer Systeme möglich werden.*

*2030-2035*

*Erstellung eines Computermodells des Gehirns und des menschlichen Bewusstseins mit anschließender Entwicklung von* ***Mitteln zur Übertragung des individuellen Bewusstseins auf einen künstlichen Träger****. Diese Entwicklung wird die Welt grundlegend verändern, sie wird nicht nur jedem die Möglichkeit einer* ***kybernetischen Unsterblichkeit*** *geben, sondern auch eine freundliche künstliche Intelligenz schaffen, die menschlichen Fähigkeiten erweitern und gewöhnlichen Menschen die Möglichkeit bieten, ihr eigenes* ***Gehirn mehrmals wiederherzustellen oder zu modifizieren****. Das Endergebnis in dieser Phase kann eine* ***echte Revolution im Verständnis der menschlichen Natur*** *sein, die die menschlichen und technischen Perspektiven für die Menschheit vollständig verändern wird.*

*2045*

***Dies ist die Zeit, in der substanzunabhängige Köpfe neue Körper mit***

***Fähigkeiten erhalten**, die weit über denen gewöhnlicher Menschen liegen. Eine neue Ära für die Menschheit wird kommen! Veränderungen werden in allen Bereichen der menschlichen Tätigkeit auftreten - Energieerzeugung, Verkehr, Politik, Medizin, Psychologie, Wissenschaften und so weiter.*

*Heute ist eine Zukunft kaum vorstellbar, in der **Körper aus Nanorobotern erschwinglich werden und jede Form annehmen können**. Es ist auch schwer vorstellbar, dass Körperhologramme kontrollierte Materie enthalten. Eines ist jedoch klar: **Die Menschheit wird** zum ersten Mal in ihrer Geschichte einen vollständig verwalteten evolutionären Übergang vollziehen und schließlich **zu einer neuen Spezies werden**. Darüber hinaus werden auch Voraussetzungen für eine großflächige Expansion in den Weltraum geschaffen."*

## 6. Technokratie und die technokratische Bewegung

Die Technokratie wird als eine Regierungs- bzw. Verwaltungsform definiert, in welcher alle Handlungen auf wissenschaftliches und technisches Wissen gestützt werden sollen. Dabei sollen Politiker durch Fachkräfte aus diversen wissenschaftlichen, technischen und auch wirtschaftlichen Bereichen ersetzt werden. Viele Transhumanisten sind Befürworter der Technokratie, wie z. B. auch Elon Musk, welcher mehreren Tweets zufolge vorhat, die Technokratie auf dem Mars zu verwirklichen.[1248] [1249]

Elon Musks Faible für Technokratie könnte dabei familiäre Wurzeln haben.

So ist bekannt, dass Musks Großvater, Joshua Haldeman, ebenfalls Technokrat und sogar Anführer einer radikalen technokratischen Bewegung in Kanada in den 30er-Jahren des 20. Jahrhunderts gewesen ist, welche schließlich von den kanadischen Behörden verboten wurde, da man befürchtete, dass sie die Regierung stürzen würde.

Die technokratische Bewegung ist in den 1920er und 1930er-Jahren in den USA als Reaktion auf die „große Depression" und die darauffolgende

---

[1248] https://phys.org/news/2019-06-elon-musk-twitter-starship-martian.html
[1249] https://twitter.com/elonmusk/status/1100859074764107776?lang=en

Weltwirtschaftskrise entstanden, als Kommunismus und Faschismus in Europa immer populärer wurden. Sie argumentierte, dass der beste Ausweg aus der Krise darin bestehen würde, die Unordnung des Marktes und der altmodischen Politik abzulehnen, und einen *„modernen wissenschaftlichen Standpunkt"* einzunehmen. Im Zentrum der technokratischen Bewegung *„stand der Glaube, dass menschliches Handeln messbar und letztendlich vorhersehbar ist"*. Wissenschaft und Technologie sollten von nun an das politische Zepter übernehmen und regieren.[1250] [1251]

Problematisch erscheint dabei vor allem, dass die Wissenschaft längst nicht in allen Fragen einer Meinung ist und dass selbst bei einem weitreichenden wissenschaftlichen Konsens, sich dieser im Verlauf der Geschichte i. d. R. ständig, teilweise sogar gravierend, geändert hat.

Die wissenschaftlichen Theorien gelten nur so lange, bis sie von anderen wissenschaftlichen Theorien abgelöst werden. Es ist daher gefährlich, sich voll und ganz auf den wissenschaftlichen Konsens zu verlassen, diesen zum Absolut zu erklären und mit der Wahrheit gleichzusetzen. Nicht umsonst bildet der Zweifel die Grundlage der wissenschaftlichen Methodik, welche besagt, dass jede wissenschaftliche Theorie jederzeit angezweifelt werden kann und muss, unabhängig davon, wie populär oder politik- bzw. gesellschaftskonform sie ist. In einer globalisierten Welt erleben wir jedoch immer mehr das Gegenteil davon- wie nämlich bestimmte „wissenschaftliche" Thesen und Theorien, wie z. B. eine angebliche Problematik einer angeblichen globalen Erwärmung, eine angebliche Überbevölkerungsproblematik, die wissenschaftlich nicht bewiesenen Corona-„Schutzmaßnahmen" und die (Corona-) Impfungen, als alternativlos und unantastbar dargestellt und vermittelt werden, und jeglicher Zweifel und Kritik an diesen Theorien auf weiter politischen und medialen Ebene zensiert und verteufelt wird.

Wissenschaftler sind keine Engel und keine Heiligen. Sie sind ganz gewöhnliche Menschen, die sich kaufen, korrumpieren bzw. einschüchtern oder erpressen lassen können.

Es ist somit gut vorstellbar, dass in einer Technokratie, das regierende

[1250] https://www.ft.com/content/df695f10-154d-11e8-9376-4a6390addb44
[1251] https://de.wikipedia.org/wiki/Technokratie

Wissenschaftsgremium von Banken, transnationalen Unternehmen und Pharmakonzernen einfach gekauft wird, und all das als „wissenschaftlich" deklariert wird, was deren Interessen dient. Ein wahrer Albtraum.

In ihrer, im Jahr 1933, veröffentlichten Einführung in die Technokratie, erklärten die Führer der Bewegung, dass veraltete soziale Institutionen *„den Fortschritt blockieren und Politiker beiseitegeschoben werden sollten, so wie Alchemisten und Astrologen zuvor der Wissenschaft Platz gemacht hatten. Die traditionelle Ökonomie, die eher von willkürlichen Preismechanismen als von rationaler Produktion besessen war, war nichts anderes als die „Pathologie der Verschuldung"."*

Die Technokraten orientierten sich dabei an der Sowjetunion und deren Planwirtschaft und strebten nach deren Vorbild die Abschaffung des Preismechanismus und die Maximierung der Produktion an. *„In seinem brillanten dystopischen Roman „We" (dt. „Wir") hat der russische Schriftsteller Jewgeni Samjatin ein solches technokratisches Denken angeregt und eine Gesellschaft vorausgesehen, in der Menschen Zahlen und keine Namen hatten und wie Zahnräder in einer riesigen Industriemaschine arbeiteten."*[1252]

## 7. Die Cyber-Pandemie

Am 08. Juli 2020 warnten Klaus Schwab sowie der Geschäftsführer des WEF, Jeremy Jurgens, vor einer weltweiten Cyber-Attacke, welche die Covid-19-Krise in den Schatten stellen soll.

*„Wir alle wissen, schenken aber dem beängstigenden Szenario eines umfassenden Cyber-Angriffs jedoch immer noch zu wenig Aufmerksamkeit, der die Stromversorgung, den Transport, die Krankenhausversorgung und unsere Gesellschaft insgesamt zum Erliegen bringen könnte.* ***Die COVID-19-Krise wäre insofern als kleine Störung im Vergleich zu einem großen Cyberangriff zu sehen"***, so Schwab. Die Corona-Krise solle *„als rechtzeitige Gelegenheit"* genutzt werden, *„um über die Lehren der Cybersicherheitsgemeinschaft*

---

[1252] https://www.ft.com/content/df695f10-154d-11e8-9376-4a6390addb44

*nachzudenken"*, wodurch *„unsere Unvorbereitetheit auf eine potenzielle Cyber-Pandemie"* verbessert werden würde. [1253]

Und Jeremy Jurgens ließ verlautbaren:

*„Ich glaube, dass es eine weitere Krise geben wird. Sie wird bedeutender sein ... Sie wird schneller sein als das, was wir bei COVID gesehen haben ... Die Auswirkungen werden größer sein und infolgedessen werden die wirtschaftlichen und sozialen Auswirkungen noch bedeutender sein"*.[1254]

Am 9. Juli 2021 wurde zum zweiten Mal in Folge das internationale Online-Training Cyber Polygon 2021 zum Thema Cybersicherheit veranstaltet, welches vom digitalen Risikomanagement-Unternehmen BI.ZONE, Cybersicherheitstochter von Sberbank organisiert, und vom World Economic Forum Center for Cybersecurity sowie Interpol unterstützt wurde.

200 Organisationen aus 48 Ländern nahmen daran teil, darunter große Finanz- und Technologieunternehmen sowie Vertreter öffentlicher Institutionen, Strafverfolgungsbehörden, Telekommunikations- und Energieorganisationen, welche allesamt ihre Fähigkeiten zur Abwehr von Cyber-Bedrohungen getestet haben.[1255] [1256] [1257] [1258]

Das Cyber Poligon Event erinnert stark an das Event 201, in welchem ein Coronavirus-Pandemieszenario, nur wenige Monate vor der tatsächlichen Covid-Pandemie, vom WEF, der BMGF und der John Hopkins University simuliert wurde (siehe Kapitel 2. Punkt 5.1).

---

[1253] https://www.youtube.com/watch?v=0DKRvS-C04o
[1254] https://newfinancemagazine.com/i-believe-that-there-will-be-another-crisisit-will-be-more-significant-than-covid-it-will-be-faster-investment-watch/
[1255] https://www.prnewswire.com/news-releases/highlights-from-cyber-polygon-2021-301333916.html
[1256] https://threatpost.com/cyber-polygon-2021-towards-secure-development-of-digital-ecosystems/167661/
[1257] https://cyberpolygon.com/
[1258] Siehe auch: https://sociable.co/technology/prepping-cyber-pandemic-cyber-polygon-stage-supply-chain-attack-simulation/

In diesem Zusammenhang ist sicherlich auch interessant, dass der Bericht der Rockefeller Stiftung aus dem Jahr 2010 neben dem Pandemieszenario „Lock Step" auch ein Szenario mit dem Namen „Hack Attack" (dt. Hackerattacke) schilderte – *„Eine wirtschaftlich instabile und schockanfällige Welt, in der Regierungen schwächeln, Kriminelle gedeihen und gefährliche Innovationen entstehen"*.[1259]

So heißt es z. B. in dem Szenario:

***„Technologiefähige Banden und vernetzte kriminelle Unternehmen nutzten sowohl die Schwäche von Staaten als auch die Verzweiflung einzelner Personen aus ... Auch Technologie-Hacker waren fleißig am Werk****. Internet-Betrügereien und Schneeballsysteme quälten die Posteingänge.* ***Unterdessen versuchten ausgeklügeltere Hacker, Unternehmen, Regierungssysteme und Banken durch Phishing-Betrug und Datenbank-Informationsüberfälle zu Fall zu bringen, und ihre vielen Erfolge führten zu Verlusten in Milliardenhöhe*** *... die globale Kluft zwischen Habenden und Habenichtsen wurde größer denn je. Die sehr Reichen hatten noch die finanziellen Mittel, um sich zu schützen; Von New York bis Lagos entstanden eingezäunte Gemeinschaften, die sichere Häfen boten und von Slums umgeben wurden. Im Jahr 2025 war es selbstverständlich, kein Haus, sondern eine Festung mit hohen Mauern zu bauen, die von bewaffnetem Personal bewacht wird. Die Reichen nutzten auch das lockere regulatorische Umfeld, um mit fortschrittlichen medizinischen Behandlungen und anderen Aktivitäten unter dem Radar zu experimentieren. Diejenigen, die sich nicht aus dem Chaos freikaufen konnten – das waren die meisten Menschen – zogen sich in jede „Sicherheit" zurück, die sie finden konnten. Mit eingefrorenen Chancen und einer fast zum Stillstand gekommenen globalen Mobilität –* ***kein Ort wollte mehr Menschen, insbesondere mehr arme Menschen****"*.

Es ist, als ob die Öffentlichkeit auf bestimmte Ereignisse im Vorhinein schon vorbereitet werden soll, damit sie diese später leichter akzeptieren kann, wenn sie tatsächlich eintreten. Dasselbe können wir bei den Covid-19-Herbstwellen

---

[1259] Scenarios for the Future of Technology and International Development, The Rockefeller Foundation, Global Business Network, 2010

beobachten, die bereits im Sommer von Politikern und den Medien angekündigt werden. Somit ist wohl in der nächsten Zeit auch mit diversen Cyberattacken zu rechnen, die neben der Covid-19-„Pandemie“ unser Wirtschafts- Sozial- und Gesundheitssystem strapazieren bzw. lahmlegen sollen. Insbesondere (Hacker-)Angriffe auf Lieferketten könnten zudem die Nahrungsmittelversorgung eingrenzen, was zur Nahrungsmittelknappheit führen könnte.

Des Weiteren können die möglicherweise bevorstehenden Cyberangriffe auch darauf abzielen, dass unabhängige Kryptowährungen angegriffen und abgeschafft werden, da sie sich als unzuverlässig gegenüber den Hackerattacken erweisen können. An deren Stelle könnten dann die staatlichen Kryptowährungen (wie z. B. der digitale Euro,[1260] digitale Dollar[1261] digitale Yen[1262] und der digitale Yuan[1263]) treten, die als „sicher“ gelten werden, da sie den staatlichen Sicherheitsbehörden unterliegen.

Die Cyberattacken können ebenso das Ziel haben, das Internet vollständig unter Kontrolle zu bringen, damit diese „bösen russischen Hacker“, welche als Sündenböcke dargestellt werden, keinen Spielraum mehr haben. Dies würde zur Folge haben, dass es keine Anonymität und Privatsphäre mehr im Internet geben wird, ein jeder Klick eines jeden Einzelnen kontrolliert werden kann, und man womöglich sogar ein Führungszeugnis bzw. eine Zulassung für die Internetnutzung benötigen wird, welche einem wieder entzogen werden kann, sofern sie überhaupt gestattet und erteilt wird.

## 8. Quantencomputer - Gefahr durch künstliche Intelligenz?

---

[1260] https://www.euronews.com/next/2021/07/14/what-is-the-e-euro-everything-you-need-to-know-about-the-new-digital-euro-project
[1261] https://www.reuters.com/business/finance/digital-dollar-project-launch-five-us-central-bank-digital-currency-pilots-2021-05-03/
[1262] https://www.ledgerinsights.com/bank-of-japan-yen-cbdc-central-bank-digital-currency-trial/
[1263] https://www.db.com/news/detail/20210714-digital-yuan-what-is-it-and-how-does-it-work?language_id=1

Ein Quantencomputer ist ein Prozessor, welcher die Gesetze der Quantenmechanik nutzt und Im Unterschied zum klassischen Computer nicht auf der Basis elektrischer, sondern quantenmechanischer Zustände arbeitet.[1264]

Geordie Rose, einer der Entwickler des ersten Quantencomputers „D-Wave" hat auf der Ideacity Konferenz im Jahr 2015 verlautbaren lassen, dass Quantencomputer nicht nur viel schneller, sondern auch etwas völlig anderes als normale Computer seien.

Da sich Quantencomputer zudem unglaublich schnell entwickeln würden, würden sie uns in naher Zukunft ermöglichen, *in* ***„parallele Welten … einzutauchen und deren Ressourcen herauszuholen"***.

Wenn man solch einen Computer vor sich hat, würde es sich so anfühlen, als ob man vor einem ***„Altar für einen außerirdischen Gott"*** stehen würde. Rose hat ebenfalls prophezeit, dass wir bis 2028 **Maschinen** haben werden, ***„die den Menschen in allem übertreffen werden"***.[1265]

Und auch Eric Ladizinsky, Mitbegründer des D-Wave Systems, hat auf der US-Techkonferenz „Collision" im selben Jahr erklärt, dass Quantencomputer und herkömmliche Computer zwei verschiedene Paar Schuhe seien, und dass Quantencomputer uns *„den Zugriff auf verborgene Merkmale der Natur"*, sowie neue bzw. *„verborgene Dimensionen"* gewähren können, wodurch eine *„unvorstellbare Rechenleistung"* ermöglicht werden soll.[1266]

2012 haben Jeff Bezos (30 Millionen Dollar) und die CIA in das D-Wave System investiert,[1267] [1268] und 2013 haben NASA und Google gemeinsam einen D-Wave Quantencomputer erworben und zusammen das „Quantum Computing AI Lab" gestartet. [1269] [1270]

---

[1264] https://de.wikipedia.org/wiki/Quantencomputer
[1265] https://www.youtube.com/watch?v=PqN_2jDVbOU
[1266] https://www.youtube.com/watch?v=6wBTdpOh2hk
[1267] https://www.forbes.com/sites/alexknapp/2012/10/05/jeff-bezos-and-the-cia-invest-in-d-waves-quantum-computer/?sh=603916a37af4
[1268] https://de.wikipedia.org/wiki/D-Wave_Systems#Geschichte
[1269] https://www.bbc.com/news/science-environment-22554494
[1270] https://www.technologyreview.com/2013/05/16/253052/google-and-nasa-launch-quantum-computing-ai-lab/

Geordie Rose hat ebenfalls das Unternehmen Kindred AI mitgegründet.[1271] [1272]

Auf einer Veranstaltung von TechVancouver im Juni 2017 hat Rose im Rahmen seiner Präsentation gesagt, dass Kindred *„viel viel ehrgeiziger als D-Wave"* sei und dass Kindred versucht, *„echte KI (Künstliche Intelligenz, Anm. d. Verf.) zu bauen"*, welche *„buchstäblich alles tun kann, was ein Mensch tun kann"*- und das sogar viel besser. Daher würde es in der Zukunft auch keinen Sinn machen, Menschen einzustellen, da die KI-Roboter jegliche menschliche Arbeit wesentlich besser, effektiver und effizienter verrichten würden.[1273]

Dies sei ***„eine vollständige und völlige transformative Veränderung, die in der Geschichte der Menschheit noch nie zuvor gesehen wurde*** *und die industrielle Revolution wie einen kleinen winzigen Fleck erscheinen lässt"*.

Des Weiteren hat Rose die kommende Generation der KI mit Aliens verglichen.

Die KI-Maschinen *„könnten wirklich schlau sein. Sie könnten in allen möglichen verschiedenen Dingen wirklich gut sein"*, aber sie würden *„nicht wie wir sein"*. Er bezeichnete sie als *„Außerirdische"*, die *„viel schlauer als jeder einzelne Mensch"* seien.

Daraufhin warnte Rose, dass dieses Vorhaben aus dem Ruder laufen könnte, und zitierte dabei Elon Musk, welcher 2014 am Centennial Symposium des MIT Aeronautics and Astronautics Department Folgendes von sich gab:

***„Mit künstlicher Intelligenz beschwören wir den Dämon***. *Du kennst all diese Geschichten, in denen der Typ mit dem Pentagramm und dem Weihwasser... sich sicher (ist), dass er den Dämon kontrollieren kann, (aber) es funktioniert nicht."*

Musk hat außerdem erklärt, dass seiner Meinung nach die **KI die *„größte existenzielle Bedrohung"* für die Menschheit** darstelle. [1274] Die Terminator-Franchise lässt grüßen.

---

[1271] https://www.crunchbase.com/person/dr-geordie-rose
[1272] https://www.kindred.ai/
[1273] https://www.youtube.com/watch?app=desktop&v=cD8zGnT2n_A
[1274] https://www.cnet.com/news/elon-musk-we-are-summoning-the-demon-with-artificial-intelligence/

Im weiteren Verlauf seiner Präsentation bezog sich Rose auf HP Lovecraft, einen berühmten Autor von *„schrägen“* Romanen und auf dessen Essenz des Kosmismus – die kosmische Gleichgültigkeit. Dabei verglich er die KI mit den Kreaturen von Lovecraft, welche weder gut noch böse seien, sich allerdings *„nicht im Geringsten“* für den Menschen interessieren würden.

*„Und diese Dinge, die jetzt in die Welt beschwört wurden, sind keine Dämonen, ... aber sie ähneln eher den* ***`Großen Alten`*** *Lovecrafts.* ***Es gibt Entitäten, die nicht unbedingt mit dem übereinstimmen werden, was wir wollen, daher ist dieser Übergang wirklich sehr wichtig für unsere gesamte Spezies****“.*

Rose warnte davor, dass, während Menschen weniger wichtigen Dingen in den Medien Beachtung schenken, dieser Prozess im Hintergrund ablaufen würde und dass ***„dieser zunehmende Tsunami ... uns alle auslöschen“*** *würde,* ***„wenn wir nicht aufpassen****“.*

Interessant ist auch, dass Rose im Rahmen der Veranstaltung ein T-Shirt anhatte, auf welchem über dem Namen von seinem Unternehmen Kindred AI eine Schlange abgebildet war, die sich in den Schwanz beißt- ein Symbol, welches auch „Ouroboros“ genannt wird und in okkulten Kreisen weit verbreitet ist.

Die Kennzeichnung der KI als „beschworene Entitäten“, sowie der Vergleich mit den „Großen Alten“ und den Aliens erinnert dabei stark an die Warnungen von Carol Rosin, welche in den 1970ern den berühmten NASA-Raketenwissenschaftler Wernher von Braun, wenige Jahre vor dessen Tod, kennengelernt hatte. Dieser soll sich ihr anvertraut haben und ihr wiederholt gesagt haben, dass es im All zu einer Wettrüstung kommt, die auf mehreren Lügen basiert. Die erste Lüge solle die angebliche Gefahr durch die damalige UDSSR sein und die zweite der angebliche Krieg gegen den Terror. Darauf würden weitere Lügen folgen, wobei die letzte und alles entscheidende Lüge **eine falsche Alien-Invasion** sein würde.[1275] [1276] [1277]

Ebenso interessant ist, dass Aleister Crowley, Freimaurer, Schwarzmagier und Satanist, welcher sich selbst als „das Biest 666" bezeichnete,[1278] 1917 angeblich

---

[1275] https://en.wikipedia.org/wiki/Carol_Rosin
[1276] https://www.bibliotecapleyades.net/exopolitica/esp_exopolitics_zcab.htm
[1277] https://www.bitchute.com/video/Bv79uuwtqMTB/

ein Portal für außerdimensionale Wesen eröffnet hat, wodurch er mit einer Entität namens Lam Kontakt aufnahm und ihr Porträt zeichnete.[1279] Dabei hat die Zeichnung verblüffende Ähnlichkeiten mit den bereits gewohnten Alien-Bildern, welche man aus den Medien kennt.[1280]

Kann es vielleicht sein, dass Außerirdische in Wirklichkeit außerdimensionale Wesen sind, welche man auch als Dämonen bezeichnet, und man diese der Menschheit als Aliens und KI-Wesen verkaufen möchte, die durch ein geöffnetes Portal in unsere Welt strömen? In unserer verrückten Zeit scheint wohl alles möglich zu sein.

Womöglich könnte die falsche Alien-Invasion am Himmel durch riesige Hologramme projiziert werden. Die heutige Technologie ermöglicht es mittlerweile, holografische Landschaften mit Tieren erscheinen zu lassen. [1281]

Auch können könnte es bereits längst möglich sein, ganze Städte am Himmel zu projizieren.

So wurde z. B. in der chinesischen Provinz Liaoning am 18.03.2016, zum zweiten Mal innerhalb von fünf Monaten, zahlreiche schwebende Gebäude beobachtet und aufgezeichnet.[1282] Mainstreammedien wie CNN[1283] oder Express[1284] haben dies als eine Luftspiegelung (Fata Morgana) abgetan.

Eine Luftspiegelung ist jedoch, wie der Name schon sagt, eine Spiegelung eines existierenden Objekts. Demnach müssten die angeblich in der Luft gespiegelten Gebäude

1) auf der Erde tatsächlich existieren,
   und
2) die im Himmel gesichteten Gebäude müssten quasi kopfüber abgebildet werden, da sie sich ja spiegeln.[1285] [1286]

---

[1278] https://en.wikipedia.org/wiki/Aleister_Crowley
[1279] https://www.vice.com/en/article/mvpvyn/magickal-stories-lam
[1280] https://akte-x.fandom.com/de/wiki/Au%C3%9Ferirdische
[1281] https://www.youtube.com/watch?v=veTWyKcyNp4
[1282] https://www.youtube.com/watch?v=_0M_tVsGaGM
[1283] https://www.youtube.com/watch?v=mIAKYoV6AlU
[1284] https://www.express.co.uk/news/weird/655336/Did-parallel-universe-open-Fears-of-ALIEN-PORTAL-after-ANOTHER-floating-city-appears

Beides ist jedoch vorliegend nicht der Fall, so dass eine Luftspiegelung schon Mal ausgeschlossen werden kann. Desweiteren sind Wolken unter der angeblichen Spiegelung der Gebäude zu sehen, welche ein klares Hindernis für eine mögliche Fata Morgana darstellen.

Daher ist es plausibel anzunehmen, dass es sich bei der schwebenden Stadt in China tatsächlich um ein Hologramm handelt.

Folglich könnten auch riesige Raumschiffe, wie etwa aus dem Film „Independence Day“ holografisch am Himmel projiziert werden, welche eine außerirdische Invasion simulieren, woraufhin außerdimensionale Wesen (als Aliens getarnt bzw. als Aliens wahrgenommen) von den Raumschiffen auf die Erde strömen würden.[1287]

## 9. CERN - okkulte Wissenschaft?

Äußerst interessant ist in diesem Hinblick auch die Aussage von Sergio Bertolucci, dem Direktor für Forschung und wissenschaftliches Rechnen am CERN (Europäische Organisation für Kernforschung im schweizerischen Kanton Genf), die er Anfang November 2009 bezüglich des Large Hadron Collider (LHC), eines gigantischen, ringförmigen Teilchenbeschleunigers mit 27 Kilometer Umfang, welcher sich in etwa 100 Meter Tiefe nahe Genf befindet, tätigte.[1288]

Bertolluci sagte, dass der LHC, welcher demnächst aktiviert werden würde, „***eine zusätzliche Dimension***“ erschaffen oder entdecken könnte.

"*Aus dieser Tür könnte etwas herauskommen, oder wir könnten etwas durch sie*

---

1285 https://de.wikipedia.org/wiki/Fata_Morgana

1286 Vgl. das Bild mit dem Schiff: https://www.jocelynkelley.com/natur-und-umwelt/die-erstaunlichsten-optischen-illusionen-und/

1287 vgl. Project Blue Beam conspiracy theory suggests NASA has secret plans to create new world order (STEP 4: Universal supernatural manifestations using electronic means) https://www.news.com.au/technology/project-blue-beam-conspiracy-theory-suggests-nasa-has-secret-plans-to-create-new-world-order/news-story/25266f2c57e89e139f0fa9daddeb0953

1288 https://www.weltmaschine.de/cern_und_lhc/lhc/

*schicken*", so Bertoluccis, welcher in Erwägung zog, dass sich durch die Inbetriebnahme des LHC ein Portal bilden könnte.[1289] [1290]

Interessanterweise wurde nur knapp einen Monat später, in der Nacht des neunten Dezembers 2009, in großen Teilen Norwegens (und auch von Schweden aus) eine Spirale am Himmel beobachtet, welche sich in eine Art Wurmloch umwandelte. Dieses Phänomen, welches bis heute nicht erklärt werden konnte, wurde von zahlreichen Zeitzeugen aufgenommen und fotografiert.[1291] [1292]

Es wird zwar offiziell vermutet, dass es sich hierbei um fehlgeschlagene Tests von russischen Raketen gehandelt hat,[1293] allerdings ist nicht ersichtlich, wie eine Rakete, die angeblich außer Kontrolle geraten ist, in einer recht langsamen und konstanten Geschwindigkeit, eine perfekte Spirale erzeugen konnte. Kann es vielleicht sein, dass es sich stattdessen tatsächlich um ein Portal in eine andere Dimension gehandelt hat, welches durch den LHC erzeugt wurde?

Interessant ist auch, dass sich auf dem Gelände von CERN die Statue von Nataraja, dem tanzenden hinduistischen Gott Shiva, befindet, [1294] dessen Tanz den Prozess von Schöpfung, Zerstörung und Wiedererschaffung des Universums symbolisiert.[1295]

2016 wurde angeblich ein okkultes Ritual direkt vor der Shiva-Statue durchgeführt. Dabei haben sich Menschen in schwarzen Umhängen vor der Statue versammelt und angeblich eine Frau erstochen, was wohl als menschliche Opfergabe zu deuten wäre. Das Ritual wurde dabei heimlich gefilmt und die Aufnahmen landeten anschließend im Internet.[1296]

Die Sprecherin von CERN sagte daraufhin, dass es sich um einen Streich

---

1289 https://www.thestar.com/business/tech_news/2009/11/09/collider_could_open_hole_to_new_dimensions.html
1290 https://www.theregister.com/2009/11/06/lhc_dimensional_portals/
1291 https://www.bitchute.com/video/NRnvKssHbMTW/
1292 https://www.bitchute.com/video/Rl6IGBA6pSbo/ ab (05:50)
1293 https://en.wikipedia.org/wiki/2009_Norwegian_spiral_anomaly
1294 https://cds.cern.ch/record/745737?ln=de
1295 https://de.wikipedia.org/wiki/Nataraja#
1296 https://www.youtube.com/watch?v=SeE3pw4qSbA

handeln würde, CERN damit nichts zu tun hätte, und es sich wahrscheinlich um Besucher handeln würde, die Zugangsausweise und somit auch Zugang zum Gelände hätten. Die Genfer Polizei hatte diesbezüglich keine offizielle Untersuchung eingeleitet.[1297]

Ein Jahr davor (2015) wurde im CERN ein mystisch-okkulter Film mit dem Titel „Symmetry" gedreht. In dem Trailer zu dem Film ist zu sehen, wie die Wissenschaftler von CERN einen „ko(s)mischen Tanz" am Teilchenbeschleuniger vollführen. Anschließend trifft ein Wissenschaftler in der Wüste auf eine schwarze Frau, die ganz in schwarz gekleidet ist und einem Dämon ähnelt. Dabei vollführt er einen Tanz innerhalb eines Kreises, der wohl irgendwie in Zusammenhang mit einer Orgie stehen muss, die anschließend gezeigt wird.[1298]

Des Weiteren lässt sich im Logo von CERN das okkulte Zeichen „666" gut erkennen.[1299]

Dabei stellt sich einem die berechtigte Frage, was das Ganze eigentlich soll und was es überhaupt noch mit Wissenschaft zu tun hat?

Diese angeblich atheistischen Wissenschaftler von CERN, welche an den Urknall glauben und diesen angeblich im LHC simuliert haben,[1300] scheinen wohl doch nicht so atheistisch zu sein.

### 10. Die okkulte Eröffnungszeremonie des Gotthard-Basistunnels

Die Schweiz hat in letzter Zeit wohl so etwas wie eine Vorliebe für okkulte Rituale entwickelt. Am 1. Juni 2016 wurde in der Schweiz der Gotthard-Basistunnel, der mit 57 km der längste und mit 11 Milliarden der teuerste Eisenbahntunnel der Welt eröffnet.

---

[1297] https://www.theguardian.com/science/2016/aug/18/fake-human-sacrifice-filmed-at-cern-with-pranking-scientists-suspected
[1298] https://www.youtube.com/watch?v=Cllqr1nmdYk
[1299] https://mandela-effect.fandom.com/wiki/The_C.E.R.N._Logo_Has_Changed
[1300] https://www.swissinfo.ch/ger/weltrekord--gegglueckte-urknall-simulation-in-genf/8589928

Dabei hatte es die Eröffnungszeremonie, bei welcher u. a. auch Angela Merkel und Francois Hollande live dabei gewesen sind, wahrlich in sich.[1301] Die ganze Zeremonie bestand aus zwei Teilen und erinnerte an ein okkultes, satanisches Ritual, bei welchem u. a. ein Mann im Ziegenbockkostüm gehuldigt wurde. Das alles wurde live und in aller Öffentlichkeit präsentiert und übertragen.[1302] [1303]

## Kapitel 7. Die Gefahren der neuen 5G-Technologie

Die Verwirklichung der 4IR soll vor allem durch die neue 5G Technologie ermöglicht werden.[1304] [1305] Doch was genau ist 5G und wozu soll sie dienen?

### 1. Was bedeutet 5G?

5G ist die fünfte Generation (G steht für „Generation") der Mobilfunktechnologie und stellt gegenüber der Vorgängerversion 4G einen meilenweiten technologischen Fortschritt dar. Während die Frequenzen von 4G bis 2.5 GHz reichen, kann 5G extrem hohe Frequenzen bis 300 GHz nutzen (eine 120-fache Steigerung gegenüber der Vorgängergeneration), und dadurch viel größere Datenmengen in kürzester Zeit übermitteln. [1306] [1307]

Die Datenverbindung der fünften Generation soll bis zu 100 Mal schneller sein

---

[1301] https://de.wikipedia.org/wiki/Gotthard-Basistunnel#Einweihungsfest
[1302] https://www.youtube.com/watch?v=I4NU0Tok1T4
[1303] https://vigilantcitizen.com/vigilantreport/opening-ceremony-worlds-largest-tunnel-bizarre-occult-ritual/
[1304] https://www.weforum.org/projects/5g-global-accelerator
[1305] http://www3.weforum.org/docs/WEF_The_Impact_of_5G_Report.pdf
[1306] https://www.arrow.com/en/research-and-events/articles/what-frequency-spectrum-will-5g-technology-use-and-how-does-this-compare-to-4g
[1307] https://web.archive.org/web/20190421230135/https://www.lifewire.com/5g-vs-4g-4156322

und u. a. auch das autonome Fahren ermöglichen, bei welchem Fahrzeuge in Echtzeit mit anderen Verkehrsteilnehmern und Ampeln kommunizieren. [1308]

Tom Wheeler hat (in seiner damaligen Stellung als Vorsitzender der FCC) am 20 Juni 2016 in seinem Vortrag am „National Press Club" Bankett gesagt, dass die neue 5G Technologie unsere Zukunft bestimmen wird. Außerdem ließ er Folgendes verlautbaren:

*„5G wird das Internet mit allem verbinden, wenn etwas verbunden werden kann, wird es in einer 5G-Welt verbunden sein, ... von Hunderten von Milliarden Mikrochips, die in Produkten von Pillenflaschen bis hin zu Pflanzentränken verbunden sind ... die größte Anwendung für das Internet der Dinge ist noch nicht einmal vorstellbar. Ja, 5G verbindet das, was nicht verbunden ist und konkurriert mit dem, was nicht konkurrenzfähig ist".*

Wheeler hat auch zu verstehen gegeben, dass man der 5G Technologie nicht im Weg stehen sollte:

*„Wir werden die Formel wiederholen, die die Vereinigten Staaten zum Weltmarktführer bei 4G gemacht hat. Es ist eine einfache Formel. Die Welt bei der Verfügbarkeit von Frequenzen anzuführen, Innovationen zu fördern und zu schützen, die den Wettbewerb fördern und der technologischen Entwicklung aus dem Weg zu gehen. Im Gegensatz zu einigen Ländern glauben wir nicht, dass wir die nächsten Jahre damit verbringen sollten, auf der Grundlage dieser Annahmen zu untersuchen, was 5G sein sollte oder wie es operieren sollte und wie man Frequenzen zuweist".*

Wheeler Betonte auch, dass man nicht vor hätte, zu warten, bis Standards entwickelt werden, da der Standardsetzungsprozess staatlich geführt und mühsam sei.

*„Stattdessen werden wir reichlich Spektrum zur Verfügung stellen und uns dann **auf einen vom Privatsektor geleiteten Prozess verlassen, um technische Standards zu erstellen**, die für diese Frequenzen und Anwendungsfälle am besten geeignet sind."*

---

[1308] https://www.welt.de/wirtschaft/article184556996/Mobilfunk-Diese-Studie-belegt-Deutschlands-5G-Desaster.html

Ferner würde „die 5G Revolution“ nicht nur städtische Gebiete, sondern „alle Ecken“ des Landes erfassen. [1309]

## 2. Ist 5G ungefährlich?

Da die 5G Technologie mit hohen Frequenzen operiert, welche eine deutlich kürzere Reichweite haben und sich z. B. nur schlecht durch Mauern oder Bäume übertragen lassen, muss für den Mobilfunk-Standard ein deutlicher Ausbau stattfinden, und etwa alle 100 Meter eine 5G Basisstation etabliert werden. Das bedeutet, dass es in städtischen Gebieten bald alle 10 bis 12 Häuser eine 5G-Antenne geben könnte, was zu einer weitaus größeren Strahlenbelastung als bei 4G führen würde, deren man sich dann unmöglich entziehen könnte.[1310] [1311]

Anders als die herkömmlichen 3G- oder 4G-Antennen, strahlen die 5G-Antennen nicht flächendeckend und kontinuierlich. Einzelne Strahlen lassen sich mit Laserstrahlen vergleichen und beziehen sich nur auf das verwendete Endgerät, wie z. B. ein Mobiltelefon. Da die Strahlen gebündelt sind, sind sie dadurch intensiver und pulsieren zudem stark.[1312]

Die Internationale Kommission für den Schutz vor nichtionisierender Strahlung (ICNIRP) hat 1998 in ihren Richtlinien aufgeführt, dass gepulste Mikrowellenstrahlung im Vergleich zur Dauerstrichstrahlung im Allgemeinen wirksamer bei der Erzeugung einer biologischen Reaktion in Geweben ist, was bedeutet, dass die Menschen, sowie alle anderen Lebewesen viel empfindlicher auf die gepulste 5G-Strahlung reagieren.[1313]

---

[1309] https://www.youtube.com/watch?v=tNH35Kcao60
[1310] https://www.memon.eu/blog/5g-was-erwartet-uns-mit-dem-neuen-mobilfunkstandard/
[1311] https://www.rcrwireless.com/20161020/network-infrastructure/att-outlines-5g-network-architecture-tag4
[1312] https://www.tagblatt.ch/ostschweiz/frauenfeld/mobilfunk-es-soll-ja-moeglichst-niemand-mitkriegen-widerstand-gegen-5g-aufruestung-in-basadingen-schlattingen-formiert-sich-ld.2139292
[1313] https://www.icnirp.org/cms/upload/publications/ICNIRPemfgdl.pdf

Bemerkenswert ist, dass selbst Vertreter der Mobilfunkindustrie im Februar 2019 einräumen, dass ihnen keine unabhängigen wissenschaftlichen Studien zur Sicherheit von 5G-Technologien bekannt sind, zu einem Zeitpunkt, als die Etablierung der neuen 5G-Technologie bereits weltweit massiv erfolgte.

Bei der Anhörung des Senats für Handel, Wissenschaft und Verkehr am 07.02.2019, hat US-Senator Richard Blumenthal Bedenken hinsichtlich des Fehlens von wissenschaftlicher Forschung und Daten zu den potenziellen Gesundheitsrisiken der 5G-Technologie, geäußert, und Vertretern der Mobilfunkbranche die folgenden Fragen gestellt:

*„Wie viel Geld hat die Industrie für die Unterstützung zusätzlicher unabhängiger Forschung – ich betone unabhängige – Forschung bereitgestellt? Ist diese unabhängige Forschung im Gange? Wurde etwas abgeschlossen? Wo können Verbraucher danach suchen? und wir sprechen über die Erforschung der biologischen Auswirkungen dieser neuen Technologie."*

Als die Vertreter der Mobilfunkbranche zugaben, dass ihnen keine unabhängigen wissenschaftlichen Studien bezüglich der Auswirkungen von 5G bekannt sind, schloss Blumenthal:

*„Es wird also wirklich nicht geforscht. Was Gesundheit und Sicherheit angeht, fliegen wir hier quasi im Blindflug."*

Blumenthal hat ebenso während der Sitzung die Federal Communications Commission (FCC) und die Food and Drug Administration (FDA), Regierungsbehörden, die gemeinsam dafür verantwortlich sind, die Sicherheit von Mobiltelefontechnologien zu gewährleisten, gerügt, da sie ebenfalls keinerlei Forschung zur Sicherheit der 5G-Technologie durchgeführt haben. [1314]

Blumenthal hat auch bereits zuvor, auf einer Pressekonferenz in Hartford am 03.12.2018, Bedenken bezüglich der Sicherheit der 5G-Technologie geäußert.

Es würden Gesundheitsgefahren in Zusammenhang mit höheren Frequenzen bestehen, die *„mehr Sender und Antennen erfordern"*:

---

[1314] https://www.blumenthal.senate.gov/newsroom/press/release/at-senate-commerce-hearing-blumenthal-raises-concerns-on-5g-wireless-technologys-potential-health-risks

*„Die krasse, einfache Tatsache ist, dass Gesundheitsgefahren unbekannt und unerforscht sind. Das ist ein Zeichen von Vernachlässigung und Missachtung der FCC, die inakzeptabel ist. Wir müssen wissen, ob die Technologie Krebs und andere Krankheiten verursachen kann".* [1315]

### 3. Studien zu 5G

Mittlerweile gibt es bereits einige wissenschaftliche Studien zu der neuen 5G Technologie, welche schädliche Auswirkungen für Mensch und Umwelt feststellen konnten. [1316]

So problematisiert z. B. der Forschungsbericht „5G Wireless Expansion: Public Health and Environmental Implications " (dt. „5G drahtlose Expansion: Auswirkungen auf die öffentliche Gesundheit und die Umwelt) die zunehmende Umweltverschmutzung durch Radiofrequenzstrahlung (HF):

*„Wie bei anderen häufigen toxischen Expositionen werden die Auswirkungen hochfrequenter elektromagnetischer Strahlung (HF-EMR) problematisch, wenn nicht gar unmöglich, epidemiologisch zu klären, da es keine nicht mehr exponierte Kontrollgruppe mehr gibt. Dies ist besonders wichtig, wenn man bedenkt, dass diese Effekte wahrscheinlich durch synergistische toxische Expositionen und andere allgemeine Gesundheitsrisikoverhalten verstärkt werden."*

Der Forschungsbericht kommt zu dem Schluss, dass *„dass die Hinzufügung dieser zusätzlichen hochfrequenten 5G-Strahlung zu einer bereits komplexen Mischung niedrigerer Frequenzen sowohl aus Sicht der körperlichen als auch der psychischen Gesundheit zu einem negativen Ergebnis für die öffentliche Gesundheit beitragen wird"*.[1317]

---

[1315] https://ctmirror.org/2018/12/03/blumenthal-wants-fcc-prove-5g-wireless-technology-safe/
[1316] https://ehtrust.org/scientific-research-on-5g-and-health/
[1317] https://www.sciencedirect.com/science/article/abs/pii/S0013935118300161?via%3Dihub

Die Studie Adverse health effects of 5G mobile networking technology under real-life conditions (dt. „Nachteilige gesundheitliche Auswirkungen der 5G-Mobilfunktechnologie unter realen Bedingungen“) identifiziert ein breites Spektrum gesundheitsschädlicher Wirkungen nichtionisierender, nicht sichtbarer Strahlung und kommt zu dem Schluss, *„dass die aufkommende 5G-Mobilfunktechnologie nicht nur, wie allgemein angenommen, Haut und Augen betrifft, sondern auch negative systemische Auswirkungen haben wird.“*[1318]

Die Forschungsübersicht “Towards 5G communication systems: Are there health implications?” (dt. „Auf dem Weg zu 5G-Kommunikationssystemen: Gibt es gesundheitliche Auswirkungen?“) kommt zu dem Schluss, dass *„HF-EMF oxidativen Stress, eine Erkrankung, die bei der Entstehung von Krebs, bei mehreren akuten und chronischen Erkrankungen und bei der vaskulären Homöostase eine Rolle spielt“* fördern.

Bezüglich der Millimeterwellen (MMW) wurde Folgendes festgestellt: *„Vorläufige Beobachtungen zeigten, dass MMW die Hauttemperatur erhöhen, die Genexpression verändern, die Zellproliferation und die Synthese von Proteinen fördern, die mit oxidativem Stress, Entzündungs- und Stoffwechselprozessen verbunden sind, Augenschäden verursachen und die neuromuskuläre Dynamik beeinflussen können“*.

Die verfügbaren Ergebnisse seien ausreichend, *„um das Vorliegen biomedizinischer Wirkungen nachzuweisen, das Vorsorgeprinzip geltend zu machen, exponierte Personen als potenziell gefährdet zu definieren und bestehende Grenzwerte zu revidieren“*.[1319]

Der wissenschaftliche Bericht „A New Look at Three Potential Mechanisms Proposed for the Carcinogenesis of 5G Radiation“ (dt. “Ein neuer Blick auf drei mögliche Mechanismen, die für die Karzinogenese von 5G-Strahlung vorgeschlagen werden“) stellt, wie der Titel schon sagt, drei mögliche Mechanismen vor, welche aufgrund von 5G Strahlung zu Krebs führen können.

Demnach könne z.B. hochfrequente 5G-Strahlung lebende Hautzellen durchdringen und diese *„aufgrund ihrer geringen Penetration und sehr hohen*

---

[1318] https://www.sciencedirect.com/science/article/abs/pii/S037842742030028X
[1319] https://pubmed.ncbi.nlm.nih.gov/29402696/

*Energiedeposition pro Distanzeinheit unter der Hautoberfläche stark schädigen. Vor diesem Hintergrund kann die Absorption von 5G-Strahlung in der Haut zur Bildung hoher Mengen freier Radikale führen, was wiederum das Hautkrebsrisiko erhöht. Yakymenko et al. haben berichtet, dass von 100 von Experten begutachteten Veröffentlichungen zu oxidativen Wirkungen von hochfrequenter Strahlung niedriger Intensität, die in ihre Übersicht aufgenommen wurden, 93 Studien zeigten, dass Hochfrequenzstrahlung oxidative Wirkungen in biologischen Systemen induzierte".*[1320]

Der wissenschaftliche Bericht "Systematic Derivation of Safety Limits for Time-Varying 5G Radiofrequency Exposure Based on Analytical Models and Thermal Dose" (dt. "Systematische Ableitung von Sicherheitsgrenzwerten für zeitvariable 5G-Hochfrequenzexposition basierend auf Analysemodellen und thermischer Dosis")[1321] kommt zum Ergebnis, *„dass das von den Richtlinien der Internationalen Kommission für den Schutz vor nichtionisierender Strahlung (International Commission on non-ionizing radiation protection, ICNIRP, Anm. d. Verf.) tolerierte Spitzen-zu-Durchschnitts-Verhältnis von 1.000, selbst nach kurzer Exposition, zu dauerhaften Gewebeschäden führen kann, was die Bedeutung einer Überprüfung bestehender Expositionsrichtlinien unterstreicht".*

Der wissenschaftliche Bericht "Chemical polarization efects of electromagnetic field radiation from the novel 5G network deployment at ultra high frequency" (dt. „Chemische Polarisationseffekte der elektromagnetischen Feldstrahlung aus dem neuartigen 5G-Netzausbau bei Ultrahochfrequenz") kommt zum folgenden Ergebnis:

*„Das breite Spektrum nichtionisierender, nicht sichtbarer Strahlung, die von der neuartigen 5G-Netzbereitstellung emittiert wird, wurde untersucht und es wurde festgestellt, dass es zu Effekten führt, die die Nomenklatur des menschlichen Körpers aufheizen und verändern können. Die ultrahochfrequenten Magnetfelder induzierten die Zirkulation von Strömen im umgebenden menschlichen Körper, wenn sie potenziell ausgesetzt waren. Das Quantum dieser elektromagnetischen Ladungen wird durch die Größe des*

---

[1320] https://jbpe.sums.ac.ir/article_46931_45f164c24668b413a262bbcda4087fea.pdf

[1321] https://pubmed.ncbi.nlm.nih.gov/30247338/

*äußeren Magnetfeldes beeinflusst ... Nach den verschiedenen Forschungsergebnissen wird der Einsatz der 5G-Netzwerktechnologie unter der Ultrahochfrequenz über 20 GHz einen Effekt erzeugen, der das menschliche Körpergewebe aufgrund der Induktion elektromagnetischer Felder aufheizt, da der menschliche Körper von Natur aus dipolar ist. Die Untersuchung ergab, dass die derzeitige digitale Gesellschaft zwar weiterhin in die 5G-Netztechnologie investieren wird, jedoch Vorsicht geboten ist, um das 5G-Netz aufgrund seiner nachteiligen gesundheitlichen Auswirkungen nicht unter Ultrahochfrequenz über 20 GHz zu installieren.*"[1322]

Die Nutzung der 5G-Technologie wird sich jedoch nicht auf die niedrigeren Frequenzen beschränken. Dass auch die höheren 5G-Frequenzen bereits heute ganz offiziell genutzt werden bestätigt z.B. der US-amerikanische Telekommunikationskonzern Verizon, welcher angibt, auch bei 28 und 39 GHz zu operieren. [1323]

#### 4. 5G auch im Weltraum

Der Ausbau von 5G erfolgt momentan in einem enormen Tempo in der gesamten Welt, mit dem Ziel, möglichst viele Gebiete mit 5G abdecken zu können. Doch damit nicht genug.

Elon Musk bzw. sein Satellitenprogramm Starlink von SpaceX hat, mit freundlicher Genehmigung der FCC, [1324] [1325] [1326] bereits 2019 angefangen, massenhaft 5G-Satelliten in den Weltraum hochzuschicken.[1327] [1328] Insgesamt

---

1322 https://www.ncbi.nlm.nih.gov/pmc/articles/PMC7839940/pdf/12553_2020_Article_501.pdf

1323 https://www.verizon.com/about/our-company/5g/what-frequency-5g

1324 https://www.theverge.com/2019/4/27/18519778/spacex-starlink-fcc-approval-satellite-internet-constellation-lower-orbit

1325 https://spacenews.com/spacex-submits-paperwork-for-30000-more-starlink-satellites/

1326 https://www.reuters.com/technology/fcc-votes-approve-spacex-satellite-plan-official-2021-04-27/)

1327 https://www.forbes.com/sites/startswithabang/2019/12/11/elon-musk-

soll die Anzahl der 5G Satelliten 42 000 betragen, so dass die Satelliten auch die Gebiete abdecken, wo keine Bodenantennen installiert werden, und somit wirklich alle Ecken auf der Welt von 5G erfasst werden. [1329]

Und damit ist Musk längst nicht alleine. Auch andere Projekte, wie z.B. das Amazons Kuiper-Projekt, OneWeb und Chinas Hongyan, wollen ihre eigenen globalen Netzwerke mit Tausenden von Satelliten starten, so dass in den nächsten 10 Jahren insgesamt etwa 100.000 Satelliten in den Weltraum geschickt werden sollen, sofern dies genehmigt wird. [1330]

Zum Vergleich: 2019 waren im gesamten Weltraum lediglich ca. 2000 aktive Satelliten.[1331]

Damit wäre die gesamte Welt von der 5G-Technologie erfasst, ohne dass die überwiegende Mehrheit der Menschen aufgeklärt und gefragt wurde, ob sie damit einverstanden ist. Wenn alles mit allem verbunden und digitalisiert wird, ist es so gut wie vorbei mit Datenschutz und Privatsphäre. Die neue 5G-Technologie ermöglicht Kontrolle und Überwachung eines jeden Einzelnen auf einem ganz neuen Level. Dazu kommen die zahlreichen gesundheitlichen Bedenken aufgrund der 5G-Hochfrequenzstrahlung, welcher sich die Menschen permanent, Tag und Nacht, schutzlos ausgesetzt sein werden.

Interessant ist auch, dass der weltweite massive 5G-Ausbau während der weltweiten „Pandemie" erfolgt, wobei zum einen die Aufmerksamkeit der Menschen vom 5G-Ausbau auf Corona gelenkt wird, und zum anderen jegliche Proteste und Demonstrationen gegen 5G wegen der „Schutzmaßnahmen" erschwert werden.

Und angenommen, es gibt tatsächlich eine weltweite Viruspandemie mit einem

---

spacex-unveil-latest-starlink-plans-creating-an-astronomical-emergency/?sh=2304d93c287e

[1328] https://en.wikipedia.org/wiki/Starlink

[1329] https://www.businessinsider.com/how-elon-musk-42000-starlink-satellites-earth-effects-stars-2020-10

[1330] https://www.businessinsider.com/how-elon-musk-42000-starlink-satellites-earth-effects-stars-2020-10

[1331] https://www.forbes.com/sites/startswithabang/2019/12/11/elon-musk-spacex-unveil-latest-starlink-plans-creating-an-astronomical-emergency/?sh=2304d93c287e

Killervirus und zahlreichen Toten- wieso würde man genau zu dieser Zeit sich derart intensiv mit dem Ausbau von 5G beschäftigen wollen? Wieso ist 5G derart wichtig, dass man nicht warten kann, bis die Pandemie vorbei bzw. bis man mehr Erkenntnisse über die Gesundheitsgefahren der neuen 5G-Technologie erlangt hat? Wieso versucht man 5G, ähnlich wie die massenhaften Impfprogramme, komme was wolle, in kürzester Zeit durchzupeitschen? Sofern man nicht an dieser Stelle einen bösartigen Plan unterstellt, sind sowohl 5G, als auch die Corona-Impfungen doch zumindest nichts anderes als ein großes Experiment an der Menschheit mit ungewissen Auswirkungen.

## 5. 5G-Appelle

Mittlerweile gibt es einige Aktivitäten, Bürgerbewegungen, Initiativen und Appelle von zahlreichen Ärzten, Wissenschaftlern Umweltschutzorganisationen und besorgten Bürgern, welche dazu aufrufen, den Ausbau und die Inbetriebnahme von 5G auf der Erde und im Weltraum zu stoppen.[1332] [1333]

Der wohl bekannteste Appell wurde 2018 von Arthur Firstenberg ins Leben gerufen, [1334] welcher sich an die Vereinten Nationen, die Weltgesundheitsorganisation, die Europäische Union, den Europarat und die Regierungen aller Nationen richtet.

Darin heißt es:

*„Obwohl dies immer wieder geleugnet wird, gibt es eine große Zahl an Belegen für die Tatsache, dass Hochfrequenzstrahlung (HF) dem biologischen Leben schadet. Das bereits gesammelte, heute vorliegende klinische Beweismaterial zu diesem Thema umfasst mehr als 10.000 durch Fachleute gegengeprüfte Studien. Darin wird belegt, dass elektromagnetische Felder maßgeblich*

---

1332 https://www.researchgate.net/publication/298533689_International_Appeal_Scientists_call_for_protection_from_non-ionizing_electromagnetic_field_exposure

1333 https://www.5gappeal.eu/

1334 https://www.5gspaceappeal.org/the-appeal

*verantwortlich sind für verschiedenste Beeinträchtigungen des Menschen, für die Schädigung der DNA, der Zellen und Organsysteme bei einer großen Vielzahl von Pflanzen und Tieren, und für die heute wichtigsten Zivilisationskrankheiten: Krebs, Herzerkrankungen und Diabetes.*

*Werden die Pläne der Telekommunikationsindustrie für den Ausbau von 5G tatsächlich wie vorgesehen umgesetzt, so wird kein Mensch, kein Tier, kein Vogel, kein Insekt und keine Pflanze auf diesem Planeten den aus 5G resultierenden Belastungen entkommen können. Dies gilt 24 Stunden am Tag und 365 Tage im Jahr, bei Feldstärken von HF-Strahlung, die um das zehn- bis hundertfache höher sind als heute, und ohne jede Möglichkeit, diesen elektromagnetischen Einflüssen noch irgendwo auf dem Planeten zu entkommen. Die Pläne zur Implementierung von 5G drohen ernste, irreversiblen Konsequenzen für den Menschen und dauerhafte Schäden in allen Ökosystemen der Erde zur Folge zu haben.*

*In Übereinstimmung mit ethischen Geboten und internationalen Abkommen müssen sofortige Maßnahmen ergriffen werden, um die Menschheit und die Umwelt zu schützen …*

*5G wird eine massive Erhöhung hochfrequenter Strahlung zur Folge haben, der sich niemand mehr entziehen kann.*

*Schon bevor 5G entwickelt wurde, riefen Dutzende Petitionen und Appelle internationaler Wissenschaftler,[1335] darunter der von mehr als 3.000 Ärzten unterzeichnete Freiburger Appell,[1336] dazu auf, den weiteren Ausbau von drahtlosen Technologien und neuen Basisstationen zu stoppen.*

*Im Jahr 2015 teilten 215 Wissenschaftler aus 41 Ländern ihre alarmierenden Bedenken den Vereinten Nationen (UN) und der Weltgesundheitsorganisation (WHO) mit.[1337] Darin erklärten sie unmissverständlich: „Zahlreiche aktuelle wissenschaftliche Veröffentlichungen haben gezeigt, dass elektromagnetische*

---

[1335] Anm. d. Verf. siehe https://www.cellphonetaskforce.org/governments-and-organizations-that-ban-or-warn-against-wireless-technology/

[1336] Anm. d. Verf. http://freiburger-appell-2012.info/media/International_Doctors_Appeal_2012_Nov.pdf_,
siehe auch: https://emfscientist.org/index.php/emf-scientist-appeal

[1337] https://www.5gspaceappeal.org/the-appeal

*Felder lebende Organismen bereits bei Werten beeinflussen, die weit unterhalb der meisten internationalen und nationalen Richtlinien liegen". Mehr als 10.000 von Experten verifizierte wissenschaftliche Studien belegen, dass elektromagnetische Strahlung die menschliche Gesundheit schädigt."*[1338]

An dieser Stelle werden im Appell die folgenden schädlichen Effekte durch elektromagnetische Strahlung für Mensch und Umwelt benannt und jeweils mit den entsprechenden wissenschaftlichen Studien durch Fußnoten verlinkt:

"

- *Veränderung des Herzrhythmus*
- *Veränderung der Gen-Expression*
- *Veränderungen im Stoffwechsel*
- *Veränderungen in der Entwicklung der Stammzellen*
- *Krebs*
- *Herz-Kreislauf-Erkrankungen*
- *kognitive Beeinträchtigung*
- *DNA-Schäden*
- *Auswirkungen auf das allgemeine Befinden*
- *Erhöhte Anzahl freier Radikale*
- *Lern- und Gedächtnisdefizite*
- *Beeinträchtigte Spermienfunktion und -qualität*
- *Fehlgeburten*
- *neurologische Schäden*
- *Fettleibigkeit und Diabetes*
- *oxidativer Stress*

*Zu den Auswirkungen bei Kindern zählen Autismus, Aufmerksamkeitsdefizit-Hyperaktivitätsstörung (ADHS) und Asthma.*
*Die Schäden gehen jedoch weit über die menschliche Spezies hinaus. Es liegen zahlreiche Belege für die Schädigung verschiedenster Pflanzen und Wildtiere, sowie von Labortieren vor, darunter:*

---

1338 https://www.researchgate.net/publication/338178680_InternationalerAppell-Stoppvon5GaufderErdeundimWeltraum

- *Ameisen*
- *Vögel*
- *Wälder*
- *Frösche*
- *Fruchtfliegen*
- *Honigbienen*
- *Insekten*
- *Säugetiere*
- *Mäuse*
- *Pflanzen*
- *Ratten*
- *Bäume*

*Negative mikrobiologische Effekte wurden ebenfalls nachgewiesen".*

Die Appelle, Bürgerbewegungen und Initiativen scheinen bereits Früchte getragen zu haben.

So hat z.B. Slowenien im März 2020 den Einsatz der 5G-Technologie aus gesundheitlichen Gründen vorsorglich eingestellt,[1339] und über 600 Städte in Italien, sowie zahlreiche weitere Städte in ganz Europa, haben Beschlüsse zum Stopp von 5G gefasst.[1340]

## 6. Gesundheitsgefahren durch nicht-thermische elektromagnetische Felder (EMF)

Die zahlreichen Gesundheitsgefahren durch Hochfrequenz- bzw. Mikrowellenstrahlung gibt es jedoch nicht erst seit der Einführung der 5G Technologie. Seit der weltweiten Einführung von Mobilfunk- und WLAN-Technologie vor ca. 30 Jahren haben viele Menschen mit nachteiligen Auswirkungen durch die nicht-thermische Mikrowellenstrahlung zu kämpfen, wobei sich die meisten Menschen dessen immer noch nicht bewusst sind, da

---

[1339] https://ehtrust.org/slovenia-halts-5g-to-investigate-health-and-safety/
[1340] https://ehtrust.org/international-actions-to-halt-and-delay-5g/

diese Problematik von den Institutionen, die sich um die Gesundheit der Menschen kümmern müssten nicht beleuchtet wird, weder von der WHO, noch von der FCC oder dem IRNIC.

Mikrowellen sind elektromagnetische Wellen mit einer Frequenz von 1 bis 300 GHz. Wer bei Mikrowellenstrahlung nur an den hausüblichen Mikrowellenherd denkt, dem sei gesagt, dass Mikrowellen auch in der Radartechnik und drahtlosen Kommunikationssystemen wie Mobilfunk, Bluetooth, Satellitenrundfunk, WLAN oder sogar Leuchtmitteln eingesetzt werden, wobei 4G und Mikrowellenherde sogar bei gleicher Funkfrequenz von 2.45 GHz operieren.[1341] [1342]

Wir sind somit tagtäglich in unserem Alltag jeweils unterschiedlich starker Mikrowellenstrahlung ausgesetzt und können ihr bereits heute schon kaum entfliehen.

Bezüglich der Gesundheitsgefahren der 2,45 GHz-Strahlung kam Isabel Wilke in ihrem Fachartikel „Biologische und pathologische Wirkungen der Strahlung von 2,45 GHz auf Zellen, Fruchtbarkeit, Gehirn und Verhalten“ zum folgenden Ergebnis:

*„Analysiert wurden mehr als 100 Studien zur Frequenz 2,45 GHz, die meist unterhalb der ICNIRP-Sicherheitsrichtlinien (in Deutschland als Grenzwerte in der 26. BImSchV festgelegt) Veränderungen gegenüber unbestrahlten Gruppen gefunden haben. Dokumentiert sind Studien zur Schädigung der Fruchtbarkeit, zur Einwirkung auf das EEG und Gehirnfunktionen, auf die DNA und die Krebsentwicklung, zu Wirkungen auf Herz, Leber, Schilddrüse, Genexpression, Zellzyklus, Zellmembran, Bakterien und Pflanzen. Als Wirkmechanismus identifizieren viele Studien oxidativen Zellstress. Negative Auswirkungen auf Lernen, Gedächtnis, Aufmerksamkeit und Verhalten sind Ergebnis zelltoxischer Effekte ... Aufgrund der umfangreichen Forschungslage und der negativen gesundheitlichen Wirkungen, die in der überwiegenden Zahl der Studien gefunden werden, wird in Übereinstimmung mit offiziellen Verlautbarungen empfohlen, Maßnahmen zu ergreifen, um die Strahlungsbelastung zu*

---

[1341] https://de.wikipedia.org/wiki/Mikrowellen

[1342] https://www.arrow.com/en/research-and-events/articles/what-frequency-spectrum-will-5g-technology-use-and-how-does-this-compare-to-4g

*verringern. Kabelgebundene Lösungen sollten bevorzugt werden. Die geltenden Grenz- und SAR-Werte schützen nicht vor den gesundheitlichen Risiken der WLAN-Strahlung. Die negativen Auswirkungen auf Lernen, Aufmerksamkeit und Verhalten begründen für Erziehungsinstitutionen aller Altersstufen einen Verzicht auf WLAN-Anwendungen. Aufgrund der zelltoxischen Wirkungen ist WLAN als Technologie in Krankenhäusern und für die Tele-Medizin nicht geeignet. WLAN sollte nicht in Schlafzimmern, an Arbeitsplätzen, in Aufenthaltsräumen, Krankenzimmern, Hörsälen, Klassenzimmern und in öffentlichen Verkehrsmitteln genutzt werden. Die möglichen Gefahren durch WLANStrahlung könnten umgangen werden mit der Erprobung alternativer Übertragungstechniken mit anderen Frequenzbändern, wie die optische VLC/LiFi-Technik (Visible Light Communication). Wenn sich als Übergangslösung WLAN nicht vermeiden lässt, muss nach dem ALARA-Prinzip (anm.d.Verf. ALARA bezeichnet ein Prinzip des Strahlenschutzes und ist ein Akronym für „As Low As Reasonably Achievable" (dt. „so niedrig wie vernünftigerweise erreichbar")*[1343] *gehandelt werden: kein dauerstrahlendes, sondern ein abschaltbares und leistungsgeregeltes WLAN."*[1344]

Interessanterweise warnt selbst die Deutsche Telekom vor Belastungen durch EMF, welche von WLAN-Routern verursacht werden. So steht z. B. in der Bedienungsanleitung des WLAN-Routers „Speedport Smart" Folgendes schwarz auf weiß:

*„Die integrierten Antennen Ihres Speedport senden und empfangen Funksignale bspw. für die Bereitstellung Ihres WLAN. Vermeiden Sie das Aufstellen Ihres Speedport in unmittelbarer Nähe zu Schlaf- und Kinderzimmern, um die Belastung durch elektromagnetische Felder so gering wie möglich zu halten".*[1345]

Die Gesundheitsgefahren haben sich selbst bei geringeren 2G- bzw. 3G-Frequenzen wissenschaftlich bestätigt.

So hat z.B. das National Toxicology Program (NTP) über 10 Jahre lang umfassende Studien in Wert von 30 Millionen USD an Mäusen und Ratten

---

[1343] https://de.wikipedia.org/wiki/ALARA
[1344] https://www.emfdata.org/de/dokumentationen/detail&id=223
[1345] https://www.telekom.de/hilfe/downloads/bedienungsanleitung-speedport-smart-3.pdf

durchgeführt, welche der 2G- und 3G-Strahlung ausgesetzt waren. Das NTP kam dabei zu dem Ergebnis, dass es *„klare Beweise"* für einen Zusammenhang zwischen der Bestrahlung und Herztumoren männlicher Ratten, sowie *„einige Beweise"* für einen Zusammenhang zwischen der Bestrahlung und Hirntumoren bzw. Nebennierentumoren männlicher Ratten gibt. [1346] [1347]

Darüber hinaus fanden die NTP Wissenschaftler heraus, dass die Strahlungsexposition mit einer Zunahme von DNA-Schäden einhergeht, insbesondere im frontalen Kortex des Gehirns bei männlichen Mäusen, in den Blutkörperchen bei weiblichen Mäusen und im Hippocampus männlicher Ratten.[1348] [1349]

Zu einem ähnlichen Ergebnis kam 2004 die REFLEX Studie (Risikobewertung der möglichen Umweltgefahren energiearmer elektromagnetischer Felder mit Hilfe empfindlicher in vitro Methoden), welche DNA-Schäden in Form von Einzel- und Doppelstrangbrüchen, sowie Chromosomenabweichungen bei menschlichen Fibroblasten (Zellen des Bindegewebes)[1350] festgestellt hat. Außerdem wurde eine Wechselbeziehung zwischen Intensität und Dauer der EMF-Exposition beobachtet- je länger die Strahlungsexposition, desto größer der Schaden. Die Studie dauerte mehr als drei Jahre und kostete mehr als drei Millionen Euro, von welchen mehr als zwei Millionen von der EU bezuschusst wurden. [1351]
Im Einzelnen wurde festgestellt, dass NF (Niedrigfrequenz)-EMF *"gentoxische Wirkungen auf primäre Zellkulturen von menschlichen Fibroblasten und auf weitere Zelllinien haben"*.

Des Weiteren führten NF-EMF *„zu signifikanten DNA-Strangbrüchen bei der sehr niedrigen Flussdichte von 35 µT. Die Zunahme von Einzel- und*

---

1346
https://www.niehs.nih.gov/news/newsroom/releases/2018/november1/index.cfm
1347 https://ntp.niehs.nih.gov/whatwestudy/topics/cellphones/index.html
1348 https://onlinelibrary.wiley.com/doi/full/10.1002/em.22343
1349 https://ntp.niehs.nih.gov/whatwestudy/topics/cellphones/index.html
1350 https://de.wikipedia.org/wiki/Fibroblast
1351 https://www.jrseco.com/eu-reflex-study-shows-dna-damage-caused-by-radiation-from-wireless-devices-and-mobile-phones/

*Doppelstrangbrüchen in der DNA und das vermehrte Auftreten von Mikronuklei zeigten eine eindeutige Wechselbeziehung zwischen Intensität und Dauer der NF-EMF-Exposition ... Bei menschlichen Fibroblasten wurden nach NF-EMF-Exposition Chromosomenabweichungen festgestellt."*

Bezüglich der HF (Hochfrequenz)-EMF wurde festgestellt, dass diese *„in Fibroblasten, Granulosazellen und HL60-Zellen gentoxische Wirkungen hervorrufen ...*
*Zellen reagierten auf HF-EMF... mit einer signifikanten Steigerung der Einzel- und Doppelstrangbrüche in der DNA ... In Fibroblasten wurden nach HF-EMF-Exposition Chromosomenabweichungen beobachtet."*

Martin L. Pall, ein emeritierter Professor für Biochemie und medizinische Grundlagenwissenschaften an der Washington State University, hat eine Liste von 170 Rezensionen zu nicht-thermischen Wirkungen von EMFs veröffentlicht, die Auswirkungen auf die Gesundheit dokumentieren.

*„Jede dieser Rezensionen zitiert mindestens ein Dutzend Primärliteraturzitate, die nicht-thermische Effekte zeigen, wobei viele 100 oder mehr zitieren, bis zur 3. Referenz, die über 1000 solcher Zitate zitiert. Daraus ist ersichtlich, dass die in diesen Übersichten zitierten primären Literaturzitate, die die Existenz verschiedener nicht-thermischer gesundheitlicher Wirkungen belegen, mehrere Tausend umfassen".*[1352]

Pall forschte und publizierte Artikel über mehrere Jahre hinweg, über die Wirkung von elektromagnetischen Feldern niedriger Intensität mit Mikrowellenfrequenz (MWV-EMF) auf den menschlichen Körper. Er kritisiert den Ausbau von 5G-Mobilfunknetzen und den Einsatz von drahtloser Technologie im Allgemeinen, da diese Technologie negative Folgen für die menschliche Gesundheit habe. Kenneth R. Foster von Scientific American beschrieb ihn Im Jahr 2019 als *„den sichtbarsten Wissenschaftler in der Öffentlichkeit zu diesem Thema"*, während The Guardian seine Forschungsinteressen als *„praktisch eine Enzyklopädie der medizinischen Gegenkultur "* bezeichnete. [1353]

---

[1352] https://electromagnetichealth.org/electromagnetic-health-blog/153-reviews/
[1353] https://en.wikipedia.org/wiki/Martin_Pall

Im Mai 2018 hat Pall einen umfangreichen wissenschaftlichen Bericht über die Risiken in Zusammenhang mit 5G bzw. EMF verfasst, mit dem Titel „5G: Great risk for EU, U.S. and International Health! Compelling Evidence for Eight Distinct Types of Great Harm Caused by Electromagnetic Field (EMF) Exposures and the Mechanism that Causes Them" (dt. 5G: Großes Risiko für EU, USA und internationale Gesundheit! Überzeugende Beweise für acht verschiedene Arten von großen Schäden, die durch Expositionen durch elektromagnetische Felder (EMF) verursacht werden, und den Mechanismus, der sie verursacht").[1354]

Durch die Auswertung von zahlreichen fachlich relevanten Studien und Rezensionen ist Pall in seinem Bericht zu folgenden Schlussfolgerungen gekommen:

Die EMF:

*„1. Greifen unser Nervensystem einschließlich unseres Gehirns an, was zu weitverbreiteten neurologischen/neuropsychiatrischen Effekten und möglicherweise vielen anderen Effekten führt. Dieser Angriff auf das Nervensystem ist von großer Bedeutung.*

*2. Greifen unser endokrines (d. h. hormonelles) System an. In diesem Zusammenhang sind die wichtigsten Dinge, die uns funktionell von einzelligen Lebewesen unterscheiden, unser Nervensystem und unser endokrines System - selbst ein einfacher Planarienwurm braucht beides. Somit sind die Folgen der Störung dieser beiden Regulierungssysteme immens, so dass es eine Travestie ist, diese Erkenntnisse zu ignorieren.*

*3. Verursachen oxidativen Stress und Schäden durch freie Radikale, die bei praktisch allen chronischen Krankheiten eine zentrale Rolle spielen.*

*4. Greifen die DNA unserer Zellen an und erzeugen Einzelstrang- und Doppelstrangbrüche in der zellulären DNA und oxidierte Basen in unserer zellulären DNA. Diese wiederum erzeugen Krebs und auch Mutationen in Keimbahnzellen, die Mutationen in zukünftigen Generationen erzeugen.*

*5. Erhöhen die Apoptose (programmierter Zelltod), Ereignisse, die besonders wichtig sind, um sowohl neurodegenerative Erkrankungen, als auch*

---

[1354] https://www.emfdata.org/en/documentations/detail&id=243

*Unfruchtbarkeit zu verursachen.*

*6. Verringern männliche und weibliche Fruchtbarkeit, verringern Sexualhormone, verringern die Libido, erhöhen Spontanaborte und greifen, wie bereits erwähnt, die DNA in Samenzellen an.*

*7. Produzieren übermäßiges intrazelluläres Calcium [Ca2+]i und übermäßige Calcium-Signalgebung.*

*8. Greifen Zellen unseres Körpers an, um Krebs zu verursachen. Es wird angenommen, dass solche Angriffe über 15 verschiedene Mechanismen während der Krebsverursachung wirken.*

*Es gibt auch eine umfangreiche Literatur, die zeigt, dass EMF auch andere Wirkungen haben, einschließlich lebensbedrohlicher kardialer Wirkungen ... Darüber hinaus deuten substanzielle Hinweise darauf hin, dass EMF-Erkrankungen sehr früh einsetzende Demenzen verursachen, einschließlich Alzheimer, digitaler und anderer Arten von Demenz ... und es gibt Hinweise darauf, dass EMF-Expositionen im Uterus und kurz nach der Geburt ADHS und Autismus verursachen können.*

*Jeder dieser Effekte wird über den Hauptwirkungsmechanismus von Mikrowellen-/EMF mit niedrigerer Frequenz, der Aktivierung von spannungsgesteuerten Calciumkanälen (VGCCs) erzeugt ... Jeder von ihnen wird durch sogenannte Downstream-Effekte der VGCC-Aktivierung erzeugt. Daraus folgt, dass wir nicht nur gut verstehen, dass diese Effekte auftreten, sondern auch, wie sie auftreten können. Die außergewöhnliche Empfindlichkeit des VGCC-Spannungssensors gegenüber den Kräften der EMFs sagt uns, dass* ***die aktuellen Sicherheitsrichtlinien es erlauben, uns etwa 7,2 Millionen Mal zu hohen EMF-Werten auszusetzen****. Diese Empfindlichkeit wird von der Physik vorhergesagt. Daher weisen Physik und Biologie jeweils auf den gleichen Wirkmechanismus nicht-thermischer EMFs hin ... Wenn wir wissen, dass die* ***Spermienzahl in den technologisch fortgeschrittenen Ländern der Erde um mehr als 50 % gesunken*** *ist, ist es schwer, den Schluss zu vermeiden, dass die überwiegende Mehrheit der Bevölkerung in diesen Ländern bereits erheblich betroffen ist. Die gleiche Schlussfolgerung kann aufgrund der weitverbreiteten Natur der neuropsychiatrischen Auswirkungen in diesen Ländern gezogen werden. Beide Effekte werden sich aufgrund der kumulativen Natur und der Irreversibilität dieser Effekte auch ohne Erhöhung der aktuellen Expositionen* *noch viel verschlimmern.* ***Ich gehe davon aus, dass die menschliche Reproduktion fast auf null abstürzen wird, wie es in der Magras- und Xenos-Mausstudie der Fall war, die meiner Meinung nach innerhalb von etwa 5 Jahren eintritt, ohne dass unsere Exposition erhöht wird. Offensichtlich werden 4G und 5G die Situation noch viel schlimmer machen.*** *Ebenso erwarte ich, dass die Verschlechterung der Gehirnfunktion, die wir bereits sehen, unser Schicksal besiegeln wird, wenn wir nicht schnell und energisch handeln. Unsere kollektive Gehirnfunktion kann völlig unfähig werden, mit einer solchen Mega-Krisen-Situation umzugehen."*

### 7. Menschen sind bioelektrische Wesen

Man sollte sich nicht wundern, dass die EMFs eine derart starke Wirkung auf uns Menschen haben, da wir im Grunde nichts anderes als bioelektrische Wesen sind, und unsere eigenen und natürlichen elektromagnetischen Felder haben, welche durch künstliche elektromagnetische Felder gestört werden können, wodurch ein Ungleichgewicht entsteht und wir erkranken können.

So basiert z. B. die Funktion von unserem Gehirn und Nervensystem auf einer Weiterleitung von elektrischen Signalen. Dabei wird innerhalb einer Nervenzelle (Neuron) ein einkommendes Signal elektrisch weitergeleitet. Die Übertragung von Signalen zwischen zwei Nervenzellen erfolgt in der Regel chemisch, indem die Synapsen das elektrische Signal in ein chemisches übersetzen, und Botenstoffe (Neurotransmitter) in den Spalt zwischen der Sender- und Empfängerzelle freisetzen, woraufhin die Empfängerzelle die Neurotransmitter über Rezeptoren aufnimmt und wiederum in ein elektrisches Signal übersetzt.

Etwa 86 Milliarden Neurone müssen ständig miteinander kommunizieren, damit der Mensch denken, fühlen und handeln kann. An tausenden Zellen finden in Millisekunden komplexe elektrische und chemische Prozesse statt, um eine einzige sinnvolle Handlung zu ermöglichen.[1355]

---

[1355] https://www.dasgehirn.info/grundlagen/kommunikation-der-zellen/nervenzellen-im-gespraech

Die elektrischen Signale in unserem Körper lassen sich auch messen und darstellen.

So stellt z.B. das Elektroenzephalogramm (EEG) die gemessene summierte elektrische Aktivität unseres Gehirns dar,[1356] und das Elektrokardiogramm (EKG) zeichnet die Summe der elektrischen Aktivitäten aller Herzmuskelfasern auf. [1357]

Laut dem Mediziner Dr. Wolf Bergmann sind alle lebenden Organismen bioelektrische Wesen, welche in einem natürlichen elektromagnetischen Ozean schwimmen und auf das natürliche elektromagnetische Feld der Erde angewiesen sind. Jede einzelne Körperzelle würde dabei einen elektrischen Schwingkreis erzeugen. Unter Bestrahlung würden die Mitochondrien, die Kraftwerke der Zelle, weniger Energie erzeugen, und die Kommunikation zwischen den Zellen über ihr elektromagnetisches Feld wäre gestört, was möglicherweise ungesteuertes Zellwachstum, also Krebs, zur Folge hätte.

Da zudem die Frequenz des Mobilfunks genau im Bereich der natürlichen Frequenz des Menschen und auch aller anderen Lebewesen liege, wären ihre Folgen fatal. Dies würde sich u. a. auch auf die roten Blutkörperchen erschreckend auswirken, die sich unter Bestrahlung zusammenklumpen würden. Dadurch würde sich ihre Oberfläche verkleinern und sie würden weniger Sauerstoff transportieren. Durch die Verklumpung würden sie nicht mehr in die feinen Kapillargefäße des Körpers gelangen und diese verstopfen, wodurch die Zahl der Schlaganfälle, auch bei jungen Menschen, und sogar bei Ungeborenen, drastisch ansteigen würde.

Damit sich der Körper erholt, bräuchte er Zeiten ohne Bestrahlung. Dr. Bergmann befürchtet jedoch, dass wenn für die 5G-Technik weitere Tausende Funkmasten aufgestellt werden, es dann keine funkwellenfreien Bereiche und somit praktisch keine Regenerierungsmöglichkeiten mehr gibt. [1358]

Wenn dazu noch an die 100 000 5G Satelliten in den Weltraum geschickt werden, welche die Erde zusätzlich bestrahlen, dann ist das Ausmaß an

---

[1356] https://de.wikipedia.org/wiki/Elektroenzephalografie
[1357] https://de.wikipedia.org/wiki/Elektrokardiogramm
[1358] https://www.swp.de/suedwesten/staedte/schwaebisch-hall/_die-basis-ist-total-falsch_-28378554.html

möglichen gesundheitlichen Schäden kaum vorstellbar.

## 8. Die traurige Geschichte jahrzehntelanger Ignoranz der Gesundheitsgefahren durch nicht-thermische EMF seitens der „Gesundheitsbehörden" und „Gesundheitsorganisationen" (WHO, ICNIRP, FCC, etc.)

Interessanterweise ist die WHO, zusammen mit den meisten Ländern der Welt immer noch der Ansicht, dass die nicht-ionisierte Strahlung, wie die Mikrowellenstrahlung, nur thermische Auswirkungen auf den Menschen haben kann. Starke Mikrowellenstrahlung könne zwar zu Verbrennungen der Haut, dem innenliegenden Gewebe, den Augen und den Hoden führen, sei jedoch ansonsten für den Menschen absolut ungefährlich.

Auf ihrer Webseite gibt die WHO eindeutig zu verstehen, dass es keinerlei Korrelation zwischen EHS-Symptomen (Elektrohypersensibilitätssymptome wie Rötung, Kribbeln, Brennen, Müdigkeit, Konzentrationsschwierigkeiten, Schwindel, Übelkeit, Herzklopfen und Verdauungsstörungen) und der Exposition gegenüber EMF gibt, und dass diese auf Faktoren zurückgeführt werden könnten, die nicht mit EMF in Zusammenhang stehen, wie z.B. auf schlechte Raumluftqualität, Stress, *„vorbestehende psychiatrische Erkrankungen sowie auf Stressreaktionen als Folge der Besorgnis über die gesundheitlichen Auswirkungen von EMF und nicht auf die EMF-Exposition selbst"*. [1359]

Dabei gibt die WHO eine Empfehlung an Ärzte ab, dass sich „*die Behandlung betroffener Personen .... auf die gesundheitlichen Symptome und das Krankheitsbild ... und nicht auf das wahrgenommene Bedürfnis der Person, EMF am Arbeitsplatz oder zu Hause zu reduzieren oder zu eliminieren*" konzentrieren sollte.

**Und die Regierungen sollten nach Ansicht der WHO** „*EHS-Personen,*

---

[1359] https://www.who.int/teams/environment-climate-change-and-health/radiation-and-health/non-ionizing/el-hsensitivity

*Angehörigen der Gesundheitsberufe und Arbeitgebern ... Informationen über potenzielle Gesundheitsgefahren durch EMF zur Verfügung stellen. Die Informationen sollten eine klare Aussage enthalten, dass es derzeit keine wissenschaftliche Grundlage für einen Zusammenhang zwischen EHS und EMF-Exposition gibt."* [1360]

Dies entspricht jedoch nicht der Wirklichkeit, da die Gefahren durch EMF seit langem bestens dokumentiert und bekannt sind. So hatte z.B. die US Navy nachweislich spätestens 1972 Kenntnis darüber. Damals hat das Naval Medical Research Institute Lieutenant Zorach Glaser, Ph.D beauftragt, die gesamte wissenschaftliche Literatur der Welt über die gesundheitlichen und biologischen Auswirkungen von HF- und Mikrowellenstrahlung zu lokalisieren und zu katalogisieren. Glaser hat in seinem Bericht "Bibliography Of Reported Biological Phenomena ('Effects') And Clinical Manifestations Attributed To Microwave And Radio-Frequency Radiation" [dt. "Bibliographie berichteter biologischer Phänomene ('Effekte') und klinischer Manifestationen, die auf Mikrowellen- und Hochfrequenzstrahlung zurückzuführen sind"] über 2000 Studien aufgelistet, von denen sehr viele bezeugten, dass auch nicht-ionisierte (nicht-thermale) Strahlung biologische Reaktionen hervorrief, darunter auch einige EHS-Symptome. [1361] Hier eine kleine Kostprobe:

Veränderung des Durchmessers von Blutgefäßen, verminderte Spermatogenese, veränderte Entwicklung des Fötus, Veränderungen der Empfindlichkeit gegenüber Licht-, Geräusch- und Geruchsreizen, Tod, Kopfschmerzen, Schlaflosigkeit, Unruhe, Krampfanfälle, Krämpfe, Neurovegetative Störungen, Ermüden, Neurasthenie, Depression, Impotenz, Angst, Konzentrationsmangel, Schwindel, Halluzinationen, Schläfrigkeit, Schlaflosigkeit, erhöhte Reizbarkeit, verminderter Appetit, Gedächtnisverlust, erhöhte Ermüdbarkeit, Brustschmerzen, Zittern der Hände, Änderungen im Blut und Knochenmark, erhöhte Blutzuckerkonzentration, Änderungen im Cholesterin und den Lipiden, Thrombose, Hypertonie, Anorexie, Schilddrüsenvergrößerung, Chromosomenaberrationen, Mutationen, Mongolismus, Somatische Veränderungen (Änderungen in Zellen, die weder Kern noch Chromosomen betreffen, Zelltransformation), neoplastische

---

[1360] https://www.who.int/teams/environment-climate-change-and-health/radiation-and-health/non-ionizing/el-hsensitivity
[1361] https://apps.dtic.mil/sti/citations/AD0750271

Erkrankungen (z. B. Tumore), Haarausfall, Brüchigkeit der Haare, Empfindungen von summenden Vibrationen, Pulsationen und Kitzeln an Kopf und Ohren.

Und auch NASA war mit den Gefahren der (nicht-ionisierten) Mikrowellenstrahlung spätestens 1972 bestens vertraut, wie eine offizielle NASA-Übersetzung des russischen
Forschungsdokuments "Influence of Microwave Radiation on the Organism of Man and Animals" (dt. „Einfluss der Mikrowellenstrahlung auf den Organismus von Mensch und Tier") zeigt. [1362] [1363]

Die nicht-thermale Mikrowellenstrahlung hat laut dem Forschungsbericht Änderungen im Zentralnervensystem, Herz-Kreislauf-System, den Verdauungsorganen, dem Ausscheidungssystem und dem Blutsystem bewirkt. Selbst Mikrowellenfelder geringer Intensität haben bei gesunden Menschen funktionelle Veränderungen ausgelöst.

1973 hatte die WHO eine internationale Konferenz in Warschau bezüglich der biologischen Auswirkungen und Gesundheitsgefahren von Mikrowellenstrahlung, welche von der WHO, dem US-amerikanischen Ministerium für Gesundheit, Bildung und Soziales und dem polnischen Wissenschaftlichen Rat für Gesundheit und Soziales gesponsert wurde.

Darüber wurde ein 350-Seitiges-Dokument verfasst (Biologic Effects and Health Hazards of Microwave Radiation, Proceedings on an International Symposium, October, 1973), in welchem von schädlichen Auswirkungen der Mikrowellenstrahlung, u. a. auf das Nervensystem und das Verhalten, sowie auf die zelluläre und molekulare Ebene, berichtet wird. [1364]

---

[1362] https://www.semanticscholar.org/paper/INFLUENCE-OF-MICROWAVE-RADIATION-ON-THE-ORGANISM-OF/2540f8d410ee5e1dc08ea2357e3faa0721daad63

[1363] siehe auch das NASA Dokument aus dem Jahr 1981 - Electromagnetic field interactions with the human body: Observed effects and theories (dt. Wechselwirkungen elektromagnetischer Felder mit dem menschlichen Körper: Beobachtete Effekte und Theorien) https://ntrs.nasa.gov/api/citations/19810017132/downloads/19810017132.pdf

[1364] https://www.emfoff.com/symposium/

Somit waren der WHO und dem US-Gesundheitsministerium bereits vor knapp einem halben Jahrhundert schädliche Auswirkungen von nicht-thermaler Mikrowellenstrahlung bestens bekannt. Es ist daher absolut nicht ersichtlich, wieso diese Organisationen, welche eigentlich die Gesundheit der Menschen schützen und fördern sollten, immer noch am Dogma festhalten, dass nur thermale Mikrowellenstrahlung negative Auswirkungen auf die Gesundheit haben kann, wohingegen nicht-thermale Strahlung unbedenklich sei.

Und auch das bereits erwähnte Dokument der Defense Intelligence Agency bezeugt, dass diese spätestens 1976 Kenntnis darüber hatte, dass die nicht-thermale elektromagnetische Strahlung Auswirkungen auf verschiedene Funktionen des menschlichen Organismus hat.[1365]

1986 wurde einer der letzten Berichte dieser Art, welcher die weit verbreiteten nicht-thermischen EMF-Effekte anerkennt, veröffentlicht.[1366] Im selben Jahr hat die US-Umweltschutzbehörde (EPA) ihr internes Forschungsprogramm zur Untersuchung nicht-thermischer EMF-Effekte eingestellt. Ebenfalls 1986 stellte das US-amerikanische Office of Naval Research die Finanzierung neuer Stipendien ein. [1367]
Es ist, als ob von ganz oben der Befehl kam, weitere Untersuchungen einzustellen, um weltweit die Nutzung von Mobiltelefonen und dem drahtlosen Internet einzuführen und dabei möglichst wenige Gegenstimmen zuzulassen.
Daraufhin wurde die drahtlose Telekommunikation zunächst in den USA populär, und breitete sich im Anschluss auf die EU und den Rest der Welt aus.

---

[1365] "Biological Effects of Electromagnetic Radiation (radiowaves and Microwaves): Eurasian Communist Countries", dt. "Biologische Auswirkungen von elektromagnetischer Strahlung (Radiowellen und Mikrowellen): Eurasische kommunistische Länder"
https://www.5gexposed.com/latest-articles/

[1366] NCRP Report No. 86. 1986 Biological Effects and Exposure Criteria for Radiofrequency Electromagnetic Fields. Recommendations of the National Council on Radiation Protection and Measurements (dt. NCRP-Bericht Nr. 86. 1986 Biologische Auswirkungen und Expositionskriterien für hochfrequente elektromagnetische Felder. Empfehlungen des Nationalrates für Strahlenschutz und Messungen) https://ncrponline.org/shop/reports/report-no-086-biological-effects-and-exposure-criteria-for-radiofrequency-electromagnetic-fields-1986/

[1367] https://www.emfdata.org/en/documentations/detail&id=243 (S. 58)

1993 hat die Die U.S. Food and Drug Administration (FDA, dt. US-Behörde für Lebens- und Arzneimittel) zugegeben, dass vieles darauf hindeutet, dass Mikrowellen Krebs fördern können:

*„Im Frühjahr 1993, auf dem Höhepunkt der öffentlichen Besorgnis über das Risiko von Hirntumoren bei Mobiltelefonen, kamen die Biologen der Food and Drug Administration (FDA) zu dem Schluss, dass die verfügbaren Daten „deutlich darauf hindeuten", dass Mikrowellen „die Entwicklung von Krebs beschleunigen" können. Diese Einschätzung stammt aus einem internen Agenturvermerk, der kürzlich von Microwave News im Rahmen des „Freedom of Information Act" erhalten wurde.*

*„Von ungefähr acht uns bekannten chronischen Tierversuchen führten fünf zu einer erhöhten Anzahl von Malignomen, beschleunigtem Fortschreiten von Tumoren oder beidem", schrieb Drs. Mays Swicord und Larry Cress vom Center for Devices and Radiological Health (CDRH) der FDA in Rockville, MD. Sie wiesen auch auf andere Beweise aus Laborstudien (in vitro) hin, die das Krebsrisiko belegen. In ihren damaligen öffentlichen Erklärungen spielte die Agentur diese Ergebnisse jedoch herunter. Zum Beispiel erklärte die FDA in einem Talk Paper, das Anfang Februar veröffentlicht wurde, dass es „begrenzte Beweise dafür gibt, dass niedrigere [Mikrowellen]-Stärken nachteilige Auswirkungen auf die Gesundheit haben könnten"."*[1368]

1994 hat die US Airforce in einem Dokument verlautbart, dass es Beweise dafür gibt, dass HF/MW-Strahlung Krebs verursachen kann.[1369]

So heißt es u. a. im Dokument:

---

1368 https://www.semanticscholar.org/paper/A-Report-on-Non-Ionizing-Radiation-January-%2F-2003-%E2%80%9C/776fb8ea63bd5c3c32699e90301af123eea6c6c7?p2df

1369 Radiofrequency/Microwave Radiation Biological Effects and Safety Standards: A Review (dt. Biologische Auswirkungen von Hochfrequenz-/Mikrowellenstrahlung und Sicherheitsstandards: Eine Rezension) https://electromagnetichealth.org/wp-content/uploads/2019/03/Air-Force____1994_rf_effects_usaf.pdf

*„Es ist bekannt, dass die Exposition gegenüber RF/MW-Strahlung eine biologische Wirkung auf Tiere und Menschen hat. Schäden an wichtigen Organen, Störungen wichtiger biologischer Prozesse und das potenzielle Krebsrisiko stellen die Gefahren der HF-/MW-Strahlung für lebende Organismen dar.*
*Gepulste Strahlung scheint den größten Einfluss auf biologische Materialien zu haben ... Elektromagnetische Felder können mit den bioelektrischen Funktionen des bestrahlten menschlichen Gewebes interagieren. Untersuchungen in der Sowjetunion und in Osteuropa deuten darauf hin, dass der menschliche Körper möglicherweise empfindlicher auf die nicht-thermischen Wirkungen von HF/MW-Strahlung reagiert ... Es ist bekannt, dass die Exposition gegenüber HF-/MW-Strahlung eine biologische Wirkung auf lebende Organismen hat. Die Forschung der letzten 30 Jahre hat eine Grundlage für die Wirkung der Bestrahlung biologischer Materialien geliefert. Experimentelle Beweise haben gezeigt, dass die Exposition gegenüber Strahlung geringer Intensität einen tiefgreifenden Einfluss auf biologische Prozesse haben kann. Die nicht-thermischen Effekte der HF-/MW-Strahlungsexposition werden zu wichtigen Maßen für die biologische Wechselwirkung mit EM-Feldern".*

Interessant ist dabei auch, dass die Internationale Agentur für Krebsforschung (IARC - International Agency for Research on Cancer), eine Einrichtung der WHO, 2001 extrem niedrige Frequenzen der EMF[1370] und 2011 hochfrequente elektromagnetische Felder als möglicherweise krebserregend für den Menschen (als Karzinogene der Kategorie 2B) eingestuft hat,[1371] und dennoch bis heute offiziell weiterhin an ihrem Dogma festhält, dass nur thermische Effekte der EMF für den Menschen schädlich sein können.

2011 hat eine Arbeitsgruppe der IARC, bestehend aus 31 Wissenschaftlern aus 14 Ländern, festgestellt, dass die Nutzung von Mobiltelefonen zu einem erhöhten Risiko für die Bildung von Gliomen (bösartigen Gehirntumoren) führen könnte.

IARC-Direktor Christopher Wild warnte:

*„Angesichts der möglichen Folgen dieser Klassifizierung und dieser Ergebnisse*

---

[1370] https://www.who.int/peh-emf/publications/risk_assessment.pdf
[1371] https://www.iarc.who.int/wp-content/uploads/2018/07/pr208_E.pdf

*für die öffentliche Gesundheit ist es wichtig, dass zusätzliche Forschungen zur langfristigen und intensiven Nutzung von Mobiltelefonen durchgeführt werden. Solange diese Informationen nicht verfügbar sind, ist es wichtig, pragmatische Maßnahmen zu ergreifen, um die Exposition zu reduzieren, wie beispielsweise Freisprecheinrichtungen oder Textnachrichten*." [1372]

1996 wurde, unter der Regierung von Bill Clinton, das Telekommunikationsgesetz (telecommunications act) erlassen, welches Marktbarrieren aufhob, die bis dahin einen direkten Wettbewerb der Anbieter verhindert hatten.[1373]
Laut der FCC bestand das Ziel des Gesetzes darin, *„jedem den Einstieg in jedes Kommunikationsgeschäft zu ermöglichen - jedes Kommunikationsunternehmen in jedem Markt gegen jedes andere konkurrieren zu lassen“*.[1374] Dadurch erfolgte eine Flut von *„Mega-Fusionen“* und Übernahmen im Bereich der Telekommunikationsbranche.
*„Diese beispiellose Fusionswelle führte dazu, dass eine Handvoll Konglomerate Branchen dominierten, die zuvor durch Telekommunikationsvorschriften getrennt waren“*, was wiederum dazu führte, dass die großen Unternehmen in der Telekomindustrie noch mächtiger wurden.[1375]

Im 68 Abschnitt 332(c)(7)(B)(iv) des Telekommunikationsgesetzes wurde den einzelnen US-Bundesstaaten und lokalen Gemeinden zudem das Recht genommen, Funkturmlizensen aufgrund gesundheitlicher Bedenken hinsichtlich der Auswirkungen der Turmstrahlung zu verweigern, sofern die FCC-Vorschriften eingehalten werden:

*„Kein Staat oder Kommunalverwaltung oder eine Einrichtung derselben darf die Aufstellung, den Bau und die Änderung von persönlichen drahtlosen Diensteinrichtungen auf der Grundlage der Umweltauswirkungen von Hochfrequenzemissionen regulieren, sofern diese Einrichtungen die Vorschriften der Kommission in Bezug auf solche Emissionen einhalten.“*[1376]

---

[1372] https://www.iarc.who.int/wp-content/uploads/2018/07/pr208_E.pdf
[1373] https://de.wikipedia.org/wiki/Telecommunications_Act_of_1996
[1374] https://www.fcc.gov/general/telecommunications-act-1996
[1375]
https://www.researchgate.net/publication/281389845_The_Impact_of_the_Telecommunications_Act_of_1996_in_the_Broadband_Age

Die FCC streitet jedoch offiziell jegliche gesundheitliche Beeinträchtigungen durch nicht-thermische Effekte, ebenso wie sie WHO, ab, trotz der Unmengen an wissenschaftlichen Studien, die genau das Gegenteil behaupten:

*„Bei relativ geringer Exposition gegenüber HF-Strahlung, d. h. bei niedrigeren Werten als denen, die zu einer erheblichen Erwärmung führen würden, sind die Beweise für die Erzeugung schädlicher biologischer Wirkungen mehrdeutig und unbewiesen. Solche Effekte, falls vorhanden, wurden als "nicht-thermische" Effekte bezeichnet."*[1377]

Somit halten die FCC und die WHO an Sicherheitsstandards fest, welche 1953 vom Dr, Herman P. Schwan vorgeschlagen wurden, welcher während der Zeit des Dritten Reiches als Wissenschaftler u. a. im Kaiser Wilhelm Institut arbeitete,[1378] und infolge der Operation „Project Paperclip" in die USA gebracht wurde.[1379] Schwan war der erste, welcher mögliche Gesundheitsgefahren nichtionisierender elektromagnetischer Felder erkannt hat.

*„Er schlug 1953 der US Navy einen sicheren Grenzwert für die menschliche Exposition gegenüber Mikrowellenenergie von 100 W/m2 (basierend auf thermischer Analyse) vor, der die Grundlage für die gegenwärtigen Sicherheitsstandards IEEE C95.1 in der westlichen Welt wurde".*[1380]

Zum damaligen Zeitpunkt waren die Gefahren, welche von nicht-thermischer nicht-ionisierter Strahlung ausgehen jedoch unbekannt, womit man Schwan wohl keinen Vorwurf machen kann, was jedoch keinesfalls für die WHO und die FCC gilt, die sich auch heute noch weigern, die längst überholten Sicherheitsstandards (welche lediglich thermale Effekte der nicht-ionisierten

---

[1376] https://www.law.cornell.edu/uscode/text/47/332
[1377] https://www.fcc.gov/engineering-technology/electromagnetic-compatibility-division/radio-frequency-safety/faq/rf-safety#top (WHAT BIOLOGICAL EFFECTS CAN BE CAUSED BY RF ENERGY?)
[1378] https://www.annualreviews.org/doi/full/10.1146/annurev.bioeng.4.092001.093625
[1379] https://ethw.org/Oral-History:Herman_Schwan_(1992)
[1380] https://en.wikipedia.org/wiki/Herman_P._Schwan#Professional_Achievements

Strahlung berücksichtigen) zu überprüfen und entsprechend den heute zahlreich vorliegenden wissenschaftlichen Erkenntnissen anzupassen.

Der US-Bundesstaat New Hampshire hat sogar ein 5G- Gesetz (HB 522) erlassen, welches dazu dienen sollte, eine Kommission zur Untersuchung der Auswirkungen der sich entwickelnden 5G-Technologie auf Umwelt und Gesundheit einzusetzen. Darin wird wortwörtlich gefragt:

*„Warum wurden Tausende von Peer-Review-Studien, einschließlich der kürzlich veröffentlichten 16-Jahres-Studie über 30 Millionen US-Dollar des US-Toxikologieprogramms, welche eine breite Palette von statistisch signifikanten DNA-Schäden, Hirn- und Herztumoren, Unfruchtbarkeit und so vielen andere Leiden aufzeigen, von der Federal Communication Commission (FCC) ignoriert?"*

Weiterhin wird gefragt, wieso die FCC die Tatsache ignoriere, dass die WHO 2011 drahtlose Strahlung als Karzinogen der Kategorie B (möglicherweise krebserregend) eingestuft hat, zu der auch u. a. Blei und Thalidomid gehören, wobei einige Experten, die 2011 im WHO-Ausschuss saßen, sich mittlerweile dafür aussprechen würden, die drahtlose Strahlung sogar in die erste Kategorie der „wahrscheinlich krebserregenden" Stoffe einzuordnen.

Die WHO und die UNO wurden dabei ebenso kritisiert:

*„Warum haben mehr als 220 der weltweit führenden Wissenschaftler einen Appell an die WHO und die Vereinten Nationen zum Schutz der öffentlichen Gesundheit vor drahtloser Strahlung unterzeichnet und nichts wurde unternommen?"*[1381]

## 9. Der Einfluss der Telekommunikationsindustrie auf die FCC, WHO, UNO und ICNIRP

---

[1381] https://trackbill.com/bill/new-hampshire-house-bill-522-establishing-a-commission-to-study-the-environmental-and-health-effects-of-evolving-5g-technology/1630657/?fbclid=IwAR28psMtRFU7mBGMmA8SKxoS0AIkf8LzcQR7e7vO_MiifUzs0N4GfUNcLC4

Die Untätigkeit und die Ignorierung der Problematik seitens der FCC, der WHO, der UNO und der ICNIRP könnte dadurch erklärt werden, dass diese Organisationen durch einen immensen Einfluss der Telekommunikationsbranche, nicht länger die Gesundheit der Menschen, sondern die Interessen der Telekomindustrie verfolgen.

So ist z.B. Tom Wheeler, ein Mann, der in seiner Vergangenheit die beiden mächtigsten Lobbygruppen der Telekommunikationsbranche, die CTIA[1382] und NCTA[1383], geleitet hat, von 2013 bis 2017 Vorsitzender der FCC gewesen. Wheeler hat ebenfalls eine von der Industrie finanzierte Forschungsarbeit im Wert von 25 Millionen US-Dollar zu den Auswirkungen von drahtlosen Gesundheitsprodukten überwacht. Als der Forschungsleiter George Carlo zu dem Schluss kam, dass drahtlose Strahlung das Risiko von Hirntumoren erhöht, hätte sich Wheelers CTIA darum bemüht, diese unfrohe Botschaft zu dämpfen. Bezeichnend sei auch, dass Wheeler von dem damaligen US-Präsidenten Barack Obama zum Vorsitzenden der FCC ernannt wurde, wohl nicht zuletzt auch deswegen, da Wheeler mehr als 700.000 Dollar für Obamas Präsidentschaftskampagnen gesammelt hätte.

Diese und viele weitere Interessenskonflikte der FCC werden in einem äußerst informativen Bericht des Safra Institute for Ethics der Harvard University mit dem Titel „Captured Agency: How the Federal Communications Commission Is Dominated by the Industries It Presumably Regulates“ (dt. Gefangene Behörde: Wie die FCC von den Branchen dominiert wird, die sie vermutlich reguliert) aufgezeigt.[1384]

Des Weiteren heißt es im Bericht:

*„Die Industrie kontrolliert die FCC durch einen Würgegriff, der sich von ihren gut platzierten Wahlkampfausgaben im Kongress über die Kontrolle der Aufsichtsausschüsse des Kongresses der FCC bis hin zu ihrer anhaltenden Lobbyarbeit bei den Behörden erstreckt. „Wenn Sie in einem Ausschuss sind, der die Industrie reguliert, sind Sie ein wichtiges Ziel für die Industrie“, sagte Twaun*

---

[1382] https://en.wikipedia.org/wiki/CTIA_(organization)
[1383] https://en.wikipedia.org/wiki/NCTA_(association)
[1384] https://ethics.harvard.edu/files/center-for-ethics/files/capturedagency_alster.pdf

*Samuel, Stabschef der Kongressabgeordneten Maxine Waters."*

*„Auf persönlicher Ebene wird das gesamte System durch den freien Fluss der Führungskräfte zwischen der FCC und den von ihr vermutlich beaufsichtigten Branchen geschmiert."*

*„Als gefangene Behörde ist die* ***FCC ein Paradebeispiel für institutionelle Korruption****. Beamte in solchen Einrichtungen brauchen keine mit Bargeld gefüllten Umschläge zu erhalten. Aber selbst ihre gut gemeinten Bemühungen werden oft von einem System überwältigt, das starke private Einflüsse bevorzugt, typischerweise auf Kosten des öffentlichen Interesses".*

***„Wie bereits erwähnt, ist die FCC ein einzelner Knoten in einem korrupten Netzwerk, das den Kongress, die Aufsichtsausschüsse des Kongresses und das soziale Leben in Washington umfasst*** *... Die Versuchung ist überall in Washington, wo betuchte Lobbyisten und Industrievertreter die besten Partys und Dinner veranstalten. Geld ermöglicht es der Industrie auch, andere wichtige Faktoren wie die Forschungsagenda zu kontrollieren. All dies wirkt zum Vorteil der Industrie, denn - wie bei anderen Fällen institutioneller Korruption - bestehen kompromittierende Abhängigkeiten. Politische Entscheidungsträger, politische Kandidaten und Gesetzgeber sowie wissenschaftliche Forscher sind alle durch ihre Abhängigkeit von Industriegeldern kompromittiert."*

***„Mit dem überwältigenden Einsatz von Geld und Einfluss haben sich die Informations- und Kommunikationstechnologien fast vollständig der politischen Kontrolle, der behördlichen Kontrolle und der Rechtsdisziplin entzogen.****"*

In Bezug auf die WHO verhält es allem Anschein nach ähnlich.

So soll z. B. Dr. Michael Repacholi, ehemaliger Koordinator der WHO-Strahlungs- und Gesundheitseinheit, sowie Initiator und Leiter mehrerer WHO-Projekte [u.a. auch vom International Electromagnetic Fields (EMF) Project], jährlich 150 000 USD von der Mobilfunkindustrie über das Royal Adelaide Hospital erhalten haben.[1385]

---

[1385] Conflict of Interest & Bias in Health Advisory Committees: A case study of the WHO's Electromagnetic Field (EMF) Task Group [dt. Interessenkonflikte und

Repacholi ist ebenfalls Gründungsmitglied und Vorsitzender des Internationalen Komitees für nichtionisierende Strahlung der Internationalen Strahlenschutzvereinigung (INIRC/IRPA, gegründet 1965[1386]) gewesen, welches internationale Leitlinien zum Schutz vor nicht ionisierter Strahlung entwickelte und Expositionsgrenzwerte gegenüber EMF festlegte, die auf Dr. Herman P. Schwans Empfehlungen aus dem Jahre 1953 basierten (und lediglich thermische Effekte berücksichtigen) und schnell von vielen Ländern akzeptiert wurden.

Er ist auch einer der Gründer und ehemaliger Präsident ihrer Nachfolgeorganisation, der Internationalen Kommission für den Schutz vor nichtionisierender Strahlung (ICNIRP, gegründet 1992) gewesen, einer angeblich unabhängigen Organisation, welche von der WHO und der EU anerkannt ist. Die ICNIRP erstellt Richtlinien zur Begrenzung der Exposition gegenüber allen nichtionisierenden Strahlungen, welche weltweit von über 50 Ländern als internationaler Standard anerkannt werden. Auch diese Richtlinien berücksichtigen lediglich thermische biologische Effekte und Auswirkungen der Strahlung.[1387]

Seit ihrer Gründung hat die ICNIRP einiges an Kritik einstecken müssen.

Der neuseeländische Umweltwissenschaftler Neil Cherry hat 1999 die wissenschaftliche Vorgehensweise der ICNIRP, sowie ihre starke Nähe zur Telekommunikationsindustrie untersucht. Dabei kam er zu dem Ergebnis, dass die, nur auf thermischer Sicht basierende, Herangehensweise der ICNIRP, in Bezug auf wissenschaftliche Nachweise und Methodologie der Grenzwertsetzung zum Schutz der Gesundheit der Allgemeinbevölkerung, falsch ist.

---

Voreingenommenheit in Gesundheitsberatungsausschüssen: Eine Fallstudie der Arbeitsgruppe elektromagnetische Felder (EMF) der WHO]; Studie von Don Maisch
https://www.semanticscholar.org/paper/Conflict-of-Interest-and-Bias-in-Health-Advisory-A-Don/bed1e38398965b207178cc50ff78250122cd7098

[1386] https://en.wikipedia.org/wiki/International_Radiation_Protection_Association

[1387] https://en.wikipedia.org/wiki/International_Commission_on_Non-Ionizing_Radiation_Protection

Die Internationale Konferenz Situierung von Mobilfunksendern machte im Juni 2000 zudem klar, *"dass die Vorschläge der ICNIRP zum Schutz der menschlichen Gesundheit hinsichtlich der hochfrequenten elektromagnetischen Felder, auf welchen die derzeitigen Empfehlungen der WHO und des EU-Rates aufbauen, zum einen wissenschaftlich nicht haltbar sind und zum anderen den Schutz der menschlichen Gesundheit nicht gewährleisten können."* [1388]

Das Turiner Berufungsgericht lehnte in einem Schadensfall wegen Mobilfunkstrahlung im Dezember 2019 ein Gutachten von ICNIRP-Mitgliedern als befangen ab, da einige der ICNIRP-Mitglieder direkt oder indirekt von der Industrie finanziert worden seien und bestätigte den Zusammenhang zwischen Handynutzung und Gehirntumoren.[1389]

Der Bericht "The International Commission on Non-Ionizing Radiation Protection: Conflicts of interest, corporate capture and the push for 5G" (dt. Die Internationale Kommission für den Schutz vor nichtionisierender Strahlung: Interessenkonflikte, Unternehmenseroberung und das Streben nach 5G), welcher von den Abgeordneten des EU-Parlaments, Klaus Buchner und Michèle Rivasi, verfasst wurde und im Juni 2020 erschien, hat kritisiert, dass die ICNIRP den aktuellen Stand der Wissenschaft ignoriere und hat personelle Interessenskonflikte der ICNIRP Mitglieder aufgelistet.
In dem Bericht heißt es u. a.:

*„Dieser Bericht befasst sich mit einem Thema, dessen Bedeutung nicht überbewertet werden kann: die möglichen gesundheitlichen Auswirkungen von Hochfrequenzstrahlung (RfR) oder elektromagnetischen Feldern (EMF); Er befasst sich genauer damit, wie die wissenschaftliche Debatte von Unternehmensinteressen aus der Telekommunikationsbranche gekapert wurde*
*...*
*Die Ergebnisse dieser Untersuchung ... lösen in uns ein unbehagliches Déjà-vu-Gefühl aus: Viele Tatsachen und Prozesse, die zu der gegenwärtigen Situation führen, wobei die Europäischen Behörden - angefangen von der Europäischen Kommission bis hin zu den meisten Mitgliedsstaaten - einfach ihre Augen vor den realen wissenschaftlichen Fakten und Frühwarnsignalen verschließen. Genau dasselbe Szenario haben wir bereits in den Debatten über Tabak, Asbest,*

---

[1388] https://de.wikipedia.org/wiki/International_Commission_on_Non-Ionizing_Radiation_Protection#Kritik
[1389] https://www.diagnose-funk.org/publikationen/artikel/detail&newsid=1516

*Klimawandel und Pestizide erlebt.“*[1390] [1391]

Wie wir sehen, erscheinen die FCC, die WHO und die ICNIRP im Hinblick auf den Strahlenschutz alles andere als vertrauenswürdig. Die heute als sicher geltenden Strahlenschutzwerte sind längst überholt und entsprechen nicht den wissenschaftlichen Standards. Daher wäre es wohl äußerst ratsam, so gut es geht, auf drahtlose Kommunikationstechnologien zu verzichten und wo es nur geht Kabeln zu verwenden.

Vielleicht sollten sich diese Organisationen, die sich eigentlich um unsere Gesundheit kümmern müssten, sich ein Beispiel an der Parlamentarischen Versammlung des Europarates (PACE)[1392] nehmen, welche gezeigt hat, dass es auch anders geht, indem sie die europäischen Regierungen 2011 dazu aufforderte, *„alle angemessenen Maßnahmen zu ergreifen“*, um die Exposition gegenüber elektromagnetischen Feldern, insbesondere durch Funkfrequenzen von Mobiltelefonen und *„insbesondere gegenüber Kindern und Jugendlichen, die am stärksten von Kopftumoren gefährdet zu sein scheinen“* zu verringern.

Die Regierungen sollten "*für Kinder im Allgemeinen und insbesondere in Schulen und Klassenzimmern kabelgebundenen Internetverbindungen den Vorzug geben und die Nutzung von Mobiltelefonen durch Schulkinder auf Schulgeländen streng regulieren*", sowie Informationskampagnen zu den Risiken potenziell schädlicher langfristiger biologischer Auswirkungen auf die Umwelt und die menschliche Gesundheit, insbesondere *„für Kinder, Jugendliche und junge Menschen im gebärfähigen Alter“* durchführen.

Die Versammlung forderte die Regierungen außerdem auf, Informationen über potenzielle Gesundheitsrisiken durch Funktelefone, Babyphone und andere Haushaltsgeräte bereitzustellen, die kontinuierliche Pulswellen aussenden, wenn alle elektrischen Geräte dauerhaft im Standby-Modus verbleiben. Stattdessen sollte die Verwendung von kabelgebundenen

---

[1390] https://www.michele-rivasi.eu/wp-content/uploads/2020/06/ICNIRP-report-FINAL-JUNE-2020_EN.pdf

[1391] https://kompetenzinitiative.com/wissenschaft/icnirp-report-conflicts-of-interest-corporate-capture-and-the-push-for-5g/

[1392] https://de.wikipedia.org/wiki/Parlamentarische_Versammlung_des_Europarates

Festnetztelefonen oder andernfalls von drahtlosen Modellen empfohlen werden, die keine dauerhaften Pulswellen aussenden.

Die Regierungen sollten ebenfalls die wissenschaftlichen Grundlagen für die gegenwärtigen Expositionsstandards für elektromagnetische Felder, die von der Internationalen Kommission für den Schutz vor nicht-ionisierender Strahlung festgelegt wurden, überdenken und die ALARA Grundsätze anwenden.

Der PACE Beschluss unterstreicht, dass *„das Vorsorgeprinzip Anwendung finden sollte, wenn die wissenschaftliche Bewertung das Risiko nicht mit ausreichender Sicherheit bestimmen lässt"* und betont, dass *„die Frage der Unabhängigkeit und Glaubwürdigkeit der wissenschaftlichen Expertise von entscheidender Bedeutung ist"*, um eine transparente und ausgewogene Bewertung potenzieller negativer Auswirkungen auf die Umwelt und die menschliche Gesundheit zu erreichen.[1393]

## 10. Können elektromagnetische Wellen gezielt als Waffen eingesetzt werden?

Vielen Menschen ist nicht bewusst, dass Mikrowellen auch gezielt als Waffen eingesetzt werden können. So wurde z. B. das „Active Denial System (ADS)", eine US-amerikanische Anti-Personen-Strahlenwaffe, welche auf 95 GHz operiert, bereits in den 1980ern entwickelt. Diese ist imstande mittels einer Antenne zielgerichtet Menschen in einer Entfernung von mehr als 500 Metern mit starken Mikrowellen zu bestrahlen.

Dabei heizt die hohe Strahlungsenergie innerhalb von Sekunden die Wassermoleküle der Haut auf ca. 55 Grad auf, was starke Schmerzen verursacht und die angegriffene Person zur Flucht zwingen soll. [1394]

Barrie Trower, ein ehemaliger Spion der britischen Geheimdienste und Experte für Mikrowellenwaffen bei der Royal Navy, [1395] [1396] hat ausgepackt, dass die

---

1393 https://pace.coe.int/en/news/3462
1394 https://de.wikipedia.org/wiki/Active_Denial_System
1395 https://faktencheck-mobilfunkstrahlung.de/wp-

Mikrowellen eine perfekte Geheimwaffe seien, und dass sie damals wie heute als Waffen auf der ganzen Welt eingesetzt wurden bzw. werden. Wenn Regierungen eine Gruppe von Menschen nicht mögen, dann würden diese Gruppen einfach mit Mikrowellen beschallt werden. So sei man z. B. auch mit den Katholiken in Nordirland und den Demonstrantinnen des Greenham Common Women's Peace Camp verfahren, welche gegen die Platzierung von Atomwaffen bei RAF Greenham Common in Berkshire, England, protestierten.

*„Es ist eine Waffe, von der Sie nicht wissen, dass Sie anvisiert sind, weil die Dosis sehr, sehr niedrig ist, was tatsächlich gefährlicher ist als eine hohe Dosis. Sie ist sehr, sehr niedrig und es kann ein oder zwei Jahre dauern, aber man kann mit schwachen Mikrowellen neurologische Schäden und Krebs verursachen. Sie können alle Ihre Gegner krank machen, es ist eine perfekte Waffe für eine Regierung"*, so Trower.[1397]

Trower hält weltweit Vorträge und versucht die Menschen über versteckte Gefahren durch Mikrowellenwaffen und alltägliche Mikrowellentechnologien wie Mobiltelefone, 5G und WLAN, zu warnen, ähnlich wie sein Kollege vom Dienst, der ehemalige Kapitän der kanadischen Streitkräfte, J.G. Flynn, welcher 22 Jahre bei den Streitkräften in Electronic Warfare (EW, dt. elektronische Kriegsführung) diente, und dort eng mit US- und NATO-Armeen zusammengearbeitet hat. Flynn hat 2019 ein Buch mit dem selbsterklärenden Titel "Hidden Dangers 5G: How governments, telecom and electric power utilities suppress the truth about the known hazards of electro-magnetic field (EMF) radiation" [dt. Versteckte Gefahren 5G: Wie Regierungen, Telekommunikations- und Stromversorger die Wahrheit über die bekannten Gefahren der Strahlung elektromagnetischer Felder (EMF) unterdrücken] herausgebracht, welches eine Menge an Informationen, Dokumenten und Nachweisen bezüglich der gegebenen Thematik enthält.[1398]

---

content/uploads/2019/03/besuch-bei-einem-whisteblower.pdf

[1396] https://multerland.wordpress.com/2020/09/11/barrie-trower-lecture-the-truth-about-5g-and-wi-fi/

[1397] https://rpangell.wordpress.com/2014/08/31/mr-barrie-trower-a-british-physicist-who-was-a-microwave-weapons-expert-and-who-worked-for-the-royal-navy-and-the-british-secret-service-talks-about-the-health-effects-of-wifi-and-other-forms-of-mi-3/

[1398] Hidden Dangers 5G: How governments, telecom and electric power utilities

So macht Flynn z.B. darauf aufmerksam, dass 1976 herauskam, dass die US-Botschaft in Moskau Jahrelang von Mikrowellen bestrahlt wurde und ihr Personal über den gesamten Zeitraum verschiedene Krankheiten (u.a. auch Krebs) und Pathologien entwickelte.[1399]

Dies erinnert stark an „mysteriöse Krankheiten" welche vor ein paar Jahren bei Botschaftsmitarbeitern der USA und Kanada diagnostiziert wurden und die durch Mikrowellen-Beschuss in China und auf Kuba entstanden sein sollen.[1400]

Die New York Times schrieb damals in ihrem Artikel vom 01.09.2018:

*„Mikrowellenwaffen sind hauptverdächtigt bei Krankheiten von US-Botschaftsmitarbeitern"*.

Dies sei die Ansicht von Ärzten und Wissenschaftlern, die behaupten würden, dass Mikrowellenanschläge klangliche Wahnvorstellungen und echte Gehirnschäden beim Botschaftspersonal und ihren Familienmitgliedern verursacht haben könnten.[1401] [1402]

Der folgende wissenschaftliche Artikel von Beatrice Alexandra Golomb ist ebenfalls zum selben Ergebnis gekommen:

*„Die berichteten Fakten scheinen mit gepulsten HF/MW als Quelle der Schädigung bei betroffenen Diplomaten übereinzustimmen. Nicht-Diplomaten, die Symptome aufgrund von HF/MW angeben, häufig mit einer auslösenden gepulsten HF/MW-Exposition, berichten über vergleichbare Gesundheitszustände."* [1403]

Und auch der US-Geheimdienst ist der Ansicht, dass Mikrowellenwaffen gegen US-Bedienstete eingesetzt werden.

---

suppress the truth about the known hazards of electro-magnetic field (EMF) radiation, JCK Publishing, 2019

1399 Siehe auch https://www.zeit.de/1976/09/mysterioese-wellen-in-der-us-botschaft

1400 https://www.scinexx.de/news/medizin/wurden-us-diplomaten-verstrahlt/

1401 www.nytimes.com/2018/09/01/science/sonic-attack-cuba-microwave.html

1402 https://www.todayonline.com/world/microwave-weapons-are-prime-suspect-ills-us-embassy-workers

1403 https://pubmed.ncbi.nlm.nih.gov/30183509/

So kam z. B. die NSA im Fall Mike Beck, einem pensionierten Geheimdienstmitarbeiter der National Security Agency (NSA), welcher eine seltene Form von Parkinson entwickelte, zu dem Schluss, dass Beck das Opfer einer High-Tech-Waffe gewesen ist.

In der 2014 freigegebene NSA- Erklärung heißt es: *„Die National Security Agency bestätigt, dass es Geheimdienstinformationen aus dem Jahr 2012 gibt, die das feindliche Land, in das Herr Beck Ende der 1990er Jahre reiste, mit einer leistungsstarken Mikrowellensystemwaffe in Verbindung bringen, die möglicherweise die Fähigkeit hat, einen Feind im Laufe der Zeit zu schwächen, einzuschüchtern oder zu töten, ohne Beweise zu hinterlassen ... Die Geheimdienstinformationen von 2012 zeigten, dass diese Waffe dazu bestimmt ist, die Wohnräume eines Ziels mit Mikrowellen zu bestrahlen, was zahlreiche physikalische Auswirkungen hat, einschließlich eines beschädigten Nervensystems.“*[1404]

Die NSA gibt also zu, dass Mikrowellen dazu verwendet werden können, um das Nervensystem zu schädigen und einen Menschen zu töten, ohne Beweise zu hinterlassen.

Mikrowellen können somit als Waffen gegen Menschen eingesetzt werden. Da die 5G Technologie in Hochfrequenzen operiert, kann sie als eine unglaublich leistungsstarke Mikrowellenwaffe eingesetzt werden, wenn sie in falsche Hände gerät, sofern dies nicht schon längst geschehen ist.

Eldon Byrd, ein Wissenschaftler des Naval Surface Weapon Centre, US Navy, soll angeblich bereits 1986 in einem seiner Vorträge Folgendes über die Wirkung von Mikrowellen folgendes gesagt haben:

"*Wir können das Verhalten von Geweben, Zellen, Organen und ganzen Organismen verändern ... bis zu sechsmal höhere Fötussterblichkeit und Geburtsfehler bei Versuchstieren (verursachen), und diese Felder sind so schwach, dass Sie sie kaum entdecken können ... Sie können Gentechnik mit ELF- (extremely low frequency- dt. extrem niedrige Frequenz) schwachen Magnetfeldern ohne mikrochirurgische Techniken durchführen, die derzeit für die Gentechnik verwendet werden. Es ist bekannt, wie man in menschlichen*

---

[1404] https://www.theguardian.com/world/2021/may/02/havana-syndrome-nsa-officer-microwave-attacks-since-90s

*Zellen bösartige Erkrankungen auslöst und diese heilen kann. Mit einem sehr schwachen Magnetfeld kann man die Gehirnströme von Menschen durch einen Raum mitreißen.“* [1405] [1406]

## 11. CNN-Bericht: elektromagnetische Waffen zur Gedankenkontrolle

Der CNN-Sonderauftrag mit dem Spezialisten für Militärangelegenheiten Chuck DeCaro berichtete bereits 1985 über die Diversität und enorme Gefährlichkeit von elektromagnetischen Waffen.[1407]

Es folgen nun einige Ausschnitte aus dem Beitrag:

Ansager:

*„Das ist die Technologie, die Radiofrequenzen ausstrahlen kann, um Raketen- und Flugzeugkomponenten zu zerstören, Radarschirme zu verschlüsseln und sogar die menschlichen Gehirnfunktionen zu verändern“.*

DeCaro:

*„Stellen Sie sich die Auswirkungen einer Waffe ohne sichtbare Spur vor – eine Waffe, die Panzer, Schiffe und Flugzeuge mit Lichtgeschwindigkeit ausschalten könnte. Dieselbe Technologie, mit Modifikationen, könnte Militärpersonal desorientieren und sogar beruhigen, so dass es im Kampfgebiet praktisch hilflos ist. Dies sind die neuen Kriegswaffen“.*

Robert Bass, Physiker und Ph. D.- Mathematiker, welcher an der US-Waffenforschung arbeitete, führte aus, dass die USA hinter der Sowjetunion bei gerichteten Energiewaffen, die auf 60 GHz Mikrowellenstrahlen basieren, stehen würde.

---

[1405] https://archive.org/stream/hit_list_2.1_2000/hit_list_2.1_2000_djvu.txt
[1406] https://antioligarch.wordpress.com/2013/08/20/death-lies-and-mutations-proof-the-military-knew-all-along-about-microwave-radiation-dangers/
[1407] CNN: Special Assignment Electro-Magnetic Mind Control Weapons https://ehtrust.org/cnn-special-report-1985-electromagnetic-frequency-weapons-for-mind-control/

DeCaro

*„Dr. Bass und andere meinen, eine höchstwahrscheinliche Form der sowjetischen HF-Waffen wären leistungsstarke Mikrowellen, ähnlich einem fokussierten, ultra-hochintensiven Radarstrahl. Es würde buchstäblich Menschen kochen und Computer sowie elektronische Überwachungs- und Kommunikationsgeräte ausschalten"* (Anmerkung des Verfassers: Somit wäre es durchaus denkbar, dass die vom WEF und Klaus Schwab angekündigte Cyber Attacke nichts anderes als der Einsatz einer HF-Waffe sein könnte).

DeCaro:

*„Eine einsatzfähige RF-Waffe, relativ billig und wiederverwendbar, könnte hochentwickelte und teure Kriegsmaschinen zerstören. Der 20 Millionen Dollar teure F-16-Jäger zum Beispiel wird vollständig durch elektronische Sensoren und Computer gesteuert. Ohne manuelle Flugsteuerung würde das Flugzeug buchstäblich vom Himmel fallen, nachdem es von einem hochintensiven Mikrowellenpuls getroffen wurde ...*

*Im vergangenen Jahr hat CNN das Verteidigungsministerium und die Luftwaffe wiederholt zu Hochfrequenzwaffen befragt. Nach viel Widerstand sagte es schließlich, dass das Thema zu heikel sei, um es zu diskutieren".*

DeCaro führt weiter aus, dass die Existenz der Hochfrequenz- oder RF-Waffen in einer Veröffentlichung des Verteidigungsministeriums erwähnt wird, *„die besagt, dass die Sowjets sie verwenden könnten, um Komponenten von Raketen zu zerstören, Radar- und andere elektronische Systeme zu stören und sogar die Funktionen des menschlichen Geistes zu verändern".*

Des Weiteren sei die Forschung zur elektronischen Gedankenkontrolle nicht neu.

*„Ein wissenschaftlicher Meilenstein auf diesem Gebiet kam in den 1960er-Jahren, als Dr. Jose Delgado die Fernsteuerung eines angreifenden Bullen demonstrierte. Durch Anschließen einer Funkantenne an Elektroden, die in das Gehirn des Stiers eingeführt wurden, bewies Delgado, dass die aggressiven Impulse des Tieres durch elektronische Manipulation der Muskelreflexe des Stiers vereitelt werden konnten"* (siehe auch Kapitel 6. Punkt 5.8).

Delgado:

*„Erkennen Sie die fantastischen Möglichkeiten, wenn wir von außen das Innere verändern könnten? Könnten wir Botschaften nach innen geben? Aber das Schöne ist, dass wir jetzt keine Elektroden verwenden".*

DeCaro:

*„In den letzten Jahren hat Delgado gezeigt, dass das Verhalten von Affen durch pulsierende Magnetfelder geringer Leistung verändert werden kann. Aber in diesen Experimenten gab es keine Antennenimplantate".*

Delgado:

*„Jede Funktion im Gehirn – Emotionen, Intellekt, Persönlichkeit – könnten wir vielleicht durch diese nicht-invasive Technologie verändern".*

DeCaro nahm im Rahmen des Berichts selbst an einem Experiment teil, welches er *„bemerkenswert"* fand und bei welchem eine Maschine in seinem Kopf Bilder ohne Elektroden in den Geist projizierte.

DeCaro:

*„CNN nahm die Hilfe der bekannten Physikerin Dr. Elizabeth Rausher und des Elektroingenieurs Bill VanBise in Anspruch, um eine HF-Geist-Interferenz-Maschine aus Daten aus der sowjetischen wissenschaftlichen Literatur zu bauen und zu testen.*

*Die Maschine selbst war kostengünstig und einfach mit Teilen aus einem Elektrofachhandel zu konstruieren. Es sendet ein schwaches Magnetfeld aus, das mit extrem niedriger Frequenz gepulst wird.*

*Als Testperson wurden mir die Augen verbunden und meine Ohren wurden verschlossen, um unbeabsichtigte Hinweise auf das Geschehen zu verhindern. Eine magnetische Sonde wurde etwa 18 Zoll von meinem Kopf entfernt platziert.*

*Zu Beginn des Experiments erzeugten zwei Signalgeneratoren Wellenformmuster, die von der Magnetsonde mit etwa einem Tausendstel der Erdmagnetfeldstärke gesendet wurden".*

Im Verlauf des Experiments konnte DeCaro in seinem Geist eine vorbeiziehende Parabel und eine *„enge Spitze"* sehen, welche durch die

Bedienung der Generatoren erzeugt wurden.

VanBise hat erklärt, dass man dadurch bei Menschen das, was man als Halluzinationen bezeichnet, auslösen und sie anweisen könnte, *„Dinge gegen ihr sogenanntes besseres Wissen zu tun“*.

Auf die Frage von DeCaro, wie einfach es wäre, eine Waffe aus vorhandenen Standardteilen zusammenzubauen, antwortete VanBise, dass es drei Wochen für eine Waffe brauchen würde, die für eine Stadt reichen würde.

Dr. James Fraser, welcher viele Jahre lang für die US Air Force elektromagnetische Forschung betrieben hat, hat ein bestimmtes RF-Waffensystem für den Kriegseinsatz vorgeschlagen.

Dr. Fraser:

*„Sie könnten eine Antenne herstellen, die von einem Hubschrauber getragen werden könnte und von der erwartet werden könnte, dass sie eine Vielzahl von Symptomen hervorruft, tatsächlich von Menschen, die zufällig im Strahl standen.“*

DeCaro:

*„Im Lawrence Livermore Laboratory trägt ein weiteres Konzept für HF-Waffen den Spitznamen "The Brain Bomb". Laut dem Buch „Star Warriors“ würde diese eine nukleare Explosion in einen riesigen Puls niederfrequenter HF-Energie bündeln, der eine große Anzahl von Truppen betäuben würde.“*

DeCaro stellt weiter die Frage, ob das US-Militär im Bereich der elektronischen Gedankenkontrolle arbeitet. Offiziell wolle sich das Verteidigungsministerium nicht äußern, da das Themengebiet *„zu sensibel*" sei. Allerdings hätte CNN von einem Regierungswissenschaftler, der nicht identifiziert werden wollte, erfahren, dass es anscheinend möglich sei, *„einen bestimmten Prozentsatz einer Bevölkerung ... mit schwachen Magnetfeldern mitzureißen“*.

## 12. Ist eine Bewusstseinskontrolle durch EMF möglich?

Die US-Regierung hat versehentlich Dokumente an Curtis Waltman, einen

Journalisten, der für die gemeinnützige Bostoner gemeinnützigen Organisation MuckRock arbeitet, geschickt, die eine Reihe von Geräten und Techniken beschreiben, wie man angeblich mittels EMF das menschliche Bewusstsein kontrollieren bzw. manipulieren kann.[1408]

Sie enthielten auch Forschungen zu *„psycho-elektronischen"* Waffen, welche angeblich elektromagnetische Kräfte verwendeten, um gezielt starke Schmerzen, Juckreiz oder sogar Totenstarre zu bewirken.

Laut den Dokumenten besitzt jeder Mensch ein unikales Bio-elektromagnetisches Feld, was seine persönliche elektronische Signalfrequenz-ID ist. Ein elektronisches Radarsignal soll den menschlichen Körper erkennen und menschliche Gehirnwellen modulieren können.

Eine ferngesteuerte Bewusstseinskontrolle von Individuen, Gruppen und Massen bzw. das „Remote Brain Mapping", eine Art Gedankenüberwachung durch Dritte, könne dabei über das Mobilfunknetz und Mobiltelefone, über die als Kommunikationsfahrzeuge getarnten mobilen psychotronische Waffenträger sowie mittels von Hubschraubern mit psychotronischen Waffen erfolgen.

Interessant ist auch, dass die Dokumente auf ein Experiment von Joseph C. Sharp vom Walter Reed Army Institute of Research aus dem Jahr 1974 verweisen, bei welchem mittels Mikrowellen menschliche Stimmen in die Köpfe der Probanden übertragen werden konnten.[1409]

Des Weiteren ist in den Dokumenten zu lesen, dass es *„durch die Transformation der Stimme eines Hypnotiseurs mit den Methoden Lowery Silent Sound oder Smernov Scramble, die während des Golfkriegs verwendet wurden"* möglich sein soll, *„ein Ziel zu hypnotisieren, ohne dass das Ziel es bemerkt ... ohne Spuren zu hinterlassen"*.

---

[1408] https://www.dailymail.co.uk/sciencetech/article-5638069/Government-accidentally-sends-strange-conspiracy-theory-file-describing-remote-mind-control.html
[1409] Siehe auch: https://en.wikipedia.org/wiki/Microwave_auditory_effect#Research_in_the_U.S.

## 13. Können EMF auch heilen?

Die Möglichkeiten, durch EMF einen Gesundheitsschaden anzurichten, scheinen kein Ende zu haben. Interessant ist aber auch, dass es Berichte über erfolgreiche Therapien mit EMF-Geräten gibt.

So wurde z. B. in dem bereits erwähnten CNN Sonderauftrag über elektromagnetische Waffen aus dem Jahr 1985 darüber berichtet, dass in der Sowjetunion *„seit über 30 Jahren ein Radiofrequenz- oder RF-Gerät“* mit dem Namen Lida-Maschine verwendet wurde, *„um die Stimmung von psychisch Kranken zu manipulieren“*. Das Gerät würde Impulse von Hochfrequenzenergie sowie Licht, Ton und Wärme ausstrahlen und seine Pulsfrequenz im extrem niederfrequenten Bereich zwischen 0 und 100 Pulsen pro Sekunde liegen.

Ein Wissenschaftler, welcher anonym bleiben wollte, da er bei der US-Regierung angestellt gewesen ist und geheime HF-Waffenforschung betrieben hat, ist der Ansicht gewesen, dass Tests mit Lida und ähnlichen Geräten belegen würden, dass der Mensch anfällig für entfernte Stimmungs- und Bewusstseinsänderungen ist:

*„Bestimmte Arten von schwachen elektromagnetischen Signalen wirken genau wie Medikamente, und daher ist das Versprechen, dass Sie alles, was Sie mit Medikamenten tun können, auch mit dem richtigen elektromagnetischen Signal tun können ... Es ist eine Frage der Abstimmung, genau wie bei einer Pille oder einem Medikament, um eine Wirkung zu erzielen. Sie könnten eine Ursache-Wirkungs-Beziehung zwischen einem Magnetfeld und einer biologischen Funktion haben“*.[1410]

Dr. Ross Adey, Spitzenforscher am Veterans Administration Hospital in Loma Linda, Kalifornien, hat die Auswirkungen der Lida Maschine ebenfalls untersucht und folgendes festgestellt:

*„Es sieht so aus, als ob es möglich wäre, mit Radiowellen ein ähnliches Ergebnis zu erzielen, anstatt Valium zu nehmen, wenn Sie sich entspannen möchten -*

---

[1410] CNN: Special Assignment Electro-Magnetic Mind Control Weapons https://ehtrust.org/cnn-special-report-1985-electromagnetic-frequency-weapons-for-mind-control/

*wahrscheinlich auf sicherere Weise".*[1411] [1412]

Interessant ist auch, dass Eldon Byrd, ein Wissenschaftler der US-Navy, erwähnt hat, dass es bekannt sei, dass man mittels der EMF nicht nur bösartige Erkrankungen auslösen, sondern diese auch heilen könne. Und auch in den bereits erwähnten Dokumente der US-Navy[1413] und NASA[1414], jeweils aus dem Jahr 1972 wurde von therapeutischen Anwendungen von Mikrowellen, etwa zur Behandlung von Syphilis, Poliomyelitis, sowie diverser Hautkrankheiten, berichtet.

Das alles macht auch Sinn, da wir als bioelektrische Wesen unsere eigenen und natürlichen elektromagnetischen Felder haben, und Mikrowellen sowohl einen positiven, als auch einen negativen Einfluss auf sie ausüben können. Wenn Mikrowellen unsere EMFs aus dem Gleichgewicht bringen, wodurch wir erkranken, dann können sie wohl auch genauso gut unsere EMFs wieder harmonisieren, wodurch wir wieder gesunden. Somit hängt wohl alles davon ab, wie und zu welchem Zweck die Mikrowellen verwendet werden.

Es ist klar, dass die Pharmaindustrie daran nicht verdienen kann, wenn Menschen, nahezu ohne jeglichen Aufwand, einfach durch gezielte und bewusste Mikrowellenstrahlung gesunden. Daher ist es unbedingt erforderlich, dass unabhängige und ehrliche Wissenschaftler anfangen, intensive Forschungen auf diesem Gebiet anzustellen.

## 14. Gibt es einen Zusammenhang zwischen 5G und Covid-19?

Vor allem am Anfang der „Pandemie" kursierten immer wieder Behauptungen und Vermutungen, dass die neue 5G Technologie etwas mit der Pandemie zu

---

[1411] https://microwavenews.com/sites/default/files/backissues/jun83issue.pdf
[1412] Siehe auch: https://www.bibliotecapleyades.net/sociopolitica/esp_sociopol_mindcon30b.htm
[1413] https://apps.dtic.mil/sti/citations/AD0750271
[1414] https://www.semanticscholar.org/paper/INFLUENCE-OF-MICROWAVE-RADIATION-ON-THE-ORGANISM-OF/2540f8d410ee5e1dc08ea2357e3faa0721daad63

tun haben könnte. Interessanterweise wurden diese noch strenger zensiert, als Behauptungen, dass es sich bei der Pandemie um eine Fake-Pandemie bzw. eine Lügenpandemie handeln würde.

Kann es vielleicht sein, dass manche Covid-19-Kranken und Toten in Wirklichkeit Opfer der neuen 5G-Technologie wurden?

Eine im April 2020 veröffentlichte wissenschaftliche Studie " Estudio de la correlación entre casos de coronavirus / 1000 h. y la presencia de redes 5G" (dt. Untersuchung der Korrelation zwischen Coronavirus-Fällen / 1000 Einwohner und dem Vorhandensein von 5G-Netzwerken), von Bartomeu Payeras, einem Mikrobiologen und Professor für Mathematik, Physik sowie Chemie und Biologie am IEM, scheint tatsächlich zu bestätigen, dass es zumindest eine Korrelation zwischen 5G und Covid-19 gibt.[1415]

Payeras kam zu diesem Ergebnis, nachdem er im Rahmen der Studie 5G-Gebiete mit 5G-freien-Gebieten verglichen und dabei nur bestätigte Corona-Fälle berücksichtigte und asymptomatische Fälle ausgeschlossen hat.

Die Vergleiche erfolgten zwischen *"Regionen desselben Landes mit oder ohne 5G-Technologie. Zwischen Städten im selben Bundesstaat mit oder ohne 5G-Technologie. Zwischen verschiedenen Stadtteilen derselben Stadt mit der 5G-Netzwerkkarte dieser Stadt ... von Staaten mit gemeinsamen Grenzen mit und ohne 5G-Technologie"*. Der Vergleich Erfolgte auch San Marino (einem Staat innerhalb eines anderen Staates) und Italien, auf dessen Gebiet sich San Marino befindet, wobei jeweils die Daten für jedes Schema am selben Tag erfasst wurden.

Dabei kam z. B. heraus, dass 5G-arme-Gebiete, welche an das 5G-Land China angrenzen, sehr niedrige Infektionsraten aufwiesen und dass die gleiche Beobachtung zwischen Mexiko (5G-arm) und den USA (5G-reich) sowie zwischen Portugal (5G-arm) und Spanien (5G-reich) gemacht werden konnte.

Payeras weist darauf hin, dass der afrikanische Kontinent einen sehr niedrigen Infektionsindex hat, obwohl dort die Gesundheitsressourcen knapp sind. Dies könnte daran liegen, dass in Afrika keine 5G-Technologie installiert ist. Eine Ausnahme würden *„einige (5G-) Antennen in der Republik Südafrika"* bilden,

[1415] http://www.tomeulamo.com/fitxers/264_CORONA-5G-d.pdf

die jedoch Payeras Annahme umso mehr bestätigen, da Südafrika auch gleichzeitig die höchsten Ansteckungszahlen auf dem afrikanischen Kontinent hatte.

Payeras hat ebenfalls eine Wahrscheinlichkeitsrechnung aufgestellt, die ergeben hat, dass die Wahrscheinlichkeit eines Zufalls, dass die neun Länder mit den meisten Infektionen auf der Welt auch gleichzeitig Länder mit 5G-Netzen sind, 1 zu 8.500.000.000 beträgt:

*„Es gibt 194 Länder auf dem Planeten. Nach Angaben der GSMA gibt es seit dem 6. März 2020 24 Länder mit 5G-Technologie ...*

*Pr = 24/194 x 23/193 x 22/192 (neunmal insgesamt) =*

*= 0,1237 x 0,1191 x 0,1145 x 0,1099 x 0,1052 x 0,1005 x 0,0957 x 0,0909 x 0,0860 =*

*= 1,47 × 10 (erhöht -9). Die Wahrscheinlichkeit ist 1 zu 680.000.000*

*Wenn wir Japan mit einbeziehen, das ebenfalls 5G hat und einen ähnlichen Index wie Südkorea hat: Die Wahrscheinlichkeit ist 1 zu 8.500.000.000."*

Demnach wäre der Zufall ausgeschlossen und zumindest eine Korrelation zwischen 5G und den Covid-19 Fällen zu bejahen.

Um die Frage der Ursächlichkeit zwischen 5G und Covid-19 endgültig zu klären, schlug Payeres vor, die 5G-Netzwerke abzuschalten und zu beobachten, wie sich dies auf die Entwicklung von Coronavirus-Fällen auswirkt, was auch mit Sicherheit sehr aufschlussreich sein würde.

Interessant ist in dieser Hinsicht auch, dass kurz bevor in Wuhan die „Pandemie" ausgebrochen ist, Wuhan einer der ersten Orte überhaupt gewesen ist, an welchem 5G gestartet wurde.

Mitte Oktober wurden in Wuhan 1.580 5G-Basisstationen aktiviert und damit die 5G-Abdeckung von Flughäfen, Bahnhöfen, Universitäten und anderen dicht besiedelten Gebieten erreicht.
Dabei sollten in Wuhan bis Ende 2019 (offizieller Anfang der „Pandemie") ganze 10.000 5G-Basisstationen stationiert werden. [1416]

Es gibt auch starke Hinweise darauf, dass auf dem „Diamond Princess"-Kreuzfahrtschiff, auf welchen im Februar 2020 zahlreiche Personen an Covid-19 erkrankt, 14 gestorben sind, und 712 von 3,711 Passagieren und Crew-Mitgliedern positiv auf SARS-CoV-2 getestet wurden, [1417] [1418] die neue 5G Technologie bereits in Betrieb gewesen ist- nur diesmal nicht über Bodenantennen, sondern über Satellit.

Die „Princess"- Kreuzfahrtschifflinie rühmt sich dafür, *„das Beste Wifi auf See"* anbieten können.[1419] Die Schiffe sind mit Antennen ausgestattet, die mit Satelliten kommunizieren und wie große Kugeln aussehen. Auf den Kugeln steht die Aufschrift „O3bm Power",[1420] der Name eines riesigen Satelliten-Kommunikationssystems, welches Frequenzen von 17-30 GHz verwendet, die ausschließlich von der neuen 5G-Technologie abgedeckt werden. [1421]

Auf einem Foto in einem Business Insider- Artikel über die Diamond Princess, können wir erkennen, dass das Schiff mit solchen Kugelantennen bereits ausgestattet gewesen ist, als die Passagiere und Besatzungsmitglieder in Quarantäne geschickt wurden, was bedeutet, dass die erkrankten und Toten durchaus Opfer der neuen 5G-Technologie gewesen sein könnten.[1422]

### 14.1 Kann Covid-19 durch 5G bzw. EMF verursacht werden?

Interessanterweise lassen sich zwischen der Covid-19-Symptomatik und der EMF-Symptomatik einige Gemeinsamkeiten feststellen.

Es ist bekannt, dass Covid-19 u. a. folgende Symptome aufweist:

---

[1416] http://www.xinhuanet.com/english/2019-10/31/c_138517734.htm
[1417] https://en.wikipedia.org/wiki/COVID-19_pandemic_on_Diamond_Princess
[1418] https://www.ncbi.nlm.nih.gov/pmc/articles/PMC7156812/
[1419] https://www.princess.com/ships-and-experience/ocean-medallion/medallionnet/
[1420] https://www.princess.com/ships-and-experience/ocean-medallion/medallionnet/ (siehe Video im unteren Bereich)
[1421] https://www.itu.int/dms_pub/itu-r/md/12/iturka.band/c/R12-ITURKA.BAND-C-0010!!PDF-E.pdf
[1422] https://www.businessinsider.com/wuhan-coronavirus-japan-cruise-ship-diamond-princess-quarantined-cases-2020-2

Fieber, trockener Husten, Halsschmerzen, Müdigkeit, Schlafprobleme, Depressionen, Kopfschmerzen und Verwirrtheit.[1423]

Gemäß der, von der Europäischen Akademie für Umweltmedizin e. V. (EUROPAEM) 2016 erlassenen, EMF - Richtlinie bezüglich der Prävention, Diagnose und Behandlung von EMF - bedingten Gesundheitsproblemen und Krankheiten, zählen neben Kopfschmerzen, Konzentrationsschwierigkeiten, Schlafproblemen, Depressionen, Energiemangel und Müdigkeit, auch grippeähnliche Symptome zu den häufigen Elektrohypersensibilitätssymptomen (EHS).[1424] Im Grunde genommen sind das dieselben Symptome wie bei Covid-19.

Des Weiteren ist bekannt, dass Covid-19 aufgrund übermäßiger Entzündung, Hypoxie, Immobilisierung und diffuser intravaskulärer Gerinnung sowohl für venöse, als auch für arterielle Thromboembolien (Blutgerinnsel) prädisponieren kann. Im Rahmen einer Studie wurde z. B. festgestellt, dass ganze 31 % der Intensivpatienten mit einer Covid-19-Infektion thrombotische Komplikationen aufwiesen, was die Verfasser der entsprechenden Studie als *„bemerkenswert hoch"* bezeichneten.[1425] [1426]

Interessanterweise wurde in der Studie „Experimental evidence of a potentially increased thrombo-embolic disease risk by domestic electromagnetic field exposure" (dt. Experimenteller Nachweis eines potenziell erhöhten thromboembolischen Erkrankungsrisikos durch häusliche elektromagnetische Feldexposition) ebenfalls festgestellt, dass ein elektromagnetisches Feld die thromboembolischen Risiken *„signifikant erhöht"*.[1427]

---

[1423] https://www.who.int/emergencies/diseases/novel-coronavirus-2019/coronavirus-disease-answers?adgroupsurvey=%7Badgroupsurvey%7D&gclid=CjwKCAjw-qeFBhAsEiwA2G7Nl73v_1TZZKGwiGJjMqZ488qlRgqnYRb0E2ahLDKfzCajnq7829KTaRoC0BoQAvD_BwE&query=symptoms+of+covid+19&referrerPageUrl=https%3A%2F%2Fwww.who.int%2Femergencies%2Fdiseases%2Fnovel-coronavirus-2019%2Fcoronavirus-disease-answers

[1424] https://pubmed.ncbi.nlm.nih.gov/27454111/

[1425] https://www.ncbi.nlm.nih.gov/pmc/articles/PMC7146714/

[1426] Siehe auch: https://www.internisten-im-netz.de/aktuelle-meldungen/aktuell/ein-drittel-der-covid-19-patienten-entwickelt-thrombosen.html

Zum gleichen Ergebnis kommt auch Dr. Magda Havas, PhD und emeritierter Professor an der Trent University in Ontario, welche Aufnahmen von Blutproben des ein und desselben Patienten verglichen hat, die innerhalb von 20 Minuten voneinander aufgenommen wurden. Die erste Aufnahme wurde dabei vor der EMF-Exposition, und die zweite nach einer 10-minütiger Einwirkung eines EMF, welches von einem üblichen 2,45-GHz-WLAN-Router erzeugt wurde, aufgenommen. Im Ergebnis konnte man auf der Aufnahme der bestrahlten Blutprobe im Vergleich zur unbestrahlten Blutprobe deutlich eine Klumpenbildung der roten Blutzellen erkennen, was ebenso darauf schließen lässt, dass EMF (und somit auch 5G) für Thrombosen ursächlich sein können.[1428]

Wenn die Blutzellen zusammengeklumpt sind, wird ihre Fähigkeit, Nährstoffe wie Sauerstoff aufzunehmen und Abfallprodukte wie CO2 abzusondern, beeinträchtigt. Die Unfähigkeit der Blutzellen, Sauerstoff zuzuführen, könnte auch zum Sauerstoffmangel (Hypoxie) führen, einem weiteren Symptom von Covid-19, welches, wie bereits erörtert, durch das Maskentragen noch mehr gefördert bzw. (mit-)verursacht wird.[1429]

Interessant ist in diesem Zusammenhang auch die Beobachtung eines Intensivmediziners aus New York, Dr. Cameron Kyle-Sidell, welcher Anfang April 2020 berichtet hat, dass es sich bei Covid-19 nicht um eine virale Lungenentzündung, sondern um eine neue Krankheit handelt, welche er *„noch nie zuvor gesehen“* hat. [1430] [1431] [1432]

Dr. Kyle-Sidell führte aus, dass die übliche Atemwegserkrankung mit leichten

---

[1427] https://pubmed.ncbi.nlm.nih.gov/15114641/

[1428] https://robbrownmd.com/2020/05/covid-19-blood-clots-emf/

[1429] https://www.who.int/emergencies/diseases/novel-coronavirus-2019/coronavirus-disease-answers?adgroupsurvey=%7Badgroupsurvey%7D&gclid=CjwKCAjw-qeFBhAsEiwA2G7Nl73v_1TZZKGwiGJjMqZ488qlRgqnYRb0E2ahLDKfzCajnq7829KTaRoC0BoQAvD_BwE&query=symptoms+of+covid+19&referrerPageUrl=https%3A%2F%2Fwww.who.int%2Femergencies%2Fdiseases%2Fnovel-coronavirus-2019%2Fcoronavirus-disease-answers

[1430] https://www.bitchute.com/video/yOujZziRjO7T/

[1431] https://nypost.com/2020/04/06/nyc-doctor-says-coronavirus-ventilator-settings-are-too-high/

[1432] Siehe auch: https://www.bitchute.com/video/QCBKAxda03fi/

Symptomen wie Husten, Halsschmerzen beginne und sich zunehmend zu einem akuten Atemnotsyndrom verschärfe. Covid-19 wäre hingegen viel eher mit einer Höhenkrankheit vergleichbar, so als ob man *„eine Person am Mount Everest ohne Zeit zum Akklimatisieren"* abgesetzt oder den Kabinendruck aus einem Passagierflugzeug auf ca. 9000 m Höhe langsam abgelassen hätte. Die Intensivpatienten würden langsam am Sauerstoff verhungern, blau im Gesicht anlaufen und absolut nicht wie Patienten aussehen, die an einer Lungenentzündung sterben. Dabei würden auch junge Menschen sterben [was sehr ungewöhnlich ist, da der Altersdurchschnitt der Covid-19-Toten bei 84 Jahren liegt und folglich sogar die durchschnittliche Lebenserwartung übertrifft, Anm. d. Verf.]

Da es sich bei Covid-19 nicht um eine Lungenentzündung handele, würde unter einem falschen Paradigma gearbeitet und eine falsche Krankheit behandelt werden. Durch die fehlgeleitete Behandlung würde sehr viel Schaden angerichtet werden.

So würden in Covid-19-Patienten Atemschläuche eingeführt und sie an Beatmungsgeräte angeschlossen, woraufhin der Druck erhöht wird, damit ihre Lungen geöffnet werden. Dies mache Sinn bei einer Lungenentzündung und dem daraus folgenden akuten Atemnotsyndrom, da in diesen Fällen die Atemmuskulatur der Patienten nicht funktioniert und sie maschinell beatmet werden müssen. Bei den Covid-19-Intensivpatienten sei jedoch die Atemmuskulatur voll funktionsfähig, so dass sie zwar Sauerstoff, aber keinen hohen Druck brauchen würden, welcher *„sehr wahrscheinlich"* die Lunge der Patienten schädige, was die ganze Lage nur noch verschlimmern würde. Das beobachtete akute Atemnotsyndrom könnte somit nichts anderes als eine Lungenverletzung sein, die durch das Beatmungsgerät verursacht werden würde.

Daher müssten die Beatmungsgeräte anders programmiert werden, damit sie den Patienten Nutzen bringen und ihnen keinen Schaden zufügen.

James Cai, ein Arzthelfer, welcher zugleich der erste Coronavirus-Patient in New Jersey gewesen ist, hat Kyle-Sidells Beobachtungen und Schlussfolgerungen aufgrund seiner eigenen Erfahrung voll und ganz zugestimmt.

Experten aus China sollen ihm geraten haben, Sauerstoff zu verwenden solle, wann immer er ihn brauche, was auch Sinn machen würde.

Es sei eine *„neue Krankheit und keiner der amerikanischen Ärzte sei in seinem Leben darauf gestoßen, (auch) nicht in Lehrbüchern"*.

Da der Lungenmuskel bei einem Patienten mit akutem Atemnotsyndrom nicht richtig, bei einem Covid-19-Patienten jedoch einwandfrei funktioniere, würde ein auf das akute Atemnotsyndrom eingestelltes Beatmungsgerät die Lungen der Patienten noch mehr schädigen.

Man müsste daher alle Forscher hinzuziehen, die dieser Krankheit sehr nahe gekommen sind und nicht nur dem Paradigma der Behandlung einer Pneumonie/akuten Atemnotsyndroms folgen.[1433]

Interessanterweise bezeugt ein Forschungsdokument der Defense Intelligence Agency (DIA, dt. Verteidigungsnachrichtendienst der USA) aus dem Jahr 1976, dass die Sauerstoffzufuhr durch elektromagnetische Strahlung gestört werden kann.[1434]

Das Dokument kommt u. a. zum Ergebnis, dass aufgrund der elektromagnetischen Strahlenexplosion der Hämoglobingehalt im Blut abnimmt:

*"Um die Auswirkungen der elektromagnetischen Strahlenexposition auf das Blut zusammenzufassen, ergeben sich folgende allgemeine Veränderungen ... :*
*1. Allgemeine Abnahme des Hämoglobingehalts*
*2. Allgemein verkürzte Gerinnungszeiten*
*3. Abnahme der Leukozytenzahl."*

Da Hämoglobin Sauerstoffmoleküle im Blut bindet und diese transportiert ist

---

[1433] https://nypost.com/2020/04/06/nyc-doctor-says-coronavirus-ventilator-settings-are-too-high/

[1434] "BIOLOGICAL EFFECTS OF ELECTROMAGNETIC RADIATION (RADIOWAVES AND MICROWAVES) EURASIAN COMMUNIST COUNTRIES" dt. BIOLOGISCHE WIRKUNGEN ELEKTROMAGNETISCHER STRAHLUNG (FUNKWELLEN UND MIKROWELLEN) EURASISCHE KOMMUNISTISCHE LÄNDER) https://www.dia.mil/FOIA/FOIA-Electronic-Reading-Room/FOIA-Reading-Room-Nuclear-Biological-and-Chemical/FileId/39946/

klar, dass die Abnahme des Hämoglobingehalts gleichzeitig eine Abnahme der Sauerstoffzufuhr bedeutet und damit eine mögliche Erklärung für den Sauerstoffmangel in Bezug auf Covid-19 liefert.

Die ebenfalls festgestellte Reduzierung der Leukozyten (Weiße Blutzellen) wirkt sich negativ auf unser Immunsystem aus, da diese für den Organismus unverträgliche Stoffe bzw. Krankheitserreger wie z. B. Bakterien, Tumorzellen, Toxine, körperfremde Partikel, Würmer, Pilze und Protozoen (Einzeller) unschädlich machen.[1435]

Außerdem haben Professor Andrew Huang und seine Mitarbeiter an der Duke Universität in Durham im US-Staat North Carolina im selben Jahr (1976) an Hamsterzellen festgestellt, dass bei einer Mikrowellen-Strahlungsdosis von nur fünf Milliwatt pro Quadratzentimeter (was weniger ausmacht, als die Bestrahlung des Bedienungspersonals von Radaranlagen), sich die Leukozyten ungewöhnlich vergrößerten und nur noch unvollkommen mit einer Immunreaktion antworteten, wenn man sie mit körperfremden Substanzen dazu reizte.
Professor Huang hielt diese Befunde für „*höchst alarmierend und Grund genug, äußerst vorsichtig im Umgang mit Mikrowellenstrahlern zu sein*".[1436]

In Verbindung mit der Reduzierung der Leukozytenanzahl würde dies eine noch größere Schwächung unseres Immunsystems bedeuten.

Wissenschaftliche Studien belegen ferner, dass die Sauerstoff- und Wasserstoffmoleküle ab 10 GHz anfangen, 5G-Frequenzen zu absorbieren, wobei der Absorptionshöhepunkt der Sauerstoffmoleküle bei 60 GHz liegt, an welchem ganze 98% der übertragenen elektromagnetischen Wellen vom Luftsauerstoff absorbiert werden und somit ihre Reichweite stark einschränken.[1437] [1438] [1439]

---

[1435] https://de.wikipedia.org/wiki/Leukozyt#Funktionen_der_Leukozyten
[1436] https://www.zeit.de/1976/09/mysterioese-wellen-in-der-us-botschaft
[1437] Millimeter wave propagation: spectrum management implications https://www.semanticscholar.org/paper/Millimeter-wave-propagation%3A-spectrum-management-Marcus-Pattan/6408245df6125ff7429990ece379613bfc0aa48f
[1438] Overview of Millimeter Wave Communications for Fifth-Generation (5G)

Die Forschung zeigt auch, dass sich die Eigenschaften von Sauerstoffmolekülen (der Spin/ die Rotation des Sauerstoffmoleküls) unter dem Einfluss von 60 GHz Frequenzen verändern:

*„Die 60-GHz-Sauerstoffabsorptionsbande wird durch eine Reihe von Magnet-Dipol-Übergängen innerhalb des elektronischen 3 R-Grundzustands gebildet. Aufgrund des Elektronenspins werden Rotationsniveaus des Sauerstoffmoleküls jeweils in ein Spintriplett entsprechend den drei möglichen Raumorientierungen des gesamten Elektronenspinvektors S aufgespalten."* [1440]

Die Änderung der Eigenschaften von Sauerstoffmolekülen könnte somit ebenfalls eine negative Auswirkung auf unsere Sauerstoffzufuhr haben. Kann es vielleicht sein, dass sich die veränderten Sauerstoffmoleküle nicht länger mit dem Hämoglobin in unserem Blut verbinden und transportiert werden können? Das wiederum könnte ebenfalls den Sauerstoffmangel in Bezug auf Covid-19 erklären. Die Lage könnte sich im Zusammenhang mit der Abnahme des Hämoglobingehalts durch die elektromagnetische Strahlenexplosion weiterhin verschlimmern.

So jedenfalls könnten sich die Beobachtungen von Dr. Kyle Sidell und auch die eigenartigen Bilder aus China zu Beginn der „Pandemie" erklärt werden, als Menschen mitten auf der Straße einfach umgekippt sind, da sie womöglich aufgrund des Sauerstoffmangels ohnmächtig wurden. Durch die Hypoxie lassen sich auch zahlreiche Zitteranfälle der Covid-19-Patienten bestens erklären. [1441]
Im Gegensatz dazu zählen Ohnmacht und Zitteranfälle wohlgemerkt NICHT zu den Symptomen, welche dem SARS-CoV-2 zugeschrieben werden, was wiederum darauf schließen lässt, dass es sich bei Covid-19 nicht um eine virale

---

Wireless Networks—With a Focus on Propagation Models
https://ieeexplore.ieee.org/document/7999294
[1439] https://www.rfglobalnet.com/doc/fixed-wireless-communications-at-60ghz-unique-0001
[1440] 60-GHz oxygen band: precise broadening and central frequencies of fine-structure lines, absolute absorption profile at atmospheric pressure, and revision of mixing coefficients
https://www.sciencedirect.com/science/article/abs/pii/S0022285204003650?via%3Dihub
[1441] https://medlexi.de/Hypoxie

Erkrankung handelt.[1442]
Könnte es in Anbetracht dieser Tatsachen vielleicht sein, dass die 60 GHz Frequenz oder ähnliche 5G-Frequenzen dazu verwendet wurden, um bei Menschen eine Hypoxie und auch andere Covid-19-Symptome hervorzurufen und dieses grausame Experiment durch die Fassade eines nicht existenten und angeblich neuen Coronavirus verdeckt werden sollte?

In jedem Fall ist 60 GHz eine Frequenz, die für uns Menschen wohl alles andere als ungefährlich zu sein scheint.

So wurden z.B. in der Studie „Effects of millimeter wave irradiation and equivalent thermal heating on the activity of individual neurons in the leech ganglion" (dt. „Auswirkungen von Millimeterwellenbestrahlung und äquivalenter thermischer Erwärmung auf die Aktivität einzelner Neuronen im Blutegelganglion") die physiologischen Auswirkungen einer elektromagnetischen Bestrahlung mit geringer Intensität von 60 GHz auf einzelne Neuronen in den Mittelkörperganglien des Blutegels untersucht. Dabei wurden negative Auswirkungen auf die ganglionären Neuronen festgestellt, welche eine dosisabhängige Hyperpolarisation (Steigerung der Membranspannung an einer Sinnes-, Nerven- oder Muskelzelle über den Ruhewert)[1443] der Plasmamembran und eine Abnahme der Amplitude des Aktionspotentials (Reizweitergabe an Nervenzellen, die durch eine Veränderung des elektrischen Membranpotentials entsteht)[1444] zeigten.[1445]

Robert Bass, Physiker und Ph.D. in Mathematik, welcher an der US-Waffenforschung arbeitete sagte 1985 sogar, dass die USA hinter der Sowjetunion bei gerichteten Energiewaffen, die auf **60 GHz Mikrowellenstrahlen** basieren, stehen würde, was bedeuten würde, dass

---

[1442] https://www.who.int/emergencies/diseases/novel-coronavirus-2019/coronavirus-disease-answers?adgroupsurvey=%7Badgroupsurvey%7D&gclid=CjwKCAjw-qeFBhAsEiwA2G7Nl73v_1TZZKGwiGJjMqZ488qlRgqnYRb0E2ahLDKfzCajnq7829KTaRoC0BoQAvD_BwE&query=symptoms+of+covid+19&referrerPageUrl=https%3A%2F%2Fwww.who.int%2Femergencies%2Fdiseases%2Fnovel-coronavirus-2019%2Fcoronavirus-disease-answers
[1443] https://de.wikipedia.org/wiki/Hyperpolarisation_(Biologie)
[1444] https://de.wikipedia.org/wiki/Aktionspotential
[1445] https://www.ncbi.nlm.nih.gov/pmc/articles/PMC4233276/

sowohl die Sowjetunion, als auch die USA bereits damals gerichtete Energiewaffen entwickelt hatten, die die 60 GHz Frequenz nutzten.[1446]

Dennoch wurde diese Frequenz von der FCC für die lizenzfreie Nutzung freigegeben.[1447] [1448]

## 14.2 5G (EMF), Impfstoffe und Graphenoxid

Wenn sich wirklich bewahrheitet, dass Graphenoxid in den Impfstoffen enthalten ist und dass es, insbesondere an der Injektionsstelle und im Kopfbereich, den Magnetismus verursacht bzw. ein elektromagnetisches Feld entstehen lässt (siehe Kapitel 1 Punkt 5.18.), dann könnte es ebenfalls eine Verbindung zur 5G-Technologie geben - und das im wahrsten Sinne des Wortes.

Es ist nämlich bekannt, dass Graphen ein ausgezeichneter Stromleiter ist[1449] und dass Graphenoxid 5G-Frequenzen (8.2 GHz - 9.1 GHz) absorbiert. [1450]

Wenn man annimmt, dass das Graphenoxid in den menschlichen Körper gelangt und dort ein EMF erzeugt, welches bereits das natürliche EMF des Körpers stören könnte, und dass noch dazu kommt, dass das vom Graphenoxid erzeugte EMF auf bestimmten Frequenzen 5G-Strahlung absorbiert, so könnten dadurch erhebliche gesundheitliche Schäden künstlich (quasi auf Knopfdruck) erzeugt werden, bis hin zum Tod.

Doch dies ist vielleicht sogar nicht das schlimmste Szenario.

---

[1446] CNN Special Assignment: Electro-Magnetic Mind Control Weapons https://iron-eagles.tripod.com/articles/emmc.htm
[1447] https://www.media-schmid.de/downloads/ghz-technik.pdf
[1448] https://www.fcc.gov/document/part-15-rules-unlicensed-operation-57-64-ghz-band
[1449] https://www.sinopeg.com/core-shell-structured-polyethylene-glycol-functionalized-graphene-for-energy-storage-polymer-dielectrics-combined-mechanical-and-dielectric-performances_n28
[1450] Synthesis and Characterization of Ternary Polyaniline/Barium Ferrite/Reduced Graphene Oxide Composite as Microwave-Absorbing Material https://link.springer.com/article/10.1007%2Fs11664-019-07220-8

Das „Wundermaterial" Graphen soll sich mit einem 5G-Netz, Kaffeemaschinen und selbstfahrenden Autos verbinden.[1451] Kann es sich womöglich auch mit einem Menschen verbinden, welches Graphenoxid in sich trägt? Und kann der Mensch vielleicht sogar dadurch wie ein Roboter gesteuert werden?

Dr. Pierre J. Gilbert hat bereits im Jahr 1995 auf einer Konferenz von solch einem düsteren Szenario im Zusammenhang mit den Impfstoffen gewarnt:

"*Bei der biologischen Zerstörung gibt es die organisierten Stürme auf die Magnetfelder. Was folgen wird, ist eine* ***Kontamination der Blutbahnen der Menschheit, die vorsätzliche Infektionen hervorruft****. Dies wird* ***durch Gesetze erzwungen, die eine Impfpflicht vorschreiben****.* ***Und diese Impfstoffe werden es ermöglichen, Menschen zu kontrollieren****. Die Impfstoffe werden* ***Flüssigkristalle*** *enthalten, die in den Gehirnzellen untergebracht werden, die zu Mikroempfängern elektromagnetischer Felder werden, an die Wellen sehr niedriger Frequenzen gesendet werden. Und* ***durch diese niederfrequenten Wellen werden die Menschen nicht in der Lage sein zu denken, Sie werden in einen Zombie verwandelt****. Betrachten Sie dies nicht als Hypothese.* ***Das wurde getan. Denken Sie an Ruanda****. Und schließlich Konzentrationslager, die von den Vereinten Nationen und den Vereinigten Staaten gebaut wurden. Ich habe Diagramme, Fotos, die Konzentrationslager in den Vereinigten Staaten zeigen ... und in diesen Konzentrationslagern werden diejenigen sein, die der Definition des neuen Bürgers nicht zustimmen wollen.*" [1452] [1453]

Womöglich hat sich Gilbert, als er Konzentrationslager erwähnte, u. a. auf die FEMA Camps bezogen, welche in Zukunft als eine Art Konzentrationslager für Impfverweigerer bzw. Systemgegner dienen könnten.[1454] Im Übrigen wäre das für die USA nichts neues. Bereits während der ersten beiden Weltkriege hat die US-Regierung US-Bürger deutscher (Erster und Zweiter Weltkrieg) bzw. japanischer und italienischer Abstammung (zweiter Weltkrieg) in Konzentrationslager geschickt,[1455] und in den 1980er Jahren Notfallpläne für

---

[1451] https://researchinestonia.eu/2018/12/12/wonder-material-graphene-connects-to-a-5g-network-coffee-machines-and-self-driving-cars/
[1452] https://archive.org/details/dr-pierre-gilbert-on-magnetic-vaccines-from-1995
[1453] https://www.bitchute.com/video/0z1LJA5m8hib/ (ab 53:26)
[1454] https://en.wikipedia.org/wiki/FEMA_camps_conspiracy_theory
[1455]

die Masseninternierung von US-Bürgern entwickelt, für den Fall, dass der US-Präsident einen Notstand ausruft (Rex-84).[1456]

Als Gilbert Ruanda erwähnte, bezog er sich auf den Völkermord in Ruanda, einem der bekanntesten Völkermorde, welcher 1994 begann und 100 Tage dauerte. Zwischen April und Juli 1994 wurden ca. eine Million (bzw. 75 %) der in Ruanda lebenden ethnischen Tutsi und moderaten Hutu getötet. Die Täter stammen aus den Reihen der ruandischen Armee, der Nationalpolizei, der Präsidentengarde und der Verwaltung. Auch weite Teile der Hutu-Zivilbevölkerung haben sich am Völkermord beteiligt.

*„Im Verlauf und im Nachgang der Ereignisse wurden die Vereinten Nationen (UN) und Staaten wie die USA, Großbritannien und Belgien wegen ihrer Untätigkeit kritisiert. Dabei stand die Frage im Mittelpunkt, aus welchen Gründen eine frühzeitige humanitäre Intervention nicht erfolgte, beziehungsweise warum die vor Ort stationierten Friedenstruppen der Vereinten Nationen, die United Nations Assistance Mission for Rwanda (UNAMIR), bei Ausbruch der Gewalt nicht gestärkt, sondern verkleinert wurden. Gegen Frankreich wurde überdies der Vorwurf erhoben, sich an den Verbrechen beteiligt zu haben."* [1457]

Das ist in der Tat sehr verdächtig und könnte darauf hindeutet, dass es sich beim Völkermord in Ruanda tatsächlich um ein äußerst brutales Menschenexperiment gehandelt haben könnte.

Gerade im Hinblick auf Graphenoxid ist besonders interessant, dass Gilbert davon gesprochen hat, dass Impfstoffe **Flüssigkristalle** enthalten werden, da es bekannt ist, dass Graphenoxidflocken, in Anwesenheit eines externen Magnetfelds, spontan ihre Struktur zu **Flüssigkristalltröpfchen** ändern können.[1458] Außerdem ist bekannt, dass sich die Kristallstruktur von Graphen mit einem elektrischen Feld verändern lässt.[1459]

---

https://en.wikipedia.org/wiki/List_of_concentration_and_internment_camps#Japanese-,_German-,_Italian-Americans_and_Native_Alaskans_during_World_War_II

[1456] https://en.wikipedia.org/wiki/Rex_84

[1457] https://de.wikipedia.org/wiki/V%C3%B6lkermord_in_Ruanda

[1458] https://www.graphene-info.com/graphene-oxide-can-turn-liquid-crystal-droplets-may-lead-drug-delivery-systems-and-bio-sensors

Interessanterweise wurde im August 2021 im Internet ein Video veröffentlciht, welches angeblich den Pfizer/Biontech Impfstoff Comirnaty unter einem Standardmikroskop zeigt. Darauf ist zu erkennen, wie sich innerhalb von 12 Minuten Kristalle bilden.[1460]

Im Rahmen der Forschung wurde Graphen bereits auch mit Neuronen verbunden.

Im Rahmen der Forschung wurde Graphen bereits auch mit Neuronen verbunden.

*"Die Forscher haben gezeigt, dass Graphen zur Herstellung von Elektroden verwendet werden kann, die in das Gehirn implantiert werden können".*

Sie verbanden Graphen direkt mit Neuronen, *"testeten die Fähigkeit der Neuronen, elektrische Signale zu erzeugen, die bekanntermaßen Gehirnaktivitäten darstellen, und stellten fest, dass die Neuronen ihre neuronalen Signaleigenschaften unverändert beibehielten."* [1461]

Nach Dr. Ian Pearson, einem Zukunftsforscher mit naturwissenschaftlichem und technischem Hintergrund, wäre es möglich Zombies zu erschaffen, wenn man eine direkte Verbindung zum Gehirn hat und man jemanden wie einen Roboter steuern kann. Dies soll z. B. durch Nanotechnologie (wie etwa Graphenoxid? Anm. d. Verf.) ermöglicht werden, die direkt auf das Gehirn aufgetragen wird.[1462]

Ist es vielleicht möglich, dass durch den möglichen Einsatz von Graphenoxid eine elektromagnetische Manipulation von Zellen und Neuronen durch die Schaffung synthetischer neuronaler Netze im menschlichen Körper und Gehirn bewirkt werden soll? Dies wäre nichts anderes ist eine beabsichtigte Transhumanisierung des menschlichen Körpers durch die Covid-Impfstoffe und Masken.

---

[1459] https://www.graphene-info.com/electric-field-can-change-crystal-structure-graphene

[1460] https://telegra.ph/Selbstorganisierende-Graphenoxid-Nanotechnologie-auch-in-Impfstoff-von-Pfizer-gefunden-Deutsches-Video-zeigt-selbstorganisierend-08-17

[1461] https://www.cam.ac.uk/research/news/graphene-shown-to-safely-interact-with-neurons-in-the-brain

[1462] https://www.bbc.com/news/business-23994649

Kann es vielleicht sogar sein, dass Gilbert möglicherweise vorausgesagt hat, dass die Menschen zunächst durch 5G bzw. EMF erkranken (wofür man ein nicht existierendes neues Coronavirus verantwortlich macht) und daraufhin sich „Impfstoffe“ injizieren lassen, die in Wirklichkeit Graphenoxid enthalten, durch welches man die Menschen mittels 5G bzw. EMF in Zombies verwandeln und fernsteuern kann?

### 14.3 Nanobots bzw. Metall in den Corona-Impfstoffen?

Des Weiteren soll ein amerikanischer Medizinforscher, welcher anonym bleiben und dennoch sein Ergebnis der Menschheit mitteilen wollte, in ein paar Tropfen des Moderna Impfstoffs unter einem optischen Mikroskop, sich bewegende, selbstorganisierende Nanopartikel/Fasern, welche möglicherweise aus Graphenoxid bestehen könnten, beobachtet und davon Aufnahmen gemacht haben.[1463]

Diese mysteriösen, sich bewegenden, Nanofasern wurden angeblich auch von anderen Menschen ebenfalls in Covid-Masken und Covid-Testwattestäbchen entdeckt.[1464] [1465]

In einem Video mit dem Titel „Den Covid-19-Impfstoffen auf der Spur“, welches im Internet verbreitet wurde, wurde eine Aufnahme einer Blutprobe von einem Covid-19-Geimpften gezeigt, worin eine faserähnliche Gestalt zu sehen war, bezüglich welcher Dr. Bolland eine Vermutung aufstellte, dass sie metallischen Ursprungs sein könnte.[1466]

Die Macher des Videos, Bärbel Ghitalla, Dr. Med. Axel Bolland, RA Holger Fischer und RA Elmar Becker haben darin zu einer breiten Untersuchung der Covid-19-Impfstoffe aufgerufen.

---

[1463] https://everydayconcerned.net/2021/08/12/bombshell-news-american-medical-researchers-witness-self-assembling-graphene-oxide-nanotech-or-ai-syn-bio-in-moderna-vaccine-under-microscope/
[1464] https://www.naturalnews.com/2021-04-26-april-26th-covid-swabs-and-masks-appear-to-contain-hooks-and-strange-fibers.html
[1465] https://www.bitchute.com/video/F7wfiYqM6l1z/
[1466] https://www.bitchute.com/video/V5LXD6ovhpLo/

Die Pathologen Prof. Dr. Arne Burkhardt und Prof. Dr. Walter Lang, welche 8 Menschen obduziert haben, die nach der Corona-Impfung verstorben sind, haben ebenfalls *„im Impfstoff undeklarierte metallhaltige Bestandteile"* festgestellt, welche *„optisch ... durch ihre ungewöhnliche Form"* auffielen und einem Mikrochip ähnelten.[1467] [1468] [1469] [1470]

### 14.4 Mikrochips in den Corona-Impfstoffen?

Roger Stone, ein US-amerikanischer Politikberater und Vertrauter Trumps, hält es für möglich, dass Bill Gates die Pandemie ins Leben gerufen hat, um Mikrochips in die Menschen zu pflanzen und Zwangsimpfungen durchzuführen:

*„Hier ist, was ich mit Sicherheit weiß. Er (Gates) und andere Globalisten verwenden sie (die Pandemie) definitiv für obligatorische Impfungen und Mikrochips."*[1471] [1472]

Derselben Meinung ist auch der russische Regisseur und Oscar-Preisträger Nikita Mikhalkov, dessen TV-Sendung „Besogon" vom Sender Rossija 24 eingestellt wurde, nachdem Mikhalkov in der Sendung den Verdacht äußerte, dass Gates vorhätte, Menschen Mikrochips zu injizieren, um die Bevölkerung zu kontrollieren.[1473]

Genadij Zyuganov, der Vorsitzende der Kommunistischen Partei Russlands hat ebenfalls eine ähnliche Ansicht geäußert. Zyuganov sagte, dass er glaube, dass ein eventueller Impfstoff gegen das neue Coronavirus Teil einer Verschwörung der Globalisten sei, um Mikrochips in Menschen zu implantieren und deren *„digitale Versklavung"* sicherzustellen.[1474] Die Mikrochips sollen zeigen, wer auf

---

1467 https://pathologie-konferenz.de/
1468 https://disk.yandex.ru/i/K0JgLeBZ4M5OEA
1469 https://www.bitchute.com/video/GWwKRwQO2J8q/
1470 https://www.bitchute.com/video/HnetzLQ5xvLr/
1471 https://www.dailymail.co.uk/news/article-8215261/Roger-Stone-says-idea-Bill-Gates-created-coronavirus-microchip-people-open-debate.html
1472 https://reportafrique.com/world/bill-gates-may-have-created-coronavirus-to-microchip-people-roger-stone/
1473 https://www.rferl.org/a/russian-state-tv-cancels-airing-of-conspiracy-show-by-pro-kremlin-filmmaker/30589281.html

das Coronavirus getestet oder gegen dieses geimpft wurde. Womöglich hat sich Zyuganov hierbei auf das Quantum-Punkt-Tattoo bezogen (siehe Kapitel 5. Punkt 7.3).

Interessant ist dabei auch, dass nach den Angaben des Journalisten Thomas Kruchem, im Rahmen von ID 2020 bereits an Kindern in Bangladesch digitale „Marker“ zusammen mit der Impfung injiziert wurden, welche die digitale Identität mit einer Cloud verbinden sollen. [1475]

Könnte man daran vielleicht erkennen, wohin uns die Reise letztendlich hinführen soll?

### 14.4.1 Der Artikel von „The Sun“ aus dem Jahr 1989 warnte vor Mikrochips, die mit der Impfung injiziert werden können

Die Idee, Mikrochips zusammen mit der Impfung zu verabreichen scheint nicht neu zu sein. Bereits im Jahr 1989 erschien in der Ausgabe von „The Sun“ ein Artikel mit dem Titel (übersetzt) „Der Große Bruder Kommt! Enthüllt: Geheimer Plan, jeden Mann, jede Frau und jedes Kind zu markieren“:[1476]

*„Kodierte Mikrochips, die jeder Person im Land implantiert werden, würden uns alle an einen Master-Computer binden, der jeden jederzeit ausfindig machen könnte, und die Planungen für ein solches System sind bereits im Gange, ob Sie es wollen oder nicht!*

*Der geheime Plan wird von hohen Regierungsbeamten als Dienst zum Schutz des Volkes angepriesen, aber einige Insider, die gegen diesen Zug sind, sagen, es sei nur eine weitere Möglichkeit für Big Brother, seine Untertanen zu kontrollieren.“*

---

[1474] https://www.themoscowtimes.com/2020/05/27/russian-communist-leader-links-coronavirus-vaccine-to-microchip-conspiracy-theory-a70391

[1475] https://de.wikipedia.org/wiki/ID2020#Rezeption

[1476] The Sun: Big Brother´s Comming! Revealed: Secret plan to tag every man, woman and child (1989) https://themmacommunity.com/threads/1989-sun-article-warning-from-the-past.71311/

*„Hochrangige nationale Sicherheitsagenten versuchen, Quellen in der Bush-Administration davon zu überzeugen, das Projekt zu beginnen, bei dem jedem Mann, jeder Frau und jedem Kind ein winziger Sender implantiert wird. Sie versuchen zu sagen, dass dies eine gute Möglichkeit für die Behörden ist, vermisste Personen und Kinder sowie Kriminelle und Spione schnell aufzuspüren"*, so Davis Milerand, ein Kritiker der Regierungsintervention, welcher behauptete, dass er durchgesickerte Informationen aus Insider-Quellen erhalten hätte.

*„Aber mit der erstaunlichen Technologie von heute könnte alles über Sie in einem winzigen Mikrochip enthalten sein, der mit einem Regierungscomputer verbunden wäre. Jede Regierungsbehörde wird jederzeit wissen, was eine Person getan hat und tut.* ***Alles, was die Regierung tun müsste, ist so etwas wie den Schweinegrippe-Impfstoff zu erfinden****.*

*Stellen Sie sich vor, sie sagen, es gäbe einen Impfstoff gegen AIDS. Die Leute würden in Scharen eilen, um Schüsse zu bekommen.* ***Die Ärzte selbst wissen vielleicht nicht einmal, was sie spritzen****. Man könnte ihnen sagen, dass die Mikrochips genetische Implantate sind, die den Körper so umprogrammieren, dass er Krankheiten bekämpft. Das Programm würde verlangen, dass sich alle Mitarbeiter der Bundes-, Landes- und Kommunalverwaltung den Injektionen unterziehen. Es wäre nur eine Frage der Zeit, bis jedem ein Mikrochip implantiert wird und jeder ein Sklave der Regierung ist"*, so Milerand in dem Artikel von „The Sun".

## Kapitel 8. Die Neue Weltordnung (NWO) / One World Order

### 1. Der Begriff der NWO und ihre Befürworter

Das bisher erörterte erinnert stark an die (Verschwörungs-)Theorie der „Neuen Weltordnung" (NWO).[1477] Es wird vermutet, dass das Endziel der NWO darin bestehen soll, dass die gesamte Welt von einer totalitären Regierung regiert wird, es eine einzige einheitliche Währung und eine einheitliche

[1477] https://en.wikipedia.org/wiki/New_World_Order_(conspiracy_theory)

Ideologie/Religion gibt.

Um alles und jeden kontrollieren zu können, wird ebenfalls angenommen, dass die Weltbevölkerung zu etwa 90 % durch Kriege, Seuchen und/oder Impfungen reduziert und das Bargeld abgeschafft werden soll. Des Weiteren wird vermutet, dass jeder Erdenbewohner einen (RFID-) Chip injiziert oder ein elektronisches Tattoo bekommen soll, ohne welches er keine Geschäfte mehr tätigen oder medizinisch versorgt werden kann, was die totale Versklavung der Menschen bedeuten würde.

Interessanterweise entspricht dies auch der Offenbarung des Johannes (Offb 13, 16–18):

*„Und es (das Tier) macht, dass sie allesamt, die Kleinen und Großen, die Reichen und Armen, die Freien und Sklaven, sich ein Zeichen machen an ihre rechte Hand oder an ihre Stirn 17 und dass niemand kaufen oder verkaufen kann, wenn er nicht das Zeichen hat, nämlich den Namen des Tieres oder die Zahl seines Namens. 18 Hier ist Weisheit! Wer Verstand hat, der überlege die Zahl des Tieres; denn es ist die Zahl eines Menschen, und seine Zahl ist sechshundertsechsundsechzig*“, also 666.

Eines ist auf jeden Fall jetzt schon klar - in der gesamten Geschichte der Menschheit gab es bisher wohl noch nie eine bessere Gelegenheit, um die Weltbevölkerung massiv zu reduzieren, das Bargeld abzuschaffen, eine Weltregierung mit einer Weltwährung zu etablieren und den Rest der Menschheit digital zu versklaven. All diese Maßnahmen können durch die Corona-„Pandemie“ begründet und umgesetzt werden.
Der Begriff der „Neuen Weltordnung“ wurde bereits vom US-Präsidenten Woodrow Wilson und Winston Churchill, dem Premierminister von Großbritannien, als *„ein politisches Schlagwort für Konzepte, international eine Friedens- und Rechtsordnung durch ein System der kollektiven Sicherheit zu etablieren*“, verwendet.[1478] [1479]

---

[1478] https://de.wikipedia.org/wiki/Neue_Weltordnung
[1479] https://en.wikipedia.org/wiki/New_World_Order_(conspiracy_theory)#General_usage_(Pre-Cold_War)

Der britische Schriftsteller und Futurist H.G. Wells prägte 1940 den Begriff der „Neuen Weltordnung“ in seinem gleichnamigen **Sachbuch**, indem er die NWO in Form einer sozialistischen und wissenschaftlich geplanten Weltregierung definierte und sich diese auch herbeiwünschte.[1480]

Der Begriff der NWO oder der „One World Order“ hat es schon lange in die Massenmedien geschafft und wurde von ihnen größtenteils positiv aufgefasst und verbreitet.
Berühmte und einflussreiche Persönlichkeiten wie z. B. George Bush, Henry Kissinger, Gordon Brown, Tony Blair, Richard Nixon, Bill Clinton, Barack Obama, John Kerry, David Rockefeller, George Soros, Joe Biden und viele andere haben diesen Begriff bereits in aller Öffentlichkeit verwendet.[1481]

Im Folgenden Artikel, der schon ein paar Jahre auf dem Buckel hat, hat Johannes Paul der Zweite ebenfalls zu einer neuen Weltordnung aufgerufen.[1482]

Sein Nachfolger, Papst Benedikt XVI blieb der Vision treu und hat eine neue weltpolitische Autorität *„mit echten Zähnen"* vorgeschlagen, möglicherweise anstelle der Vereinten Nationen.[1483]

Und auch der amtierende Papst verfolgt anscheinend das gleiche Ziel. Dazu nutzt er die Coronakrise und meint, dass es an der Zeit ist *„eine neue Welt aufzubauen“*.[1484]

James Warburg, Finanzberater vom ehemaligen US-Präsidenten Franklin D. Roosevelt, Mitglied des Rats für auswärtige Beziehungen (Council on Foreig Relations - CFR), sagte gegenüber dem Unterausschuss zur Revision der Charta der Vereinten Nationen am 17. Februar 1950 Folgendes:

---

[1480] https://en.wikipedia.org/wiki/The_New_World_Order_(Wells_book)
[1481] New World Order Quote Compilation
https://www.bitchute.com/video/IvtAifjPuiWM/
[1482] https://www.theguardian.com/world/2004/jan/02/catholicism.religion
[1483] https://www.smh.com.au/world/pope-calls-for-a-new-world-order-20090709-ddic.html
[1484] https://www.ncronline.org/news/vatican/francis-chronicles/now-time-build-new-world-without-inequality-injustice-pope-says

"*Wir werden eine Weltregierung haben, ob Sie nun wollen oder nicht, entweder durch Unterwerfung oder durch Übereinkunft.*"[1485]

James Warburg war Sohn von Paul M. Warburg, einem sehr einflussreicher Bankier und Hauptinitiator der 1913 gegründeten US-Zentralbank FED, dem mächtigsten Finanzinstitut der Welt, welches seitdem einen enormen Einfluss auf das wirtschaftliche und politische Weltgeschehen ausübt.

Wie bereits gezeigt, streben Bill Gates und Gordon Brown ebenfalls ganz offen eine Weltregierung an.[1486] [1487]

Während einer Konferenzschaltung mit Henry Kissinger am WEF-Meeting am 20.01.2017, hat Klaus Schwab Folgendes zu Henry Kissinger gesagt:

„*Was für eine wunderbare Gelegenheit, unsere Woche hier mit so konkreten Vorschlägen und Ideen abzuschließen, wie wir wirklich, ich würde sagen, eine neue Weltordnung schaffen können. Und ich denke, wir sollten dir sehr dankbar sein, Henry ... Ich möchte dir auch persönlich für die 50-jährige Mentorschaft und all die Ratschläge danken, die du mir gegeben hast*".[1488]

Alleine daraus kann wohl geschlossen werden, dass The Great Reset bzw. Build Back Better nichts anderes als eine Agenda zur Verwirklichung der NWO ist.

Kissinger steht seinerseits zu der Rockefeller Familie sehr nahe und fungiert als Freund und Berater.[1489]

Die Rockefeller sind ein überaus mächtiger Clan, welcher gewaltig in der

---

1485 https://en.wikisource.org/wiki/James_Warburg_before_the_Subcommittee_on_Revision_of_the_United_Nations_Charter#We_shall_have_world_government

1486 https://www.sueddeutsche.de/wirtschaft/bill-gates-im-interview-den-taeglichen-tod-nehmen-wir-nicht-wahr-1.2324164

1487 https://www.theguardian.com/politics/2020/mar/26/gordon-brown-calls-for-global-government-to-tackle-coronavirus

1488 https://www.bitchute.com/video/4YE5v0oTgsd6/

1489 https://www.bitchute.com/video/LO6PEU0lgJW6/

internationalen Wirtschaft, Politik, Gesundheits- und Bildungswesen mitmischt.

David Rockefeller hat in seiner Autobiografie „Memoiren“ Folgendes von sich gegeben:

*“Über ein Jahrhundert lang haben ideologische Extremisten von beiden Seiten des politischen Spektrums gut publizierte Ereignisse wahrgenommen, die Rockefeller-Familie für den übermäßigen Einfluss anzugreifen, den wir ihrer Meinung nach auf amerikanische politische und wirtschaftliche Institutionen ausüben. Manche glauben gar, wir seien Teil einer geheimen Kabale, die entgegen den besten Interessen der USA arbeitet, charakterisieren mich und meine Familie als “Internationalisten” und Verschwörer, die gemeinsam mit anderen weltweit (die) eine integrierte globale politische und wirtschaftliche Struktur schaffen - (die) eine Welt, wenn Sie so wollen. Wenn das die Anklage ist, dann bin ich schuldig, und ich bin stolz darauf."*[1490]

Interessant ist auch, dass das Grundstück, auf dem heute das UNO Hauptquartier in New York steht, vom Milliardär John D. Rockefeller Junior, Vater von David Rockefeller und Sohn des Ölmagnaten John D. Rockefeller Senior, gestiftet wurde.[1491]

### 2. Die UNO und die NWO

Es wird angenommen, dass die UNO und ihre Organisationen von den Globalisten bzw. Befürwortern der NWO dazu benutzt wird, um die Weltherrschaft für die Elite zu etablieren.
Interessanterweise hat die UNO im August 2020 ein virtuelles Konzert bezüglich der Covid-19-„Pandemie“ veranstaltet, welches weltweit übertragen wurde und mit dem Lied „We will rise“ (dt. „Wir werden steigen“) endete, welches folgende Strophen enthielt:

*„Auf der ganzen Welt schließen wir Grenzen, Covid-19 auf dem Vormarsch.*
*Eine* ***neue Weltordnung*** *hinter verschlossenen Türen, der Sturm wird vergehen,*

---

[1490] https://en.wikiquote.org/wiki/David_Rockefeller#Memoirs_(2003)
[1491] https://de.wikipedia.org/wiki/UNO-Hauptquartier#Geschichte

*wir werden überleben“.*

Im Video wurden ebenfalls UN-Truppen gezeigt, die mobilisiert wurden.[1492]

**3. Ehemaliger Premierminister von Malaysia warnt vor der NWO**

Tun Dr. Mahathir bin Mohamad, ehemaliger Premierminister von Malaysia, hat 2015 auf einer internationalen Konferenz bezüglich der NWO, die von der Perdana Global Peace Foundation (PGPF) organisiert wurde, davor gewarnt, dass die Elite alle Staaten und Grenzen abschaffen und eine Weltregierung etablieren möchte. Dadurch würde sie jedem Einzelnen Regeln aufzwingen, und jeden, der sich weigert, diesen Regeln zu unterwerfen, bestrafen. Die Neue Weltordnung sei in Wirklichkeit ein altes Konzept, welches vor über 100 Jahren entworfen wurde. Die Begriffe „Globalisierung“ und eine „grenzenfreie Welt“ seien Ausdruck der NWO, so wie sie ursprünglich konzipiert wurde.

*„Sie wollen eine grenzenlose Welt und sie wollen Globalisierung haben, was natürlich bedeutet, dass es ohne Grenzen keine Staaten, keine Völker, sondern nur die eine Welt geben wird“.*

Dr. Mahathir sagte auch, dass die NWO de facto bereits bestehe und dass es bereits eine Weltregierung gäbe, *„eine Kraft mit mächtigen Streitkräften“* die die Bereitschaft hat, *„die Regierungen aller Länder zu untergraben“*, so dass alle Regierungen sich dieser Weltmacht unterwerfen. Wenn die Länder sich weigern würden, die Regierung zu wechseln, so würden sie durch Propaganda, Invasion und Besetzung dazu gezwungen werden. Die alte Regierung würde dabei durch eine neue Regierung ersetzt werden, welche das Konzept der NWO akzeptiere. Daher würden die Kriege auf der Welt (wie z. B. die Kriege im Nahen Osten oder in Vietnam) auch nicht mit Ländern geführt, welche die NWO bereits akzeptiert haben, sondern nur mit denen, die es nicht getan haben.

Dr. Mahathir kritisierte auch das „Freihandelsabkommen“ TPPA.

*„Es ist keine Partnerschaft. Alle teilnehmenden Länder werden mehr Regeln*

---

[1492] https://news.un.org/en/story/2020/08/1070312

*unterliegen als je zuvor ... Bei der TPPA geht es nicht um freien Handel, sondern um Handel, der allen möglichen Gesetzen und Vorschriften unterliegt, wodurch Länder vor internationalen Gerichten verklagt werden können."*

Des Weiteren würde allen Staaten ein einheitliches Wertesystem aufgezwungen werden, welches moralische Werte ersetzen soll.

Durch die Untergrabung der Politik, Wirtschaft, und moralischer Werte, sollen alle Menschen einer einzigen Weltregierung unterworfen werden, welche *„ohne unsere Zustimmung, nach ihrem eigenen Konzept regieren"* wird und *„niemandem verantwortlich ist"*.

Dr. Mahathir hat auch davor gewarnt, dass die Zahl der Menschen auf dieser Welt reduziert werden soll.

*„In der Zeit, als die NWO verkündet wurde, betrug die Bevölkerung dieser Welt nur 3 Milliarden. Die Absicht war, sie auf eine Milliarde zu reduzieren. Jetzt beträgt die Weltbevölkerung 7 Milliarden. Es wird notwendig sein, viele Milliarden Menschen zu töten, oder sie verhungern zu lassen, oder sie daran zu hindern, dass sie gebären, um die Bevölkerung dieser Welt zu reduzieren"*.[1493] [1494]

### 4. Interview mit Aaron Russo

Der berühmte und angesehene Filmemacher Aaron Russo gab kurz vor seinem Tod (2007) ein Interview an Alex Jones und berichtete ihm über die angeblichen Pläne der NWO.[1495] Als Quelle gab er seinen ehemaligen Freund, Nicholas Rockefeller von der Rockefeller Familie an, einen kalifornischen Rechtsanwalt, welcher „Rockvest Development"- einen Rockefeller-Trust kontrolliert und Mitglied des Council on Foreign Relations (CFR) ist.[1496] [1497]

---

[1493] https://www.youtube.com/watch?v=1-2V3F4AQF8 (ab 16:15)
[1494] https://www.malaymail.com/news/malaysia/2015/03/09/tppa-a-new-world-order-conspiracy-to-regulate-trade-dr-m-warns/855629
[1495] https://www.youtube.com/watch?v=31DPtM3-pio
[1496] https://www.nytimes.com/1999/08/03/business/international-business-asian-luxury-hotel-is-near-a-rare-sale.html
[1497] https://www.cfr.org/membership/roster

Nicholas Rockefeller soll bereits 11 Monate vor den Anschlägen vom 11 September 2001 gesagt haben, dass es ein Ereignis geben wird, aufgrund dessen die USA in Afghanistan und in Irak einmarschieren und ein endloser Krieg gegen den Terror erschaffen wird, bei welchem es keinen echten Feind gibt und welcher nichts anderes als ein großer Schwindel und ein Vorwand für die Regierung ist, das amerikanische Volk zu kontrollieren.

Laut Russo waren die Anschläge vom 11 September 2001 somit nichts anderes als eine Operation unter falscher Flagge (inside job), verübt von der eigenen Regierung und vom Bankensystem, um Furcht am eigenen Volk zu schüren, damit die Menschen das tun, was die Regierung von ihnen will.

Nicholas Rockefeller soll ferner gesagt haben, dass das Endziel eine Weltregierung sei, welche von der Elite und den Bankern angeführt wird.

Das Bargeld soll abgeschafft und jedem Menschen soll ein RFID-Chip implantiert werden, der die einzige Geldquelle und Zahlungsmöglichkeit darstellen soll. Die Elite hätte dann durch die Kontrolle über die Chips zugleich die totale Kontrolle über jeden einzelnen Menschen und die gesamte Menschheit als solche.

Nicholas hätte Russo ebenfalls angeboten, dem CFR beizutreten und einer von Ihnen zu werden. Russo würde, wenn es soweit ist und alle Menschen gechippt werden, einen KMA (kiss my a*s / küss meinen A***h) Chip erhalten, welcher ihm alle möglichen Vorteile und Freiheiten sichern sollte. Wenn Russo dann z. B. ein Polizist anhalten und diesen Chip identifizieren würde, so würde er Russo in Ruhe lassen, da er nun einer von der Elite wäre.

Nicholas hätte Russo auch erzählt, dass längst nicht alle im CFR wüssten, was das Endziel der Elite ist. Viele würden manipuliert werden und würden glauben, dass der Sozialismus der richtige Weg ist und dass sie das Richtige tun. Die Struktur der Elite soll ebenfalls unterteilt sein, so dass nur diejenigen die Wahrheit über das tatsächliche Vorhaben kennen würden, die sich ganz an der Spitze befinden. Viele Unwissende würden dem CFR einfach aus dem Grunde beitreten, weil sie denken würden, dass dies prestigeträchtig oder gut für das Geschäft sei.

Russo führte des Weiteren aus, dass die Elite das Geld kontrolliere, was ihr erlaube, alle Regeln aufzustellen. Die USA sei bereits ein kommunistisches Land geworden, denn wie könne sie kapitalistisch sein, wenn sie eine Zentralbank hat, welche alles kontrolliert?

Nicholas soll Russo außerdem gesagt haben, dass die Rockefeller aus zwei Gründen die Frauenbewegung erfunden und diese durch die Rockefeller Stiftung finanziert hätten:

1) Um auch die Frauen zu besteuern, da nun auch sie arbeiten gehen.
2) Um die Kinder von jungen Jahren an in die Schulen zu zwingen, diese zu indoktrinieren und ihnen beizubringen wie sie denken sollen.
   Das würde die Familien aufbrechen und schwächen, und die Kinder würden mehr auf den Staat, die Schulen und die Amtsträger hören, als auf ihre Eltern.

Russo hat Nicholas Angebot, in den CFR aufgenommen zu werden, nicht angenommen und hat ihm klar gemacht, dass sie sich auf verschiedenen Seiten des Zauns befinden.

Russo hat die Menschen dazu aufgefordert, nicht mit der NWO kooperieren, nicht mit ihr mitzuziehen, wohl ganz nach dem Motto: „Stell dir mal vor es ist Krieg und keiner geht hin“.

Anständige, aufrichtige Menschen müssten sich erheben und etwas unternehmen, da das Böse bekanntlich nur gedeihen kann, wenn die guten Menschen nichts tun.

**5. The Economist und die NWO**

Interessanterweise deutet das Cover von „The Economist – The World in 2019” ebenfalls darauf hin, dass die Verchippung bzw. Digitalisierung der Menschen tatsächlich ein perfider Plan der globalistischen Elite sein könnte. In dessen Mitte sehen wir nämlich einen Storch, der ein Neugeborenes in einem Sack trägt, worauf ein Strichcode abgebildet ist. Dies könnte ein Hinweis darauf sein, dass die Menschen bereits im Säuglingsalter digital markiert werden sollen, womöglich mit einem RFID-Chip und/oder einem elektronischen Tattoo und möglicherweise in einem Zusammenhang mit den Impfungen.[1498]

---

[1498] https://shop.economist.com/products/the-world-in-2019

Interessant ist auch, dass das Cover der Ausgabe vom 20.06.2020 neben der „ein Auge Symbolik“, den Titel „Die Neue Weltunordnung“ trägt, was wohl ein Anspiel an die NWO ist, bzw. auf das Chaos, aus welchem sie entstehen soll.[1499]

Nicht weniger interessant sind in dieser Hinsicht mit Sicherheit auch die beiden Artikel von The Economist aus dem Jahr 2003, mit dem Titel „A new world order“[1500] (dt. „Eine neue Weltordnung“), und 2011, mit dem Titel „New world order“.[1501]

Neuerdings bietet The Economist sogar von Oktober bis Dezember 2021 einen sechswöchige Online-Kurs mit dem Titel „The New Global Order: How Politics, Business and Technology are Changing“ (dt. „Die neue globale Ordnung: Wie sich Politik, Wirtschaft und Technologie verändern“) an.[1502]

Genauso interessant wie verstörend ist auch das Cover der Ausgabe vom 26 März 2020, welches zeigt, wie eine große Hand einen Mann mit Maske an der Leine hält, welcher wiederum seinen Hund, welcher ebenfalls eine Maske trägt, an der Leine hält, mit dem Titel: „Alles ist unter Kontrolle - große Regierung, die Freiheit und das Virus“.[1503]

Ist dies etwa ein Anspiel darauf, dass die Menschen für die Regierenden nichts anderes als Hunde sind, welche man kontrollieren und an der Leine halten muss?

Nur ein paar Monate später erschien am 27.06.2020 die Economist-Ausgabe mit dem Titel „The next catastrophe (and how to survive it)“ [dt. „Die nächste Katastrophe (und wie man sie überlebt)“].[1504]Die Zeitschrift, sowie das Cover der Ausgabe scheinen uns bereits auf die nächste Katastrophe vorzubereiten.

---

[1499] https://globalbookcorp.com/the-economist-the-new-world-disorder-no25-20th-jun-20

[1500] https://www.economist.com/news/2003/04/21/a-new-world-order

[1501] https://www.economist.com/finance-and-economics/2011/02/17/new-world-order

[1502] https://www.economist.com/executiveeducation/newglobalorder/

[1503] https://www.amazon.com/Economist-Magazine-Everythings-Control-Government/dp/B086P9HBMF

[1504] https://www.economist.com/weeklyedition/2020-06-27

Auf dem Cover ist eine Familie abgebildet, die auf einem Sofa sitzt. Auf der dahinterliegenden Wand hängen neben Bildern, die Naturkatastrophen zeigen, zwei Bilder nebeneinander, welche Viren, Bakterien sowie eine Atomexplosion zeigen.

Der Vater und die Mutter tragen jeweils Gasmasken und der Sohn einen Kriegshelm, was wohl auf einen (atomaren) Weltkrieg und/oder eine weitere Pandemie hinweist.

Die Uhr zeigt uns, dass es kurz vor 12 ist und somit die nächste Katastrophe wohl nicht lange auf sich warten lässt.

## 6. Die internationalen Denkfabriken

Neben dem Club of Rome existiert eine Reihe weiterer internationaler Denkfabriken, wie der Council on Foreign Relations, die Bilderberger Konferenzen, die Trilaterale Kommission und das Chatham House, welche regelmäßig unter Ausschluss der Öffentlichkeit und der Medien tagen. Dabei handelt es sich allesamt um private Institutionen, wo sich die Weltelite unter sich trifft - die einflussreichsten Menschen dieser Welt, inklusive zahlreicher Politiker. Es wird vermutet, dass dort Pläne für die globalistische Weltpolitik (NWO) geschmiedet werden, welche dann von den Politiker-Marionetten umgesetzt werden. Wieso sonst sollte die Öffentlichkeit gemieden werden? Wohl kaum, um nur gemeinsam Kaffee zu trinken.

### 6.1 Das Chatham House (Royal Institute of International Affairs)

1920 kam es zur Gründung der „Royal Institute of International Affairs“ (RIIA), einer privaten und weltweit führenden britischen Denkfabrik mit Sitz in London, welche seit 2004 den Namen „Chatham House“ trägt.

Die Gründung der Gesellschaft ist vor allem auf Lionel George Curtis, einem britischen Beamten und Schriftsteller und Lord Robert Cecil, britischen Politiker und Diplomaten zurückzuführen. Curtis fungierte als Sekretär für Lord Milner, plädierte für einen Weltstaat und entwickelte ein Konzept einer Weltregierung (Federal World Government), das zu seinem Lebenswerk

wurde.[1505] Der Mitgründer Robert Cecil war ebenso an der Gründung der „Leage of Nation" (auf Deutsch Völkerbund) beteiligt und ist von 1923 bis 1945 Präsident der „League of Nation Union" (LNU), dem Vorreiter der UNO, gewesen, bis diese durch die UNO abgelöst wurde.[1506] [1507]
Im RIIA ist nicht umsonst das Wort „royal" („königlich") enthalten, da diese Gesellschaft unter der Schirmherrschaft von Elisabeth II steht, welche selbst Mitglied der RIIA ist. Einzelne Schlüsselprojekte der RIIA werden unter anderem von der Rockefeller-Stiftung, der Bill & Melinda Gates Foundation, der Konrad Adenauer Stiftung, der NATO oder der EU finanziert und gesponsert.
1927 wurde im RIIA die weltweit angewandten Chatham House Rule (Chatham House Regel) eingeführt, welche auch beim Council on Foreign Relations und bei den jährlich stattfindenden Bilderberg-Konferenzen Anwendung findet.
Sie besagt, dass bei Veranstaltungen (oder Teilen von Veranstaltungen), die unter die Chatham-House-Regel fallen, den Teilnehmern die freie Verwendung der erhaltenen Informationen unter der Bedingung gestattet ist, dass weder die Identität noch die Zugehörigkeit von Rednern oder anderen Teilnehmern preisgegeben werden dürfen.[1508]

## 6.2 Council on Foreign Relations

Kurz nach der Gründung des RIIA entstand 1921 in New York das „Council on foreign Relations" (CFR) als ihr Gegenstück- eine private US-amerikanische Denkfabrik mit Fokus auf außenpolitische Themen.

Das CFR wurde vom Edward Mandell House, einem US amerikanischen Politiker und wichtigsten außenpolitischer Berater von Präsident Woodrow Wilson, mit der Unterstützung von zwei der einflussreichsten Bankiers- Otto Hermann Kahn und Paul Moritz Warburg, welcher bereits an der Gründung der FED beteiligt gewesen ist, gegründet.
Das CFR arbeitet u. a. ständig am Abbau von Handelsschranken und treibt die Globalisierung voran.[1509] Seit der Gründung des CFR haben 8 US-Präsidenten

---

[1505] https://de.wikipedia.org/wiki/Lionel_George_Curtis
[1506]
https://de.wikipedia.org/wiki/Robert_Cecil,_1._Viscount_Cecil_of_Chelwood#Politische_Laufbahn
[1507] https://www.un.org/en/about-us/history-of-the-un/predecessor
[1508] https://de.wikipedia.org/wiki/Chatham_House#Chatham-House-Regel

vor den Mitgliedern des CFR gesprochen, so auch George H.W. Bush, Bill Clinton und Barack Obama. [1510]

Der Spiegel hat den CFR in seinem Artikel aus dem Jahre 1975 als ein *„Politbüro des Kapitalismus"*und als *„einflussreichste private Institution der Vereinigten Staaten und der westlichen Welt" bezeichnet.*[1511]

Es sieht ganz danach aus, als ob die wahre politische Ausrichtung in solchen Gesellschaften formiert wird.

### 6.3 Die Bilderberg-Konferenzen

Das erste Bilderberg Treffen fand im Mai 1954 in dem Hotel de Bilderberg in Oosterbeek, Holland, statt woher die Bilderberg-Konferenzen auch ihren Namen haben.

Bei den jährlich stattfindenden Bilderberg-Konferenzen versammeln sich einflussreiche Personen aus Wirtschaft, Politik, Militär, Medien, Hochschulen, Hochadel und Geheimdiensten, wobei sie geheim, unter Ausschluß jeglicher Öffentlichkeit und Presse tagen. Die meisten Teilnehmer kommen aus NATO-Staaten, und seit 1989 nehmen auch zunehmend Personen aus anderen Ländern an den Konferenzen teil.

Die Gesprächsthemen der Bilderberg-Konferenzen unterliegen einer strengen Geheimhaltung.[1512]

Der ehemalige US-Außenminister Henry Kissinger und David Rockefeller gehörten mit zu den aktivsten und einflussreichsten Teilnehmern der Konferenzen. Prince Charles, Prince Phillip, Christine Lagarde, Emmanuel Macron, Joschka Fischer, Ursula von der Leyen, Angela Merkel, Wolfgang Schäuble, Helmut Schmidt, Jurgen Trittin, Guido Westerwelle, Mario Draghi, Mario Monti, Tony Blair, Gordon Brown, Margaret Thatcher, David Cameron, Bill Clinton, Hillary Clinton, Condoleezza Rice, Josef Ackermann sowie Anatoly Chubais haben ebenfalls an den Konferenzen teilgenommen.[1513] [1514]

---

[1509] https://de.wikipedia.org/wiki/Council_on_Foreign_Relations

[1510] https://www.cfr.org/backgrounder/american-presidents-council-foreign-relations

[1511] https://magazin.spiegel.de/EpubDelivery/spiegel/pdf/41389590

[1512] https://de.wikipedia.org/wiki/Bilderberg-Konferenz#Kritik

[1513] https://de.wikipedia.org/wiki/Liste_von_Teilnehmern_an_Bilderberg-

Edmond Adolphe de Rothschild, Investor und Bankier aus dem Hause Rothschild, ist Mitglied des Lenkungsausschusses der Bilderberger-Konferenzen gewesen.[1515]

### 6.4 Die Trilaterale Kommission

Die Trilaterale Kommission ist eine private, politikberatende Denkfabrik und wurde 1973, auf Initiative von David Rockefeller, durch Zbigniew Brzeziński, dem einflussreichen US-Politikberater, gegründet.
Die Gesellschaft hat ca. 400 höchst einflussreiche Mitglieder aus Nordamerika, Europa und Asien-Pazifik sowie einige ausgewählte Vertreter außerhalb dieser Regionen, wodurch sie politische Entscheidungsträger mit dem privaten Sektor verbindet.[1516]

Brzeszinski entwickelte 1956 zusammen mit Carl Joachim Friedrich ein Modell des Totalitarismus (Totalitarian Dictatorship and Autocracy – dt. Totalitäre Diktatur und Autokratie).

Darin wurden totalitäre Regime als etwas grundsätzlich Neues und Gleichartiges angesehen. Das Ziel wäre die totale Kontrolle, welche durch eine umfassende Ideologie gekennzeichnet ist, welche alle wichtigen Lebensbereiche und eine neue Gesellschaft kreieren wolle. Eine einzige hierarchisch organisierte Partei würde die gesamte politische Macht besitzen und von einem Diktator angeführt werden. Nur ein kleiner Teil der Bevölkerung würde politisch aktiv sein und der Ideologie wirklich anhängen. Ein Terrorsystem würde die Bevölkerung und die Partei kontrollieren und eine Geheimpolizei tatsächliche und potenzielle Feinde bekämpfen. Die Massenkommunikation würde monopolisiert sein und die Wirtschaft bürokratisch kontrolliert und gelenkt werden.[1517]

---

Konferenzen
[1514] https://en.wikipedia.org/wiki/List_of_Bilderberg_participants
[1515] https://bilderbergmeetings.org/background/steering-committee/former-steering-committee-members
[1516] https://de.wikipedia.org/wiki/Trilaterale_Kommission
[1517]
https://de.wikipedia.org/wiki/Zbigniew_Brzezi%C5%84ski#Totalit%C3%A4re_Di

Außerdem hat Brzeziński noch Folgendes von sich gegeben:

*„Der Nationalstaat als fundamentale Einheit des organisierten Lebens des Menschen hat aufgehört, die wichtigste schöpferische Kraft zu sein: Internationale Banken und multinationale Konzerne agieren und planen in einer Weise, die den politischen Konzepten des Nationalstaats weit voraus ist."*[1518]

*„In direkterem Zusammenhang mit den Auswirkungen der Technologie geht es um das allmähliche Auftreten einer kontrollierteren und gelenkteren Gesellschaft. Eine solche Gesellschaft würde von einer Elite dominiert werden, deren politischer Machtanspruch auf vermeintlich überlegenem wissenschaftlichem Know-how beruhen würde. Ungehindert von den Beschränkungen traditioneller liberaler Werte würde diese Elite nicht zögern, ihre politischen Ziele zu erreichen, indem sie die neuesten modernen Techniken zur Beeinflussung des öffentlichen Verhaltens und zur Überwachung und Kontrolle der Gesellschaft einsetzt."*[1519]

## 7. Die kontrollierten Medien

Eine Untersuchung der „Swiss Poicy Research" zeigt eindrucksvoll auf, dass Top-Journalisten fast aller großen US-Medien seit Langem Mitglieder der Bilderberg-Konferenzen, der Trilateralen Kommission und insbesondere des Council on Foreign Relations sind. Die US-Medien stehen somit permanent unter einem enormen Einfluss dieser drei privaten und äußerst einflussreichen Organisationen, was sehr an der Unabhängigkeit der US-Medien zweifeln lässt.[1520]

Der berühmte Journalist und ehemalige Redaktionschefs der New York Times, John Swinton, beschrieb bereits 1880 das, was wohl auch heute noch höchst aktuell zu sein scheint:

---

ktatur_und_Autokratie_1956

[1518] https://en.wikiquote.org/wiki/Zbigniew_Brzezinski#Quotes

[1519] Between two Ages - America's Role in the Technetronic Era, Zbigniew Brzezinski, The Viking Press, Inc / New York 1970

[1520] https://swprs.org/the-american-empire-and-its-media/

*„So etwas wie eine unabhängige Presse gibt es in Amerika nicht, außer in abgelegenen Kleinstädten auf dem Land. Ihr seid alle Sklaven. Ihr wisst es und ich weiß es. Nicht ein einziger von euch wagt es, eine ehrliche Meinung auszudrücken. Wenn ihr sie zum Ausdruck brächtet, würdet ihr schon im Voraus wissen, dass sie niemals im Druck erscheinen würde. Ich bekomme 150 Dollar dafür bezahlt, dass ich ehrliche Meinungen aus der Zeitung heraushalte, mit der ich verbunden bin. Andere von euch bekommen ähnliche Gehälter um ähnliche Dinge zu tun. Wenn ich erlauben würde, dass in einer Ausgabe meiner Zeitung ehrliche Meinungen abgedruckt würden, wäre ich vor Ablauf von 24 Stunden wie Othello: Meine Anstellung wäre weg. Derjenige, der so verrückt wäre, ehrliche Meinungen zu schreiben, wäre auf der Straße um einen neuen Job zu suchen. Das Geschäft des Journalisten in New York ist es, die Wahrheit zu verdrehen, unverblümt zu lügen, sie zu pervertieren, zu schmähen, zu Füßen des Mammon zu katzbuckeln und das eigene Land und Volk für sein tägliches Brot zu verkaufen, oder, was dasselbe ist, für sein Gehalt. Ihr wisst es und ich weiß es; Was für ein Unsinn, einen Toast auf die ‚Unabhängigkeit der Presse' auszubringen! Wir sind Werkzeuge und Dienstleute reicher Männer hinter der Bühne. Wir sind Hampelmänner. Sie ziehen die Fäden und wir tanzen. Unsere Zeit, unsere Fähigkeiten, unser Leben, unsere Möglichkeiten sind alle das Eigentum anderer Menschen. Wir sind intellektuelle Prostituierte."*[1521]

David Rockefeller soll angeblich auf einer Bilderberg-Konferenz im Juni 1991 in Baden-Baden bestätigt haben, dass alles, was John Swinton vor über einem Jahrhundert sagte, auch für unsere Zeit gilt:

*„Wir sind der Washington Post, der New York Times, dem Time Magazine und anderen großen Publikationen dankbar, deren Chefredakteure an unseren Treffen in der Vergangenheit teilnahmen und die Zusage der Vertraulichkeit fast 40 Jahre lang respektierten. Es wäre unmöglich für uns gewesen, unsere Pläne für die Welt zu entwickeln, wenn wir all die Jahre im Rampenlicht der Öffentlichkeit gestanden hätten. Nun ist unsere Arbeit jedoch soweit durchdacht und bereit in einer Weltregierung zu münden. Die supranationale Souveränität von Welt-Bankern und einer intellektuellen Elite ist sicher der nationalen Selbstbestimmung, welche in den letzten Jahrhunderten praktiziert*

---

1521 https://de.wikipedia.org/wiki/John_Swinton#Die_Rede_im_Twilight_Club_1883

*wurde, vorzuziehen."* [1522]

Ein Video, welches im Internet Bekanntheit erlangte, zeigt uns eine Zusammenstellung davon, wie verschiedene TV-Kanäle allesamt, Wort für Wort, genau die gleichen Phrasen verwenden, um ein einziges Ereignis zu beschreiben. Ironischerweise geht es in den Beiträgen um „Fake News" (Falschnachrichten), welche über soziale Netzwerke verbreitet werden und darum, dass dies *„extrem gefährlich für unsere Demokratie"* ist. [1523]
Dabei stellt sich einem die Frage, ob nicht vielmehr so eine Berichterstattung viel gefährlicher für die Demokratie ist? Die Frage ist selbstverständlich rhetorisch.

Da es mittlerweile auch bekannt ist, dass nur sechs Unternehmen (ATT, CBS, Comcast, Disney, News Corp und Viacom) etwa 90 % der Medien in den USA kontrollieren,[1524] [1525] braucht man sich auch nicht zu wundern, dass die Berichterstattung von diesen komplett vorgegeben und gesteuert wird. Das hat nichts mehr mit investigativem und objektivem Journalismus zu tun, welcher der Wahrheitssuche dient und die Bürger umfassend informieren und aufklären soll, was eigentlich auch die Grundaufgabe der Medien ist.

Mit den deutschen Medien verhält es sich wohl ähnlich. Auch hier wird über eine gewisse Auswahl an Themen berichtet, wobei die Berichterstattung ebenso zumeist einseitig und „alternativlos" erfolgt.

Dies ist u. a. auch darauf zurückzuführen, dass die Massenmedien i. d. R. keine eigene investigative Recherche betreiben (insbesondere was politische, soziale und kriegerische Geschehnisse in der Welt angeht), sondern einfach nur das nachplappern, was ihnen von den drei globalen Nachrichtenagenturen (Reuters, AFP und AP), sowie von den drei nationalen Agenturen der deutschsprachigen Länder Österreich (APA), Deutschland (DPA) und der Schweiz (SDA) vorgegeben wird. Diese wiederum beziehen ihre Informationen

---

[1522] https://en.wikiquote.org/wiki/David_Rockefeller#Disputed
[1523] https://www.bitchute.com/video/3zFWuF8pW9od/
[1524] https://www.businessinsider.com/these-6-corporations-control-90-of-the-media-in-america-2012-6
[1525] https://techstartups.com/2020/09/18/6-corporations-control-90-media-america-illusion-choice-objectivity-2020/

oft vom Militär und der CIA, welche dadurch ihre Propaganda an die Nachrichtenagenturen verbreiten können, die ihrerseits das Ganze an die Massenmedien weiterleiten, und die Massenmedien letztendlich dafür sorgen, dass die Menschen diese (Des-) Informationen konsumieren. All dies und noch viel mehr wurde eindrucksvoll in einer schweizerischen Studie auf-gezeigt, die u. a. zum folgenden Schluss gelangt: [1526]

*„Tatsächlich ist es aufgrund der eher geringen journalistischen Leistung unserer Medi-en und ihrer hohen Abhängigkeit von einigen wenigen Nachrichtenagenturen für Inte-ressierte ein Leichtes, Propaganda und Desinformation in vermeintlich respektabler Form an ein weltweites Publikum zu verbreiten". DPA-Redakteur Steffens warnte vor dieser Gefahr:*

*"Der kritische Sinn wird umso mehr geschwächt, je angesehener die Nachrichtenagen-tur oder Zeitung ist. Wer eine fragwürdige Geschichte in die Weltpresse bringen will, braucht nur zu versuchen, seine Geschichte bei einer halbwegs seriösen Agentur unter-zubringen, um sicher zu sein, dass sie dann wenig später bei den anderen erscheint. Manchmal kommt es vor, dass eine Falschmeldung von Agentur zu Agentur wandert und immer glaubwürdiger wird.""*

Die Massenmedien können durch diesen Mechanismus eine Realität erschaffen, die es in Wirklichkeit nicht gibt und die Menschen zu allen möglichen Denkmustern und Handlungen anstiften, ohne dass diese die Manipulation überhaupt bemerken. Die Medien sind wohl das wirksamste Mittel für Gehirnwäsche, Kontrolle, Desinformation und Manipulation.

### 8. Die kontrollierten Wahlen

Ein grundsätzliches Problem mit den Wahlen ist, dass i. d. R. nur die Kandidaten eine reelle Chance haben gewählt zu werden, die bei ihren Wahlkämpfen von Lobbyisten und der Finanzelite finanziert und von den Massenmedien hochgepuscht werden. Als Gegenleistung wird von den Kandidaten logischerweise verlangt, dass diese die Interessen ihrer Sponsoren und nicht

---

[1526] https://swprs.org/the-propaganda-multiplier/

die ihrer Wähler vertreten, so dass die Wähler letztendlich die Wahl zwischen zwei oder mehreren Marionetten der Elite haben.
Daher kommt normalerweise auch keiner ans Steuer, welcher nicht die Politik bzw. die Interessen der Elite vertritt. Vieles deutet darauf hin, dass geeignete Politiker-Marionetten in den internationalen Denkfabriken, wie den Bilderberg-Konferenzen oder dem Council on Foreign Relations im Vorfeld ausgewählt werden.

Somit kann man wohl sagen, dass heutzutage nicht (nur) die Wahlen, sondern vielmehr die Wähler manipuliert werden, die glauben, dass die in den Medien hochgeschaukelten Politiker und Parteien dazu da sind, um ihre Interessen zu vertreten.
Das berühmte Zitat des Bundesinnenministers, Horst Seehofer aus dem Jahre 2010, passt hierfür wie die Faust aufs Auge und ist wohl so aktuell wie nie zuvor:

*„Diejenigen, die entscheiden, sind nicht gewählt, und diejenigen, die gewählt werden, haben nichts zu entscheiden.“*[1527] [1528]

Dagegen werden Politiker und Parteien, welche das Wohl des Staates und der Bürger anstreben, von den Medien stigmatisiert, diffamiert und verteufelt. Damit wird verhindert, dass diese an Popularität gewinnen und gewählt werden.
Es sieht somit ganz danach aus, dass man heutzutage nicht (ständig) die Wahlen zu manipulieren braucht, da es vollkommen ausreicht, die Wähler zu manipulieren und sie zwischen Pest und Cholera wählen zu lassen.

## 9. Die kontrollierten Banken / Weltwirtschaftskrisen

### 9.1 Der Rothschild-Clan

Das heutige Bankensystem hat eine jahrhundertelange Geschichte und wurde

---

[1527] https://beruhmte-zitate.de/zitate/135549-horst-seehofer-diejenigen-die-entscheiden-sind-nicht-gewahlt-u/
[1528] https://www.youtube.com/watch?v=uH0nFzmr-hI

insbesondere vom Rothschild-Clan geprägt, welcher bereits seit Jahrhunderten zu den einflussreichsten Familien der Welt zählt. Sein Begründer, der Frankfurter Bankier Meyer Amschel Rothschild (1743—1812), galt bei seinem Tod als reichster Bankier der Welt. Das folgende Zitat stammt von ihm:

*„Gebt mir die Kontrolle über die Währung einer Nation, dann ist es für mich gleichgültig, wer die Gesetze macht."*[1529]

Meyer sandte vier seiner Söhne nach London, Paris, Wien und Neapel und behielt seinen fünften Sohn in Frankfurt, um die dortige Bank zu führen. Durch Marktmanipulationen und die Finanzierungen von Regierungen, welche sich gegenseitig bekriegten, wurden die Rothschilds während des 19. Jahrhunderts zur reichsten Familie der Welt und sind es vielleicht auch heute noch.

Ein Paradebeispiel einer Marktmanipulation lieferte uns Nathan Rothschild. Nachdem dieser durch einen persönlichen Kurier, noch vor der britischen Regierung, erfahren hat, dass Wellington gegen Napoleon die Schlacht bei Waterloo am 18 Juni 1815 gewann, verbreitete er an der Börse sofort das Gerücht, dass Wellington die Schlacht verlor. Um das Gerücht zu stärken, hat Nathan zudem angefangen, britische Staatsanleihen zu verkaufen. Das Gerücht wurde von der Börse erfolgreich aufgeschnappt, so dass jeder seinem Beispiel folgte und die Aktien verkaufte, bis der Markt schließlich zusammenbrach. Daraufhin kaufte Nathan alle Aktien zu Niedrigstpreisen wieder auf und hatte praktisch die ganze Börse in seiner Tasche.[1530]

Die Rothschilds finanzierten auch beide Seiten der napoleonischen Kriege, so dass im Endeffekt für sie egal war, wer gewinnt, da sie in jedem Fall gewinnen würden.
1835 schrieb die zeitgenössische Zeitung Nile's Weekly Register:

"*Die Rothschilds sind die Wunder des modernen Bankwesens ... sie blicken über Könige, erheben sich höher als die Kaiser und halten einen ganzen Kontinent in*

---

[1529] https://www.focus.de/finanzen/boerse/das-kartell-verschwoerung-oder-hirngespinst-wie-die-us-notenbank-die-weltfinanz-manipuliert_id_3995856.html
[1530] https://www.welt.de/print-wams/article613579/Boersencoup-nach-Waterloo.html

*der Hand ... kein Kabinett bewegt sich ohne ihren Rat ... Er (Baron Nathan Rothschild, Anm. d. Verf.) hält die Schlüssel zu Frieden oder Krieg. Sie sind die Makler und Berater der Könige von Europa und der republikanischen Anführer von Amerika. Was können sie sich mehr wünschen?"*[1531]

Zwischen 1815 und 1914 war die Familie Rothschild im Besitz der weltgrößten Bank.[1532]

## 9.2 Das Federal Reserve System und die US-Notenbank (FED)

Im Dezember 1913 wurde durch den US-amerikanischen Präsidenten Woodrow Wilson der Federal Reserve Act verabschiedet, wodurch die Macht über den US-Dollar in die Hände der reichsten und mächtigsten Privatbankiers, wie Rothschild, Rockefeller, Morgan und Warburg übergeben wurde. So entstand das Federal Reserve System, das Zentralbank-System der Vereinigten Staaten, dessen Eigner bis heute Privatbanken sind. Die US-Notenbank FED (Federal Reserve) kontrolliert die US-Geldpolitik und ist die mächtigste Zentralbank der Welt. Durch die Veränderung des Geldumlaufs beeinflusst die FED Zinssätze, Hypothekenzahlungen von Millionen von Menschen, lässt die Finanzmärkte boomen oder zusammenbrechen und veranlasst Volkswirtschaften zu expandieren oder in eine Rezession zu stürzen.
Von nun an konnten Wirtschaftskrisen systematisch erzeugt werden. Die Eigentümer der Zentralbank FED können seitdem nach Belieben In- und Deflationen verursachen, die Börse/Wirtschaft zum Absturz bringen, und daraufhin zahlreiche Aktien/Unternehmen mit ca. 90 % Rabatt aufkaufen, wodurch Sie ein Vermögen verdienen, sobald sich die Wirtschaft wieder erholt.

Dabei ist die Bezeichnung „Federal Reserve" nichts anderes als eine glatte Täuschung, da die US-Notenbank weder staatlich (Federal) ist, noch Reserven (Reserve) hat.
Auf dem Sterbebett soll US-Präsident Woodrow Wilson Folgendes gesagt haben:
*"Ich habe mein Land betrogen ... Das Schicksal der Nation liegt in den Händen*

---

[1531] https://www.businessinsider.com/the-rothschild-gang-shadow-conspiracy-or-rumor-2011-6?r=DE&IR=T
[1532] https://de.wikipedia.org/wiki/Rothschild_(Familie)

*einiger weniger Männer"*.[1533]

*„Ausgedacht hat sich den Bluff eine Gruppe von sieben Männern. Im Jahr 1910. Die Herrschaften repräsentierten damals, grob geschätzt, ein Viertel des Reichtums auf der Welt"*, schreibt Focus.

*„Sie schufen ein Konstrukt, das die eigenen Pfründe sicherte. Es verschaffte ihnen die Kontrolle über den Dollar. Und damit die Fähigkeit, Geld aus dem Nichts zu erschaffen. Und obendrein noch die Möglichkeit, die Verluste der Allgemeinheit aufzubürden, sollte ihr Milliardenspiel schiefgehen."* [1534]

Der Plan Endstand im November 1910, bei einem 10-tägigen geheimen Treffen auf Jekyll Island im überaus elitären Jekyll Island Club, welcher John D. Rockefeller und J.P. Morgan gehörte. Dabei wurde das Geheimnis bezüglich der Teilnehmer und den Zweck des Treffens auf Jekyll Island bis in die 1930er-Jahre streng gehütet.[1535]
An dem Treffen nahmen u. a. die folgenden Herrschaften teil: [1536]

- Nelson Aldrich, Vorsitzender der nationalen Währungskommission, Fürsprecher (und selbst ein Teil) des Großkapitals im Senat, Teilhaber der Bank J.P. Morgan und Schwiegervater von John D. Rockefeller jr.

- Frank Vanderlip, Präsident der National City Bank of New York und Vertreter von William Rockefeller und der Investmentbank Kuhn, Loeb & Company

- Henry Davison, Teilhaber von J.P. Morgan

---

[1533] https://www.focus.de/finanzen/boerse/das-kartell-perfider-plan-der-hochfinanz_id_3995927.html
[1534] https://www.focus.de/finanzen/boerse/das-kartell-verschwoerung-oder-hirngespinst-wie-die-us-notenbank-die-weltfinanz-manipuliert_id_3995856.html
[1535] https://de.wikipedia.org/wiki/Federal_Reserve_System#Zustandekommen
[1536] https://www.focus.de/finanzen/boerse/das-kartell-verschwoerung-oder-hirngespinst-wie-die-us-notenbank-die-weltfinanz-manipuliert_id_3995856.html

- Charles Norton, Präsident der First National Bank of New York
- Benjamin Strong von J.P. Morgan Bankers Trust
- Paul Warburg, Partner von Kuhn, Loeb & Co. sowie Vertreter der Rothschilds

*„Heraus kam das Konstrukt der Federal Reserve. So undurchsichtig, dass niemand Verdacht schöpfte, wer den Plan entworfen hatte und wem er am meisten nutzen würde... Das Fed-System besteht aus zwölf Regionalbanken. Besitzer sind alle großen Geschäftsbanken des Landes. Die Regierung darf einen Teil der Gremiumsmitglieder benennen, und dem Senat wird regelmäßig Bericht erstattet. In ihren Entscheidungen ist die Notenbank frei. Dafür bekommt der Staat den Großteil des Fed-Gewinns".*[1537]

Die Unabhängigkeit der FED wurde von Alan Greenspan, ehemaligen Direktor der FED, in einem Fernsehinterview ausdrücklich betont und hervorgehoben:

*„Zunächst einmal ist die Federal Reserve eine unabhängige Agentur. Das bedeutet, dass es keine Regierungsbehörde gibt, die unsere Maßnahmen außer Kraft setzen kann."*[1538]

Doch nicht nur das Federal Reserve System der USA ist größtenteils privat und unabhängig. Die Gründung von privaten von Zentralbanken bzw. die Privatisierung der Nationalbanken hat heutzutage ein solches Ausmaß erreicht, dass es nur wenige Länder auf der Welt gibt, bei denen die Zentralbanken nicht privatisiert und somit nicht von der internationalen Finanzelite kontrolliert werden.

Da die FED eine Notenbank ist, druckt sie buchstäblich aus dem Nichts „Federal-Reserve-Noten" bzw. Dollarscheine (bzw. erstellt diese digital auf Knopfdruck), und verleiht diese dann oft im Gegenzug für Obligationen (Schuldverschreibungen, welche der FED als Sicherheit dienen), unmittelbar

---

[1537] https://www.focus.de/finanzen/boerse/das-kartell-perfider-plan-der-hochfinanz_id_3995927.html
[1538] https://www.bitchute.com/video/7tbYQKNM0JAR/

oder mittelbar (wie etwa durch andere Kreditinstitute, welche selbst bei der FED Kredit aufnehmen) an die US-Regierung.[1539]

Auf diese Art und Weise übt sie einen enormen Einfluss auf die Politik der US-Regierung aus, denn wir alle kennen ja das Sprichwort: „Wer bezahlt, der bestellt auch die Musik“.

Im Ergebnis verschuldet sich die US-Regierung immer mehr, da sie nicht immer die Kredite voll zurückzahlen kann. Dazu kommen dann noch zusätzlich Zinsen und eventuell Zinseszinsen obendrauf, welche die zurückzuzahlenden Beträge signifikant erhöhen und die riesigen Schuldsummen i. d. R. Steuererhöhungen zur Folge haben, welche unmittelbar zulasten der US-Bürger fallen. Die Regierung befindet sich dabei in einem Teufelskreis- sie muss ständig Steuern erhöhen und neue Kredite aufnehmen, um die alten Kredite samt Zinsen zu tilgen. Auf diese Art und Weise steigt die Staatsverschuldung ständig an und kann niemals zurückgezahlt werden, wodurch die privaten Eigentümer der FED immer reicher und mächtiger werden, da sich die Regierung bei ihnen verschuldet und ihnen immer mehr Zugeständnisse machen muss.

Im Grunde genommen ist das nichts anderes, als wenn der kleine Mann ein Kredit aufnimmt und sein Haus dafür verpfändet. Wenn er den Kredit samt Zinsen nicht zurückzahlen kann, so kriegt es die Bank und der kleine Mann landet auf der Straße, oder sie legt ihm Sanktionen und/oder Obligationen auf, die der kleine Mann zu erfüllen hat, damit er weiter im Haus wohnen darf. Genauso funktioniert das Bankensystem nahezu in der gesamten westlichen Welt.

Nicht umsonst war im Mittelalter das Zinssystem verboten, wobei es in einigen islamischen Staaten auch heute noch so ist.

Durch das private (Zentral-)Bankensystem mit dem Zins- und Zinseszins und durch die ungedeckte Geldschöpfung aus dem Nichts ist es der Finanzelite gelungen, zahlreiche Staaten ihr gegenüber zu verschulden und die Kontrolle

---

1539 https://de.wikipedia.org/wiki/Staatsverschuldung#Klassifizierungen_der_Staatsverschuldung

über die Staaten zu erlangen. Da die großen Bankenbesitzer die Kontrolle über das Geld und über das Finanzsystem haben, können sie einfach alles und jeden kaufen, Politiker, Regierungen, Mediziner, Wissenschaftler, Medienvertreter etc., und ihre Interessen überall durchsetzen.

## 9.3 Geldschöpfung aus dem Nichts

*„Eigentlich ist es gut, dass die Menschen der Nation unser Geldsystem nicht verstehen. Würden sie es nämlich, so hätten wir eine Revolution noch vor morgen früh."*[1540]
- Henry Ford

Die meisten Menschen wissen nicht, wie unser Geldsystem wirklich funktioniert.
Sie glauben, dass nur die FED und die Zentralbanken Geld aus dem Nichts erschaffen und es in den Umlauf bringen. Dabei macht das jede Bank, die Kredite vergibt.

Die Banken verleihen dabei i. d. R. kein bereits vorhandenes Geld (wie z. B. Spargelder), sondern erschaffen mit jeder Kreditvergabe neues Geld, buchstäblich aus dem Nichts. Wenn die Bank z. B. einen Kredit in Form einer Hypothek für den Hauskauf in Höhe von 100 000 Euro vergibt, so schreibt sie einfach diesen Betrag auf dein Kundenkonto gut, womit sie in dem Moment 100 000 Euro aus dem Nichts erschafft. Vor der Computer-Ära wurde das neuerschaffene Geld einfach in die Sparbücher eingetragen. Daher nannte man es auch „Buchgeld". Heutzutage erfolgt das ganz einfach per Mausklick, das Prinzip ist jedoch das gleiche.[1541]
Nun will die Bank das natürlich das verliehene Geld wiederhaben und fordert mit, sagen wir mal, 5 % Zinsen 105 000 Euro zurück, also 5 000 Euro mehr, als sie eigentlich erschaffen hat.

---

[1540] https://www.focus.de/finanzen/boerse/das-kartell-perfider-plan-der-hochfinanz_id_3995927.html
[1541] https://www.planet-wissen.de/gesellschaft/wirtschaft/geld/pwiewieneuesgeldindieweltkommt100.html

Dabei verlangt sie im Gegensatz einen reellen Wert als Sicherheit, wie z. B. eine Hypothek auf ein Haus. Kann man den Kredit samt Zinsen nicht zurückzahlen, dann bekommt die Bank das Haus - kein schlechter Deal für die Bank, für nur ein paar Mausklicks.

Es ist klar, dass durch die Geldschöpfung aus dem Nichts, die Banken dazu verleitet werden, immer mehr Kredite zu vergeben, u. a. auch an zahlungsunfähige Kunden, was dazu führen kann, dass die Schuldenblase immer größer wird. Wenn sie schließlich platzt, kommt es zu einer (Welt-)Wirtschaftskrise bei welcher Immobilien, Rohstoffe und Aktien in den Keller fallen, welche dann zu Pfennigpreisen von den Reichen und Mächtigen aufgekauft werden, so dass diese immer reicher und mächtiger werden und der Rest der Bevölkerung immer ärmer wird. Dazu kommt noch, dass Banken, die sich verspekuliert haben, aufgrund der Steuergelder „gerettet" werden, so wie dies im Falle der Weltwirtschaftskrise 2007 geschehen ist. Wie heißt es so schön im Casino-Jargon? „Die Bank gewinnt immer".
Daraufhin geht das ganze Spiel von vorne los, bis die nächste Blase platzt.

### 9.4 Die große Depression

Zwischen 1923 und 1929 hat die FED die Geldversorgung inflationiert. Der Großteil dieses neuen Geldes wurde dazu gebraucht, um die Börsenkurse zu schwindelerregenden Höhen zu bewegen und enorme Mengen von Kreditgeldern erhältlich zu machen. Zur selben Zeit begannen die Massenmedien damit, überall Geschichten vom schnellen Reichtum an der Börse zu verbreiten und somit die Menschenmassen zu waghalsigen Spekulationen anzustiften, was auch passierte.
Wenig später drehte die FED ihre Politik des »leichten Geldes« um und begann, den Diskontsatz zu erhöhen und ab August 1929 die Geldmenge drastisch zu reduzieren.

Alan Greenspan, ehemaliger Direktor der FED, schrieb hierzu 1966:

*„Der übertriebene Kredit, den die Fed in die Wirtschaft pumpte, floss in den Aktienmarkt - und löste einen fantastischen spekulativen Aktienboom aus. Verspätet versuchten die Federal-Reserve-Beamten, die Überschussreserven abzusaugen, und es gelang ihnen schließlich, den Boom zu brechen. Aber es war zu spät: 1929 war das spekulative Ungleichgewicht so überwältigend, dass*

*dieser Versuch einen scharfen Rückgang noch beschleunigte mit einem daraus folgenden Zusammenbruch des Geschäftsvertrauens. (...) Die Weltwirtschaft verfiel in die große Depression der 30er-Jahre.“*[1542]

Die Blase, welche seit fast sieben Jahren ständig aufgebläht wurde, platzte schließlich am 24. Oktober 1929. Nach tagelanger Stagnation der Kurse brach eine Panik aus, die Aktien wurden wie wild verkauft und die Börse brach zusammen. Dieser Tag, welcher auch als „Schwarzer Donnerstag“ bezeichnet wird, ging als Auslöser der Großen Depression in den USA bzw. der Weltwirtschaftskrise in die Geschichte ein. Die internationalen Großbankiers, welche hinter der FED standen, profitierten davon herrlich, indem sie die ganzen Aktien, die im Keller waren, zu Niedrigstpreisen wieder aufgekauft haben.

Die Deflationspolitik der FED hat dazu geführt, dass bis März 1933 der Geldbestand um über ein Drittel fiel. Nach Ansicht von dem weltberühmten US-amerikanischen Wirtschaftswissenschaftler Milton Friedman kam es dadurch zu sinkenden Einkommen, Preisen und Beschäftigungsverhältnissen. Aufgrund des Geldmangels haben die Menschen angefangen zu horten und weniger zu konsumieren, was zu einem Rückgang von Beschäftigung und Produktion führte.

Ben Bernanke, ehemaliger Vorsitzender der FED, hat die Schuld der FED an der Weltwirtschaftskrise 1929 sogar ausdrücklich in seiner Rede zu Ehren von Friedman und Schwartz eingestanden:

*„Ich möchte Milton und Anna sagen: In Bezug auf die Weltwirtschaftskrise haben Sie Recht. Wir haben es getan.“*[1543]

## 9.5 Der größte Goldraub der Geschichte?

Am 5.April 1933 erließ der damalige US-Präsident Franklin D. Roosevelt, unter

[1542] https://www.focus.de/finanzen/boerse/das-kartell-perfider-plan-der-hochfinanz_id_3995927.html
[1543] https://en.wikipedia.org/wiki/Causes_of_the_Great_Depression

Ausnutzung eines Kriegsgesetzes, die „Executive Order 6102", welche das Horten von Goldmünzen, Goldbarren und Goldzertifikaten in den kontinentalen Vereinigten Staaten verbot.
Nach dem „Emergency Banking Act" vom 9. März 1933 wurde ein Verstoß gegen die Verordnung mit einer Geldstrafe von bis zu 10.000 USD (was 200.000 USD im Jahr 2020 entspricht) und/oder bis zu zehn Jahre Haft im Gefängnis geahndet.
Gemäß der Executive Order 6102 mussten alle US-Bürger bis zum 1. Mai 1933 fast ihr gesamtes Gold (Goldmünzen, Goldbarren und Goldzertifikate), welches sie besaßen, an die Federal Reserve abgeben, und durften nur Gold im Gesamtwert von 100 USD (ca. 5 Feinunzen) behalten. Als Gegenleistung erhielten sie 20,67 USD (entspricht 408 USD im Jahr 2019) pro Feinunze.[1544]

Der offizielle Grund für die Executive Order 6102 war, dass schwere Zeiten dazu geführt hätten, dass Gold „gehortet" wurde, wodurch das Wirtschaftswachstum ins Stocken geriet und sich die Große Depression verschlimmerte. Der Ursprung der großen Depression geht jedoch, wie bereits erörtert, auf die Fehlpolitik der FED zurück und das Horten des Goldes war lediglich die Folge davon.

1934 wurde dann der „Gold Reserve Act" erlassen, welcher den Präsidenten ermächtigte, den Goldwert des Dollars durch Proklamation festzustellen. Unmittelbar nach der Verabschiedung dieses Gesetzes erhöhte Präsident Roosevelt den gesetzlichen Goldpreis von 20,67 USD auf satte 35 USD pro Unze.

*„Diese Preisänderung hat Goldminen weltweit einen Anreiz gegeben, ihre Produktion auszuweiten, und Ausländer, ihr Gold in die Vereinigten Staaten zu exportieren, während gleichzeitig der US-Dollar durch steigende Inflation abgewertet wurde. Der Anstieg der Goldreserven aufgrund der Preisänderung führte zu einer großen Anhäufung von Gold in der Federal Reserve und dem US-Finanzministerium, von denen ein Großteil im United States Bullion Depository in Fort Knox und an anderen Standorten gelagert wurde".*[1545]

---

[1544] https://en.wikipedia.org/wiki/Executive_Order_6102
[1545] https://en.wikipedia.org/wiki/Gold_Reserve_Act

Außerdem haben die US-Bürger, die ein Jahr zuvor aufgrund der Executive Order 6102 fast ihr gesamtes Gold gegen den USD tauschen mussten, nun ganz dumm aus der Wäsche geschaut.

Doch damit nicht genug.
Am 15. August 1971 wurde allen Menschen auf der Welt jegliche Möglichkeit genommen, ihre USD in Gold umzutauschen.

An diesem Tag hat der damalige US-Präsident Richard Nixon die Golddeckung des USD einfach aufgehoben, was als „Nixon Schock“ in die Geschichte eingegangen ist. Dadurch wurden Banken und Privatleute, die US-Dollars besaßen, praktisch über Nacht, ihres vertraglich besiegelten Anrechts auf Gold beraubt, während sich gleichzeitig die Schleusen für eine gigantische Währungsinflation und weltweite Spekulationen öffneten. Seitdem werden die Dollarscheine in willkürlichen Mengen durch die FED gedruckt und sind nicht mehr wert, als das Papier, auf dem sie gedruckt werden bzw. sie sind sogar digital und einfach nur irgendwelche Ziffern auf einem Monitor. Seit dem Nixon Schock wird der US-Dollar als Leitwährung einzig und alleine durch die Vormachtstellung der USA „legitimiert“, und die Staatsverschuldung der USA ist von 1,7 Trillionen Dollar auf unglaubliche 27,7 Trillionen Dollar gestiegen (Stand: 2020).[1546]

Ist das vielleicht der größte Goldraub in der Geschichte gewesen?

## 9.6 Die Weltwirtschaftskrise 2007

Es spricht einiges dafür, dass die Ursachen der Weltwirtschaftskrise 2007 zu einem großen Teil auf die Regierungsperiode von George H. W. Bush, Bill Clinton und George W. Bush zurückzuführen ist.

So wurde z. B. 1999 das zweite Glass-Steagall-Gesetz unter US-Präsident Bill Clinton aufgehoben, welches 1933 als erfolgreiche Maßnahme zur Bekämpfung der Bankenkrise im Rahmen der „Großen Depression“ verabschiedet wurde, und ein Trennbankensystem eingeführt, welches eine institutionelle Trennung

[1546] https://www.gold.de/staatsverschuldung-usa/

zwischen dem Einlagen- und Kreditgeschäft und dem Wertpapiergeschäft, vorschrieb.
Dahinter stand die Überzeugung, dass Geschäftsbanken nicht den Risiken des Investmentgeschäfts ausgesetzt sein dürfen, da sie für die Einlagen der breiten Öffentlichkeit verantwortlich sind und über sie ein wesentlicher Teil der Geldpolitik und -steuerung durchgesetzt wird.[1547]
Durch die Aufhebung dieser höchst sinnvollen und notwendigen Trennung, wurden allen Banken jegliche Spekulationen am Markt wieder ermöglicht.
Außerdem haben George H. W. Bush, Bill Clinton und George W. Bush Änderungen am Community Reinvestment Act vorgenommen und die Voraussetzungen für Kreditvergaben weiterhin gelockert. Dadurch wurden die Banken ermutigt, Kredite an kreditunwürdige Schuldner zu vergeben. Gleichzeitig hat George W. Bush eine aktive Eigenheimpolitik betrieben und die Menschen aufgefordert, Kredite für Immobilien aufzunehmen und die Finanzinstitute Fannie Mae und Freddie Mac aufgefordert, mehr Kredite an Menschen mit unterdurchschnittlichem Einkommen zu vergeben.

*„Wir können in diesem Land dort Licht schaffen, wo Finsternis ist und Hoffnung verbreiten, wo Verzweiflung herrscht. Und ein Teil davon ist, dass wir als Nation zusammen daran arbeiten, Leute zu ermutigen, ihr eigenes Heim zu besitzen“*, so der US-Präsident George W. Bush in seiner Rede am 15. Oktober 2002.

Diese Politik führte schließlich zu einer kreditinduzierten Immobilienblase, welche zudem durch die Niedrigzinspolitik der FED, eine lockere Geldpolitik sowie die lässige Regulierung und Kontrolle des Bankensektors begünstigt wurde.

Dadurch konnten Banken massenweise Kredite an finanziell schwache und kreditunwürdige Menschen ausstellen, welche die Kredite nicht zurückzahlen konnten. Die Blase platzte und die Finanzkrise war geboren, welche sich auf die ganze Welt ausbreitete. Viele Unternehmen gingen in Insolvenz und die Arbeitslosigkeit in den Vereinigten Staaten erreichte höchsten Stand seit Beginn der statistischen Erfassung (1967).[1548]

Es ist einfach unfassbar, dass Banken, die sich verspekulierten und somit

---

[1547] https://de.wikipedia.org/wiki/Glass-Steagall_Act
[1548] https://de.wikipedia.org/wiki/Weltfinanzkrise

mitursächlich für die Weltwirtschaftskrise 2007 gewesen sind, auf Anlass sämtlicher Regierungen durch die Steuergelder „gerettet" wurden. Es ist, als ob das Opfer seinem Räuber nach einem Raubüberfall sein übrig gebliebenes Geld freiwillig hinterhergeschmissen hat. Alleine anhand dessen kann man bereits erkennen, wessen Interessen diese Regierungen wirklich vertreten.

## 9.7 Island als gutes Beispiel

Dass es auch anders gehen kann, hat uns das kleine und mutige Island demonstriert. Als Reaktion auf die Weltwirtschaftskrise 2007 sind Islands Bürger mit Zelten und Proviant vor das Parlament gezogen und haben etwas länger als eine Woche alles in der Hauptstadt blockiert, bis die Regierung zurückgetreten ist. Im Ergebnis verurteilte Island zahlreiche Top Manager und Banker wegen der Manipulation heimischer Märkte und der Mitschuld an der Finanzkrise zu mehreren Jahren Haft, und ließ die Zocker-Banken einfach Pleite gehen, anstatt sie mit Steuergeldern zu retten. Daraufhin ließ Island die Währung abstürzen, führte Kapitalverkehrskontrollen ein und erholte sich recht schnell von der Wirtschaftskrise:

*„Island gilt als Symbol für die globale Finanzkrise. Anfang 2009 waren 80 Prozent der isländischen Unternehmen und 30 Prozent der Privathaushalte de facto insolvent. Internationale Investoren zogen ihr Geld ab, so dass die Landeswährung abstürzte. Um den Kapitalabfluss zu stoppen, erließ die Regierung im November 2008 Kapitalverkehrskontrollen. Die Bevölkerung protestierte. Aber die Regierung blieb hart - und das totale Finanzdesaster, das viele Island prophezeiten, blieb aus ...*

*Island hat einfach alles anders gemacht. Die Regierung von Reykjavík verstaatlichte Banken, ließ die Währung abstürzen - eine Option, die Euro-Mitgliedstaaten nicht zur Verfügung stand, sie mussten Löhne und Preise senken. Sie steckte Banker ins Gefängnis und verweigerte die Schuldenbedienung. Darüber hinaus führte Reykjavík besagte Kapitalkontrollen ein. Kreditgeber der Banken und ausländische Investoren konnten ihr Kapital nicht mehr außer Landes bringen. Und das nicht nur für sechs Monate, wie anfangs geplant, sondern jahrelang.*

*Außerdem stützte Reykjavík die heimische Konjunktur... Ein Viertel der Isländer*

*erhielt einen Teilschuldenerlass. Im Kampf um eine Stabilisierung der Krone erhöhte die isländische Zentralbank den Leitzins um sechs auf 18 Prozent. Gleichzeitig profitierte die Exportindustrie von der Abwertung der isländischen Krone ...*
*Heute brummt die Wirtschaft wieder ... Wirtschaftlich steht Island da, wo es vor der Finanzkrise 2008 stand".*[1549]

## 10. Der „Krieg gegen den Terror"

### 10.1 Die Anschläge vom 11. September 2001 – ein Angriff unter falscher Flagge?

Hinsichtlich der offiziellen Geschichte bezüglich der Anschläge vom 11. September gibt es einige Fragen und Zweifel.
Die offizielle Geschichte der Anschläge besagt, dass das brennende Kerosin aus den Flugzeugen, welche mit den Zwillingstürmen des World Trade Centers (WTC) kollisionierten, dafür verantwortlich gewesen ist, dass die Stahlträger der Türme weich wurden und diese schließlich einstürzten.
Allerdings waren die beiden Wolkenkratzer des WTC massive Stahlbauten, und es ist bekannt, dass brennendes Kerosin lediglich etwa 800° Celsius erreicht, während Stahl erst ab ca. 1500° zu schmelzen anfängt. Auch wenn man annimmt, dass *„das Feuer in den Türmen zusätzlich von brennbarem Material im Innern der Türme genährt wurde - Teppichen, Vorhängen, Möbeln, Kunststoffen"* und *„dass es in der Spitze tatsächlich bis zu 1000 Grad Celsius"* warm wurde, und dadurch der Stahl zwar noch nicht geschmolzen ist, jedoch den Großteil seiner Festigkeit verlor, [1550] ist nicht ersichtlich, wie die beiden Türme in nur wenigen Sekunden, praktisch im freien Fall, dazu noch vollkommen senkrecht einstürzen konnten.

Interessant ist auch, dass die Türme von den Ingenieuren so konzipiert wurden, dass sie den möglichen Einschlag von großen Passagierflugzeugen, wie einer Boeing 707, standhalten konnten.[1551]

---

[1549] https://www.n-tv.de/wirtschaft/Island-laesst-die-Finanzkrise-hinter-sich-article19747958.html
[1550] https://www.spiegel.de/panorama/zeitgeschichte/wie-konnten-die-tuerme-so-leicht-zusammenfallen-a-435668.html

Des Weiteren ist es absolut unerklärlich, warum das nebenstehende Hochhaus WTC 7, Stunden nach dem angeblichen Terroranschlag, ebenfalls ganz gerade und praktisch im freien Fall, eingestürzt ist.
Die offizielle Version war, dass das WTC 7 Feuer von den Trümmern des WTC gefangen hat, stundenlang weitergebrannt hat und dadurch eingestürzt ist.

Doch selbst wenn man daran glaubt, dass ein Stahl-umrahmtes Hochhaus aufgrund eines Brandes, welches es von einem Nebengebäude eingefangen hat, im praktisch freien Fall in sich zusammenbrechen kann, widerspricht die offizielle Version eindeutig der Aussage des WTC-Pächters, Larry Silverstein, welcher später in einem Interview mit PBS erklärte, dass er und die New Yorker Feuerwehr die Entscheidung getroffen haben, WTC 7 *„abzureißen"*.[1552]

Außerdem ist es doch äußerst verdächtig, dass Larry Silverstein („Lucky Larry"), der Pächter der Twin Towers, kurz vor dem Attentat diese u. a. gegen terroristische Angriffe versicherte. Im Nachhinein gelang es ihm 4,55 Milliarden US-Dollar von den Versicherern einzufordern, wobei Silverstein vor Gericht sogar geltend machen konnte, dass es sich um zwei terroristische Angriffe gehandelt hat (jeweils ein Flugzeug in jeweils einen Turm), was den Auszahlungsbetrag weiter in die Höhe trieb. [1553]

Und damit nicht genug. Im Anschluss darauf verklagte Silverstein auch noch die Fluggesellschaften und Sicherheitsunternehmen auf 12,3 Milliarden USD.[1554]

Einen weiteren Hinweis dafür, dass der 11. September inszeniert war und die Massenmedien darin involviert waren, liefert uns eine Reportage von BBC, in der über den Einsturz des WTC 7 berichtet wird, BEVOR es überhaupt eingestürzt ist.[1555]
Das Gebäude ist sogar im Hintergrund deutlich erkennbar.

---

[1551] https://www.bbc.co.uk/sn/tvradio/programmes/horizon/broadband/archive/leslie_robertson/index_textonly.shtml
[1552] https://www.bitchute.com/video/DRGACmZXWoJT/
[1553] https://www.snopes.com/fact-check/wtc-terrorism-insurance/
[1554] https://www.nytimes.com/2008/03/27/nyregion/27rebuild.html
[1555] https://www.bitchute.com/video/filcwtMlvY6c/

Denselben „Fehler" lieferten sich auch die Kollegen von FOX News, als sie ankündigten, dass das WTC 7 zusammengebrochen sei, obwohl zeitgleich eine Live-Aufnahme der Innenstadt von New York gezeigt wurde, während dieser das WTC 7 noch stand. Einige Sekunden später stürzte das Gebäude ein, was die Nachrichtensprecher verwirrte.[1556] Außerdem gibt es zahlreiche Zeugenaussagen, welche behaupten, dass sie einige Explosionen innerhalb des WTC 7 wahrgenommen haben, kurz bevor dieses eingestürzt ist.[1557]

Es spricht somit alles dafür, dass die beiden Zwillingstürme, genauso wie das WTC 7 aufgrund einer kontrollierten Sprengung eingebrochen sind.

Darüber sind sich übrigens mittlerweile auch viele Experten einig, unter anderem auch das „European Scientific Journal".[1558]
Wenn man sich eine kontrollierte Sprengung eines Hochhauses ansieht und diese mit dem Fall der Zwillingstürme und des WTC 7 vergleicht, dann wird ebenfalls ziemlich offensichtlich, dass diese drei Hochhäuser gesprengt wurden. [1559] [1560]

Interessanterweise wurde der Anschlag auf das WTC schon lange davor in der Unterhaltungsindustrie des Öfteren „vorhergesagt". Es sieht danach aus, als ob die Menschen darauf unbewusst vorbereitet und programmiert wurden, damit sie den Anschlag besser akzeptieren und die offizielle Version nicht hinterfragen. Dies ist wohl ein weiterer Fall der vorausschauenden Programmierung.[1561]

Und natürlich ist es nur ein weiterer Zufall, dass genau am selben Tag der Terroranschläge, am 11. September 2001, in den USA, unter Beteiligung des ehemaligen US-Vizepräsidenten Dick Cheney, Militärübungen stattfanden, u. a.

---

[1556] https://www.bitchute.com/video/XZGrT9HuoH1P/
[1557] https://www.bitchute.com/video/EsnGAXwjlTY/
[1558] https://www.disclose.tv/european-scientific-journal-911-was-a-controlled-demolition-313420
[1559] https://www.youtube.com/watch?time_continue=132&v=0ptvvbaR0-U

[1560] https://www.youtube.com/watch?v=eMCRoptAXbc
[1561] https://www.youtube.com/watch?app=desktop&v=_AUclXzapJo

ein Szenario, welches den Anschlägen sehr ähnelte:

*„John Fulton von der CIA hielt am 6. Juni 2002 einen Vortrag auf einem Seminar zur Strafverfolgung … Er erzählte seinen Zuhörern, dass er und sein Team bei der CIA am Morgen des 11. September 2001 eine vorgeplante Simulation durchführten, um die Notfallreaktionsprobleme zu untersuchen, die entstehen würden, wenn ein Flugzeug ein Gebäude treffen würde. Der Hauptredner dieses Seminars war zufälligerweise Rudolph Giuliani“,* damaliger Bürgermeister von New York City. [1562] [1563]

Und nur ein paar Monate vor den Anschlägen (im Juni 2001) wurden auf der Tyndall Air Force Base in Florida u. a. terroristische Entführungen von Flugzeugen simuliert (Operation Amalgam Virgo). [1564] [1565] [1566]

Kapitän Eric H. May, ehemaliger Geheimdienstoffizier der US-Armee sagte diesbezüglich Folgendes:

*„Der einfachste Weg, einen Angriff unter falscher Flagge durchzuführen, besteht darin, eine Militärübung einzurichten, die genau den Angriff simuliert, den Sie ausführen möchten. Wie ich weiter unten erläutern werde, gingen Regierungstäter in den USA und Großbritannien genauso bei den „Terror“-Anschlägen vom 11.9 und 7.7 vor, bei denen es sich in Wirklichkeit um Angriffe der Regierung handelte, die „Terroristen“ angehängt wurden.“* [1567]

Und David Steele, ehemaliger Senior Offizier der CIA, hat sich bezüglich den

---

[1562] https://www.researchgate.net/publication/235292581_The_Military_Drills_on_9-11_Bizarre_Coincidence_or_Something_Else

[1563] Siehe auch: https://archive.boston.com/news/packages/sept11/anniversary/wire_stories/0903_plane_exercise.htm

[1564] https://ratical.org/ratville/CAH/linkscopy/AmalgumVirgo.pdf (siehe: Hijack Scenario)

[1565] https://en.wikipedia.org/wiki/Amalgam_Virgo

[1566] https://www.researchgate.net/publication/235292581_The_Military_Drills_on_9-11_Bizarre_Coincidence_or_Something_Else

[1567] https://dandelionsalad.wordpress.com/2008/02/24/false-flag-prospects-2008-top-3-us-target-cities-by-captain-eric-h-may/

Terroristen und terroristischen Anschlägen wie folgt geäußert:

*„Die meisten Terroristen sind Terroristen unter falscher Flagge oder werden von unseren eigenen Sicherheitsdiensten erschaffen ... In den Vereinigten Staaten war jeder einzelne terroristische Vorfall, den wir hatten, eine falsche Flagge oder wurde vom einen FBI Informanten vorangetrieben. Tatsächlich haben wir jetzt Bürger, die einstweilige Verfügungen gegen FBI-Informanten erlassen, die versuchen, Terrorismus anzustiften. Wir sind eine Irrenanstalt geworden.* "[1568]

Die damalige US-Regierung unter Präsident George W. Bush hatte gleich mehrere Motive, um die Anschläge vom 11. September 2001 (etwa durch die CIA) zu inszenieren, wie zum Beispiel den Grund für den Krieg in Afghanistan, oder allgemein den Krieg gegen den Terror, mit welchem man alle möglichen Kriege und Grundrechtsverletzungen begründen konnte.
Aufgrund der angeblichen Terrorgefahr konnten ab nun in der ganzen Welt die Menschenrechte und der Datenschutz massiv eingeschränkt und verletzt werden.

Seit dem 11. September 2001 sind an jeder Ecke Kameras angebracht, und alle Menschen müssen sich am Flughafen wie Schwerverbrecher behandeln lassen, wenn sie irgendwohin fliegen möchten. Die staatliche Kontrolle, Spionage und Überwachung haben massiv zugenommen, wie es z. B. der NSA-Skandal deutlich demonstriert hat.[1569]

## 10.2 Der zweite Irakkrieg unter George W. Bush

Der zweite Irakkrieg wurde, ebenfalls unter der George W. Bush Regierung geführt, diesmal unter der bloßen Annahme, dass der Irak Massenvernichtungswaffen hätte, was natürlich nie bestätigt wurde, da man dort nichts Derartiges finden konnte. Es ist klar, dass eine bloße Annahme ohne als Kriegsgrund niemals ausgereicht hätte, wenn es nicht davor die Anschläge vom 11.September gegeben hätte.

---

[1568] https://anonhq.com/ex-cia-whistleblower-warns-false-flags/
[1569] https://de.wikipedia.org/wiki/Globale_%C3%9Cberwachungs-_und_Spionageaff%C3%A4re

Es ist stark anzunehmen, dass es der US-Regierung beim zweiten Irakkrieg in erster Linie ums Geschäft ging. Saddam Hussein hatte beschlossen den Euro anstelle des Dollars für Öllieferungen zu akzeptieren[1570], was den USA Konkurrenz und einen heftigen Einflussverlust bescherte, da bisher alle Öllieferungen auf der Welt in USD abgerechnet wurden (Petrodollar). Daraufhin haben die US - Truppen Irak besetzt und Hussein festgenommen. Nach einem Prozess, welcher in Bagdad stattfand und einiges an Kritik nach sich zog, wurde Hussein gehängt.

Im Ergebnis wurde der Petrodollar wieder in Irak eingeführt.

Selbst Alan Greenspan, ehemaliger Direktor der FED, hat den wahren Kriegsgrund offen geäußert:

*„Ich finde es bedauerlich, dass es politisch unkorrekt ist, zuzugeben, was alle schon wissen: Beim Irakkrieg geht es hauptsächlich um das Erdöl.“*[1571]

### 10.3 Der Libyen Krieg unter Barack Obama

Dasselbe Schicksal ereilte auch Libyens Staatsoberhaupt Muammar Gaddafi unter der Regierung des Friedensnobelpreisträgers und Nachfolgers von George W Bush, Barack Obama, welcher sich damit brüstete, dass er *„gut darin“* sei *„Menschen zu töten“*.[1572]

Gaddafi hat nämlich angekündigt, in Afrika eine neue Währung einführen zu wollen, den „Golddinar“, welcher, wie der Name schon sagt, durch Gold gedeckt ist.[1573] Damit wäre der Golddinar viel stabiler, als der US-Dollar, dessen Golddeckung, wie bereits aufgezeigt, 1971 durch den US-Präsidenten Richard

---

1570 https://www.theguardian.com/business/2003/feb/16/iraq.theeuro
1571 https://www.theguardian.com/world/2007/sep/16/iraq.iraqtimeline
1572 https://www.focus.de/politik/ausland/usa/us-praesident-stolz-auf-drohnen-angriffe-barack-obama-ich-bin-echt-gut-darin-menschen-zu-toeten_aid_1147688.html
1573 https://www.theguardian.com/commentisfree/cifamerica/2011/apr/21/libya-muammar-gaddafi

Nixon aufgehoben wurde.
Gaddafi wollte alle Importe und Exporte, insbesondere die Ölexporte aus Libyen, mittels der neuen, über die libysche Zentralbank gestellten, Währung des Golddinars abwickeln, und nicht länger über den Petrodollar. Gaddafi träumte davon, Afrika unter der Vorreiterrolle Libyens zu vereinen und aus den Händen der westlichen Besatzer und Ausbeuter endlich zu befreien, so dass es eigenständig wachsen und sich entwickeln kann. Ein starkes und unabhängiges Afrika war aber ganz und gar nicht im Sinne der USA, welche die NATO anführte und zur Zerstörung Libyens erheblich beigetragen hat.

Unter Gaddafi wurde Libyen von einem der ärmsten Länder zum reichsten Land Afrikas. Folgende „Grausamkeiten“ musste das „arme“ Volk Libyens erdulden, bevor es von der NATO und den Rebellen „befreit“ wurde:

*„Libyen war 2010 das einzige afrikanische Land mit einem BIP von 14.000 US Dollar; Bildung und medizinische Versorgung waren kostenlos. Für 0,12 Euro bekamen Libyer einen Liter Benzin, das war manchmal billiger als Wasser ... Junge Libyer wurden im In- und Ausland ausgebildet. Nach dem Studium erhielten sie meistens im Inland gut bezahlte Jobs ... In ganz Afrika findet sich kein Land mit einem so hohen Lebensstandard. Gaddafi hat auch geplant, „Französisch Afrika“ wirtschaftlich zu befreien. Ein Affront gegen Paris ... Während westliche Länder die Ermordung Schwarzer in Südafrika duldeten, war Libyen das einzige Land, das offen gegen die rassistische Regierung Südafrikas kämpfte und sich für die Partei Nelson Mandelas, den African National Congress (ANC), einsetzte ... Libyen unterstützte auch Unabhängigkeitsbewegungen in den damaligen portugiesischen Kolonien Angola und Guinea-Bissau.“*[1574]

Des Weiteren wollte Gaddafi die Korruption in Libyen bekämpfen, indem er einen Verwaltungsabbau (Abschaffung von Ministerien) vornehmen und jedem Bürger seinen Anteil an den Öleinnahmen zukommen lassen wollte. Gaddafi sprach sich ebenfalls für eine Volksverwaltung und für direkte Demokratie aus.[1575] Gaddafi startete und unterstützte auch das „Great-Man-Made-River-Projekt“ (dt. „Projekt Großer Menschengemachter Fluss“) in Libyen, welches das

[1574] https://www.diepresse.com/705833/muammar-al-gaddafi-und-afrika-zwischen-vision-und-tyrannei
[1575] https://www.tagesspiegel.de/politik/libyen-gaddafi-bevoelkerung-an-oel-einnahmen-beteiligen/1314718.html

weltweit größte Trinkwasser-Pipeline-Projekt ist, das eine bessere Wasserversorgung von Bevölkerung und Landwirtschaft garantieren soll.[1576]

Der Krieg in Libyen brachte neben zahlreichen Menschenopfern auch die Zerstörung der Infrastruktur, der Wirtschaft und des Sozialsystems mit sich.

Der zweite Irakkrieg erfolgte unter der Regierung vom Republikaner George W Bush und der Libyenkrieg unter der Regierung vom Demokraten Barack Obama. Beide Kriege waren Petrodollarkriege, anhand denen man deutlich erkennen kann, dass es letztendlich absolut egal ist, ob die US-Amerikaner die Republikaner oder die Demokraten wählen, da sie jeweils zwei Seiten einer Medaille sind, welche die Interessen der Weltelite und nicht des amerikanischen Volkes vertreten.

## 10.4 Ist Trump eine Ausnahme?

Leider sieht es nicht danach aus. Seine Taten sprechen gegen ihn, da Trump während seiner Amtszeit die massiven Corona-Impfkampagnen (in Rekordzeit) und den Ausbau von 5G veranlasst hat und auch weiterhin befürwortet.[1577] [1578] [1579]

Seine Mission während der Amtszeit bestand wahrscheinlich darin, u. a. das amerikanische Volk zu spalten, was allem Anschein nach wohl leider gelungen ist.

## 10.5 Der Übergang vom Terrorismus zum Bioterrorismus

Der Kampf gegen den Terror, welcher bereits massive Grundrechtseinschränkungen hervorbrachte, hat mit der Corona-Pandemie die

---

[1576] https://de.wikipedia.org/wiki/Great-Man-Made-River-Projekt#Auswirkungen
[1577] https://www.bbc.com/news/world-us-canada-56424614
[1578] https://en.wikipedia.org/wiki/Operation_Warp_Speed
[1579] https://www.cnbc.com/2019/04/12/trump-on-5g-initiatives-a-race-america-must-win.html

nächste Stufe des Bioterrors erreicht. Ab nun gilt jeder Mensch als ein potenzieller Terrorist, welcher angeblich eine Gefahr für die Allgemeinheit darstellt, da er ja das so gefährliche „Killervirus“ in sich tragen und andere damit infizieren könnte. Sofern man sich nicht (regelmäßig) impfen lässt, bleibt man unter Verdacht und kann einige seiner Grundrechte nicht (voll) nutzen. Der Grundsatz „im Zweifel für den Angeklagten“ gilt wohl nicht mehr, ab nun müssen vollkommen gesunde Menschen beweisen, dass sie nicht krank sind. So etwas hat es noch nie gegeben.

## 11. Die CIA

1981 soll CIA Direktor Bill Casey zu dem damaligen US-Präsidenten Ronald Reagen Folgendes gesagt haben:

"*Wir werden wissen, dass unsere Desinformationskampagne abgeschlossen ist, wenn alles, was das amerikanische Volk glaubt, falsch ist.*" [1580]

Mittlerweile könnte man wohl auch sagen, dass sich diese Kampagne durch den immensen Einfluss der Massenmedien auf die gesamte Welt ausgebreitet hat und zur bitteren Realität wurde.

### 11.1 Operation Mockingbird

Caseys Zitat ist wohl Ausdruck der „Operation Mockingbird“, eines geheimen Projekts des Außenministeriums der Vereinigten Staaten und der CIA zur Beeinflussung von Medien in den USA, sowie den Staaten der Organisation für wirtschaftliche Zusammenarbeit und Entwicklung, um die öffentliche Meinung über nationale und internationale Ereignisse zu manipulieren. Die Operation begann bereits in den 1950ern und es wird vermutet, dass sie bis heute unvermindert fortgesetzt wird, womöglich unter einem anderen Namen.

---

1580 https://kundaliniandcelltowers.com/Did%20CIA%20Director%20William%20Casey%20really%20say%20We%20will%20know%20our%20disinformation%20program%20is%20complete%20when%20everything%20the%20American%20public%20believes%20is%20false-Quora.pdf

Obwohl die CIA die Operation und jegliche Einflussnahme auf Medien leugnete, kamen 1975, 1976 und in den 2000er- und 2010er-Jahren Beweise ans Tageslicht, so dass die Operation als erwiesen gilt.
Die USA soll bislang über 400 Agenten und *„kompromittierte Journalisten"* in die Redaktionen der meisten großen Nachrichtenmedien und Medienhäuser eingeschleust haben.

*„Die CIA verfasste Inhalte für ihre Agenten und kompromittierten Journalisten, die diese anschließend in Nachrichtenmedien veröffentlichten. Da es für Journalisten üblich ist, Informationen und Inhalte anderer Nachrichtenagenturen zu kopieren und zu veröffentlichen, verbreiteten selbst ahnungslose Journalisten Inhalte, die ursprünglich von der CIA verfasst wurden. Außerdem koordinierte die CIA ihre Aktivitäten eng mit einflussreichen Medienschaffenden wie Arthur Hays Sulzberger, einem ehemaligen Herausgeber der New York Times. Das kollektive Ergebnis dieser Praktiken ist, dass von der CIA verfasste Nachrichten und Desinformation unter dem Deckmantel des authentischen Journalismus verbreitet werden"*.[1581]

### 11.2 Die Gründung der CIA

Der Auslandsgeheimdienst der USA, kurz CIA (Central Intelligence Agency) wurde am 18. September 1947 durch Verabschiedung des National Security Act gegründet. Das Gesetz wurde persönlich vom US-Präsidenten Harry S. Truman, einem bekennenden und *„sehr aktiven Freimaurer"*[1582] unterzeichnet, welcher zwei Jahre zuvor, Anfang August 1945, ebenfalls die Atombombenabwürfe auf Hiroshima und Nagasaki anordnete.[1583]

### 11.3 Operation Paperclip

Bereits der Vorläufer der CIA, das Office of Strategic Services (OSS), hat sich

---

1581 https://de.wikipedia.org/wiki/Operation_Mockingbird
1582 https://de.wikipedia.org/wiki/Harry_S._Truman#Freimaurerei
1583 https://de.wikipedia.org/wiki/Harry_S._Truman#Ende_des_Zweiten_Weltkrieges_und_Atombombenabw%C3%BCrfe

samt der Joint Intelligence Objectives Agency (JIOA) nicht gerade mit Ruhm bekleckert. So waren z. B. die beiden Behörden im Rahmen des Project Paperclip sehr aktiv tätig, bei dem nach dem Ende des Zweiten Weltkriegs, zwischen 1945 und 1959, mehr als 1.600 deutsche Wissenschaftler, Techniker und Ingenieure aus dem ehemaligen Nazi-Deutschland in die USA gebracht wurden und dort staatliche Positionen bekamen. Die OSS und die JIOA haben zahlreiche Wissenschaftler des Dritten Reichs, von denen viele ehemalige Mitglieder (und sogar ehemalige Führer) der NSDAP waren, rekrutiert, wobei sie auch belastende Beweise für mögliche Kriegsverbrechen aus den Aufzeichnungen der Wissenschaftler gestrichen oder reingewaschen haben. [1584] [1585]

David Steele, ehemaliger Senior Offizier der CIA, hat ausdrücklich gesagt, dass als Allen Dulless, ehemaliger Chef der CIA, Nazi-Wissenschaftler in die USA brachte, diese anschließend zur CIA und zu NASA gingen, da dort der Großteil der Bewusstseinskontrolle stattfinden würde, und hat dabei NASA interessanterweise als „Not A Space Agency" (dt. „keine Weltraumbehörde") bezeichnet.[1586]

## 11.4 MK ULTRA

Des Weiteren hat die CIA von 1953 bis in die 1970er Jahre ein geheimes Forschungsprogramm über Möglichkeiten der Bewusstseinskontrolle geleitet (MK ULTRA), in dessen Rahmen die wissenschaftlichen Untersuchungen von Foltermethoden der Nationalsozialisten weiterentwickelt wurden. So umfasste das Programm *„unter anderem Tausende von Menschenversuchen, bei denen ahnungslose Testpersonen, oft willkürlich unter Krankenhauspatienten und Gefängnisinsassen ausgewählt, ohne ihr Wissen unter hochpotente halluzinogene Drogen wie LSD und Mescalin gesetzt wurden. Zahlreiche Versuchspersonen trugen bei den Experimenten schwerste körperliche und psychische Schäden davon, teilweise bis hin zum Tod*[1587]*... Die meisten offiziellen Dokumente zu dem Projekt wurden 1972 unter dem damaligen CIA-Direktor*

[1584] https://en.wikipedia.org/wiki/Operation_Paperclip
[1585] https://www.history.com/news/what-was-operation-paperclip
[1586] https://www.youtube.com/watch?v=aKWXxP4DBWg

[1587] https://de.wikipedia.org/wiki/MKULTRA

*Richard Helms vorsätzlich und illegal vernichtet".*[1588]

## 11.5 Die CIA und der Begriff „Verschwörungstheoretiker"

Die CIA wurde nach dem Attentat von John F. Kennedy am 22. November 1963 von vielen kritischen Menschen beschuldigt, etwas mit dem Attentat zu tun zu haben. In der Tat hatte die CIA gleich mehrere Motive, um sich an der der Ermordung von Präsident Kennedy zu beteiligen,[1589] darunter die von Kennedy veranlasste Entlassung des CIA-Direktors Allen Dulles sowie Kennedys Plan, das Budget der CIA um 20 % zu senken. Viele Menschen konnten dem offiziellen „Warren Report", welcher die Ermordung Kennedys beschrieb, einfach keinen Glauben schenken, insbesondere der angeblichen Tatsache, dass der angebliche Täter Lee Harvey Oswald ein Einzeltäter gewesen sein soll. Dabei wird insbesondere die „Single-Bullet-Theorie („Eine-Kugel-Theorie"), bzw. Magic-Bullet-Theorie (dt. „Theorie der magischen Kugel") infrage gestellt, welche besagt, dass, nachdem der erste Schuss daneben ging, eine einzige Kugel aus dem zweiten Schuss sowohl den Körper des US-Präsidenten John F Kennedy, als auch den des Gouverneurs von Texas, John Connally, durchschlug, dabei insgesamt ganze sieben (Ein- und Austritts-) Wunden verursachte und mehrmals die Richtung änderte.[1590]

Als Antwort darauf hat die CIA in ihrem Bericht „Countering Criticism of the Warren Report" (dt. „Zur Kritik des Warren-Berichts") den Begriff „Verschwörungstheoretiker" verwendet und es sich zur Aufgabe gemacht *„den Behauptungen der Verschwörungstheoretiker entgegenzuwirken und sie zu diskreditieren".*[1591]

Darin heißt es:

---

[1588] https://de.wikipedia.org/wiki/MKULTRA#Aktenvernichtung

[1589] https://en.wikipedia.org/wiki/CIA_Kennedy_assassination_conspiracy_theory

[1590] https://de.wikipedia.org/wiki/Single-Bullet-Theorie

[1591] https://conspiracy-theories.eu/de/countering-criticism-of-the-warren-report-psych-1967/

*„Verschwörungstheorien haben unsere Organisation häufig verdächtig gemacht, zum Beispiel indem sie fälschlicherweise behaupteten, Lee Harvey Oswald habe für uns gearbeitet. Das Ziel dieser Botschaft ist es, Material zu liefern, um den Behauptungen der Verschwörungstheoretiker entgegenzuwirken und sie zu diskreditieren, um die Verbreitung solcher Behauptungen in anderen Ländern zu verhindern."*

Mittlerweile hat der Begriff „Verschwörungstheoretiker" eine Art beleidigenden Charakter, als ob jede Verschwörungstheorie per se falsch ist und es in der Menschheitsgeschichte noch nie Verschwörungen gegeben hätte. Cäsar würde sich wohl im Grabe umdrehen, wenn er das wüsste.

Dabei sind und waren Verschwörungen jeglicher Art an der Tagesordnung. Diverse Verbrecher und Kriminelle verschwören sich jeden Tag zu diesen oder jenen Verbrechen. Ist dann ein polizeilicher Ermittler, der gegen diese Verbrecher Indizien, aber noch keine Beweise gefunden hat, etwa auch ein Verschwörungstheoretiker? Es wäre absolut naiv zu glauben, dass die Welt frei von Verschwörungen wäre. Verschwörungen durchziehen wirklich alle Ebenen der Gesellschaft - von kleinen Ganoven bis hin zu elitären Kreisen, Banken, Unternehmen, Geschäftsleuten, Politikern, den selbsternannten „Philanthropen", den Reichen und den Mächtigen.

Natürlich sollte man nicht jeder Verschwörungstheorie sofort Glauben schenken. Wenn jedoch Indizien oder sogar Beweise dafür vorliegen, dann sollte man sie ernst nehmen, ihnen nachgehen und ggf. die Öffentlichkeit davon informieren bzw. davor warnen.

Im Übrigen ist die offizielle Version der Anschläge vom 11. September auch nichts anderes als eine Verschwörungstheorie, die zudem offiziell anerkannt wird:

Die in den Höhlen Afghanistans lebenden Taliban haben sich dazu verschworen, Passagierflugzeuge zu entführen und sie in das WTC bzw. Pentagon zu rammen.

Es bleibt jedem frei überlassen, ob er dieser Geschichte, welche stark an ein Hollywoodszenario erinnert, Glauben schenkt oder nicht.

Des Weiteren schreibt die CIA in ihrem Bericht:

*„Eine Verschwörung in großem Umfang, die oft behauptet wird, wäre in den Vereinigten Staaten nicht zu verbergen, insbesondere, da Informanten mit hohen Tantiemen usw. rechnen konnten."*

Dabei hat John F. Kennedy sogar öffentlich vor einer *„monolithischen, rücksichtslosen Verschwörung"* gewarnt.

## 12. John F. Kennedys berühmte Rede über Verschwörungen und Geheimgesellschaften

Es folgt ein äußerst interessanter Ausschnitt aus Kennedys berühmter Rede im Waldorf-Astoria Hotel, New York, vom 27.04.1961:

***„Alleine das Wort "Geheimhaltung" ist in einer freien und offenen Gesellschaft abstoßend****; und wir sind als Volk von Natur aus und historisch* ***gegen geheime Gesellschaften****, geheime Eide und geheime Verfahren ...*

*Heute ist kein Krieg erklärt worden – und so heftig der Kampf auch sein mag, wird er vielleicht nie auf traditionelle Weise erklärt. Unsere Lebensweise wird angegriffen. Diejenigen, die sich zu unserem Feind machen, rücken rund um den Globus vor ... Und doch wurde kein Krieg erklärt, keine Grenzen von marschierenden Truppen überschritten, keine Raketen abgefeuert.*

*Wenn die Presse eine Kriegserklärung abwartet, bevor sie die Selbstdisziplin der Kampfbedingungen auferlegt, dann kann ich nur sagen, dass kein Krieg jemals eine größere Bedrohung für unsere Sicherheit darstellte. Wenn Sie auf die Feststellung einer "eindeutigen und gegenwärtigen Gefahr" warten, kann ich nur sagen, dass die Gefahr noch nie so deutlich und ihr Vorhandensein noch nie so nahe war ...*
***Denn uns steht auf der ganzen Welt eine monolithische und rücksichtslose Verschwörung gegenüber,*** *die sich in erster Linie auf verdeckte Mittel stützt, um ihren Einflussbereich zu erweitern – auf Infiltration statt Invasion, auf Subversion statt Wahlen, auf Einschüchterung statt freier Wahl, auf Guerillas bei Nacht statt Armeen bei Tag. Es ist ein System, das enorme menschliche und materielle Ressourcen in den Bau einer engmaschigen, hocheffizienten Maschine einbezog, die militärische, diplomatische, nachrichtendienstliche, wirtschaftliche, wissenschaftliche und politische Operationen kombiniert.*

*Seine Vorbereitungen werden verdeckt, nicht veröffentlicht. Seine Fehler sind begraben, keine Schlagzeilen. Seine Andersdenkenden werden zum Schweigen gebracht, nicht gelobt. Keine Ausgaben werden in Frage gestellt, kein Gerücht gedruckt, kein Geheimnis gelüftet."* [1592]

## 13. Abschiedsrede des US-Präsidenten Dwight D. Eisenhower

Kennedys Rede erinnert an die berühmte Abschiedsrede des US-Präsidenten Dwight D. Eisenhower aus demselben Jahr (17.01.1961):

*„Wir in den Institutionen der Regierung müssen uns vor unbefugtem Einfluss – beabsichtigt oder unbeabsichtigt – durch den militärisch-industriellen Komplex schützen. Das Potenzial für die katastrophale Zunahme fehlgeleiteter Kräfte ist vorhanden und wird weiterhin bestehen. Wir dürfen es nie zulassen, dass die Macht dieser Kombination unsere Freiheiten oder unsere demokratischen Prozesse gefährdet. Wir sollten nichts als gegeben hinnehmen. Nur wachsame und informierte Bürger können das angemessene Vernetzen der gigantischen industriellen und militärischen Verteidigungsmaschinerie mit unseren friedlichen Methoden und Zielen erzwingen, so dass Sicherheit und Freiheit zusammen wachsen und gedeihen können."*[1593]

## 14. Ist die BRD ein (souveräner) Staat?

Um diese Frage klären zu können, ist es erforderlich, die Rechtslage in Bezug auf die BRD zu erörtern.

Wenn man auf den Personalausweis der BRD einen Blick wirft, dann findet man, dass unter „Staatsangehörigkeit" nicht „Bundesrepublik Deutschland", sondern einfach nur „DEUTSCH" steht.
Es gibt jedoch keinen Staat mit dem Namen „DEUTSCH". „Deutsch" ist lediglich die Bezeichnung der Nationalität. Staatsangehörigkeit und Nationalität sind

---

[1592] https://www.jfklibrary.org/archives/other-resources/john-f-kennedy-speeches/american-newspaper-publishers-association-19610427
[1593] https://de.wikipedia.org/wiki/Milit%C3%A4risch-industrieller_Komplex#Pr%C3%A4gung_des_Begriffs

jedoch zwei verschiedene Dinge.
Der Grund, wieso die BRD unter der Staatsangehörigkeit nicht zu finden ist genauso einfach wie verwunderlich zugleich - weil es nämlich keine Staatsangehörigkeit der BRD gibt.
Nach Art 116 Abs. 1 GG und § 1 des Staatsangehörigkeitsgesetzes (StAG) ist derjenige Deutscher, wer *„die deutsche Staatsangehörigkeit besitzt"*.
Die deutsche Staatsangehörigkeit wurde in der Verordnung über die deutsche Staatsangehörigkeit vom 5. Februar 1934 im § 1 Abs. 2 als *„Reichsangehörigkeit"* definiert. Nach § 1 Alt. 2 des Reichs- und Staatsangehörigkeitsgesetzes (RuStAG) vom 22. Juli 1913 ist darunter die unmittelbare Reichsangehörigkeit zum Deutschen Reich zu verstehen. **Die BRD erteilt daher keine eigene Staatsangehörigkeit**, **sondern die unmittelbare Reichsangehörigkeit**. Sie hat somit kein eigenes BRD-Staatsvolk, da das Staatsvolk, nach der herrschenden Meinung, als die Summe der Staatsangehörigen definiert wird.[1594]

Nach der im Rechtsverkehr herrschenden Drei-Elementen-Lehre, muss jedoch ein Staat neben der Staatsgewalt und dem Staatsgebiet auch das Staatsvolk vorweisen können, um als Staat zu gelten.[1595]

Geschichtliche Gesichtspunkte sprechen ebenfalls dafür, dass die BRD nicht als Staat, sondern lediglich als eine Verwaltungsinstanz gegründet wurde.
So wurde z. B. auf Anordnung der westlichen Besatzungsmächte von September 1948 bis Juni 1949 vom Parlamentarischen Rat keine Verfassung, sondern lediglich das provisorische Grundgesetz FÜR die Bundesrepublik Deutschlands ausgearbeitet.[1596]

Das Grundgesetz ist, wie der Name schon sagt, keine Verfassung und war auch nicht als solche gedacht gewesen. Das Grundgesetz für die BRD sollte auch nur auf bestimmte Zeit gelten, bis sich das deutsche Volk eine Verfassung gibt.
Das alleine beweist bereits der Wortlaut des Artikels 146 GG:

---

1594 https://de.wikipedia.org/wiki/Staatsvolk#Begriff_und_Abgrenzung
1595 https://de.wikipedia.org/wiki/Drei-Elemente-Lehre
1596
https://de.wikipedia.org/wiki/Grundgesetz_f%C3%BCr_die_Bundesrepublik_Deutschland#Koblenzer_Beschl%C3%BCsse

*„Dieses Grundgesetz, das nach Vollendung der Einheit und Freiheit Deutschlands für das gesamte deutsche Volk gilt, verliert seine Gültigkeit an dem Tage, an dem eine Verfassung in Kraft tritt, die von dem deutschen Volke in freier Entscheidung beschlossen worden ist."*

Die Ausarbeitung des GG und anderer grundlegender Dinge, wie der Grenzen der Bundesländer oder des neuen Wahlrechts erfolgte (was für ein Zufall aber auch) in der **Villa Rothschild** im Königstein im Taunus.[1597] Das GG trat nach seiner Verkündung, zeitgleich mit der Entstehung der BRD, am 23. Mai 1949 in Kraft.

Es gibt jedoch die Auffassung, dass das GG durch die Wiedervereinigung als Verfassung für ganz Deutschland (BRD und DDR) anerkannt wurde.

So heißt es z.B. In der Präambel des Grundgesetzes seit der Wiedervereinigung:

*„Im Bewusstsein seiner Verantwortung vor Gott und den Menschen, von dem Willen beseelt, als gleichberechtigtes Glied in einem vereinten Europa dem Frieden der Welt zu dienen, hat sich das Deutsche Volk kraft seiner verfassungsgebenden Gewalt dieses Grundgesetz gegeben."*

Allerdings hat die Präambel bekanntlich keinen rechtsverbindlichen Charakter und ist daher rechtlich irrelevant.

Aufgrund der Wiedervereinigung erstreckte sich das Grundgesetz lediglich auch auf das Gebiet der ehemaligen DDR, was aber noch lange nicht heißt, dass es zu einer Verfassung geworden ist.

Auch wurde der Art.146 GG nicht gestrichen, sondern lediglich dahingehend ergänzt, dass das GG von nun an auch für die neuen Bundesländer gilt.

Ein weiteres Problem ist, dass 1990 der gesamte Artikel 23 GG aufgehoben wurde, in welchem der territoriale Geltungsbereich für das GG bestimmt wurde.

---

[1597] https://www.welt.de/reise/article3775809/Villa-Rothschild-die-Wiege-der-Bundesrepublik.html

Somit fehlt der BRD seit 1990 auch noch das (Staats-)Gebiet, auf welches sich das GG beziehen soll, was rechtlich gesehen die Nichtigkeit des GG bedeuten könnte, da kein territorialer Geltungsbereich definiert ist.

Nach der bereits erwähnten „Drei-Elementen-Lehre", muss ein Staat neben der Staatsgewalt und dem Staatsvolk auch das Staatsgebiet vorweisen können, um als Staat zu gelten.[1598]

In der Präambel des GG wir zwar erwähnt, dass das GG *„für das gesamte Deutsche Volk"* gilt, allerdings ist das keine Bestimmung eines bestimmten Gebietes, sondern lediglich eines Personenkreises. Außerdem entfaltet die Präambel, wie bereits gesagt, keinen rechtlich relevanten Charakter.

Interessant ist auch, dass § 15 des Gerichtsverfassungsgesetzes (GVG), wohl folgerichtig, gestrichen wurde, welcher besagte, dass alle Gerichte Staatsgerichte sind und dass die Privatgerichtsbarkeit aufgehoben ist. Somit sieht es ganz danach aus, dass die BRD kein Staat ist und sich samt ihrer privaten Schiedsgerichte im Privatrecht (Handelsrecht) befindet.

Passend dazu werden den Menschen von der BRD somit keine PERSONENausweise, wie noch im Deutschen Reich, sondern PERSONALausweise ausgestellt.

Es ist als ob die BRD wie ein Unternehmen im Handelsrecht agiert, welches ihr Personal verwaltet.

Die BRD ist auch nicht Rechtsnachfolger des Deutschen Reiches geworden, welches nicht mit dem Ende des Zweiten Weltkriegs untergegangen ist, was sowohl vom Bundesverfassungsgericht (welches eigentlich Bundesgrundgesetzgericht heißen müsste), als auch von der Bundesregierung bestätigt wurde.

So heißt es im Urteil des Bundesverfassungsgerichts zum Grundlagenvertrag vom 31. Juli 1973 (BVerfGE 36, S. 1, 16):

*„III. 1. Das Grundgesetz ... geht davon aus, dass das Deutsche Reich den*

---

[1598] https://de.wikipedia.org/wiki/Drei-Elemente-Lehre

*Zusammenbruch 1945 überdauert hat und weder mit der Kapitulation noch durch Ausübung fremder Staatsgewalt in Deutschland durch die alliierten Okkupationsmächte noch später untergegangen ist ... Das Deutsche Reich existiert fort, besitzt nach wie vor Rechtsfähigkeit, ist allerdings als Gesamtstaat mangels Organisation, insbesondere mangels institutionalisierter Organe selbst nicht handlungsfähig ... Verantwortung für „Deutschland als Ganzes' tragen – auch – die vier Mächte.* ***Mit der Errichtung der Bundesrepublik wurde nicht ein neuer westdeutscher Staat gegründet, sondern ein Teil Deutschlands neu organisiert****. Die Bundesrepublik Deutschland ist also nicht ‚Rechtsnachfolger' des Deutschen Reiches ... "*.[1599]

Und in der Drucksache 18/4076 vom 20.02.2015 schreibt die Bundesregierung als Antwort auf die Frage 27 Folgendes:

*„Das Bundesverfassungsgericht hat in ständiger Rechtsprechung festgestellt, dass das Völkerrechtssubjekt „Deutsches Reich" nicht untergegangen und die Bundesrepublik Deutschland nicht sein Rechtsnachfolger, sondern mit ihm* ***als Völkerrechtssubjekt identisch*** *ist (BVerfGE 36, S. 1, 16; vgl. auch BVerfGE 77, S. 137, 155)."*[1600] Dabei wurde für die BRD der Begriff „Völkerrechtssubjekt" und nicht „Staat" gewählt. Ist dies vielleicht bewusst geschehen, vor allem im Hinblick darauf, dass ein Völkerrechtssubjekt nicht notwendigerweise auch ein Staat sein muss?[1601]

Wie wir sehen, ist das Deutsche Reich nicht untergegangen und besteht bis heute fort.

Kann es vielleicht sein, dass, im Gegensatz zur BRD, das Deutsche Reich ein echter Staat ist, welcher lediglich aufgrund der fehlenden Regierungsorgane handlungsunfähig ist, und wir uns alle immer noch im Deutschen Reich befinden, welches durch die nichtstaatliche Verwaltungsinstanz BRD besetzt und von den westlichen Besatzungsmächten verwaltet wird?

Interessant ist auch die Tatsache, dass seit dem Ende des Zweiten Weltkriegs

---

[1599] https://www.servat.unibe.ch/dfr/bv036001.html#

[1600] https://dserver.bundestag.de/btd/18/040/1804076.pdf

[1601] https://de.wikipedia.org/wiki/V%C3%B6lkerrechtssubjekt#Origin%C3%A4re_und_derivative_V%C3%B6lkerrechtssubjekte

bis heute kein Friedensvertrag mit Deutschland geschlossen wurde. Deutschland und andere Länder, wie z. B. Österreich, Japan und Italien fallen immer noch unter die Feindstaatenklausel der UNO und können somit ohne gesonderte Ermächtigung jederzeit militärisch interveniert werden, wenn sie eine „aggressive Politik" verfolgen sollten. Was unter „aggressiver Politik" gemeint ist, wird dabei selbstverständlich von der UNO ausgelegt. [1602] [1603]

Es wird oft die Auffassung vertreten, dass der 2+4 Vertrag ein Friedensvertrag ist, bzw. als ein solcher ausgelegt werden kann.

Wenn man jedoch davon ausgeht, dass die BRD kein Staat und auch kein Nachfolger des Deutschen Reichs ist, dann ist auch nicht ersichtlich, wie die BRD überhaupt für das Deutsche Reich einen Friedensvertrag abschließen konnte.

Es sieht auch nicht danach aus, dass der 2+4-Vertrag als Friedensvertrag gedacht gewesen ist, wie es dem Protokoll des französischen Vorsitzenden zu den Verhandlungen (Anlage 2) über den 2+4-Vertrag vom 17.07.1990 zu entnehmen sein soll:

*„Die BRD stimmt der Erklärung der vier Mächte zu und unterstreicht, dass die in dieser Erklärung erwähnten Ereignisse oder Umstände nicht eintreten werden, d. h., dass* ***ein Friedensvertrag oder eine Friedensregelung nicht beabsichtigt*** *sind. Die DDR stimmt der von der BRD abgegebenen Erklärung zu."*[1604]

Somit könnte man durchaus zu dem Schluss kommen, dass Deutschland immer noch keinen Friedensvertrag hat und die BRD nichts anderes, als eine Verwaltungsinstanz der westlichen Alliierten ist, welche auch heute noch unter ihrer Fuchtel steht und daher auch logischerweise deren Interessen vertritt.

Daher bräuchte man sich nicht zu wundern, dass die Außenpolitik der BRD mit der Außenpolitik der USA nahezu identisch ist und die BRD alle Kriege und Entscheidungen der USA absegnet. Genauso wenig bräuchte man sich nicht darüber zu wundern, dass auch heute noch über 33 000 US-Soldaten sowie

---

[1602] https://www.welt.de/kultur/history/article109374718/Deutschland-Feindstaat-der-Vereinten-Nationen.html
[1603] https://de.wikipedia.org/wiki/Feindstaatenklausel
[1604] https://pdfdokument.com/abteilungen-_59e5704d1723ddf579fe5da8.html

zahlreiche US-Atomwaffen in Deutschland stationiert sind.[1605] [1606]

Interessant ist in dieser Hinsicht auch die Aussage des heutigen Präsidenten des Deutschen Bundestages, Herrn Wolfgang Schäuble auf dem 21. Europäischen Bankenkongress am 18.11.2011, wo er erwähnte, dass Deutschland seit dem 8. Mai 1945 *„zu keinem Zeitpunkt mehr voll souverän gewesen"* ist.[1607] [1608]

Da die BRD Motor bzw. das Herzstück der Europäischen Union ist, welche ohne sie wohl unvorstellbar wäre, üben die westlichen Alliierten und insbesondere die USA einen immensen Einfluss durch die BRD auf die EU aus. Daher könnte man die BRD wohl auch als europäischen Motor der NWO ansehen, welcher die NWO mit etablieren soll.

## 15. Die Europäische Union

Die Europäische Union ist ihrerseits nichts anderes als ein undemokratisches und supranationales Konstrukt, welches das Selbstbestimmungsrecht der Mitgliedsstaaten stark einschränkt und deren Entscheidungsträger, wie z. B. der „EU-Ratspräsident" oder der „EU-Kommissionspräsident", von den europäischen Völkern nicht wählbar und somit auch nicht demokratisch legitimiert sind. Es spricht einiges dafür, dass das Ziel der EU die Abschaffung der Souveränität der Mitgliedsstaaten und die Erlangung der Kontrolle über diese ist.[1609] [1610] Nicht umsonst wird die EU von ihren Kritikern oft als „Europas Untergang", die „Europäische Sowjetunion" oder als die „EUDSSR" bezeichnet. Doch auch in der heutigen Form stellt die EU nichts anderes als eine

---

1605 https://www.sueddeutsche.de/politik/militaer-usa-verlegen-1500-soldaten-nach-deutschland-1.4121529
1606 https://www.tagesspiegel.de/politik/us-atombomben-in-deutschland-waffen-die-viele-gerne-los-waeren/26065154.html
1607 https://www.youtube.com/watch?v=Y5W5vsGIayI
1608 https://www.welt.de/politik/article13757549/Die-oeffentliche-und-die-verborgene-Seite-der-Krise.html
1609 https://www.treffpunkteuropa.de/das-problem-sind-nicht-nationen-sondern-nationalstaaten?lang=fr
1610 https://www.zeit.de/politik/ausland/2016-12/eu-demokratie-populismus-2016-europaeische-republik-guerot

Zwangsjacke für alle Mitgliedsstaaten dar, die aufgrund der gemeinsamen Währungsunion (Euro) keinen Einfluss auf ihre Konjunktur haben. Da sie keine Landeswährung haben, können sie nicht einfach nach einer Wirtschaftskrise die Währung an die jeweilige Situation anpassen und finanzielle Kontrollmechanismen einführen, wie es z. B. Island erfolgreich gemacht hat. Dies hat zur Folge, dass Länder wie Griechenland seit der Weltwirtschaftskrise 2007 weiterhin so vor sich hindümpeln.[1611]

Daher ist auch klar, dass die zahlreichen Kreditprogramme und der Euro-Rettungsschirm[1612] der EU nichts gebracht haben und das alles nichts anderes als eine Steuerverschwendung in Milliardenhöhe gewesen ist.

Dabei dürfte sich Lage in der Corona-„Pandemie" wohl kaum gebessert haben.

Interessant ist auch, dass das Gebäude des EU-Parlaments sehr stark an den Babylonischen Turm erinnert, welcher von Pieter Brügel 1563 gemalt wurde.

Dass dies kein Zufall ist, bezeugt ein offizielles Poster des Europarats (Council for Cultural Co-operation - CDCC)[1613] zum Bau des EU-Parlaments, mit der Überschrift „Europa- viele Sprachen, eine Stimme", auf welchem neben 12 umgedrehten Sternen (Pentagrammen) die Konstruktion des Babylonischen Turms von Pieter Brügel dargestellt wird.[1614] [1615]

Der berühmte Turmbau zu Babel ist nach christlicher, jüdischer und islamischer Überlieferung unter Nimrods Führung erfolgt, einem tyrannischen König und Gründer von Babylon- dem ersten Großreich nach der Sintflut.[1616]
Auf dem Bild von Brügel ist auch Nimrod in der linken untere Ecke dargestellt, welcher Steinmetze (engl. Stone**masons**) inspiziert.[1617]
Nimrod wollte sich an Gott rächen und einen Turm mit einer Spitze bis zum Himmel bauen, so dass eine erneute Sintflut ihn nicht übersteigen könnte. So würde er für den Untergang seiner Vorfahren Vergeltung üben. Nach der

---

1611 https://griechenland-chronik.org/
1612 https://de.wikipedia.org/wiki/Euro-Rettungsschirm
1613 https://rm.coe.int/16804ddc95
1614 https://vigilantcitizen.com/sinistersites/sinister-sites-the-eu-parliament/
1615 https://www.deviantart.com/nixseraph/art/EU-Parliament-Tower-of-Babel-Poster-03-352495813
1616 https://de.wikipedia.org/wiki/Nimrod
1617 https://en.wikipedia.org/wiki/Nimrod

biblischen Überlieferung gelang es ihm jedoch nicht den Bau zu vollenden, da Gott ihm einen Strich durch die Rechnung machte, und die Sprachen vermischte, so dass aufgrund der erheblichen Kommunikationsschwierigkeiten der Weiterbau nicht erfolgen konnte.[1618]

Interessant ist auch, dass sich auf dem Gelände des EU-Parlaments, vor dem Winston Churchill Gebäude, eine Statue befindet, welche Europa (eine phönizische Prinzessin griechischer Herkunft aus der griechischen Mythologie) auf einem Stier zeigt.
Nach der griechischen Mythologie hat sich Zeus in einen Stier verwandelt, Europa auf seinem Rücken entführt und anschließend vergewaltigt. [1619] [1620] [1621]
Welch eine treffende Metapher aber auch.

## 16. Die Freimaurerei

Nimrod wird von vielen Freimaurern als einer der Gründer bzw. Urväter der Freimaurerei angesehen.[1622] [1623]

Der Einfluss der Freimaurer ist seit Anbeginn der US-amerikanischen Geschichte schon immer enorm gewesen. Unter den Gründungsvätern haben sich viele Freimaurer getummelt, und neben George Washington, dem ersten US-Präsidenten, waren viele andere US- Präsidenten ebenfalls Freimaurer (insgesamt 14 von 49, was einer Quote von etwa 31 % entspricht), u. a. auch Franklin D. Roosevelt und Harry S. Truman.[1624] [1625]

---

1618 https://de.wikipedia.org/wiki/Turmbau_zu_Babel
1619 https://vigilantcitizen.com/sinistersites/sinister-sites-the-eu-parliament/
1620 https://en.wikipedia.org/wiki/The_Rape_of_Europa_(disambiguation)
1621 https://en.wikipedia.org/wiki/Europa_(consort_of_Zeus)
1622 https://www.universalfreemasonry.org/en/history-freemasonry/legend-of-nimrod
1623 https://biblepaedia.wordpress.com/2012/02/19/nimrod-part-7-freemasonry-view-of-nimrod/
1624 https://en.wikipedia.org/wiki/List_of_presidents_of_the_United_States_who_were_Freemasons
1625 http://projects.leadr.msu.edu/uniontodisunion/exhibits/show/freemasons-and-the-murder-of-w/freemason-and-the-founding-fat

Interessanterweise lassen sich auch unter den Rothschilds einige Freimaurer finden.[1626] [1627]

Die Freimaurerei ist eine Bruderschaft, welche ihre eigenen Riten und Geheimnisse hat und Frauen ausschließt.
Sie besteht aus einem pyramidalen Grad-/Stufensystem.
Mit jeder Stufe, die man erklimmt, wird man immer mehr in die Geheimnisse der Freimaurerei eingeweiht, wobei das Thema Verschwiegenheit, insbesondere in den Hochgradsystemen, eine bedeutend stärkere Rolle spielt.[1628]

Dabei haben Freimaurer der niederen (blauen) Grade von sich aus keine Möglichkeit in Hochgradlogen (rote Grade) aufzusteigen, da eine Hochgradloge intern entscheidet, wen sie zum Beitritt einlädt und weder über Beweggründe noch über Entscheidungen Auskunft erteilt.[1629]
Die höchste und einflussreichste Stufe der Freimaurerei ist (nach dem schottischen Ritus) die 33.[1630]

Alber Pike, einer der berühmtesten und einflussreichsten Freimaurer, welcher den höchsten Grad (33) in der Freimaurerei hatte, schrieb in seinem Buch „Morals and Dogma of the Ancient and Accepted Scottish Rite of Freemasonry" (Moral und Dogma des alten und anerkannten schottischen Ritus der Freimaurerei), welches 1871 zum ersten Mal veröffentlicht wurde und seitdem als eines der wichtigsten Werke in der Freimaurerei gilt, die folgenden Zeilen:

*„Die Freimaurerei, wie alle Religionen, alle Mysterien, Hermetik und Alchemie, verbirgt ihre Geheimnisse vor allen, außer den Adepten und Weisen oder den Auserwählten, und verwendet falsche Erklärungen und Fehlinterpretationen ihrer Symbole, um diejenigen in die Irre zu führen, die es nur verdienen, irregeführt zu werden; die Wahrheit, die sie Licht nennt, vor ihnen zu verbergen und sie davon abzuziehen. Die Wahrheit ist nichts für diejenigen, die unwürdig sind oder sie nicht annehmen können oder sie verdrehen würden."*

---

[1626] https://freimaurer-wiki.de/index.php/Rothschild
[1627] https://www.rothschildarchive.org/family/family_interests/freemasonry
[1628] https://de.wikipedia.org/wiki/Grad_(Freimaurerei)#Hochgrade
[1629] https://de.wikipedia.org/wiki/Freimaurerei#Aufnahme_in_eine_Hochgrad-Loge
[1630] https://www.universalfreemasonry.org/en/masonic-degrees-freemasonry

*„Die blauen Grade sind nur der Vorhof oder Portikus des Tempels. Ein Teil der Symbole wird dem Eingeweihten dort angezeigt, aber er wird absichtlich durch falsche Interpretationen in die Irre geführt. Es ist nicht beabsichtigt, dass er sie versteht; aber er soll sich einbilden, sie zu verstehen. Ihre wahre Erklärung ist den Adepten, den Fürsten der Freimaurer, vorbehalten.“*

*„LUZIFER, der Lichtträger! Seltsamer und mysteriöser Name, den man dem Geist der Dunkelheit geben kann! Luzifer, der Sohn des Morgens! Ist er es, der das Licht trägt und mit seiner Pracht schwache, sinnliche oder selbstsüchtige Seelen unerträglich blendet? Zweifle nicht daran!“* [1631]

Dadurch ist ersichtlich, dass in der Regel die unteren Grade nichts von dem wissen, was in den oberen Stufen vorgeht und fehlgeleitet werden. In den blauen Graden finden sich häufig gutgläubige und wohlwollende Menschen aus den unterschiedlichsten Glaubensrichtungen,[1632] wobei Atheisten ausgeschlossen werden.[1633] Kann es vielleicht sein, dass die unteren Grade zur Ablenkung der Öffentlichkeit dienen, während in den oberen der Teufel (Luzifer) höchstpersönlich angebetet bzw. verherrlicht wird?

## 17. Der Illuminatenorden

1776 erfolgte nicht nur die Unterzeichnung der amerikanischen Unabhängigkeitserklärung, sondern auch die Gründung des Illuminatenordens (illuminati bedeutet auf deutsch „Erleuchtung“) in Ingolstadt, Bayern durch Adam Weishaupt.

Ein Drittel aller Ordensmitglieder waren Freimaurer.[1634] Weishaupt selbst

---

1631 https://www.yumpu.com/en/document/view/11419400/morals-and-dogma-by-albert-pike-lucifer-the-light-bearer-

1632 https://de.wikipedia.org/wiki/Lichtenauer_Erkl%C3%A4rung#Ziele,_Kerns%C3%A4tze_und_Verbleib_der_Lichtenauer_Erkl%C3%A4rung

1633 https://www.history.com/news/freemasons-facts-symbols-handshake-meaning

1634 https://de.wikipedia.org/wiki/Illuminatenorden#Mitglieder

wurde 1777 offiziell Freimaurer in der Loge „Zur Behutsamkeit“ in München.[1635]

Interessanterweise wurde der Orden bereits 1785 explizit von der bayerischen Regierung, u. a. wegen Landesverrats, verboten.[1636]

Es ist jedoch nicht auszuschließen, dass der Illuminatenorden trotz des Verbots bis heute weiterhin im Untergrund existiert und mit den Freimaurern eng zusammenarbeitet.

## 18. Okkulte Symbolik in unserem Alltag

Es ist uns vielleicht nicht immer bewusst, aber wir sind tagtäglich einer Flut an okkulter Symbolik ausgesetzt, welche auch als „Illuminatensymbolik“ bezeichnet wird und teilweise sogar im alten Ägypten und/oder Babylon bereits verwendet wurde.
Dazu gehören u. a. Pyramiden, das allsehende Auge (bzw. Die Ein-Auge-Symbolik), okkulte Handzeichen, 666 (das Letztere ist z. B. im Strichcode, sowie in den Logos der Trilateralen Kommission,[1637] WEF,[1638] Google Chrome,[1639] Disney,[1640] [1641] CERN,[1642] etc.[1643]).[1644] [1645] [1646] Besonders stark ist die Symbolik in

---

1635 https://de.wikipedia.org/wiki/Adam_Weishaupt#Leben
1636 https://de.wikipedia.org/wiki/Illuminatenorden#Krise_und_Verbot
1637 https://me.me/i/trilateral-commission-666-the-logo-for-the-trilateral-commission-zionist-10889623
1638 https://www.reddit.com/r/conspiracy/comments/lullnk/world_economic_forum_logo_has_666_carefully/
1639 https://www.reasonwhy.es/actualidad/digital/los-mensajes-ocultos-en-el-logo-de-google-2016-05-04
1640 https://www.pinterest.de/pin/348747564902803222/
1641 https://hu.pinterest.com/henriettkoritar/subliminal-advertising/
1642 https://mandela-effect.fandom.com/wiki/The_C.E.R.N._Logo_Has_Changed
1643 https://www.reddit.com/r/podemos/comments/6sgxfh/post_un_logo_que_tenga_666_el_mal/
1644 https://www.illuminatirex.com/illuminati-signs/
1645 https://www.illuminatirex.com/illuminati-symbols/
1646 https://www.illuminatirex.com/top-10-illuminati-symbols-video/

den (Firmen-) Logos, der Unterhaltungsindustrie, sowie in diversen Medien vertreten.

Dabei ist wohl kaum davon auszugehen, dass wirklich alle prominenten Persönlichkeiten, die mit solcher Symbolik abgelichtet werden, sich dieser okkulten Symbolik wirklich bewusst sind. Höchstwahrscheinlich wird dies von der (Unterhaltungs-) Industrie vorgegeben und bei den Fotoshootings/Videos extra von ihnen gefordert.

Diese okkulten Zeichen wurden seit dem letzten Jahrhundert immer mehr in die Massen gebracht und verbreitet, wobei ihnen in der Regel eine ganz andere Bedeutung zugeschrieben wurde. So soll z. B. das Teufelshörner-Handzeichen ein Symbol für die Rockmusik sein und das Handzeichen „666" „Ok" bedeuten. Den meisten Menschen ist die ursprüngliche okkulte Bedeutung dieser Gesten überhaupt nicht bewusst.

Vielleicht hatte ja der berühmte chinesische Philosoph Konfuzius recht, der folgendes gesagt haben soll: *„Zeichen und Symbole regieren die Welt, nicht Worte oder Gesetze"*.

## 19. Geheimgesellschaften der Elite

### 19.1 Skull N Bones

Skull & Bones (dt. „Schädel und Knochen") ist eine Studentenverbindung der Yale University, welche 1832 gegründet wurde. Neben ihren skurrilen Bräuchen ist sie dafür bekannt, dass sie einige führende Vertreter in Politik und Wirtschaft hervorgebracht hat, darunter auch drei US-Präsidenten.

*„Der neue Richter für den Obersten Gerichtshof der USA, Brett Kavanaugh, studierte ebenfalls in Yale und machte große Karriere unter dem ehemaligen Präsidenten George W. Bush. Der gilt als Mitglied von Bones. Auch die wichtigsten Minister der Administration des aktuellen US-Präsidenten Donald Trump sind Vertraute von Bush oder Bones-Mitglieder, wie beispielsweise US-Finanzminister Steven Mnuchin. Auch in der Großindustrie sollen Bones-Mitglieder weit verbreitet sein ... Über das Innenleben der Verbindung ist nur*

*wenig bekannt - außer dass sich die Mitglieder bei ihren späteren beachtlichen Karrieren behilflich sind".*[1647]

Im Jahr 2004 waren sogar **beide** US-Präsidentschaftskandidaten, John Kerry und George W. Bush, Mitglieder von Skull & Bones, obwohl sie aus verschiedenen politischen Parteien stammen. Als sie vom NBC darauf angesprochen wurden, haben beide es abgelehnt, über die gemeinsame Verbindung zu sprechen.
Interessant ist auch, dass sowohl George W. Bush, als auch sein Vater George H. W. Bush und sein Großvater, Prescott Bush, Mitglieder der Skull & Bones gewesen sind.[1648]

Prescott Bush hat vor und sogar während des Zweiten Weltkriegs die Nazis unterstützt und mit ihnen lukrative Geschäfte gemacht. In dem Artikel "How Bush's grandfather helped Hitler's rise to power" (dt. "Wie Bushs Großvater Hitler bei der Machtergreifung half") berichtet The Guardian u. a. Folgendes:

*„George Bushs Großvater, der verstorbene US-Senator Prescott Bush, war Direktor und Anteilseigner von Unternehmen, die von ihrem Engagement für die Geldgeber des nationalsozialistischen Deutschlands profitierten.*
*Der Guardian hat aus neu entdeckten Akten im US-Nationalarchiv die Bestätigung erhalten, dass eine Firma, deren Direktor Prescott Bush war, an den Finanzarchitekten des Nationalsozialismus beteiligt war.*

*Seine Geschäfte, die bis zur Beschlagnahme des Vermögens seines Unternehmens im Jahr 1942 im Rahmen des Gesetzes über den Handel mit Feinden fortgesetzt wurden, führten mehr als 60 Jahre später zu einer Zivilklage auf Schadensersatz gegen die Familie Bush durch zwei ehemalige Sklavenarbeiter in Auschwitz.*

*Die Beweise haben auch einen ehemaligen US-amerikanischen Staatsanwalt für Kriegsverbrechen veranlasst, zu argumentieren, dass die Aktion des verstorbenen Senators Anlass zur Strafverfolgung gewesen sein sollte, da er dem Feind Hilfe und Trost gewährte."*[1649]

---

[1647] https://www.presseportal.de/pm/105254/4491401
[1648] https://de.wikipedia.org/wiki/Skull_%26_Bones

Der Journalist Alexander Benesch fand Indizien dafür, dass Stephan Harbarth, Politiker, Anwalt und langjähriger Konzernlobbyist, [1650] welcher 2018 vom Bundestag zum Richter am Bundesverfassungsgericht und 2020 vom Bundesrat zum Präsidenten des Bundesverfassungsgerichts gewählt wurde, [1651] ebenfalls Mitglied von Skull N Bones ist bzw. starke Beziehungen zu der Studentenverbindung hat.

*„Zwischen 2006 und 2008 wurde er (Harbarth) Partner der Kanzlei Shearman & Sterling in Mannheim. Kanzleigründer John William Sterling war Mitglied der Gesellschaft Skull & Bones und spendete nach seinem Tod der Yale University ein Vermögen. Ob Harbarth Mitglied bei Skull & Bones weiß der Internet-Journalist Benesch nicht. Die Mitgliederliste wird geheim gehalten. Seine Vermutung lautet trotzdem: "Bones ist bekannt dafür, dass sich die Mitglieder, von denen es nur 15 neue pro Jahr gibt, gegenseitig bei der Karriere behilflich sind. Wie groß wäre der Zufall, dass Harbarth nach einem Jahr in Yale ausgerechnet bei einer Kanzlei eines Bones-Mitglieds landet und dann auch noch zum Partner aufsteigt*?"

*Übrigens: Aus der Kanzlei Sherman & Sterling heraus startete Hanno Berger seine Karriere. Er arbeitete für die Kanzlei zwischen 1999 und 2004. Er gilt als einer der Schlüsselfiguren im Cum-Ex-Skandal, in dem der Staat laut einem Bericht der ZEIT um 55 Milliarden Euro betrogen wurde.“*[1652]

Interessant ist auch, dass gegen Harbarths Ernennung zum Richter am Bundesverfassungsgericht eine Verfassungsbeschwerde eingelegt wurde, welche auf der Befürchtung beruhte, dass dadurch *„Lobbyisten direkten Einfluss auf das Gericht ausüben könnten. Ursachen für diese Sorge“* waren *„für die Mandanten der Kanzlei Dr. Stoll & Sauer Rechtsanwaltsgesellschaft mbH*

---

[1649] https://www.theguardian.com/world/2004/sep/25/usa.secondworldwar

[1650] https://www.handelsblatt.com/politik/deutschland/designierter-praesident-stephan-harbarth-verfassungsrichter-mit-umstrittener-vergangenheit/25612434.html

[1651] https://de.wikipedia.org/wiki/Stephan_Harbarth

[1652] https://www.presseportal.de/pm/105254/4491401

*aus Lahr die weiterhin ungeklärten Einkommensverhältnisse Harbarths in seiner Zeit als Bundestagsabgeordneter und sein beruflicher Werdegang als Rechtsanwalt".* [1653]

Vieles deutet darauf hin, dass Harbarth für seine Rolle am Verfassungsgericht von Frau Merkel persönlich auserwählt wurde.

*„Das Amt des Vorsitzenden des 1. Senats in Karlsruhe und damit des potenziellen neuen Präsidenten konnte jedenfalls nur mit dem Segen von Bundeskanzlerin Angela Merkel vergeben werden"*, schreibt das Handelsblatt in dem Artikel „Stephan Harbarth: Verfassungsrichter mit umstrittener Vergangenheit" vom 05.03.2020.

*„Und als 2017 die Diskussion um diese Position begann, tauchte Harbarth bei der damaligen Weihnachtsfeier der CDU/CSU-Fraktion überraschend als Merkels Platznachbar auf. Die „Welt" berichtete daraufhin, dass Harbarth offenbar „für Höheres" auserkoren sei."* [1654]

## 19.2 Der Bohemian Club / Die Bohemian Grove

Der Bohemian Club ist ein elitärer Geheimklub für ausschließlich Personen männlichen Geschlechts, welcher der 1872 von Mitgliedern der Kulturszene San Franciscos gegründet wurde. [1655]

Die Mitglieder des Bohemian Clubs versammeln sich jedes Jahr Mitte Juli, jeweils für 15 Tage, in der „Bohemian Grove", einem etwa 11 Quadratkilometer großen Gelände, östlich von Monte Rio im US-Bundesstaat Kalifornien, wo sie von der Außenwelt abgeschottet sind. Ebenso werden zahlreiche Vertreter der vornehmlich US-amerikanischen Elite aus den Medien, Politik und Wirtschaft eingeladen. Es ist bekannt, dass in der Bohemian Grove okkulte Rituale abgehalten werden. Das Eröffnungsritual findet dabei vor dem 12 Meter großen Eulenschrein statt.

---

[1653] https://www.presseportal.de/pm/105254/4491401
[1654] https://www.handelsblatt.com/politik/deutschland/designierter-praesident-stephan-harbarth-verfassungsrichter-mit-umstrittener-vergangenheit/25612434.html
[1655] https://en.wikipedia.org/wiki/Bohemian_Club

Zu den Besuchern der Bohemian Grove Events gehören bzw. gehörten u. a. Helmut Schmidt, Henry Kissinger, Alan Greenspan, Richard Nixon, George Bush Senior, George Bush Junior, Arnold Schwarzenegger und Ronald Reagan.[1656]

Der amerikanische Journalist und Radiomoderator Alex Jones hat es im Jahr 2000 geschafft, in die Bohemian Grove unbemerkt einzudringen, und das, jeweils am ersten Tag der Zusammenkunft stattfindende, Event „Cremation of Care" (dt. „Einäscherung der Sorge") mit versteckter Kamera zu filmen.[1657] [1658]

Bei dem Event verkleiden sich die Mitglieder der Elite in verschiedene Umhänge und führen ein Ritual durch, bei welchem sie eine Menschenpuppe, welche wohl ein Menschenopfer darstellen soll, auf dem Altar vor dem Eulenschrein verbrennen.

Die ganze Prozedur erinnert dabei stark an Stanley Kubricks letzten Film „Eyes Wide Shut", wo sich die Elite in einem Anwesen trifft, um okkulte Rituale auszuüben und Orgien zu feiern, dabei ebenfalls Umhänge trägt und durch Masken das Gesicht verdeckt.

Besonders makaber - auf dem Programmcover der morbiden Veranstaltung war ein menschliches Skelett auf einem Altar abgebildet, das von seiner Anatomie her dem Skelett eines Kindes stark ähnelt.
Und in der linken unteren Ecke des Covers war ein Dämon abgebildet, welcher wohl die Überreste des Menschenopfers mit Besen und Schaufel aufsammelte.

Der Journalist Alexander Benesch fand Indizien dafür, dass Stephan Harbarth, Politiker, Anwalt und langjähriger Konzernlobbyist, [1659] welcher 2018 vom Bundestag zum Richter am Bundesverfassungsgericht und 2020 vom Bundesrat zum Präsidenten des Bundesverfassungsgerichts gewählt wurde, [1660] ebenfalls

---

1656 https://de.wikipedia.org/wiki/Bohemian_Grove
1657 https://www.youtube.com/watch?v=U_oOQRMSRk4
1658 Siehe auch: https://www.youtube.com/watch?v=zFzZoLps5U4
1659 https://www.handelsblatt.com/politik/deutschland/designierter-praesident-stephan-harbarth-verfassungsrichter-mit-umstrittener-vergangenheit/25612434.html
1660 https://de.wikipedia.org/wiki/Stephan_Harbarth

Mitglied von Skull N Bones ist bzw. starke Beziehungen zu der Studentenverbindung hat.

*„Zwischen 2006 und 2008 wurde er (Harbarth) Partner der Kanzlei Shearman & Sterling in Mannheim. Kanzleigründer John William Sterling war Mitglied der Gesellschaft Skull & Bones und spendete nach seinem Tod der Yale University ein Vermögen. Ob Harbarth Mitglied bei Skull & Bones weiß der Internet-Journalist Benesch nicht. Die Mitgliederliste wird geheim gehalten. Seine Vermutung lautet trotzdem: "Bones ist bekannt dafür, dass sich die Mitglieder, von denen es nur 15 neue pro Jahr gibt, gegenseitig bei der Karriere behilflich sind. Wie groß wäre der Zufall, dass Harbarth nach einem Jahr in Yale ausgerechnet bei einer Kanzlei eines Bones-Mitglieds landet und dann auch noch zum Partner aufsteigt?"*

*Übrigens: Aus der Kanzlei Sherman & Sterling heraus startete Hanno Berger seine Karriere. Er arbeitete für die Kanzlei zwischen 1999 und 2004. Er gilt als einer der Schlüsselfiguren im Cum-Ex-Skandal, in dem der Staat laut einem Bericht der ZEIT um 55 Milliarden Euro betrogen wurde."*[1661]

Interessant ist auch, dass gegen Harbarths Ernennung zum Richter am Bundesverfassungsgericht eine Verfassungsbeschwerde eingelegt wurde, welche auf der Befürchtung beruhte, dass dadurch *„Lobbyisten direkten Einfluss auf das Gericht ausüben könnten. Ursachen für diese Sorge"* waren *„für die Mandanten der Kanzlei Dr. Stoll & Sauer Rechtsanwaltsgesellschaft mbH aus Lahr die weiterhin ungeklärten Einkommensverhältnisse Harbarths in seiner Zeit als Bundestagsabgeordneter und sein beruflicher Werdegang als Rechtsanwalt"*. [1662]

Vieles deutet darauf hin, dass Harbarth für seine Rolle am Verfassungsgericht von Frau Merkel persönlich auserwählt wurde.

*„Das Amt des Vorsitzenden des 1. Senats in Karlsruhe und damit des potenziellen neuen Präsidenten konnte jedenfalls nur mit dem Segen von Bundeskanzlerin Angela Merkel vergeben werden"*, schrieb das Handelsblatt in dem Artikel „Stephan Harbarth: Verfassungsrichter mit umstrittener Vergangenheit" vom 05.03.2020.

---

[1661] https://www.presseportal.de/pm/105254/4491401
[1662] https://www.presseportal.de/pm/105254/4491401

*„Und als 2017 die Diskussion um diese Position begann, tauchte Harbarth bei der damaligen Weihnachtsfeier der CDU/CSU-Fraktion überraschend als Merkels Platznachbar auf. Die „Welt" berichtete daraufhin, dass Harbarth offenbar „für Höheres" auserkoren sei."* [1663]

**20. „Es ist ein großer Klub und du bist nicht dabei"**

Es sieht wirklich ganz danach aus, als ob die Elite in einer parallelen und düsteren Welt lebt, in der sie zusammenkommt und Entscheidungen trifft, die das Weltgeschehen beeinflussen bzw. sogar bestimmen, und von welcher die Öffentlichkeit keine Kenntnis hat.
Man könnte dies wohl auch mit den Worten des berühmten Satirikers George Carlin ausdrücken: *„Es ist ein großer Klub, und du bist nicht dabei"*.

Es folgt ein Auszug aus seiner berühmten Rede aus dem Jahr 2005:

*„Es gibt einen Grund, warum Bildung ******* ist, und es ist der gleiche Grund, warum es nie, niemals, jemals behoben werden wird. Es wird nie besser. Suche nicht danach. Sei glücklich mit dem, was du hast. Weil die Besitzer dieses Landes das nicht wollen. Ich spreche jetzt von den wirklichen Eigentümern, den wirklichen Eigentümern, den großen, wohlhabenden Geschäftsinteressen, die die Dinge kontrollieren und alle wichtigen Entscheidungen treffen. Vergiss die Politiker. Die Politiker sind da, um dir den Eindruck zu vermitteln, dass du Wahlfreiheit hast .... Du hast keine Wahl. Du hast Eigentümer. Sie besitzen dich. Sie besitzen alles. Sie besitzen das ganze wichtige Land. Sie besitzen und kontrollieren die Unternehmen. Sie haben längst den Senat, den Kongress, die Rathäuser, sie haben die Richter in ihren Gesäßtaschen und sie besitzen alle großen Medienunternehmen, so dass sie fast alle Nachrichten und Informationen kontrollieren, die du hörst. Sie haben dich bei den *****. Sie geben jedes Jahr Milliarden von Dollar für Lobbyarbeit aus, um zu bekommen, was sie wollen. Nun, wir wissen, was sie wollen. Sie wollen mehr für sich selbst und weniger für alle anderen, aber ich sage Ihnen, was sie nicht wollen: Sie wollen keine kritisch denkende Bevölkerung. Sie wollen keine gut informierten, gut ausgebildeten Menschen, die zu kritischem Denken fähig sind. Das*

---

[1663] Stephan Harbarth: Verfassungsrichter mit umstrittener Vergangenheit (handelsblatt.com)

*interessiert sie nicht. Das hilft ihnen nicht. Das ist gegen ihre Interessen ... Sie wollen nicht, dass Leute, die schlau genug sind ... herausfinden, wie sehr sie von einem System ******* werden, das sie vor 30 verdammten Jahren über Bord geworfen hat. Das wollen sie nicht. Weißt du was sie wollen? Sie wollen gehorsame Arbeiter. Gehorsame Arbeiter. Menschen, die gerade schlau genug sind, die Maschinen zu bedienen und den Papierkram zu erledigen, und einfach dumm genug sind, all diese immer besch*sseneren Jobs mit dem niedrigeren Lohn, den längeren Arbeitszeiten, den reduzierten Leistungen, den ganzen Überstunden und der verschwindenden Rente passiv zu akzeptieren ... und jetzt kommen sie, um dein Sozialversicherungsgeld zu holen. Sie wollen deine Rente. Sie wollen sie zurück, damit sie sie ihren kriminellen Freunden an der Wall Street geben können, und weißt du was? Sie werden sie bekommen. Früher oder später werden sie alles von dir bekommen, denn ihnen gehört dieser verdammte Ort.* ***Es ist ein großer Klub, und du bist nicht dabei****. Du und ich sind nicht im großen Klub. Und übrigens, es ist der gleiche große Schläger, mit dem sie dir den ganzen Tag über den Kopf schlagen, wenn sie dir sagen, was du glauben sollst. Den ganzen Tag über schlagen sie dir in ihren Medien auf den Kopf und sagen dir, was du glauben, was du denken und was du kaufen sollst. Der Tisch ist gekippt Leute. Das Spiel ist manipuliert, und niemand scheint es zu bemerken, niemand scheint sich zu interessieren. Gute ehrliche fleißige Leute - weißer Kragen, blauer Kragen, egal welche Hemdfarbe sie tragen, gute ehrliche fleißige Leute machen weiter, das sind Leute mit bescheidenen Mitteln, wählen weiterhin diese reichen *************** die sich nicht um sie kümmern. Sie scheren sich nicht um dich. Sie scheren sich nicht um dich. Sie interessieren sich überhaupt nicht für dich, überhaupt nicht. Und niemand scheint es zu bemerken, niemand scheint es zu interessieren. Darauf zählen die Eigentümer.“* [1664] [1665]

## 21. Wie wir manipuliert werden

Es folgt nun die Vorstellung der wichtigsten und effektivsten Mittel zur Manipulation der Massen sowie des Individuums.

---

[1664] https://www.goodreads.com/quotes/964648-but-there-s-a-reason-there-s-a-reason-there-s-a-reason
[1665] https://www.youtube.com/watch?v=cKUaqFzZLxU

**1) Angst und Ignoranz**

Die Menschen werden jeden Tag durch die Massenmedien mit unterschiedlichen Angstszenarien konfrontiert.
Ob Kampf gegen Terror, Kriege, Asteroiden, die die Erde treffen sollen, Weltuntergangsszenarien, wie 2000 und 2012, Wirtschafts- und Immobilienkrisen, Klimawandel, oder Pandemien, wie ganz aktuell das Coronavirus - das alles sind von der Elite höchstwahrscheinlich entweder erfundene oder von ihr selbst verursachte Ereignisse, welche die Menschen manipulieren sollen.
Die Angst hemmt die Vernunft und das rationale Denken, daher kaufen die Menschen den Medien alles ab und wenden sich hilfesuchend an ihre Regierungen, welche ihre Freiheiten einschränken und mehr Kontrolle über sie bekommen.

**2) Verdummung und Infantilisierung der Gesellschaft**

Die massenhafte Verdummung durch den täglichen Medienkonsum, sowie eine ständige Infantilisierung der Gesellschaft tragen dazu bei, dass sich die Menschen immer mehr von ihren Gefühlen und Emotionen leiten lassen, anstatt von Fakten, Verstand und Vernunft, was sie wiederum viel anfälliger für Manipulationen jeglicher Art macht.

**3) Fachidiotie**

Viele „Spezialisten" werden so ausgebildet, dass sie nur ihren Fachbereich kennen, das Gesamtbild aber oft nicht erkennen können. Sie sehen den Wald vor lauter
Bäumen nicht, können die Punkte nicht verbinden und wichtige Zusammenhänge nicht erkennen.

**4) Lohnsklaverei**

Unsere Bildungs- und Berufseinrichtungen bilden Menschen aus, die „klug genug" sind, den Großteil ihres Lebens 40 Stunden die Woche zu arbeiten, Steuern zu zahlen und dabei in den meisten Fällen finanziell jeweils vom nächsten Gehalt abhängig zu sein, und dumm genug sind, um das Ganze zu hinterfragen.

**5) Ablenkung / Brot und Spiele - panem et circenses**

Die gesamte Unterhaltungsindustrie dient der Ablenkung von wirklich wichtigen politischen und sozialen Themen, welche sich unmittelbar auf die Menschen auswirken. Diese Maßnahme war bereits im alten Rom sehr beliebt.[1666]

**6) Teile und Herrsche - divide et impera**

Dadurch dass man einzelne Menschen und Gruppen der Bevölkerung gegeneinander aufhetzt, kann man sie viel leichter kontrollieren, da die Menschen nur gemeinsam ihre Rechte und Interessen am besten wahren und vertreten können.
Ob Mann gegen Frau, Vater gegen Mutter, Kinder gegen Eltern, Einheimische gegen Ausländer, Arm gegen Reich, Schwarz gegen Weiß, Alt gegen Jung, Links gegen Rechts etc., je zerstreuter die Familie und die Gesellschaft ist, desto leichter kann man sie kontrollieren. Auch diese Maßnahme ist nichts Neues und erfreute sich ebenfalls bereits im alten Rom großer Beliebtheit.[1667]

**7) Ordnung aus dem Chaos - ordo ab chao**

Es wird zunächst zielgerichtet Chaos verursacht, aus dem dann eine Ordnung geformt werden soll.
Beispiel:
Die Elite erschafft Chaos durch „Pandemien" und Cyberpandemien, entrechtet Menschen und zerstört ihre Lebensgrundlagen. Daraufhin soll aus dem verursachten Chaos eine (Neue Welt-) Ordnung etabliert werden (vgl. auch Punkt 10, Problem-Reaktion-Lösung).

**8) Das Overton-Fenster**

Das Overton-Fenster ist ein Konzept, wonach Ideen, welche in einer Gesellschaft zunächst als undenkbar gelten,

---

[1666] https://de.wikipedia.org/wiki/Panem_et_circenses
[1667] https://de.wikipedia.org/wiki/Divide_et_impera

durch Populismus, Propaganda, Suggestion oder Manipulation mittels der Medien und der Politik akzeptabel und schließlich staatspolitisch werden.[1668]

Die einzelnen Etappen des Overton-Fensters sind: undenkbar - radikal - akzeptabel - sinnvoll - aktuell- Staatspolitik. Auf die gleiche Art und Weise lässt sich das, was Staatspolitik ist, zur Undenkbarkeit herabstufen.
Die Overton-Methode braucht in der Regel seine Zeit, bis das Undenkbare zur Staatspolitik wird. In der laufenden Corona-„Pandemie" erleben wir jedoch, wie sich der Prozess massiv beschleunigt hat, was wohl damit zusammenhängt, dass die Menschen seit eineinhalb Jahren tagtäglich einer Ausnahmesituation ausgesetzt sind, und unter Stress und Druck viel schneller bereit sind, gewisse Sachen zu akzeptieren. So war z. B. die Diskriminierung von Menschen, die sich nicht impfen lassen wollen am Anfang der Pandemie noch undenkbar. Mittlerweile jedoch wird gegen diese Menschen eine regelrechte Hetzjagd veranstaltet und massiv Druck ausgeübt. Sie werden immer mehr diffamiert, stigmatisiert und erpresst.

**9) Die Salami-Taktik**

Durch die Salami-Taktik wird einem immer scheibchenweise etwas weggenommen, so dass man es leichter verschmerzen und weniger bemerken kann. Nach einer Weile kann es dann natürlich sein, dass nichts mehr von der Salami über ist und man mit leeren Händen dasteht.
Hätte man die ganze Salami auf einmal weggenommen, so hätte es bestimmt Unmut und Widerstand gegeben. So aber hat man sich buchstäblich einlullen lassen.

Es ist wie bei der Geschichte mit dem Frosch und dem kochenden Wasser. Wenn ein Frosch in einen Topf mit kochendem Wasser geworfen wird, so hüpft er sofort da raus. Wenn der Wassertopf zusammen mit dem Frosch jedoch langsam und kontinuierlich erhitzt wird, so merkt der Frosch nicht die Gefahr und wird letztendlich gekocht. Auch wenn das Beispiel realitätsfern ist, da der Frosch in Wirklichkeit natürlich ebenfalls aus dem Topf springt, sobald es ihm zu warm wird, ist es dennoch eine gute Metapher für schleichende Prozesse, die uns alle betreffen und langsam aber sicher verwirklicht werden.

---

[1668] https://de.wikipedia.org/wiki/Overton-Fenster

Im Fall der Corona-Pandemie könnte man z. B. die Salami mit unseren Grundrechten gleichsetzen:

Es ist doch nur ein paar Wochen Kurve abflachen.
Es ist doch nur eine Maske.
Es ist doch nur ein Lockdown.
Es ist doch nur eine Impfung.
Es ist doch nur eine Auffrischimpfung.
Es ist doch nur ein biometrischer (Impf-)Ausweis.
Es ist doch nur ein Mikrochip.
Es ist doch nur deine Freiheit.
Es ist doch nur dein Leben.

**10) Problem-Reaktion-Lösung**

Das klassische Problem - Reaktion - Lösung - Szenario lässt sich folgendermaßen erklären:

Zunächst wird ein Problem geschaffen, welches den Menschen Angst macht (z. B. ein Virus). Die Menschen reagieren darauf mit Angst und Panik, welche von den Medien weiter aufgeschaukelt und verbreitet werden. Daraufhin wird von der Regierung eine Lösung vorgeschlagen, die angeblich das Problem beseitigen soll (z. B. Impfungen). Die Menschen nehmen sie in der Regel an und sind auch noch dankbar dafür. Aus Angst und Ignoranz geben sie ihre Rechte und Freiheiten für ein Problem auf, das gar nicht existent ist bzw. das von denselben Leuten erschaffen wurde, die ihnen die Lösung angeboten haben. So werden die Menschen manipuliert, gelenkt und kontrolliert.

**11) Vorausschauende Programmierung**

Wie bereits des Öfteren im Rahmen dieser Erörterung erwähnt, ist die Vorausschauende Programmierung ebenfalls ein Mittel der Manipulation. Dabei werden den Menschen die kommenden geplanten Ereignisse im Vorfeld aufgezeigt und suggeriert, damit diese besser akzeptiert und hingenommen werden können, wenn sie dann eintreten.
Ein gutes Beispiel dafür sind die Corona-Herbstwellen, die bereits im Sommer angekündigt werden.

# Kapitel 9. Ein Blick in die Zukunft und Wege aus der Corona-Krise

## 1. Was uns alle erwarten kann, wenn wir nichts unternehmen

Die derzeitige Entwicklung der Lage lässt uns leider nicht in eine rosige Zukunft blicken.

Allem Anschein nach werden die globalen internationalen Organisationen wie UNO, WHO etc. dazu verwendet um die Ziele der globalistischen Weltelite zu verwirklichen. Womöglich ist eine Weltregierung bereits hinter den Kulissen längst etabliert und wartet nur darauf, an die Öffentlichkeit zu gelangen.

Vieles deutet darauf hin, dass die Elite die freie Marktwirtschaft, den Mittelstand und Einzelhandel (die positiven Seiten des Kapitalismus) zugrunde gehen lassen will. In den letzten Jahren haben wir erlebt, wie insbesondere die kapitalistischen Länder der Welt, allen voran die USA, durch die Pandemiemaßnahmen, Unruhen und Revolten geschwächt wurden. Man kann davon ausgehen, dass wenn die USA und somit auch der Dollar fällt, es dann, ähnlich wie bei der Weltwirtschaftskrise 2007, zu einem Dominoeffekt kommt, welcher fast die gesamte Welt betreffen wird, da die meisten Staaten vom Dollar und von der Wirtschaftspolitik der USA stark abhängen.

Aus dem globalen Weltwirtschaftschaos könnte die Elite dann ganz gemäß des Mottos „ordo ab chao" in der gesamten Welt, nach chinesischem Vorbild, ein weltweites sozialistisches Regime mit Social-Credit-System einführen, ein Punktesystem, bei welchem die Regierung regierungskonformes Verhalten belohnt, indem Bürger durch Punktaddition u. a. schnelleren Zugang zu Konsumkrediten erhalten und bei Ausreisebestimmungen bevorzugt werden. Im Falle eines nonkonformen Verhaltens werden hingegen Punkte abgezogen und dadurch z. B. Karrieren bei staatlichen Organisationen behindert, Reisebeschränkungen auferlegt (keine Möglichkeit mehr zum Erwerb von Zug- oder Flugzeugtickets), die Internetgeschwindigkeit gedrosselt und Steuern erhöht.[1669] Das alles ist in China bereits Realität.

---

[1669] https://de.wikipedia.org/wiki/Sozialkredit-System#Folgen

Die Weltbank, der Internationale Währungsfonds und die EZB könnten dabei eine entscheidende Rolle spielen, indem sie zunächst riesige Kredite an die einzelnen Staaten vergeben und dann einen wirtschaftlichen Neustart (Reset) vorschlagen- sie erlassen allen Staaten die Schulden, sofern sie die neuen Bedingungen der globalen Bankeninhaber akzeptieren, wie z. B. die Abschaffung des Bargeldes und die Akzeptanz einer digitalen Weltwährung. Wenn nichts unternommen wird, so ist damit zu rechnen, dass wir uns in ein paar Jahren in einem totalitären Weltstaat wiederfinden werden, errichtet von Globalisten, Eugenikern, Transhumanisten und weiteren Anhängern der NWO.

Dabei soll alles und jeder digitalisiert werden, wodurch eine totale Kontrolle über einen jeden einzelnen Menschen auf der Welt ermöglicht wird. Selbst eine totale Kontrolle über den menschlichen Geist könnte durch die neuen Technologien etabliert werden, wodurch der Mensch seinen freien Willen verlieren und in einen Bioroboter bzw. Zombie verwandelt werden könnte. Den Weg dorthin ebnet eine bereits größtenteils errichtete Gesundheitsdiktatur mit ihren regelmäßigen (Zwangs-)Impfungen, digitalen Impfausweisen, QR-Codes und massiven Grundrechtsverletzungen.

Des Weiteren ist nicht auszuschließen, dass durch die (regelmäßigen) Corona-Impfungen (massenhafte Sterilisation und/oder direkte Gesundheitsschädigung/Massenmord) und/oder die 5G Technologie, sowie Kriege und Hungersnöte die Weltbevölkerung drastisch reduziert werden soll, so dass vielleicht (ganz im Sinne der Georgia Guidestones) nur etwa 500 Millionen Menschen übrigbleiben, welche der Elite als Sklaven dienen werden. Die Elite braucht nicht länger so viele Menschen, da sie deren Arbeitskraft problemlos durch die neuen Technologien ersetzen kann. Außerdem lässt sich eine geringere Anzahl von Menschen bekanntlich besser überwachen und kontrollieren.

Letztendlich ist es auch irrelevant, ob man das mögliche Vorhaben der Elite als Kommunismus, Sozialismus, Globalismus, The Great Reset oder die NWO bezeichnet, da all diese Begriffe ein zentralistisches System implizieren, welches weltweit eingeführt werden soll, um eine totale Kontrolle über alle Menschen auf der Welt zu ermöglichen. Mittels der neuen Technologien und der immer fortschreitenden Digitalisierung könnte dieses System auch recht leicht überall installiert werden. Das ist die große Gefahr. Es geht dabei nicht um ein Virus und auch nicht ums Geld, da die Besitzer der Großbanken dieses bereits längst kontrollieren und so viel davon Drucken bzw. auf Knopfdruck generieren können, wie sie wollen. Das, was die 0,01 % Globalisten, Eugeniker und Transhumanisten allem Anschein nach anstreben, ist, die größtmögliche Macht und Kontrolle über die gesamte Menschheit, über einen jeden Einzelnen von uns, über unseren Körper und unseren Geist, zu erlangen.

Der internationalen Elite war die konkrete Staatsform oder die Staatsideologie höchstwahrscheinlich schon immer egal, solange sie die tatsächliche Kontrolle über den Staat ausüben, d. h. wenn sie die Regierung und/oder den Geldfluss kontrollieren konnte. Die NWO ist im Grunde genommen auch nichts anderes als purer Sozialismus- wo es eine bestimmte Ideologie gibt, die nicht angezweifelt werden darf, die Medien gleichgeschaltet sind und das Volk von einer Regierung kontrolliert und überwacht wird.

Der Verlauf der Geschichte könnte ebenfalls darauf schließen lassen, dass das Ziel der Elite schon immer gewesen ist, die Souveränität der einzelnen Staaten zu schwächen bzw. ganz aufzuheben, da man nur so über die gesamte Welt ungehindert regieren kann. Der Grundsatz der Globalisten lautet: weniger Staatssouveränität, mehr Globalismus. Die Französische Revolution und die russische Oktoberrevolution könnten dazu gedient haben, die europäischen Monarchien abzuschaffen, welche allesamt souveräne Staaten gewesen sind. Noch während des Ersten Weltkriegs wurde in Russland der Sozialismus etabliert, welcher Millionen von Menschenopfern mit sich brachte, ähnlich wie in China, wo das kommunistische System 1949 etabliert wurde. In demokratischen Staaten, wo der Sozialismus nicht (sofort) fruchtete, hat man wohl versucht, die demokratischen Systeme zu kapern bzw. zu infiltrieren, da diese ohne gewisse Sicherheits- und Kontrollmechanismen durch das Weltbankensystem bzw. durch die Finanzelite und ihren Lobbyismus recht leicht zu kaufen und von außen zu manipulieren/steuern sind.

Die Geschichte hat uns immer wieder gezeigt, dass sich die Grundrechte und Freiheiten der Bürger durch Notstandsgesetze bzw. Ermächtigungsgesetze recht einfach einschränken bzw. sogar ganz aufheben lassen und diktaturähnliche Zustände etabliert werden können. Denn einst ist klar- wenn der Regierung eine solche Möglichkeit gesetzlich gestattet wird, dann wird eine gekaperte Regierung alles daransetzen, um die Notstandslage herbeizuführen und auf dieser Grundlage Ermächtigungsgesetze zu erlassen.
Genau das erleben wir allem Anschein nach gerade während der Coronakrise,

wo die Freiheitsrechte durch Ermächtigungsgesetze des Bundesgesundheitsministeriums massiv eingeschränkt und Menschen dazu erpresst bzw. genötigt werden, sich impfen zu lassen.
Es ist ebenfalls nicht schlimm, wenn wir (noch) nicht genau wissen, wer alles auf der Pyramidenspitze mitmischt, wie dort die Machtverhältnisse sind und wer eigentlich die Zügel in der Hand hält. Da sie letztendlich, allem Anschein nach, (nahezu) alle an einem Strang ziehen, kommt es nur darauf an, uns das Vorhaben der Elite klar werden zu lassen. Sobald dies uns gelingt, können wir aktiv gegensteuern und es abwenden.
Wir sind mit 99,9 % die absolute Mehrheit. Das Problem ist nur, dass die meisten von uns noch viel zu wenig darüber wissen, was wirklich in der Welt vorgeht und diejenigen, die es wissen, schlecht organisiert sind. Dadurch kann die Elite uns weiter manipulieren, verdummen, spalten und kontrollieren.

## 2. Wovor fürchtet sich die Elite?

Um es ganz einfach zu sagen- der Globalismus fürchtet den Antiglobalismus, welcher nichts anderes als die Ausprägung eines starken und souveränen Staates ist, welcher die Interessen seiner Bürger vertritt, sich um deren Wohlergehen sorgt und sie beschützt.
Daher ist es erforderlich, den Spieß umzudrehen, den Blick nach innen zu richten und eine souveräne Staatspolitik zu verfolgen. Des Weiteren fürchtet sich die Elite davor, dass sich souveräne Staaten zusammenschließen, eine Allianz bilden und gemeinsam eine antiglobalistische Politik verfolgen. Je größer die antiglobalistische Staatenkoalition, desto größer die Aussicht darauf, dass dieser ganze Spuk schon bald ein Ende nimmt, die Verantwortlichen dafür zur Verantwortung gezogen werden und die Menschen sich von der Herrschaft der Banken und der Finanzelite endlich befreien können.

## 3. The Great Reset - nur ganz anders

Wie bereits erörtert, ist das eigentliche Problem nicht die angebliche Überbevölkerung bzw. die angebliche Güter- oder Ressourcenknappheit, sondern das private (Zentral-)Bankensystem mit dem Zins und Zinseszins, das Netzwerk der transnationalen Unternehmen und die ständig zunehmende Privatisierung von staatlichen Ressourcen, welche bewirkt haben, dass sich das

Vermögen der Welt in den Händen der Finanzelite konsolidiert hat. Die Corona-Krise bietet uns die große Gelegenheit, sich davon zu lösen und einen Neuanfang zu starten - The Great Reset, nur eben ganz anders.

- Wie wäre es z. B. damit, die Zentralbanken zu verstaatlichen, den Zins und Zinseszins abzuschaffen, wieder eine staatseigene Währung einzuführen und diese an Edelmetalle, Rohstoffe und/oder Arbeitsleistung zu binden? Damit hätte die Währung wieder einen realen Tauschwert und wäre nicht länger bloßes Papier mit Zahlen drauf bzw. eine digitale Ziffer. Nur so kann man unabhängig von der Finanzelite, vernünftig und gerecht, wirtschaften und eigene politische Entscheidungen treffen.

- Wie wäre es damit, die Privatisierung von Rohstoffen und natürlichen Ressourcen zu verbieten? So wie es aussieht, befinden wir uns heute in der Situation, in welcher Regierungen, die die Globalisierung anstreben, bewusst oder unbewusst, zur Etablierung der NWO beitragen. Stück für Stück geben sie die eigene Staatssouveränität auf und erlauben, dass Grund und Boden, Naturschätze, Rohstoffe und sonstiges Staatseigentum von außen aufgekauft wird, obwohl dies alles den Staatsbürgern gehört. Auf diese Weise verlieren die Bürger immer mehr Rechte und Freiheiten. Ihr Schicksal ist in den Händen der Finanzelite, welche durch niemanden demokratisch legitimiert wurde.

- Wie wäre es damit, die politische Immunität und Indemnität abzuschaffen und die Politiker für vorsätzliches und fahrlässiges politisches Handeln strafrechtlich haftbar zu machen, damit nur gewissenhafte und verantwortungsbewusste Menschen in die Politik gehen und nicht irgendein korruptes Gesindel, welches nach Macht strebt und sich von diversen Lobbys kaufen lässt? Dies gilt auch für die vorsätzliche oder fahrlässige Nichteinhaltung von Wahlversprechen.

- Wie wäre es mit einer transparenten und gläsernen Regierung (anstatt von gläsernen Bürgern), welche über jeden ihrer Schritte Rechenschaft (u. a. auch bezüglich der Steuerpolitik) ablegen muss, da sie ja den Bürgern dient und nicht umgekehrt?

- Wie wäre es damit, die GEZ-Zwangsgebühren abzuschaffen, sowie die Erbschafts- und Schenkungssteuer, was nichts anderes als eine Doppelbesteuerung ist? Wie wäre es damit auch die Grundsteuer abzuschaffen, damit das Eigenheim bzw. das Grundstück auch mal wirklich einem gehört?
- Wie wäre es damit, die Gewerbesteuer abzuschaffen, die Einkommens- und Umsatzsteuer auf maximal 12-15 % zu begrenzen und einkommensarme Bürger von der Einkommenssteuer gänzlich zu befreien? Dies sollte den Selbständigen, sowie den Mittelstand Aufwind geben und Unternehmen dazu veranlassen, in Deutschland zu bleiben, und keine Steuerflucht ins Ausland zu begehen, was wiederum zur Schaffung von Arbeitsplätzen, Steigerung der Kaufkraft sowie des BIP und somit zu einer starken, stabilen und unabhängigen Wirtschaft führt.

- Wie wäre es mit der Einführung eines 5- bzw. 6-Stunden-Arbeitstags, so dass man mehr Zeit und Energie für sich, seine Familie, seine Freunde und seine Hobbys hat? Dann könnte man auch wirklich arbeiten, um zu leben, wie es auch sein sollte- und nicht umgekehrt. In Schweden z. B. hat sich dies bereits als ein Erfolgsmodell für alle Beteiligten erwiesen.[1670] [1671] [1672]

- Wie wäre es damit, auch die Medien (Journalisten, Redakteure und Medienmagnate) dafür vermehrt für nachweislich vorsätzlich oder fahrlässig Falschinformationen zur Verantwortung zu ziehen, damit die Manipulation, die Desinformation und die Verblödung der Menschen endlich aufhört?

- Wie wäre es damit, die heuchlerische „politischen Korrektheit" endlich abzuschaffen, welche die Meinungs- und Pressefreiheit, ein wesentliches Grundrecht, erheblich einschränkt?

---

[1670] https://www.zdf.de/nachrichten/heute/sechs-stunden-arbeitstag-erfolgsmodell-in-schweden-100.html

[1671] https://deutsche-wirtschafts-nachrichten.de/503930/Der-6-Stunden-Arbeitstag-ist-in-Schweden-ein-Erfolgsmodell

[1672] https://www.mittelstand-heute.com/artikel/warum-der-5-stunden-tag-effektiver-ist

- Und wie wäre es mit der Ablehnung einer angeblich alternativlosen Politik?
  Es gibt nichts, was alternativlos ist. Alternative Meinungen gehören in eine Demokratie genauso, wie die herrschende Meinung und müssen ebenso erwogen und gehört werden. In einer offenen und demokratischen Gesellschaft sollten offene gesellschaftliche Diskussionen an der Tagesordnung sein.
- Wie wäre es damit, eine direkte Demokratie samt Bürgerentscheiden einzuführen, damit die Bürger selbst entscheiden können, wie sie leben möchten- und nicht Lobbyisten und ihre Auftraggeber?

- Und wie wäre es damit, ein Grundrecht auf medizinische Behandlungen einzuführen ein kostenfreies Gesundheitssystem zu etablieren, welches zumindest die Grundbedürfnisse abdeckt? Es bedarf auf jeden Fall einer Reform des Gesundheitswesens, die u. a. gewährleisten soll, dass Patienten nicht länger als (Stamm-)Kunden angesehen werden und die Medizin wieder ihren Zweck erfüllt, der darin besteht Menschen zu heilen und nicht den Gewinn zu maximieren.

- Wie wäre es damit, viel mehr auf die gesunde Ernährung und Lebensweise der Bevölkerung zu setzen und Pestizide, schädliche Lebensmittelzusatzstoffe und GMO zu verbieten, da eine qualitativ hochwertige Ernährung in direktem Zusammenhang mit der Gesundheit steht?

- Wie wäre es damit, menschliche und familiäre Werte mal wieder zu fördern, anstatt den Genderwahnsinn?

- Wie wäre es damit, den Flüchtlingen direkt vor Ort zu helfen, anstatt sie zu motivieren, ihre Heimat zu verlassen und sich unterwegs erheblichen Gefahren auszusetzen? Wie wäre es auch mal damit, Kriegsflüchtlinge und Wirtschaftsflüchtlinge zu unterscheiden und für letztere schärfere Einreisebedingungen zu schaffen?

- Wie wäre es damit, endlich aus der EU auszutreten und die massive Steuerverschwendung in Form von Euro-Rettungspaketen und ESM-Hilfen zu beenden sowie Bankenrettungen ein für alle Mal zu verbieten?

- Und wie wäre es endlich mal mit einem Friedensvertrag und mit einer eigenen Verfassung, die von den in Deutschland lebenden Menschen *„in freier Entscheidung beschlossen"* wird, wie es auch der letzte Artikel des GG vorsieht?

- Wie wäre es mit einem freien, demokratischen, sozialen, gerechten und souveränen Staat, welcher die Rechte und Freiheiten der Bürger, sowie ihre Lebens- und Existenzgrundlagen garantiert und schützt? Der Mensch ist nicht perfekt und es wird wohl nie ein perfektes Staatssystem geben. Man kann jedoch das System dahingehend verbessern, dass der Staat dafür zu sorgen hat, dass der Mensch die Möglichkeit bekommt, sich zu entfalten, wobei zumindest seine Existenz und Gesundheit in jedem Fall gesichert ist, und er dabei nicht manipuliert und/oder ausgebeutet wird. Sind das nicht die wichtigsten Aufgaben und die Grundlage eines freiheitlich-demokratischen Staates?

Das alles und noch viel mehr könnten wir alsbald verwirklichen. Wir können die Corona-Krise nicht nur zu unserem Wohl, sowie zum Wohl aller Erdenbewohner (mit Ausnahme der globalistischen Elite) nutzen. Dafür ist jedoch zunächst einmal erforderlich, dass wir zu unserer alten Normalität, vor Corona, zurückkehren und die neue Normalität, die uns aufgezwungen wird, strikt ablehnen.

### 4. Die wichtigste Aufgabe des Widerstands - zurück zur Normalität

Um zu unseren alten Normalität zurückzukehren ist erforderlich, dass die epidemische Lage von nationaler Tragweite durch den Bundestag für beendet erklärt wird und damit alle Corona-„Schutzmaßnahmen" aufgehoben werden und die Gesundheit wieder zu Eigenverantwortung eines jeden Einzelnen wird.
Das ist der wichtigste gemeinsame Nenner, zu welchem sich die Menschen bekennen und dies einfordern müssen. Dadurch können alle Menschen, die ein Ende des Corona-Schreckens herbeisehnen, gebündelt werden und zu einer starken Stimme werden, welche die derzeitige Politik derart stark unter Druck setzt, dass sie letztendlich nachgibt und einknickt. Nur gemeinsam sind wir stark und nur zusammen können wir etwas bewegen und erreichen. Anderenfalls werden wir wohl von den Politiker-Marionetten und der trägen

und schlafenden Masse von Lemmingen mit in den Abgrund gezerrt.

Es ist enorm wichtig, einen gebündelten und vereinten Widerstand zu organisieren und politisch zu agieren, um etwas zu bewirken. Die Verursacher der „Pandemie“ sind einige wenige, allerdings sind sie gut organisiert.

Der Widerstand ist zwar recht zahlreich, allerdings fehlt ihm im Moment eine gute Organisation und eine politische Führung, welche die Kräfte des Widerstands bündelt. Dazu ist erforderlich, dass sich die (inoffiziellen) Anführer des Widerstands bzw. einflussreiche Bezugspersonen, trotz teilweise diverser Meinungsverschiedenheiten und politischer Ideologien, sich an einem Tisch zusammensetzen und beschließen, ein gemeinsames Ziel zu verfolgen- die Aufhebung Notstandslage, sowie der Schutzmaßnahmen. Danach wird es sich herausstellen, ob dafür die Gründung einer neuen Partei oder die Unterstützung und Zusammenarbeit mit einer bereits bestehenden Partei erforderlich ist. In jedem Fall müssen sich die Menschen im Widerstand im besten Fall letztendlich nur für **EINE** Partei entscheiden und für diese alle gemeinsam abstimmen. Es bringt wenig, wenn zahlreiche Parteien wie Pilze aus dem Boden schießen und die Wählerschaft zerstreuen.

Als etablierte Bundestagspartei kommt derzeit wohl nur die AfD infrage, da sie als Einzige das Vorgehen von Bundes- und Landesregierungen, sowie Lockdowns, Corona-Tests und eine Maskenpflicht ablehnt und die Frage des Infektionsschutzes mündigen Bürgern überlassen möchte.[1673]

Dann gibt es noch die „Basisdemokratische Partei Deutschland“, kurz „dieBasis“, eine junge Partei, die im Juli 2020 gegründet wurde und welche die angebliche „epidemische Notlage“ ebenfalls für beendet erklären will.[1674]

Zu den Mitgliedern der Partei zählen u. a. Professor Dr. Sucharit Bhakdi, der Rechtsanwalt Reiner Füllmich und der Mediziner Wolfgang Wodarg.[1675]

---

[1673] https://www.dw.com/de/afd-zieht-mit-radikalen-forderungen-in-den-wahlkampf/a-57162403
[1674] https://diebasis-partei.de/
[1675] https://de.wikipedia.org/wiki/Basisdemokratische_Partei_Deutschland#Geschichte

Es wird interessant sein zu beobachten, wie sich diese Partei in Zukunft weiterentwickelt.

Man muss jedoch aufpassen, dass die Widerstandspartei(en) nicht unterwandert und zu einer Art „kontrollierten Opposition“ werden, sondern wirklich das Umsetzen, was von ihnen gefordert wird. Daher ist klar, dass die Widerstandspartei(en) höchste Transparenz vorweisen muss (müssen).

Ist die epidemische Notlage samt den ganzen „Schutzmaßnahmen“ erst einmal Geschichte, sollte man unbedingt einen öffentlichen und offiziellen Corona-Untersuchungsausschuss bilden, welcher Ermittlungen anstellt und veranlasst die Corona-Impfstoffe stichprobenartig auf potenziell schädliche Inhaltsstoffe zu prüfen sowie die Verantwortlichen für die Corona-„Pandemie“ zu ermitteln und zur Rechenschaft zu ziehen.
Es sollte ebenfalls ein sofortiges 5G-Moratorium verhängt werden und gleichzeitig ein 5G-Untersuchungsausschuss gebildet werden, welcher die Gefahren der neuen Technologien genauestens erforscht und mehrere unabhängige wissenschaftliche Studien dazu veranlasst und fördert.

Der gebündelte Widerstand soll in jedem Fall Druck auf die Regierung ausüben, wie etwa durch gut organisierte Demonstrationen, Öffentlichkeitsarbeit und die (alternativen) Medien. Das Recht auf Widerstand aus Art. 20 Abs. 4 GG scheint gegeben zu sein: *„Gegen jeden, der es unternimmt, diese Ordnung zu beseitigen, haben alle Deutschen das Recht zum Widerstand, wenn andere Abhilfe nicht möglich ist*“.

Demnach könnte die grundgesetzliche Ordnung durch die Etablierung einer Gesundheitsdiktatur gefährdet sein, wobei andere Abhilfe nicht möglich zu sein scheint, zumal durch die Impfkampagnen und 5G Gefahr in Verzug für die Gesundheit und das Leben gegeben sein könnte. Wie bereits erörtert, weisen die neuen Corona-Impfstoffe bereits heute, im Vergleich mit allen anderen Impfstoffen zusammengenommen, eine 112 Mal höhere Mortalität in möglichen Zusammenhang mit diesen auf.
Dabei sollte explizit darauf hingewiesen werden, dass Gewalt keine Lösung ist, u. a. auch aus dem Grund, da die Regierung ansonsten den Ausnahmezustand verkünden und die Bundeswehr einführen könnte, wodurch die Verwirklichung der Ziele der Weltelite erleichtert und beschleunigt werden könnten. Daher sollte der Widerstand zwar aktiv und bestimmt, aber auf jeden Fall gewaltfrei

ausgeübt werden. Wenn genügend Menschen aufwachen, sich zusammenschließen und aufhören bei dem ganzen Spektakel mitzumachen, dann wird der Vorhang fallen, und das Ganze wie ein Kartenhaus in sich zusammenbrechen.

## 5. Was jeder Einzelne von uns tun kann

An dieser Stelle wird darauf eingegangen, was man persönlich tun kann, um die Lage für sich sowie für andere Menschen zu verbessern.

### 1) Medienentzug

Als Allererstes sollte man den Fernseher in den Müll zu schmeißen und aufhören, Massenmedien in jeglicher Form zu konsumieren. Wir befinden uns in einen Informationskrieg, der gegen uns geführt wird, und der Fernseher ist darin eine der Hauptwaffen, die gegen uns eingesetzt wird.

Dasselbe gilt auch für den Rundfunk. Ständig läuft die gleiche (nervige) Musik und auf allen Radiosendern wird man jede Stunde bzw. sogar jede halbe Stunde mit den gleichen Nachrichten und einer einseitigen Berichterstattung konfrontiert (was einer Hypnose gleicht), als ob nichts anderes in der Welt passiert und als ob es keine alternativen Meinungen und Sichtweisen geben würde.
Gleiches gilt auch für große Zeitungen und Magazine, welche in der Regel über die wesentlichen politischen Ereignisse genauso einseitig und alternativlos berichten, wie Rundfunk und Fernsehen. Daran kann man erkennen, dass sie in Wirklichkeit alle an einem Strang ziehen und die Massen manipulieren. Daher ist es ratsam, auf alternative Medien im Internet auszuweichen, die für alternative Informationen offen sind, wobei man auch hier jegliche Information kritisch betrachten und hinterfragen sollte.

Hat man sich der geistigen Zumüllung und Massenmanipulation erst einmal entzogen, wird es viel einfacher den eigenen Kopf einzuschalten, seinen eigenen Verstand zu benutzen und die Geschehnisse um einen rum und in der Welt kritisch zu hinterfragen und nicht einfach so hinzunehmen. Zum Glück gibt es noch das Internet, auch wenn dieses gerade in letzter Zeit immer stärker zensiert wird. Man sollte versuchen, Informationen aus möglichst verschiedenen Quellen und aus möglichst unterschiedlichen Ländern zu den Geschehnissen zu beziehen, alternative und gegensätzliche Meinungen und Ansichten zu berücksichtigen, diese abzuwägen und dabei möglichst vorurteilsfrei und faktenbasiert vorzugehen. Nur so kann man sich der Manipulation entziehen, um angstfrei, in aller Ruhe eine so weit wie möglich objektive und unabhängige Meinung zu bilden und die Lage richtig einschätzen.

**2) Aufklärung**

Der größte Feind der Lüge ist die Wahrheit und der größte Feind der Manipulation ist die Aufklärung. Wie gesagt, wir befinden uns mitten in einem Informationskrieg, welcher gegen uns geführt wird. Fehlinformationen sind Waffen, mit denen man uns kontrolliert und manipuliert, daher ist Aufklärung A und O. Daher brauchen wir unbedingt ein neues Zeitalter der Aufklärung.
Um das ganze Lügengebilde, welches alle wesentlichen Lebensbereiche (die Wissenschaft, Bildung, Politik, Geschichte, Medien, Wirtschaft etc.) verstrickt hat, zu durchschauen und zu zerstören, muss wieder alles, was wir glauben zu wissen, angezweifelt und kritisch hinterfragt werden. Der Verstand und die Vernunft müssen wieder das Ruder übernehmen und das Schiff, als Sinnbild für unsere Welt, wieder in den Hafen der Wahrheit, Freiheit und Gerechtigkeit führen.
Dazu muss jeder Eigeninitiative ergreifen, aktiv werden und in erster Linie versuchen, sich selbst so gut es geht aufzuklären. Denn wie heißt es so schön? Willst du die Welt verändern, dann fange zunächst bei dir selbst an.
Hat man sich selbst aufgeklärt, so sollte man auch andere versuchen aufzuklären. Dabei sollte man wohl ruhig und besonnen vorgehen, ohne Perlen vor die Säue zu werfen und ohne seine Zeit und Energie für taube Ohren zu verschwenden. Wir sind der herrschenden Elite zahlenmäßig um einiges überlegen. Es ist wohl kaum davon auszugehen, dass die Anzahl der Menschen, die an der Spitze der Pyramide stehen und ganz bewusst die NWO herbeiführen wollen, ein paar Tausend übersteigt. Das ist nichts im Vergleich zur Weltbevölkerung, die etwa 7,7 Milliarden bemisst. Sobald genügend Menschen aufgeklärt sind und die kritische Masse erreicht ist, wird die Elite ihre Kontrolle über die Menschheit verlieren und die Menschheit wird sich aus deren Fängen befreien können.

**3) Vernetzung**

Es ist ebenfalls sehr wichtig, sich mit Gleichgesinnten so gut es geht online und offline zu vernetzen, Meinungen und Informationen auszutauschen, zusammenzuhalten und sich gegenseitig auszuhelfen, damit man die Corona-Krise, und das was noch kommt, besser meistert.

**4) Demonstrationen**

Es ist äußerst wichtig, regelmäßig an Demonstrationen teilzunehmen. Je mehr Menschen zusammenkommen und demonstrieren, desto mehr Druck kann auf die Politiker ausgeübt werden. Wenn die Menschen es schaffen, millionenfach nach Berlin zu strömen und dort legal so lange zu demonstrieren und standhaft zu bleiben, bis die Regierung nachgibt und den Spuk beendet, dann haben wir den Umbruch geschafft. Dazu müsste aber zunächst eine kritische Masse an Gleichgesinnten erreicht werden (etwa 30% der Bevölkerung, welche aufgeklärt und aktiv ist), Menschen, die ebenfalls den Hals von der politischen Willkür voll haben.

**5) Aktive politische Beteiligung**

Es ist enorm wichtig, auf allen möglichen Ebenen, ob auf der Bundestagswahl oder bei Kommunalwahlen Parteien bzw. Politiker zu wählen, die sich gegen die Aufrechterhaltung der angeblichen epidemischen Notlage und der „Schutzmaßnahmen" und für die Staatssouveränität aussprechen. Eine aktive Mitgliedschaft in Widerstandsparteien ist ebenso erstrebenswert, damit diese mehr Mitglieder bekommen und an Einfluss gewinnen.

**6) Vorräte anlegen**

Es ist ratsam, Notfallvorräte anzulegen und sich mit den lokalen Bauern zu vernetzen, damit man im Krisenfall, wenn etwa aufgrund einer „neuen Welle" oder einer „Cyberpandemie" die Lebensmittel knapp werden sollten, reichlich Nahrung und Wasser vorrätig hat. Auch sonst sollte man möglichst immer direkt vom Bauern kaufen und diese so gut es geht unterstützen.

**7) Optimismus, Kraft tanken und gesunde Ernährung**

Dabei hilft es sehr, positiv und optimistisch zu denken (und dennoch realistisch zu bleiben), einen gesunden Lebensstil zu führen, sich gesund zu ernähren, GMO-Produkte und schädliche Zusatzstoffe zu meiden, und regelmäßig Sport zu treiben, da bekanntlich nur in einem gesunden Körper ein gesunder Geist wohnt. Ebenso ist es hilfreich, raus in die Natur zu gehen, die Sonne und das Leben zu genießen, das zu machen, was einem Freude bereitet und sich mit Menschen zu umgeben, die einem guttun. So sammelt man Kraft und Energie, um für seine Rechte und Freiheiten einzustehen und diese einzufordern.

## 6. Schlusswort

Lieber Leser, ich bin froh, wenn Dir meine Arbeit gefallen hat und Du dadurch an nützliche und hilfreiche Informationen gekommen bist. So hoffe ich, meinen Beitrag zur Aufklärung geleistet zu haben.

Leider reicht das Wissen alleine in der heutigen Zeit nicht mehr aus. Um etwas zum Positiven zu verändern, müssen wir alle aktiv werden und handeln. Noch ist es nicht zu spät, aber es ist bereits fünf vor zwölf. Daher müssen wir hier und heute aufstehen und um unsere Rechte kämpfen, wenn wir nicht morgen in einer Weltdiktatur aufwachen wollen. Ich bin frohen Mutes, dass wir gemeinsam einen gewaltlosen Umbruch Schaffen und das Vorhaben der Elite ein für alle Mal begraben werden. Diese Verantwortung haben wir nicht nur uns selbst gegenüber, sondern vor allem auch gegenüber unseren Kindern, Familien, Verwandten, Freunden und der gesamten Menschheit.

Ich wünsche Dir und Deinen Nächsten viel Kraft, Mut, Geduld und Lebensfreude. Denke immer daran, dass du nicht allein bist. Wir sind mit ca. 99 % die absolute Mehrheit, und sobald wir wirklich aufwachen und realisieren, dass wir es sind, die eigentlich die Macht haben, wird sich sehr vieles zum Besseren wenden. Wir müssen uns nur dessen bewusst werden.

Printed in Poland
by Amazon Fulfillment
Poland Sp. z o.o., Wrocław

11373519R00339